Tercer espacio y otros relatos

Alberto Moreiras

Con un prólogo de Gareth Williams

London
SPANISH, PORTUGUESE AND LATIN AMERICAN STUDIES IN THE HUMANITIES

Tercer espacio y otros relatos by Alberto Moreiras, con un prólogo de Gareth Williams

The right of Alberto Moreiras to be identified as author of this work has been asserted by him in accordance with the Copyright, Designs and Patents Act, 1988.

© Alberto Moreiras, 2021.

All unauthorised reproduction is hereby prohibited. This work is protected by law. It should not be duplicated or distributed, in whole or in part, in soft or hard copy, by any means whatsoever, without the prior and conditional permission of the Publisher, SPLASH Editions.

This is a revised and expanded edition of *Tercer espacio: literatura y duelo en América Latina*, published by Universidad ARCIS, 1999.

All rights reserved.

ISBN 9781912399215

Cover photograph © the author.

Author photograph © Teresa Vilarós, reproduced by permission.

Cover design by Hannibal.

A Cristina Menor Montero-Ríos, mi madre, *in memoriam*.

Y a mi padre, Moncho, también ahora *in memoriam*.

Sueño de juventud: la idea de que podíamos empujar el pensamiento a su extremo al interrogar la filosofía desde la literatura y la literatura desde la filosofía. Ahora me doy cuenta de que ese fue el sueño de lo que llamábamos "teoría." Fue un sueño ambicioso: el sueño de un comienzo otro. Fue también una empresa condenada de antemano bajo condiciones académicas norteamericanas, solo en apariencia libres. Fue un sueño que no podía durar. No tendría apoyo. Fracasó, y casi destruyó en su fracaso a algunos de nosotros. Escribí un libro desde él, y durante muchos años no pude leerlo. Pero vuelve ahora. *For nought that is has bane. In mourneslaund.*

Índice

Nota preliminar 9
Interstate 90 11

Primera Parte

Prólogo 15
    Con pies de paloma y corazón de serpiente 15
    Obras citadas 21
Introducción 23
    I. 23
    II. 27
    III. 32
Exergo: Al margen 39
Literatura y sujeto de historicidad 43
    I. El tercer espacio 43
    II. Espacio literario y modernidad eurocéntrica 47
    III. Literatura e historia 53
    IV. Crisis del sujeto de historicidad 61
Escritura postsimbólica. "Tlön, Uqbar, Orbis Tertius", de Jorge Luis Borges. 67
El duelo del sentido. Tres proposiciones 77
    I. 79
    II. 83
    III. 85
Localización intermedia y regionalismo crítico 91
Circulus vitiosus deus: El agotamiento de la ontoteología en Borges 101
    I. El hecho estético. Nostalgia y antinostalgia 101
    II. Funes y el Retorno: Repetición productiva y revelación destructiva 106
    III. Los dos énfasis de Funes. Disolución de la alternativa lyotardiana 114
    IV. Un paso atrás: de la experiencia de Funes a su narrador. Experiencia y escritura 119

La práctica del duelo 127
Lugares privados en "El Aleph", de Borges 135
    I 135
    II 139
    III 143
    IV 146
    V 156
Autografía: Pensador firmado (Friedrich Nietzsche y Jacques Derrida) 163
    I 163
    II 165
    III 169
    IV 175
Escritura y repetición de lo indiferente en José Lezama Lima 179
    I 180
    II 187
    III 198
    IV 205
Reducción afectiva: La demanda literaria en Virgilio Piñera 219
Ekfrasis y signo terrible en *Farabeuf*, de Salvador Elizondo 229
Nomadismo y retorno en Xosé Luis Méndez Ferrín 247
Producción heterológica en "Apocalipsis de Solentiname" de Julio Cortázar 255
    I. Violencia política y ruptura de mímesis 255
    II. Mentir (con) la verdad 257
    III. Dos escrituras, y el fantasma semiótico 261
    IV. Mímesis heterológica e inconsciente óptico 264
    V. Disturbios visuales y tarea del traductor 268
    VI. Fetiche fallido 269
    VII. Lobos escópicos 272
La traza teórica en Tununa Mercado 279

Segunda Parte

El villano en el centro: Series patéticas y series apáticas 289
Mulos y serpientes. Sobre el principio neobarroco de deslocalización 305
    I 305
    II 321
    III. Atopismo sucio 329
    IV 333
Los límites del *ethos* barroco: Jesuitismo y dominación principial ... 335
    I 335

II	337
III	341
IV	345
V	348
VI	352

La cuestión del cinismo. Lectura de *La diáspora* (1989), de Horacio Castellanos Moya 355
    I 355
    II 359
    III 367
    IV 371

El secreto republicano en *Yo el Supremo*, de Augusto Roa Bastos. Y algunos comentarios sobre producción simbólica y mal radical 377
    I. La interrupción de la interrupción 377
    II. *Yo el Supremo* y los dos lados de la crítica 379
    III. Mal radical 391

Thriller e infrapolítica. Prolegómeno a toda forma de crítica literaria antimoralista. Sobre *Morir en el Golfo* (1988) y *La guerra de Galio* (1991), de Héctor Aguilar Camín. 395
    I. Política moral y moral política 395
    II. Azar y necesidad 399
    III. Exposición antimoralista 411

Literatura infrapolítica: Hispanismo y frontera 423
    I. Sobre la exterioridad 423
    II. Fondo oscuro 425
    III. "Desespera y muere" 435

La diéresis del pensamiento como tonalidad patética: Nota sobre pensamiento/crítica en Willy Thayer apoyada en Jacques Derrida y en Martin Heidegger y en Juan Benet 441
    I. Thayer 441
    II. Derrida 443
    III. Heidegger y Benet 448
    IV. Thayer autográfico 454
    V. Otro Thayer 456

Coda. Nota sobre desnarrativización 461

Apéndices

1. Alvaro Cunqueiro y el fetichismo sentimental 467
    I 467
    II 471

III. 477
2. Tiempo de gracia y tiempo de destino. Rafael Sánchez Ferlosio y la infrapolítica 479
    I Desalegoría 479
    I Contra la ficción 481
    III Infrafilosofía 484
    IV Estado de gracia 489

Obras citadas 493

Nota preliminar

Agradezco a SPLASH Editions, y a Mac Daly, el editor, y a Bernard McGuirk, su disponibilidad generosa no solo para republicar el viejo texto de *Tercer espacio: literatura y duelo en América Latina* (Santiago de Chile: ARCIS/Lom, 1999), sino para corregirlo, mejorarlo y añadirle muchas páginas de materiales compuestos con posterioridad a la fecha de publicación del libro original. La verdad es que la primera fue una publicación algo desdichada: el libro se hizo inencontrable en el mismo Chile en poco menos o más de un año, y no circuló perceptiblemente fuera de Santiago excepto en la forma pirata a la que hoy estamos acostumbrados: en Academia.edu, o desde la red de la Universidad ARCIS cuando existía, o de pantalla en pantalla. Y aún así tengo para mí que el libro fue poco leído, no fue integrado en la discusión académica rutinaria ni siquiera condenatoriamente.

No es que esta reedición de esos materiales, junto con las adiciones, busque una segunda oportunidad. En todo caso este libro ya no se dirige a los que pudieron haberlo leído hace veinte o quince o diez años, mi generación académica, sino que se dirige a otra gente, a los más jóvenes o incluso a los que todavía no lo son. En lo que respecta a su primera parte, que es una reproducción corregida del antiguo libro, que ese silencio de veinte años pueda encontrar respuesta en algún momento del futuro, en manos de algún lector desconocido--eso y no otra cosa es lo que motiva mi interés. Con la adición de la Segunda Parte, se trata todavía de un libro quizás extraño para la mentalidad académica habitual, difícil, u oscuro, dicen. Lo más claro que tiene es quizás su peor capítulo, el primero, escrito conscientemente como compromiso, cuando mi puesto universitario no estaba aún asegurado, para que los evaluadores académicos que iban a tener que juzgar lo apropiado de mi promoción o despido mordieran el cebo (sabía que pocos de ellos leerían más allá). Pensé en eliminarlo de esta segunda edición, pero alguien me convenció de que no lo hiciera, de que dejara subsistir esa marca igual que en el cuerpo deben cuidarse las viejas cicatrices. Los demás capítulos que subsisten de esa primera edición han sido revisados ligeramente. Tengo que decir que entiendo, en retrospectiva, que algunos de ellos son arduos (el primero sobre Borges, las primeras partes del capítulo sobre Lezama), y solo me queda rogar paciencia, con mis disculpas. No lo hubiera podido hacer, entonces, de otro modo. Hoy escribiría mucho de ello de forma diferente, porque ya soy otra persona, más o menos, pero pensé que no tenía derecho a camuflar la persona que fui con revisiones extensas. Sigo haciéndome responsable de todo lo que está allí, sin embargo. Agradezco enormemente a Gareth Williams, viejo camarada, el prólogo que ha escrito para la Primera Parte, esto es, para la republicación del *Tercer espacio* original.

En la Segunda Parte incluyo ocho capítulos, una coda y dos apéndices que son selección de textos escritos y en general publicados a lo largo de los años pero no incluidos en los libros que publiqué después de *Tercer espacio*. Son textos sobre literatura latinoamericana, aunque algunos incluyan comentarios sobre María Zambrano o José Angel Valente o Juan Benet o Javier Marías o Isak Dinesen, y en los apéndices Alvaro Cunqueiro y Rafael Sánchez Ferlosio, cuya lectura está vinculada, por una parte, a lo que había venido formulando durante la década de los noventa como literatura del tercer espacio, un espacio no mimético, un espacio no identitario, un espacio deconstructor de la ontoteología tan metida en la médula de la producción literaria en español. Y, por otra, enlazan con preocupaciones posteriores mías, de infrapolítica a marranismo, del desencanto universitario al goce desnarrativizante, de la crítica de las formas de la política "realmente existente" a la afirmación existencial. Espero que el libro pueda merecer la pena, pero en todo caso se ofrece como testimonio de una vida parcialmente dedicada a la observación y estudio de formas de escritura salvaje y subversiva, de una práctica teórica no controlable en los cada vez más exhaustos salones de clase y salas de seminario universitarias. E incluso contra esos tenues, por lo ineficaces, intentos de control.

Debo también decir que el libro se me aparece como escrito desde una posición simbólica masculina en formas que no es este el lugar para explicar. La ausencia de reflexión explícita sobre, por ejemplo, novelistas mujeres, con la excepción de Tununa Mercado, no es intencional—no responde a un plan—sino que es consecuencia de una acumulación de intereses puntuales que seguían su propia lógica. Espero con atención lecturas y críticas que puedan establecerse desde posiciones de género alternativas.

Interstate 90

en funesto viaje
herida blanca de lo bien redondeado
y cómo no dictarla
marca y cómo no
decirla hacerla indeleble
deleble marca un destino

descubre la puerta rosada al fundar
lugar preciso de articulación
de errancia y morada en
el parto

aletea necesidad más fuerte la ciudad
violenta se parte en cesura

la escisión gobierna el diseño
el riesgo ordena
puerta y desquicio
tacha arruina común pertenencia

di qué

donde nace Edison
el yermo alienta
la homoacústica brilla en efecto
en defecto

la más vieja facultad apropia al meteco
el mimo es tercera vía
en máscara habla siempre un rey

sin raptos otro acceso.

(mayo 1991)

Primera Parte

Prólogo

Con pies de paloma y corazón de serpiente

> En el trabajo del duelo no es el dolor lo que opera; el dolor vigila[1].
>
> Maurice Blanchot, *Writing*.

> El pensamiento se abandona a su apertura y alcanza así su decisión, el momento en que hace justicia a esta singularidad que lo excede, excediéndolo incluso en sí mismo, incluso en su propia existencia y decisión de pensar. Así también le hace justicia a la comunidad de los entes. Esto quiere decir que el pensamiento no puede dictar ninguna acción práctica, ética o política. Si pretende hacerlo olvida la esencia misma de la decisión, además de abandonar la esencia de su decisión a favor del pensamiento. Esto no quiere decir que el pensamiento da la espalda de una manera hostil o indiferente a la acción. Al contrario, significa que el pensamiento se comporta anticipando la posibilidad más propia de la acción.
>
> Jean-Luc Nancy, "Decision".

El dolor pesa en el corazón de la decisión por el pensar. Si el dolor revela la experiencia singularmente pasiva e inoperante de estar frente a la muerte, de vigilar silenciosamente lo que no se puede nombrar, lo que es siempre anterior y en exceso del abandono del pensamiento a su propia apertura y decisión, entonces desde el lenguaje el dolor es el *otro* originario e innombrable que en su vigilancia se comporta no solo en anticipación de la apertura y posi-

---

[1] Todas las traducciones del inglés son mías.

bilidad más propia del duelo, como la búsqueda de cierta comprensión, sino también en anticipación de la posibilidad de toda acción. El dolor es el otro originario del lenguaje, la pasividad afectiva que se comporta en anticipación de todo acto responsable del pensamiento y de la escritura. Es por esta razón que se le puede considerar la fundación infra-estructural de todo pensar y escribir. Pero el dolor en sí nunca puede ser político. Más bien, solo puede reflejar el cuidado infrapolítico por la profundidad del abismo del ser para la muerte, o por la dolorosa aceptación de cierta responsabilidad hacia el límite y la posibilidad existenciales. Por esta razón el trabajo del duelo, la búsqueda laboriosa de un lugar asignable para la muerte, o para la muerte del otro, atraviesa el pasaje pre-político del dolor a cierta sintonización en el pensamiento por la responsabilidad hacia el límite y la escritura, hacia la posibilidad de dar cuenta de la libertad y de la existencia. Como dice Jacques Derrida en *Dar la muerte*: "La preocupación por la muerte, este despertar que vigila la muerte, esta consciencia que se enfrenta con la muerte es otro nombre de la libertad" (15).

"La pérdida", observa Maurice Blanchot, "va con la escritura" (84). Pero continúa el autor, "una pérdida sin ningún tipo de don (es decir, un don sin reciprocidad) siempre es propensa a ser una pérdida tranquilizante que garantiza la seguridad" (84). *Tercer espacio: Literatura y duelo en América Latina* (1999) de Alberto Moreiras –un libro dedicado a la memoria e imagen de una madre muerta y de un padre superviviente (dedicado por lo tanto a la doble herencia nietzscheana), pero un libro que es también una consciente meditación no *sobre* (puesto que esto no es un trabajo de *representación*) sino *mediante* la pérdida auto-gráfica de la raya que divide Portugal y Galicia–; de la *movida* de Barcelona después de la muerte del dictador Franco; de un idioma originario perdido y transformado por la experiencia nomádica de la re-institucionalización académica en los Estados Unidos; de los impulsos identitarios de la izquierda latinoamericanista antes y después de la caída del muro de Berlín, y todo esto acompañando la decisión de pensar desde dentro de la clausura de la metafísica tan persistentemente anunciada por Nietzsche, Heidegger, Derrida y otros –es todo menos la escritura de una pérdida tranquilizante que garantiza la seguridad–.

Tercer espacio fue concebido y escrito en la intersección de tres registros simultáneos de duelo: "El registro de la literatura latinoamericana a ser estudiada, el registro teórico propiamente dicho, y el otro registro, más difícil de verbalizar o representar, registro afectivo del que depende al tiempo la singularidad de la inscripción autográfica y su forma específica de articulación trans-autográfica, es decir, su forma política" (25). En un inquietante gesto hacia el lector situado más o menos cien páginas antes del final del libro,

Moreiras presenta la variabilidad e inestabilidad de los nombres del duelo mediante una especie de sobreabundancia orgiástica de designaciones utilizadas para darle algún tipo de consistencia al lenguaje innombrable e inconmensurable que nadie habla, es decir, a la eterna recurrencia de la no-ocurrencia del dolor y de la agitada experiencia de la pérdida que la escritura revela y oculta simultáneamente: "La escritura del duelo va hasta aquí acumulando nombres: escritura del tercer espacio, escritura de la ruptura entre promesa y silencio, escritura lapsaria, escritura que repite lo indiferente, escritura de la anormalidad ontológica. Todos estos términos mentan un mismo fenómeno, cuyo carácter fundamental es el intento de sobrevivir a una experiencia radical de pérdida de objeto" (291-2). A estos intentos de supervivencia en la escritura el lector actual puede sumar la cuestión del 'regionalismo crítico', del 'punctum' o de la crítica subalternista al postcolonialismo como designaciones suplementarias que también vienen a la mente en un acercamiento al libro veinte años después de su publicación original.

El gesto sostenido de *Tercer espacio* hacia la posibilidad de una reciprocidad futura –hacia un acto de posible responsabilidad, de una decisión y por lo tanto de una respuesta al otro ante lo imposible– se repite en las últimas líneas del libro en un adiós formulado apropiadamente desde la novela de Tununa Mercado, *En estado de memoria*. Al final Moreiras observa que la "sorda demanda de restitución desde la destitución... es ... el resto abierto de este libro expuesto a la demanda literaria que ahora llega a su fin" (280). Una invitación y una doble demanda por una conducta intelectual o un futuro comportamiento conceptual, por una respuesta, a raíz de la destitución literaria –es decir, del emergente y continuo abandono de la literatura como alegoría nacional compensatoria– que el mismo *Tercer espacio* ha consumado y llevado a cabo.

¿Y ahora qué hacer?, pregunta Moreiras. Mientras el dolor es el don originario y singular que nadie puede recibir *como tal*, *Tercer espacio* es la exploración solitaria y trans-autográfica de los contornos del duelo. Es la búsqueda de una posible reciprocidad, de un velatorio colectivo sin el cual no puede haber ninguna política común sintonizada con la clausura de la metafísica y con la caducidad del valor asignado históricamente a "lo literario".

Veinte años después de su publicación inicial en Santiago de Chile en quizá la única editorial del mundo hispanohablante de aquel momento que podía recibir con hospitalidad un libro así (pero también una editorial que quizá selló su limitada distribución), ahora está claro que la casi nula reciprocidad del campo de los estudios literarios y culturales latinoamericanos tanto en Estados Unidos como en América Latina confirma una preferencia constitutiva por la seguridad tranquilizante de la identidad y la diferencia, por encima de cualquier demanda inquietante de pensar desde una posición que *no sea* la de la metafísica del sujeto (porque el objeto del duelo aquí es nada menos que la metafísica misma).

Mientras hacia los finales de los años 90 *Tercer espacio* fue una invitación a un velatorio colectivo a la luz del cierre de la metafísica y del deceso concomitante del Eurocentrismo literario –del agotamiento mismo de lo literario– el campo ha respondido en las últimas dos décadas con la vehemente demanda por una metafísica cada vez más humanista llevada a cabo en nombre de la "opción decolonial" avanzada por Walter Mignolo, Enrique Dussel, Aníbal Quijano y sus innumerables acólitos, por la política populista de solidaridad con el Sur Global, por la militancia subjetivista, y por la banalidad del historicismo, la antropología cultural y la sociología que han secuestrado a los estudios culturales en nombre de la interdisciplinariedad institucional.

En vez de acercarse a la compleja apostasía que ofrecía este libro herético y demoníaco el campo divulgó, enfatizando vehementemente los protocolos y el sentido común de su autoridad, ortodoxia, dominio y doctrina, la veneración por la tradición cultural y política criolla. El papismo postcolonial (con toda la fe en la conversión subjetiva, la redención y el sacrificio que esto implica) desplazó activamente una forma de pensar que suponía, para el nihilismo de la herencia identitaria criollista y la seguridad tranquilizante de su conocimiento universitario, el don de la muerte, la destitución, o el auto-sacrificio transformador. Gracias a este éxito superficial la posibilidad de un re-inicio de lo ético-político se ha quedado cada vez más truncada, y así sigue.

Tercer espacio es una obra herética que en los años posteriores a su publicación chocó casi completamente con oídos sordos. No existía anteriormente ningún claro en el campo que posibilitara o explicara la existencia de un libro así, y cuando se publicó en 1999 todavía no existía ningún espacio hospitalario para él. En este sentido es una obra de una libertad singular y destructiva, un bienvenido e irresponsable llamado por la posibilidad de *otra* responsabilidad intelectual.

A finales de los 80 y comienzos de los 90 el campo de los estudios literarios y culturales latinoamericanos todavía estaba dominado por la formación y los protocolos de sus tradiciones literarias nacionales; por las alegorías nacionales del modernismo literario latinoamericano (el 'Boom') y todas las otras alegorías nacionales que siguieron (el así llamado 'post-Boom'). Pero también lo caracterizaron esporádicas discusiones sociológicas acerca de las exclusiones sobre las que tales sistemas estéticos y nomenclaturas se construían, además de una apreciación generalizada por las técnicas de la transculturación narrativa y de la 'ciudad letrada' que había coreografiado Ángel

Prólogo

Rama en los primeros años de los 80. El Hispanismo latinoamericanista de los Estados Unidos existía firmemente a espaldas de las renovaciones teórico-políticas que habían ocurrido durante los años 80 en los campos de la literatura comparada, en los departamentos de inglés o francés, en los estudios de cine, de geografía, etc. Cualquier cosa que oliera un poco a filosofía, psicoanálisis, deconstrucción, postcolonialismo o post-Marxismo se recibió como mera importación inauténtica ("¿Por qué leer a Foucault cuando nosotros tenemos a Rama?"). Cualquier discusión de la postmodernidad a comienzos y mediados de los 90 se reducía a un puñado de jóvenes lectores perspicaces, pero el fenómeno de la globalización era ampliamente descartado porque se decía, en contra de toda evidencia emergente, que el estado nacional todavía proveía el ímpetu histórico de la cultura nacional y que seguiría haciéndolo. Nadie en los círculos culturales hablaba ni del neoliberalismo ni de la ascendencia del capitalismo financiero. A comienzos de los 90 Beatriz Sarlo intentó dar cuenta de las escenas transformadoras de la postmodernidad pero básicamente acabó lamentando el fin de las metanarrativas *tout court*. A raíz de las guerras civiles centroamericanas de los años 80 la izquierda latinoamericanista adaptó como estandarte el género del *testimonio* como un contrapeso "real" frente a las formas culturales elitistas de la literatura del Boom y el post-Boom. A comienzos de los 90 emergieron por primera vez gestos menores hacia la deconstrucción cuando un pequeño número de latinoamericanistas entrenados en la Universidad de Yale empezaron a reconocer la técnica literaria del *suplemento*, por ejemplo. Pero mientras la clausura de la metafísica misma seguía siendo una zona prohibida para el pensamiento hispanista el archivo del humanismo criollo y de sus ontologías regionalistas podía persistir sin repercusiones, y la deconstrucción podía etiquetarse como una torre de marfil dedicada al ejercicio vacuo y elitista de juegos de palabras e de indecidibilidad política. Y en eso se consensuaron tanto la izquierda como la derecha. En la estela de la caída del muro de Berlín el Grupo Latinoamericano de Estudios Subalternos siguió una política populista de solidaridad desde el Norte, publicando en 1993 su "Manifiesto" como un intento de corregir el hecho de que los debates postcoloniales en la academia anglohablante habían pasado por alto la existencia de América Latina. Mientras tanto, después del Quinto centenario conmemorando la colonización española de las Indias se detectó un "lado más oscuro del Renacimiento", haciendo caso omiso sin embargo del hecho de que ese lado más oscuro de la historia de la expansión territorial eurocéntrica es de hecho la realización histórica y conceptual, el ancla y garantía metafísica misma, del *Logos*. Es desde este constitutivo impasse conceptual y político anunciado por primera vez a mediados de los 90 que la "opción decolonial" revela su dilema central e

Tercer espacio

irresuelto, a saber, que en la historia reciente del campo ningún otro discurso académico ha girado tanto alrededor de su relación de dependencia en la perpetuación de la metafísica eurocéntrica (la identidad y la diferencia) como la "opción decolonial". Esta es, al fin y al cabo, la mercantilización académica del logocentrismo "occidentalista" en acción. Hasta hoy día, tal es el estado del campo postcolonial en su versión latinoamericanista.

Y luego, con resonancias del Zaratustra nietzscheano ("con pies de paloma y corazón de serpiente"), llegó *Tercer espacio: Literatura y duelo en América Latina*, un libro que coincide en su momento de publicación con el desarrollo y finalización de *The Exhaustion of Difference* (2001), y en el que también se ve claramente el núcleo de las obras posteriores *Línea de sombra* (2006) y *Marranismo e inscripción* (2016).

Como ya he mencionado, antes de la publicación de *Tercer espacio* ningún otro libro que se ocupaba de los estudios literarios latinoamericanos había identificado como su punto de partida la clausura de la metafísica. Esto indica que ningún otro libro se había acercado al concepto de la finitud como el *Ab-grund* esencial mediante el cual el pensamiento solo puede revelarse como un trabajo infrapolitico de duelo, más que como una búsqueda dialéctica por la revelación del Espíritu Absoluto. Ningún otro libro había manifestado tanta sensibilidad ante los cambios de la época en la que se concibió, posicionándose en el umbral de la globalización capitalista financiera que ahora domina todo. Ningún otro libro había lidiado con la herencia cubana no desde el ortodoxo lenguaje identitario del anti-imperialismo bolivariano sino desde la heterodoxia laberíntica de Lezama Lima, Sarduy y Piñera, asumiendo en el camino la destitución no solo como una meta en sí sino como un singular modus operandi para el desmantelamiento del conformismo político. Ningún otro libro había calado tanto las limitaciones conceptuales y políticas de la así llamada "opción decolonial" incluso antes de que se convirtiera esta en el sentido común del campo. Ningún otro libro se posicionó tan claramente al comienzo del agotamiento de las vanguardias y de la continuada insolvencia de la categoría y destino institucional de la "literatura", haciéndolo sin embargo abriendo nuevos contornos para el trabajo del duelo desde dentro de la clausura de la metafísica misma (por esta razón las lecturas de Borges presentadas en *Tercer espacio* son hasta hoy sin igual en el campo). Ningún otro libro había cuestionado con tanta eficacia las formulaciones superficiales de las políticas de solidaridad latinoamericanistas que emergieron a raíz de las guerras civiles centroamericanas de los 80 (en este sentido la lectura de la dialéctica hegeliana o del involucramiento de Cortázar en Nicaragua presentadas aquí permanecen sin par). Ningún otro libro en el campo del humanismo latinoamericanista había demostrado el más mínimo interés en la cuestión de la realidad virtual, el *techne*, y la distopía ciberpunk, y en los últimos veinte años no ha cambiado gran cosa, desafortunadamente. Finalmente, entre tanto hablar de la transculturación y de la hibridez cultural, ningún otro libro había conseguido amalgamar de una manera tan creativa el campo de los estudios literarios y culturales latinoamericanos con las fundamentales renovaciones teóricas de los años 80 y 90 en la universidad norteamericana (coincidiendo, claro, con la renovación conceptual chilena de los mismos años). Esto significa que mediante la des-territorialización bibliográfica del campo producida por Moreiras en ese momento, *Finnegans Wake*, Duchamp, Blanchot, Bataille, Kojève, o Allucquére Rosanne Stone (ampliamente reconocida ahora como co-fundadora de los estudios de transgénero) cabían tanto en el campo como cualquier sociólogo o crítico literario nacido en Arequipa, Montevideo o Córdoba. Tales cosas eran inauditas... y por lo general siguen siéndolo.

"Ya todo es póstumo" había observado Severo Sarduy poco tiempo antes de morir (citado en Moreiras, 227). A raíz de esta grata e importante iniciativa para re-publicar esta obra verdaderamente singular dos décadas después de su divulgación original, esperemos que la posteridad que el libro vigila –el cuidado que manifiesta al dejar que el ser para la muerte salga a la palestra mediante el lenguaje de la tradición– ya no sea objeto del silencio tranquilizante e inmunizante de la metafísica del olvido, sino de una sostenida reciprocidad que una obra de esta peculiaridad solicita y merece.

Sin embargo, a lo mejor, prefieres no esperar mucho ...

Gareth Williams
University of Michigan

OBRAS CITADAS

Blanchot, Maurice. *The Writing of the Disaster*. Ann Smock trad. Lincoln: University of Nebraska Press, 1995.

Derrida, Jacques. *The Gift of Death*. David Willis trad. Chicago: University of Chicago Press, 1995.

Moreiras, Alberto. *Tercer espacio: Literatura y duelo en América Latina*. Santiago de Chile: LOM Editores, 1999.

Nancy, Jean-Luc. "The Decision of Existence". En *Birth to Presence*. Brian Holmes trad. Palo Alto: Stanford University Press, 1993, 82-109.

Introducción

> La insistente preocupación sobre si estamos de hecho trazando nuestro propio ojo puede suavizarse hasta cierto punto recordando que nuestro ojo es también parte del sistema mismo del Ser que es nuestro objeto de atención
>
> Jameson, *Seeds* 130.

I

El proyecto original contemplaba la posibilidad de estudiar procesos de reflexión estética y crítica en la literatura latinoamericana desde perspectivas adquiridas por mí en el contacto relativamente asiduo con textos heideggerianos y derrideanos[1]. Mi intuición básica suponía una comunidad de intereses entre la postfenomenología y ciertos autores latinoamericanos a cuya obra cabía achacarle cierto parecido de familia con el empeño de deconstrucción de la metafísica, explícitamente enunciado en su dimensión filosófica y europea por Martin Heidegger en 1927[2]. La escritura de Jorge Luis Borges y José Lezama Lima, por ejemplo, a través de lo que yo veía como una forma de indagación poética o infraestructural de la cuestión del fundamento de la escritura, que es también, de acuerdo con el ontologocentrismo metafísico, la cuestión del principio de razón, parecía autopostularse, desde regiones intelectuales no del todo autónomas, como instancia perturbadora con respecto de la tradición ontológica occidental[3].

La dimensión comparativa del análisis se centraba en dos problemas de rango epistemológico y político: el primero relacionado con la dificultad de integrar, desde un punto de vista crítico, reflexión filosófica y escritura litera-

---

[1] Cf. Moreiras, *Interpretación*. Dos libros que indagan en presupuestos parecidos son Brett Levinson, *Secondary*, y Bernard McGuirk, *Latin American*.

[2] En la sección 6 de la Introducción a *Ser y tiempo*, "La tarea de una destrucción de la historia de la ontología", en la que Heidegger afirma que tal destrucción ha de ser emprendida como forma de abrir los oídos a la olvidada pregunta por el sentido de ser (Heidegger, *Sein* 19-27).

[3] Mi vinculación de escritura y desestabilización del ontologocentrismo está por supuesto en deuda con el libro de Derrida *De la grammatologie*. Ver también "La pharmacie de Platon" en *La dissémination*, 69-198.

ria; el segundo, con la no menor de relacionar un proyecto de pensamiento nacido en Europa y una serie de efectos de escritura que, por producirse en el contexto histórico-social latinoamericano, debían ser leídos en tensión poscolonial con paradigmas metropolitanos. Pero dos consideraciones me permitían suponer que tales problemas no eran obstáculos insalvables, sino que podían entenderse como los propiamente constituyentes del fundamento teórico de la indagación crítica propuesta: la primera, que la complejización y subversión de las relaciones entre filosofía y literatura pertenecen esencialmente al proceso de deconstrucción entendido como intervención y corte en la historia de la metafísica; la segunda, que, en la medida en que la deconstrucción afirma fundamentalmente la imposibilidad de clausura ontoteológica de la metafísica, también revela la última determinación del interés de clausura como determinación condicionada por instancias políticas. La metafísica puede ser identificada por Heidegger y Jacques Derrida como siempre ya metafísica de la presencia a partir de una toma de distancia crítica con respecto del efecto de presencia. La articulación de tal efecto con las cuestiones poscoloniales de identidad y diferencia cultural parecía prometedora.

Por detrás de mi interés escolástico se daba la necesidad privada o singular de asegurar un campo de escritura crítica que autorizara mi propia inversión autográfica; que no pretendiera eludir, sino que tematizara, aunque mediadamente, lo que había venido a ser una extraña situación –y extraña precisamente por ser tan molesta como trivial: mi complejo desarraigo con respecto de la sociedad en que nací, su sustitución por una no menos compleja relación con la sociedad en la que vivo casi exclusivamente canalizada a través de la vida universitaria, mi duelo personal por ese doble desarraigo y su proyección simbólica en mi trabajo como intérprete o mediador de lo que para mí era el tercer espacio vital de la reflexión latinoamericanista en los Estados Unidos[4]. Me parecía que esa misma característica o serie de características estaba ya al menos enigmática y parcialmente alegorizada en la relación interna que ciertos segmentos de la literatura latinoamericana –los que me interesaban más profundamente– mantenían respecto de su propio suelo de historicidad, a partir de las condiciones impuestas por la desagregación social de las formaciones poscoloniales. Si no realidad, tal fue al menos la tropología o el delirio de partida para el proyecto mismo del libro –lo cual lo condenaba de antemano a ser idiosincrático, personal, controvertible, pero también le daba la coartada más o menos limpia de tener entonces que ser

---

[4] No puedo evitar ahora desdecirme: en la "reflexión latinoamericanista en los Estados Unidos" no hay espacio "vital" alguno, y no entenderlo así desde el principio resultó nefasto (nota de 2021).

leído como ensayo de autoexpresión bajo esas condiciones–. Este fue además el razonamiento que me llevó al Capítulo primero, donde justifico la necesidad de seguir estudiando autores canónicos, y en posición simbólica masculina, aunque en invocación explícita de otros argumentos.

Tratar de entender la dimensión metacrítica o autográfica del proyecto, que debía permanecer, si no secreta, meramente entrevisible por obvias imposiciones de género de escritura, me había llevado al estudio de aspectos teóricos y prácticos de la reflexión autobiográfica en Nietzsche y Derrida, en cuyas obras me encontraba ilusamente atrapado en cuasi-identificación fantasmática (salvando las distancias, en la misma medida que con respecto de Borges, de Lezama o de Julio Cortázar). El resultado fue lo que en ese momento me pareció un descubrimiento experiencial modesto, pero con implicaciones no meramente personales: no solo que toda escritura es autográfica sino también que ninguna escritura lo es del todo, que la autografía no puede nunca constituirse a partir de sí misma, que siempre está implicada en la invocación de un otro que, al ser *escrito*, viene a reconstituirse como anticipación de un mismo, a su vez siempre entendido como entrada en la otredad. Esto parecía, como explico en el Capítulo octavo, dar confirmación de la intuición nietzscheana de que la escritura es una forma de pagar una deuda de vida o consumar un duelo, y que por lo tanto la escritura inscribe, antes que nada o después de todo, la problematicidad inacabable de una mímesis sin final, que es también un eterno retorno de lo mismo y de lo otro[5]. La deconstrucción había venido a ser para mí, entre otras cosas, la cifra de la comprobación incesante de tal proceso de duelo y autoduelo en la escritura. Pero por lo pronto el fantasma de lo excluido –y entre otras cosas el testimonio, la posición femenina, lo indígena, lo no literario o filosófico– venía a marcar mi texto desde su concepción misma, y a proporcionarme dificultades tal vez invencibles.

Si mis necesidades pulsionales iban en cualquier caso a poder quedar abiertas al proyecto metacrítico de sostener una cierta demanda de consistencia *lógica*, el plan del libro debía permanecer sometido, al menos en uno de sus niveles de determinación esenciales, a una meditación concreta sobre la mímesis o práctica de duelo, en tres registros: el registro de la literatura latinoamericana a ser estudiada, el registro teórico propiamente dicho, y el otro registro, más difícil de verbalizar o representar, registro afectivo del que depende al tiempo la singularidad de la inscripción autográfica *y* su forma específica de articulación trans-autográfica, es decir, su forma política.

En la medida en que el eurocentrismo no era simplemente una dimensión de mi propia voluntad de lectura sino que estaba fuertemente inscrito

---

[5] Sobre "mímesis sin final" ver Philippe Lacoue-Labarthe, *La fiction* 82.

en los textos a ser estudiados, la forma más simple y quizá más adecuada de hacerlo era mediante la creación de una perspectiva que me permitiera incluir el eurocentrismo como foco o instancia crítica de reflexión. Ahora bien, la crítica del eurocentrismo no podía en ese caso desvincularse del tema anterior del Eterno retorno como campo de duelo escritural. El eurocentrismo, en los autores estudiados, en su modulación filosófica como ontologocentrismo, es precisamente lo que recurre eternamente[6]. La cuestión del eurocentrismo tendría pues que decidirse en esos autores en relación con su posición respectiva respecto de la escritura, y en concreto en relación con la pregunta acerca de si su escritura ofrece o no ofrece una alternativa crítica al ontologocentrismo que parece constituir su demanda originaria o el suelo mismo de su constitución.

Práctica de duelo y ontologocentrismo se presentaban pues como apropiado campo temático de reflexión para intentar tramar un pensamiento sobre la historicidad de ciertos segmentos de la literatura latinoamericana a partir de lo que podría llegar a configurarse como una genealogía de lectura alternativa. En cualquier caso, y en la medida en que mi estudio de Borges y Lezama y Virgilio Piñera iba avanzando, me parecía que su tematización del Eterno retorno en tanto doctrina metafísica les ofrecía el campo justo para una crítica del fundamento de la escritura que si, por una parte, los colocaba en abierta sintonía con corrientes significativas de la estética transnacional contemporánea dominante, por otra, les permitía (o me permitía) encriptar una lectura de sus obras respectivas en clave de regionalismo crítico respecto de esa misma estética y de sus posibilidades epistémicas para el pensamiento y la práctica artística latinoamericana.

El ontologocentrismo en su dimensión metafísica, autorizadora de una forma de pensamiento que hace de la identificación del ser, entendido como principio de los entes, y de la razón, entendida como inteligibilidad de los entes, fundamento de la historicidad misma, se presenta, en relación con América Latina, como marca de historicidad dominante para sistemas de experiencia subalternizados por la colonización europea, pero también para las formaciones culturales de la élite criolla, que viene a percibir su dependencia con respecto de Europa como signo de alienación específica con respecto de su propio destino histórico. Por otra parte, el ontologocentrismo, como horizonte temático de mi proyecto, se ofrecía también como límite de mi propia inversión en el juego interpretativo. Así quedaron más o menos establecidos los espacios críticos en los que el libro trataría en general de incidir a

---

[6] El ontologocentrismo como fundamentación de la historia europea a partir de la historia de la metafísica fue primeramente analizado por Heidegger en *Identität* 35-76.

partir de calas parciales. Tuve entonces que decidir la distribución respectiva de capítulos así como las dosis adecuadas de inversión libidinal en cada uno de esos niveles, en la medida en que esto último es en efecto decidible y no está siempre de antemano en cada caso decidido para el sujeto por instancias exteriores a la subjetividad misma: de todas formas, el problema era ya, podía pensarse, estrictamente económico.

II

Si el eurocentrismo es precisamente lo que recurre sin cesar, en una u otra manera, a partir de la articulación histórica de América Latina a través de la dominación colonial y sus secuelas, entonces está implicado como una de sus instancias centrales en la historicidad latinoamericana. Su presencia en la literatura latinoamericana, en la medida en que tal literatura se constituye en cuanto tal a través del aparato colonial mismo, es, en una de sus vertientes, la firma de su historicidad concreta; en otra, sin embargo, la firma de una historicidad ajena en tensión con la cual registra un proyecto contrario y por lo tanto la intención abismal de una ruptura de la historicidad, o de una apertura hacia una historicidad alternativa.

Pensar el eurocentrismo desde formaciones literarias latinoamericanas, y por lo tanto pensar desde ellas cualquier alternativa al eurocentrismo, permanece, como problema, extraordinariamente complicado. Por lo pronto nunca es cuestión de pretender que el texto latinoamericano, por su sola virtud en cuanto tal, marque ya una diferencia absoluta respecto de formaciones intelectuales europeas. Aunque no es extraño a la tradición literaria latinoamericanista sostener que el eurocentrismo es precisamente aquello que una crítica no auténtica o propiamente latinoamericana, y por lo tanto ciega a su intrínseca dimensión ilegítimamente apropiativa, reintroduce, mediante propuestas exotópicas de lectura, en lo que Roberto Fernández Retamar, por ejemplo, llama algo pomposamente la "heroica creación" cultural de América Latina, se puede mostrar, como hago en el Capítulo primero, que las cosas son más complejas de lo que generalmente se presume (Fernández Retamar, *Para una teoría* 88).

El manifiesto del Grupo de Estudios Subalternos Latinoamericanos advierte con razón contra la trampa, "dominante en previas articulaciones [culturales] de liberación 'nacional'", de considerar que la élite cultural del subcontinente pueda autoconcebirse como meramente "subalterna" respecto de la "hegemonía cultural metropolitana" (Latin American Subaltern Studies Group 119-20). De hecho, la inteligencia poscolonial, a cuyo cargo ha estado la producción de la gran mayoría de los textos que forman el cuerpo canónico de la literatura latinoamericana, se apropia con frecuencia de la representación de subalternidad como medio de asentar su hegemonía intranacional y continental, es decir, como medio de legitimar su pretensión de poder social en cuanto inteligencia nacional y en el contexto transnacional. Este no es, obviamente, un problema menor, que baste con dejar enunciado. Pero lo cierto es que la tensión histórica entre centro y periferia, Norte y Sur, identidad y diferencia, canon y contracanon, imperialismo y descolonización, eurocentrismo y endogeneidad tiene también extrema complejidad en el caso de los escritores o escritoras pertenecientes a la élite culta cuyo gesto estético fundamental no pasa primariamente por la reivindicación de subalternidad. Esas polaridades, en el caso de la escritura literaria latinoamericana, de ningún modo son una mera función de imposiciones críticas, sino que están frecuentemente dobladas en el interior mismo del texto primario: en la medida en que la escritura latinoamericana es en sí el producto discursivo de un largo proceso colonial una de cuyas más obvias consecuencias es la constitución de élites criollas con amplias raíces culturales europeas, las condiciones históricas que presiden su constitución alientan la reproducción intrínseca de ideologemas y posicionamientos que, dependiendo genealógicamente de articulaciones metropolitanas, vienen a reconfigurarse en el nuevo contexto inestable y contradictoriamente.

Lo que se plantea a partir de este hecho incontrovertible de las formaciones históricas latinoamericanas es el tantas veces discutido asunto de la naturaleza supuestamente artificial, imitativa, o incluso, según las formulaciones más descabelladas, "falsa" de la vida cultural de la región. En "Nacional por subtração" el crítico brasileño Roberto Schwarz se refiere a la formulación clásica del planteamiento como "una ideología en el sentido marxista del término, esto es, una ilusión apoyada en apariencias" (Schwarz 45). Schwarz nota que si, por un lado, los rápidos cambios en las modas intelectuales importadas que son rasgo común de la vida cultural de las élites latinoamericanas son en sí síntoma de una profunda inadecuación ("Hay una falta de convicción tanto de las teorías constantemente cambiantes como de su relación al movimiento social en su conjunto" [31]), la solución más intuitivamente obvia, que sería abandonar el seguimiento de las ideas metropolitanas, no resulta en absoluto satisfactoria:

> Nada parece más razonable ... que irse al polo opuesto e imaginar que basta con dejar de copiar la tendencia metropolitana para lograr una vida intelectual de mayor substancia ... Durante cierto tiempo [esta opción] anduvo en boca de nacionalistas de derecha y de izquierda ... y, a través de su difusión, contribuyó a prestigiar un bajo nivel intelectual y crudeza ideológica (32).

Introducción

Schwarz se refiere a los brasileños en su ensayo, pero su razonamiento puede aplicarse a toda América Latina. La absurda situación que llegó a desarrollarse, según la lapidaria formulación de Schwarz, fue que "ambas tendencias nacionalistas ... esperaban encontrar su meta mediante la eliminación de todo lo que no fuera indígena. El residuo, en esta operación de sustracción, sería la esencia del Brasil" (33). La crítica dialéctica de Schwarz viene a afirmar que "el dolor de una civilización imitativa no es producido por la imitación ... sino por la estructura social del país", es decir, por las consecuencias de la economía colonial que lo constituyó (46). "La inevitabilidad de la imitación cultural está ligada a un conjunto específico de imperativos históricos sobre los cuales las críticas filosóficas abstractas parecen impotentes" (36). La imitación no sería evitable hasta tanto no se produzca, si llega a producirse, un cambio real en las condiciones socio-económicas de vida que permita que las clases populares puedan redefinir los términos de su existencia básica, según viene a decir Schwarz en buena lógica materialista.

Pero "imitación" no es palabra que parezca convenir a la descripción de la obra de, por lo pronto, Borges o Lezama. Otra forma de interpretación debería pues imponerse. Si era cierto que la escritura borgesiana o lezamiana planteaban un cuestionamiento amplio de la razón occidental, insistiendo en sus límites no tanto como medio de retrazar una idea de modernidad de características de cualquier manera inevitablemente eurocéntricas cuanto como medio de abrirle terreno a posibilidades de pensamiento alternativas, entonces parecía viable explorar la hipótesis de que lo que hay realmente en juego en estas obras es la posibilidad o el inicio de un cambio de paradigma en la escritura poscolonial misma. Ahora bien, tal idea resultaba contraria a una larga tradición crítica latinoamericana que ha preferido históricamente, como dice Schwarz, privilegiar o bien el excesivo encuentro con la modernidad eurocéntrica o bien su rechazo asimismo excesivo. Desde el primer punto de vista, autores como Borges o Lezama son celebrados o condenados por su notorio acercamiento a modos de pensar previamente definidos como no "propia" o "auténticamente" latinoamericanos. Desde el segundo punto de vista, su escritura viene a ser ignorada sobre la base de no poder en ella, supuestamente, encontrarse rastro alguno de la subalternidad colonial cuya vindicación acaba entonces demasiado pronto por identificarse con la "diferencia" latinoamericana según patrones populistas. La insistencia de Borges o Lezama en la crisis de la razón no sería más que síntoma de su mala conciencia eurocéntrica, y prueba de su falta de compromiso con el sujeto latinoamericano de la historia, al que condenarían al abismo sin fondo de la irredención toda vez que la posibilidad de transformación social radical sigue asociándose con el triunfo de la razón ilustrada –por lo demás suficiente pero ahora inconfesadamente eurocéntrica.

Inevitablemente, las acusaciones contra Borges, Lezama o la específica posibilidad crítica de la razón occidental que ellos representan en la tradición literaria latinoamericana desembocan en la más o menos gallarda imputación de nihilismo. Su práctica literaria vendría a ser no más que la confirmación estética de la crisis endémica de unas clases dominantes siempre por otra parte subordinadas al capitalismo imperialista internacional, cuyo proyecto propio por lo tanto empieza y acaba en la necesidad de salvaguarda de su precaria situación intermedia en la formación hegemónica. El mismo Schwarz acaba por hacerse solidario de este tipo de crítica. Pero yo no puedo estar de acuerdo con la noción schwarziana de que "la dominación absoluta [de las clases populares por las élites solidarias del capitalismo internacional] implica que la cultura [que esas élites suscribirían] no expresa nada acerca de las condiciones que le dieron vida, excepto ese sentido intrínseco de futilidad sobre el que un número de escritores han sido capaces de trabajar" (46). Tal "dominación absoluta" en cuanto concepto tiene un carácter de entelequia afín al de los ideologemas de centro y periferia destacados arriba. También ella es, en el fondo, una "ilusión apoyada en las apariencias", toda vez que implica que la escritura latinoamericana está ciega e irrebatiblemente asociada con la élite dominante, y por lo tanto no puede pensar más allá de lo fútil o sicofántico excepto si, traidora a sí misma, piensa en términos próximos a la crítica dialéctica. Obviamente Schwarz apuesta a favor de la generalizada percepción de que la llamada alta cultura, en tiempos de máximo triunfo histórico de las lógicas de mercado, es efectivamente una instancia incapaz de penetrar apreciablemente el movimiento social. Comoquiera, parece injusto identificar sin más la relativa impotencia política de la práctica estética y su supuesta connivencia con las trampas o cegueras ideológicas impuestas por las formaciones hegemónicas.

Pero quizás la noción misma de "residuo" propuesta por Schwarz pueda continuar explorándose: quizá en el residuo o excedente esté, después de todo, en su sentido específico de resto o remanente irreducible al ontologocentrismo, la posibilidad de una cierta contribución latinoamericana a la crítica de la ideología, de la que depende en última instancia el valor ideológico mismo de la práctica estética y de la práctica crítica. Si, como bien reconoce Schwarz, las condiciones del pensar son en nuestro tiempo condiciones globales, en la misma medida en que el capitalismo es un fenómeno global solo modificado en cada caso por lo que José Joaquín Brunner llama "códigos locales de recepción" (Brunner, "Notes" 41), y si, por otro lado, solo se piensa globalmente desde una localización específica, ¿por qué no imaginar que la localización intermedia latinoamericana, es decir, ese tercer espacio

Introducción

ni realmente metropolitano ni realmente periférico constituido, en términos estrictamente simbólicos, por la escritura anti-ontoteológica del continente, pueda de hecho guardar una posibilidad de intervención global a la que no hay que descartar *ipso facto* como un intento penoso de "latinoamericanizar a las culturas centrales" (Schwarz 36)? Trato de ahondar más en esta cuestión en el Capítulo primero y en el cuarto, donde se expone la noción de regionalismo crítico.

Desde este punto de vista no se trata ya de entender a Borges o a Lezama, por ejemplo, desde el campo eurocéntrico de la deconstrucción, sino más bien de sentar la posibilidad de articular sus obras en alianzas pluritópicas con otras fuentes de pensamiento, que permitan la asociación intertextual de proyectos vinculados por un deseo crítico común, si bien desde posiciones geoculturales claramente delimitadas, desde su lugar histórico de enunciación y empezando por el idioma que usan, como diversas, y por lo tanto abiertas a diversas explicitaciones políticas y genealógicas. Con ello parece liquidarse el problema de la jerarquización de voces –filosófica y literaria, europea y latinoamericana, propia y de ellos– a favor de una posibilidad de lectura múltiple que garantiza también que la fuerza estética y crítica de los textos bajo estudio pueda trascender al tiempo que asumir localismos, y quede así abierta a una historicidad más amplia de la que comúnmente se le concede.

Quizá entonces pueda empezar a pensarse que el supuesto "nihilismo" latinoamericano, al margen de lo que quiera que hayan sido las intenciones formales de sus generadores intelectuales, guarda en sí más de lo que generalmente se ha entendido. Quizá incluso pueda entenderse que tal "nihilismo", como afirma Paul de Man en su trabajo sobre Walter Benjamin, en su negatividad radical con respecto de la razón ontologocéntrica, guarda la posibilidad esencial de ser "preparatorio a un acto histórico" (De Man, "Conclusions" 103). Así lo observa por ejemplo Ernesto Laclau, que abre sus *New Reflections on the Revolution of Our Time* con palabras que, aunque solo fuera por su optimismo, me gustaría dejar resonar a lo largo de este libro:

> lejos de percibir en la "crisis de la razón" un nihilismo que lleva al abandono de todo proyecto emancipatorio, vemos en ella la apertura de oportunidades sin precedente para una crítica radical de toda forma de dominación, así como para la formulación de proyectos de liberación hasta ahora restringidos por la "dictadura" racionalista de la Ilustración (Laclau, *New Reflections* 3-4).

Será obvio para sus lectores que este libro no está en realidad apostando fundamentalmente a favor de la formulación explícita de esos proyectos de liberación –su retórica es otra–. Su campo de incidencia, incluso en el sentido político, reside a mi parecer en el intento mismo por exponer la connivencia teórica de los segmentos de literatura latinoamericana estudiados con la desestabilización del ontologocentrismo metafísico occidental según parámetros otorgados al fin y al cabo en primer lugar por la tradición occidental de escritura. En este sentido, Borges, Lezama, Piñera, Cortázar y los demás no están fundamentalmente interrogados desde un punto de enunciación dependiente en sentido fuerte de la teorización de la "subalternidad" latinoamericana, sino desde otra posibilidad enunciativa no exclusiva que cifro en la noción de tercer espacio. Entiendo la práctica del residuo o del resto ontológico en la escritura, cuyo análisis incipiente o parcial este libro propone a través de una serie de lecturas de Borges, Lezama, Piñera, Cortázar, Salvador Elizondo, Estela Canto, Tununa Mercado, y el escritor gallego Xosé Luis Méndez Ferrín, no como un intento de alcanzar la esencia del Brasil, o de otro cualquier país del continente, o del continente mismo, sino cabalmente como una práctica de pensamiento y expresión que resiste tanto a la imitación cultural como a cualquier tipo de reacción identitaria: una práctica del entre de la imitación y su reacción identitaria, no demasiado distinta de la que describiré en el Capítulo tercero como práctica (rota) del entre de pensar poético y teoría. En ella, según creo, esos textos otorgan la posibilidad de ser pensados como intervenciones de amplio rango estético y político en el fin de la modernidad eurocéntrica, que es también quizá, en el plazo largo, un período de comienzo de una historicidad otra cuyas reglas de juego están lejos de haber sido ya escritas. ¿No es también una forma de crudeza ideológica postular como descabellada la noción de que la práctica crítico-estética pueda, en la medida que sea, contribuir a una desestabilización de las estructuras ideológicas de dominación constituidas? Pensamientos estos, al fin y al cabo, con pies de paloma y corazón de serpiente.

III

Las lecturas ofrecidas, así como los elementos teóricos aducidos como su justificación o fundamento de su necesidad, aun incidiendo en general en prácticas literarias desarrolladas por la élite poscolonial criolla y masculina, están todas ellas implicadas en la crisis de la expresión literaria en cuanto tal. Entiendo que la crisis de la expresión literaria en estos textos es sintomática de algo así como *una* (pero no *la*) condición cultural latinoamericana. Pero esa condición es también expuesta como determinadora de una región de reflexión crítico-cultural particularmente significativa. Los textos bajo estudio son usados o entendidos –aunque desde luego no en exclusión de otros textos, formulados desde otras perspectivas experienciales– como zonas de formación de lo que llamo un regionalismo crítico cuyo interés básico será

Introducción

articular, desde su determinación o singularidad histórica específica, una crítica general de la experiencia, y una crítica de la experiencia general, que es por lo tanto también necesariamente una crítica de lo singular en cuanto tal[7]. Ahora bien, entender que esos textos deben ser leídos como zonas de formación de la posibilidad de un regionalismo crítico no implica necesariamente que en ellos el regionalismo crítico esté ya resuelto o entregado. De hecho, la historia que este libro cuenta es radicalmente ambigua en ese sentido.

Los análisis de textos están comprometidos con los desarrollos temáticos e ideológicos que se intercalan y todos ellos aspiran a trazar una genealogía alternativa con respecto de paradigmas críticos dominantes en la tradición: de acuerdo con tal genealogía, los textos estudiados incidirían en un tercer espacio donde las relaciones entre figuralidad literaria y perspectiva teórica están radicalmente problematizadas a partir de la experiencia del fin de la promesa ontoteológica; consecuentemente, todos ellos, también, se constituyen como textos a partir de una experiencia básica o extrema de pérdida del fundamento que de una forma u otra tematizan; por último, todos ellos hacen del lugar de la pérdida el lugar de una cierta recuperación, siempre precaria e inestable, pues siempre constituida sobre un abismo. Esa recuperación está entendida como experiencia alternativa pero todavía propiamente poética de la existencia, que abre estos textos a lo real sociohistórico, dándoles rango potencial aunque negativamente fundamentador de una comunidad social al margen de criterios identitarios o imitativos.

En la cuestión del eurocentrismo ontoteológico, y en la posibilidad latinoamericana de producir segmentos de intervención estético-crítica con respecto de él, se juega parcialmente en tiempos de capitalismo tardío lo que quizá en última instancia no es tanto una descolonización del imaginario – puesto que tal ideologema implica la posibilidad de un imaginario alternativo libre de contaminación colonizante, absolutamente propio, autónomo, y soberano, posibilidad que es también en cuanto tal un sueño de la ontoteología– como un pensamiento de lo singular antiglobal, anticolonizante, heterológico[8]. La escritura del residuo ontoteológico lleva la crítica del eurocentrismo hacia su rearticulación como regionalismo crítico, a partir de un

---

[7] En cuanto a "regionalismo crítico" uso la adaptación que propone Fredric Jameson de una noción desarrollada por el historiador de la arquitectura Kenneth Frampton en su ensayo "The Constraints of Postmodernism" (*Seeds* 189-205). Jameson sugiere que el equivalente literario de la "innovación fundamental de la estética del regionalismo crítico … necesita ser desarrollado" (197). De Frampton ver "Toward a Critical Regionalism" y "Critical Regionalism".

[8] La noción de "imaginación colonizada" en relación con la historia de la literatura y la cultural latinoamericana fue primeramente propuesta, que yo sepa, por Jean Franco a partir de ideas de Frantz Fanon en *Historia de la literatura hispanoamericana*.

concepto de historicidad ya no empeñado en la posibilidad de "modernización" latinoamericana según parámetros eurocéntricos, sino operante en una dimensión, como trataré de mostrar, alternativa. La vinculación de ontologocentrismo e historicidad dominante permite pues releer a contrapelo de una tradición crítica que todavía hoy parece atrapada en ideologemas de identidad/imitación sin aparentemente percibir que identidad/imitación son ya una función del ontologocentrismo como historicidad dominante. Plantear una genealogía crítica alternativa, a partir de la pregunta sobre la desestabilización del ontologocentrismo en la literatura latinoamericana, es en alguna medida contribuir al latinoamericanismo crítico en forma potencialmente innovadora o al menos revisionista. Desde esta hipótesis fueron concretándose los Capítulos segundo, quinto y séptimo sobre Borges, y el Capítulo noveno sobre Lezama.

En esos capítulos me esfuerzo por interpretar la práctica estética de Borges y Lezama en relación con la doctrina nietzscheana del Eterno retorno de lo mismo, entendida desde la gran interpretación heideggeriana como la última doctrina ontoteológica, y así también como la posibilidad de acceso a una alternativa a la ontoteología. Como se verá, no se trata de interpretar los textos *a la luz de* la doctrina nietzscheana, es decir, desde un esquema de subordinación hermenéutica: al contrario, los textos mismos tematizan la doctrina en varias formas y acaban por postular una posición específica con respecto de ella. El subtexto que informa esos cuatro capítulos postula, entre otras cosas, que las prácticas estéticas en ellos estudiadas son también a la vez e indecidiblemente prácticas de pensamiento teórico, donde las fronteras entre las delimitaciones de literatura y filosofía se hacen objeto de desestabilización y cuestionamiento.

No cabe duda de que estas articulaciones de pensamiento son articulaciones de una vanguardia intelectual latinoamericana poco renuente a suscribir su calidad de tal y no avergonzada de serlo. La crítica populista insiste en el carácter elitista de tales indagaciones, anunciando a la vez que el elitismo se produce a costa de falta de solidaridad efectiva con los amplios segmentos empobrecidos económica y culturalmente de la población continental. Es difícil rebatir tales argumentos, puesto que son en general más o menos trivialmente ciertos. Comoquiera, lo que está realmente en juego es determinar, más allá de las responsabilidades políticas de las clases dominantes latinoamericanas, si su producción simbólica alcanza a amenazar esquemas de dominación cultural heredados de la historia colonial y de todas formas incesantemente fortalecidos por el presente panorama planetario. Si la literatura latinoamericana puede desestabilizar, en cuanto literatura latinoamericana, la razón ontologocéntrica, entonces la literatura latinoamericana contribuye a la crítica de la

Introducción

ideología y adquiere un componente propiamente antimistificador que quizá, por otra parte, sea más difícil de constatar en tantos esfuerzos subalternos por formar una identidad oposicional mesmerizada en sus mismas condiciones de constitución por un ontologocentrismo no reconocido como tal, y por lo tanto fácilmente reabsorbible. La dimensión de crítica política de la producción simbólica latinoamericana no se agota en sus proyecciones subalternas. En ese sentido permanece como tarea crucial extraer elementos antihegemónicos de la producción hegemónica misma que, a partir de su reconocimiento y puesta en uso, puedan quizás entrar en articulaciones anticolonizantes con movimientos sociales, por ejemplo en el sentido propuesto por Laclau y Chantal Mouffe, para quienes articulación es "una relación entre elementos tal que su identidad queda modificada como resultado de la práctica articulatoria misma" (Laclau y Mouffe, *Hegemony* 105).

La posibilidad de articulación propuesta para los elementos anti-ontologocéntricos en la práctica literaria latinoamericana no está en este libro fundamentalmente referida al sistema cultural autóctono, sino que hace relación fundamental a su inserción en el aparato global. Sin embargo, se hace necesario, preliminarmente, entender cómo la tradición historiográfica latinoamericana ha sido solidaria desde su constitución de un concepto de modernidad eurocéntrica que preside las condiciones bajo las que tal tradición ha pensado la historicidad latinoamericana misma. Esta es, en síntesis, la misión del Capítulo primero, que tiene un carácter preparatorio y enmarcador, y es en general más propiamente latinoamericanista que los restantes. Trata de mostrar que la tradición historiográfica latinoamericana, en su privilegio de un sujeto trascendental de la historia heredado de la modernidad eurocéntrica, hace crisis precisamente en su relación con la subalternidad a la que nunca puede llegar sin apropiación ilegítima. Además, ofrece una justificación teórica de mi propósito de tematizar los segmentos de literatura hegemónica latinoamericana bajo estudio a partir de la noción de práctica de duelo, entendida como duelo por el objeto perdido ontologocéntrico mismo.

Pretendo en él abrir el camino para las lecturas que le siguen, cuyo centro específico residiría en el estudio de los varios intentos de Borges y Lezama, pero también de Piñera, Elizondo, Méndez Ferrín, y Mercado, por llegar en su trabajo narrativo o poético a teorías de la escritura desestabilizadoras del sujeto trascendental de la modernidad eurocéntrica en su dimensión ontoteológica. Los límites de este tipo de crítica son los impuestos por el hecho de que solo en el sistema literario hegemónico, por oposición a los sistemas literarios o escriturales de formaciones subalternas, es posible encontrar, precisamente en función de su deseo de saturación del campo de pensamiento en perspectiva nacional/continental, el despliegue explícito de una historicidad trascendental profundamente implicada en el discurso colonial –pero así también las condiciones de su desestabilización y acabamiento. Esta es en parte la razón por la que mi selección de autores obviamente privilegia el estudio de elementos radicalmente canónicos en la tradición, incluso allí donde parece abrirse al relativo margen que pueden ocupar por ejemplo Piñera o Mercado con respecto de Cortázar, Borges, o Lezama.

Desde el punto de vista de las metas crítico-teóricas de este proyecto, abrirlo a elementos anticanónicos o subversivos con respecto de la tradición dominante –por ejemplo, a escritura femenina en cuanto tal, o a la llamada etnoficción, o incluso a la crisis de la etnoficción en el proyecto literario de un José María Arguedas– resultaría suplementario con respecto de la economía restringida impuesta por consideraciones estructurales. Tal labor queda, pues, para un próximo libro, que he tratado de anunciar en los Capítulos décimo a catorce, donde una historia que ya no es simplemente la historia de los esfuerzos de la élite literaria latinoamericana por desestabilizar el ontologocentrismo empieza a contarse.

La desestabilización del ontologocentrismo en Borges y Lezama, efectivamente, agota *esa* historia y llega en sí a su propia desnarrativización. A partir de ellos no parecería ya posible entrar relevantemente en su gesto. El Capítulo décimo, sobre la empresa de reducción heterológica en Piñera, y el once, sobre la escritura sádica latinoamericana y su deconstrucción secreta en *Farabeuf*, inician el abandono de la historia contada en capítulos anteriores: o más bien, buscan el principio de una inversión alternativa. Abren el camino al estudio de "Apocalipsis de Solentiname", de Cortázar, en el Capítulo trece, en el que trato de mostrar que la experiencia de límite de escritura que Cortázar describe o registra es también una experiencia historial a partir de la cual la literatura latinoamericana debe enfrentar el fin del duelo y abordar otros caminos políticos. Con él –pero en realidad con la noción de escritura posteórica, que el Capítulo catorce explora en el texto de Mercado– se cierra el ciclo del libro, en cierto modo renunciando al fantasma que lo asedia desde su mismo comienzo.

El Capítulo tercero tematiza las condiciones de lectura de los siguientes desde la formulación teórica de un "duelo del sentido" entendido como compromiso en la doble dimensión de introyección y superación de la pérdida de sentido ontoteológico. En referencia a *Finnegans Wake*, de James Joyce, trato de indagar la proposición de que en los enfrentamientos respectivos de pensamiento literario y pensamiento teórico la ontología encuentra un límite impasable y por lo tanto determinante de una ruptura o abismo de la reflexión. En tal ruptura se disuelve el principio de autoridad que ha impuesto siempre al lenguaje poético un cierto tipo de dependencia con respecto del filosófico. El pensar literario será entonces descrito, también a partir de la continuación de ese capítulo en el sexto, como práctica de duelo, cuya primera condición en cuanto tal es la de conmemorar la pérdida de toda posibilidad de apropiación. Capítulos tercero y sexto deben pues ser entendidos como fundamentaciones teóricas de mi propio acercamiento a la relación entre ontoteología y estética en la escritura desestabilizadora del ontologocentrismo latinoamericana. En ese sentido tienen una dimensión metacrítica, como también la tiene el Capítulo octavo, que es una indagación sobre autografía y deconstrucción a partir del pensamiento de Nietzsche y del de Derrida.

La otra dimensión metacrítica de este libro, en la medida en que yo mismo alcanzo a percibirla, queda confiada sobre todo al Exergo y al Capítulo doce: ambos tratan de explicitar el elemento autográfico de mi escritura en formas que espero resulten sugerentes en el contexto del libro. El Exergo, llamado "Al margen", propone una definición de tercer espacio que entiendo como primera al menos en el orden de fundamentación. El Capítulo doce es un breve análisis de dos textos del escritor gallego Xosé Luis Méndez Ferrín, en el que trato de articular una crítica del ontologismo nacionalista, y una apertura a su resto.

El Capítulo catorce y último (de esta Primera Parte), a propósito de *En estado de memoria*, de Tununa Mercado, encripta o cifra una resolución escritural de todos los conflictos del libro en la noción de escritura posteórica. La escritura de preservación de Piñera, el signo terrible de la apuesta estética de Elizondo, la imposible razón de la tierra en Ferrín, la heterología cortazariana de "Apocalipsis de Solentiname" y la escritura posteórica de Mercado son cinco experiencias tratadas en este libro a partir de las cuales el libro mismo entra en redundancia, y con él sus métodos y disquisiciones. Desde esos textos, desde su sombría o tenue determinación, también Borges y Lezama habrán de ser releídos en su insuficiencia, como meras anticipaciones eufóricas de un final hecho hoy irrevocable. Ahora bien, si lo conseguido es entonces haber indicado la traza de constitución de esa insuficiencia, y cómo esa insuficiencia ha venido a ser parte de lo propiamente legible en la historia literaria de la cultura latinoamericana dominante, me conformo, toda vez que hay también otras insuficiencias menos germinales.

Exergo: Al margen

> Haber sabido hablarte hasta el final de mi dolor y de mis miedos –y de esa ciega rabia contra mi tiempo, cuando aún la rabia era tan solo rabia y no esta fatigada convicción de ahora que me empuja sin retorno, que me lleva a desertar de todas esas palabras que siempre parecen darnos la razón (Morey, *Deseo* 26).

Figura 1

En la foto, tomada en mayo de 1957, un niño de un año, sostenido en brazos por una mujer joven, mira un espejo decó que, como todo lo barroco, representa un sol cuyos rayos son el marco. Mirar ese espejo es un anticipo de lo imposible –de alguna manera, es mirar a aquello que, por garantizar en sí la posibilidad misma de la mirada, debe siempre eludir la mirada, bajo pena de que la mirada se pierda, dispersa en el exceso de visión–. Pero el niño mira con mirada tan atenta como desenfocada aquello que, reflejado en el espejo, no es simplemente la mirada que mira atenta y desenfocadamente. Otros ojos confluyen, los ojos de su madre: y estos parecen también absortos en una mirada hipertrófica, una mirada que trasciende la posibilidad reflejante del

Tercer espacio

espejo y que atiende a su vez a la distancia, a la cámara fotográfica que capta desde detrás la escena de este cruce de miradas que no se cruzan.

El niño mira con mirada ansiosa la elisión de la mirada materna en el mismo exceso de mirada, y así también el punto focal de esa mirada, los ojos desplazados a fuerza de visión, ausentes del lugar propio del encuentro. Ese niño, que todavía no lo sabe, aprende allí una lección en todo lo que le desborda, en todo lo que su mirada no llega a contener, que la fotografía rescata para un futuro entonces precario, ahora consumado. El espacio que la fotografía entrega no es cabalmente el espacio abierto por la mirada del niño, primer espacio, espacio del sujeto del enunciado, espacio propio; pero tampoco es el otro posible espacio, el espacio del sujeto de la enunciación, ocupado, en este caso, tensa y esencialmente, por el cuerpo femenino.

Hay un tercer espacio, definido por la fisura que separa las dos miradas y que bloquea su encuentro, definido por la fisura que, al postergar en ansiedad paciente la posibilidad de encuentro, vincula, pero solo tentativa, hipotéticamente, el espacio primero y el espacio segundo –los vincula al tiempo que los separa tenue e infinitamente. Ese tercer espacio, que marca el lugar o el efecto de lo real en el texto fotográfico, lugar de encuentro y separación de tierra y mundo, lugar en el que la historia se hace posible (por primera vez), lugar en el que el fracaso del imaginario convoca la posibilidad negociadora de la sustitución simbólica, es el ámbito en el que se constituye una profundidad de visión cuya más peculiar característica es la de no poder ceñirse a estabilidad alguna: una profundidad sin fondo y sin inicio, una mera verticalidad desquiciada, por cuanto a través de ella la mirada se agota en un juego imparable de desplazamientos.

Roland Barthes escribió del *punctum* fotográfico como la instancia que revela la fotografía en tanto desolado lugar de pérdida y duelo (Barthes, *Chambre* 48-49 y siguientes). En esta foto, sin embargo, no hay *punctum* sino *puncti*: las dos localizaciones precarias de las miradas que, cruzándose, no se encuentran. Y entre ellas, el tercer espacio, el espacio inmaterial de un desvanecimiento, de una línea de fuga. Quizás hay *punctum*, pero está desenfocado, partido, y esa falta de foco, esa ausencia de coincidencia o identidad, que en otras circunstancias podría haber liquidado la consistencia estética de la foto y haber hecho de ella una foto fallida, es en estas circunstancias el lugar de su absoluta pertinencia, el lugar de su "verdad", entendida como la lección para el futuro que la foto entrega. En este texto la foto se desprivatiza y deviene no solo lugar de escritura, sino emblema o alegoría fundacional. Antes de eso, fue objeto personal de obsesión o síntoma: representación recurrente de lo que debía ser explicado sin admitir al mismo tiempo explicación alguna; aberrante principio de razón; objeto parcial hasta tal punto centro de inversiones inconscientes que ha podido ser rescatado de la catástrofe que, según Theodor Adorno, es constitutiva del pasado de todo emigrado: "La vida pasada de los emigrados, como sabemos, está anulada" (citado por Said, *Culture* 333); o quizá, carnet de tal anulación y no más que índice o recordatorio de esa misma elisión o borramiento de memoria. En cualquier caso por qué no usarla para hacer sentido, y por lo tanto desprivatizar, y abrir a una posible experiencia de comunidad, lo que siempre de todos modos amenaza como brecha del sentido, punto de fuga, vórtice de lo real y opacidad pantanosa. En la película *Arrebato*, de Iván Zulueta, se persigue la violenta posibilidad de confrontación con lo que, en la imagen cinematográfica, alienta entre fotograma y fotograma. La película intima que lo que allí hay por ver, un tercer espacio necesariamente irrepresentable por cuanto autoriza la posibilidad misma de representación, y así queda fuera de ella, al margen de su ley, ese tercer espacio en la fisura de la imagen que es también el único lugar posible de su vinculación con otra imagen, es lo sumamente privado, la experiencia extática de la muerte propia. Sin negar esa posibilidad, trato de entender en el tercer espacio también la invitación a una crítica de la muerte, y así la instancia o región donde el paso liberatorio, y por liberatorio necesariamente implicado en una dimensión política, puede quizá prepararse.

Si no es mero despiste, hay pánico en los ojos del niño: algo se le escapa, y ese algo no es simplemente la devolución narcisista de su mirada. Casi al contrario, parece que el niño se dispone, en el momento de la fotografía, en los brazos de su madre, a abandonar ya todo narcisismo primario en la pura constatación de su inoperancia: lo que el niño pide, lo que al niño parece faltarle y producirle desazón, es una experiencia sólida de encuentro con lo ajeno, con lo diferente, en los ojos que (no) lo miran, y siempre más allá de ellos, en el espacio, segundo espacio, al que ellos se abren. Es como si, para el niño, la experiencia de diferencia en el choque producido por el descruzamiento de las miradas lo hubiera ganado hasta el punto de que toda mismidad, para él, ha quedado herida en la raíz. Habiendo diferencia, que el niño concibe y reclama, no hay encuentro con ella, sino cabalmente un desencuentro esencial, bajo la forma de herida pánica. En los ojos del niño certifico fuga de identidad, y nostalgia anticipada de una vivencia diferencial restaurativa.

Ese que fue niño pretende ahora dudar entre redactar sus palabras en la lengua que le compete pública y profesionalmente, dada su afiliación, o en la lengua que, a fuerza de distancia y desgaste, ha acabado por no hacerse suya, a pesar de su filiación, pero en cuya creciente extrañeza cree entrever a veces todavía una genuina posibilidad de escritura. Algo otro que indiferencia le impidió cuando era tiempo hacerse con una tercera lengua que hubiera podido ser natal y que, de haberlo sido, hubiera quizá (o quizá no) marcado eficazmente el lugar de su pertenencia. Ahora entiende ya que esa tercera lengua, en su ausencia, recobra sin embargo presencia a ratos abrumadora y total, y entiende también que esa tercera lengua es su instancia de exclusión, de emigración, de fuga: su tercer espacio, y el lugar del descruzamiento que lo marca. Tercera lengua como espacio alienatorio: lo más próximo en lo más lejano. Raíces perdidas, y por ello tanto más convocantes:

> Quería seguir á miña tristura deica unhas cavernas que eu sabía que estaban alén, no máis alto e no máis fondo de min; lugares que eu vería suntuosos e mortais. Parecíame que, para acceder a ese reino da anestesia e da ausencia, tiña que me separar da língua igual que unha cobra se desprende da camisa ou a nai do fillo, e logo ollar ese meniño ou esa pel, destinado un á independencia e á perpetuación do tristén, e a outra a se corromper na natureza –cousa que fora orgánica e que emigrou ao magma máis horrendo–. Desexaba a Cripta (Méndez Ferrín, *Arraianos* 60).

De ahí su imposibilidad de traducir y su necesidad absoluta de traducción: una vida traducida y una profesionalización implicada en la traducción son quizá pura sobrecompensación de lo que en última instancia no es más que una imposibilidad de hecho. En el interés teórico voluntad extática de entrada en lo que está más allá de la comprensión: el punto de oclusión narcótica, de densidad sedante, de abandono en lo neutro; en la implicación con la literatura latinoamericana, al tiempo rechazo y sometimiento a la primera lengua que siendo suya no es suya; en la posicionalidad de habla la traza múltiple e inapresable de lo que lo elude como espacio firme de afirmación y contraste; en sus temas la memoria sedimentada y así oculta e inestable de lo inmemorial que asedia, bajo el nombre cifrado de ese tercer espacio de dudosa representabilidad, espacio de duelo y conmemoración, espacio obsesivo. Y así, el resultado se constituye en series disparejas de lugares estancos, dudosa organicidad de ideas, y pulsiones teóricas contradictorias, y el lugar intelectual es a medias lugar filosófico y lugar crítico-exegético, lugar político y lugar privado, lugar poético y lugar de odio a lo poético, aunque el verdadero odio está en la narrativa, porque la narrativa no es aquí más que pretexto para buscar en ella los momentos constituyentes de desnarrativización, los momentos en los que la historia y las historias se hacen indistinguibles de su propio desastre: cuando la lengua común resulta ajena, oscuro goce, espacio críptico.

Capítulo primero

Literatura y sujeto de historicidad

1. El tercer espacio

Pensar el tercer espacio en la escritura latinoamericana es, por un lado, apartarse de la vieja tentación esencialista de postular que tal escritura conforma en su historia un archivo identitario de proyección continental. El residuo nunca lo es de identidad, puesto que la identidad no admite por definición ser pensada en términos residuales. El nacionalismo cultural latinoamericano —dominante entre la élite intelectual desde 1810 hasta el desarrollo de la narrativa del post-Boom, la poesía revolucionaria centroamericana, y el discurso testimonial— produjo no solo gran parte de las obras definidoras del canon latinoamericano, sino también la interpretación o el conjunto de interpretaciones críticas bajo el que esas obras y ese canon pudieron ser leídas. Tal nacionalismo estuvo siempre plagado de graves inconsistencias y silencios en los que posibilidades discursivas alternativas quedaron atrapadas: la abundante documentación ofrecida en los libros de Martin Lienhard y Gordon Brotherston confirma la noción de que el nacionalismo cultural concebido desde parámetros fundamentalmente criollos y burgueses olvidó mucho y negó todavía más (Lienhard, *La voz* y Lienhard ed.; Brotherston, *Book*). Ahora bien, la ampliación del archivo, por más exhaustiva que resulte, o su reconceptualización desde posiciones históricamente revisionistas, tales como las propuestas en diversas ocasiones por Roberto González Echevarría o Francine Masiello, seguirán sin satisfacer la necesidad de identidad que el nacionalismo cultural siempre de todos modos planteó más como utopía fundacional o redentora que como objeto práctico de consecución (ver González Echevarría, *Myth*; Masiello, *Between*).

La identidad ha funcionado en la tradición latinoamericana como ideologema nacional o continental al servicio de reivindicaciones anti-imperialistas orquestadas por las formaciones hegemónicas, de cariz fundamentalmente criollo y burgués, que han dirigido políticamente los destinos de la región. Pero esos sueños de identidad nacional/continental encubren la pesadilla de la violenta homogeneización, uniformización y represión de sociedades múltiples y diferenciales: la sola existencia de los maya-quiché, de los hablantes de quechua, aymara o guaraní, de los descendientes de esclavos africanos en Brasil, el Caribe o la costa del Pacífico desmiente la potencialidad liberadora de la identidad nacional concebida como el primer espacio de la literatura latinoamericana desde la Independencia. También, por supuesto, la represión sistemática de la diferencia de género en el discurso de la identidad, cuyo sujeto ha sido siempre el hombre latinoamericano, con respecto del cual la mujer funcionaba como una simple marca lingüística en el sentido explicitado por Laclau[1].

Pensar el tercer espacio supone asimismo abandonar la noción de que lo que Edward Said llamaba "teoría viajera", es decir, la mera importación al espacio cultural poscolonial de herramientas metodológicas de análisis desarrolladas en el ámbito metropolitano, pueda realmente ofrecer un paradigma de trabajo satisfactorio y resolutivo. Si bien es cierto que la metrópolis europeo-norteamericana, a través de su maquinaria académico-institucional, sigue produciendo articulaciones teóricas, además del marxismo, cuyo carácter no se puede sin seria simplificación considerar implicado en la vieja tarea imperial-colonial, también lo es que el desplazamiento geocultural de tales articulaciones, cuando estas son llamadas a servir de aparato hermenéutico para el análisis de la producción simbólica de otras latitudes, suele conllevar implícitas y no examinadas vertientes jerárquicas que reproducen la estructura de consumo que conocemos como propia del capitalismo monopolista: así, la materia prima latinoamericana, bajo la forma de producción novelística o plástica, resulta manufacturada y traducida críticamente a modos de lectura que, si reciben el beneplácito de la modernidad metropolitana, no necesariamente iluminan la especificidad histórico-cultural que les dio origen.

Nelly Richard ha examinado el problema desde la precisa denominación de "transferencia cultural". Para Richard, la pregunta es: "¿Cómo podemos hacer uso de conceptualizaciones teóricas internacionales, sabiendo que forman parte de la normativa sistemática del centro metropolitano, pero sin, a pesar de ello, ceder a su gramática de autoridad?" (Richard, "Latin American Problematic" 454). La transferencia cultural, en la que el latinoamericanismo como discurso fronterizo y mediador donde se llevan a cabo múltiples negociaciones y naturalizaciones discursivas está desde luego fuertemente implicado, corre siempre el riesgo de jerarquizar discursos a favor de la posición

---

[1] Ver Laclau, "New Reflections" 32-33. Una reflexión semejante a la expuesta en relación con la nación como aparato sustitorio de previas relaciones grupales puede verse en Ernest Gellner, *Thought and Change*; y en Partha Chatterjee, *Nationalist Thought*.

Literatura y sujeto de historicidad

central –y esto es así incluso cuando la posición central insiste en la teorización de los márgenes, o cuando persigue reivindicar heterologías periféricas: las heterologías son solo revalorizadas en tanto en cuanto tal revalorización toma lugar en el centro homológico–. Por otro lado, es también claro que ningún rechazo al por mayor de la teoría metropolitana garantiza pureza interpretativa alguna. La oposición a la conceptualización teórica no latinoamericana solo puede argumentarse consistentemente desde localizaciones de un nacionalismo cultural-identitario extremo, que asume que en cualquier caso la posibilidad de utopía liberatoria no pasa por la construcción teórica sino por la mera explicitación de los signos enterrados en lo profundo de la memoria histórica de la comunidad. Renunciar a la teoría es por lo tanto siempre un acto reactivo[2].

Pero haber abandonado el primer espacio identitario no supone necesariamente abrazar el segundo espacio teórico sin perspectiva crítica, o sin posibilidad de sustraerse a la combinatoria metropolitana y a sus mecanismos de apropiación imperial. Pensar el tercer espacio es salvaguardar el compromiso con la teoría, con la voluntad teórica, y al mismo tiempo colocarse más allá de los paradigmas reactivos de la identidad cultural, que implican reacción sistemática a lo exotópico. Pero es también renunciar a la jerarquización discursiva entendida según patrones clásicos: igual que el texto periférico no se produce como herramienta de captación y dominio del texto metropolitano, tampoco este último tiene derecho de colonización alguno sobre el texto periférico. El tercer espacio marca el ámbito en el que cualquier paradigma de aplicación hermenéutica entra en quiebra.

En la formulación de Homi Bhabha, "el Tercer Espacio, aunque irrepresentable en sí mismo, constituye las condiciones discursivas de enunciación que aseguran que el sentido y los símbolos de la cultura no tienen unidad o fijeza primordial; que incluso los mismos signos pueden ser apropiados, traducidos, rehistoricizados, y leídos de nuevo" (Bhabha, *Location* 37). Para Bhabha lo que él llama la "contribución radical de la traducción de teoría" depende precisamente de que "no hay [en ningún caso] una comunidad dada o un cuerpo popular cuya historicidad inherente y radical emita los signos

---

[2] Críticas fuertes al nacionalismo cultural, endémico en la historia poscolonial en América Latina y otras latitudes, pueden verse en Aijaz Ahmad, *In Theory* y en Neil Larsen, *Reading North*, *passim* en ambos textos. Este libro fue escrito antes de la explosión de la llamada "opción decolonial", que es una radicalización del nacionalismo cultural, a la que por lo tanto no se hace referencia en estas páginas. Pero supongo que me temía a mediados de los noventa que algo como eso estaba viniendo. Mis reparos al respecto no han hecho más que aumentar, y este libro podría valer, en su segunda edición, como una crítica retrospectiva de todo ello –mucho más suave por ser "retrospectiva" o anticipatoria, por cierto.

adecuados" para una igualmente adecuada y liberatoria construcción social (27). Como Bhabha, Richard piensa que es no solo posible sino necesario perseguir "operaciones teórico-discursivas orquestadas desde la periferia no solo para que esta 'construya sus propias frases con sintaxis y vocabulario recibidos', sino también para subvertir las interpretaciones codificadas por los pactos de lectura hegemónica, desviándolos hacia resignificaciones locales tan pedantes –e incluso perversas– como la revolución posmoderna misma" (Richard, "Latin American" 458-59).

Pensar el tercer espacio, el residuo, el *resto* de las formaciones ontológicas es no tanto hacer una contribución al entendimiento cultural de la literatura latinoamericana como estudiar el modo en que ciertos textos reaccionan contra todo posible "entendimiento cultural" y lo desbordan porque meditan un *punctum*, una herida, una desgarradura interior de fuerza suficiente como para conmover toda construcción académico-institucional que pretenda enterrar esa experiencia. La práctica del tercer espacio supone renunciar a la apropiación del texto –supone dejar que el texto entre, en cuanto tal, en su muerte propia, oscuro goce–.

En cuanto escritura propia o constituyente de una localización intermedia, la escritura latinoamericana guarda la posibilidad de constituirse como lugar de un pensamiento ya no condicionado exhaustivamente por la demanda de sentido identitario. Necesitamos una práctica interpretativa que interrogue ciertos textos de la tradición como lugares determinados esencialmente, en su especificidad de práctica simbólica, pero de forma no desvinculada de su especificidad sociopolítica, por la ruptura del entre de práctica identitaria y pensar poético. El texto latinoamericano que se atenga a esas condiciones, capturado por la fisura misma entre la promesa filosófica y el silencio de la figura poética, es un texto híbrido, intermedio, cuya determinación fundamental viene a ser pensar la ruptura –ruptura interior, ruptura del texto mismo, desgarradura a partir de la cual la inmensa polémica entre identidad y traducción que cruza toda la historia de su constitución puede revelarse– y no solo en el sentido apuntado magistralmente por Schwarz –un no menos inmenso malentendido.

Supongamos que "identidad" defina, en la historia de la práctica cultural latinoamericana, nada más (nada menos) que la máscara bajo cuyo reverso se esconde el resto inteorizable, el residuo, la figura. Supongamos que "traducción" defina, en la historia cultural latinoamericana, la máscara encubridora de una promesa siempre diferida de sentido. Supongamos, entonces, que se hace posible interrogar el texto latinoamericano siguiendo el rigor de una genealogía alternativa –una genealogía del tercer espacio, o a partir del tercer espacio, que no rechazaría, por cierto, las genealogías– previas, dado que *"nought that is has bane. In mournenslaund"* ["nada de lo que es está excluido. En la tierra del duelo"] (Joyce, *Finnegans* 614), sino que las asimilaría introyectivamente, como en labor de duelo. La escritura latinoamericana se haría entonces explícitamente interpretable como la figura de una exterioridad que el discurso no puede interiorizar como significación; la figura de la diferencia absoluta, marcada y marcante de una negatividad que la reflexión no puede encerrar dentro de sí; la figura del límite de la reflexividad, de la medida de sinsentido que encierra todo sentido; figura de la singularidad y de la contingencia, viviente en el renunciamiento y en el abandono a lo posible; lugar de chantaje del pensamiento, *black/mail*, carta de duelo, anunciadora de una deuda siempre de antemano encriptada en el campo teórico. Pero también, punto por punto, figura de lo opuesto: porque incorpora el conflicto, porque es el conflicto mismo, como sitio singular y contingente de una ruptura inmemorial que sin embargo condiciona toda memoria, incluyendo la memoria del futuro. No se trata, sin embargo, ni mucho menos, de argumentar que tal práctica crítica convenga a *la* escritura latinoamericana, puesto que es tal entelequia homogeneizadora la que ha dado pie a las trampas de la razón identitaria y de la constitución de una inteligencia que extraía su poder a cambio de auto-erogarse representación continental: más bien conviene a cierta escritura latinoamericana, a alguna escritura latinoamericana, a la que no ha tenido más opción que seguir el camino marcado por esa forma específica de entender su propia relación, tan ambigua como doblemente contradictoria, con lo metropolitano y con lo subalterno, con lo nacional y lo intranacional, con el cosmopolitismo teórico y con la extrema singularidad poética.

II. Espacio literario y modernidad eurocéntrica

Refiriéndose a la obra del filósofo argentino Rodolfo Kusch, Walter Mignolo hace depender la posibilidad misma de encontrar un "tercer espacio" de pensamiento de la constitución de una "hermenéutica pluritópica" cuyas primeras preguntas atienden ya a la formación de sentido ínsita en la formulación misma del proyecto de trabajo:

> ¿Cuál es el locus de enunciación desde el cual el sujeto de entendimiento comprende la situación colonial? En otras palabras, ¿en cuál de las tradiciones culturales a ser entendidas se sitúa el o la sujeto de entendimiento al construir su locus de enunciación? ¿Cómo pueden repensarse el acto de lectura y el concepto de interpretación dentro de una hermenéutica orientada pluritópicamente en la esfera de la semiosis colonial? (Mignolo, *Darker Side* 16).

Tercer espacio

Para Mignolo, si la "posmodernidad" y la "poscolonialidad" son nombres de dos maneras o espacios de pensamiento para "contrariar a la modernidad", "deconstrucción" designaría la operación asociada a la primera manera y "descolonización" la operación asociada a la segunda. Tanto la una como la otra de esas operaciones, sin embargo, en la medida en que buscan romper la dominación del sujeto trascendental universal de la modernidad eurocéntrica, habrán de ejercer su deseo desde la proyección de regiones interespaciales, o espacios del entre, concebidos como lugares *desde* los que pensar, por oposición a lugares *sobre* los cuales pensar (12): espacios, pues, híbridos de pensamiento, como los ensayados por Rodolfo Kusch, que no son propiamente espacios para pensar lo híbrido, sino espacios donde la condición de entre-lugar afecta ya interesadamente la serie de determinaciones críticas; en otras palabras, espacios concebibles en sí mismos como relaciones epistémicas específicas, y no como forma de pensar sobre relaciones epistémicas desde un supuesto más allá de lo social dado en la producción pura de conocimiento.

Esta última opción de pensamiento depende en realidad de la postulación de un sujeto de conocimiento trascendente a las relaciones sociales que lo constituyen. En cuanto tal, organiza desde antiguo una empresa de conocimiento basada en la reducción y asimilación apropiativa del objeto cuya relación con la empresa colonial misma no puede ser pasada por alto. Mignolo remite a la determinación de Enrique Dussel del concepto mismo de modernidad como concepto nacido en la experiencia europea de encuentro y colonización del otro americano. En la medida en que el pensamiento latinoamericano siga presa de tal hipóstasis epistemológica, no tendrá más remedio que seguir autoconcibiéndose en referencia fundamental a la razón metropolitana. Creo que es este problema el que ha hecho depender a la tradición crítica e historiográfica de la literatura latinoamericana de la doble articulación de su propia tarea en términos de identidad y diferencia, o autenticidad e imitación, con respecto de una concepción inevitablemente eurocéntrica de la literatura y de la tarea literaria. Ahora bien, tal concepción sigue viva e incuestionada, y amenaza hoy con paralizar o dificultar grandemente la reflexión crítica misma sobre el espacio literario como espacio de emancipación cultural en el subcontinente. En efecto, en la medida en que la literatura siga interrogándose, como es tradicional, desde parámetros críticos inadvertidamente condicionados por concepciones "modernas", esto es, concepciones basadas en la aceptación previa de un sujeto trascendental de la historia, la literatura habrá de ser desechada como región fructífera para el pensamiento crítico y habrá de ceder el paso a otras prácticas culturales menos sedimentadas, donde al menos es más obvia la irrupción de subjetividades alternativas y así la doble posibilidad de deconstrucción/descolonización con respecto del sujeto universal de la modernidad.

Urge pues mostrar, mediante la articulación de un tercer espacio crítico donde no se trataría ni de entender la literatura como el fundamento de la historia (explícitamente como tal o bajo el pretexto de hacer precisamente lo contrario, como veremos), ni de abandonar la interpretación propiamente literaria por mor de un acercamiento más adecuado o menos eurocéntrico al entendimiento de la cultura de América Latina, lo que en la literatura la lleva a su crisis autorreflexiva como forma contradictoria de expresión histórica. En otras palabras, urge encontrar las maneras en que la literatura latinoamericana sirve a la tarea de desestabilización del eurocentrismo que le da su fundamento histórico, y abre así la posibilidad de espacios de pensamiento alternativos *en el espacio literario mismo*.

Asegurar la pluritopía dentro del espacio literario latinoamericano quiere decir, pues, que la posibilidad de pluritopía debe poder pensarse *desde* la literatura misma, y no, como suele hacerse, meramente *en relación con* la literatura, o *sobre* ella, como si fuera meramente cuestión de determinar, sobre el cuerpo inerte del texto, qué en el texto parece apuntar a lugares de subalternidad enunciativa o a silencios donde lo real extraliterario otorgaría una legitimidad contrahegemónica. En ellos la diferencia latinoamericana parecería abrirse paso siempre a despecho del aparato enunciativo que la constituye. Ahora bien, la tradición historiográfica latinoamericana ha tendido a seguir precisamente este último camino antiliterario. Encontrar la posibilidad renovada del primero supondrá, antes que nada, proceder a una crítica de tal tradición, y mostrar su agotamiento epistémico contemporáneo.

Dussel nos ha alertado de la oscura trampa de la razón desarrollista, profundamente implicada en un concepto de modernidad que no puede pretenderse neutro sino que es un producto directo de la empresa imperial europea. En una de sus más claras formulaciones dice Dussel:

> El mito de origen que se esconde en el "concepto" emancipatorio de modernidad, y que continua subyaciendo a la reflexión filosófica y a muchas otras posiciones teóricas del pensamiento europeo y norteamericano, tiene que ver sobre todo con la conexión del eurocentrismo y la concomitante "falacia del desarrollismo". La falacia del desarrollismo consiste en pensar que el camino del moderno desarrollo de Europa debe seguirse unilateralmente por todas las demás culturas. Desarrollo se toma aquí como una categoría ontológica, y no meramente sociológica o económica. Es el "movimiento necesario" del Ser para Hegel (Dussel, "Eurocentrism" 67-68).

Tercer espacio

El peligro según Dussel es considerar que la emancipación cultural latinoamericana debe seguir caminos de desarrollo cuya concepción se retrotrae al concepto europeísta de modernidad. El problema adquiere enorme importancia, e implica a la noción misma de literatura, así como a la pregunta de quién en América Latina, y a través de qué instrumentos teóricos y culturales, estaría hoy en posición de llevar adelante un tipo de pensamiento radicalmente anticolonizante, capaz de suscitar una nueva utopía.

Una vieja tradición latinoamericana, cuyas primeras culminaciones, aunque de muy diferente sentido, pueden encontrarse en José Martí, José Enrique Rodó, o José Vasconcelos, y que llega hasta nuestros días en el pensamiento de Angel Rama, Roberto Fernández Retamar, Aníbal Quijano, o Nestor García Canclini, sostendría que las posibilidades emancipatorias latinoamericanas son una función de la característica mestiza o híbrida del continente como formación histórica específica. Desde este punto de vista, la literatura latinoamericana debería siempre encontrar formas miméticas de apropiación y representación del mestizaje constitutivo. Es por ello que Quijano, por ejemplo, reconoce en el realismo mágico, entendido como expresión de la experiencia histórica continental de la simultaneidad sincrónica de tiempos humanos diversos, el atisbo simbólico de una posibilidad utópica de reconstitución social (Quijano, *Modernidad* 58-69).

Afirmar que la constitución simbólica de la utopía en América Latina pasa por la expresión mágico-realista, o por cualquier otra forma cultural resultante de la hibridización social del continente, no es necesariamente caer en la razón desarrollista de Dussel. Sin embargo, en la medida en que la expresión mágico-realista tiende a desarrollarse a partir del privilegio de formas estéticas de origen europeo, tales como la novela, es cierto que estas formulaciones, a veces inadvertidamente, hacen caso omiso del hecho de lo que podríamos llamar la integración disimétrica de las matrices culturales dominantes y subalternas. Es decir, para seguir con el ejemplo del realismo mágico, en él el material cultural de procedencia indígena se integra en matrices europeas, con la consecuencia de que siempre recae en la representación mediada de elementos simbólicos subalternos desde un punto de vista hegemónico. La propuesta de Quijano, quien está aquí citado como cifra de un amplio campo de opinión, hace depender la reconstitución de lo que él llama la utopía americana precisamente de la profunda asimilación al campo expresivo de lo que Johannes Fabian determina como uno de los mecanismos esenciales de constitución de la semiosis colonial: la "negación de equitemporalidad" (Fabian, *Time* 25).Según Quijano,

> la relación entre tiempo e historia es [en América Latina] por completo diferente

Literatura y sujeto de historicidad

que como aparece en Europa o los Estados Unidos. En América Latina, lo que en esas otras historias es secuencia es una simultaneidad. No deja de ser también una secuencia. Pero es, en primer término, una simultaneidad. De ese modo, por ejemplo, lo que en Europa fueron las etapas de la historia del capital, aquí forma los pisos del capital. Pero no ha abandonado del todo su función de etapas. Pisos y etapas del capital en América Latina, aquí está activa la "acumulación originaria": la acumulación competitiva, la acumulación monopólica inter y transnacional. No se podría decir que son solo etapas, en una secuencia, cuando actuan en una estructura piramidal de pisos de dominación. Pero tampoco podría negárseles del todo su condición de etapas. El tiempo en esta historia es simultaneidad y secuencia, al mismo… tiempo (Quijano 60-61).

Desde tal esquema, cuyo centro es la suposición de que las sociedades latinoamericanas se forman, como diría Brunner con cierta ironía, "en la sobreimposición de entidades históricas y culturales a la manera de capas geológicas que yacen una sobre la otra, y que de vez en cuando producen rupturas y grandes cataclismos telúricos" (Brunner, "Notes" 31), pasa Quijano a postular su proyecto utópico en la posibilidad de conciliación en una forma de "racionalidad alternativa" (65) de las formas de pensamiento más hundidas en el magma social con las más superficiales o modernas:

> América Latina, por su peculiar historia, por su lugar en la trayectoria de la modernidad, es el territorio más apto histórico para producir la articulación de los elementos que hasta ahora andan separados: la alegría de la solidaridad colectiva [que Quijano situa en "la experiencia de las comunidades andinas antes de su adaptación al mercantilismo"] y la de una plena realización individual [que es para Quijano la propuesta utópica del neoliberalismo de mercado actual]. No tenemos que renunciar a ninguna de ellas porque son ambas nuestra genuina herencia (Quijano 68).

En este sorprendente texto Quijano hace virtud de la necesidad para postular que es precisamente a través de la negación colonial de equitemporalidad, y de la consiguiente jerarquización de segmentos culturales a partir de su mayor o menor proximidad a lo moderno, que se puede pasar, por procedimientos más bien voluntaristas, al entendimiento de una "identidad latinoamericana" entendida como "utopía de asociación nueva entre razón y liberación" (69). No estoy seguro de si Quijano ejemplifica en sus propuestas lo que Mignolo llamaría la "negación de la negación de equitemporalidad" (Mignolo, *Darker* XII) o si más bien lleva la negación de equitemporalidad a su lugar más extremo y radical, donde acaba por hacerse afirmación absoluta. Su invocación de los ejemplos literarios de Gabriel García Márquez o de José María Arguedas como "antesalas de una posible liberación de la sociedad" (Quijano 65), sin embargo, permite entender cómo concibe Quijano esa integración utópica de temporalidades: a través de formas culturales claramente asociadas con la modernidad avanzada. El mismo lo reconoce así, en la observación de que Arguedas, en *El zorro de arriba y el zorro de abajo*, "de nuevo tuvo que optar por la estructura narrativa [y por una lengua] de los dominadores [la novela]. Pero, otra vez, a condición de que todas las necesidades narrativas de ese oscuro conflicto pudieran ser el contenido real del producto" (64-65). Ahora bien, es quizá un poco tarde para continuar pensando de buena fe que las determinaciones formales y estructurales de cualquier texto dado no afectan esencialmente al llamado "contenido del producto". Quijano cae en idealismo voluntarista, en el que Arguedas por cierto no cayó, al rehusar darse cuenta de que lo subalterno no queda respetado en su apropiación desde formas culturales hegemónicas. Tal apropiación sigue necesariamente caminos desarrollistas entendidos a la manera de Dussel[3].

El ejemplo de Quijano lleva a la afirmación de que en el mestizaje o la hibridización cultural los elementos diversos tienden necesariamente a integrarse según patrones de fuerza desigual. La agencia de integración incorpora por lo tanto prejuicios sociohistóricos a menudo inconfesados. Estos prejuicios tienden a estar íntimamente relacionados con el desarrollismo eurocéntrico dusseliano (aunque sea bajo la forma de su mera inversión). En el caso concreto de la historia de la literatura latinoamericana, es fácil mostrar que la noción misma de literatura determina ya una matriz eurocéntrica extraordinariamente difícil de eludir. A partir de ella, como veremos, la falacia del desarrollismo permea la práctica histórico-crítica hasta constituir un profundo "prejuicio historiográfico", como lo llamaría el manifiesto del Grupo de Estudios Subalternos Latinoamericanos (120). Revelarlo como tal es el primer paso necesario para librarse de él –lo cual también será restituirle a la literatura latinoamericana un espacio de inserción cultural y de intervención crítica que el mismo prejuicio historiográfico habría acabado por problematizar o poner en duda quizás a pesar suyo.

III. LITERATURA E HISTORIA

---

[3] Pero Quijano, Mignolo, Dussel, mal que les pese, nunca abandonaron el idealismo voluntarista un tanto mostrenco que estaba implícito como una de las posibilidades, la peor y más insípida, de la estructura teórica que venían armando en los años noventa. No tenían, al fin y al cabo, otro recurso, desde sus planteamientos.

Literatura y sujeto de historicidad

La historiografía literaria latinoamericana moderna, que quizás inaugura el libro de Pedro Henríquez Ureña *Las corrientes literarias de la América Hispánica*[4], parte en general de bases semejantes a las que sucintamente expone Domingo Milliani:

> En la medida en que [la historia de la literatura latinoamericana] sea capaz de romper la concepción del universalismo metropolitano centrado en Europa y ahonde en las variantes diferenciadoras de la producción latinoamericana en tanto función de una literatura general, en esa misma medida la cultura intelectual de América Latina conquistará en forma endógena su espacio en la historia de la cultura, sin que ello sea concesión graciosa al buen salvaje que produce extraños textos, aceptados como curiosidad por los sumos sacerdotes del juicio universal (Milliani, "Historiografía" 112).

Tres temas son particularmente importantes en la cita: evitar el eurocentrismo, localizar la diferencia, y afirmar la identidad endógena. En las palabras de Milliani se percibe también la necesidad de buscar la realización práctica de esos tres temas con alguna beligerancia activa, dado que debe ser ganada, por así decirlo, en la lucha contra la hegemonía intelectual metropolitana. En la medida en que la historiografía literaria latinoamericana no ha conseguido aún la satisfacción de esas metas temáticas, tal fracaso respondería a la existencia continua y persistente de un estado de cosas colonial, neocolonial o postcolonial.

Pero podríamos por un momento revertir la interpretación y postular que la enunciación de esas tres metas es en sí indicio de una mentalidad neocolonial no enteramente asumida por parte de la historiografía misma: al fin y al cabo la literatura llamada metropolitana, o aun la crítica de la literatura metropolitana, no funciona bajo la conscripción de tener que evitar influencia externa, localizar diferencia específica, o endosar identidad endógena respecto al indefinido sistema de "literatura general". Por un lado, en efecto, Milliani pide una liberación con respecto del universalismo eurocéntrico cuya fuerza es fundamentalmente anticolonial. Por otro lado, sin embargo, la apelación a esa "literatura general" cuyo estándar definiría el grado de endogeneidad y autocoincidencia cultural latinoamericana parece reintroducir subrepticiamente una noción de dependencia extrínseca que Milliani

---

[4] Fernández Retamar indica que el primer trabajo específicamente sobre literatura hispanoamericana en su dimensión continental es *Literary History of Spanish America*, de Alfred Coester, aparecido en 1916 (*Teoría* 41). Pero el libro de Henríquez Ureña (1948) tiende a considerarse el más influyente de los textos fundadores del campo.

quiere ostensiblemente negar. En la medida en que Milliani hace depender la endogeneidad cultural continental de cifrar las variantes diferenciadoras latinoamericanas en el marco de una literatura general, su propuesta se agota o encuentra su horizonte de pensamiento fundamental en el concepto mismo de literatura. Por lo tanto, se trata de decidir si tal concepto depende siempre de antemano de una inconfesada concepción desarrollista como la que explica (y en el fondo comparte) Dussel.

El fiel de la balanza está dado en la frase "las variantes diferenciadoras de la producción latinoamericana en tanto función de una literatura general". Esas palabras parecerían implicar una aceptación renuente de la noción obvia, pero también obviamente comprometedora, según la cual la "literatura general", aunque en principio propuesta como políticamente neutra, estaría en realidad más cercana o más íntimamente ajustada al universalismo eurocéntrico que a la producción literaria latinoamericana en su presente situación de auto-entendimiento. La "literatura general" constituiría un patrón o estándar universal dentro del cual la variante literaria latinoamericana tendría que articular su especificidad con vistas a establecer su diferencia respecto de "la concepción del universalismo metropolitano centrado en Europa"[5]. Aunque es claro que el sistema de literatura general que Milliani propone habría de poder subordinar a sí mismo el metropolitanismo universalizante y la especificidad o especificidades latinoamericanas, lo que permanece ambiguo es hasta qué punto tal sistema viene a ser algo otro que lo resultante de la combinación o suma de concepciones eurocéntricas y variantes diferenciadoras. En cualquier caso, la literatura general quedaría concebida como un campo de fuerza donde el primer deber de la literatura continental sería establecer su todavía indeterminada identidad consigo misma en relación con el universalismo eurocéntrico. Pero esto ata la reflexión latinoamericana a la necesidad de tener que producirse siempre en relación con el universalismo eurocéntrico. Y para ese viaje no necesitaríamos alforja alguna.

Otra importante presunción de las palabras de Milliani es que habría algo así como un sistema orgánico de la literatura latinoamericana, capaz de constituirse en totalidad o unidad, incluso si tal unidad viene a ser concebida dialécticamente como unidad-en-diversidad o totalidad contradictoria. Para Milliani sería la totalidad de la literatura latinoamericana la que queda bajo la obligación de encontrar su lugar adecuado en el sistema general de la literatura o en la todavía más general historia de la cultura. La concepción

---

[5] Tampoco para los europeos hay nada "natural" en la idea de un sistema de literatura general. Ver por ejemplo Lacoue-Labarthe y Jean-Luc Nancy, "Le dialogue des genres" 148-61, a propósito de los orígenes románticos de tal noción.

de Milliani, por supuesto, está lejos de postular tipo alguno de organicismo esencialista para su hipotético sistema continental. Sin embargo, una totalidad específica sí queda postulada por recurso a "las variantes diferenciadoras de la producción latinoamericana". Tal producción constituiría entonces un sistema unificado de diferencias. La unificación no le viene a la literatura de la literatura misma, sino que es una función del campo histórico-social que condiciona su producción: "el proceso literario [es] un modo de producción ideológica de signos culturales verbales cuya historicidad es recuperable en el sistema social heterogéneo de las culturas, con sus diferencias regionales o nacionales" (111). Como consecuencia, las "variantes diferenciadoras" de la producción literaria latinoamericana estarían en función de la historicidad latinoamericana pero no al revés. Sin embargo, dado que es un hecho histórico que la historicidad latinoamericana está atravesada por su apropiación colonial, tenemos que concluir que las "variantes diferenciadoras" solo lo son en relación a una historicidad determinada eurocéntricamente, a partir precisamente del concepto de modernidad cuya genealogía colonial ha mostrado Dussel.

Esto tiene varias implicaciones teóricas importantes. Como medio de entrar más eficazmente en ellas, conviene quizás todavía remitirse a la obra de Fernández Retamar, por cuanto en sus influyentes formulaciones encontramos no solo el antecedente directo de la de Domingo Milliani, sino también expresión clara de lo que hoy, retrospectivamente, vamos entendiendo ya como seria paradoja y límite intelectual de una llamada a la liberación cultural de América Latina que encuentra en sí misma obstáculos drásticos para su propio desarrollo. Todo depende, como veremos, de la articulación específica que se le ha dado en la tradición crítica al por otra parte elusivo concepto de historicidad en relación con la formación histórica latinoamericana misma. Las últimas palabras del ensayo de Fernández Retamar "Algunos problemas teóricos de la literatura hispanoamericana" (1974) son las siguientes:

> [E]l que, como un paso indispensable para elaborar nuestra propia teoría literaria, insistamos en rechazar la imposición indiscriminada de criterios nacidos de otras literaturas, no puede ser visto, de ninguna manera, como resultado de una voluntad aislacionista. La verdad es exactamente lo opuesto. Necesitamos pensar nuestra concreta realidad, indicar sus rasgos específicos, porque solo procediendo de esa manera, a lo largo del planeta, conoceremos lo que tenemos en común, detectaremos los vínculos reales, y podremos arribar un día a lo que será de veras la teoría general de la literatura general (93).

En el prefacio a la traducción inglesa de ese y otros ensayos de Fernández Retamar, Fredric Jameson señala lo positivamente esencial de afirmar la necesidad de "convertir el eslogan binario y sospechoso de la *diferencia* en la bien diferente llamada a fijarse en la *especificidad situacional*, a adoptar un posicionamiento que siempre permanezca concreto y reflexivo" (Jameson, "Foreword" xi). Ahora bien, para Fernández Retamar recuperar la especificidad situacional de la literatura latinoamericana permanece enmarcado, como para Milliani, dentro del proyecto de llegar a una "verdadera" teoría general de la literatura general. En ello, lo que le interesa a Fernández Retamar es, por una parte, pensar historicidad en el sentido específico de historicidad propiamente latinoamericana, pero por otra parte sublimar la historicidad latinoamericana en un concepto general que la articularía como diferencia específica. Fernández Retamar es explícito en cuanto al hecho de que tal marco teórico pasa por la afirmación clara y distinta de una serie de criterios de valoración o "tabla de valores" capaz de distinguir, dentro de "nuestra literatura", "lo que en ella es peso muerto, *pastiche*, eco mimético de realizaciones metropolitanas" y "'creación heroica', contribución nuestra verdadera al acervo de la humanidad" (Fernández Retamar, "Algunos problemas" 88). En ello se jugaría el logro de "puntos de vista descolonizados" (86). El *pathos* retamariano, dominante en su época y quizá todavía dominante, aunque de forma caída y residual, sugiere ya un acercamiento extraordinariamente restrictivo a la fenomenología literaria, según el cual el criterio estético se hace depender exclusivamente de valoraciones identitarias. Aun así, veremos que Fernández Retamar, paradójicamente, a través de su mismo énfasis en la identidad, acaba por no ser nunca lo suficientemente identitario. En todo ello parece insinuarse ya uno de los problemas patentes de la posmodernidad, que quizás hace unas décadas no se había hecho tan visible: cómo el énfasis desmedido en la identidad tiene en su reverso la constatación inconfesada de que identidad es precisamente lo que recede o se problematiza hasta el punto de hacerse inasequible. Los condenables ecos miméticos acabarán revelándose siniestramente en el fundamento de las creaciones heroicas, y la soñada tabla de valores acabará no teniendo más valor que el de ser en sí ella misma, indecidiblemente, o un eco mimético u otra de tantas creaciones heroicas: perplejidad para el bibliotecario de Babel, que no sabrá dónde archivarla.

Ahora bien, lo que entiendo como el límite del proceso descolonizador afirmado por Fernández Retamar aparece con meridiana claridad en su ensayo previo "Para una teoría de la literatura hispanoamericana" (1972). En él Fernández Retamar formula las bases de su noción de literatura general en la reflexión de Marx y Engels de que "la expansión capitalista europea había sentado las premisas para una literatura universal porque había sentado las premisas para la verdadera *mundialización del mundo*" (Fernández Retamar,

"Teoría" 45). Por lo tanto, observa Fernández Retamar, la literatura universal, y la teoría a ella aplicable, dependen de la culminación del desarrollo capitalista, expuesta por él como el inevitable paso al socialismo. No interesa tanto aquí discernir si la verdadera culminación del desarrollo capitalista habrá de llevarnos al socialismo universal, o si por el contrario resulta en un capitalismo global cuyo triunfo planetario al menos preliminar desde 1989 el Fernández Retamar de 1972 no habría aceptado como inevitable. Lo interesante es notar la afirmada vinculación entre desarrollo capitalista y literatura universal. A partir de ella, en efecto, el desarrollismo modernizador se insinúa como horizonte fundamental del pensamiento de Fernández Retamar. Es por eso que adopta implícitamente la noción de que la literatura general, así como su variante concreta en Hispanoamérica, es siempre originalmente una posibilidad teleológica dada por la historia europea. De ahí las siguientes palabras:

> La existencia de la literatura hispanoamericana depende, en primer lugar, de la existencia misma –y nada literaria– de Hispanoamérica como realidad histórica suficiente. Mientras ella no es sino colonia española, es obvio que no hay literatura hispanoamericana, sino literatura de españoles en América, literatura provincial: en el mejor de los casos, con los naturales rasgos locales que ello supone, algunos de los cuales encontrarían desarrollo superior. A tal literatura claro que, subsidiariamente, le es aplicable la teoría que con pleno derecho corresponde a la literatura metropolitana. La independencia de Hispanoamérica es, pues, la condición *sine qua non* para la existencia de nuestra literatura, de nuestra cultura (49).

La literatura hispanoamericana, o latinoamericana, sería pues no otra cosa que la concretización continental de un proceso teleológico iniciado con la presencia de las letras españolas en la colonia. Como consecuencia, entonces, la literatura latinoamericana solo puede entenderse como variante especificadora de las letras europeas a partir del proceso de independencia. La consideración eurocéntrica de la literatura general en Fernández Retamar queda así suficientemente demostrada, en la medida en que en su misma posibilidad no hay rasgo alguno de presencia constituyente de elementos no genealógicamente europeos, cuya incorporación sería en el mejor de los casos posible o contingente, pero nunca en realidad estrictamente necesaria. La disimetría integrativa con respecto de culturas americanas subalternas es función estructural del sistema de interpretación mismo, y un fuerte condicionamiento negativo de la noción de historicidad en juego.

El ensayo de Milliani, aunque fuertemente influido por la concepción de Fernández Retamar, percibe en él el problema de fondo, y como resultado representa una de las enunciaciones mejor articuladas que conozco de la necesidad de una nueva historia, originada en el hecho de que la historiografía existente ha seguido generalmente paradigmas eurocéntricos incluso cuando pretendía o creía hacer lo contrario. Milliani no llega sin embargo, como veremos, a resolver del todo el problema por él detectado. Escribiendo en 1982, Milliani pide una historia nueva en la que podría superarse el esquema clasista de la historia literaria donde solo ingresa la literatura escrita (grafémica), entendida unilateralmente como literatura *culta*, por tanto excluyente de la literatura hablada (fonémica), subvalorada como "folklórica" o "popular", es decir, analfabeta y marginada, pero cuya riqueza se explota en la otra literatura culta, como materia prima ("Historiografía" 110).

La invocación de una historia otra no es aquí por lo tanto meramente reiteración de la llamada a la relectura valorativa del canon literario para encontrar en él las más o menos heroicas variantes diferenciadoras latinoamericanas, sino que incluye como uno de sus más importantes elementos el estudio de textos subdominantes o subalternos, orales y escritos, en tanto que esos textos constituyen el estrato histórico sobre el cual la literatura tradicionalmente entendida se va articulando. Habría entonces una relación necesaria en el campo de prácticas literarias entre producción dominante y producción subalterna, incluyendo en la última a "las literaturas de habla no hispánica": "Las recurrencias de un pasado colonial común y de una voluntad de liberación unen destinos sociales, nutren la textualidad transverbal, están presentes y son recuperables en el plano semántico de la literatura" (110-11). El "plano semántico de la literatura" parecería de nuevo apelar a la historicidad como a su más poderoso determinante. La historicidad sería el suelo heterónomo de la totalidad literaria (ampliada ahora explícitamente hacia las literaturas subalternas), como confirma la siguiente cita:

> La historia literaria posible sería una historia de la producción de conceptos ligados por una visión del mundo, compartida socialmente, estratificada por las contradicciones de clase, singularizada por las abstracciones idiolectales de los autores, regida por leyes específicas, como vislumbró Marx en 1844. Sería una producción de conceptos expresados en signos literarios y transliterarios, de textos correlacionados a un contexto artístico más amplio referido al sistema cultural en su conjunto (111).

Que la literatura encuentra en la historia su fundamento de constitución parecería en principio una noción intuitivamente evidente, así como obviamente suscrita por Fernández Retamar. Sin embargo, desde los postulados de partida, tal noción se abre a un cuestionamiento de carácter fundamental, que alcanza igualmente a la noción paralela de un sistema de literatura general como patrón universal de regulación de los esfuerzos críticos de la historiografía. La siguiente observación de Antonio Cornejo Polar puede ayudar a entenderlo:

> la reflexión sobre la literatura latinoamericana no puede soslayar el hecho de que esa misma reflexión está produciendo, de alguna manera, su propio objeto. Bien pudiera suceder entonces que la disgregación de una literatura tenga que ver más con las limitaciones del pensamiento crítico que con su desarticulación o que con el carácter desmembrado de su base histórico-social (Cornejo, "Literatura" 125).

La crítica literaria, desde la luz propuesta por Cornejo, no es un aparato para la representación de una totalidad previamente dada, sea esta específicamente latinoamericana o la totalidad más grande de una literatura general. Por el contrario, la crítica es en sí parte interesada de aquello que trata de articular. Como dijo Angel Rama, en frase citada por Cornejo, "la crítica no construye las obras [pero] sí construye la literatura". A esta luz, la crítica literaria misma resulta codeterminante de la historicidad que se supone habría de dar a la literatura su campo heterónomo. En otras palabras, dado que la historia sería interrogada desde la crítica como suelo o fundamento de la literatura, la interrogación crítica sigue necesariamente la perspectiva dada por el esfuerzo de entender un sistema literario organizado en su historicidad. Pero entonces, de manera quizá no tanto subrepticia como meramente inadvertida, se da una reversión mediante la cual la literatura misma, representada críticamente, viene a ser la que establece el marco bajo el cual la historia debe ser interpretada y usada.

Lo hemos visto ya en la elisión por Fernández Retamar de cualquier posibilidad de consideración dentro de su teoría general de la literatura general de producciones indígenas o no fundamentalmente determinadas por una genealogía eurocéntrica. Lo vemos también en todo lo que en las últimas citas de Milliani revelan su carácter monotópico ("una visión del mundo", "un pasado colonial común"), que en cuanto monotópico viene a ser también jerarquizador e integrador. Dentro del sistema de interpretación, precisamente porque la lectura crítica no interpreta una totalidad independiente sino que establece en el acto mismo de interpretación la totalidad que interpreta, la literatura se vuelve irreversiblemente el fundamento heterónomo de la historia. Este hecho, que alcanza en general a la producción crítico-literaria de cualquier cultura, tiene consecuencias particularmente importantes en el caso de una experiencia histórico-cultural como la de América Latina, donde "literatura" ha designado abrumadoramente la práctica específica de escritura en lengua colonial –y, se podría añadir, un sistema de crítica condicionado por el colonialismo eurocéntrico también en la determinación misma del concepto de historicidad que maneja–.

En el esfuerzo por seguir los dictados de un sistema general de prácticas literarias que llevaría a determinar las variantes diferenciadoras de la producción latinoamericana, algo estaría condenado a ser siempre radicalmente olvidado: el llamado sistema general a la vez implica y está implicado en un concepto hegemónico y en última instancia eurocéntrico de la literatura y de la historicidad literaria. Según tal concepto, la literatura puede "recuperar" prácticas verbales o transverbales no canónicamente literarias, pero no al revés: a esas prácticas a-canónicas no se les permitiría apropiar la literatura. En el límite, la propuesta de Milliani incorporaría prácticas transverbales no-hegemónicas en "el plano semántico de la literatura". La literatura se convierte así en el plano general de juicio. Puede pensarse que es lógico si se trata de escribir una historia literaria, pero esta historia literaria debe entonces reconocer que está estructural e irreversiblemente condicionada a convalidar una historia de la cultura como historia jerárquicamente organizada: en ella, una literatura general que no abandonará su genealogía eurocéntrica ocupa una posición de privilegio.

No hay solución fácil –fuera de prescindir, por supuesto, de todo concepto de literatura: pero esa no es una solución fácil– para este problema estructural de la historiografía cultural latinoamericana. El precio a ser pagado es uno de los dos siguientes: o nos comprometemos a una historia literaria de América Latina cuya determinación misma nos fuerza a aceptar la literatura como suelo de la historicidad, con la consecuencia de que las prácticas verbales subalternas estarían también fundamentadas en una literatura general que pueda absorberlas y reinterpretarlas; o seguimos un modelo alternativo de lectura en el que a las prácticas literarias no se les concede la oportunidad de dictar el estándar hermenéutico. Pero en este segundo caso debemos quizá abandonar la posibilidad de hacer historia literaria en el sentido fuerte de la expresión, es decir, como metanarrativa capaz de expresar variantes específicas con respecto de un sistema general. Ahora bien, si tal paradigma, que ha sido desde quizás Andrés Bello el paradigma de privilegio en la historiografía latinoamericana contemporánea, entra en crisis, ¿qué concepto alternativo de historicidad literaria puede venir a sustituirlo? A su respecto, convendrá en todo caso recordar que dentro de él la literatura no podrá autopostularse como fundamento heterónomo de la historia latinoamericana, ni siquiera bajo el pretexto de hacer lo contrario.

IV. CRISIS DEL SUJETO DE HISTORICIDAD

Si un escritor, como dice Milliani, es un "trabajador social que aplica fuerzas intelectuales a un medio de producción –el lenguaje– y produce un objeto heterogéneo proyectado sobre una sociedad en la cual el autor es signo de época y el mensaje signo que rebasa su historicidad inmediata" (Milliani, "Historiografía" 111), la crítica debe imaginar estrategias mediante las cuales tal rebasamiento de la historicidad inmediata pueda ser comprendido. Pero entonces la crítica, que, como Cornejo diría, también es producto de escritura, debe ser interrogada en términos de su propia historicidad y en términos de su rebasamiento de historicidad. En este exceso la crítica a la vez encuentra y enfrenta sus propias inversiones ideológicas en la interpretación.

La capacidad crítica de crear parcialmente su propio campo de reflexión, lo que podríamos llamar su relativa autonomía, tiene como contrapartida necesaria la igual capacidad crítica de abandonar cualquier campo dado de reflexión. Nuevas corrientes de la investigación cultural latinoamericanista tienden hoy al abandono de la noción de literatura que es una parte esencial del proyecto historiográfico representado como ejemplo por Milliani. En la medida en que el concepto mismo de literatura ha perdido especificidad intuitiva tras el cuestionamiento crítico que podemos cifrar en las nociones posmodernas de texto o escritura, se hace cada vez más difícil sostener la idea previa de un corpus identificable de prácticas literarias que sería función de la crítica interrogar en busca de aquello en su estructura que podría asegurar su integración en el conjunto sistémico de "variantes diferenciadoras". A ello se añade la dificultad de seguir pensando el sistema literario según criterios de historicidad rebatibles por particularistas y excluyentes, o bien por jerarquizadores y reductores. La producción literaria latinoamericana, bajo paradigmas críticos emergentes, ya no es tan interesante como lo fue una vez por su supuesta capacidad como repositorio de signos de una identidad continental que solo debía ser propiamente leída, siguiendo lo que Antonio Candido ha llamado su "doble referencia" como mímesis metropolitana y apropiación poscolonial (Candido, "Literatura" 187; también "Exposición" 79-84). Pero quizá la responsabilidad aquí no competa tanto a la literatura, sino a la dificultad de reformulación de paradigmas críticos que restituyan a la literatura latinoamericana en toda la extensión de su problemática una nueva relación con la historicidad.

La crisis de la noción de literatura general para los estudios latinoamericanos tiene mucho que ver con el reconocimiento de que dicha noción no puede ser desligada del privilegio histórico concedido a prácticas culturales de élite colonial y poscolonial. En su doble deber como mímesis metropolitana y apropiación poscolonial, la literatura latinoamericana, en el entendi-

Tercer espacio

miento crítico dominante, queda presa en la incómoda situación de tener que producirse a sí misma por referencia inescapable –crítica o no– a la producción metropolitana. Como resultado, la literatura en cuanto práctica sociocultural pertenece a un campo de socialidad en el que solo pueden situarse aquellos que, tras haberse asegurado acceso a la escritura grafémica, van a pretender medirse sobre la base de una serie de patrones cuyo referente último es exotópico. En otras palabras, el sistema de literatura general, aun entendido sobre la base de articular identidad y diferencia por relación a él, es siempre necesariamente un sistema de literatura de élite, o en todo caso un sistema organizado jerárquicamente en virtud de su necesidad de contrastarse con un patrón hegemónico.

Pero si lo que está en juego en las batallas de la historiografía literaria latinoamericana por acceder al reconocimiento universal es en gran medida el reconocimiento de su implicación exitosa en las prácticas culturales hegemónicas de la élite criolla, entonces parecería que evitar eurocentrismo, localizar diferencia, y afirmar identidad endógena son solo tantas maneras de esconder las motivaciones profundas de una práctica cuya meta real, de nuevo en palabras de Cornejo, parecería ser la de "[convalidar] el orden social latinoamericano y [reafirmar] sus condiciones de opresión y discriminación" (Cornejo, "Literatura" 132). Ante esta toma de conciencia, la crítica es llevada por la propia dinámica social a una revisión y expansión de su objeto disciplinario, que está hoy, en la emergencia de "estudios culturales", más cercano al estudio de lo que Schwarz llama "el imaginario [social] verbalizado" que al estudio de la literatura como práctica estética (Schwarz, "Discusión" 119).

La consiguiente crisis y pérdida relativa de atención crítica hacia la literatura en el contexto de las prácticas culturales latinoamericanas tiene como su otro lado el reconocimiento y la mayor presencia de una multiplicidad de acercamientos alternativos al texto cultural, desde "literaturas orales", prácticas de identidad grupal, testimonio, historias orales, periodismo investigativo y creativo, a cine, producción de video independiente, radio, televisión, tiras cómicas, teatro popular, arte de performance, fotografía, y otras actividades que reciben hoy la atención sostenida antes reservada a la novela, a la poesía, o al cuento[6]. Ahora bien, aun en la bienvenida a tales nuevas prácticas críticas, en las que se deciden sin duda importantes cuestiones que atañen a la política cultural en su sentido más amplio, conviene observar que el abandono de la literatura llamada culta (o hegemónica o canónica) como

---

[6] Sobre esto ver Franco, "What's Left" 16-21; Jean-Paul Borel, "Historia" 17-37; Daniel Mato, *Crítica*; Nestor García Canclini ed., *Políticas*; García Canclini, *Culturas*; George Yúdice, Franco y Juan Flores eds. *On Edge*; y John Beverley, *Against Literature*.

Literatura y sujeto de historicidad

categoría privilegiada o referente primario para la reflexión cultural latinoamericanista no significa que tal literatura pueda abandonarse sin más como campo de análisis crítico. Lo que sí significa es que han cambiado las condiciones de acercamiento a tal campo. Si bien ya no sirve postular prácticas de alta literatura como campo discursivo dominante para la emancipación cultural latinoamericana, o para la auto-afirmación endógena, como Milliani quizás diría, esas prácticas de alta literatura retienen con todo cierta posibilidad parcial de expresión de historicidad en la medida en que representan una clase específica de performatividad sociocultural. Schwarz hace la misma observación en el intercambio con Cornejo del que algunas citas anteriores están entresacadas a propósito de la llamada de este último al estudio de los sistemas literarios latinoamericanos producidos por grupos subalternos. Para Schwarz, si la identidad sigue siendo un tema de indagación apropiado para lo que él llama "literaturas en estado de formación", hay otro proyecto literario posible: "la tentativa de interpretar con máxima energía conceptual, imaginativa, la actualidad tiene su lugar real en la literatura [llamada] culta… [L]os otros sectores del imaginario social no viven [en la misma medida] bajo el signo de la historicidad [global]" (Schwarz, "Discusión" 133).

En el sentido implicado por Schwarz el "signo [literario] que rebasa su historicidad inmediata" sería precisamente el derivado de la reflexión sobre la historicidad misma en su carácter transnacional o global: la historicidad queda entonces rebasada a partir de la reflexión sobre la historicidad. A la vez, la reflexión sobre la historicidad retiene a la literatura en su carácter de "signo de época". El agotamiento del paradigma identidad/diferencia, para las literaturas que ya no están, usando la expresión de Schwarz, "en estado de formación", deja paso a una nueva posibilidad de lectura. Lo que se juega en ella es la forma misma en que la literatura se relaciona con la historicidad en el doble sentido estudiado: sea que la literatura se postule como suelo de la historicidad, dándole expresión, sea que la literatura responda a una historicidad heterónoma, lo cierto es que una forma específica de historicidad compete a la literatura llamada culta. En mi opinión, su reconocimiento crítico depende de entender lo que la crisis contemporánea de la literatura revela: que la literatura no debe tomarse como la proposición sintética de un sujeto universal trascendental, y por lo tanto que la literatura latinoamericana no aspira, ni ha aspirado nunca fundamentalmente no importa cuáles hayan sido sus intenciones explícitas, a ofrecer la variante latinoamericana del sujeto de la historia; que su relación con la historicidad está en función directa de su relación con la crisis del sujeto de la historia que cifra la historia de la modernidad misma en su exclusiva formulación eurocéntrica y ontologocéntrica; y que su articulación fructífera con la historia latinoamericana así como con la historia que engloba a la historia latinoamericana pasa por su autodisolución como metanarrativa general y su autoentendimiento como fragmento o parte de un tejido más vasto.

La cuestión clave para la crítica literaria es, entonces, cómo articular un compromiso con su objeto que tendría simultáneamente que tener conciencia de los cambios habidos en su propia posición sociocultural y que prestaría atención adecuada a la función igualmente alterada de la literatura en el imaginario cultural. La cuestión de la historicidad, en el sentido apuntado por Schwarz, en la medida en que acota un campo de reflexión específico, remite a la necesidad de que la crítica de la literatura llamada culta insista en su inserción en el campo cultural desde nuevos parámetros. Solo desde ellos podrá hacerse caso—aunque sea para rebatirlas e impugnar su fundamento mismo— a las preguntas formuladas por Mignolo y citadas al comienzo de la sección anterior. Esas preguntas remitían a la posibilidad de una hermenéutica pluritópica desde el cuestionamiento crítico del propio lugar de enunciación: en ese sentido, la pregunta "¿desde dónde escribe la literatura?" revierte en la pregunta por el lugar de enunciación del crítico que la interroga. Esta última no es una cuestión meramente personal o biográfica, sino que afecta fundamentalmente al interés político que la marca. Mignolo terminó haciendo la pregunta correcta desde postulados equivocados.

Si las producciones simbólicas latinoamericanas que pertenecen a grupos en estado de reformación identitaria deben quizá ser examinadas de acuerdo a conceptos geoculturales que formen ya parte de una alternativa al ontologocentrismo europeísta, esos conceptos geoculturales solo se harán disponibles a partir de una crítica de las producciones simbólicas cuya genealogía eurocéntrica permita ver lo que está en juego, y cómo han podido constituirse en la instancia ideológico-literaria dominante. En otras palabras, solo la literatura canónica, al menos en un primer momento, permitirá una lectura que atienda a la deconstrucción del sujeto universal de la historia en su variante latinoamericana. Desde este proyecto, que abre el camino a la proliferación de subjetividades alternativas y lógicas culturales diversas hoy asociables con lo que se ha llamado la "política cultural de la diferencia", la historiografía literaria latinoamericana acaba por revelar su compromiso identitario eurocéntrico allí donde creía eludirlo más fielmente[7]. La crisis de la historiografía literaria latinoamericana debe pues relacionarse con la crisis de metanarrativas trascendentales que diversos pensadores han identificado como rasgo del

---

[7] Tomo ese término de Cornel West, "New Cultural Politics" 203-17, entendiendo que la dialéctica de la diferencia, en la medida en que se formula necesariamente a partir de una presunción de identidad, es siempre constitucionalmente incapaz de operar lo que afirma. Este problema, siempre denegado, ha plagado la formación cultural dominante latinoamericana desde sus inicios hasta el caído presente.

presente histórico.

De alguna forma esto será insistir en el desastre de la historiografía, y en su imposibilidad de darle un sentido no inmediatamente alienante a la sucesión de textos que forman el ilustre corpus de una tradición entendida monotópicamente. Pero el desastre, entendido desde el marco expuesto, está lejos de agotarse en su negatividad. Mediante la práctica del desastre, la literatura latinoamericana renuncia quizá a la voluntad de autoproponerse como articulación efectiva de la liberación social, con la consecuencia aparentemente paradójica de que cede así el campo de fuerza a otras articulaciones. A la vez, sin embargo, tales posibles articulaciones alternativas no podrán sustraerse a la fuerza crítica del desastre literario que les deja el campo libre: en su libertad, están sometidas al poderoso efecto de negatividad que la literatura ofrece en su dimensión autocrítica. Aun insistiendo en la inevitabilidad de entender las prácticas literarias latinoamericanas bajo estudio desde su obvia matriz cultural eurocéntrica, mi intención es entender también que hay formas de articulación crítica que permiten sustraerse a la razón desarrollista –en la que Dussel cifra el más insidioso avatar del eurocentrismo– y al mismo tiempo mantener vivo el interés analítico en la literatura llamada canónica. Por mi parte sitúo el foco de este interés en el campo de la deconstrucción, entendido como el proceso de lectura mediante el cual la literatura arroja la posibilidad de servir a la re-formación del imaginario en cuanto práctica antimonotópica, o entre-lugar desde el que pensar la ruptura de la dominación ontoteológica que es, en América Latina, la herencia más propia del discurso colonial.

Capítulo segundo

Escritura postsimbólica. "Tlön, Uqbar, Orbis Tertius", de Jorge Luis Borges

"Tlön, Uqbar, Orbis Tertius", el relato que abre *Ficciones* de Jorge Luis Borges, permite, entre otras cosas, una lectura basada en tres elementos: el primero tiene que ver con lo que llamaré el encriptamiento o neutralización del lenguaje; el segundo, con la utilización potenciadora del efecto que llamaré de pérdida de mundo; el tercero, con lo que es reconocible como una vuelta de tuerca o torsión catastrófica de elementos alegóricos, que llevan la alegoría hacia el descubrimiento de las posibilidades epistémicas de una cierta alternativa postsimbólica.

Las tres características se relacionan en su raíz misma con la escritura de duelo. Con "neutralización del lenguaje" me refiero al efecto de des-trabajamiento mencionado por Maurice Blanchot en *L'écriture du désastre*: cómo, a partir de cierto momento, la descripción de la lengua de Tlön empieza a contaminar la nuestra y a llevarla hacia el fracaso; cómo la lengua de Tlön se hace la nuestra en el movimiento mismo que pretende conjurar su avance; cómo, en una palabra, la lengua común se encripta y se hace ajena en virtud de una narrativa que encontrará en tal pérdida la fuerza suficiente para instalarse en una negatividad apenas contrarrestante, pero quizá suficiente: en la más peligrosa de las cercanías con respecto del destrabajarse de nuestro mundo, Borges acierta a paralizar el dominio del feroz antisimbolismo tlöniano mediante el recurso engañosamente simple de reconducirlo hacia su propio desastre. Lo que resta no es sin embargo una nueva afirmación triunfante del símbolo, sino meramente la negación de su contrario, y así, dialécticamente, la entrada en una nueva posibilidad de escritura: escritura postsimbólica, escritura de duelo, traducción de epitafios.

El narrador de "Tlön, Uqbar, Orbis Tertius", Borges, pretende que su reacción a la invasión de nuestro mundo por Tlön es continuar calladamente con su "indecisa" traducción del *Urne Buriall* de Thomas Browne –un estudio sobre epitafios–. Pero de hecho su reacción es escribir "Tlön", que es sobre todo traducir la disyunción tlöniana de su mundo, que es el nuestro, como los epitafios traducen la muerte y así articulan una especie de supervivencia. Borges responde, en y con su acto de traducción, a la escritura universal y totalizante de Tlön, a la "interioridad hipermnésica" de Tlön, que está, en el momento de la escritura del narrador, en proceso de autoconstitución[1]. Creo entender el acto traductor de Borges como un acto de resistencia a toda formación totalizante. Si por un lado "Tlön, Uqbar, Orbis Tertius" puede ser interpretado como enfática denuncia de toda utopía racional, y así como asentimiento reactivo a lo que hay contra tendencias activas de construcción de mundo, por otro puede también entenderse como esfuerzo casi desmesurado y extremo por plantear una conceptualización –en el límite, un estilo de vida– resistente a toda metafísica productivista. Desde esta segunda perspectiva, el texto de Borges se abre a una experiencia básica del mundo como objeto perdido, cuya conmemoración aparece entonces como traza de positividad y resistencia y como instancia crítica de acceso a un conocimiento de la existencia siempre singular y localizable (aunque, en virtud de su singularidad, también singularmente irrepresentable).

Siguiendo la idea expuesta por Fredric Jameson a lo largo de *Postmodernism, or the Cultural Logic of Late Capitalism* de que la escritura posmoderna es la representación alegórica del movimiento del capital en su tercer estadio, me gustaría exponer aquí que la relación entre Tlön y nuestro mundo es figura de la relación que media entre sociedades locales y sistema global. Incluso dentro de esta figura, que es una figura marcadamente alegórica, dado que aduce la representación de lo irrepresentable, las implicaciones del acto del narrador de "Tlön" están lejos de ser fácilmente pensables. Traducir una máquina universal de traducción: ¿desde qué sitio o qué abismo puede contemplarse tal tarea? ¿Y cuál es el estatuto de la paradójica confirmación que Borges, el narrador, le da al poder de Tlön al mismo tiempo que anuncia su oposición incondicional a él?

"Tlön", el texto, como contrafirma y legitimación abismal del mundo de Tlön, no es solo un epitafio o postdata, sino también un prólogo a la inmensa labor de traducción en progreso. La traducción que Tlön está aprestado para llevar a cabo en nuestro mundo significará en su momento la instauración universal del "idioma primitivo (conjetural) de Tlön" (Borges, "Tlön" 424). Con él, "desaparecerán del planeta el francés, el inglés, y el mero español. El mundo será Tlön" (424). La multiplicidad de lenguas, de idiomas, cederá a una sola lengua, y ese proceso retrazará inevitablemente, pero a la inversa, el proceso narrado en la historia bíblica de la Torre de Babel.

---

[1] Sobre "interioridad hipermnésica" ver Derrida, *Ulysse* 104.

Escritura postsimbólica

Según *Génesis*, cuando había una sola lengua en toda la tierra, los hijos de Shem, que habían abandonado su lugar de origen, decidieron establecerse y construir una ciudad y una torre cuya cima habría de tocar los cielos. Querían, dice el texto, "hacerse un nombre", hacerse únicos en la indistinción común, y así abandonar su errancia, y no estar más dispersos por la faz de la tierra. Pero Dios, ofendido, "confunde sus lenguas". Dios proclama su nombre en la ciudad, Babel, que significa "Confusión", y condena a los shemitas a diseminarse por toda la faz de la tierra (Derrida, *Des Tours* 209, 218). La guerra de Dios, por el acto de dar su nombre a los shemitas, les quita el nombre que habían querido hacerse para sí mismos, y lo sustituye por un idioma, o por idiomas múltiples. Así el nombre de Dios está a la vez por y contra la diseminación. La guerra de Dios es un acto terrible de amor paterno. Con su nombre babélico, Confusión, Dios otorga intraducibilidad. Pero, al hacerlo así, otorga también la posibilidad misma de traducción. Lo intraducible, lo propiamente idiomático que rehúsa dejarse hacer común posesión, es quizá la condición necesaria y suficiente para la tarea del traductor.

Como el proyecto babélico, la creación de Tlön es un acto político. La política implicada es estrictamente antipaterna, atea y antiteológica. Tlön no es en principio sino la resistencia a la pérdida babélica del nombre y la ganancia babélica del idioma. Desde sus orígenes en círculos idealistas de la Inglaterra ilustrada, la Sociedad cuya extraña meta es crear un mundo autónomo entra en la clandestinidad hasta resurgir dos siglos más tarde en Memphis, Tennessee. Su proyecto es un proyecto trascendental. Buscan la inmanentización de la trascendencia. Quieren crear el reino de Dios sobre la tierra. Se trata de un proyecto cosmopolita que, a su resurgimiento, se convertirá en un proyecto curiosamente norteamericano. Emerge en Memphis, Tennessee, traducción nominal del sitio de las pirámides, del *eskathon* faraónico, la tumba del logos, y por lo tanto el centro de la Significación trascendental. En Memphis, un millonario llamado Buckley patrocina la publicación de una llamada Enciclopedia de Tlön[2].

---

[2] Buckley tiene un personaje homónimo en *Finnegans Wake*, de Joyce. Se trata de un soldado irlandés muy preocupado por el nacionalismo, que a lo mejor le dispara y a lo mejor no le dispara a cierto general ruso que se limpia el trasero en Crimea con hierba verde que en su fragancia recuerda la irlandesa. La correspondencia entre los dos Buckleys debería ser estudiada no solo porque ambos son figuras farmáquicas, sacrificiales (ambas con un chivo, *buck*, en su nombre, y la ley también en él inscrita); también porque en *Finnegans Wake* y en "Tlön" el nombre Buckley apenas oculta una referencia al Obispo Berkeley, el filósofo idealista, cuya función en *Finnegans Wake* como co(de)constructor, junto con San Patricio, de varios motivos importantes de la identidad nacional irlandesa es bien conocida a los joyceanos. Además, *Finnegans Wake* situa la conversación entre el "pidgin fella Bilkilly-Belkelly-Balkally" (la referencia a Babel es inescapable) y el "patafella Same Patholick" bajo un ánimo de "melancolía ansiosa" (*Finnegans* 611 y siguientes) que es el mismo ánimo del narrador de "Tlön".

Tercer espacio

Mr. Buckley, nos cuenta el narrador, "quiere demostrarle al Dios no existente que los mortales son capaces de construir un mundo" ("Tlön" 421). Conviene reparar en la extraña estructura de tal apelación, en el agujero en el centro de la frase. ¿Sabía Buckley que la concepción de un mundo por los mortales era también por razones esenciales la destrucción del mundo? El narrador lo sabe, porque su melancolía depende de ese conocimiento. Pero Buckley, en realidad, ¿es un nihilista activo y lúcido, o un nihilista meramente reactivo?

Buckley es de cualquier modo una figura melancólica, en perpetua confrontación con un Dios no existente, pero un Dios que sin embargo se hace sentir en su *in*existencia, esa privación cuyo don es la ineludible necesidad de una nueva alianza en el orden simbólico, aunque esta vez una alianza radicalmente posbabélica. Vuelve a ser, no ya posible, sino necesario "hacerse un nombre". Siguiendo tal imperativo, Buckley, lo sepa o no, lúcido o ciego, sigue el principio de la introyección de duelo. El nuevo mundo de Buckley tiene el estatuto de un fetiche. Buckley es el prototipo del artista melancólico, tal como lo presenta Julia Kristeva en *Le soleil noir*: "el artista consumido por la melancolía es al mismo tiempo el más esforzado en su lucha contra la abdicación simbólica que lo cubre" (Kristeva, *Soleil* 18).

El proyecto de crear un nuevo mundo en abierto desafío del poder colonizador esencial, un Dios paterno que está ya quizás muerto, pero cuya ley impone póstumamente la necesidad de sacrificios y dones —ese proyecto obedece las leyes del duelo, el requisito psíquico de proyectar en el orden simbólico, como introyección defensiva, la pérdida decisiva del objeto primario—. Borges nos muestra nada menos que el paradigma básico de la búsqueda latinoamericana de identidad, de todas las búsquedas de identidad, de hecho, dado que la identidad poscolonial es solo un caso particular de una compulsión histórica universal. Pero el objeto primario no es el objeto paterno. La pérdida de Dios, que cuenta aquí como la pérdida del "amor" metropolitano y de su capa protectora, es pérdida sustitoria, pérdida de segundo orden. ¿En qué sentido es entonces "Tlön" referencia a la pérdida del objeto primario? Veremos que la lucidez de "Tlön", el texto, por oposición a Tlön, el mundo, es precisamente no postular una identidad simbólica como el substituto de otra identidad simbólica. "Tlön" postula en cambio una identidad postsimbólica, que está, en cuanto tal, basada en una adquisición idiomática, idiota, posbabélica; pero no en la adquisición de un nuevo nombre propio, que no podría funcionar como signo de una renovada alianza simbólica en el momento en el que tales alianzas han sido declaradas imposibles.

En "Sign and Symbol in Hegel's *Aesthetics*", Paul de Man define el símbolo hegeliano como "la mediación entre la mente y el mundo físico del que el arte necesariamente forma parte" (De Man, "Sign" 763). En esta mediación el arte tiene la función de conciliar conciencia y mundo. La conciencia se muestra a sí misma como "orgánica", esto es, unificable con la realidad fenoménica en y a través de procesos simbólicos. La distinción kantiana entre experiencia y representación viene así a ser cancelada en el símbolo estético hegeliano. Para Hegel, la función del arte es utópica y mesiánica, en el sentido de que en el arte el espíritu y la naturaleza se responden el uno al otro, es decir, encuentran correspondencia. Así se hace posible la coincidencia de ser y significar, y de esta manera radical el símbolo viene a reemplazar a la alegoría como tropo privilegiado de representación estética. Con "Tlön", sin embargo, el pensamiento de una correspondencia entre espíritu y naturaleza, entre experiencia y representación, entre ser y significación queda destruido, por lo menos en el sentido tradicional. La nueva concepción del mundo que "Tlön" anuncia a punto de reemplazar al que todavía es el nuestro, la concepción tlöniana, es antiteológica, porque está basada en la pérdida del nombre propio, incluso si ese nombre es Babel, Confusión. Tlön pierde Babel, pierde todo nombre, todos los nombres propios, substantivos, donde Dios habría podido cifrar la ley de la eterna confusión de los mortales: "No hay substantivos en la conjetural *Ursprache* de Tlön" (414). Este me parece un dato crucial, del que depende casi imperceptiblemente toda la estrategia textual: es porque Tlön rehusa toda substantivación que Tlön debe postular un mundo que necesariamente ha de ser entendido antirrepresentacional y antisimbólicamente. Tlön aparece entonces como un intento radical de acercarse a, de crear, un mundo preobjetual, que es lo que Kristeva llama "*la Chose*: la Cosa [es] lo real rebelde a la significación, el centro de atracción y repulsión, asiento de la sexualidad de la que se separará el objeto de deseo" (Kristeva, *Soleil* 22). Porque en este mundo o en este proyecto de mundo el objeto de deseo es el mundo mismo, y no un objeto intramundano, esto es, un objeto en el sentido propio, para los habitantes de Tlön, como dice Borges, "el mundo ... no es un concurso de objetos en el espacio; es una serie heterogénea de hechos independientes" (4140). En la frase de Borges, la heterogeneidad postula lo real primario, que es insignificable y por lo tanto inorganizable.

El texto de Borges, como el cuerpo de mamá, la cosa en sí, o la muerte de un ser querido, nos lleva a una región del pensamiento donde la razón sufre parálisis y se vuelve catastrófica. Requiere ser pensado, pero se hace a sí mismo impensable. Requiere ser pensado sobre la base misma de su impensabilidad. El conflicto es absoluto e insimbolizable. El texto de Borges habita un duelo aberrante, un escándalo, un desastre de una magnitud similar a la que lleva al peruano José María Arguedas a inscribir en su frente, a revólver, el punto final de su escritura; similar al que lleva a Rigoberta Menchú a la dolorosa decisión de no tener hijos; al que lleva a Luisa Valenzuela a cederle

Tercer espacio

su firma al brujo López Rega en *Cola de lagartija*; o al que lleva a Alejandra Vidal, en *Sobre héroes y tumbas*, de Ernesto Sábato, a tirar gasolina en su dormitorio y quemarse al costado del cadáver de su padre loco. El lugar de esos desastres es el lugar de la necesidad misma de postular un proyecto. Borges concibe expresar a Tlön, sabiendo que afirmar la heterogeneidad es homogeneizarla y proyectar lo irrepresentable es representarlo: nombrando a Tlön, Borges lo destruye. Si alegorizar es siempre autorizar, en este caso límite la alegorización, al substantivizar lo que se autoconcibe como no-substantivo, encerrando en ello la más violenta de todas las substantivaciones, desautoriza. Darse cuenta de eso, y mantener suficiente lucidez para habitar en su luz, ser capaz de escribirlo en su forzada y forzosa duplicidad, hace al texto de Borges activo y no reactivo, histórico y no antihistórico, melancólico y alegre, nihilista pero también preparatorio. Todo depende de la distancia que Borges toma en relación con el proyecto de Buckley en el mismo momento en que lo repite, y precisamente por repetirlo, esto es, por escribirlo. En esa distancia se entrega una crítica absoluta de la identidad (y se desbarata la pulsión identitaria latinoamericana): es la apertura borgiana al tercer espacio.

El acto fundamental y decisivo de "Tlön", el texto, es narrar el proyecto de Tlön, el mundo. El narrador dice: "No hay substantivos en la *Ursprache* conjetural de Tlön" (414). Pero mencionar esta *Ursprache*, conjeturarla, postularla es ya substantivizar la carencia de nombres propios, y así un acto profundamente irónico al mismo tiempo que profundamente contradictorio e imposible: porque la *Ursprache* conjetural sería el lugar absolutamente propio a partir del cual los substantivos podrían delegar existencia. De la misma manera, y no casualmente, nos enteramos de que, en la lengua de Tlön, "el hecho de que nadie cree en el substantivo paradójicamente hace su número interminable" (415). En otras palabras, si todo acto idiomático crea su propio objeto, como sucede en Tlön por definición, entonces todo acto idiomático construye un nuevo nombre propio. Un lenguaje absolutamente construido, esto es, un lenguaje que ha abandonado a conciencia todo anclaje en lo real referencial, es el acto substantivo más totalizante y brutal que la imaginación humana pueda concebir o hacer. En él el idealismo se convierte en el más atroz de los materialismos, pues revierte en su autonegación absoluta.

La pérdida de los nombres propios de las cosas en la caída babélica es la pérdida de la capacidad simbólica. Tras ella, sentido y ser ya no coinciden. Los tiempos posbabélicos son tiempos idiomáticos, es decir, tiempos asimbólicos, dado que la capacidad de producir símbolos ha sido destruida por Confusión. Cuando lo asimbólico se conoce a sí mismo, y se hace a sí mismo un proyecto explícito de formación de mundo, esto es, cuando Tlön aparece como idea, lo asimbólico se hace activamente antisimbólico. Borges explota

Escritura postsimbólica

radicalmente la fuerza antisimbólica de Tlön, que es la fuerza antisimbólica de todo idealismo. Todo idealismo, se puede decir, carece de substantivos. En 1940, el ominoso año bélico en el que "Tlön" fue (engañosamente) fechada, Borges sitúa la toma de conciencia de la fuerza paradójicamente antisimbólica de todos los sistemas totalitarios, una fuerza que necesariamente rompe la posible unidad de espíritu y naturaleza, abandonando a pesar suyo el mundo preobjetual, lo real, en favor de su propia capacidad autogenerativa.

Borges percibe y resiste eso, pero no en un retorno anacrónico o reaccionario a lo simbólico. Lo hace a través de la mera constatación, y de su compleja traducción a la escritura, del hecho de que lo antisimbólico en cuanto tal es, en el límite, en el punto de totalización, la más violenta sustantivación de la carencia del sustantivo. Los llamados *hrönir*, que son los objetos tlönianos que van apareciendo para colonizar insidiosamente nuestro mundo, no son sino la prueba siniestra del retorno destructor del sustantivo. "Tlön, Uqbar, Orbis Tertius", como objeto que postula lo antisimbólico, como aquello que da nombre al proyecto heterotópico de Tlön, podría de hecho considerarse uno más de esos *hrönir*, excepto que en "Tlön" se dice que todo depende de sobrevivir a los *hrönir*, de traducirlos, de resistir su dañina substantivación. Porque "Tlön" traduce la máquina absoluta de traducción universal, "Tlön" postula su propio carácter póstumo, postsimbólico.

La resistencia a Tlön en la escritura borgesiana, aunque alegoriza la necesidad de resistencia a lo simbólico metropolitano, es primariamente una resistencia a cualquier postulación en el orden simbólico: incluyendo, entonces, eminentemente, cualquier postulación a propósito de identidad cultural. Esta escritura postsimbólica, dado que preferiría siempre abrazar la pérdida del objeto primario, es una escritura melancólica y depresiva. La medida de su lucidez está dada en el modo en que puede mantenerse como escritura. Si toda escritura es voluntad de símbolo, si toda escritura es un símbolo fallido que debe construirse como alegoría, entonces la escritura postsimbólica vive en el duelo de sí misma. Sobrevive, en una indecisa labor de traducción cuya precariedad sin embargo acoge la alegría de saberse fiel a sí misma, siguiendo su propia ley. Su supervivencia atestigua una difícil posibilidad: las alegorías nacionales, las búsquedas culturales de identidad social, puede ser que no sean el destino último de la escritura latinoamericana contemporánea. Frente a ellas, otra escritura: escritura babélica, idiota, escritura de lo singular que no alcanza a constituirse como idéntico, conmemoración de lo local en resistencia a cualquier hipóstasis identitaria, escritura del signo contra el símbolo y, más que apuesta, asentimiento a una forma de comunidad aprincipial, que rehúsa la congregación substantivante en el duelo mismo por el substantivo.

Tercer espacio

La escritura de Borges está comprometida en la indagación esencial de aquello que la contrarresta y limita. La positividad de su propuesta es no más que el resto de una conflagración textual que se libra fundamentalmente al margen de toda positividad. Escritura localizada entre lo negativo de su tensión crítica y aquello neutro que traspasa la negatividad y la asedia desde lo inmemorial, y que fisura incesantemente lo que en la negatividad hay de posibilidad redentora, busca mantenerse fiel a sí misma en el sentido definido por Maurice Blanchot: "Escribe para que lo negativo y lo neutro, en su siempre oculta diferencia –en la más peligrosa de las cercanías–, puedan recordarse mutuamente su especificidad respectiva, lo uno trabajando, lo otro des-trabajando" (Blanchot, *Writing* 37). El des-trabajo de lo neutro: acción y tarea del tercer espacio. En él el sujeto identitario encuentra inestablemente lo que lo consuma. Y precisamente: en el acabamiento del límite y la apertura a lo que siempre desborda, a lo que siempre específicamente desborda ese límite, se da la necesidad de ejercicio de una cierta posibilidad política a pesar de todo restaurativa, puesto que resiste esa otra positividad clausurante, ontoteológica, y en último término ilusa implicada en la ceguera de lo propio.

Traducir la máquina absoluta de traducción universal es en sí una "empresa trágica", para usar una expresión que en Blanchot designa a la literatura, cuyo resultado estará en el mejor de los casos cruzado por la ambigüedad más precaria: el punto de constitución de tal empresa, situándose en una previedad o exterioridad imposible, no puede nunca llegar a afirmarse. Sin embargo, tal empresa define una de las necesidades de la escritura latinoamericana. Escritura de la localización intermedia, situada en el entre de lo metropolitano y lo periférico por razón de su historia tanto como por razón de sus posibilidades presentes de articulación, sus opciones genuinas están circunscritas a la exploración incondicional de la fisura que media entre el no poder afirmarse como absoluta exterioridad y el no poder afirmarse como absolutamente interior a sistema o proyecto alguno de sentido, puesto que también esta segunda tentación quedaría marcada por la pretensión de exterioridad con respecto de lo que es posible en tiempos de destitución. Escritura ni exterior ni interior, su espacio es el espacio tercero de una extraña posibilidad de traducción del mundo.

Lo postsimbólico, entendido como el residuo o ceniza de la conflagración entre una naturaleza siempre en retirada y una cultura cada vez más agresivamente colonizadora y apropiante, marca el último lugar de incidencia posible de la escritura como empresa de resistencia. Su procedimiento expresivo pasa por una crítica radical de la razón ontoteológica desde la figuralidad literaria misma: no hay recurso a la "imitación" de ningún principio de razón a partir del cual establecer firmes estipulaciones redentoras, sino cabalmente lo contrario. Borges desmantela el principio de razón mismo a través de su crítica de la razón ilustrada o productivista, que revela como desastre toda construcción de mundo cuyo método presuponga la reducción sustitoria de lo real. "Tlön, Uqbar, Orbis Tertius" anticipa y resiste el imperio del capitalismo transnacional como obra tlöniana en el siguiente sentido: si en las sociedades basadas en modos de producción previos al capitalismo tardío la naturaleza era la representación objetiva del inconsciente, y el inconsciente la introyección de la naturaleza, la posmodernidad transnacional vacía el inconsciente al circunscribir cada vez más estrechamente la naturaleza a una función no solo tributaria sino pura y simplemente objetal, como el idealismo absoluto tlöniano.

Pero en Borges hay constatación y apertura de una posibilidad de escritura quizás tenue e inestable: una escritura para la cual la depresión teórica, la imposibilidad de promesa, acaba por constituir el suelo mismo de su manifestación; escritura figural, conmemoración testimonial de lo que, estando perdido, deja sin embargo traza, en ella puede escucharse todavía el rumor inmemorial de aquello que en la aflicción busca conjurar la aflicción; en el duelo busca consumar el duelo; y en la melancolía quiere salir de su abdicación. Ese rumor, ¿desde dónde llega?

Capítulo tercero

El duelo del sentido. Tres proposiciones

> Contra la cadaverina no hay resurrectina (Roa Bastos, *Yo el Supremo* 428).

En sus *Conceptos fundamentales* Heidegger entiende el *apeiron* de Anaximandro como una "resistencia opuesta a todos los límites" (Heidegger, GA 51: 110 y siguientes.) El *apeiron* sería lo indefinido neutro, en el sentido de aquello a partir de lo cual, y contra lo cual, los entes se dan. El decir inicial del ser en Anaximandro no se produce así como un nombre propio y apropiante, sino como su contrario, un radical desnombramiento. El desnombramiento que origina el pensar occidental concibe lo que hay, el ser o fundamento de los entes, como la perpetua resistencia a la fijación. A partir de ello, todo entendimiento posible ocurrirá no como apropiación sino como mímesis y, como la mímesis, vivirá en radical pérdida, en total desprotección. Pero también es obvio que tal entendimiento no puede sostenerse sin dolor, que se dolerá de su coyuntura, y que intentará reconstruir su paz en el duelo. El duelo contiene la explosión. El duelo busca darle sentido a la absoluta resistencia de lo real, que es pérdida pura de lo real. Ned Lukacher define la metafísica como "la resistencia violenta contra la resistencia absoluta [del ser, de lo real] a todos los límites" ("Writing on Ashes" 140). La metafísica es un violento proceso de duelo, pero el duelo antecede a la metafísica y organiza no solo el destino sino también el sentido del pensar. Sentido y destino son anagramas recíprocos, y en esta casualidad idiomática se cifra enigmáticamente la dificultad de separar el sentido del duelo del duelo del sentido: ambos se constituyen en el duelo como destino. Toda experiencia límite es exacerbación del duelo, abierto enfrentamiento con la pérdida: la experiencia tecnológica no es en esto distinta de la experiencia poética o de la experiencia filosófica.

El pensamiento teórico apela a la posibilidad de nombramiento de aquello que rehúsa o resiste ser nombrado. Para la literatura lo crucial es la materialidad fenoménica del lenguaje, su opacidad resistente. En el cruce entre la materialidad del lenguaje, cifra del *apeiron*, y la voluntad de dominio de tal materialidad se libra la guerra por el sentido. O se establece el proceso de su demanda. Si cabe hablar de una ruptura inmemorial entre práctica poética y práctica teórica, tal ruptura desde luego afectaría las relaciones entre filosofía y literatura, pero en el sentido radical de que la ruptura debe ser entendida, primera y predominantemente, como una ruptura entre filosofía y literatura, teoría y poesía: una ruptura, si se quiere, del "entre" o en el entre que ha mantenido tradicionalmente esas dos prácticas en una cierta relación jerárquica quizás inestable pero efectiva. Por ruptura entre teoría y poesía entiendo la disolución de sus conexiones clásicas, que garantizaban el entendimiento de la literatura como actividad mimética en el sentido de actividad representativa, o que permitían que cuando se hacía cuestión de llevar el discurso teórico hacia la interpretación literaria todo se redujese a un simple problema de aplicación. Así esta ruptura del entre problematiza indefinidamente la pretensión teórica de dominio de lo literario, y no solo como estética o como poética; a la inversa, la ruptura rompe también la pretensión literaria de ser puramente representativa de unas condiciones de existencia que el pensamiento teórico tendría como misión definir y categorizar.

Las relaciones entre filosofía y literatura han estado sometidas desde antiguo –desde Heráclito, desde Parménides, pero ellos son ya síntoma, más que causa, de una extraña situación– a una precariedad que, en la medida en que reclamaba ser pensada, fue siempre sistemáticamente reprimida. La metafísica, por definición, otorgándose una región de pensamiento más allá de la materialidad informe de lo físico, busca un sentido ideal que luego proyecta retrospectivamente al material rítmico, experiencial o imaginario que el arte literario busca organizar. A la vez, la empresa poética no se entiende a sí misma más que como salto infundamentado a una tarea de representación cuya garantía de hecho, cuya legitimidad, dependería de la legitimidad más alta del saber primero, el saber crítico o dialéctico. Así es en Platón y Aristóteles, pero también en Tomás de Aquino y en Giambattista Vico, y en los pensadores de la Ilustración. Más marcadamente todavía, en los románticos: la estética hegeliana, con su determinación del fin del arte tras la fijación del sistema del saber absoluto, lleva a su consumación la derrota tendencial de milenios de pensamiento[1].

En *Finnegans Wake* la operación mimética ya no puede entenderse –como dos milenios y medio de historia occidental han entendido– como mímesis del poder racional, del logos, sino que se articula desde un campo abierto de participación cuyas condiciones –y entre ellas las condiciones de su proyección política– solo están empezando a pensarse. *Finnegans Wake* será aquí

---

[1] Sobre el cambio global que la llamada "estética de Jena" establece en las relaciones filosofía-literatura ver Nancy y Lacoue-Labarthe, *L'absolut litteraire*.

El duelo del sentido

usado como localización intermedia con respecto de la formación ontologocéntrica y de aquello que la formación ontologocéntrica domina y reprime: imagen, entonces, de cierta formación expresiva latinoamericana, al tiempo que posibilidad de articulación con ella, *Finnegans Wake* anticipa o cifra desarrollos historiales de la escritura del tercer espacio que Borges y Lezama repetirán tanto productiva como improductivamente.

I

En *Discours, figure* Jean-François Lyotard, en el contexto de una reflexión fenomenológica sobre la hiper-reflexión, desarrolla la noción de "lenguaje deconstruido". Para Lyotard habría una negatividad en el lenguaje, un punto radical de flexión no muy distinto al implicado por la noción de *punctum* de Roland Barthes hablando de la imagen fotográfica en *La chambre claire*. Esta negatividad, más allá de la negatividad recíproca de *langue* y *parole*, le daría a la reflexión sus condiciones de posibilidad. Lyotard la llama "lo figural" (Lyotard 9, 23 y siguientes). Se anuncia por el lado del arte, de la literatura, pero se anuncia también como una cierta exterioridad con respecto del discurso: "La posición del arte es un desmentido a la posición del discurso ... Indica que la trascendencia del símbolo es la figura, es decir, una manifestación espacial que el espacio lingüístico no puede incorporar sin desquiciarse, una exterioridad que no puede interiorizar como *significación*" (13). Rodolphe Gasché en "Deconstruction as Criticism" señala que la negatividad de lo figural "toma su forma más radical para Lyotard" en el espacio de la poesía: no cualquier poesía, sino poesía radical, que es "lenguaje deconstruido por excelencia" en el siguiente sentido: "es un lenguaje que al retrasar la comunicación mediante la intervención de procedimientos extralingüísticos y al exhibir ... el laboratorio de imágenes causante del poder seductor de la poesía, acomoda lo que impide su reflexión" (Gasché, "Deconstruction" 189). Gasché se refiere a lo que podemos llamar el límite de la reflexividad en la resistencia absoluta de la imagen poética, o de cierta instancia de la imagen poética, a la significación. Pero con esta determinación de lo figural no estamos muy lejos de la noción que Heidegger desarrolla en "El lenguaje en la poesía" de una "afirmación silenciosa" que sería el vórtice de cualquier producción poética dada (Heidegger, GA 12: 348). En la medida en que tal afirmación no puede nunca integrarse al lenguaje, en que permanece necesariamente como lo no-dicho, succiona al lenguaje hacia su propia cavidad, lo atrae hacia su muerte. Podemos llamarlo un lugar, o una región, de duelo.

En *Ciencia de la lógica* Hegel define diferencia absoluta como "la negatividad que la reflexión tiene dentro de sí". John Llewelyn, en un artículo sobre las relaciones de la cuasi-noción de *différance* desarrollada por Derrida con la diferencia absoluta hegeliana, interroga una lectura tardía de Jean Hyppolite según la cual "*absolute Unterschied*" designaría "la medida de sinsentido que reviste todo sentido" (Llewelyn, "Thresholds" 57). La cuestión para Llewelyn radicaría en averiguar si Hyppolite está haciéndole un favor o un disfavor a Hegel pretendiendo leer en su *Lógica* la noción de que hay un algo o una nada que escapa a las determinaciones de la dialéctica. Pero ese resto, sea cual sea su estatus dentro del sistema dialéctico-especulativo, es lo que ha venido a convertirse en un objeto de rango decisivo para el pensamiento contemporáneo. Es, por ejemplo, lo que lleva a Adorno en *Mínima Moralia* a invertir la frase de la *Fenomenología del espíritu*, "*Das Wahre ist das Ganze*" [la totalidad es lo verdadero], en la frase "la totalidad es lo falso" (Adorno, *Mínima* 50). Pero es también la intuición esencial que lleva a Heidegger a nombrar la diferencia óntico-ontológica como lo esencialmente digno de reflexión. En el hecho de que la filosofía deba hablar del ser desde determinaciones ónticas (el ejemplo fundamental es la frase "el ser es…") está dado el necesario olvido de una diferencia irreductible, de una otredad que, al mismo tiempo que otorga posibilidades originarias al pensar, también las desmantela, obligándolo a producirse en perpetua pérdida. La "negatividad que la reflexión tiene dentro de sí", para usar la frase de Hegel, una vez tematizada como centro absoluto y límite irreducible del pensar filosófico, organiza un pensar de la pérdida, un pensar del duelo, en el que en mi opinión se decide la importancia de la literatura, o de un cierto concepto de escritura, para el discurso teórico contemporáneo.

El duelo en esa instancia de reflexividad, en ese límite textual de la reflexividad, es duelo por la reflexividad. La reflexividad se resuelve en lo opaco: y con ella, la filosofía, al menos en su sentido clásico, que está organizado alrededor del sujeto como reflexión y autorreflexión, o/y como lugar de significación. En su libro sobre Nietzsche Heidegger dice:

> Todo a lo largo de la historia de la metafísica la esencia del hombre se fija continua y universalmente como *animal rationale*. En la metafísica de Hegel, la *rationalitas*, entendida en un sentido dialéctico-especulativo, se hace determinante para la subjetividad; en la metafísica de Nietzsche es la *animalitas* la que funciona como hilo conductor. Las dos metafísicas, consideradas en la unidad de su esencia histórica, llevan la *rationalitas* y la *animalitas*, respectivamente, a su validez absoluta (Heidegger, *Nietzsche* 4: 147-48).

Aceptar esta cita implica aceptar la lectura heideggeriana de Nietzsche como el pensador sistemático de la voluntad de poder, que Blanchot, Gilles Deleuze, Derrida (*Eperons*), Luce Irigaray y Gary Shapiro, entre otros, han cuestionado eficaz pero no decisivamente[2]. Implica también aceptar la lectura de Hegel como pensador de la totalidad, y no como pensador del fin o de la ruina de la totalidad, alternativa legible sin embargo en ciertos aspectos de la lección heideggeriana sobre el concepto de experiencia en Hegel ("Hegels Begriff"), y en *Glas* de Derrida, así como en el "hegelianismo sin reserva" de Georges Bataille y en los artículos que De Man dedicó a la estética de Hegel[3].

Para Heidegger es precisamente porque la metafísica alcanza su validez absoluta en los pensamientos de Hegel y de Nietzsche que ambos consuman el fin de la metafísica. Llegar al fin de la metafísica es también abrir la historia del pensamiento occidental a un nuevo comienzo, un pensamiento de la negatividad, como querrá Adorno, o un pensamiento del acontecimiento de apropiación (*Ereignis*) que marca la retirada del ser de nuestro mundo para el segundo Heidegger; un pensamiento de la infraestructura deconstruyente de toda formulación de pensamiento en Derrida, o un pensamiento radicalmente volcado a la otredad como el de Emmanuel Lévinas o el de Blanchot. Pero ninguna muerte queda sin más saldada con un nuevo nacimiento. Debe haber un período de luto, una vela por la metafísica, en la que todavía moran los pensadores mencionados, justo porque su pensamiento es un pensamiento antitético e incorporativo con respecto del pensamiento metafísico cuya muerte no cesa de obsesionarlos.

En *Le principe de l'anarchie* Reiner Schürmann argumenta que la obra heideggeriana sobre Nietzsche es materialmente un discurso sobre la economía tecnológica en el fin de la metafísica. Zimmerman, en *Heidegger's Confrontation with Modernity*, corrobora la tesis de Schürmann. El Eterno retorno de lo mismo aparece así como el colapso de las diferencias binarias en el fin de la metafísica: un colapso ya anunciado en el olvido platónico de la diferencia

---

[2] Ver Maurice Blanchot, *Le pas*; Gilles Deleuze, *Nietzsche*; Derrida, *Eperons*; Luce Irigaray, *Amante marine*; Gary Shapiro, *Nietzschean Narratives*.

[3] Heidegger, "Hegel's Concept"; Derrida, *Glas*; y sobre Bataille "De l'èconomie restreinte"; De Man, "Hegel and the Sublime" y "Sign and Symbol"; suponiendo que la cita de Heidegger y con ella la posición heideggeriana sobre el fin de la metafísica en el siglo XIX sea aceptable, una objeción elemental sería que en ella parece olvidarse la obra de otros dos pensadores también ocupados en la doble consumación de la *animalitas* y la *rationalitas*, Marx y Freud. La crítica heideggeriana a Marx puede extrapolarse desde *Grundprobleme*, concretamente desde lo que ahí se dice sobre la crítica del ser entendido desde el horizonte de la producción. Heidegger insistirá en esta temática de forma más explícitamente orientada a la intervención sociopolítica en "Frage". Jean Baudrillard en *Le miroir* y Nancy en *Communauté* articulan una crítica semejante. Ver también Michael Zimmerman, *Heidegger's Confrontation*. En cuanto a Freud, Lyotard, en *Heidegger*, analizando las diferencias entre las nociones freudianas de "represión primaria" y "represión secundaria", apunta a una posible extrapolación de la crítica heideggeriana de la metafísica como olvido de la diferencia ontológica a temas metapsicológicos.

ontológica entre el ser y los entes. El pensamiento cuantitativo de la Voluntad de poder, que el Eterno retorno confirma y afirma, es el pensamiento más propiamente tecnológico. A la vez, sin embargo, como dice Gasché en una reseña del libro de Schürmann, si la tecnología permite una mirada a la historia occidental del pensamiento como destino cerrado, el pensamiento ya se ha arriesgado más allá de la clausura metafísica (y así se puede decir de la tecnología que arruina los principios mismos que la sustentan). Con esta posibilidad de concebir la metafísica como pensar cerrado, la tecnología se presenta como una oportunidad –como la oportunidad de acercarse a la metafísica desde otro dominio del pensar en el que el pensar ya no está sujeto a principios (Gasché, "Like the Rose" 103).

Concebir este otro dominio del pensar como pensar diferencial, pensar de la diferencia post-tecnológica, supone la renuncia a los principios que articulan la diferencia pensada metafísicamente. Schürmann habla de un pensar de la singularidad y de la contingencia que vive precisamente del renunciamiento y del abandono a lo posible. Es un pensar de la resistencia de lo real a los principios que lo limitan. En la medida en que este pensar no se da más que en el puro acontecimiento fenomenal, en el "hay" (algo y no más bien nada), renuncia a todo entendimiento categorial y vive en su pérdida. La muerte de la metafísica no es su eliminación, sino precisamente la necesidad de su incorporación aberrante: *"for nought that is has bane. In mournenslaund"* ["pues nada de lo que es está excluido. En la tierra del duelo"].

La pregunta de los velorios, "¿qué pasa después del fin de la vida?", está en realidad subordinada a una pregunta anterior, "¿qué pasa en el fin?", la muerte que el velorio prolonga. La pregunta es apocalíptica y escatológica. El fin anticipa un comienzo, y la escatología es la doctrina de lo que quiera que empieza a suceder en el fin. *Finnegans Wake*, un texto sin lugar a dudas definitivo y definitorio de la ruptura de las relaciones clásicas entre filosofía y literatura, se presenta parcialmente como un libro de fines y comienzos, y de forma particularmente ebria, entusiasta, delirante, y por lo tanto poética, dado que se sitúa entre un *"barrowload of guenesis"* ("carretada de génesis, de guinness") y un *"bockalips of finisky"* ("un bock de whisky, un apocalipsis de fin") (6). *Finnegans Wake* puede ser entendido como respuesta, o por lo menos es ciertamente una respuesta posible, a la pregunta que Derrida hace a Heidegger en términos de la "veille", la vela, el velorio, que es también, por supuesto, la vigilia, la víspera:

¿Debe leerse a Nietzsche, con Heidegger, como al último de los grandes metafísicos? ¿O, por el contrario, debemos tomar la cuestión de la verdad del ser como el último sobresalto soñoliento del hombre superior? ¿Debemos entender la vela como la guardia montada alrededor de la casa, o como el vilo por el día que viene, en cuya víspera estamos? ¿Hay una economía de la vela? Quizás estamos entre estas dos velas, que son también dos fines del hombre (Derrida, *Marges* 163-64).

Los dos fines del hombre, *telos* y *eskhaton*, se juntan en el momento apocalíptico de la revelación. En la vela, y en *Finnegans Wake*, pensamos ambos en ambos. Pero la revelación es un momento de verdad, y podría incluso implicar, desde una perspectiva metafísica, esa "verdad del ser" de la que hablan Heidegger y Derrida. Desde su comienzo en Platón, sin embargo, la metafísica ha considerado la verdad en términos de luz. La luz viene en revelación, al final de un período de oscuridad, en el fin de la noche, de la vela. *Finnegans Wake* es un libro de lo oscuro, como le llama John Bishop, pero eso no excluye su espera paciente por la aurora, la mañana, el fin del duelo: "*Soft morning, city! ... when the moon of mourning is set and gone ... And watch would the letter you're wanting be coming may be*" ["¡Suave mañana, ciudad! ... cuando la luna del duelo está puesta e ida ... y mira por si viene la carta/letra que te falta/quieres"] (Joyce, *Finnegans* 619-28). El título de John Bishop es *Joyce's Book of the Dark*.

Primera proposición: El duelo organiza el "entre" de la literatura y la filosofía en el momento de la ruptura. *Finnegans Wake* interesa en este contexto como ejemplo privilegiado del tipo de poesía radical que expresa lo figural, el límite de la reflexividad, la radical exterioridad del sentido, y que por hacerlo se sitúa precisamente en el entre de literatura y filosofía. *Finnegans Wake* impone un nuevo tipo de práctica crítica, tanto como impone un nuevo tipo de práctica poética. Pero si esta última ha sido seguida por ciertos escritores como Arno Schmidt y Guimarães Rosa, Cabrera Infante y Haroldo de Campos, Samuel Beckett y Julián Ríos, la primera tiene en general el curioso destino de ser simultáneamente enunciada y reprimida, y esto desde el mismo comienzo de la historia de sus efectos, según podría demostrarse ya en el famoso ensayo de Samuel Beckett "Dante ... Bruno. Vico ... Joyce"[4].

II

Finnegans Wake abre el *"heliotropical noughttime"* que es a la vez el tiempo de la noche y el tiempo de la nada, tiempo de nihilismo buscador de sol (*Finnegans* 349). En ese tiempo viven dos personajes que el texto identifica como

---

[4] Me refiero al párrafo sobre *Finnegans Wake* que empieza diciendo: "Aquí la forma es contenido, el contenido es forma. Ustedes se quejan de que esto no está escrito en inglés. No está escrito en absoluto. No es para ser leído ... Su escritura [la de Joyce] no es sobre algo; es ese algo mismo)" (Beckett, "Dante" sin página). Pero con eso Beckett impone tendencialmente una lectura en silencio y contemplativa admiración cuya única salida es la exégesis.

Tercer espacio

Shaun the Post y Shem the Penman. El capítulo llamado "Colours" muestra a Shem the Penman como aquel que quiere permanecer en lo oscuro, entregado a una práctica de lo oscuro que tiene al menos tres manifestaciones: el ennegrecimiento (*"blacking out"*) de todo lo potencialmente visible, la cancelación de todo trabajo de visión (*"gazework"*) y la producción de lo que el texto inglés llama *"blackmail"* en paronomasia intraducible, dado que significa obviamente "chantaje", pero también "correo negro". Shaun the Post, por el contrario, ama los heliotropos, los tropos y cambios del sol, y brilla en la asumida tarea de llevar y entregar misivas, mensajes, cartas, una misión eminentemente matutina. Post y Penman son tropos de filosofía y literatura.

La segunda proposición atañe a la posibilidad de una conciliación o reconciliación entre filosofía y literatura, entre el Post y el Penman, Shaun y Shem. La primera proposición estableció que la pérdida de reflexión en lo figural, en la poesía radical, inaugura un proceso de duelo. Este duelo, que comienza en el límite de la reflexividad como un duelo por la reflexividad, es la última cuestión filosófica en el sentido tradicional. Para Heidegger sería el duelo del nihilismo activo, un duelo radical que intenta pasar más allá de la reflexividad hacia una transvaloración que pasa por el descentramiento del sujeto autorreflexivo. Podemos considerar por un momento la compleja estructura del duelo, que es no solo resistencia, sino también incorporación, y no solo repetición sino también afirmación. El duelo es entonces no solo la última cuestión filosófica, la cuestión del nihilismo, sino también la primera cuestión de nuestra época según Heidegger, la época de la pérdida de valores en el nihilismo activo. Es la cuestión de la literatura y la filosofía. Es la cuestión del sentido y la de la recurrente posposición del sentido, la cuestión del lenguaje deconstruido.

La segunda proposición comienza preguntando: ¿a qué intereses se sirve con la voluntad de conciliación de literatura y filosofía? O, lo que es lo mismo, ¿qué pérdida se aplaca? En *A la sombra de las mayorías silenciosas* Baudrillard expone que el deseo de sentido y el deseo de realidad son en nuestro tiempo un deseo del poder. No de poder, sino del poder. Y es precisamente porque el poder no consigue del todo lo que quiere que el poder está, por decirlo así, perdiendo. Según Baudrillard:

> Durante mucho tiempo bastaba que el poder produjera sentido (político, ideológico, cultural, sexual), y la demanda lo seguía; esta absorbía el abastecimiento y aun lo sobrepasaba. Se abastecía sentido escasamente, y así todos los revolucionarios se ofrecían a producir todavía más sentido. Hoy, todo ha cambiado: el sentido ya no es escaso, sino que se produce por todas partes, en cantidades siempre crecientes –es la demanda la que se debilita. Y es la *producción de esta*

demanda de sentido la que se ha hecho crucial para el sistema. Sin esta demanda, sin esta susceptibilidad, sin esta mínima participación en el sentido, el poder no es más que un simulacro vacío y un efecto aislado de perspectiva (Baudrillard, *In the Shadow* 27).

"The Elephant in the Belly: Exegesis of *Finnegans Wake*", de Clive Hart, comienza refiriéndose a cierta entropía histórica, cierto deterioro y descomposición en la explicación de *Finnegans Wake*. Hart quiere contener esa pérdida, y procede a ello estableciendo una axiomática. Cito solo los axiomas 1, 2 y 5:

> 1: Cada sílaba tiene sentido. FW no contiene sinsentidos, y muy poca onomatopeya, etc. Joyce trata principalmente en semantemas.
> 2: Toda explicación que no tome en cuenta cada sílaba y justifique cada letra es defectuosa.
> [...]
> 5: La tarea más importante del explicador es establecer planos de sentido en un orden de precedencia (Hart 12).

El sentido debe pues postularse axiomáticamente. Hay una angustia irreducible y radical en el límite de la determinación objetiva del mundo que viene tomando lugar en las disciplinas empeñadas en la producción de un sentido fijo y cierto. Debe establecerse una axiomática para parar la angustia, y contener la incertidumbre. La postulación del sentido es la estrategia de contención tras todo deseo de conciliación del Post y del Penman. Segunda proposición: la conciliación del Post y del Penman, en otras palabras, la eliminación del entre de la literatura y la filosofía, es una formación reactiva que sirve los intereses del poder institucional.

III

Mi proposición tercera y última vendrá enmarcada como un comentario al libro de Gerald Bruns, *Heidegger's Estrangements. Language, Truth, and Poetry in the Later Writings*. Bruns establece una cierta inversión de Heidegger: Heidegger el Post, en cuanto opuesto por ejemplo a James el Penman, se convertirá en el análisis de Bruns en el post-Heidegger, el Heidegger de la posteridad, o de la posterioridad, de la filosofía, un Heidegger figural cuya relación con el lenguaje en los escritos tardíos queda mejor descrita siguiendo el modelo de la paronomasia, o de las palabras-baúl (que Julián Ríos llama "maletras"):

Tercer espacio

> Heidegger nos propone imaginar una lengua cada una de cuyas palabras internaliza no tanto su propio sentido, su propia diferencia estructural con respecto de otras palabras en la lengua como los sonidos de todas las otras palabras de la lengua... Haga sonar una palabra y otras responden, como en la paronomasia...
>
> El lenguaje en este sentido sería un vasto resonar-en-el-oído, una infinita práctica paronomásica en la que las palabras aparecerían recíproca e interminablemente cada una en la otra, con los cambios sonando el uno en el otro, con nuevas palabras inauditas sonando mientras las viejas mueren, dando y redando sus ecos al morir (Bruns 162; 142).

¿Piensa el Heidegger tardío fuera de la filosofía? ¿Ha desaparecido la diferencia entre su discurso y el discurso poético? Pero no: la concepción del lenguaje en el Heidegger tardío, post-filosófica si se quiere, explorada en el libro de Bruns, es todavía una concepción del lenguaje, y así diferente de lo que quiera que está sucediendo en *Finnegans Wake*. Esa diferencia tiene que ver con la estructura de una pro-mesa, de un envío, *Sendung*, el envío del ser que Heidegger el Postman nos ha anticipado, dispuesto a brillar, a entrar en la apariencia, a través de la transmisión, del porte y la entrega de mensajes, misivas, desde el claro, *Lichtung*.

En la historia heideggeriana del ser, el nihilismo activo se vincula hasta sus raíces en una cierta promesa, el envío del ser que forma e informa la metafísica. Ese envío tiene la estructura de *Ereignis*, que es paronomasia de Heidegger sobre el acontecimiento o adviento, y la apropiación. No se trata de reducir aquí, en traducción, la complejidad de *Ereignis*. Basta mencionar que incluye falta, falta-de-ser, entendida como retirada[5]. Con esta retirada del ser tocamos el límite absoluto de la autorreflexividad filosófica. Heidegger abre su obra al trabajo de lo figural, que resiste a la significación, en nombre de lo que en la significación retira la significación: *Ereignis*. Haciendo eso, es verdad, Heidegger se convierte, para usar la frase de Bruns, "en nada sino lío para el servicio postal" (Bruns, xxvii). Invocando y dejándose llamar por el lenguaje en su materialidad, en su figuralidad, dejando que el auto-rechazo del lenguaje se dé, Heidegger se acerca quizá a una conciliación con el Penman. Pero en tal proximidad se esconde la lejanía.

El Post puede prometer, o puede transmitir la promesa, de una conciliación. Pero el Pen no promete nada. Su chantaje no se acaba. Anuncia la

---

[5] El tema de la falta de ser, de la retirada del ser y de su compleja inclusión en *Ereignis*, muy influyente en Lacan y Derrida, está desarrollado de forma deslumbrante en el séptimo capítulo del volumen 2 del *Nietzsche* de Heidegger, 335-98.

muerte del sentido, y lo que solicita, *black-mail*, correo festoneado en negro, es duelo. La estructura de la promesa articula así el campo del entre de literatura y filosofía. La promesa será la respuesta del Post al chantaje del Pen. El chantaje, la misiva enlutada del Pen, no promete nada, sino que insiste en la transmisión y el anuncio de una deuda, la deuda de muerte. La deuda está encriptada en el campo filosófico, igual que la promesa responde a la demanda de lo figural.

¿Cómo escribir entre literatura y filosofía? Bruns expone con precisión el paradigma crítico dominante:

> la tarea de la crítica es hacer a la literatura inteligible según las normas del pensar calculativo-representacional, de modo que la función de la literatura dentro de la *Ge-Stell* sería devolvernos una imagen del hombre..., o bien desvelar en sus articulaciones sistemáticas los códigos maestros de la cultura occidental en cualquiera de sus formas simbólicas, semióticas, ideológicas, logocéntricas, o textuales (Bruns 48).

Con esta mediatización de la crítica se hace también de la literatura una función al servicio de un modo particular de conocimiento. Enseñar literatura es enseñar una promesa. Pero la promesa, precisamente, difiere el cumplimiento de lo prometido. Establece ese diferimiento como el límite de su propia actividad. Tal límite es el fin de la reflexividad y la región de lo figural. La filosofía y la literatura se encuentran en el movimiento de succión de ese vórtice. Enseñar una promesa de desaparición en lo figural debe ser también resistir la estructura de la promesa, y así no es ni ofrecer una nueva imagen del hombre ni dedicarse al análisis de los códigos maestros de la cultura occidental.

Sobre la producción crítica de una imagen del hombre –de la que se hace depender todavía la imagen de la mujer, siempre secundaria y subordinada para el humanismo clásico– tiene *Finnegans Wake* algo que decir en un pasaje ya parcialmente citado, que aquí vuelvo a mutilar ampliamente: "*In the heliotropical noughttime ... nichilite ... [a]mid a fluorescence of spectracular mephiticism there caoculates through the inconoscope ... the figure of a fellowchap in the wohly ghast*" (*Finnegans* 349). En "*spectracular mephiticism*" se oye entre otras cosas metafísica especulativa como el fantasma o espectro de lo que está en descomposición, fosforescente como todos los fantasmas bajo cadaverina. Es precisamente esa luz menor, orgánica, de lo fluorescente la que nos permite ver en el tiempo de la noche/nada, el tiempo del nicho, el tiempo nihilita. Lo que vemos en la luz fantasmal de la metafísica es algo otro que el fantasma de la metafísica: alguien caocula. "*Caoculate*" refiere al término gaélico que significa "ciego", y sin duda también al español "caca". El tipo que caocula, al que Bishop entiende como "hombre representativo" en clara referencia al pensamiento calculativo-representacional heideggeriano, está aparentemente produciendo una escatología (Bishop 74). Podemos contemplar esta actividad en cierto modo apocalíptica mediante un aparato peculiar llamado el "inconoscopio". El inconoscopio es un aparato de visión probablemente similar al que Joyce llama en otra ocasión "pudendascopio" (*Finnegans* 115). El narrador del pasaje donde esta segunda palabra ocurre está usando el aparato para mirar a alguien "con un drauma preposeyente en su pasado y una urgencia priápica de congreso" (115). El inconoscopio difiere del pudendascopio en que debe consumir explícitamente tinta ("ink"), pero también en todo caso en que nos deja mirar "*in cono*", por el canal vaginal, lo cual viene como relativa sorpresa a los que se figuraban estar metidos en un canal diferente. Este tercer o cuarto ojo del inconoscopio, que podría ser el ojo de la escritura, podría permitirnos expandir nuestra visión, re-visar la noción adquirida. Quizá no es el tipo el que está produciendo activamente algo así como una ciega caoculación, sino que está siendo él mismo caoculado, como los pequeños invitados que finalmente emergen en la acción maternal, hacia la luz, huéspedes heliotrópicos.

La escatología amenaza convertírsenos en una teleología: el trágico residuo del hombre metafísico se vuelve resultado de una operación de parto y producción creativa. ¿Hay apocalipsis, y nueva producción de sujeto, en el inconoscopio? ¿Recupera *Finnegans Wake* una "nueva imagen del hombre"? El sujeto de *Finnegans Wake*, HCE, *Here Comes Everybody*, tiene muchos nombres y así múltiples imágenes, ninguna propia. Una de sus encarnaciones es Hullo Eve Cenograph (339). El cenógrafo puede ser una nueva forma de escritura ("*kainos*"), pero también una escritura vacía ("*kenos*"). Hollow Eve Cenotaph sería el sujeto de una tumba (de mujer) que conmemora un cuerpo enterrado en alguna otra parte. Entre la escritura conmemorativa y el hueco de la memoria necesario para que la novedad se produzca estará mi última capitulación: el sentido se ha expropiado, está perdido en algún lugar inmemorable: nuestro duelo es usado para crear a partir de él demanda de sentido; la escritura crítica, si va a ser algo otro que la mera reproducción de la demanda del poder de demanda de sentido, debe romper el entre de la poesía y la teoría, y rehusar la funcionalización de la primera por la segunda. Eso no equivale a romper la diferencia entre lo llamado literatura y lo llamado filosofía. Se trata más bien de darle curso a la diferencia estructural de la promesa filosófica y del silencio literario.

El duelo absoluto por definición se consume a sí mismo y acaba desapareciendo en sus propias cenizas. El duelo aberrante es por una parte el que impone la muerte de la metafísica, que no puede ser sin más eliminada, sino solamente incorporada en su calidad de pasado del pensamiento: *"for nought that is has bane. In mournenslaund"*. Al no haber opción, toda vez que el pensamiento encuentra en su límite la figuralidad opaca del lenguaje, en el pensar del duelo se decide la importancia crucial de la escritura poética para el discurso teórico contemporáneo. La ruptura del entre de filosofía y literatura es en resumidas cuentas una ruptura de los principios de autoridad que, desde el imperativo lógico, imponían al lenguaje poético un cierto tipo de dependencia con respecto del filosófico. No se trata ahora de invertir los términos de esa dependencia y afirmar que el lenguaje poético viene a asumir su dominancia final. Si el lenguaje poético puede llegar a emblematizarse en el silencio, ese silencio no es un silencio inerte, sino un silencio que reclama la palabra. Si el lenguaje filosófico, en el que todavía alienta la posibilidad de una utopía de la razón entendida como liberación de la deuda de lo opaco, puede aun ser entendido como promesa, esa promesa no es ya una promesa ciega, sino que conoce su origen en la impasable materialidad de la figura.

Capítulo cuarto

Localización intermedia y regionalismo crítico

En "Tlön, Uqbar, Orbis Tertius", hacia el final de la descripción de los progresivos y devastadores efectos de Tlön sobre nuestro mundo, cuando el narrador, Borges, menciona la inquietante duplicación de objetos perdidos en los terribles *hrönir*, introduce otra clase de objeto: "Más extraño y más puro que todo hrön es a veces el *ur*: la cosa producida por sugestión, el objeto educido por la esperanza" ("Tlön" 420). Dado que el *hrön* se ha definido previamente como "objeto secundario" (419), un *ur* sería algo así como un objeto primario: como objeto de deseo, el *ur* es la cosa misma, lo real en tanto que elaboración y concreción imaginaria: objeto propiamente pre-ontológico, en el sentido de que es susceptible de fundar una ontología.

El *ur* es el objeto alrededor del cual la práctica historiográfica ejemplificada por Milliani o Fernández Retamar imposiblemente circula (para no hablar de lo que hacen los llamados decolonialistas, pura mitología del *ur*.) Pero es también el que identifica Severo Sarduy bajo el nombre de "signo eficaz" en referencia a su mentor literario Lezama:

> Los personajes y la intriga [de *Paradiso*] no son sino excesos, desbordamientos, reverberaciones de ese signo eficaz que en cierto modo puede identificarse con las *supra verba* [sic] de que habla Lezama: una palabra que no se presenta en la página, en un plano neutro de dos dimensiones, denotativa y funcional, vehículo de una información más, sino al contrario, que posee "sus tres dimensiones de expresividad, ocultamiento y signo" (Sarduy, "Un heredero" 592).

Este signo eficaz de la escritura lezamiana es el signo que logra la presentación de lo impresentable: cabalmente, un signo que expresa ocultamiento. Refiriéndose a lo mismo en "Imágenes del tiempo inmóvil", Sarduy habla de "la fiesta innombrable que no se llegó a realizar" (v). El signo eficaz, el ur, lo innombrable es sin embargo causa fundamental y eficiente de escritura.

Pero Borges tiene otra manera de referirse a su objeto *ur*: el objeto que llama "joya" en "La perpetua carrera de Aquiles y la tortuga", o también "limpidez que no excluye lo impenetrable" (Borges, "Perpetua" 187). De esta "joya" dice al final de "Avatares de la tortuga": "Nosotros (la indivisa divinidad que opera en nosotros) hemos soñado el mundo. Lo hemos soñado resistente, misterioso. visible, ubicuo en el espacio y firme en el tiempo; pero hemos consentido en su arquitectura tenues y eternos intersticios de sinrazón para saber que es falso" (Borges, "Avatares" 204). Joya: un objeto tenue, una ruptura en lo real o mejor, una ruptura de lo real. Tal "joya" es el objeto ur considerado desde el tercer espacio, alrededor del cual circula, por ejemplo, la llamada escritura del post-boom, en la medida en que el post-boom es precisamente antisimbólico y opuesto a construcciones heroicas desde el punto de vista identitario.

Si el objeto eficiente organiza la presentación de lo impresentable, el objeto tenue insiste en la impresentabilidad de lo presentado: es decir, insiste en lo que no puede llegar a la presencia, puesto que es el objeto alrededor del cual la presencia se desvanece. Sarduy también lo encuentra en Lezama, en cuyo texto lo identifica con el objeto *a* lacaniano: "lo que escinde la unidad del sujeto y marca en él una falla insalvable: una ausencia a sí mismo" (Sarduy, "Un heredero" 595). "*Paradiso* es como el paréntesis que encierra ese objeto *a*, la montura donde resplandece esa diminuta perla irregular y obscura", la joya de Borges (594). "Tenue" y "eficiente" marcan dos formas de acercarse al presentarse de la cosa misma, del objeto de la escritura. Lo eficiente en el objeto organiza una ontología, mientras que lo tenue la desorganiza o la deconstruye. Por eso Sarduy, que se llama a sí mismo "heredero", puede decir "heredar a Lezama es practicar esa escucha inédita, única, que escapa a la glosa y a la imitación ... deconstruir, más que estructurar" (597). Es entonces cuestión de escuchar, de oír, lo que separa, por ejemplo, boom y post-boom: el "post-" es aquí la figura de una membrana, de un tímpano, lo que no debe romperse si va a cumplir su función.

Según esta hermenéutica, boom y post-boom no constituyen una secuencia temporal, sino una manera de interpretar el presentarse del objeto de escritura: del lado del boom, tenemos construcciones ontológicas, hipóstasis identitarias, alegorizaciones nacionales, en suma, un aparato ideológico que marca la escritura latinoamericana como escritura fuerte del objeto *ur*. Tal sería el tipo de escritura que corresponde a la razón desarrollista dusseliana inspirada en el concepto eurocéntrico de modernidad: a la presentación de lo impresentable, donde la presentación presenta un objeto educido por la esperanza, pero que sin cesar elude captura.

El post-boom escucha la voz silenciosa del objeto *ur* en retirada: insiste en la impresentabilidad de lo dado, puesto que ha venido a reparar en el intersticio, la fisura, la brecha abierta a través de la cual se desvanecen construcciones ontológicas, formaciones de identidad y alegorías nacionales. El post-boom hace duelo por el fracaso de la concretización estética del modelo capitalista de desarrollo periférico, por su incapacidad de pasar más allá de la reificación de realidades nacionales y continentales en la fetichización estética del campo cultural. De hecho, el post-boom es definible como el momento sublime del boom: el momento en el que el boom debe confrontar su incapacidad para efectuar una presentación adecuada del objeto que había venido prometiendo; una antiestética, paradójicamente, en el sentido de que opera una crítica de la estética del boom: una antiestética de, y al final de, la modernidad.

En cuanto pulsión antiestética, el objeto tenue no puede sobrevivir al colapso del objeto eficiente al que siempre ha escuchado, al que siempre ha traducido. Si la traducción también aquí testifica de la muerte del original, la máquina traductora se rompe o se oxida cuando ya no hay más que traducir. No hay objeto tenue, es decir, no hay prácticas de objeto tenue, sin objeto eficiente que lo tenue deconstruya. A la inversa, por supuesto, tampoco hay objeto eficiente sin que la necesidad de lo tenue se haga sentir. En este sentido, cabe postular la necesidad de una tercera escritura, o de un tercer espacio crítico de la escritura, más allá de lo tenue y de lo eficiente, aunque no al margen de ambos: la escritura del tercer espacio viene a ser tanto la condición misma de existencia de las primeras como el lugar de su acabamiento y consumación.

La mentalidad desarrollista sostiene que la función de la crítica cultural latinoamericana, incluyendo en ella por supuesto la escritura literaria, es ayudar a que América Latina se mueva hacia la modernidad. No otro, sino meramente la otra cara del mismo gesto sostiene que de hecho no es necesario ayudar a América Latina a moverse hacia la modernidad, que lo que es preciso es que América Latina se mueva hacia sí misma en su variante diferenciadora, hacia su identidad entendida como el colapso final y el agujero negro de la reflexión crítica. Modernidad e identidad aparecen históricamente como las dos metas gemelas o complementarias de la reflexión crítica latinoamericana contemporánea, incluso cuando tal reflexión se orienta o cree orientarse hacia el desmantelamiento de los paradigmas de modernidad e identidad. Por eso la crítica al desarrollismo de Dussel permanece como crítica desarrollista. Quizás hoy, sin embargo, modernidad e identidad han dejado de ser lo que fueron, porque algún intersticio en la razón, alguna fisura en el tejido crítico o en el tejido anterior de la construcción de poder/conocimiento que lo ampara, han mostrado que ambos ideologemas no son más que objetos ur sin mayor reivindicación de propiedad sobre lo real. Ahora bien, si modernidad e identidad han dejado de ser objetos eficientes en un sentido otro que el histórico, es claro que su crítica, la crítica históricamente entregada a la escritura del post-boom, crítica de objeto tenue, ha perdido su objeto. La deconstrucción de los paradigmas desarrollistas y modernizadores, al menos en el sentido literario, se parece demasiado a apalear a un muerto, y no puede por lo tanto cumplir la misión de dotar a la reflexión contemporánea de agenda crítica. (Este es, *a fortiori*, el predicamento del decolonialismo ya siempre trasnochado, que lo convierte estructuralmente en un programa o en una técnica, pero no en lugar de pensamiento).

Jameson y Laclau y Mouffe mencionan el debilitamiento o la imposibilidad de historicidad, agobiada hasta la consumación por el poder simbólico del capitalismo transnacional, como el elemento central del impasse de la posmodernidad. Ambas teorías tienen cuidado en establecer una distinción entre la posmodernidad metropolitana y la posmodernidad en los países o zonas periféricas. La heterogeneidad periférica radicaría, no en una preservación de esencias culturales inspiradas en la diferencia, sino en el hecho de que en las zonas no metropolitanas coexisten diversos modos de producción; es decir, en esas zonas el capitalismo avanzado o, para usar una expresión de David Harvey, el capitalismo "de acumulación flexible", esto es, en su fase más devoradora y globalizante, no ha conseguido todavía saturar totalmente el campo económico, aunque tendencialmente esa sea su meta (Harvey, *Condition passim*). Es la presencia residual de modos de producción alternativos lo que hace periférica a la periferia. Michael Taussig muestra en *El diablo y el fetichismo de la mercancía en Sudamérica* que la diferencia ideológica salvaguardada en y por la disyunción misma entre modos de producción permite resistir la creciente o absoluta fetichización del producto, y por lo tanto la reificación de las relaciones entre personas, y así permite mantener vivo el sentido de un cauce de la historia. La historicidad, en su sentido radical, benjaminiano por ejemplo, es aquello que los oprimidos tratan de salvar, y que los opresores borran. La posibilidad de historicidad estaría por lo tanto menos agotada en la periferia de lo que está en el centro. Hay que notar, sin embargo, que la periferia siempre desea su propia disolución como periferia: su destino es querer dejar de ser lo que es en cuanto periferia, y por esta razón la periferia es siempre esencialmente una periferia residual.

Centro y periferia son conceptos operativo-descriptivos, sin valor absoluto. Igual que no puede haber absoluta coincidencia de ninguna localidad específica con el centro mismo, en virtud quizá de la distribución fantasmática del capital, si no de la naturaleza misma de la cosa económica, tampoco hay absoluta coincidencia de la periferia consigo misma. El centro es de hecho un lugar utópico-distópico, de naturaleza irrepresentable y por lo tanto sublime, donde reina la pura intensidad del goce de la plusvalía, sin afecto, sin tiempo, sin espacio: un lugar extático definido como el apocalipsis de la historicidad, en el doble sentido de acabamiento de la historicidad y también de su revelación fulgurante. Pero precisamente porque el centro es un lugar donde toda posibilidad de historia está borrada, la ausencia de esa posibilidad se sustantiviza: la ausencia de historicidad viene a ser para el centro la revelación extrema de la historicidad como horizonte único de sentido.

En el centro, como reconoce Jameson, no habría naturaleza ni inconsciente, pues todo en él queda sometido al imperativo de la disolución descentralizante: es decir, de la pérdida pura de sentido[1]. Pero una pérdida total del sentido organiza su más extrema demanda. Llegamos así a una situación vestibular o límite, altamente paradójica, y definidora de otro impasse posmoderno al que quizá no se ha prestado todavía suficiente atención, o que simplemente no ha sido definido como tal. La paradoja es: Si, como dice Taussig, el sentido humano de la historia depende fundamentalmente de la no-reificación, es decir, de la resistencia a la fetichización del mundo como mercancía, de la resistencia a la tecnologización del mundo como reserva disponible para la explotación, entonces parecería inescapable la conclusión de que, para decirlo de manera formulaica, a mayor periferia, mayor potencia de historicidad. En otras palabras, la historicidad, y con ella la presencia de sentido de la historia, subsiste hoy en lugares, reales o mentales, donde la acumulación flexible no ha tenido todavía recurso de entrada o ha sido resistida y rechazada, por más que temporalmente. Por otro lado, sin embargo, y dado el apocalipsis reificante del centro inexistente pero concebible de la posmodernidad, la historicidad retorna como posibilidad con más fuerza allá donde puede percibirse su más extrema negación. En otras palabras: la falta de sentido de la historia organiza su más extrema demanda, esto es, reclama su absoluta restauración, y por lo tanto el centro matricial de la acumulación flexible, el vórtice de asimilación y diseminación en el corazón acumulante, el receso mismo de la historia y del sentido es el lugar donde se prepara una nueva apoteosis que no podrá menos de ser revolucionaria, en el sentido de que dará una vuelta radical a los prejuicios y modos de vida corrientes. El impasse al que me refiero es el que parece darse en el punto de máxima divergencia entre centro y periferia: tal punto de máxima divergencia es imposible y paradójicamente el punto de coincidencia donde la falta de sentido se transmuta en su opuesto, y donde se prepara el nuevo advenimiento, el nuevo avatar histórico cuya precondición es la disolución del mundo como fetiche mercantil, el vencimiento de la alienación, y la ruptura de la angustia. En vista

---

[1] Jameson, *Postmodernism*, *passim*. Ver también sobre las relaciones centro-periferia en el pensamiento de Jameson Santiago Colás, "Third World" y su *Postmodernity* 5-19.

Tercer espacio

de la doble posibilidad recién descrita, se hace indecidible si será el centro o será la periferia el lugar de tal renovación.

Laclau y Mouffe establecen una diferencia entre las condiciones de lucha emancipatoria para regiones cercanas al centro y regiones periféricas. Según ellos,

> en los países [avanzados], la proliferación de puntos de antagonismo permite la multiplicación de luchas democráticas, pero estas luchas, dada su diversidad, no tienden hacia la constitución de un "pueblo", es decir, ... hacia la división del espacio político en dos campos antagónicos. Por el contrario, en los países del Tercer mundo, la explotación imperialista y el predominio de formas brutales y centralizadas de dominación tienden desde el principio a dotar la lucha popular de un centro, de un elemento único y claramente definido. Aquí la división del espacio político en dos campos está presente desde el principio, pero la diversidad de las luchas democráticas es más reducida (Laclau y Mouffe, *Hegemony* 131).

El centro, entendido como foco de sentido, y no como foco de ausencia de sentido, pertenece según Laclau y Mouffe a países tercermundistas, únicos lugares donde la lucha genuinamente popular, por oposición a múltiples (pero menores) luchas democráticas, es todavía posible. Para Laclau y Mouffe es el ámbito del capitalismo avanzado el que no tiene posibilidad de centro, y el que reacciona contra tal déficit en la multiplicación de luchas democráticas en las que lo que primeramente está en juego es la lucha por el establecimiento de su sentido mismo. Por supuesto esta división, reminiscente de la conocida tesis de Jean-François Lyotard sobre metarrelatos y posmodernidad, debe permanecer también fluida y meramente regulativa para el pensamiento, y ello por una razón poderosa: si la modernidad está caracterizada por las metanarrativas, y la posmodernidad por la ausencia de ellas (y por una proliferación compensatoria de micronarrativas), entonces no habría posmodernidad en países del Tercer Mundo, por cuanto las "brutales y centralizadas formas de dominación" le darían al tercer mundo un centro simple y claramente definido, alrededor del cual se hace posible y necesario tejer o sostener una narrativa emancipatoria.

La tesis misma, que da un centro a la periferia, que vuelve a la periferia un centro donde la lucha popular, y con ella el verdadero sentido de la historia, son todavía posibles, funcionaría para el primer mundo como una metanarrativa de enorme importancia, fundacional y determinante del campo intelectual. Desde la perspectiva del centro metropolitano, el centro de la historia, la posibilidad misma de historicidad se ha mudado al tercer mundo al mismo tiempo que el primero la ha perdido. Por otra parte, sin embargo, en la medida en que la acumulación flexible tiende hacia la saturación total del campo social, la periferia está perdiendo su centro también. Pero la periferia quiere perder su centro, en la medida en que quiere poner fin a "la explotación imperialista y el predominio de formas brutales y centralizadas de dominación": su metanarrativa central busca eliminar sus condiciones de posibilidad. Por lo tanto, la periferia quiere acumulación flexible y el final de una metanarrativa central, mientras que el primer mundo quiere el fin de la acumulación flexible y la restauración de la posibilidad de sentido histórico. La restauración de la historicidad, cuya posibilidad, según vimos antes, estaría disponible, si bien residualmente, para el tercer mundo, viene entonces a convertirse en una demanda imperativa para el futuro del capitalismo transnacional, mientras que la periferia sigue pudiendo desear solo su propia muerte o desaparición como tal–y con ello la muerte de su propia posibilidad histórica.

Según Laclau y Mouffe, hay más centro en la medida en que hay menor descentralización del sentido. Hay más claridad de propósito en la medida en que hay mayor necesidad de resistencia a la explotación directa. Lo que está en juego es un modelo fluido de interpretación global. En tal modelo es la localización del agente en uno u otro punto de la serie de coordenadas lo que marca la necesidad específica de su posición crítica. Pero lo que permanece oscuro es la racionalidad específica para la acción respectiva. Dada la máxima cercanía al centro capitalista, es decir, la máxima cercanía a la pérdida de sentido, la reacción crítica postula la necesidad de un rescate restaurativo de la historicidad allí donde todavía sea posible encontrarla (pero la historicidad está, siempre residualmente, en el más allá periférico, esto es, nunca aquí, siempre allí); por otra parte, dada la máxima lejanía del centro capitalista, es decir, la mayor perifericidad, habrá también mayor conciencia histórica, pero esta estará máximamente oscurecida por el deseo social de modernización y ajuste al modo de producción de acumulación flexible. La historicidad periférica es siempre el producto de una disyunción entre modos de producción que siempre ya quiere ser disuelta, borrada, eliminada en la medida en que tiende a su propia disolución, puesto que la periferia quiere desaparecer como tal, como periferia. Los extremos tienden a encontrarse imposible y conflictivamente.

Si el centro y la periferia, y las nociones mismas de centro y periferia, parecen llevarnos a un impasse en el que hasta las meras posibilidades de pensamiento y de acción se vuelven problemáticas, hay que explorar la noción de un tercer espacio, el espacio de las localizaciones intermedias. Las localidades intermedias son localidades de la zona de contacto. Estarían cerca de la posición vestibular entre luchas democráticas y luchas populares (ver Laclau y Mouffe, *Hegemony* 137), entre cultura significante y cultura designificada. A mayor cercanía a la posición vestibular, mayor tensión dialéctica. El centro, entendido como el lugar de conflicto y superación de tesis y antítesis, no estaría entonces perdido en lo sublime irrepresentable (en la red global del capital en su tercer estadio), y tampoco en el lugar supuestamente substantivo donde la explotación imperialista se hace ocasión de verdad transparente, sino que en un sentido específico el centro es el lugar vestibular donde el capital encuentra la descapitalización, donde el sinsentido dominante encuentra sentido oposicional. Si el triunfo global del capitalismo tardío consiste en la eliminación tendencial de modos previos de producción, y si esos modos de producción guardan no solo profundidad histórica sino heterogeneidad cultural y capacidad de articulación de resistencia política a la hegemonía del capital en su tercer estadio, entonces el lugar privilegiado de resistencia a la globalidad homogeneizante y deshistorizante no es la más extrema periferia ni la mayor cercanía metropolitana, sino, cabalmente, la posición vestibular de las colectividades intermedias. Solo en las colectividades intermedias o vestibulares es posible entender la simultaneidad de homogeneización transnacional y resistencia nacional, de asimilación tendencial y de heterogeneidad de hecho. En ese sentido, estas colectividades intermedias guardarían el futuro mismo del pensamiento crítico.

El tercer espacio es el lugar donde la reforma del pensamiento procede y se produce en el límite vestibular: un lugar que, en cuanto lugar de encuentro, es también por definición y por necesidad el lugar privilegiado de lo real; no el lugar donde lo real está, sino el lugar donde el acceso a lo real adviene. Ahora bien, esa zona de contacto, esa zona vestibular entre países avanzados y países periféricos, ¿no tiene una existencia tan fantasmal como la del supuesto centro de la acumulación capitalista, o como la del centro tercermundista de sentido? El centro ha venido a ser, no un lugar concreto, no una configuración sociohistóricamente específica, sino meramente o bien el lugar del sentido, donde el sentido debe presentarse, o bien el lugar del máximo sinsentido, que por lo tanto reclama una absoluta restauración del sentido: un lugar, entonces, para la demanda de sentido, un reino mesiánico y fantasmal de historicidad.

Como posición vestibular, en cambio, ese tercer espacio entendido centralmente abdica de su categoría de centro mediante el simple recurso de no autoestablecerse como lugar privilegiado para la demanda de sentido: para hacerse más bien el lugar de su cuestionamiento, esto es, no solo cuestionamiento de la demanda de sentido, sino también cuestionamiento de la demanda de demanda de sentido. Al fin y al cabo, es la localización del entre, lo intermedio, lo que se ha roto, lo que no espera ya servir como mecanismo de enlace o de conciliación entre las fuerzas históricamente hegemónicas y las fuerzas sin historia de la destitución. El espacio literario latinoamericano, en su carácter de entre-lugar ni propiamente subalterno o residual ni propiamente metropolitano o hegemónico, conforma el espacio para un regionalismo crítico cuya fuerza de positividad epistémica faltaría entender. En él el sentido emergente de la posmodernidad metropolitana encuentra el sentido residual de la posmodernidad periférica, y ambos entran en determinación recíproca y precaria. Tal regionalismo crítico, desde su posición residual, estaría orientado en primer lugar contra la modernidad eurocéntrica cifrada por Dussel y Laclau en, por una parte, el concepto ilustrado de liberación, y por otra en su versión "burguesa" de desarrollo y modernización. Pero también por ello el regionalismo crítico, desde su lado emergente, compartiría con el posmodernismo metropolitano la posición sobre, en palabras de Jameson, "el fin de la vanguardia, lo pernicioso del utopismo, y el temor de una identidad u homogeneidad universales" (Jameson, *Seeds* 190), curiosamente los tres centros críticos de "Tlön, Uqbar, Orbis Tertius", como hemos visto. Según Jameson, el regionalismo crítico resistiría lo que él llama las "formas poscontemporáneas" del progreso modernizante, "modernización global, hegemonía corporativa, y la estandarización universal de los productos de consumo y los 'estilos de vida', "y lo haría desde una llamada 'retaguardia' con "sobretonos de resistencia colectiva" encontrados en los fragmentos sobrevivientes del pasado, tercera forma del objeto *ur* borgesiano (190, 191).

Así pues, el regionalismo crítico configuraría un "espacio de resistencia" a través de la tematización y el uso de materiales entregados por el presente histórico desde posiciones articulables en la propia historicidad intermedia. Frampton propone como centro del regionalismo crítico arquitectónico la categoría de "juntura", en la que las dos fuerzas a las que se abre el trabajo encuentran engarce. Pero como correlato de la categoría de juntura está también la de disyunción o rompimiento: "el punto en el que las cosas se rompen la una contra la otra en lugar de conectarse: ese fiel significativo en el que un sistema, una superficie o un material termina abruptamente para cederle el paso al otro" (Frampton citado en Jameson, *Seeds* 197). Tal doble articulación de juntura y rompimiento elude por lo tanto una posición meramente antimoderna, idealista en su misma pretensión de sobrevivencia en cuanto tal. Al mismo tiempo, en esa doble articulación se abre a su problema teórico fundamental, que es también un problema político: "¿cómo formular una estrategia progresista desde lo que son necesariamente los materiales de la tradición y de la nostalgia?" (202): práctica de duelo.

Tercer espacio

En la promesa de juntura y en el ominoso silencio del rompimiento, en la crisis de la dis/yunción en cuanto tal, en el mismo duelo mutuo de la dis/yunción de elementos, que es su resto vinculante, el espacio literario latinoamericano encuentra un espacio teórico de acomodación epistémica y pasa a intentar en él su apuesta, meramente hipotética, por una nueva historicidad, o por una nueva apertura al sentido pospromisorio. Ese es el juego del tercer espacio.

Capítulo quinto

Circulus vitiosus deus: El agotamiento de la ontoteología en Borges

> *Wie lieblich ist es, dass wir vergessen!* (Nietzsche, *Zarathustra* 737).

1. El hecho estético. Nostalgia y antinostalgia

Lo real es experimentado como una lluvia o bombardeo de estímulos sobre la imaginación –pero la imaginación no puede responder con la presentación de un sentido–. Así parece definir Borges en todo caso el hecho estético en "La muralla y los libros":

> La música, los estados de felicidad, la mitología, las caras trabajadas por el tiempo, ciertos crepúsculos y ciertos lugares, quieren decirnos algo, o algo dijeron que no hubiéramos debido perder, o están por decir algo; esta inminencia de una revelación, que no se produce, es, quizá, el hecho estético (Borges, "La muralla" 133).

La escritura literaria no es el hecho estético, sino una respuesta a su inminencia no cumplida, que transmitirá entonces la impresentabilidad de lo real. Lo real está en su retirada, se manifiesta en el modo de su pérdida. Por eso no hay posibilidad de expresión, sino solo de alusión: "Podemos mencionar o aludir, pero no expresar" (Borges, "Una rosa" 329). La mímesis no se abandona: al contrario, como esfuerzo de acogimiento a la revelación, está radicalmente enfatizada. Borges parece presentar aquí una poética en consonancia con lo que Philippe Lacoue-Labarthe llama "mímesis general" a partir de una lectura de *Física* B 199a. Dice Aristóteles: "Por una parte, la *techné* lleva a término (cumple, perfecciona, *epitelei*) lo que la *physis* es incapaz de obrar (*apergasasthai*); por otro lado, imita" (Lacoue-Labarthe, *Imitation* 24). La mímesis general refiere a la primera parte del texto aristotélico: tal mímesis "no reproduce nada dado (no reproduce en absoluto), sino que *suple* cierto defecto de la naturaleza, su incapacidad de hacerlo todo, organizarlo todo, obrarlo todo –*producirlo* todo–. Es una mímesis productiva, es decir, una imitación de la *physis* como fuerza productiva o, si se prefiere, como *poiesis*"

(24). La escritura suple, en el sentido de que reemplaza, pero también en el de que suplementa, la siempre inminente pero improducida revelación. No reproduce nada dado, pero reproduce lo no-dado, lo casi-dado. Reproduce lo que, estando, de alguna manera no está, o está perdido, lo que se da en el modo de una constante retirada. La definición borgesiana del hecho estético como "inminencia de una revelación que no se produce" encuentra a partir de esta conceptualización coincidencia con la definición de escritura por Maurice Blanchot como "revelación de lo que la revelación destruye" (Blanchot, "Literature" 47).

Estos rasgos de la poética de Borges están en aparente cercanía con los que Jean-François Lyotard, glosando la definición kantiana de la estética de lo sublime, establece como propios de la experiencia artística de lo moderno. El arte moderno es, según Lyotard, el que dedica su técnica a "presentar el hecho de que lo impresentable existe" (Lyotard, *Postmodern* 78). Dentro de esta versión general, Lyotard elige denominar "posmoderno" a aquello que procede a la representación de lo impresentable sin nostalgia. La nostalgia es el énfasis en la *incapacidad* de la facultad de representación. La escritura posmoderna, partiendo de tal incapacidad, pone el énfasis en "el incremento de ser y en la alegría que resultan de la invención" de nuevas posibilidades expresivas (79-80). Lyotard le da a esta distinción un valor afectivo que procede sin duda de cierto Nietzsche, o de cierta interpretación de Nietzsche. La distinción de Lyotard ayudará a definir la relación de Borges con su propia práctica artística.

En otra formulación Lyotard define lo posmoderno como "incredulidad respecto a metanarrativas", ateniéndose igualmente a cierto nietzscheanismo (xxiv). Ya en *La Gaya Ciencia* Nietzsche reduce genealógicamente toda metanarrativa a impulso ético-nostálgico:

> Para que lo que ocurre siempre y necesariamente, sin propósito y de forma espontánea, pueda aparentar ocurrir con algún propósito y afectar al hombre como racional y como mandamiento último, el maestro de ética sube a escena como maestro del propósito de la existencia; y con este fin inventa una existencia segunda y diferente y mediante su nueva mecánica desquicia la vieja existencia ordinaria (Nietzsche, *Fröhliche* 309).

La "existencia segunda y diferente" busca la fundamentación teleológica de lo real y es así una forma de resistencia a la incapacidad de la facultad de representación de conciliar, en el sentido kantiano, ideas y conceptos sensibles. La genealogía ética de esta resistencia, y por lo tanto su valor emocional, no solamente es destacada por Nietzsche. También Borges le da una fuerte importancia. En "La esfera de Pascal" definirá la "historia universal" como el conjunto de respuestas éticas a ciertas figuras del pensamiento susceptibles de originar una existencia "segunda y diferente" en el sentido nietzscheano. La conciencia del sujeto de conocimiento oscila entre afirmación y desdicha ante toda metáfora catacrética. Así, cuenta Borges, la proposición "la naturaleza es una esfera infinita, cuyo centro está en todas partes y cuya circunferencia en ninguna" es sentida como liberación por Lucrecio y Giordano Bruno entre otros, pero le parecerá "espantosa" (*effroyable*) a Pascal, nostálgico del conocimiento realista. En el breve ensayo Borges omite mención de Nietzsche, aunque la más famosa de las formulaciones de este sobre el Eterno retorno, conocida desde luego por Borges, resuena poderosamente en esa frase clave: "En cada Ahora comienza el ser; alrededor de cada Aquí rueda la esfera del Allí. El centro está en todas partes. Curvado es el camino de la eternidad" (Nietzsche, *Zarathustra* 737). En cualquier caso Borges concluye: "Quizá la historia universal es la historia de la diversa entonación de algunas metáforas (Borges, "Esfera" 137). La entonación, *Stimmung*, es también palabra de vieja raigambre nietzscheana. Habla de estados afectivos que rigen el pensamiento, que lo marcan y lo determinan. La entonación es el lenguaje del cuerpo, lo que de él queda en la construcción figural de la escritura.

La entonación desdichada es utilizada repetidamente por Borges, presumiblemente bajo la influencia de Schopenhauer, en varios de sus escritos teóricos y en los de ficción[1]. Pero es difícil determinar si tal desdicha es nostálgica o de carácter irónico. Uno de los textos más interesantes para este problema es el ya estudiado "Tlön, Uqbar, Orbis Tertius", donde la inminente sustitución del mundo tal como lo conocemos, bajo la acción de los *hrönir*, es vivida con angustia por un narrador que ha manifestado su acuerdo esencial con la tesis de que "los espejos y la paternidad son abominables" porque multiplican y divulgan la ilusoriedad del universo ("Tlön" 410). La angustia del narrador aparece como meramente reactiva a la pérdida de un mundo en el que por lo demás no cree, o en el que no cree creer: la angustia, paradójicamente, nos devuelve ese mundo en cuanto productor de efectos, y así implicado en lo real en su misma presunta ilusoriedad. Si el mundo fuera realmente

---

[1] Para un tratamiento detallado y útil de la influencia en Borges de Schopenhauer ver Roberto Paoli, "Borges" 173-208. Paoli supone que para Borges "en el terreno filosófico el pensador más allegado, después de Schopenhauer, es desde luego Nietzsche" (174). La influencia de Schopenhauer en Nietzsche, y la historia de la lectura de Nietzsche en la primera mitad del siglo XX, hacen problemática tal relación de influencias. Una lectura de Borges desde el "nuevo Nietzsche", entendiendo por tal el Nietzsche entregado por, entre otros, Pierre Klossowski (*Nietzsche*), Gilles Deleuze (*Nietzsche*), Blanchot (*Pas*), Derrida (*Eperons* y *L'oreille de l'autre*), Peter Sloterdijk (*Thinker*) o Luce Irigaray (*Amante*), daría muchas sorpresas.

Tercer espacio

ilusorio, ¿por qué lamentar su pérdida o su cambio? La entonación desdichada, la constatación de pérdida o la afirmación de duelo, puede postularse en "Tlön" como artificio retórico para presentar la impresentabilidad heterotópica misma de cualquier condena o negación de mundo –tanto del mundo del narrador como de su presumible alteración en *Orbis Tertius*. En cierto sentido, pero fuertemente, es afirmable que Borges sustituye las metanarrativas lyotardianas por entonación desdichada– y esto no solo en los textos mencionados, sino en general en la totalidad de su producción. Ahora bien, la entonación desdichada, ¿puede ella misma llegar a constituir o a implicar una metanarrativa alternativa, escritural, y así colocar a Borges después y a pesar de todo en el lugar de lo moderno lyotardiano? ¿Puede, por otro lado, establecerse una antilogía o contraposición estable entre la entonación desdichada borgesiana y la posición de Lyotard sobre el carácter antinostálgico de la escritura posmoderna?

El voluntarismo de raigambre idealista-pesimista –del cual, como ha mostrado Heidegger en *Nietzsche*, la doctrina del Eterno retorno, por su relación esencial con la Voluntad de poder, es quizá la manifestación más precisa al tiempo que su ruptura– es usado por Borges como forma de desarrollar una práctica de escritura en fuerte resistencia frente a él. La escritura de Borges explora minuciosamente las doctrinas centrales de Schopenhauer, y lo que Borges pudo entender como su continuación en Nietzsche y su prefiguración en Berkeley y Hume, no solo para realizar su potencial literario, sino fundamentalmente para acabar insistiendo en su inviabilidad. Borges es veraz en su vasta utilización ideológica de esos filosofemas, pero su escritura no los prueba, sino que los pone al servicio de una teleología otra. La escritura de Borges tiene un valor gnoseológico que desborda el alcance del voluntarismo, y que viene en gran medida dado por su investigación sistemática del voluntarismo. No es trivial que, como recuerda Roberto Paoli, Borges aprendiera filosofía con su padre y con Macedonio Fernández, ambos idealistas radicales (Paoli 176; también Emir Rodríguez Monegal, *Jorge Luis Borges* 170-72). En este sentido, y en otros explorados por Didier Anzieu y Emir Rodríguez Monegal, es cierto para Borges lo que Jacques Derrida afirma de toda escritura: "La especificidad de la escritura estaría ... ligada a la ausencia del padre"[2]. Borges acaba dándole la vuelta al voluntarismo, esto es, acaba

---

[2] Derrida, *Dissémination* 86. Ver Anzieu, "Corps" 177-210. En cuanto al supuesto idealismo borgesiano, no creo que sus repetidas escenificaciones críticas desborden su afirmación en *Historia de la eternidad*: "Para nosotros la última y firme realidad de las cosas en la materia" (318). Merecería la pena explorar la concreción poética de la materia en el cuerpo o en la posición simbólica femenina, estrategia frecuente en Borges como forma de referir al don antisolipsista de lo abierto: así en "El Zahir", "El Aleph", "La intrusa" y muy particular y obviamente

llegando a su otro lado, y por lo tanto instalándose en un lugar afectivo que no coincide ni con el pesimismo nostálgico schopenhaueriano ni con el optimismo antinostálgico de lo postmoderno lyotardiano: un lugar otro, un tercer espacio, el espacio ilocalizable en el que el afecto de duelo mora cuando las instancias contrapuestas de conmemoración y vencimiento de la memoria se hacen indecidibles en la experiencia.

Destacaré en lo que sigue algunos rasgos de "Funes el memorioso" desde varios otros textos de Borges. Me interesa la relación de Borges con la doctrina nietzscheana del Eterno retorno de lo mismo e intentar más tarde la formulación de un concepto de *repetición productiva* que podrá explicar algunos mecanismos de su escritura –y sin embargo, señaladamente, no otros–. Así, si la mímesis productiva en el sentido definido por Lacoue-Labarthe (es decir, en cuanto procedimiento mediante el cual la imitación o reproducción del mundo "suple defectos de la naturaleza", sustituye o suplementa a una naturaleza en la que a la vez se integra productivamente) puede entenderse también como repetición productiva del mundo, veremos que esta labor de mímesis productiva constituye todavía una actividad voluntarista en el sentido metafísico schopenhaueriano, por ejemplo, así como en el sentido ético definido por Nietzsche en su palabra sobre los maestros de una existencia segunda y diferente. Pero la escritura de Borges se abre secreta o figuralmente a otra posibilidad posproductiva cuya detección perseguiré aquí en relación con "Funes el memorioso", y con "El Aleph" en el capítulo siguiente. Es en ella donde encuentro la apertura de Borges a una diferencia con respecto de la ontoteología, y por lo tanto la posibilidad que su escritura ofrece de una

---

en "Ulrika", donde el encuentro erótico hace desaparecer, quizás por única vez en la obra de Borges, los espejos. El don en *Historia de la eternidad* está cifrado en la ilimitada capacidad de retorno del universo. Pero el retorno, tras la conveniente conjuración de su terror por Borges, no encierra lo humano en sí mismo, sino que le da la precaria dimensión de su identidad temporal. De la misma forma la construcción de sentido en Borges se realiza en confrontación con lo que la niega radicalmente: el solipsismo idealista (ver sobre esto Irigaray, *Amante marine*). Por otro lado la construcción de sentido en Borges no es producto de una construcción ideológica alternativa explícitamente afirmada, sino de la esencialidad de la práctica de escritura. Dice Manuel Cruz: "El caso es que el material sobre el que se opera es el tiempo, por un lado, y las intensidades por otro. El proceso se puede resumir en una determinada administración de las intensidades o en una gestión de su secuencia, si se prefiere. De cualquier forma, el movimiento sería doble: la estructura narrativa da sentido, orienta, lo que de hecho es experiencia caótica y desordenada, y la intensidad objetiviza, realiza, hace material la fantasía ilusoria de nuestra identidad. Kantianamente se diría: intensidad sin identidad es ciega; identidad sin intensidad es vacía" (*Narratividad* 53). Borges logra esa tercera opción: narrativa enfrentada a la pura intensidad de lo real. En cuanto a Borges y a la paternidad es necesario mencionar también la interpretación de "La muerte de Tadeo Isidoro Cruz" hecha por Djelal Kadir, *Questing* 16-21.

ruptura crítica frente a ella. En la figuralidad posproductiva el texto de Borges se articula en disyunción ontoteológica.

Tomo en serio la demostración de Heidegger de que Nietzsche, con su doctrina del Retorno, lleva a su acabamiento la tradición metafísica occidental que tiene sus orígenes en Platón. La rigurosa confrontación de Borges con el Retorno no es un vencimiento de la metafísica, en el sentido de que Borges habría conseguido trascender la determinación nietzscheana y pensar más allá del límite del pensamiento que hoy por hoy nuestro lenguaje puede contener. Pero Borges piensa y escribe en el límite. La figura del duelo parece apropiada para designar su escritura, o al menos los rasgos de ella que se esfuerzan en acoger el pensamiento de la muerte de la metafísica. Que la metafísica muere significa que el Ser de los entes –y la Doctrina del Eterno retorno es el último intento (o uno de los últimos) por nombrar el Ser de los entes– ya no permanece como fundamento del pensar. Si la estética de lo sublime quiere la presentación de la impresentabilidad, tenemos impresentabilidad porque el Ser se retira, porque la presencia está en retirada. El duelo es la forma de lidiar con esa retirada: o incluso, es la forma de facilitar esa retirada, haciendo de todos los que escriben en duelo nihilistas activos. Esa facilitación duele con funesto dolor: pero el fin del dolor es dejar de tenerlo, duelo consumado.

Veremos que Borges pasa de un reconocimiento preciso, abismal, de las implicaciones íntimas del Eterno retorno a una conjuración de sus efectos. La escritura de Borges puede definirse como una escritura del desastre, quizás no porque el desastre prevalezca en ella, sino porque en ella el desastre es lo que más señaladamente se combate. Ahora bien, combatir el desastre, resistir sus efectos, ¿no es esa la más vieja tarea de la metafísica como resistencia a la "resistencia de lo real a todos los límites"? Localizar el límite de la ontoteología en Borges pasa por liberar el desastre en su escritura, o darle rienda.

II. Funes y el Retorno: Repetición productiva y revelación destructiva

Del protagonista de "Funes el memorioso", Ireneo Funes, se dice que era "un Zaratustra cimarrón y vernáculo". La referencia es al Zaratustra de Nietzsche, el Doctor del Eterno retorno. La doctrina es presentada por Nietzsche en *Así hablaba Zaratustra* y en otros textos como un gran acto de afirmación de la existencia. Asumirá una tonalidad ética y soteriológica, y por lo tanto contaminada todavía de la historia ontoteológica cuyo fin debería en principio consumar, en los escasos fragmentos publicados póstumamente que tratan directamente sobre ella. A la vez, sin embargo, de esa característica de salvación ética, la aceptación del Retorno conlleva asumir el llamado "peso más pesado", que es la pérdida de la misma posibilidad ética entendida como justificación teleológica de la existencia y la pérdida de toda perspectiva de salvación o de redención[3].

Ireneo recibe un tremendo y misterioso don, que lo sujeta al retorno de afirmación en desdicha y de desdicha en afirmación, de salvación en pérdida y de pérdida en salvación. También Nietzsche interpreta como un don su concepción de la doctrina, y así lo dice en *Ecce homo*:

> Contaré ahora la historia de *Zaratustra*. La concepción fundamental de la obra, el *pensamiento del Eterno retorno*, esta suprema fórmula de asentimiento jamás alcanzada –remonta al mes de agosto de 1881: fue anotada sobre una hoja, con este comentario: "A 6000 pies más allá del hombre y del tiempo erraba este día por los bosques al borde del lago de Silvaplana; al pie de una roca gigantesca de forma piramidal, no lejos de Surlei, paré. Es allí que este pensamiento me llegó" (Nietzsche, *Ecce* 574).

El don de Nietzsche, el don de Ireneo –¿son, y de qué forma, revelaciones semejantes a aquellas cuya inminencia se anuncia sin producirse en el "hecho estético" borgesiano? Y ¿de qué forma son distintas de la invención por los "maestros del propósito de la existencia" de una "existencia segunda y diferente" que de racionalidad y finalidad al vivir humano?– La escritura que parte de ellas ¿es una escritura moderna o posmoderna? ¿Puede calificarse de escritura nostálgica, aunque sea nostálgica meramente con respecto del don mismo? ¿O de escritura orientada al "incremento del ser y la alegría" en la invención siempre creciente de siempre nuevas posibilidades expresivas? El modelo lyotardiano se probará insuficiente.

El don recibe un tratamiento constante en la obra de Borges, en entonación desdichada o afirmativa, como presencia, como inminencia, como ausencia y como mezcla de esas tres modalidades de ser. Por citar solo ejemplos sobresalientes en sus obras de ficción, está en "El Zahir", "El Aleph", "La escritura del dios", "El hacedor", "Parábola del palacio", "El espejo y la máscara", "Undr" y "El disco". "Funes el memorioso", en cuanto hecho estético para el lector, se constituye en el esfuerzo por meditar el don revelatorio simultáneamente con su no-manifestación, con su ausencia faltante, esto es, con su pérdida; por meditar, por tanto, el don como hecho estético, y como no-revelación; como anuncio de una revelación inminente que nunca llega a tener lugar; incluso, como esfuerzo por meditar el don como comprendido y

---

[3] La doctrina del Eterno retorno continua siendo "el peso más pesado" también para los exégetas de Nietzsche. Tres interpretaciones influyentes y a mi juicio inadecuadas son las de Bernd Magnus, *Nietzsche*, Alexander Nehamas, *Nietzsche* y Gary Shapiro, *Nietzschean*.

comprendiente, esto es, como idéntico con el Eterno retorno de lo mismo. El Retorno como doctrina filosófica en cuanto última palabra de la metafísica salvaguarda la relación entre manifestación y pérdida de lo real como relación de repetición. Esta relación de repetición, a la que llamaré "repetición productiva", funda la práctica textual de Borges, o por lo menos de cierto Borges, y así en última instancia funda no solo la estética, sino también la ética de su escritura. Ahora bien, tal fundamento postula también su propio abismo.

Ireneo Funes sufre un accidente:

> Al caer, perdió el conocimiento; cuando lo recobró, el presente era casi intolerable de tan rico y tan nítido, y también las memorias más antiguas y más triviales. Poco después averiguó que estaba tullido. El hecho apenas le interesó. Razonó (sintió) que la inmovilidad era un precio mínimo. Ahora su percepción y su memoria eran infalibles ("Funes" 481).

Postulada la totalidad de percepción y la totalidad de memoria, el texto se limita en general a explorar algunas de las implicaciones. Por ejemplo: "Dos o tres veces había reconstruido un día entero", y se entiende que la reconstrucción había durado, precisamente, un día entero (481). La reconstrucción precisa de un período de tiempo cualquiera, su exacto retorno en la memoria, es un modo de repetición activo y afirmativo, puesto que nada se excluye, nada se le ahorra a la conciencia: el proceso de represión que normalmente posibilita la actividad memorística, siempre selectiva, ha sido suspendido.

Pero en la medida en que tal reconstrucción supone un retorno voluntario, una actividad volitiva de memoria, cabe preguntarse si tal reconstrucción se constituye dentro y como parte del proyecto ontoteológico de formar una "existencia segunda y diferente". Si así lo hiciera, inauguraría un *ethos* semejante al que encuentra el narrador de "La biblioteca de Babel", cuando concluye su melancólico relato con la siguiente reflexión:

> *La biblioteca es ilimitada y periódica.* Si un eterno viajero la atravesara en cualquier dirección, comprobaría al cabo de los siglos que los mismos volúmenes se repiten en el mismo desorden (que, repetido, sería un orden: el Orden). Mi soledad se alegra con esta elegante esperanza (Borges, "Biblioteca" 462).

El narrador de "La biblioteca de Babel" subscribiría pues la noción de Nietzsche implicada en el párrafo de *La Gaya ciencia* antes citado sobre la insoportabilidad de la hipótesis del mundo como fenómeno azaroso. Si los maestros nietzscheanos de la existencia conjuran la *effroyabilité* de lo real mediante la postulación alegórica de "una existencia segunda y diferente", y obviamente la apuesta pascaliana puede ser el referente literal de la afirmación de Nietzsche, el narrador, a través de la noción de repetición ordenadora, encuentra igualmente una posibilidad de salvación ontológica. La repetición ordenadora, en la medida en que solo pide un *retorno* del mundo como posibilidad otorgadora de sentido a la existencia, es por un lado una cita o intervención intertextual en apariencia aprobadora de la doctrina nietzscheana del Eterno retorno; por otro lado, sin embargo, la vuelve contra sí misma al implicar que con su concepción Nietzsche retrocede en sus parámetros, resiste la constitución arbitraria o azarosa de lo real, y recae en el voluntarismo autorredentor, por más que elegante. El mismo orden de reflexión es el elemento fundamentador de "Funes el memorioso".

Las palabras del narrador de "La biblioteca de Babel" son consecuencia de la explotación textual de lo que puede llamarse versión cosmológica del Eterno retorno, repetidamente explorada por Borges en "Historia de la eternidad", "La doctrina de los ciclos" y "El tiempo circular": brevemente, postulado un número limitado de átomos en el universo, o un número limitado de letras en el alfabeto, y dado además un tiempo o una página de extensión infinita, las combinaciones de átomos o de letras acaban por repetirse un número infinito de veces. La "hipótesis cosmológica" del Eterno retorno de lo mismo promete así un orden cíclico que contrarresta el azar de las supuestas primeras combinaciones: no hay ya primeras combinaciones, tampoco últimas, pero sí un principio de razón que explica suficientemente, en el límite, la constancia última de lo real así como la singularidad de todos y cada uno de los acontecimientos cósmicos.

Tal orden puede sin duda adoptarse éticamente como justificación teleológica de la existencia. Por ejemplo, para citar un pensamiento estudiado en "El jardín de los senderos que se bifurcan" y parcialmente en "Los teólogos", todo acto es justo, dado que todos los actos posibles serán perpetrados infinitas veces y porque toda existencia, o toda intervención en la existencia, tiene la justicia de su absoluta inevitabilidad. La noción de justicia aquí implicada, ciertamente subversiva, no es sin embargo en esencia diferente de la enunciada por Anaximandro y adoptada por la tradición metafísica: lo justo es lo que se adecua a la realidad del mundo, lo que es correcto según su conformación, *orthotés*.

Pero Zaratustra, el Zaratustra nietzscheano, según la autointerpretación de Nietzsche, anuncia un cambio en la historia del conocimiento porque su doctrina no es equiparable a la de sus antecesores, los "maestros del propósito de la existencia". Estos añaden a la serie heterogénea de acontecimientos vivibles un principio de interpretación que proporciona lo que Nietzsche llama "la atroz contrapartida de la risa" (*das schauerliche Gegenstück des Lachens*), que testifica del "profundo [y, según Nietzsche, perturbador] impacto emocional sentido por muchos individuos ante el pensamiento: 'Sí, merece la pena vivir'" (Nietzsche, *Fröhliche* 309). El principio de interpretación es diferente de lo que se da en la doctrina del Retorno según Nietzsche en un sentido decisivo: lo primero postula un propósito añadido a la realidad en tanto que lo segundo es, en su esencia, una escueta y radical posición de mero asentimiento. Así, si toda *thesis* implica una perspectiva, el Retorno es puramente antitético, pues es la disolución de toda perspectiva en el puro asentimiento a lo que hay. En tanto asentimiento puro, el Retorno es pura repetición, pero el orden de la repetición no debe ser confundido con un orden teleológico. Por eso su descubrimiento, su advenimiento en Silvaplana, entendido con la consistencia que el texto póstumo de Nietzsche no siempre parece guardar, constituye una ruptura historial, a la que Borges saluda cuando en *Historia de la eternidad* cita con aprobación la frase nietzscheana "En el instante en que se presenta esa idea [el Retorno], varían todos los colores –y hay otra historia–" (Nietzsche citado por Borges, *Historia* 361).

"Sí, merece la pena vivir" no está fundado en Nietzsche en el reconocimiento o la representación de un propósito, sino en la mera estructura del asentimiento, del sí:

> Quiero aprender más y más a ver bello lo que es necesario en las cosas–y así seré uno de los que hacen las cosas bellas. *Amor fati*: que sea ese mi amor desde ahora. No quiero pelear contra lo feo. No quiero acusar, tampoco acusar a los que acusan. *Apartar la mirada* será mi única negación. Y por fin y en general: quiero algún día ser solo un decidor de sí (*Fröhliche* 435).

La dificultad de llegar a esta posición de puro asentimiento, que cabalmente no es una posición, sino precisamente todo lo contrario de una posición entendida como lugar de postulación o de fundamentación, estriba en la necesidad previa de asimilación del llamado "peso más pesado": "La pregunta en cada cosa y en todas las cosas, '¿deseas esto una vez más e innumerables veces más?', [yace] sobre tus acciones como el peso más pesado" (476). El pensador individual, o Nietzsche en todo caso, orienta su existencia al vencimiento de tal gravedad, pero incluso esta orientación es solo afirmación del Retorno entendido como don. La ruptura de la teleología es en sí el peso más pesado que conlleva la aceptación de la doctrina del Eterno retorno, pues supone abandonar toda perspectiva de salvación personal, y así toda ética. Cargar con ese peso es también el destino de Funes el memorioso.

En el ensayo "Historia de la eternidad", cuya posición de partida es materialista y antiplatónica, Borges anota una de las posibles respuestas al problema de la temporalidad:

> Es sabido que la identidad personal reside en la memoria y que la anulación de esa facultad comporta la idiotez. Cabe pensar lo mismo del universo. Sin una eternidad, sin un espejo delicado y secreto de lo que pasó por las almas, la historia universal es tiempo perdido, y en ella nuestra historia personal–lo cual nos afantasma incómodamente (Borges, *Historia* 29).

Desde este punto de vista Funes lograría absoluta identidad personal en el acceso a la absoluta plenitud del tiempo, en la total memoria. La hipótesis de la memoria total es en realidad una versión alternativa de la intuición final del narrador de "La biblioteca de Babel", porque la memoria total es el don susceptible de lograr un retorno infinito de lo real, donde lo azaroso de la multiplicidad de acontecimientos singulares encuentra un orden capaz de producir identidad y así dotar al mundo de estabilidad ontológica. Desde esta perspectiva Funes aparece como maestro del retorno teleológico, maestro del propósito de la existencia.

Pero no hay memoria sin olvido. La memoria total no es una mera imposibilidad fisiológica o psicológica o práctica, sino lógica. En el límite, la memoria total es indistinguible del total olvido. Si no hay olvido, no puede haber memoria. Ireneo descubrirá la necesaria función de la diferencia entre olvido y memoria en el devastador proceso de perder esa diferencia. También para él la realidad se anunciará últimamente en la retirada de lo real. El don de la totalidad de memoria y percepción, de la totalidad estética, en otras palabras, es así el don de la pérdida total de memoria y percepción, de *aisthesis*. Es el don de la impresentabilidad de lo real.

Ireneo, en la exploración de su don, llega a hundirse tan radicalmente en la unicidad del instante, de cada instante, de cada percepción, que pronto se encuentra incapaz de pensar: "Pensar", comenta el narrador, "es olvidar diferencias, es generalizar, es abstraer. En el abarrotado mundo de Funes no había sino detalles, casi inmediatos" ("Funes" 481). La lucha de Funes por conservar el sentido toma lugar en la apenas comprensible y siempre desapareciente diferencia de ese "casi" borgesiano que separa la eternidad del instante de su absoluta imposibilidad, de la percepción de la sucesión.

Borges vincula en su relato totalidad de memoria y totalidad de percepción. Es verdad que ambos fenómenos no pueden postularse independientemente, pero también, de forma menos visible, que ambos son contradictorios en el siguiente sentido: la percepción total nos hunde en el instante y no hace lugar a la memoria; la memoria total, en cambio, excluye la temporalidad presentativa de la percepción. El "casi" de la narración –pues la narración de Borges solo se hace posible en ese "casi" que separa imposiblemente ambas totalidades– pretende otorgar una mediación, una negociación entre ambas instancias. El "casi" es el lugar de la diferencia entre la temporalidad de la percepción –el instante– y la temporalidad mnemónica, que funde los éxtasis de pasado, presente y futuro en la imagen de la eternidad. (El futuro está también en la memoria total como deseo, puesto que hay recuerdo de voluntad de futuro, además de estar como proyección de repetición, puesto que la memoria total, para existir, existe temporalmente también en el futuro. En palabras [nietzscheanas] de Borges: "Congregamos las dichas de un pasado en una sola imagen; los ponientes diversamente rojos que miro cada tarde, serán en el recuerdo un solo poniente. Con la previsión pasa igual: las más incompatibles esperanzas pueden convivir sin estorbo. Dicho sea con otras palabras: el estilo del deseo es la eternidad" [Borges, *Historia* 330]).

La dificultad en la doctrina del Retorno, lo que hace de ella el "peso más pesado", no es simplemente, como ha tendido a pensarse, que en el asentimiento afirmemos el dolor juntamente con el placer por el mero hecho de que ambos ocurrieron, de que ambos tienen la dignidad o la necesidad del acontecimiento, de que ambos tienen la incontrovertibilidad de un destino. En la versión caída o semitrivial que la tradición histórico-filosófica recoge, querer que la totalidad de la existencia retorne una y otra vez y siempre infinitamente pasa por ser una decisión difícil en la medida en que todos nosotros apreciamos los buenos momentos y odiamos los malos: por lo tanto, tiende a suponerse que no hay voluntad capaz de desear verdaderamente que lo malo también regrese. Esta es, a mi juicio, una interpretación de lo enunciado por Nietzsche como máxima dificultad de su doctrina excesivamente dependiente de la doctrina precursora estoica del *amor fati*, según la cual amar el propio destino tal como es es a la vez un desafío ético (querer que lo malo retorne afecta al propio ser, y también al ser ajeno, desde el punto de vista de la felicidad respectiva, que es en ambos casos amenazada) y una dificultad estética (donde la vieja asimilación de lo bueno con lo bello y lo malo con lo feo es de nuevo puesta en juego). Pero la máxima objeción contra el Retorno no tiene carácter ético-estético, sino estrictamente lógico. El Retorno, al llegar al "peso más pesado", llega al límite donde el Retorno amenaza el principio de razón, el fundamento racional mismo.

Reconocerlo es parte de la contribución filosófica de Borges. La dificultad "lógica" que acarrea el Retorno está localizada en el mantenimiento de la mediación entre experiencia afirmativa del instante y posibilidad del pensamiento. El pensamiento se constituye en la memoria anticipativa, e implica por lo tanto selección y olvido, es decir, teleología, en tanto proyección de

Circulus vitiosus deus

deseo; la experiencia afirmativa del instante, en tanto puro asentimiento, no da lugar a la experiencia de proyección teleológica sin la cual el pensamiento es ingenerable. Esta dificultad sella el destino de Ireneo. La narración termina así: "Entonces vi la cara de la voz que toda la noche había hablado. Ireneo tenía diecinueve años ... me pareció monumental como el bronce, más antiguo que Egipto, anterior a las profecías y a las pirámides" ("Funes" 484). El rostro de Ireneo está a la vez intemporalizado y profundamente marcado por el tiempo. Morirá dos años más tarde, en 1889. En enero de ese año Nietzsche era internado en el manicomio de Jena, solo unos días después de haberle escrito a Peter Gast una nota que decía: "Cántame una nueva canción; el mundo se ha transfigurado y todos los cielos están llenos de alegría". (Alguien recoge a Nietzsche enloquecido en las calles de Turín: llora mientras abraza a un caballo. Este caballo italiano, ¿no está cifrado en el azulejo redomón que voltea a Funes y lo deja "tullido, sin esperanza"? [479]). El llanto de Nietzsche ¿puede estar tan lejos de su más profunda alegría? Podemos quizá imaginar que en algún momento inmemorialmente previo a la entrada en la ruptura del sentido Nietzsche consiguió resolver la dificultad planteada por el "peso" del dilema racional que el Retorno plantea. La razón, tras esa resolución, ya no pudo ser reconstituida como principio o fundamento de existencia).

La asociación del fin de Ireneo con la catástrofe nietzscheana no es tan solo un efecto irónico. Funes no tiene otra salida que la muerte entendida como ruptura de la posibilidad de existencia: la muerte para él adviene en cuanto el "casi" que lo separa de la total presencia desaparece; en cuanto se suprime la diferencia, podemos decir, entre sujeto y objeto de la mímesis, que es el momento en el que el Retorno adviene a su verdad. Lacoue-Labarthe comenta la paradoja de que el sujeto mimético, en la medida en que más se acerca a su propósito, más desaparece en cuanto tal. Esa paradoja "enuncia una *ley de impropiedad* que es la ley misma de la mímesis: solo el 'hombre sin atributos', el ser sin propiedad ni especificidad, el sujeto sin sujeto (ausente de sí mismo, distraído de sí mismo, privado de sí) puede presentar o producir en general" (*Imitation* 27). Pero no hay, por supuesto, sujeto sin sujeto, ser sin propiedad: en cuanto entes, son meramente inconcebibles, impensables. Las consecuencias de esta reflexión hacen de "Funes el memorioso" quizá el más fuerte modelo de literatura mimética de la modernidad. En efecto, el don de impropiedad que tiene el sujeto mimético Funes, al ser un don de nada, al no ser don, es un don de la cosa misma, de la totalidad, en la medida en que la totalidad es "pura e inagotable *poiesis*: fuerza productriz o formatriz, energía en sentido estricto, movimiento perpetuo de la presentación" (*Imitation* 28). Pero precisamente por ser el más fuerte modelo de la mímesis, por llevar la mímesis a su acabamiento, expone su paradoja y lleva a su ruptura. "Funes el

Tercer espacio

memorioso" organiza el duelo de la mímesis. Para Funes, la inminente "revelación que nunca llega a producirse" se ha producido por fin, y se produce como revelación improductiva, esto es, cabalmente como algo otro y radicalmente diferente de la repetición productiva que la mímesis general lleva a cabo. "Funes el memorioso" es, en ese estricto sentido, crítica fundamental de la modernidad y apertura a su desastre.

III. Los dos énfasis de Funes. Disolución de la alternativa lyotardiana

Para Ireneo lo real forzosamente se anuncia como pérdida, a pesar de haber recibido el don de la absoluta apropiación estética. La oscilación que caracteriza la posición de Ireneo es entre afirmación y desdicha, risa extática y su atroz contrapartida, que esta vez no indica, como en los maestros éticos, la postulación de un propósito, sino pura y simplemente la imposibilidad de postulación de sentido en la pérdida del pensamiento. La totalidad de percepción es ciertamente algo más que un hecho estético, o quizá algo más que la suma de todos los hechos estéticos. Cuando la revelación se presenta, Funes descubre que lo revelado es, con finalidad invivible, lo que la revelación destruye.

El regreso eterno vivido por Funes, "Zaratustra cimarrón y vernáculo", encierra otra paradoja que una nueva cita del ensayo "Historia de la eternidad" puede dejar ver más claramente:

> No quiero despedirme del platonismo (que parece glacial) sin comunicar esta observación, con esperanza de que la prosigan y justifiquen: *Lo genérico puede ser más intenso que lo concreto*. Casos ilustrativos no faltan. De chico, veraneando en el norte de la provincia, la llanura redonda y los hombres que mateaban en la cocina me interesaron, pero mi felicidad fue terrible cuando supe que ese redondel era "pampa", y esos varones "gauchos". Igual, el imaginativo que se enamora. Lo genérico (el repetido nombre, el tipo, la patria, el destino adorable que le atribuye) prima sobre los rasgos individuales, *que se toleran en gracia de lo anterior* (321, n. 1).

En "De las alegorías a las novelas" Borges vuelve a pronunciarse antiplatónico, y considera su actitud propia de la modernidad. El platonismo es un realismo, en el sentido de que las ideas remiten a realidades plenas. El debate medieval entre realismo y nominalismo le parece a Borges un momento crucial en la historia del pensamiento, en el que se deciden siglos futuros:

> El nominalismo, antes la novedad de unos pocos, hoy abarca a toda la gente; su

victoria es tan vasta y fundamental que su nombre es inútil. Nadie se declara nominalista porque no hay quien sea otra cosa. Tratemos de entender, sin embargo, que para los hombres de la Edad Media lo sustantivo no eran los hombres, sino la Humanidad, no los individuos, sino la especie, no las especies sino el género, no los géneros sino Dios (Borges, "Alegorías" 270).

Puede entenderse entonces que "Funes el memorioso" viene a marcar un momento de absoluta inversión del platonismo, incluso más allá de la inversión nominalista. "Funes el memorioso" decide el momento extremo del conflicto entre realismo y nominalismo por el procedimiento simple de postular la última y más radical consecuencia del nominalismo: la pérdida del nombre, en el acatamiento de la absoluta propiedad de cada nombre. A Funes lo amenaza, y lo deshace, la degeneración del lenguaje hacia una colección infinita de nombres propios: lo que podríamos llamar la preponderancia absoluta del elemento mimético en la disolución del elemento semiótico o gramático. En este relato se expresa una posición diametralmente opuesta a la que Borges expone para rescatar cierta verdad del platonismo que por otra parte condena en "Historia de la eternidad". Si en este último texto se dice que "lo genérico puede ser más intenso que lo concreto", "Funes el memorioso" descubre la intensidad contraria, la cegadora intensidad de lo concreto:

> Nadie ... ha sentido el calor y la presión de una realidad tan infatigable como la que día y noche convergía sobre el infeliz Ireneo en su pobre arrabal sudamericano. Le era muy difícil dormir. Dormir es distraerse del mundo; Funes, de espaldas en el catre, en la sombra, se figuraba cada grieta y cada moldura de las casas precisas que lo rodeaban. (Repito que el menos importante de sus recuerdos era más minucioso y más vivo que nuestra percepción de un goce físico o de un tormento físico) ("Funes" 483).

Pero la intensidad de lo concreto acaba siendo la insoportabilidad pura de la presencia. El lenguaje, sistema de diferencias, funciona en la pérdida de lo real, en su contaminación de ausencia. Confrontado por lo opuesto, Funes avanza hacia la pérdida del lenguaje:

> No solo le costaba comprender que el símbolo genérico *perro* abarcara tantos individuos dispares de diversos tamaños y diversa forma; le molestaba que el perro de las tres y catorce (visto de perfil) tuviera el mismo nombre que el perro de las tres y cuarto (visto de frente) (483).

Igual que la ausencia de olvido acaba resolviéndose lógicamente en la ausencia de memoria, la pérdida del lenguaje es, a fin de cuentas, pérdida absoluta de realidad; no entrada en la referencia, sino precisamente ausencia de referencia.

Desde la experiencia de Funes podemos volver a considerar la distinción de Lyotard a la que me referí al principio. Según Lyotard,

> si es verdad que la modernidad tiene lugar en la retirada de lo real y según la relación sublime entre lo presentable y lo concebible, es posible, dentro de esta relación, distinguir dos modos ... El énfasis puede situarse en la impotencia de la facultad de presentación, en la nostalgia de presencia sentida por el sujeto humano, en la oscura y fútil voluntad que lo habita a pesar de todo. El énfasis puede situarse, por el contrario, en el poder de la facultad para concebir, en su "inhumanidad" por decirlo así ... El énfasis puede también situarse en el incremento de ser y el júbilo que resultan de la invención de nuevas reglas del juego, sean pictóricas, artísticas, o de cualquier otra clase (Lyotard, *Postmodern* 80).

La distinción no es meramente formal, sino que puede tomarse como preliminar a una disyuntiva teórico-filosófica con consecuencias para la práctica estética. Tal disyuntiva está asociada con la cuestión de la metanarrativa, y así con la alternativa nietzscheana entre la postulación de una "existencia segunda y diferente" de carácter teleológico-regulativo y la postulación del puro asentimiento ateleológico.

Tomemos el primer énfasis, que es énfasis en la nostalgia de presencia, en la impotencia de la facultad de presentación. Una concepción de la práctica estética condicionada por este énfasis hace del arte una práctica orientada a la producción de sentido de una forma específica: todo sentido derivado de ella tiene carácter de negatividad, si no se enuncia como meramente pesimista o nihilista. La negatividad funciona como instancia crítica e irónica: la nostalgia de presencia, si bien no puede presentar sus propios resultados positivos, articula al menos bajo el modo de la alusión el proyecto de una posición privilegiada donde coincidirían racionalidad y creación, y en la que sería posible asentar la relevancia emancipatoria del arte. No importa que esa posición no pueda ser más que pro-yectada. El vacío que crea la acción misma de proyectar es un vacío activo, creador de sentido o de posibilidad de sentido.

Como ejemplo de esta posición en Borges –y hay desde luego otros– puede citarse "El etnógrafo", donde un estudiante, tras pasar cierto tiempo investigando ritos esotéricos de las tribus indígenas del Oeste norteamericano, aprende un secreto que no revelará:

> Ahora que poseo el secreto podría enunciarlo de cien modos distintos y aun con-

tradictorios. No sé muy bien cómo decirle que el secreto es precioso, y que ahora la ciencia, nuestra ciencia, me parece una mera frivolidad ... El secreto, por lo demás, no vale lo que valen los caminos que me condujeron a él. Esos caminos hay que andarlos (Borges, "El etnógrafo" 356).

Es verdad que "El etnógrafo" no postula explícitamente metanarrativa alguna en la medida en que no revela el secreto de lo aprendido. Sin embargo, la mera apelación a un secreto que corona el curso de una existencia al margen de la ordinaria es suficiente: lo invocado en el cuento, desde el punto de vista de su efectividad estética, es la pura posibilidad de un acuerdo entre lo concebible y lo presentable. Así, aunque la escritura de Borges esté todavía dentro de la experiencia del desacuerdo y se formule desde él, tiende ideológicamente a la supresión de lo sublime en el rescate nostálgico: desprendida de lo teleológico, reclama lo teleológico y abre en ese reclamo la reivindicación de un sentido de la existencia. El segundo énfasis, antinostálgico, o mejor, anostálgico, se pone sobre la capacidad creativa de siempre nuevas formas de alusión. Que este segundo énfasis esté también condicionado por la experiencia de lo sublime–desadecuación entre razón y sensibilidad–implica que no hay en él voluntad de liquidación, sino lo contrario: puro aumento de fuerza, renovación del estímulo creativo en la ruina del que lo precedió. Lyotard le da una obvia formulación nietzscheana, "incremento de ser y alegría". Carlos Fuentes, sin embargo, habla del mismo fenómeno con retórica dialéctica:

> Lo importante es que la síntesis nunca termine, que nadie pueda salvarse, nunca, de la contradicción de estar en un lugar y tiempo precisos y sin embargo pensar en un tiempo y un lugar infinitos, negando el fin de la experiencia, manteniendo abiertas las posibilidades infinitas de observar los infinitos acaeceres del mundo inacabado y transformarlos al observarlos: cambiarlos en historia, narración, lenguaje, experiencia, lectura sin fin (Fuentes, *Cristóbal* 72).

La transformación del acaecer en lenguaje como práctica anostálgica, puramente poética, se explica con dura economía autográfica en "El hacedor". Un griego joven no particularmente ocupado con la memoria vive abierto a los estímulos de la realidad. "Ávido, curioso, casual, sin otra ley que la fruición y la indiferencia inmediata, anduvo por la variada tierra y miró, en una u otra margen del mar, las ciudades de los hombres y sus palacios" (Borges, "El hacedor" 309). Gradualmente pierde la visión y se hunde en la tristeza, pero una mañana siente la llamada de ciertos recuerdos:

Tercer espacio

> ¿Por qué le llegaban esas memorias y por qué le llegaban sin amargura, como una mera prefiguración del presente? Con grave asombro comprendió. En esta noche de sus ojos mortales, a la que ahora descendía, lo aguardaban también el amor y el riesgo, Ares y Afrodita, porque ya adivinaba (porque ya lo cercaba) un rumor de gloria y de hexámetros, un rumor de hombres que defienden un templo que los dioses no salvarán y de bajeles negros que buscan por el mar una isla querida, el rumor de las Odiseas e Ilíadas que era su destino cantar y dejar resonando cóncavamente en la memoria humana (310-11).

¿Cuál de estos dos énfasis es dominante en el relato de Funes? Funes, cogido en y por la experiencia del Retorno, no puede administrar sus énfasis: en él la nostalgia de presencia no actúa, porque vive en un presente cegador; pero Funes tampoco se permite articular su actitud en el alegre y libre sometimiento a su destino, dado que la entrega sin resistencia a la repetición afirmativa lo lleva a la pérdida de toda capacidad de articulación. Su nostalgia de presencia se formula como deseo de estabilidad, de descanso, al margen de la serie inacabable de repeticiones extáticas: "Hacia el Este, en un trecho no amanzanado, había casas nuevas, desconocidas. Funes las imaginaba negras, compactas, hechas de tiniebla homogénea; en esa dirección volvía la cara para dormir. También solía imaginarse en el fondo del río, mecido y anulado por la corriente" ("Funes" 483).

Para Funes cada uno de esos dos énfasis ocurre como resistencia al énfasis contrario: pero ambos retornan, en espiral cada vez más estrecha. La experiencia de Funes en su arrabal sudamericano (y es precisamente aquí que tal determinación resulta crucial y constitutiva, por cuanto el doblamiento de la experiencia nostálgica y anostálgica es propio precisamente de la localización intermedia, abierta tanto a la demanda de historicidad como a su acabamiento), en última instancia condena la distinción de Lyotard a la trivialidad académica, al mostrar implícitamente que en la radicalidad consumada de la experiencia poética del don no hay dos, sino una y la misma posibilidad de aceptación, sin modalidades: lo cual pone a Funes tan irremisiblemente distante del protagonista de "El etnógrafo" como del joven Homero de "El hacedor". Ahora bien, si eso vale como descripción de la experiencia de totalidad de memoria y percepción que Funes debe sufrir como experiencia en la que el "hecho estético" consuma desastrosamente su inminencia, también vale, *a fortiori*, para la experiencia nietzscheana del Eterno retorno de lo mismo, que es la anticipación o modelo de la primera.

IV. Un paso atrás: de la experiencia de Funes a su narrador. Experiencia y escritura

Pero la experiencia de Funes no es sin más coincidente con la experiencia de Borges. Queda ahora dar cuenta del hecho crucial de que Borges es y se presenta en el relato como narrador, como lector de Funes. Desde la estructura narrativa de "Funes el memorioso" la experiencia de Funes es radicalmente la experiencia del otro. La confrontación de Borges con la doctrina nietzscheana del Retorno, y no tanto con la doctrina como con la necesidad histórica que lleva a ella, y así con el fin de la época ontoteológica, o con la época del fin de la ontoteología, es quizás después de todo una confrontación guardada, distanciada. El don le llega al otro, al Funes "cimarrón y vernáculo", en forma de devastadora revelación de lo que la revelación destruye. Para Borges, en cambio, el hecho estético, en cuanto revelación, nunca llega a producirse, aunque sea inminente. Como dice Nietzsche, "la apariencia está con la mayor belleza entre los que son más semejantes, pues el abismo más estrecho es el más difícil de cruzar" (Nietzsche, *Zarathustra* 463). Cruzar el abismo, tal como condenadamente hace Funes, es quizá lo que cierta versión de la práctica de escritura, legible asimismo en Borges, trata de impedir.

Otros personajes de la narrativa de Borges reciben el don de lo real, aunque nadie con la brutalidad con que lo recibe Funes: el sacerdote de "La escritura del dios", el poeta de "Parábola del palacio", el poeta y el rey de "El espejo y la máscara", los *skaldas* de "Undr" y los narradores de "El Zahir" y "El Aleph". El don para ellos es el universo cifrado en alguna forma de escritura: de las manchas en la piel de un jaguar a la pura coseidad de la moneda ("Ya no percibiré el universo, percibiré el Zahir" ["Zahir" 84]), pasando por el punto del espacio que contiene todos los puntos, el Aleph ("Aleph" 119) y el poema de una sola línea o de una sola palabra, el universo se entrega mediado en inscripción. (Es verdad que incluso la aparente inmediatez, o pura presencia, del don de Funes es ilusoria–como hemos visto, un "casi" la desmiente, hasta el colapso final. Pero en el caso de Funes, la catástrofe estaba implicada en la necesidad de desaparición del "casi" que promueve su don específico. Aunque la catástrofe puede acompañar también en un sentido u otro a alguno de los otros recipiendarios del don, la diferencia entre ellos y Funes es decisiva, porque a Funes es la mediación lo que le falta: el don organiza para él la desaparición de la posibilidad misma de escritura, entendida derrideanamente como escena de la diferencia. Sin embargo, aun tematizando la desaparición de la escritura, el don de Funes tematiza la escritura.)

La narración en la que aprendemos el modo de experiencia revelatoria de cada uno de esos personajes es así escritura de escritura: doble mediación (aunque en "Undr" la mediación es triple). Esta mediación establece, desde el punto de vista del lector, la diferencia en la que se organiza el hecho estético, "la inminencia de una revelación que no llega a producirse". Tal diferencia lleva al lector a repetir el texto también desde la experiencia de lo sublime. Porque el texto da noticia, alude, a un don posible para nuestra racionalidad pero no manifiesto a nuestra sensibilidad, porque el don presenta lo real en su figuralidad o retirada textual, el lector tiene ante sí la alternativa que para Lyotard debía encararse en la misma escritura: lectura nostálgica, desdichada, o lectura afirmativa, encaminada a un aumento de ser. Quizá la alternativa de Lyotard recupere su dignidad epistemológica estudiada desde esta perspectiva: la de la construcción textual de un lector implícito, la del modo de su constitución. Ahora bien, esta perspectiva es fundamentalmente regresiva desde la otra posibilidad contemplada en el texto de Borges.

A Borges le fascinaba tanto como le angustiaba lo que él llama el "afantasmamiento" de los agentes de la escritura–escritores o lectores. Su propia escritura, tan fundamentalmente preocupada por el problema de la mediación entre creación poética y realidad, es un esfuerzo constante por meditar–por evitar–ese afantasmamiento o pérdida de sujeto que es un rasgo esencial de la escritura melancólica. Ya "Pierre Menard" está íntegramente dentro de esa experiencia–lo inquietante de tal obra es precisamente la decisiva ambigüedad de la posición del sujeto de la escritura. Menard, que repite voluntariamente el *Quijote*, hace de su repetición no solamente un acto de pura pérdida de identidad, sino también de estricta recuperación de identidad–puesto que su aparente desapropiación en aras de la repetición exacta se realiza en la total apropiación de lo repetido.

El ensayo "La flor de Coleridge" glosa la situación de Menard. Después de un planteamiento inicial que pregunta si será cierto que "la historia de la literatura no debería ser la historia de los autores y los accidentes de su carrera o de la carrera de sus obras, sino la Historia del Espíritu como productor o consumidor de literatura" ("Flor" 138), Borges establece una afirmación que coloca la última obra de Menard en el terreno de lo neurótico: "Quienes minuciosamente copian a un escritor lo hacen impersonalmente, lo hacen porque confunden a ese escritor con la literatura, lo hacen porque sospechan que apartarse de él en un punto es apartarse de la razón y de la ortodoxia" (141). La repetición menardiana del *Quijote*, que es obviamente la obra de un lector, aparece así, en un primer momento, como compulsión motivada por el intento de no perder la razón. *Don Quijote* es para Menard la literatura, la cifra de la historia del espíritu. Ningún escritor puede sustraerse al empeño de repetir la historia del espíritu. Y sin embargo toda repetición introduce una nueva clave de lectura. Por eso, más allá de la intencionalidad de Menard, la consecuencia de su acción es la siguiente:

> Menard (acaso sin quererlo) ha enriquecido mediante una técnica nueva el arte detenido y rudimentario de la lectura: la técnica del anacronismo deliberado y de las atribuciones erróneas... . Esa técnica puebla de aventura los libros más calmosos. Atribuir a Louis Ferdinand Céline o a James Joyce la *Imitación de Cristo* ¿no es una suficiente renovación de esos tenues avisos espirituales? ("Pierre Menard" 433).

La repetición renovadora es arte de lectura, y frente a ella fracasa la reducción de lo literario a juego meramente semiótico, a simple combinatoria de signos. Es verdad que Menard concibe su labor bajo esta última perspectiva: "Mi empresa no es difícil ... me bastaría ser inmortal para llevarla a cabo" (429). Con ello Menard acepta su fantasmalización (o su simificación, si recordamos la frase de Aldous Huxley sobre los monos y la máquina de escribir). Pero independientemente de sus condiciones de producción, el *Quijote* de Menard encierra una diferencia esencial con respecto del *Quijote* de Cervantes: otro lector implícito. En esta figura textual cobra cuerpo el sujeto de la escritura como interlocutor concreto, y así desmiente su presencia ficticia (cf. "si los caracteres de una ficción pueden ser lectores o espectadores, nosotros, sus lectores o espectadores, podemos ser ficticios"["Magias" 175]). En el lector implícito se hace posible el desarrollo de lo que Walter Benjamin llamaba "facultad mimética", que organiza la entrada del lenguaje en lo real por debajo del "portador semiótico" del discurso (Benjamin, "Mimetic Faculty" 722). El lector implícito es el lugar propiamente textual de la mímesis[4].

La técnica de composición de Menard está basada, como acabamos de ver, en la versión cosmológica de la doctrina del Eterno retorno. Menard solo tiene que escribir el suficiente número de páginas diferentes como para que entre ellas el necesario azar combinatorio haga surgir encadenadas viejas frases cervantinas. "La biblioteca de Babel" es todavía más el desrealizado universo en el que la combinatoria reina: "Cuando se proclamó que la Biblioteca abarcaba todos los libros, la primera impresión fue de extravagante felicidad. Todos los hombres se sintieron señores de un tesoro intacto y secreto ... El universo estaba justificado" ("Biblioteca" 459). Pero pronto se impone la conciencia desdichada: "La certidumbre de que todo está escrito nos anula o nos afantasma" ("Biblioteca" 462). La alienación es una consecuencia precisa del Retorno cosmológico, es decir, del Retorno entendido como consecuen-

---

[4] Tomo el término "lector implícito" de Wolfgang Iser, desarrollado en *Implied Reader* pero más fundamentalmente teorizado en *The Act of Reading*.

Tercer espacio

cia de la hipótesis combinatoria, hipótesis originalmente griega de cuya resucitación Borges tiende a culpar a Nietzsche:

> Nietzsche quería ser Walt Whitman, quería minuciosamente enamorarse de su destino. Siguió un método heroico: desenterró la intolerable hipótesis griega de la eterna repetición y procuró educir de esa pesadilla mental una ocasión de júbilo. Buscó la idea más horrible del universo y la propuso a la delectación de los hombres. El optimista flojo suele imaginar que es nietzscheano; Nietzsche lo enfrenta con los círculos del eterno regreso y lo escupe así de su boca (Borges, "Historia" 360).

Dejando aparte el hecho de que el extraordinario humor de este párrafo anuncia una simpatía más fuerte de la que Borges está dispuesto a reconocer explícitamente con la posición nietzscheana, Borges concluye en este ensayo que en Nietzsche actua también, como en Funes, la desdicha. El modo nostálgico de Nietzsche se manifiesta como en Funes, como anhelo de dormir, de descansar de la serie de repeticiones extáticas que incrementan el ser y la alegría: "*El no dormir* (leo en el antiguo tratado de Robert Burton) *harto crucifica a los melancólicos*, y nos consta que Nietzsche padeció esa crucifixión y tuvo que buscar salvamento en el amargo hidrato de cloral" ("Historia" 360). Pero las críticas de Borges al retorno cosmológico se reformularán una vez más años más tarde, en 1951, en relación explícita con la cuestión de la lectura, en el artículo llamado "Nota sobre (hacia) Bernard Shaw". El artículo se orienta contra cierta forma presuntamente vanguardista de concebir la literatura, la que José Ortega y Gasset había popularizado en "La deshumanización del arte" llamando a la escritura de vanguardia "álgebra superior de las metáforas". Ahora dirá Borges, con cierto desprecio sobre sus propias incursiones anteriores en el tema, "si la literatura no fuera más que un álgebra verbal, cualquiera podría producir cualquier libro, a fuerza de ensayar variaciones" ("Nota" 272). El peligro de esta posibilidad no es desde luego la democratización de la escritura, sino el hecho de que la frase producida por juego combinatorio, dice Borges, carecerá "de valor y hasta de sentido" (272).

Aunque cabe entender estas opiniones como representativas del Borges más conservador o reactivo, Borges no está en ellas, a mi juicio, apelando a consideraciones ya en 1951 caducas a propósito de la existencia de la subjetividad cartesiana como fuente exclusiva de valor del mundo objetivo. Más bien, está insistiendo en que la escritura organiza una experiencia de realidad, lo cual supone la presencia de un sujeto constituido precisamente en la experiencia de escritura (la existencia de un sujeto previo es en todo caso irrelevante). Para que la frase "todo fluye" "tenga alguna virtud debemos concebirla en función de Heráclito, en función de una experiencia de Heráclito, aunque 'Heráclito' no sea otra cosa que el presumible sujeto de esa experiencia" (272). La literatura no es así un juego combinatorio, porque "un libro es más que una estructura verbal o que una serie de estructuras verbales; es el diálogo que entabla con su lector y la entonación que impone a su voz, y las cambiantes y durables imágenes que deja en su memoria" (271). La literatura debe ser medida por su forma de intervención en lo real. Pero lo real literario no es otra cosa que la relación entre escritura y lector: "El libro no es un ente incomunicado: es una relación, es un eje de innumerables relaciones. Una literatura difiere de otra, ulterior o anterior, menos por el texto que por la manera de ser leída" (272).

La "manera de ser leída" es, presumiblemente, resultante de un número indefinido de variables históricas. Precisamente, sin embargo, porque la escritura es pura relación, su materialidad, su estilo, su forma particular de abrirse a la lectura codetermina esas variables. Por eso el libro impone una entonación, o mejor: es una entonación, en la que la escritura media entre lector y don poético, entendido como "inminencia de revelación", nunca producida, pero abierta al juego de producción. Unas palabras del narrador de "Funes el memorioso" son o deben leerse como tropo de esta mediación de la escritura: "Esas cosas me dijo; ni entonces ni después las he puesto en duda. En aquel tiempo no había cinematógrafo ni fonógrafo; es, sin embargo, verosímil y hasta increíble que nadie hiciera un experimento con Funes. Lo cierto es que vivimos postergando todo lo postergable" ("Funes" 282). Estas frases no llaman solamente la atención sobre la fiabilidad del narrador. Su función principal es doble: por un lado, establecer una distinción entre repetición mecánica y repetición productiva; por otro, insistir en la diferencia entre ambas como diferencia temporal.

El don de Funes tiende a llevarlo hacia un modo tal de intensidad perceptiva que el "perro" de las tres y catorce pierde su conexión con el "perro" que vive un instante antes o después. El lenguaje, en cuanto repetidor de la experiencia, degenera hacia una imposible colección de nombres propios, porque está siendo privado de la mediación que da la diferencia en cuanto establecedora de una relación. Cuando la diferencia llegue a anularse en la pura autopresencia o autocoincidencia de la realidad consigo misma, no solo las cosas dejarán de ser nombradas, sino que Funes mismo dejará de ser. Por implicación, la identidad es una función de la diferencia temporal: olvido y postergación son solo las dos caras, una hacia el pasado y otra hacia el futuro, de la experiencia humana de la temporalidad. "Vivimos postergando todo lo postergable" porque, igual que Funes, no podríamos vivir en la auto-coincidencia instantánea. El narrador de "Funes" vive, efectivamente, postergando todo lo postergable, quizá también nosotros, sus lectores. Pero Funes no: en esta opinión del narrador, que demoniza a Funes, encontramos una representación de la distancia decisiva que coloca al lector implícito al margen de la experiencia funesta.

Quizá por buenas razones: la escritura vive de la diferencia, y no de la repetición idéntica, o repetición pura. La pura repetición de la experiencia es alingüística o destruye el lenguaje, que no puede constituirse en sentido. "Pensar es olvidar, abstraer". Fonógrafo y cinematógrafo están en la cita anterior tomados como ejemplos de la posibilidad de pura repetición, que darían, se supone, la verdad de la experiencia de Funes, o de cualquier otro aspecto de lo real, puesto que en su límite no estarían mediados por la condición de escritura: son mímesis perfecta. (Por supuesto no es realmente así: para que el fonógrafo o el cinematógrafo funcionaran en el sentido descrito tendrían que ser instrumentos técnicos infinitamente precisos, y además ser usados por sujetos con total capacidad de percepción.) En esas palabras del narrador al lector, el narrador ofrece negativamente, sin embargo, un modelo de repetición: se ofrece a sí mismo como modelo de repetición de la experiencia de Funes, como lector de la experiencia de Funes: un lector guardado, cuidadoso, distante en su misma curiosidad, en su misma fascinación.

La repetición productiva engloba los dos énfasis de la distinción de Lyotard. Por el énfasis nostálgico es la continua búsqueda del sentido, la apertura a la posibilidad del don, aunque tal don sea solo posible en el reconocimiento de su pérdida, de su retirada. Así, por el énfasis afirmativo, la repetición productiva organiza su estructura como asentimiento a lo real en retirada. El don es lo real en retirada porque lo real en retirada es lo real. Esta es la versión que Borges, entendido como narrador del relato, termina por aceptar del "peso más pesado" nietzscheano, su asentimiento particular, en la medida en que esté dispuesto a asentir, a la doctrina del Eterno retorno de lo mismo. La repetición productiva es tanto la tonalidad de la escritura del Borges narrador como la misión de lectura que esta organiza. La escritura remite al don, envía al don, anuncia su inminencia, es su prólogo. Afirma el don de la doble manera que explica "El Aleph": por una parte, es como esas personas "que no disponen de metales preciosos ni tampoco de prensas de vapor, laminadoras y ácidos sulfúricos para la acuñación de tesoros, pero que pueden indicar a los otros el sitio de un tesoro" ("Aleph" 117); por otra parte, el don está contenido en "El Aleph" como "el inefable centro de [el] relato" (121). El don está en su propia remisión, envío, anuncio, porque esa es su estructura. ¿Cómo distinguir entre don y escritura? La escritura suple el don. La escritura es mímesis general del don.

¿Es posible ver una violenta contradicción entre el itinerario vital de

Funes el memorioso, cuyo fin es el de la muerte por mímesis absoluta, y el proyecto regenerador que Borges entrega al establecer mediante su narrador interpuesto una distancia salvadora entre lector y escritura? Es obvio que el hecho de que la revelación no llegue a producirse, el hecho de que la revelación sea mantenida a distancia, y que esa distancia que nos separa de la catástrofe sea la misma escritura de Borges, hacen de esta misma escritura un lugar de resistencia irreducible a las implicaciones del Eterno retorno. La escritura de Borges es, por este lado, apotropaica, en el sentido de que nos acerca al abismo para mejor protegernos de él. Pero esta es precisamente la definición que da Julia Kristeva de la metafísica: "La metafísica, y su obsesión con la traducibilidad [del objeto primario entendido como Ser de los entes], es un discurso del dolor dicho *y aliviado en razón de esa misma nominación*" (Kristeva, *Soleil* 78). (La pérdida del objeto primario, fuente de melancolía, es conjurada, pero al mismo tiempo corroborada, mediante la postulación de su sustituto lingüístico, el Ser).

La inmediatez del contacto de Funes con lo real, el hecho de que para Funes la revelación estética se produce, es lo que fundamentalmente organiza la escritura de Borges como escritura de duelo. Pero su narrador describe una experiencia para él inaccesible, y su descripción se establece como producción sustitutiva, como suplemento al defecto de la naturaleza. "El melancólico triunfa de la tristeza de estar separado de su objeto amado gracias a un increíble esfuerzo por dominar signos para hacerlos corresponder con experiencias originarias, innombrables, traumáticas" (Kristeva, *Soleil* 78). Resistir a Funes, inventarse como mero lector de Funes, no es tanto asentir al retorno infinito de lo real cuanto, en el límite, encriptarlo. El narrador de Funes indica una experiencia domada, compensatoria: una recuperación metafísica de la caída de Funes.

"Funes el memorioso" se abre así a dos posibilidades de escritura: por un lado, describe en la experiencia de Funes la revelación de lo que la revelación destruye, de-escribe: apertura al límite figural, y escritura como empresa trágica. Al tiempo, sin embargo, "Funes el memorioso", en cuanto repetición productiva de la experiencia de Funes, se limita a anunciar la inminente posibilidad de una revelación que, para el aliviado lector, no llega a producirse. Entre la atenta escucha al desastre que organiza el fin de Funes y su conjuración apotropaica en el narrador, es decir, entre la ruptura del suelo onto-teológico y su reconstitución precaria en la postulación de un propósito de la existencia en y a través de una práctica de escritura que le da, como decía el mismo Borges en su nota sobre Shaw, "valor y sentido", quizás la traza de un tercer espacio, ni nostálgico ni alegre, ilocalizable, de extraño afecto: el espacio que, en la escritura, media entre la mímesis general del narrador y

Tercer espacio

la absolutización de la mímesis en la entrega desastrosa a lo real de su sujeto narrativo. Si el narrador mimético predetermina o figura el espacio del lector implícito, ¿no abre el texto de Borges otro espacio de lectura, por lo demás suficientemente explícito, en el que la experimentación guardada y cuidadosa, elegante tal vez, del desastre deja paso a una experiencia de gasto irrecuperable, de desaparición y pérdida? Sería un espacio posmimético, puesto que se abre en el punto exacto de la ruptura de la posibilidad de mímesis, allí donde la mímesis se absolutiza y, por así decirlo, entra en lapso o caída. Tal es el espacio que figura "El Aleph", en una de sus posibilidades, como procuro entender en el capítulo séptimo.

La escritura de Borges, por lo pronto, se nos ofrece como escritura de la tematización de una opción experiencial que vacila entre la reconstitución ontoteológica y su ruptura. En esta incidencia en una posible posteriorización de la totalización metafísica, no resuelta pero rigurosamente explicitada, Borges alcanza y solicita el fundamento simbólico de la historicidad eurocéntrica. Desde su localización latinoamericana, pues, la escritura de Borges mora en una región crítica del pensar ontoteológico e inicia su desestabilización. Tal gesto (des)fundacional es lo que a mi parecer sitúa la obra de Borges en la zona de formación de una alternativa de pensamiento a la modernidad eurocéntrica: no meramente su negación, sino su deconstrucción interna y la prueba de su agotamiento teórico.

Capítulo sexto

La práctica del duelo

En la fenomenología hegeliana el siervo conoce el miedo, y en la anticipación de la muerte que es el miedo puede encontrar el paso hacia sí mismo. A través del trabajo el siervo se hace señor. Y hacerse señor es la liberación del siervo. El señor, para mantener su prevalencia teórica y así insistir en su ser, debe a su vez causar terror, y que ese terror llegue a ser conocido como su pensamiento puro. El señor, en cuanto señor, piensa en puridad solamente el terror del siervo, como dice Domingo Sarmiento que ocurría en Argentina: "El terror entre nosotros es una invención gubernativa para ahogar toda conciencia, todo espíritu de ciudad, y forzar, al fin, a los hombres, a reconocer como cabeza pensadora al pie que les oprime la garganta" (Sarmiento 256). Eso es la destrucción de la ciudad, concebida en Sarmiento como el lugar de la política. Pero no hay política si el señor es señor y el siervo es siervo. En ese reino antipolítico el siervo está condenado a pensar el terror del señor, el que el señor impone, y a ser así alienado de su pensamiento propio.

Pero ocurre que, en cuanto siervo, su pensamiento más propio es el terror. El terror es entonces la verdad del siervo. "El temor del señor es el principio de la sabiduría" (Hegel 153). El terror debe ser experimentado como poder absoluto, como total dependencia:

> Esta conciencia [la servidumbre] no se ha angustiado por esto ni por eso ni en este o en aquel momento, sino en la totalidad de su esencia; entonces encontró el temor de la muerte, el señor absoluto. En esa experiencia se estremeció interiormente, tembló en todo su ser, y todo lo fijo fue agitado en ella (Hegel 153).

A eso le llama Hegel un "puro movimiento universal", que opera una disolución de esencias. Solicitada radicalmente la esencia del siervo en el temor al señor absoluto, esta se abre a una posibilidad de inversión cuya actualización explícita adviene por medio del trabajo. Igual que el siervo experimenta la total alienación de sí mismo en el sometimiento a la realidad de la muerte representada por el señor, y en esa total alienación se manifiesta su ser siervo, en el trabajo lo hostil y negativo de la cosa, la alteridad de lo por-hacer, da paso a la autoconciencia del trabajador: "En este reencuentro de sí a través de sí se manifiesta su propio sentido, precisamente en el trabajo, que parecía dar solo un sentido extraño" (Hegel 154). Los dos momentos de sometimiento y servicio al señor, y de trabajo como actividad formativa, son esenciales para la llegada a la autoconciencia. En la dialéctica del señor y del siervo Hegel da los fundamentos de la gran subjetividad: la subjetividad del señor/siervo, en el fondo la única posible, la Misma, cuyos límites posibilitadores son el otro en tanto que negado y así hecho objeto y el mundo material objetificado en producto por el trabajo. Este cuento hegeliano es sin duda poderoso, con un poder que va más allá de su propia verdad para incidir precisamente en el cuento, en las condiciones de efectividad política de la narración, en el poder movilizador de la historia.

La dialéctica de señor y siervo presenta un modelo posible para el estudio de la relación de filosofía y literatura: cómo la teoría piensa en puridad el terror de lo figural; cómo lo figural piensa en puridad el terror de la teoría; cómo las posiciones de dominación respectivas entre la teoría y lo figural dependen del trabajo mismo entendido como escritura; cómo la experiencia de muerte, entendida como muerte propia, y su negación, entendida como muerte del otro, son el motor del trabajo mismo. (El tercer espacio: más que el sometimiento a imperativos dialécticos, el reconocimiento de lo neutro sobre lo que avanza la dialéctica misma: el residuo, la ceniza, el resto dialéctico entendidos entonces no como testigos de la existencia de lo neutro, sino como su muda precipitación inteorizable.)

Entendida en su presencia mínima como materialidad figural, la literatura es el lugar donde la promesa filosófica o teórica encuentra el temor de lo que Hegel llama el señor absoluto, la muerte. La literatura, por uno de sus lados, es un lugar de resistencia de lo real. Con respecto de ese lugar, la reflexión filosófica es a un tiempo resistencia violenta contra la resistencia absoluta de lo literario a todos los límites, según la proposición de Ned Lukacher antes citada, y también proceso de duelo en que esa resistencia absoluta es entendida y reconocida como tal. En el trabajo de duelo la reflexión teórica encuentra su sentido más propio como pérdida de sentido: así el siervo con respecto del señor.

Temor absoluto de la muerte: la fuerza de la paranoia radica en su incontestabilidad lógica, puesto que todo intento por rebatirla es entendido como una prueba más de la existencia de una amenaza universal y totalizadora. En su ensayo sobre el presidente Schreber, Sigmund Freud indica la proyección apocalíptica del síntoma paranoico[1]. La paranoia insiste

---

[1] "En el apogeo de la enfermedad, se formó en Schreber, bajo el influjo de unas visiones 'de naturaleza en parte horrorosa, pero en parte también de una indescriptible grandiosidad', la

La práctica del duelo

en el desastre. Esto es, la paranoia vive desde la perspectiva del desastre todo aquello que no está contenido –o mejor, atrapado– en la formulación misma del silogismo obsesivo. El silogismo paranoico es, precisamente, la última defensa contra el desastre: por eso necesita ser omnívoro y totalizador. La dialéctica especulativa, solo entendible como la consumación del pensamiento de la modernidad al mismo tiempo que como la consumación del terror de la modernidad al pensamiento, es, paralelamente, no solo una gigantesca máquina paranoica, sino también, por el modo interno de su funcionamiento, un señalado mecanismo de resistencia a la máquina paranoide. Marx Horkheimer y Adorno observan que "la verdadera locura yace primariamente en la inmutabilidad, en la incapacidad del pensamiento de participar en la negatividad en la que el pensamiento –en contradistinción al juicio fijo– entra en sí mismo" (*Dialectic* 194). La negatividad en la dialéctica es la expresión del terror que descentra, es la muerte del pensamiento, el proceso de su corrupción. Por pensar su propia negatividad, la dialéctica especulativa incesantemente se resiste a sí misma: resistencia entonces paranoica –resistencia paranoica contra la máquina paranoica, el mecanismo está explicado por la dialéctica misma y por el modo de su funcionamiento–, cuya función elemental es evitar la "verdadera locura", la parálisis, el desastre apocalíptico del pensamiento.

Pero el desastre nunca es experimentado. Figura límite y límite de la figuralidad, el desastre es aquello que, como dice en algún lugar Epicuro de la muerte, cuando está con nosotros, nosotros ya no estamos; cuando no está, estamos. Desde el punto de vista de su incidencia en el pensamiento, según Blanchot, el desastre "es lo que escapa la misma posibilidad de la experiencia–es el límite de la escritura. Esto debe ser repetido: el desastre de-escribe. Lo cual no significa que el desastre, como fuerza de la escritura, esté excluido de ella, esté más allá del alcance de la escritura, o sea extratextual" (Blanchot, *Writing* 7). Que el desastre de-escriba, o describa, no significa que esté del lado de la negatividad. O al menos: el desastre no está del lado de la negatividad si la negatividad se concibe dialécticamente, como aquello que, por facilitar el movimiento del pensar, desmiente la corrupción al tiempo que la afirma. El desastre es, en su expresión mínima, precisamente lo incualificable, porque permanece necesariamente fuera, libre del silogismo paranoico, libre de la máquina de escritura. Sin embargo, por estar fuera, es su apoyo, su

---

convicción sobre una gran catástrofe, un sepultamiento [fin] del mundo. Voces le decían que estaba perdida la obra de un pasado de 14,000 años, a la Tierra no le quedaban sino 212 años de vida" (Freud, "Sobre un caso" 63). Freud añade que "semejante catástrofe durante el estadio turbulento de la paranoia [no] es rara en otros historiales clínicos" (64).

razón: el principio de su razón. Y así está, también, dentro. Como la literatura en la filosofía, o el silencio en la promesa.

Si la dialéctica especulativa, entendida como la consumación del pensamiento moderno, es el pensar de lo negativo como medio de convertirlo en instrumento de producción, en cierto sentido entonces la dialéctica especulativa es una labor de duelo. Afirmar la pérdida de la posibilidad de consumar el duelo es hacer duelo de duelo. Este doble duelo –¿podría originar lo que Hölderlin antes que Nietzsche llamó la posibilidad de la más alta alegría?[2] ¿Es esa, todavía, la posibilidad del pensar literario, entendido como práctica de duelo? ¿Puede la literatura darle vuelta al límite del pensamiento, llegar al otro lado?

En el duelo de duelo se concebiría entonces la auténtica posibilidad de la formación literaria en América Latina de un regionalismo crítico, puesto que en él el ontologocentrismo caduca como suelo del pensar, o llega a su consumación. Quedó interrogado en Borges desde la perspectiva de su relación con la Doctrina del retorno. El eterno retorno abraza también la dialéctica especulativa. Llegar a su resto, entrar en su desastre: sin embargo, todavía ahí no se decide nada, nada queda resuelto. También hay una historia de la relación de la literatura con el desastre ontologocéntrico: un campo de historicidad abierto en el espacio que media entre su primera experimentación y la sucesión de sus repeticiones. Ahora bien, ¿hasta cuándo podrá soportarse la repetición indefinida del desastre? ¿Cuándo entra en crisis, cuándo se agota el desastre mismo como fuente de experiencia? ¿Cuándo se abre el campo de escritura al fin del duelo, en el agotamiento del duelo, que es también una nueva mañana, y el inicio de otra vida?

En "Literatura y el derecho a la muerte", un texto escrito bajo la influencia de los trabajos de Alexandre Kojéve sobre la *Fenomenología del espíritu*, Blanchot define la literatura como "lenguaje volviéndose ambigüedad" y coloca el poder de la ambigüedad en la fuente misma de la literatura (Blanchot, "Literature" 59). Ahora bien, esa ambigüedad traduce la negatividad dialéctica misma, el proceso de *Aufhebung*. Blanchot la llama "esa vida que soporta a la muerte y se mantiene a sí misma en ella" ("Literature" 41; 61). Su carácter especulativo se hace explícito en la definición que marca la literatura como "el movimiento a través del que lo que desaparece continua apareciendo. Cuando [la literatura] nombra algo, lo que quiera que se designa

---

[2] "Pourquoi s'interdire de penser alors qu'en (dés)organisant de cette maniére la tragédie, Hölderlin aura césuré le spéculatif (ce qui n'est ni le dépasser, ni le maintenir, ni le relever), et retrouvé par lá quelque chose du *Trauerspiel*? On sait en tout cas qu'il écrivit sur Sophocle ceci, dont la simplicité est desarmante: 'Beaucoup ont essayé en vain de dire joyeusement la plus haute joie,/ Voici pour finir qu'elle se dit pour moi, aujourd'hui, dans le deuil'" (Philippe Lacoue-Labarthe, *Imitation* 68-69).

La práctica del duelo

queda abolido; pero lo que queda abolido queda también sostenido, y la cosa ha encontrado un refugio (en el ser que es la palabra) más bien que una amenaza" ("Literature" 47-48). Si la ambigüedad se entiende como la esencia o tesis de la literatura, al mismo tiempo que como la ley que rige el proceso de creación y manifestación del trabajo literario, hay en ella dos momentos constitutivos, contradictorios pero engendrados el uno en el otro, a los que Blanchot llama "laderas" o "vertientes". Un lado de la literatura "mira hacia el movimiento de negación por el que las cosas son separadas de sí mismas y destruidas para ser conocidas, subyugadas, comunicadas" ("Literature" 48). Al otro lado, la literatura está ocupada "por la realidad de las cosas, por su existencia silenciosa, libre y desconocida; la literatura es su inocencia y su presencia prohibida, es el ser que protesta contra la revelación, es el desastre de lo que no quiere tomar lugar en el afuera" ("Literature" 49). La negatividad que mina o desmiente la estabilidad de cada una de esas dos laderas, y que causa que cada una venga a ser el duelo de la otra, hace de la literatura lo que Blanchot llama "una empresa trágica": "Convirtiéndose en la incapacidad de revelar nada, la literatura intenta hacerse la revelación de lo que la revelación destruye" ("Literature" 47).

La relación entre ambas vertientes de la literatura es una forma de mímesis recíproca. Mímesis es transacción, intercambio. Mímesis es pura posibilidad de apropiación mutua. La operación mimética es apertura al cambio, a la alteración, a la diferencia; a la copia, al simulacro. La operación mimética define toda relación simbólica igual que toda relación alegórica: operación en tanto que tal neutra, incalificable, podríamos por lo tanto decir, desastrosa, en la medida en que la operación en sí, dando el límite de toda experiencia de lo real, es por definición inexperimentable. Mímesis, pura posibilidad de afecto, no puede ser afectada. Para Vincent Gugino en ello radica el horror platónico de la mímesis: "El poder de mímesis es la posibilidad de intercambio sin reciprocidad, un intercambio que es unilateral, apropiativo, y ordenante" (Gugino 126). Es la mímesis, en tanto que operación, la que define lo que es propio (es decir, ni el objeto mimetizante ni el agente mimetizado lo definen). El espacio mimético, el espacio que el intercambio mimético mismo crea, la *escena* de la mímesis, viene a ser reconocida en la metafísica griega, y en la subsiguiente tradición filosófica, como el lugar político. Pero si el lugar político, el sitio de la comunidad, cae bajo la dominación de la mímesis, y si mímesis, como efecto escenificante o espacializante, es el nombre de la apropiación no participante en la operación que designa, entonces mímesis es también el campo de determinación del poder: el campo lógico, el lugar del *logos*.

La cuestión es entonces saber si es en absoluto posible separar la mímesis de la fuerza dominante del logos como apropiación absoluta. De esta pregunta depende la posibilidad misma del duelo de duelo en la literatura. La mímesis aparece como el lugar de una ley –la ley que Lacoue- Labarthe llama "de impropiedad"– porque es el espacio donde la más radical desapropiación en el intercambio mimético es absorbida como apropiación absoluta[3]. Desestabilizar esta ley o encontrar una relación otra con ella, romper la paradoja total de la impropiedad apropiante, tal sería la tarea epocal de la reflexión latinoamericana en su apertura a una historicidad alternativa. Si el duelo consiste en la recuperación tras una pérdida de objeto, ¿cómo opera esa recuperación? El objeto está introyectado, investido de deseo, de amor, de fuerza libidinal: el objeto nos constituye, en tanto no somos sino el producto de la introyección de objetos. El trabajo de duelo es trabajo de desintroyección: por lo tanto, trabajo de desapropiación. La ley del duelo dice que no hay retorno a lo propio a menos de desapropiarnos del objeto que, por estar muerto, impropiamente nos habita. La ley del duelo es una ley de impropiedad, cuyo modelo es el intercambio mimético. La práctica de duelo, como necesario sometimiento a su ley, está sujeta a las mismas condiciones que regulan la espacialización política de la mímesis: todo dependerá de establecer hasta qué punto es posible separar mímesis del campo lógico que circunscribe y gobierna su operación. Todo dependerá de determinar si la instancia desastrosa, incalificable, inexperimentable, de la que emana la ley y su fuerza de dominación, es, en primer lugar, efectivamente el lugar señalado de reflexión sobre y solicitación de la máquina paranoica (la paranoia no es sino mímesis aberrante: el resultado de un intercambio mimético específico), y, en segundo lugar, a dónde conduce desde ello.

La condición posibilitadora de mímesis está dada en uno de los pensamientos más antiguos de que hay noticia, el transmitido por Heráclito en su aforismo *ethos anthropoi daimon*, "el lugar de habitación es lo infamiliar para el hombre", "*ethos* es demonio", "carácter es destino". Walter Benjamin, en su ensayo "Destino y carácter", que es un diálogo implícito con el fragmento heraclíteo, establece lo que llama "insostenibilidad teórica" de la distinción entre ambas instancias, *ethos* y *daimon*, tal como la tradición las piensa.

No solo es imposible determinar en un caso particular qué deba finalmente ser

---

[3] "Pour tout faire, tout imiter–pour tout (re)presenter ou tout (re)produire, au sens le plus fort–, il faut n'etre *rien* par soi-meme, n'avoir rien en *propre*, sinon une 'égale aptitude' à toutes sortes des choses, de roles, de caractéres, de fonctions, de personnages, etc. Le paradoxe énonce une *loi d'improprieté*, qui est la loi meme de la mimésis: seul 'l'homme sans qualités', l'etre sans propriété ni spécificité, le sujet sans sujet (absent a lui-meme, distrait de lui-meme, privé de soi) est a meme de presenter ou de produire en general" (Lacoue-Labarthe, *Imitation* 27).

La práctica del duelo

considerado una función del carácter y qué una función del destino en una vida humana ... ; el mundo externo que el hombre activo encuentra puede también en principio ser reducido, hasta cualquier grado deseable, a su mundo interior, y su mundo interior de manera similar a su mundo exterior; de hecho ambos pueden ser considerados en principio una y la misma cosa. Considerados de esta manera carácter y destino, lejos de ser teóricamente distintos, coinciden. Tal es el caso cuando Nietzsche dice, "Si un hombre tiene carácter, tiene una experiencia que constantemente recurre" (Benjamin, "Fate" 202)

Pero el retorno de lo mismo lo hace infamiliar, extraño. La experiencia mimética es tanto apertura a lo infamiliar como intento de apropiación de lo extraño, y así perpetua refamiliarización. Así entendida, la experiencia mimética tiene una misión económica fundamental, en el sentido de que ella es la que regula las relaciones entre el lugar de habitación, el *oikos*, y lo demónico. La mímesis, según esta determinación, es el lugar de la ley, y constituye el orden de la ley. ¿En qué sentido es entonces posible mantenerse morosamente en el intercambio mimético sin reproducir la voluntad de dominación que caracteriza la mímesis misma como apropiación pura, es decir, como apropiación no participante en la operación que designa?

Según Benjamin:

> Equivocadamente, por confundirse a sí mismo con el reino de la justicia, el orden de la ley, que es solo un residuo del estadio demónico de la existencia humana, cuando no solo las relaciones entre los hombres sino también las relaciones entre los hombres y los dioses eran determinadas por estatutos legales, se ha preservado hasta mucho después del tiempo de la victoria sobre los demonios ("Fatel" 203).

La disolución del vínculo entre ley y justicia reclama la restitución de un entendimiento alternativo de la ley, de lo que Benjamin llama "el orden de la ley" y al que se refiere como "residuo del estado demónico de la existencia humana". Podemos entender esta afirmación de Benjamin en un sentido filogenético, por referencia a la especie hombre; pero también en un sentido ontogenético, por referencia a la constitución del individuo mismo. De ambas maneras, la búsqueda del orden de la ley, un orden residual, solo puede llevarse a cabo en el orden de reflexión que he venido llamando de duelo.

La estructura del duelo incluye repetición y diferencia, incorporación y resistencia, pero es ante todo una manera de lidiar con la pérdida. La labor de reflexión teórica en el terreno de la literatura es la búsqueda de un orden de la ley que coincide con la pérdida del sentido del lenguaje, es decir, con su demonización o fantasmalización. La pérdida no es simplemente admitida, sino experimentada en las condiciones de duelo. Desde el entendimiento de la experiencia literaria como una experiencia de duelo, la reflexión teórica no tiene nada que ver con la mera combinación o mezcla de literatura y filosofía; ni con la aplicación de instrumentos teóricos a textos literarios; ni con la contaminación del discurso teórico por una cierta práctica textual que hemos venido asociando con la escritura literaria. La reflexión teórica es más bien la repetición reflexiva del lugar textual donde la muerte del sentido causa duelo. Morando en la mímesis, y sometido desde luego a las condiciones de apropiación que la mímesis impone, el pensar literario como práctica de duelo resiste fundamentalmente la operación mimética en tanto operación apropiante y dominadora porque su primera condición es la de conmemorar la pérdida de toda posibilidad de apropiación. El pensar de duelo es antes que nada también duelo de mímesis.

Cuando tal duelo pueda empezar a sentir su propio fin, el momento histórico de su acabamiento –será entonces cuando, propiamente, "cambian todos los colores– hay otra historia". La hacemos depender de la posibilidad de una nueva relación con el orden residual de la ley, que es también una nueva relación con *logos*, con el Señor, con su orden simbólico. ¿Cómo llegar a tal nueva relación en la práctica literaria? ¿Es en absoluto posible, toda vez que la práctica literaria pertenece ya a la apropiación lógica organizadora de la experiencia de la mímesis misma? ¿Pasa tal relación por un abandono de la literatura misma? Ahora bien, ¿qué práctica literaria puede en sí incorporar fundamentalmente el abandono de la literatura misma? ¿Particularmente en América Latina, donde la práctica literaria misma es y ha sido siempre práctica del Señor?

Capítulo séptimo

Lugares privados en "El Aleph", de Borges

I

Como la literatura entendida por Blanchot, también la cibernética a través de la realidad virtual puede ser concebida empresa trágica a partir de sus dos momentos o laderas constituyentes. Por un lado, la realidad virtual, como la poesía, incorpora lo real como presencia aparente, objetificada; por otro, como total retirada. La cibernética, igual que la literatura, puede ser interrogada desde el punto de vista analógico. Por interrogación analógica me refiero al preguntar que se ocupa del punto de articulación de presencia y retirada en el sistema técnico de representación: lo que antes entendíamos como lugar fracturado del entre de teoría y poesía, donde la teoría reconocía el fin de la promesa, y la poesía el fin de su silencio. Punto de articulación de presencia y retirada: *punctum*, tercer espacio. Así como el tercer espacio es el espacio de la fisura entre filosofía y literatura, entre proyección teórica y pensar técnico, no capturable por uno u otro pensar sino precisamente por el conflicto entre ambos, o por ninguno, de la misma manera, en relación con la cibernética, la cibernética no puede pensar sobre sí misma, ni algo otro que la cibernética puede pensar sobre ella. Trataré aquí de pensar el ciberespacio como espacio poético, y el espacio poético como ciberespacio. Falta por ver si la analogía, si el punto analógico de articulación entre lo real y lo virtual, entre lo real y lo imaginario, es el último principio de la poesía y/o de lo real cibernético, esto es, de la realidad virtual; esto es, falta por ver si la analogía guarda algo otro que el Principio de razón suficiente, y por lo tanto no está circunscrita a tal principio.

La pregunta acerca de si los límites de la cibernética coinciden o no con los límites ontoteológicos es obviamente una pregunta crucial, todavía no decidida. Por el lado siniestro, leemos las proyecciones distópicas de William Gibson y Bruce Sterling, quienes, en su novela *The Difference Engine* (1991), imaginan lo que llaman un Programa Modus, cuya virtud sería liquidar las limitaciones implícitas en el sueño leibniziano de encontrar una *characteris-*

tica universalis en un sistema cerrado y autosuficiente de lógica. El Programa Modus, que incorporaría principios de cálculo transfinito, "formará la base de un metasistema genuinamente transcendental de matemática calculatoria" (Gibson y Sterling 421). Su función básica será dotar a la cibermáquina de capacidad autorreferencial. Cuando la máquina sea lo suficientemente grande, lo que hasta entonces habría sido un ojo vicario consumará su transformación en sujeto. Gibson y Sterling juegan con la homofonía inglesa entre "eye" (ojo) y "I" (yo): "The Eye at last must see itself", "el Ojo debe por fin verse a sí mismo" y en tal autorreflexión lograrse como sujeto (429). Así, el panópticon final quedará constituido. La ontoteología habrá llegado a su total autoconsumación mediante un modo absolutamente extremo de simulación: la máquina de realidad, convertida ya en la matriz y no solo en la teleología de toda ingeniería humana, asumirá su posición, largamente anunciada, de Primer sujeto. Tal consumación apoteósica, donde la mímesis del suelo de la analogía habrá llegado a su término, donde la analogía revierte en analogía de analogía, ocurrirá como reverso exacto del armagedón nuclear: no será preeminentemente una destrucción, sino una construcción totalmente in-formada.

Otras versiones, sin embargo, como la de Donna Haraway en "Un manifiesto para cyborgs: Ciencia, tecnología y feminismo socialista en los años ochenta" (1985), prefieren la expresión de un afecto eufórico y altamente celebratorio contra el afecto amargo y abyecto de Gibson y Sterling. La contraposición entre Gibson/Sterling y Haraway repite los dos modos de la experiencia del presente (pos)moderno expuestos por Lyotard. Para Haraway:

> Desde cierta perspectiva, un mundo cyborg supone la imposición final de un estricto control sobre el planeta, la abstracción final de un apocalipsis bélico-galáctico proporcionado bajo el pretexto de la defensa, la apropiación final de los cuerpos femeninos en una orgía masculinista de guerra. Desde otra perspectiva, un mundo cyborg podría suponer realidades sociales y corporales en las cuales la gente no tendría que tener miedo de su comunidad con animales y máquinas, de sus identidades permanentemente parciales y localidades contradictorias (Haraway, "Manifesto" 196).

Para Haraway, la cultura "high tech" ofrece la posibilidad de desafiar el falogocentrismo, aunque solo si la decisión de morar en tal cultura se acompaña de un resuelto rechazo hacia narrativas de victimización de lo humano a manos de lo técnico; narrativas que, explícitamente o no, siempre advocan "una metafísica [entendida aquí esa palabra en el sentido de ideología] anticientífica, una demonología de la tecnología" (223):

Todas las historias que comienzan con inocencia original y privilegian el retorno a la autoapropiación imaginan que el drama de la vida es individuación, separación, el nacimiento del yo, la tragedia de la autonomía, la caída en la escritura, la alienación; esto es, guerra, templada por alivios imaginarios en el regazo del Otro. Estos argumentos están regidos por una política reproductiva–renacimientos sin faltas, perfección, abstracción. En ellos, se imagina que las mujeres [podrán estar] mejor o peor, pero siempre ocurre que ellas tienen menos subjetividad, una individuación más débil, más fusión con lo oral, con la Madre, y menos en juego en la autonomía masculina. Pero hay otra ruta para invertir menos en la autonomía masculina, una ruta que no pasa por la Mujer, lo Primitivo, el Punto Original, el estadio del espejo y su imaginario. Pasa por las mujeres y otros cyborgs ilegítimos de hoy, no nacidos de Mujer, que rechazan los recursos ideológicos de la victimización para poder llevar una vida abierta (219).

Haraway rechaza el resentimiento, y su posición es activa y no reactiva. Su política de vida abierta "insiste en el ruido y advoca la polución, encontrando goce en las fusiones ilegítimas de animal y máquina" (218), Haraway situa su énfasis en "apareamientos provocativa y placenteramente estrechos", apareamientos que estarían lejos de los coitos tradicionales, dado que se producen contra la metafísica de la cópula reproductiva (193). Haraway condena las nostalgias identitarias y toda forma de esencialismo redentorista, escapándose hacia el futuro, preservando en el futuro la posibilidad de una nueva alianza entre lo humano y lo no-humano que no pasaría ya por la subordinación objetificante y dominadora.

Sin embargo, el manifiesto de Haraway a favor de un mundo post-diferencia sexual y radicalmente antiesencialista en el ciberespacio parece olvidar algo que resulta potencialmente venenoso. La celebración de la subversión cyborg de identidades en la tecnología contemporánea y postcontemporánea olvida la marca esencial que el marco tecnológico mismo inscribe sobre cualquier afirmación antiesencialista interior a él. Haraway olvida que el cyborg está en sí producido por el productivismo fundamentante y fundamentado que ella condena. Suponiendo que tal falta de atención no sea una consecuencia del no-saber, sino más bien una ceguera activa, un olvido activo en el sentido nietzscheano, ¿podría lograr lo que se supone que quiere conseguir?

La cibertécnica, como presente y futuro de la tecnología, está enmarcada por el molde representativo-calculacional que el ontologocentrismo impone en el mundo; en cuanto tal, debe ser esencialmente entendida bajo los parámetros del Principio de razón suficiente. En su forma breve, el Principio dice: *Nihil est sine ratione,* no hay nada sin razón, nada es sin razón. Razón se entiende como fundamento, pero también, desde la fundamentación matemática que la ciencia moderna presta al fundamento mismo, *ratio* debe ser entendida como razón matemática, como cociente o proporcionalidad. La apoteosis de la razón analógica en la realidad virtual es tal que, en la realidad virtual, todo existe en virtud de una *ratio* entendida como proporcionalidad, esto es, analógicamente. La razón analógica, por cuenta de la matemática calculativa como espejo del mundo entendido ontoteológicamente, es el fundamento de la realidad virtual. Desde la perspectiva de la realidad virtual, nada es sin un analogema, no hay nada sin análogo, sin *ana- logos*.

La realidad virtual entrega lo real como mera posibilidad de réplica, y solo espera el momento en el que la réplica pueda doblarse en réplica de sí mismo, autorréplica. Hay peligro en esto tal como lo ven Gibson y Sterling –el peligro, por otra parte, ya anunciado por el narrador de "Tlön, Uqbar, Orbis Tertius"–, puesto que la desaparición de lo real puede de hecho significar que lo real ha sido secuestrado. Pero también hay seducción, como lo ve Haraway, dado que, en un mundo sin original o con un original abyecto, queda solo la efectividad retórica de la traducción, como también pensaba el Mr. Buckley del relato de Borges. ¿Es posible pensar más allá del peligro y de la seducción, o, mejor aún, afirmando a la vez la seducción del peligro y el peligro de la seducción? Y: ¿qué tendría Borges que ver con ello?

La realidad virtual desafía la capacidad humana para lograr entendimiento del ser de las cosas. En la realidad virtual, la inteligencia artificial, familiar a todos en su conspicuidad técnica como ayuda o útil para operaciones de cálculo u ordenación, revierte hacia la opacidad más ajena en la medida en que pretende o logra replicar el mundo de lo humano, precipitando en el proceso, incluso devolviéndonos, la intramundanidad del mundo como lo más obstinadamente familiar. Desde la total ajenidad de la realidad virtual entendemos el mundo como lo familiar, como aquello siempre de antemano ahí para nosotros. Dentro de la realidad virtual no hay un siempre-de-antemano, excepto, señaladamente, en un sentido privativo, esto es, como nunca-de-antemano. La realidad virtual, incluso en su forma aún no desarrollada y por lo tanto meramente teórica de éxito total en la representación replicante del mundo, no puede sino realizar el mundo como objeto perdido. Dentro de la realidad virtual, por tanto, la mundanidad del mundo sale de su ocultamiento acostumbrado, y se nos entrega si bien bajo la forma de ausencia. Borges naturalizó este pensamiento con la escritura de "Tlön".

Preguntar si el pensamiento no-representacional, o pensamiento de la ruptura analógica, puede ayudarnos a comprender el fenómeno de la realidad virtual mejor de lo que esta se comprende a sí misma es también preguntar si la realidad virtual, como aquello donde lo real se da en su más extrema retirada, puede proporcionar una apertura hacia el pensar crítico-histórico, postontoteológico. No se trata solo de preguntar si la realidad virtual puede ser experimentada como una posibilidad para el pensamiento del Afuera, sino también y sobre todo si, antes de eso, proporciona la posibilidad de imaginar una ruptura, una fuga. Tendría que ser una ruptura con respecto del pensamiento calculativo- representacional que la origina. Tendría también que ser una ruptura hacia una región de pensamiento en la que el marco representativo-calculacional no quedara meramente ignorado u olvidado, sino que pudiera ser traído a dar razón de sí mismo. Ahora bien, ¿bajo qué condiciones es posible pedirle al Principio de razón que de razón de sí mismo?

Se trataría por lo tanto de definir una tarea para el pensamiento que, pensándose a sí misma como una tarea al margen de la técnica, no por ello se creyera sobre o más allá de la técnica. Esta cuestión, que ha obsesionado a la filosofía contemporánea, puede también encontrarse señaladamente en el pensamiento poético, en la medida en que el pensamiento poético no se considere a sí mismo sobre o más allá de la reflexión teórica, sino en conflicto con ella[1]. Recurre en varios relatos escritos por Borges en los años cuarenta, y particularmente en "El Aleph", que ofrece uno de los tratamientos literarios más tempranos del espacio tecnológico que hoy venimos llamando ciberespacio.

II

El espacio delimitado por el objeto llamado Aleph no es, propiamente hablando, ciberespacio, entendido como el lugar donde lo humano interactúa con máquinas de inteligencia artificial. Aun así, en el texto de Borges el Aleph se anuncia analógicamente como el sitio de encuentro donde el "hombre moderno" confronta el control automatizado de la realidad ("Aleph" 113). Si "cibernética" viene de la palabra griega *kybernetes*, que significa piloto o comandante de un barco, y si designa la función conductora del cerebro dentro de la máquina, entonces el antagonista en el relato de Borges habla del hombre cibernético cuando observa que, para los modernos, "el acto de viajar [es] inútil" (114). El viejo piloto de la nave puede ahora alcanzar el mundo desde su propio estudio, usando, dice Carlos Argentino Daneri, "teléfonos, ... telégrafos, ... aparatos de radiotelefonía, ... cinematógrafos, ... linternas mágicas" (114). La acción a la distancia, la telepraxis, crearía el lugar del humano cibernético, el ciberespacio. Y es en cuanto transposición analógica del ciberespacio que el texto nos da el siniestro aparato propiamente llamado Aleph.

Un Aleph es "uno de los puntos del espacio que contiene todos los pun-

---

[1] Pregunta clásicamente heideggeriana que es también, quizá, la pregunta de la deconstrucción. Ver Derrida, *Mémoires* 109.

tos" (119). Según el texto, puede ser experimentado directamente, pero no puede ser traducido; puede ser indicado, pero no puede ser expresado. Es un lugar radical de disyunción, donde el lenguaje sufre y se retira. Borges lo llama "el inefable centro de [su] relato" donde su "desesperación de escritor" ocurre (121). En cuanto punto que solo puede ser nombrado analógicamente, por lo mismo sienta la insuficiencia de la analogía. Es el sitio de lo real, donde lo real se anuncia en retirada. Es un *punctum*, en el sentido latino que Barthes enfatizó: un lugar donde la traza de la presencia se siente dolorosamente como falta convocante de presencia, un sitio de duelo, un lugar privado (Barthes, *Chambre* 48-49).

El narrador está tumbado, solo, en el sótano de la casa (a punto de ser demolida) de su amada muerta, atravesando extrañamente una experiencia devastadora de encriptamiento en el análogo del cuerpo muerto de Beatriz. Entonces ve el Aleph. Cito el final de su descripción, suficientemente conmovedor:

> Vi tigres, émbolos, bisontes, marejadas y ejércitos, vi todas las hormigas que hay en la tierra, vi un astrolabio persa, en un cajón del escritorio vi (y la letra me hizo temblar) cartas obscenas, increíbles, precisas, que Beatriz había dirigido a Carlos Argentino, vi un adorado monumento en La Chacarita [Borges se refiere a la tumba de Beatriz en un cementerio de Buenos Aires], vi la reliquia atroz de lo que deliciosamente había sido Beatriz Viterbo, vi la circulación de mi oscura sangre, y vi el engranaje del amor y la modificación de la muerte, vi el Aleph, desde todos los puntos vi en el Aleph la tierra y en la tierra otra vez el Aleph y en el Aleph la tierra, vi mi cara y mis vísceras, vi tu cara, y sentí vértigo y lloré porque mis ojos habían visto ese objeto secreto y conjetural cuyo nombre usurpan los hombres, pero que ningún nombre ha mirado: el inconcebible universo. Sentí infinita veneración, infinita lástima ("Aleph" 122).

"Desde todos los puntos vi en el Aleph la tierra y en la tierra otra vez el Aleph y en el Aleph la tierra": en este doblamiento frenético de la analogía, en esta analogía de la analogía, o experiencia abismal en la cual el punto que contiene todos los puntos debe forzosamente contenerse a sí mismo y por lo tanto revelarse a sí mismo como lo incontenible, el suelo de la analogía se rompe por exceso. La analogía rompe en el enfrentamiento del Aleph consigo mismo, en el "casi" textual que todavía sí, pero pronto ya no, permite seguir hablando en extrema precariedad del Aleph como consumación de la esencia y abre la quiebra del entendimiento analógico, la falla figural del pensamiento.

Borges menciona "inconcebibles analogías" al tratar de equivocar al Aleph con la experiencia mística de la divinidad, que Alano de Insulis había descrito llamándola "una esfera cuyo centro está en todas partes y cuya circunferencia en ninguna" (121). La inconcebibilidad de la analogía funciona como la marca de un exceso respecto de la analogía. Este exceso connota una experiencia de lo real en retirada, una experiencia de tercer espacio que aquí voy a llamar lugar privado, lugar de duelo. *Privare* es en latín privar, quitar, apartar, y consiguientemente significa liberar del uso común y asegurar para uso propio. Un lugar privado es un lugar en falta, donde lo que falta (al uso común) está al mismo tiempo protegido. Como lugar aparte, está por sí solo. Por sí solo, le falta aquello de lo cual ha sido protegido. Es un lugar de liberación donde no hay propiamente exceso, cabalmente porque en él el exceso se captura y asimila como receso. En receso, en retirada, lo privado está protegido, fuera de alcance. Oculto, siempre ocultante, un lugar privado es experimentado como lugar de pérdida. Dejo resonar en la palabra castellana "privado" sus dos acepciones de "íntimo, mío-pero-no-de-otros" y de "falto, carente".

La experiencia mística puede volverse hacia la divinidad, pero lo poético se atiene a la necesidad de expresión. En la expresión del Aleph como región privada el Aleph entra en receso. La insuficiencia analógica o la dificultad expresiva que por una parte marca y constata la propia inefabilidad de la experiencia del Aleph como experiencia privada e incompartible es la que hace del Aleph también un lugar de receso, de retirada, de fin de la analogía. Como abismo de la tropología, como límite de o a la metáfora expresiva, el Aleph permanece como punto de fuga y no punto de advenimiento. A mayor inefabilidad, mayor resistencia a la revelación; a mayor inefabilidad, mayor constatación de la noción de que la expresión es siempre revelación de lo que la revelación vela o destruye. Porque el Aleph se desvanece, tanto en la palabra como en la memoria, Borges debe concluir: "el Aleph de la calle Garay era un falso Aleph" (124). En el fin de la analogía, cuando el lenguaje se abre hacia lo real en retirada, el pensar poético piensa la nada resultante como exceso en fuga. Si la nada como exceso en fuga se revela en la escritura, se revela como ruptura tropológica, ruptura de lo figural. Pero la tropología mienta la técnica literaria. ¿Cómo funciona en la cibertécnica? ¿Qué experiencia del pensamiento hace la cibernética posible, incluso necesaria? ¿Es la cibernética también el escenario de una empresa trágica cuyo fin último es pensar "la revelación de lo que la revelación destruye", en las palabras de Blanchot?

"Hacking", la palabra norteamericana que refiere al acto de irrumpir en sistemas informáticos cerrados, significa originalmente cortar mediante golpes de machete repetidos, aclarar despejando la vegetación. Un hacker cibernético hace un claro para sí mismo. La cualidad adictiva de tal actividad podría ser emblematizada en las palabras que uno de los implicados en el caso de espionaje llamado Proyecto Equalizer, Dirk-Otto Brzezinski, le dijo a su juez: "Nunca me interesaron los contenidos. Solo los ordenadores mismos" (Hafner y Markoff, *Cyberpunk* 240). Tal comentario no es asimilable a la frecuente distinción retórica entre forma y contenido en un texto literario. Más bien, apunta a un ámbito diferente de experiencia. La distinción entre "contenidos", la información real almacenada en un sistema informático determinado, y los "ordenadores mismos", que refiere a algo otro que la mera máquina, levanta de nuevo la pregunta sobre el exceso y sobre el receso, sobre el lugar privado. El hacker quiere entrar. Entrar es el principio adictivo de "hacking", y la forma en la que el claro hecho posible por la empresa puede seguirse manifestando. Los "ordenadores mismos" son la máquina que hace posible el entrar. Más radicalmente, los ordenadores son, como la escritura, el claro. El ordenador como claro abre el ciberespacio como espacio transgresivo, espacio privado, espacio más allá de la entrada que irrumpe y rompe.

Howard Rheingold comenta en *Realidad virtual* que lo que está en juego es entender la forma específica de espacio o "lugar" que el ciberespacio constituye (Rheingold, *Virtual Reality* 16). En la famosa definición de William Gibson, que pasa por ser el origen del término, contenida en su novela de 1984 *Neuromancer*, el ciberespacio es:

> Una alucinación consensual experimentada diariamente por miles de millones de operadores legítimos, en todas las naciones, por niños que aprenden conceptos matemáticos ... Una representación gráfica de datos abstraídos de los bancos de memoria de todos los ordenadores del sistema humano. Complejidad impensable. Líneas de luz alineadas en el no-espacio de la mente, agrupaciones y constelaciones de datos. Como las luces de la ciudad, en receso (Gibson, citado por Rheingold, *Virtual Reality* 16).

El ciberespacio es un espacio en receso, un espacio en retirada, un espacio en cuanto receso. Entrar en la perpetua recesión es la adicción que sueña el ciberespacio como claro privado para sus usuarios humanos. Produce ansiedad, como toda adicción, y es un ejercicio melancólico en pérdida sin fin. La posibilidad misma de vivir en dosis perpetua tiene en su envés la presencia venenosa de la privación[2].

El ciberexceso matará, como la escritura para Platón, la necesidad de memoria. El exceso como consecuencia o manifestación primaria vincula el

---

[2] Ver Joyce, *Finnegans* 611-12, para una curiosa asociación simbólica entre "ansiosa melancolía" y una visión en la que "allobjects allside showed themselves" (todosobjetos todoslados se mostraron) y mucho más.

ciberespacio y el espacio de la escritura. En "El Zahir", otro relato de la misma colección de 1949, *El Aleph*, Borges recuenta el mito de Fafnir y el tesoro de los Nibelungos. La misión de Fafnir es ser centinela, y por lo tanto guardar la existencia del tesoro. Solo se puede acceder al tesoro matando a Fafnir. Y lo que mata a Fafnir, la espada Gram, tiene nombre de escritura, o de letra. Gram abre el tesoro, da el tesoro, pero al mismo tiempo Gram mata lo que guardaba el tesoro ("Zahir" 81). La letra libera lo que se suponía que debía guardar, el don de la memoria. La letra, como exceso, es también una forma de carencia. Entrar en ciberespacio es usar una máquina de escritura. El ciberespacio no es letra, pero nuestra relación con él tiene la estructura de nuestra relación con la letra precisamente en el sentido que propone "El Aleph". Entendido primariamente como entrada en la producción analógica, entrar en la realidad virtual es también al mismo tiempo una actividad excesiva que lleva la analogía a un punto de ruptura. En la ruptura, el ciberespacio es experimentado como un espacio en falta, espacio carente o privado. El ciberespacio –desde la experiencia de la realidad virtual– es un lugar de disyunción, donde la producción analógica viene a encontrar los límites de la analogía. La experiencia del límite que el ciberespacio proporciona es una experiencia ansiosa y adictiva en la que lo real aparece como retirada y pérdida. En ese sentido, es similar a la experiencia de la que Borges habla en "El Aleph". La falta de la letra es en última instancia el tema de "El Aleph". Un Aleph es "la primera letra del alfabeto de la lengua sagrada", y en cuanto tal un símbolo de "la ilimitada y pura divinidad" ("Aleph" 124). Que esta divinidad, el Aleph, se da en su falta y retirada, que falta cuando se da, que se da en la falta, eso sería, a la vez, lo que el Principio de razón no puede justificar, y la experiencia más extrema transmitida en el relato de Borges.

La necesidad poética de reproducción ontoteológica se rompe a partir de cierto punto. Tal ruptura es una función de la escritura misma como técnica de figuralidad. Por lo tanto, podrá fundamentarse la analogía entre la escritura y la cibertécnica a partir de que ambas anuncian el fin de la analogía. Este fin de la analogía, lejos de ser un punto de disyunción última entre el pensar filosófico, el poético y el tecnológico, es un lugar de encuentro, donde el pensar puede quizá encontrar la posibilidad de ir más allá de lo privado.

III

En "Deux mots pour Joyce" Derrida habla de "dos grandezas" o "dos maneras en este acto de escritura por el cual quienquiera que escribe trata de borrarse dejándonos cogidos en su archivo como en una tela de araña" (*Ulysse* 20). Una de ellas, de la que aparentemente no se da ejemplo, es la escritura del don: "Hay primero de todo la grandeza de quien escribe para dar, dando, y por lo tanto para dar a olvidar el don y lo dado, lo que se da y el acto de dar ... Es la única manera de dar, el único modo posible –e imposible–" (*Ulysse* 20). La segunda grandeza es la de la escritura como "máquina hipermnésica" tal como por ejemplo el texto joyceano (o la textualidad dada en "El Aleph", o más literalmente el cibertexto): "no se puede decir nada que no esté programado en este ordenador de milésima generación –el *Ulysses*, el *Finnegans Wake*– al lado del cual la tecnología actual de nuestros ordenadores y nuestros archivos microinformatizados y nuestras máquinas de traducción no son sino *bricolage*, un juguete de niño prehistórico" (*Ulysse* 22).

Si la primera clase de escritura se coloca por definición en un lugar de gratitud paradójica que envuelve no solo al escritor y al lector, sino también a la cosa misma, al objeto de la escritura, sea el que sea, la segunda clase de escritura envuelve, no gratitud, sino su opuesto, "resentimiento y celos" ("*je ne sais pas si vous pouvez aimer cela, sans ressentiment et sans jalousie*") (*Ulysse* 22). Derrida pregunta: "¿Puede uno perdonar esta hipermnesia que *a priori* te endeuda? De antemano y para siempre te inscribe en el libro que estás leyendo. Se puede perdonar tal acto babélico de guerra solo si sucede siempre ya, desde todos los tiempos, con cada acto de escritura, suspendiendo así la responsabilidad de cada uno" (*Ulysse* 22). ¿Estaría el ciberespacio implicado, desde el principio del tiempo, en cada acto de escritura?

Ahora bien, si la máquina hipermnésica, ese ordenador de milésima generación, actúa con cada acto de escritura, debemos preguntarnos si la escritura del don también opera siempre. Y por lo tanto, ¿qué hay de su coimplicación mutua, y de la relación, en la escritura, entre gratitud y resentimiento? ¿Hemos de pensar que son escrituras excluyentes? Pero si no lo son, y si hay siempre una mezcla entre gratitud y resentimiento con cada acto de escritura, ¿no es la imposible–pero posible–combinación de ambos afectos la que organiza el estado melancólico? Y en la realidad virtual, ¿hay una "grandeza" sin la otra? ¿Hay un don en ciberespacio? ¿O hay solo una negación del don? ¿Somos adictos del resentimiento, que amamos la deuda, y agradecemos aquello que nos castiga? Estas preguntas, y las que de ellas se siguen, también necesitan preguntarse a propósito de "El Aleph", y de las clases de escritura que "El Aleph" contiene.

El narrador de "El Aleph", al encontrar el Aleph, da un salto hacia la región excesiva de la presencia hipermnésica, total. Dar cuenta de tal experiencia organiza el campo de escritura del relato. Dado que el narrador no puede replicar en la escritura el "centro inefable" de su experiencia, debe entregarse a una clase de escritura que llamaremos lapsaria, escritura del lapso: escritura que solo puede indicar o referir una caída que siempre ya excede sus posibilidades de expresión. La escritura de "El Aleph" indica la región de la caída en el receso en retirada de la expresibilidad. En "El Aleph" la escritura apunta a lo que se ha escapado, esto es, a lo que se ha retirado y a lo que, al retirarse, se ha hecho obtrusivo, y así ha venido a cobrar una forma paradójica de presencia. La escritura, entendida de esa manera, no difiere esencialmente de la experiencia cibernética de la realidad virtual. La cibertécnica, en su forma extrema, abre la posibilidad de una experiencia del fundamento de la tecnología como fundamento en retirada–es decir, no el fundamento ontoteológico que asegura cada objeto en el cobijo de una fundamentación, sino el suelo en receso que libera lo real en tanto materialidad en fuga, más allá de la analogía, más allá de la memoria.

La escritura de Borges es siempre esencialmente metadiegética, un decir del decir. Para Borges "podemos mencionar o aludir, pero no expresar" (Borges, "Rosa" 329). Para Borges la escritura nunca es más, o menos, que una indicación. En "El Aleph" Borges compara la escritura crítica a la actividad de esas personas "que no disponen de metales preciosos ... pero que pueden *indicar* a los *otros* el *sitio* de un tesoro" ("Aleph" 117). "El Aleph" es precisamente esa clase de gesto: indicación, y así precaria recuperación, de un centro inefable que no puede ser dicho como tal, sino solo analógicamente. La descripción borgesiana del Aleph no da el Aleph: el Aleph no sucede en la escritura, pues la escritura es un lugar de lapso, región lapsaria. La escritura organiza la falta de la letra, y solo puede dar lo que no tiene; como la realidad virtual, dado que en la realidad virtual el mundo solo puede ser experimentado como el objeto perdido de la analogía.

Dentro del sistema de "El Aleph", la escritura ocurre, en cierto modo, a propósito del cuerpo muerto de una mujer. Dado que la casa de Beatriz acoge el Aleph, la casa de Beatriz es el lugar del don. Sin embargo, en la medida en que, después de ser experimentado, el Aleph solo puede ya ser olvidado (tras una experiencia total, el recuerdo de la experiencia es siempre necesariamente menor que la experiencia misma), voy a proponer que la casa de Beatriz es también el lugar del resentimiento y de los celos. La escritura soporta celos y resentimiento al indicar su objeto perdido: un objeto que puede ser indicado o aludido, pero nunca apropiado, nunca poseído, pues permanece en exceso. La escritura de Borges es un intento de seducir tal exceso hacia su auto-expresión: un esfuerzo ansioso para transformar el lapso, la caída, en un perpetuo salto, para hacer que la retirada venga, en cuanto tal, a la presencia: duelo aberrante, atrapado en el ansioso deseo de restitución espectral de presencia. Al mismo tiempo, sin embargo, Borges da otra posibilidad de escritura cuya posibilidad paralela también podemos encontrar en el ciberespacio.

IV

Tercer espacio

Antes de entrar en ella, sin embargo, se hace preciso contar una historia que tiene esencialmente que ver con la génesis de "El Aleph", solo conocida potencialmente desde la publicación de *Borges a contraluz* en 1989. Borges había dedicado "El Aleph" a Estela Canto, autora del libro, con quien sostuvo una relación amorosa entre 1945 y 1946. Desde el recuento de esa relación en *Borges a contraluz* se convierte en necesario entender al menos parcialmente el relato de Borges como escritura autográfica, no necesariamente compensatoria o sustitutiva, pero sí desde luego comprometida en una autoinscripción en la que Canto juega un papel esencial. Quizá de la escritura autográfica pueda también decirse que se produce en tanto que gratitud o en tanto que resentimiento. De cualquier forma, en cualquiera de esas dos modalidades, la escritura autográfica es un acto de amor. Si amor es, en la famosa definición de Jacques Lacan, "dar lo que no se tiene", como la escritura, el goce autográfico dependerá de esa extraña modalidad de intercambio (Lacan, "Direction" 618)[3].

Entre 1945 y 1946 escribe Estela Canto sus dos novelas *El muro de mármol* y *El retrato y la imagen*. Ambas entran en relación intertextual con el texto de Borges. El análisis del intertexto llevará a postular en cada uno de sus elementos la existencia, no solo de una inscripción autográfica, sino también de una inversión heterográfica específica. El duro combate simbólico librado entre Borges y Canto en su intercambio de escritura adquiere cierto carácter paradigmático, susceptible de permitir una mejor comprensión del modo en que la autografía, entendida como inversión de la propia vida en escritura, depende siempre de un registro heterográfico; es decir, de cómo la autoescritura no es más que un modo particular de apertura a la demanda de otro, o del otro. No se trata de agotar el análisis de los tres textos bajo estudio en sus mutuas imbricaciones, sino más bien de referirse a algunos elementos compartidos que, en lo que aquí me concierne, derivan de la relación erótica iniciada entre Borges y Canto con un largo paseo por la noche de Buenos Aires a principios de 1945. La génesis de "El Aleph" está al menos parcialmente relacionada con el desarrollo del compromiso erótico entre Estela y Georgie. A pocas semanas de comenzado, relata Canto, Borges le informó de que "quería escribir un cuento sobre un lugar que encerraba 'todos los lugares del mundo', y que quería dedicar[le] ese cuento" (Canto, *Borges* 94). Si un hombre es todos los hombres, según un modismo obsesivo en Borges, una mujer es todas las mujeres. La historia aparece desde su gestación enmarcada en una singularización que es a la vez una proyección

---

[3] Ver la importante glosa de Derrida en *Given Time*, comenzando en página 2, nota 2, pero abarcando quizá en general la totalidad del libro.

totalizante. Desde el principio, Estela reacciona con cierta incomodidad a esa particular despersonalización: "Yo tenía la sensación de que estaba tratando de halagarme, que empleaba uno de sus procedimientos destinados a atraer a las poetisas en ciernes" (Borges 94). Canto piensa, pues, que Borges utiliza su cuento, o la promesa de su cuento, como estrategia trivial de seducción. Comoquiera, a los dos o tres días, Borges llega a casa de Canto con un pequeño instrumento de regalo, del que afirma que se trata de un aleph. "El objeto en cuestión era uno de esos juguetes con una lente fijada a un tubo bajo el cual había una planchita donde se hacía girar unas virutas de acero. Es decir, un calidoscopio" (Borges 95). Estela, descuidadamente, deja que un niño lo destruya. Pero el regalo parece simbolizar la afirmación por parte de Borges de un régimen escópico en su propia relación con Estela. Borges le entrega a Estela un instrumento para mirar, advirtiéndole de que ese instrumento regirá simbólicamente la relación entre ambos en virtud de su identidad libidinal con el cuento cuya escritura comienza a ella dedicada. El regalo de Borges, que ya en las palabras que lo acompañan está no tan secretamente tomando el cariz de una referencia simbólico-sustitutiva al éxtasis sexual y a su propio papel en él, insiste en la capacidad seductora de la escritura como promesa o inminencia de una revelación que no llegará, sin embargo, lamentablemente, a producirse.

En el relato de Canto, siguen para Borges unos días de fiebre creativa en la relación del primer borrador de "El Aleph", días en los que Borges telefonea "todas las mañanas" y manda "notas y postales anunciándo[le] –redundantemente– que [se iban] a ver esa noche" (Borges 95). Canto describe a Borges en un estado de exaltación delirante: "Me repetía que él era Dante, que yo era Beatrice y que habría de liberarlo del infierno, aunque yo no conociera la naturaleza de ese infierno. Cuando me apretaba entre sus brazos, yo podía sentir su virilidad, pero nunca fue más allá de unos cuantos besos" (Borges 95). Es difícil saber si la función liberadora que Borges le atribuye a Estela depende de la escritura de "El Aleph", en el que como se sabe Beatriz (Viterbo) es la presencia femenina dominante; o si la carga libidinal que a todas luces el cuento va tomando está prestada de la anticipación de goce que siente Borges en la culminación física de su relación con Estela. Como vemos en las palabras de Canto, ambas opciones fueron consideradas. La ambigüedad en todo caso no se resuelve, sino que se complica, en la percepción de que Beatriz está muerta, y por lo tanto solo aparece en el cuento como accesible en un más allá, tras el cruce extático de una frontera espiritual cuyo carácter tanto de límite como de liberación está suficientemente resaltado en "El Aleph" y en la *Divina comedia*.

Aunque por razones de espacio no puedo entrar aquí en un análisis que

Tercer espacio

sin duda guarda extraordinarias sorpresas, quiero sin embargo citar unos versos glosados por María Zambrano: "*Io tenni li piedi in quella parte della vita di lá de la quale non si puote ire piú per intendimento de ritornare*" (En Zambrano, *Claros* 12). El comentario de Zambrano, encaminado a mostrar cómo "el temor del éxtasis que ante la claridad viviente acomete hace huir del claro del bosque a su visitante, que se torna así intruso", sitúa el texto de Dante en la escena de las bodas, "único momento en que Dante encuentra cara a cara a Beatriz [y] la ve burlarse ... de la turbación que el enamorado sin par experimenta al verla de cerca y al poder servirla inesperadamente" (Zambrano, *Claros* 12). Una experiencia parecida acosa según toda evidencia a Borges ante Canto. Como Dante también Borges huye en turbación a la pieza vecina, en este caso la escritura.

Una noche Borges propone a Canto ir a cenar al Hotel Las Delicias de Adrogué. Caminan tras la cena hacia Mármol, mientras Borges, en estado de agitación, recita copiosamente versos de la *Commedia*. Cerca de Mármol se sientan a descansar en un banco, y allí Borges le propone a Estela matrimonio: "Estela ... eh ... ¿te casarías conmigo?" (Canto, *Borges* 98). Estela, sorprendida, le contesta con unas palabras que provocarían una reacción "grave y patética", de consecuencias dramáticas porque tendieron un laberinto que Borges nunca pudo llegar a cruzar: "No podemos casarnos si antes no nos acostamos" (*Borges* 98). Según confiesa Canto, son palabras envenenadas para Borges, puesto que ella "*sabía* que era muy improbable que él quisiera seguir adelante" (*Borges* 98-99). Borges, como discusiones y acontecimientos posteriores revelarían con toda claridad, no podía acostarse con Estela si antes no se casaban.

La línea fronteriza está trazada. Canto entra ahora de hecho en su pleno papel de Beatrice, al otro lado de un borde quiasmático, y el desencuentro se hace tanto más abismal cuanto que por un momento su contrario pareció insoslayable. A media escritura de "El Aleph", la reacción de Estela, posiblemente tan prevista por Borges como Canto prevee la suya, destruye en una de sus posibilidades la anticipación de "liberación del infierno" que sentía Borges. Canto y Borges permanecerán desde entonces en lados opuestos de la gran frontera que en el cuento separa a Beatriz del narrador, la misma que en la *Commedia* separa a Dante de Beatrice. En el momento de mayor proximidad con Estela, cuando Borges se decide a cruzar esa frontera pidiéndole específicamente, como en la obra de Dante pero más acá de la escritura, que le ayude a entrar en el paraíso, Estela impone una condición petrificante que Borges no puede cumplir. En palabras de Canto, "a partir de entonces él anduvo por terrenos no transitados antes. Sufrió profundamente y emergió aceptándose a sí mismo. Como el Orestes de Racine, su desgracia lo sobrepasó y lo convirtió finalmente en el Borges triunfal, el hombre que descubrió y aceptó su destino" (*Borges* 99). El objeto perdido emerge, en cuanto pérdida, como condición explícita de la escritura.

Entretanto, y como consecuencia de la crisis en la relación erótica, Canto se siente cada vez más distanciada. "Esa primavera obtuve el Premio Municipal de la Ciudad de Buenos Aires por mi novela *El muro de mármol*. Nuestra relación ya no era lo que había sido. Supongo que estaba un poco harta y, a finales de noviembre, me fui al Uruguay. Pasé allí tres meses muy felices y escribí otra novela, *El retrato y la imagen*. Tuve cartas de Borges, pero no me acuerdo lo que contesté, en caso de haber contestado. Mi mente estaba en otras cosas" (*Borges* 109). Aunque, por desgracia, Canto no da la fecha de las cartas de Borges que reproduce en *Borges a contraluz*, es quizá por esta época, con Estela en Buenos Aires inmediatamente antes o después de su estancia en Uruguay, pero guardando un silencio desesperante, que Borges le escribe para decirle "He concluido, bien o mal, tu cuento" (*Borges* 152).

El muro de mármol se publica, y es premiada con el Premio de la Imprenta López, en la primavera sureña de 1945. Al menos parte de la novela fue escrita en el período de relación con Borges anterior a la crisis. No quiero de ninguna forma reducir la novela de Canto al estatuto de dilucidación simbólica de la relación amorosa que venía desarrollándose, igual que no pienso que "El Aleph" sea totalmente explicable como oferta erótica a Estela, pero en mi opinión hay en la novela elementos cuya inversión autográfica es fácilmente legible. La novela de Canto anticipa que la relación con Borges estaba destinada al fracaso al menos en su resolución convencional, además de permitir la conclusión de que la experiencia fue mucho más dolorosa para Canto de lo que esta está dispuesta a admitir en *Borges a contraluz*. El centro de la novela es la relación amorosa entre Marcos Mañé y Lucrecia Gallarte. Marcos propone a Lucrecia abandonar su casa e irse con él, pero Lucrecia, tras la intromisión de su hermana mayor Isabel, en papel de cabeza familiar luego de la muerte del padre, decide no hacerlo. Una lectura atenta de *Borges a contraluz*, cuyas intrincadas particularidades no merece en todo caso la pena tratar de indicar aquí, permite entender que el triángulo erótico Marcos-Lucrecia-Isabel es al menos traducible, aunque tal vez no reducible, al triángulo amoroso Estela-Borges-madre de Borges. Borges está divertidamente encriptado en Lucrecia por asociación con el apellido de la famosa envenenadora renacentista Lucrecia Borgia. Que Canto hace a doña Leonor responsable de las dificultades sexuales de su hijo es lo suficientemente explícito en el libro como para no dejar lugar a dudas. Canto también alude al hecho de que, en su opinión, doña Leonor la consideraba "rival" en la posesión del cuerpo de Borges.

Comoquiera, la escena de la novela más relevante para nuestra comparación es la del momento en que Marcos vuelve a casa de Lucrecia para recogerla tras haber concertado la cita de huida. Marcos, para su sorpresa, encuentra a Isabel, y no a Lucrecia, esperando. Isabel le dice: "¿Qué intenciones tiene usted? Si sus intenciones son honorables, ¿por qué entra de noche sin llamar como un ladrón?" (Canto, *Muro* 121). "Intenciones honorables" en este contexto significa obviamente matrimonio. Marcos repite entonces, hasta cuatro veces en dos páginas de texto, "No tengo intenciones". Marcos abandona la casa, hundido en la percepción de que el juego está perdido, y de que debe dejar la esperanza de conseguir a Lucrecia: "un arreglo era imposible. Comenzaba a levantarse un muro pesado, infranqueable. –Esos muros se fortifican con cualquier intento de vencerlos, pensó. Las palabras lo habían creado. Su vuelta sería siempre *con intenciones*, y él no podía tener intenciones" (*Muro* 125). Este extraño pasaje, en el que sin embargo se ventila la totalidad de la construcción dramática de la novela, establece la presencia de una estructura de resistencia a la relación erótica similar aunque opuesta a la que llevó a Borges a rechazar para su pesar la propuesta de mantener sin más relación sexual con Estela. Si Borges dependía fundamentalmente de la intención institucional garantizada en el matrimonio, Marcos (Estela) debe mantenerse al margen de tal intención. Toda teleología debe para él/ella borrarse. Ahora bien, una vez insinuada la posibilidad teleológica, la frontera impasable–el muro–se fortificará con cualquier intento de vencerlo, dado que cualquier intento de desbancar la intención no puede menos que entenderse como orientado por una intención. La relación entre Marcos/Estela y Lucrecia/Borges queda entonces enmarcada por una doble estructura quiasmática: si la condición de encuentro para Marcos/Estela reside en la anti-intencionalidad espontánea del amor, para Lucrecia/Borges el amor solo puede ser consumado en el paso de la frontera matrimonial, entendido como autorización materna.

Si es correcto, como creo, interpretar este pasaje de *El muro de mármol* a la luz de la relación Canto-Borges (recuérdese lo que es tan obvio que corre el riesgo de no notarse: que en el lugar bonaerense de Mármol Borges pidió a Estela relación, y allí quedó por primera vez verbalizado el muro impasable entre ellos), si este pasaje es traza de una fuerte inversión autográfico-libidinal en la novela, ha de constatarse también que al mismo tiempo el pasaje es respuesta e imagen especular de la actitud de Borges. En la inversión autográfica Canto incluye la traza heterográfica de su otro, Borges, aunque dentro de la dimensión paradojal de que lo enunciado en esa respuesta y compenetración de actitudes es la imposibilidad de encuentro, la imposibilidad de relación sexual entre ambos. La estructura quiasmática que separa en lo real a Canto y Borges los vincula simbólicamente en el enigma de la inversión heterográfica, en la escritura. La dificultad de Borges no es sino espejo de la dificultad de

Canto, y viceversa –y en esa especulación se trama y se destrama su relación amorosa–.

Marcos deja para siempre la casa de Lucrecia tras su conversación con Isabel. Pasarán dieciséis años antes del reeencuentro que marca el presente novelístico. Dieciséis años después, Marcos está todavía obsesionado con la relación inconsumada, y confiesa al joven Damián Carman: "No haré nada hasta que recupere lo que perdí aquella noche. Todas mis palabras, mis acciones no tienen sentido. Solo esa noche cuenta, y la siguiente, la frustrada. *Ella vino a mi puerta como un ladrón, a apoderarse de algo*" (*Muro* 197; mi subrayado.) La vida de Marcos se ha sucedido en el duelo aberrante por la pérdida de lo que nunca se llegó a tener, pero que había sido introyectado como el objeto más precioso.

Damián se entrega entonces a una acción mediadora que terminará trágicamente, tras nueva intervención de Isabel en papel de madre protectora y cabeza familiar, encargada de velar por la respetabilidad de intenciones de las personas a su cuidado, y de quienquiera que se relacionara con ellas. El tema del objeto precioso reaparece al final del libro, en lugar de importancia prominente. Lo destaco a mi vez por su relevancia en relación con la posterior novela de Canto, y en relación también con "El Aleph". Damián, en la urgencia de su acción mediadora, alucina por dos veces sobre la existencia de algo que debe ser encontrado o recuperado. Sin duda se trata del mismo objeto cuyo robo está en juego tanto en las palabras de Isabel a Marcos ("entrar de noche sin llamar como un ladrón") como en las de Marcos a Damián ("Ella vino a mi puerta como un ladrón, a apoderarse de algo"). Esta es la primera referencia: "Tocaba la joya buscada en el pozo oscuro, y aunque las manos sangraran y el dolor fuera en aumento, se trataba de una recompensa extraordinaria: poder ofrecer la joya recobrada por mí, a mi amigo, para que él me lo agradeciera" (*Muro* 208). Y esta es la segunda:

> Confusamente recordé solo una gran arca en un salón enorme, donde yo adivinaba cortinas. Algo irremediable, terrible, acababa de suceder, pero yo no recordaba qué. El arca tenía relación con aquello ... Mientras el viento soplaba mi amigo estaba solo en aquella frágil casita de ventanas estrechas y brasas en la penumbra. Pero, al abrir yo el arca, el marfil iba a brillar en lo oscuro, sin cortinas, bajo un techo de pizarra que el viento no arrancaba (*Muro* 213).

El tesoro brillante en lo oscuro es Lucrecia, o aquella parte de Lucrecia que Marcos anhela poseer para recuperar lo que una vez fue perdido. El terrible acontecimiento anunciado proféticamente en la segunda cita es la muerte de Lucrecia, cuyo cadáver es todo lo que Damián logra ofrecer a su amigo.

Tercer espacio

El muro de mármol narra la historia de un fracaso de relación, cifrado en la imposibilidad de "poder ofrecer la joya recobrada por mí, a mi amigo, para que él me lo agradeciera". El agradecimiento ante la presencia del don deja paso a la escritura como resentimiento. *El muro de mármol* interviene simbólicamente, arrojando contra el cadáver iluminante de Beatriz el cadáver meramente yerto y vacío de Lucrecia. El brutal canje de cadáveres (cadáver de Lucrecia por cadáver de Beatriz) que Canto parece proponerle a Borges se constituye como auto/heterografía porque en él Canto inscribe resentidamente la respuesta a la heterografía borgesiana de la muerta Beatriz. Si en la asociación de Estela con Beatrice Borges había asesinado simbólicamente a Estela, Estela hará lo mismo en el personaje de Lucrecia, inversión femenina de Borges. *El muro de mármol* es parcialmente la recusación por Canto de la idea de que el cadáver de la amada muerta pueda todavía encerrar la joya más preciosa. Es por lo tanto una contestación a Borges, un contra-aleph, fuertemente cargado de rechazo, por el que Canto se niega a asumir la posición abyecta en la que Borges la había colocado.

Un segundo momento de respuesta en esta conversación escrituraria, o cruce de escrituras, ocurre en la siguiente novela de Canto, la que le ocupaba precisamente mientras llegaban cartas de Borges desde Buenos Aires cuya aparente contestación dice Canto no recordar, "en caso de haber contestado" (Canto, *Borges* 109). En mi opinión Canto sí contesta las cartas de Borges durante su estancia en Uruguay, y las contesta precisamente mediante la escritura de *El retrato y la imagen*. La contestación toma la forma de lo que es ni más ni menos que una nueva reescritura de "El Aleph", o bien la continuación de la reescritura emprendida en *El muro de mármol*. A la dedicatoria que Borges inscribe en "El Aleph" responde Canto con un epígrafe tomado de las obras de Carl Jung, que debe haberle sin duda parecido bastante explícito dadas las circunstancias: "La salvación no llega yéndose o huyendo. Tampoco llega para el que se deja arrastrar sin voluntad. La salvación llega a través de una entrega total, y nuestra mirada debe ser dirigida hacia un centro". En esta cita resuenan poderosamente elementos ya encontrados en la relación Canto-Borges: el tema de la salvación, el tema de la resistencia a imperativos provinientes de la esfera familiar, y en especial el tema del don, asociado aquí al régimen escópico de la mirada centrada. En relación con esto último, cabe resaltar que la mirada es la metáfora dominante de salvación en *El retrato y la imagen*, ya desde el título mismo; además, que el régimen escópico de compensación libidinal en la escritura de "El Aleph" había sido claramente anunciado por Borges en ocasión de su regalo del calidoscopio. El gesto escópico es también el dominante en "El Aleph", dado que el Aleph entra en Borges por sus ojos abiertos. El epígrafe de Jung a *El retrato y la imagen*, desde el punto de vista de la relación Estela/Borges, solo puede entenderse como un grave y resentido reproche, cuando ya es en todo caso demasiado tarde.

Si en el mismo título *El muro de mármol* la referencia espectral a la relación con Borges estaba transparentemente encriptada, también el título de *El retrato y la imagen* parece hacer alusión a ella. La contraposición de retrato e imagen es desde luego un elemento central en la estructura de "El Aleph". Los retratos aparecen en la primera página del cuento, cuando el narrador relata que, en sus visitas anuales a la casa de la calle Garay, se le pedía que aguardara "en el crepúsculo de la abarrotada salita". Allí, nos dice, "estudiaría las circunstancias de sus muchos retratos [de Beatriz]: Beatriz Viterbo, de perfil, en colores; Beatriz, con antifaz, en los carnavales de 1921; la primera comunión de Beatriz; Beatriz, el día de su boda con Roberto Alessandri; Beatriz, poco después del divorcio, en un almuerzo del Club Hípico" (Borges, "Aleph" 112). En cuanto a imágenes, Carlos Argentino Daneri, el Virgilio del narrador, lo lleva por fin al sótano de la casa de Garay y, tras recomendarle procedimientos para ver el Aleph, le dice: "Baja; muy en breve podrás entablar un diálogo con todas las imágenes de Beatriz" ("Aleph" 120). Volveré a esta contraposición.

La protagonista de *El retrato y la imagen*, Ida Ballenten, ha pasado su vida "dominada por dos grandes fuerzas opuestas: el amor y el miedo" (Canto, *Retrato* 9). Enamorada del pequeño Juan García, quien no parece corresponder a su interés, Ida, en un ataque de resentimiento motivado en realidad por malinterpretar como insulto un regalo de flores, le arroja una piedra con tan mala fortuna que provoca un accidente y causa la muerte del niño. El niño muerto Juan García cautivará la vida entera de Ida Ballenten, obsesionándola. "Huyó, perseguida por la imagen del rostro ensangrentado. En aquella mañana limpia, corriendo por los caminos de un parque conocido, empezó lo que Ida Ballenten creía el destino de su vida: ahogar el recuerdo, aniquilar la visión de la cara de Juan García" (*Retrato* 38). En realidad, sin embargo, Ida vive su vida persiguiendo la recuperación posible de la imagen de Juan, perdida o borrada de su recuerdo en el momento infantil en que la piedra explota contra su cara.

Una de las revelaciones escandalosas de *Borges a contraluz* es el recuento de la conversación que Canto tuvo, a petición de Borges, con un Dr. Cohen-Miller, con quien Borges había iniciado tratamiento psicoanalítico. El Dr. Cohen-Miller le pide a Canto que acceda al matrimonio sin poner condiciones previas, dado que en su opinión lo que él llama "el problema de Georgie" se arreglará precisamente tras el matrimonio. Las palabras memorables del doctor a Estela son, por cierto, las siguientes: "Piense en su patria, piense en la literatura argentina. Se lo aseguro: no tendrá que arrepentirse" (Canto, *Borges*

120). El supuesto problema de Borges, en la interpretación de Cohen-Miller tal como se la da a Canto, es una impotencia de carácter edípico, provocada o exacerbada por un episodio de su adolescencia. Su padre, preocupado porque el hijo no había aún perdido su virginidad, concierta una cita para él en un burdel de Ginebra, y allí lo manda. Aparentemente, Borges, nos cuenta Canto, obsesionado con el pensamiento de que si su padre le proponía acostarse con esa mujer era porque él, el padre, ya se había acostado previamente con ella, no puede funcionar en su encuentro como hubiera sido deseable. Se produce entonces un doloroso escándalo en el entorno familiar. "Sus padres pensaron … que estaban ante un caso de deficiencia física. Tónicos, reconstituyentes, medicamentos le fueron dados para fortalecerlo; tenía un hígado débil … ¿No sería el hígado la causa? En consecuencia, se le hizo un tratamiento por deficiencia hepática" (*Borges* 117). El trauma adolescente, posiblemente en sí memoria de otros traumas más lejanos, pervive en el Borges maduro y marca irremisiblemente, según Estela, su relación con Estela. No necesitamos aquí, por supuesto, admitir la verdad propuesta por Cohen-Miller, ni la legitimidad de la versión de Canto, ni siquiera que haya relación alguna entre el Borges real y su leyenda. Importa solo que Canto cuente lo que cuenta tal como lo hace.

La historia de Ida Ballenten, perdida entre olvidar o recuperar la imagen del niño muerto, asesinado involuntariamente por ella, puede muy bien relacionarse con ese crimen humillante de la niñez de Borges. También Borges, nos cuenta Canto, sale de Ginebra pensando que su destino depende de olvidar lo allí ocurrido, cuando lo que está en juego es la recta memoria. "La actitud de Borges hacia el sexo era de terror pánico, como si temiera la revelación que en él podía hallar. Sin embargo, toda su vida fue una lucha por alcanzar esa revelación" (*Borges* 17). Andando el tiempo Ida consigue un trabajo como corredora de comercio. Su fin es vender un procedimiento de reproducción mimética mediante el cual simples retratos pueden convertirse en brillantes reproducciones en relieve y color de miembros de la familia. Ella y sus compañeras de trabajo parten del paredón del cementerio de Chacarita (otra obvia alusión a "El Aleph"), y van cubriendo sistemáticamente Buenos Aires, desde las afueras hacia el centro. Así hasta que un buen día Ida llega a casa de una mujer de luto, que pronto accede a dejarse hacer un retrato del difunto. En la fotografía que hubiera servido de modelo encuentra Ida el retrato de Juan García: "Vio, otra vez, un hombre flaco, de pie, con la mano apoyada en el respaldo de la silla. Lo reconoció como lo habría reconocido siempre, a través de años y de distancias, adivinó sus dientes desiguales y blanquísimos" (Canto, *Retrato* 143). Su vida queda redimida entonces: "Sí; toda la humillación de Ida Ballenten había tenido un objeto. Los gritos de Estrella, la miseria de su pieza, los pronósticos de la señora de Pagés, los rechazos de algunas puertas, ... tenían como objeto que Ida Ballenten pudiera mirar, a la quieta sombra de un gran pino, el rostro recobrado e intacto de Juan García" (*Retrato* 146). Ida entra en trance extático, y su visión es cabalmente una repetición limitada de la enumeración que ofrece Borges en "El Aleph". Dice el texto:

> ¡Juan García, cuyo rostro la emocionaba como algunas veces el resplandor rosado del último sol crepuscular en los vidrios de una ventana oscura! Era otra vez la presencia del olor a madreselvas, y las brillantes noches de música y de marineros rubios, y el recuerdo del vestido más bonito que tuvo en su vida. Era la barranca, y los cadeneros, y los gritos de muchachos olvidados. Eran las estrellas de una luz de Bengala, vistas por primera vez, cayendo lentamente, como luciérnagas, en el agua oscura del estanque circular del parque, una noche de octubre, ... Eran las flores con que Juan García ... le había golpeado el pecho. Era la voz de Fanny, cuando Fanny comprendía ... Era la tiniebla del cine, con sus imágenes de cosacos, de árabes, de ruletas, de guerras, de palacios, ... (*Retrato* 147).

Las analogías estructurales entre esta historia y los elementos centrales de "El Aleph" son muy obvias, y es extraño que no se hubieran notado hasta ahora. De cualquier forma, el retrato del muerto Juan, como las imágenes de la muerta Beatriz entregadas a Borges en su visión del Aleph, representa para Ida el encuentro con el tesoro cuya pérdida había condenado su vida a la inanidad desorientada. A medida que Ida desciende hacia un reencuentro regresivo con su centro sabe ya que el retrato de Juan García es también su propia imagen. En la Chacarita, delante de la tumba de Juan, Ida experimenta su última identidad: "Pero los ojos de Juan García la miraban e Ida Ballenten vió, más y más nítidamente, mientras todo se borraba alrededor, que en los ojos de él, como en un espejo, se reflejaba su verdadero rostro, por fin adquirido" (*Retrato* 200). Que Ida asume su muerte y acepta mediante su total entrega a la llamada del retrato cruzar la frontera que la separa de su verdadera imagen es la diferencia fundamental entre "El Aleph" y *El retrato y la imagen*. Aquí la salvación está solo en la aceptación de la total intensidad incodificada del don. De nuevo el intertexto arroja una carga o registro heterográfico, dado que en la posición asumida, que plantea total gratitud y sometimiento, se manifiesta también la estructura de resentimiento heterográfico con respecto de la posición integrada en "El Aleph". Pero ¿cuál es esta? Si hemos visto la auto/heterografía cantiana respecto de Borges, falta por ver la borgesiana respecto de los textos escritos por su amiga íntima.

V

Tercer espacio

La visión de Juan García es un falso Aleph. Ida percibe en él todos los momentos de su niñez, pero tal exceso es inconmensurable con el portentoso proyecto de visión que el Aleph encierra, uno de cuyos momentos es por lo pronto, como ya hemos visto, la autovisión:

> vi un adorado monumento en la Chacarita, vi la reliquia atroz de lo que deliciosamente había sido Beatriz Viterbo, vi la circulación de mi oscura sangre, y vi el engranaje del amor y la modificación de la muerte, vi el Aleph, desde todos los puntos vi en el Aleph la tierra y en la tierra otra vez el Aleph y en el Aleph la tierra, vi mi cara y mis vísceras, vi tu cara, y sentí vértigo y lloré ... (Borges, "Aleph" 122).

En la visión del Aleph se dan pasado, presente y futuro, así como otras percepciones temporales, con el resultado de que la experiencia de la propia muerte, o la de la identidad absoluta del yo con su historia, son, dentro del Aleph, experiencias parciales e insuficientes. El Aleph no se plantea como coincidencia, sino como puro exceso. Es un don, pero es un don en el que lo real es definido por su calidad de exceso con respecto de sí mismo, y por lo tanto no puede ser entendido más que como lo real en retirada. Entendido como lo real en retirada, es vivido y experimentado como su opuesto. En la pura inconcebibilidad de su presencia, el Aleph organiza una ruptura del campo expresivo, y por lo tanto, don puro, pura entrega de amor, exige no solo la más profunda gratitud, sino también el más abismal resentimiento. En cuanto requeridor de gratitud, el Aleph pide una forma de escritura analógica siempre envuelta en la pérdida de su propia capacidad expresiva, a la que llamo, siguiendo una indicación de Jacques Lacan, "escritura lapsaria". En cuanto proveedor de infinito resentimiento, el Aleph impone la escritura lapsaria como única, insuficiente posibilidad de lectura.

En la escritura lapsaria ofrecida por Borges a Canto, Borges escribe de antemano la posibilidad de respuesta de Canto. A la vez, sin embargo, es Canto la que ofrece originalmente la posibilidad de escritura lapsaria. Borges planea gratitud y resentimiento en resentimiento y gratitud. Canto rechaza la experiencia lapsaria –para ella la recuperación de la imagen es una recuperación plena, igual que la experiencia erótica pasa por su recuperación himeneica–. Borges registra las dificultades de su imaginario erótico también al proponer en su escritura una experiencia de salto o caída basada en la constatación de la imposibilidad de coincidencia. Para Borges, efectivamente, no hay relación sexual –porque no puede haberla–. Para Canto, sin embargo, no la hay ... porque puede haberla. Entre ambas posiciones se da un cruce heterográfico, o relación de amor en la escritura.

En "La fonction de l'écrit" Lacan repite su idea de que el lugar del Otro, designado con A (mayúscula), es un lugar de pérdida, de fisura, de falta (*"une faille, un trou, une perte"*) (Lacan, "Fonction" 31). El "objeto *a*" es lo que entra en funcionamiento en vista de tal pérdida. Pero *a*, dice Lacan, "no es sino una letra" ("Fonction" 30). En cuanto tal, exige ser leída. La necesidad de lectura está ocasionada en la pérdida constitutiva que organiza el discurso:

> De que los significantes se meten unos en otros, se componen, se telescopian, se produce algo que, como significado, puede parecer enigmático, pero que es lo que está más próximo de lo que nosotros los analistas ... tenemos por leer –el lapsus–. Es a título de lapsus que ello significa alguna cosa, es decir, que ello puede leerse de una infinidad de maneras diferentes. Pero es precisamente por ello que ello se lee mal, o que ello se lee de través, o que ello no se lee ("Fonction" 37).

El lapsus no es simplemente una caída, sino también una interrupción, una discontinuidad, e indica lo que se ha escapado, es decir, lo que se ha retirado y, al retirarse, se ha hecho obtrusivo, y así ha venido a darse en presencia paradójica. La escritura lapsaria, escritura del objeto *a*, por definición objeto ausente, es la escritura en juego en la inversión auto/heterográfica que marca la relación de escritura Canto-Borges. En ella Borges y Canto se dan mutuamente lo que no tienen: el objeto perdido, el objeto precioso, la joya en el fondo de un arca, el aleph calidoscópico, incluso los cadáveres entendidos como signos de un cuerpo reducido a su materialidad inalcanzable, más allá de la frontera del significado. Ahora bien, la escritura lapsaria, la relación con el objeto perdido, se abre ahora, como es habitual en Borges, a dos íntimas posibilidades.

Dentro del sistema de "El Aleph" la escritura ocurre sobre un cuerpo muerto de mujer. La casa de Beatriz alberga el Aleph, y por lo tanto la casa de Beatriz es el sitio del don. Pero como el Aleph solo puede ser olvidado, porque todos los Alephs son falsos Alephs, la casa de Beatriz es también el lugar de los celos y del resentimiento. Al principio mismo de "El Aleph", el narrador nos dice que sus visitas a la calle Garay el día del aniversario del cumpleaños de Beatriz eran una ceremonia de duelo. Al volver a la casa de Beatriz, el narrador puede entregarse a su memoria afligida: "ahora que estaba muerta, podía consagrarme a su memoria, sin esperanza, pero también sin humillación" ("Aleph" 112). La muerte de Beatriz es por lo tanto inicialmente entendida como algo que da una cierta oportunidad, pero una oportunidad que implica un doble renunciamiento: por un lado, el renunciamiento a Beatriz como don; por otro lado, el renunciamiento de las torturantes posibilidades de los celos y del resentimiento. Esa oportunidad es la oportunidad de la memoria en cuanto consagración, esto es, como auto-ofrenda. Pero el narrador quiere que esa autoconsagración esté libre de todo dolor. Manteniendo a Beatriz de tal modo en su memoria, el narrador vivirá en memoria de Beatriz, auto-ofrecido, pero también libre de todo peligro. En esta estudiada ofrenda, que aparentemente resiste los celos y el resentimiento, el narrador está esencialmente sometido a los celos y al resentimiento, dado que renuncia a abrirse a la posibilidad amorosa del don de Beatriz.

Como vimos, cuanto al narrador de "El Aleph" se le pide que aguarde "en el crepúsculo de la abarrotada salita", allí, nos dice, "estudiaría las circunstancias de sus muchos retratos [de Beatriz]. Beatriz Viterbo, de perfil, en colores; Beatriz, con antifaz, en los carnavales de 1921; la primera comunión de Beatriz; Beatriz, el día de su boda con Roberto Alessandri; Beatriz, poco después del divorcio, en un almuerzo del Club Hípico" ("Aleph" 112-13). En el vestíbulo, antes de ser llamado a las profundidades de la casa en cuyo sótano encontrará una relación muy diferente con las imágenes de Beatriz, el narrador escoge, explícita e intencionalmente, una forma de relación con esas fotografías consonante con su deseo de vivir en la memoria de Beatriz "sin esperanza pero también sin humillación". La inversión consciente del narrador en la muerte de Beatriz se hace siguiendo una economía de gasto limitado: o más bien, una economía del ahorro libidinal, una economía aberrante de represión en la que, sin embargo, la labor de duelo sigue tranquilamente su proceso normal de consumación. En esta estudiosa y estudiada relación con Beatriz ejemplificada en la contemplación calmada de sus retratos en el vestíbulo encontramos también el parangón de una de las posibilidades de experiencia que la realidad virtual puede ofrecer: una experiencia guardada en la que todo debe funcionar por analogía, a través de la memoria mimética, calculativa. En ella se observa una curiosa paradoja: esta memoria mimética, que aparentemente resiste la posibilidad de celos y de resentimiento, cede esencialmente a los celos y al resentimiento, puesto que rehusa mantenerse abierta a las angustiosas posibilidades del don.

Conviene referirse a los aspectos del texto borgesiano en los que tal estudiosa relación con el monumento se vincula a la práctica de cierta clase de literatura reproductiva. Los escritos de Carlos Argentino Daneri (quien actúa, a pesar de su nombre, como el Virgilio del narrador) ejemplifican una clase de literatura mimética regulada por la voluntad de expresar lo expresable, de saturar el campo de lo real. Contra ellos, la metadiégesis borgesiana opta por la ruptura de la mímesis: por la (no)expresión de lo inexpresable, por la fisura de la conciencia. Pero ambas posibilidades, la posibilidad mimética de réplica y la posibilidad propiamente lapsaria de la liberación, son también los dos lados de la interacción cibernética. Daneri, el Virgilio del narrador, lo lleva al sótano de la casa de la calle Garay y lo hace echarse en posición de decúbito dorsal: "Baja, muy en breve podrás entablar un diálogo con todas las imágenes de Beatriz" ("Aleph" 120). En esta contraposición entre retrato e imágenes, similar a la que está anunciada en el título y tratada en la novela de Canto, se da la relación entre réplica mimética y mímesis lapsaria.

Es ahora que el Aleph se le va a dar al narrador, como punto que contiene todos los puntos, y como posibilidad esencial de romper radicalmente con la reproducción estudiosa de lo real. En el Aleph, lo real retorna como vuelve lo que está esencialmente fuera de alcance, más allá de toda apropiación. Beatriz, que aparece en la relación narrativa como la emisora de cartas obscenas y como cadáver atroz en el monumento funerario de La Chacarita, vuelve cegadoramente en tanto ocasión de celos y resentimiento infinitos, aunque su casa, su memoria, sea también la región del don lúcido e interminable. Con él, con ellos, el narrador vive en la memoria de Beatriz, en su memoria como memoria total, ya no prudente, ya no estudiosa, ya no guardada, ya no libre de humillación o esperanza, ya no intencionalmente querida. Barthes comenta ante la experiencia de duelo por la muerte de su madre: "Podía vivir sin [ella] (todos lo hacemos, más tarde o más temprano); pero la vida que quedaba para mí sería, ciertamente, y hasta el final, *sin calidad*" ["*unqualifiable*"] (Barthes, *Chambre* 118). Cuando nuestro narrador sale de su experiencia siente, curiosamente, y casi imposiblemente, no solo veneración y lástima, sino también, durante un momento, "indiferencia" ("Aleph" 123).

Tras haber experimentado el Aleph, tras haber sufrido su trágica inmersión en infinita veneración y lástima, el protagonista del cuento sale en trauma profundo, y rehusa discutir su experiencia: "Me negué, con suave energía, a discutir el Aleph". En ese momento ha decidido ya aceptar el don, y lo ha usado para aplacar la envidia que siente por su rival Carlos Argentino. Pero el don se hace obsesivo: "Temí que no me abandonara jamás la impresión de volver", dice algo enigmáticamente ("Aleph" 123). También la imagen (perdida) de Juan García se hace para Ida Ballenten ocasión infinita de retorno. Pero el olvido va venciendo, y el narrador puede entonces, en el receso de la memoria, vengarse de su propio resentimiento con respecto de la máquina hipermnésica llegando a la conclusión de que el Aleph era falso. En cuanto falso, regresa al ocultamiento, a "lo íntimo de una piedra" ("Aleph" 125). El narrador queda entonces en libertad de experimentar nuevamente el mundo fuera de la experiencia analógica, en su realidad familiar, en su mundanidad habitual. Parecería, pues, que el olvido, y no el Aleph, revierte en don. El olvido sería el don, puesto que es el fin (roto) del duelo. En palabras de Derrida antes citadas: "Hay antes que nada la grandeza de quien escribe para dar, dando, y por lo tanto para dar a olvidar el don y lo dado" (*Ulysse* 20). Pero el olvido tiene que ser ganado en la experiencia que lo hace posible, y es por lo tanto un olvido activo, posibilitador, en el sentido de una apertura activa hacia la labor del don.

Anunciando el fin de la analogía, la escritura lapsaria no quiere más de lo mismo: más bien, lo que quiere no puede tenerse. El salto, que no es el salto del narrador en cuanto personaje, sino el del narrador en tanto que narrador, esto es, en tanto que escritor metadiegético, se da no hacia el tesoro, sino hacia el lugar donde el tesoro se desvanece, que es el lugar privado. El lugar donde el tesoro se desvanece es, sin embargo, el lugar de la más cercana proximidad al tesoro: la región de su receso; una región a la vez peligrosa y seductora; la región donde lo privado se abre a lo inconfesable. El salto hacia lo inconfesable también es la posibilidad más radical de lo humano cibernético. En ciberespacio se ofrecen dos experiencias: la experiencia mimética, que es la experiencia del ciberespacio como espacio de producción analógica; y la experiencia lapsaria, que viene al fin de la analogía. Como en "El Aleph", también en ciberespacio ambas posibilidades pueden ser glosadas, desde la posición simbólica masculina que Borges ocupa, en referencia a la femenina.

Se ha usado la expresión "envidia del cyborg" para mencionar la inversión de la clásica "envidia del pene" como aquello que señaladamente toma lugar en todo deseo ansioso de ciberespacio. El modo cibernético, dice Allucquère Roseanne Stone, "comparte ciertas características conceptuales y afectivas con numerosas evocaciones en la ficción del deseo inarticulado de lo masculino por lo femenino" (Stone 108). En la "envidia del cyborg" anhelamos volvernos mujer. En el acto cibernético, continua Stone, "la penetración se traduce en envolvimiento. En otras palabras, entrar en el ciberespacio es *ponerse* físicamente el ciberespacio. Convertirse en cyborg, ponerse el seductor y peligroso espacio cibernético como una prenda, es ponerse *lo femenino*" (Stone 109).

Las sugerentes palabras de Stone hablan sin embargo solo de una posibilidad de experiencia ciberespacial: la posibilidad mimética. Entender entrar en el ciberespacio como el acto de ponerse una cosa u otra, algo o alguien, es todavía entender la experiencia ciberespacial como una experiencia esencialmente mimética en su naturaleza. Pero ya hemos visto que entrar en el Aleph no es convertirse en Beatriz. Entrar en el Aleph, y entrar en el ciberespacio, pueden sentirse como experiencias de ruptura, y por lo tanto experiencias de distancia y pérdida, que no tienen nada que ver con ponerse algo (o alguien), con tal forma de mascarada o simulacro, puesto que son experiencias que ocurren en lo real, como el peligro, y como la seducción. Ponerse lo femenino, como experiencia mimética en el ciberespacio, es todavía estar del lado de la

Lugares privados en «El Aleph,» de Borges

relación estudiada y cuidadosa con el duelo que el narrador de Borges experimenta en el vestíbulo, esto es, en el lugar fronterizo, que Borges llama "crepuscular", entre el afuera y el adentro, lugar de "interface", de la casa de Beatriz. En la experiencia del Aleph, realizada desde la posición simbólica masculina, la mujer, o lo femenino, figura el fundamento del don, pero también figura el fundamento de la retirada infinita del don, que es el suelo de la memoria y del olvido. Para los "hackers" los contenidos informáticos son mucho menos interesantes que los ordenadores mismos, puesto que son los ordenadores, y no lo almacenado en ellos, los que dan el fundamento de la memoria, así como de la resistencia total a la memoria. Entrar en ciberespacio puede pues ofrecer la posibilidad de estar dolorosamente envuelto en la retirada autorrevelatoria de lo real: una experiencia de la pérdida de otredad que no resulta en la reapropiación de mismidad, sino en una disyunción que sin embargo opera una forma particular de unión, dejando, por así decirlo, que sea la unión la que entre en lo suyo.

La experiencia lapsaria antimimética es la experiencia más radical propuesta por el ciberespacio. Antimimética, porque llega al fin de la mímesis, puede o tiene que usar la máquina mimética hasta cierto punto. Si "ponerse lo femenino" significa para Stone, no simplemente replicar o subvertir la "envidia del pene", sino comprometerse en una estrategia de réplica cuyo sentido es liberar la escritura lapsaria hacia lo suyo, entonces "ponerse lo femenino" también puede significar ir más allá del Principio ontoteológico, y falocéntrico, de razón, hacia una experiencia de lo real que, habiendo ya renunciado a la necesidad de apropiación del don, no permanece lo suficientemente ingenua como para creer que un ordenador de milésima generación puede realmente leernos del todo. Porque aunque lo quiera, no puede lograrlo. Y tal deseo desesperado es también un acto de amor, y razonable, aunque melancólico. La medida en que el olvido necesita tener una razón es la medida en que el Aleph, y con él el ciberespacio, están siempre ya implicados en todo acto de escritura, y de lectura. El lapso, sin el que no hay salto, no es un mero abismo, no es una simple negación o inversión del principio de la razón, del fundamento de razón. La razón, el suelo, del olvido es también el suelo de la escritura lapsaria. El olvido olvida la analogía, y trae el fin de la representación a la cercanía de una llamada excesivo-recesiva del pensamiento.

La realidad virtual, como mera réplica de posibilidades intramundanas, proporciona fácilmente la posibilidad de ser usada como herramienta mimética para el agotamiento analógico. También la escritura. En la realidad virtual, podemos ponernos lo femenino, o podemos ponernos también cualquier cosa que tengamos o que no tengamos. En ese juego estamos plenamente dentro del espacio abierto por el marco calculativo-representacional propuesto por el Principio leibniziano de razón suficiente. Pero el ciberespacio, como la escritura, también se abre a la experiencia lapsaria: en el fin de la analogía que (des)fundamenta toda analogía, el ciberespacio guarda un don para el que nunca podremos encontrar, o dar, una razón. Podemos sin embargo elegir el modo de nuestra relación con él: guardada, apotropaica, terapéutica, mimética, o bien, lapsaria, abierta, arriesgada, abrazando tanto gratitud como resentimiento infinito en la imposible absolutización mimética. No es una cuestión de ser valiente o no, como no lo era para Funes, y tampoco para el narrador de "El Aleph". Es más bien cuestión de optar, si es que es cuestión de optar, por aquello que, en la tradición que rige la relación entre práctica teórica y experiencia poética, es meramente (re)productivo; o por lo que, en la misma tradición, afirma un resto improductivo del que la tradición enigmáticamente depende.

Capítulo octavo

Autografía: Pensador firmado
(Friedrich Nietzsche y Jacques Derrida)

I

Desde el punto de vista de su posibilidad llamada trascendental, la lógica de la autobiografía se fundaría en un momento de radical reflexividad. Según la concepción idealista, la empresa autobiográfica está condicionada por una teleología de la autopresencia en la que lo buscado es la coincidencia del sujeto consigo mismo mediante una doble representación: representación de vida en escritura, pero también representación de escritura en vida. Para que la vida –la vida propia– pueda representarse en escritura, está supuesto que la escritura como sistema de representación encuentra una analogía estructural del lado de la vida, que permite que esta se abra al registro autográfico.

Se postula entonces una representabilidad generalizada de la vida, que se debe tomar como la figura fundamental de la empresa autobiográfica. El tropo de la representabilidad deriva de la representabilidad como fundamento del tropo: el lenguaje representa porque tiene fuerza figural, porque puede postular equivalencias mediante la cópula y la aserción apofántica, mediante el "es" y el "como" o el "en cuanto". La figuralidad es la condición de posibilidad de la reflexividad. La cópula, como espejo, asegura la repetición del mundo en la representación; asegura el proyecto autográfico. Al mismo tiempo, sin embargo, y este es el límite de la concepción idealista de la autobiografía, lo desestabiliza y lo condena al desastre: partiendo de la figuralidad elemental de la vida, de la vida como prosopopeya, la distinción entre la autobiografía y la ficción se hace, como dice Paul De Man, indecidible ("Autobiography" 70). Y ello es así desde la necesidad de figuralidad en la base de una y otra operación. La figuralidad, una vez puesta en marcha, es irreprimible.

La pregunta pertinente es entonces: ¿qué hacer de la figuralidad autobiográfica, y de forma particular, de la figuralidad más propiamente suya, la figuralidad de la experiencia personal, única, intransferible: la figuralidad del nombre propio? ¿Cuál es su juego en la autobiografía? El proyecto autobiográfico es y ha sido siempre interesante porque tiene que ver con la inscripción de una unicidad en el código general de la lengua. Borges vierte la unicidad de su experiencia con Canto en "El Aleph", igual que esta lo hace con la suya en *El muro de mármol* y *El retrato y la imagen*. ¿Qué es lo que esta necesaria inscripción del otro en el corazón de la escritura autográfica puede enseñarnos?

De Man describe el discurso autobiográfico como un discurso de autorrestauración ("Autobiography" 74). En la medida en que lo es, entra en el universo discursivo de la autobiografía una instancia extralingüística: su límite. Tal instancia puede ser definida como la negatividad misma implícita en la figuralidad del lenguaje: el otro lado del lenguaje, la presión de lo real. A esa presión responde la pulsión de escritura, que hace de la autobiografía no tan solo autorrestauración sino sobrevivencia. En ambas nociones está registrado el pensamiento de que la presión de lo real es amenazante, porque instaura una falta que el sujeto debe cubrir para no perecer en su reclamo. La falta de sujeto es deuda del sujeto: lo que el sujeto adeuda a la presión de lo real es su muerte. "La muerte es el nombre desplazado de un conflicto lingüístico, y la restauración de la mortalidad en la autobiografía (la prosopopeya de la voz y de la muerte) priva y desfigura en la precisa medida en que restaura" ("Autobiography" 81). A la indecidibilidad de la inscripción autográfica añade De Man, pues, cierta indecibilidad. La autobiografía es indecible porque la falta es, en un sentido fuerte, su hecho sustancial. La unicidad que debe inscribirse en el código general no se tiene de antemano. Este es el riesgo y el terror de la experiencia autográfica: en ella se juega el nombre propio sobre la base de su posibilidad más propia, es decir, de su imposibilidad, de su impresencia[1].

A tal falta, que reclama en su negatividad toda inversión de conciencia, le llama Roland Barthes *punctum*: lugar de duelo, presión de autorrestauración y sobrevivencia, herida a la que responde la escritura en un sentido general, también como afecto y autoinscripción en toda representación contemplada. En "Les morts de Roland Barthes" Derrida llega a sugerir que el *punctum*, ya entendido como lugar de una "irreemplazable singularidad" para cada cual, es decir, entendido como lugar del nombre propio, donde el nombre propio es originalmente ex-apropiado, es el lugar de una "reserva esencial" que induce la cadena metonímica, y así motiva el lenguaje (Derrida, "Morts" 295, 298). El sujeto está en falta: de ahí la importancia de la práctica de la prosopopeya,

---

[1] Que la posibilidad más propia de algo pueda ser también su imposibilidad fue establecido por Martin Heidegger en *Ser y tiempo*, en especial en las secciones 51 a 59. Es también una temática favorita de la deconstrucción. Ver también Derrida, *Grammatologie*, capítulo 1 de la primera parte, y "Ja, o en la estacada," David, "Interview," Ronell, *Telephone*, Weber, "Debts."

en el sentido de permitir que los muertos nos hablen tanto como de permitir, prosopopeya invertida, nuestra interrogación del *punctum* como lugar de la muerte: "¿No es ridículo, ingenuo, y sencillamente infantil presentarse delante de un muerto para pedirle su perdón? ¿Hay algún sentido en eso? ¿A menos que eso sea el origen del sentido mismo?" ("Morts" 283). Para una práctica no-trascendental de autobiografía el problema no es la indecidibilidad entre ficción y verdad, sino la mera decibilidad del nombre propio, como nombre único y únicamente heredado.

El *punctum* es el lugar de "la ciencia imposible del ser único", el lugar del "idioma", desde donde lo que llamaré a partir de aquí la inscripción autográfica –dado que esa expresión registra mejor que "autobiografía" lo que quiera que toma lugar en "El Aleph", y por extensión en los otros textos estudiados en este libro, incluyendo el libro mismo– organiza toda práctica de escritura, y aun de lectura, como práctica bio-tanatográfica ("Morts" 284)[2]. Trato aquí de mostrar cómo este lugar puntual de la inscripción del sujeto irradia hasta afectar el proyecto filosófico mismo de la deconstrucción. La deconstrucción aparecerá estrechamente vinculada al pensamiento nietzscheano del Eterno retorno de lo mismo, explicitando una toma de partido con respecto de la historia de sus interpretaciones. El Eterno retorno marca la posibilidad autográfica en Nietzsche y en Derrida, y abre el campo filosófico de la deconstrucción[3].

II

Señalar simplemente que la deconstrucción entraña una crítica de la autografía es tan engañoso como la proposición contraria, según la cual todo movimiento deconstructivo supone una inversión autográfica. En cierto sentido la deconstrucción, como incisión en la historia de la filosofía, parte de un cierto fracaso de la posibilidad autográfica, porque parte del fracaso de la filosofía moderna, centrada en el estudio del fenómeno de la autorreflexividad: la autorreflexividad, en su límite, sería la total inscripción de la conciencia, sin pérdida

---

[2] Sobre la lectura dice Derrida: "Con tal de que no nos atengamos a un referencialismo ingenuo y 'realista', la relación a algún tipo de referente único e irreemplazable nos *interesa* y anima nuestras lecturas más sabias y estudiadas" ("Morts" 299). Este libro suscribe y aun ejemplifica tal opinión.

[3] De que el Retorno abra el campo filosófico de la deconstrucción puede haber dado algunas indicaciones persuasivas la serie de capítulos precedentes sobre Borges. Pero también en la medida en que, como se ha dicho, el Eterno Retorno marca la última doctrina de la metafísica, en la interpretación heideggeriana. Sobre autografía y deconstrucción ver también Derrida, *Carte postale*, "Freud," *Signéponge*, "Women," y "Ulysse," así como "Survivre," "Tours," "Deux mots" y *L'oreille*.

ni residuo, en el sistema general de lenguaje/pensamiento. Pero en otro sentido, precisamente porque la metafísica llega a una de sus culminaciones en el Saber absoluto hegeliano, que se entiende como sublación del sujeto autoconsciente, la crítica deconstructiva de la metafísica, que no se autoconcibe sino como continuación de la empresa de pensamiento heredada de la tradición filosófica, depende para su posibilidad misma de lo que Derrida ha llamado "otro estilo de autobiografía". Este estilo otro, que toma radicalmente en consideración los elementos que en la escritura inscriben lo figural e incontrolable, haría saltar "la unidad del nombre y de la firma" –entendida esta unidad como sinónimo de autoconsciencia transcendental– fijándose en los acontecimientos textuales que restan olvidados por el estilo del pensar metafísico, esencial, cautivado en el deber de pensar el *logos* como totalidad de los entes (Derrida, "Interpreting" 258). El *logos*, en el sentido etimológico tratado por Heidegger de "colecta" y "recolección", está desde Heráclito prendido en la comprensión del Uno y lo Mismo (Heidegger, "Logos"). Que la unidad se haya interpretado en la historia de la ontología en el sentido de totalidad de los entes, y así como nombre del ser de los entes, obedece sin duda a una necesidad del pensamiento cuya época puede mostrarse consumada en el pensamiento de Nietzsche, y en particular en su doctrina del Eterno retorno de lo mismo. Heidegger, como se ha indicado, en su *Nietzsche*, en especial en el segundo volumen, mostró esta doctrina como acabamiento y consumación de la metafísica, y así como apertura a una nueva época del pensamiento.

En la "Lettre à un ami japonais", precisando algunos sentidos del término "deconstrucción", Derrida remite a su carácter aproximadamente autográfico: "todo 'acontecimiento' deconstructivo permanece singular o, de todos modos, lo más cercano posible a algo así como un acto idiomático o una firma ("Lettre" 391). En el mismo texto declara: "una de las principales cosas de lo que se llama en mis textos 'deconstrucción' es precisamente la delimitación de la ontología y sobre todo de la tercera persona del presente de indicativo: S es P" ("Lettre" 392). La función copulativa, que organiza e instituye el pensar filosófico desde la pregunta inaugural por el predicado de un sujeto, "¿qué es … ?", estaría delimitada por la singularidad del acontecimiento de inscripción cuya cifra en la firma amenaza la estabilidad epistemológica de toda relación de sujeto y predicado. La firma, digamos, interviene. El acto autográfico, lejos de ser un mero acto neutral dentro de la representación, solicita, en el sentido de "conmover" (*solus citare*), toda representación. Y así la autografía cuestiona, o desmiente, la estructura axiomática de la metafísica, constituida en torno al deseo de unidad en la cópula.

Ecce Homo, la autobiografía de Nietzsche, alcanza por este razonamiento un estatuto muy peculiar en la historia del pensamiento filosófico y en la historia de la destrucción del pensamiento filosófico. Que "la biografía, la autobiografía, la escena y los poderes del nombre propio, de los nombres propios, las firmas, y demás" (247) hayan tenido en la historia de la metafísica un estatuto de secundariedad y hayan ocupado una posición inesencial remite a la necesidad de una pregunta para la que Nietzsche será el lugar historial:

> Además de Kierkegaard, ¿no fue Nietzsche uno de los pocos grandes pensadores que multiplicó sus nombres y jugó con firmas, identidades y máscaras? ¿Que se nombró a sí mismo más de una vez con varios nombres? ¿Y qué si eso fuera el corazón del asunto, la cosa, el *Streitfall* [lugar de disputa] de su pensamiento? (Derrida, "Interpreting" 256).

Derrida disputa aquí ciertos aspectos de la interpretación heideggeriana de Nietzsche como último pensador de la metafísica y de la unidad de la metafísica. Heidegger afirma en *Nietzsche* que *Ecce Homo* no es una autobiografía sino la culminación de la modernidad occidental, en el sentido de que lleva la metafísica de la subjetividad a su acabamiento y consumación, e implica por lo tanto que *Ecce Homo* sería la representación de una totalidad y de la consumación de esa totalidad. Para Derrida, sin embargo, la historia es otra. La interpretación heideggeriana solo puede sostenerse desde cierto concepto de representación, que Derrida demuestra ya amenazado en la misma lógica de la autobiografía nietzscheana[4].

Antes de ver tal destrucción, sin embargo, y con el propósito de aclarar el sentido de la crítica derrideana al concepto metafísico de representación, conviene prestar atención a un malentendido común sobre el proyecto deconstructivo. Se piensa a veces que la deconstrucción es el procedimiento mediante el cual las polaridades que constituyen la forma privilegiada de pensamiento metafísico –lo sensible y lo inteligible, lo concreto y lo abstracto, el error y la verdad, por citar algunas– son sometidas a una crítica cuya principal función es la de desmantelar el fundamento de su diferencia. Según esta concepción, la crítica deconstructiva al concepto de autobiografía no tendría más que demostrar la indecidibilidad entre autobiografía y ficción para tener éxito. O alternativamente, se supone que la demostración de que la representación está necesariamente constituida sobre la radical irrepresentabilidad de lo real bastaría para relegar el proyecto autográfico al limbo de la ilusión. Pero

---

[4] Las reflexiones de Heidegger sobre "el fundamento que la filosofía se da a sí misma" y por lo tanto sobre aquello que la filosofía re-presenta, están al principio de la primera parte de *Nietzsche*, en la sección titulada "La voluntad de poder como arte", aunque también dispersas en otros lugares del libro.

ambas versiones de tal operación crítica son insuficientes.

En primer lugar, la deconstrucción no es una simple disolución del fundamento de los opuestos. Esto es lo que ya Hegel condenaba como neutralización romántica, para darle contestación en su filosofía especulativa, en la que la disolución de opuestos era el paso necesario y siempre ya supuesto para el logro de una síntesis que llevaría a una más profunda fundamentación.[5] Si la deconstrucción es una incisión en la historia de la filosofía, lo es en el sentido de que toma en cuenta la solución hegeliana para ver en ella su propia ceguera. La operación deconstructiva es efectiva al nivel de crítica de la síntesis especulativa, no al mero nivel de crítica de la inestabilidad por mutua implicación entre tesis y antítesis. En segundo lugar, la deconstrucción no se entiende como mera exploración de la negatividad del pensamiento. Es cierto que los a veces llamados "indecidibles" en la escritura de Derrida–temas tales como "traza", "*gramma*", "*différance*", "*pharmakon*", "*parergon*", o "*glas*"–apuntan a una fuerte negatividad que previene o deshace toda parada prematura en el orden del discurso teórico, y que en particular impide la universalización de cualquier concepto privilegiado en términos de presencia. Pero esos mismos indecidibles también impiden la mera universalización de la supuesta ausencia de fundamento del pensar (su *Abgrund*). Los indecidibles o, para usar un término puesto en circulación por Gasché con buena fortuna, las "infraestructuras", son preontológicas, en el sentido de que sirven para organizar y dar razón de la relación entre presencia y ausencia en toda operación filosófica, y por lo tanto de todos los filosofemas constituidos sobre la línea jerárquica de mayor o menor presencia, una línea que desde Parménides determina la historia de la ontología (Gasché, *Tain* 147-56).

En este carácter de dar razón, *logon didonai*, reside por supuesto la mayor problematicidad de la deconstrucción como tal: su positividad digamos tachada, dado que da razón de la posibilidad de la filosofía precisamente en el movimiento de demostración de que todo "dar razón" está cazado en la necesidad de interrogar su propia infraestructura. Esto llevará a Derrida a investigar la in-constitución de la ley en general, y de la ley del pensamiento en particular. "La deconstrucción es la ley. Es una afirmación, y la afirmación está del lado de la ley" (Derrida, "Women" 197). El pensar de la ley afecta radicalmente la exploración derrideana de la autobiografía de Nietzsche, entendida como reflexión sobre la ley del pensar. En un sentido semejante, y de hecho dependiente, puede decir Jean-Luc Nancy que *Ecce Homo*, por confrontar radicalmente "la imposibilidad de adscribir a la humanidad o al pensamiento

---

[5] Sobre esto ver Rodolphe Gasché, *Tain of the Mirror* 136-42, y en general el capítulo "Deconstructive Methodology", 121-76.

humano cualquier acto de *Selbstbesinnung* que no le negase al mismo tiempo toda base, todo apoyo, todo fundamento y todo *selbst* a tal *Selbstbesinnung*", precisamente por eso acaba dejándonos "el primer 'ser humano *decente*'", con este adjetivo, *anständig*, aludiendo a la *Redlichkeit*, "probidad", nietzscheana. En la probidad se formula una referencia radical a la ley del pensar que, bien entendida, está más allá de toda posición ética (Nancy, "Our Probity" 74)[6].

III

Hay leyes, dice Derrida en "Otobiographie", que regulan la frontera o el borde entre el nombre propio, la firma de un filósofo, y el lugar de sus filosofemas: entre el cuerpo textual y el cuerpo biográfico de una producción (Derrida, *L'oreille* 16-17). Las leyes son en parte de naturaleza económica: se presentan en primer lugar bajo la apariencia de una deuda. Nietzsche sabe cuando escribe su autobiografía que "vive bajo [su] propio crédito". Nadie lo conoce, sospecha que su existencia es todavía "un prejuicio", aún debe probarla, y por eso siente "una obligación", la de decir: "¡Escuchadme! Soy tal y cual. Sobre todo no me confundáis con otro" (Nietzsche, *Ecce Homo* 511). Su deber, en cuanto tal, supone el pago de una deuda, la respuesta a esa deuda que se ha dado a sí mismo al dejarse vivir "bajo su propio crédito": porque otros no conocen el valor específico de lo que se halla bajo su nombre, escondido en su firma. En el exergo situado entre el prefacio y el principio propiamente dicho de *Ecce Homo*, Nietzsche identifica la deuda que paga con el relato de su vida: el "don" del último cuarto del año 1888, que incluye *El caso Wagner, El crepúsculo de los ídolos, El Anticristo y Nietzsche contra Wagner*. "¿Cómo no iba a estarle reconocido a toda mi vida? -Y así me conté mi vida" (*Ecce* 515). Derrida nota esa reflexividad del acto de contar, contarse la vida a uno mismo, como el rasgo distintivo del "auto" en la biografía nietzscheana (Derrida, *L'oreille* 25). Contarse la vida a uno mismo como forma de pagar una deuda de vida: la autobiografía está así inscrita en la deuda de vida. La vida no es inmediatamente presente, autopresente, y el mecanismo autográfico tiende a contrarrestar esa falta, a pagar esa deuda. Lo hace postulando, en el caso de Nietzsche, un remitente y un destinatario que son aparentemente el mismo: "me conté mi vida". Pero ¿qué implica esa mismidad de remitente y destinatario en la inscripción autográfica? Antes que nada, la constatación de una diferencia previa, en la que radica el problema de la firma. La firma es lo que tiende a cubrir la separación entre remitente y destinatario cuando ambos están unidos por la mismidad del nombre propio. La firma es enton-

---

[6] Ver además la estrecha relación que Nancy establece entre la probidad nietzscheana y el imperativo categórico kantiano, 80-86.

ces la marca del retorno de la identidad de lo mismo. La autobiografía nietzscheana inscribe desde su exergo la problematicidad del Eterno retorno. Dos consecuencias: la primera, la firma es en sí el signo, o la traza, de una diferencia antes que de una identidad; la segunda, la firma solo retornará a la identidad en el momento de su recepción por el destinatario. En este sentido la autobiografía no puede ser otra cosa que heterobiografía, dado que está escrita por el otro. Pero a la vez este "otro" es una anticipación de lo mismo.

En la mesa redonda que siguió a la presentación de "Otobiographie" en Montreal, y cuya transcripción es parte de los documentos contenidos en *L'oreille de l'autre*, Derrida contesta a una pregunta de Christie McDonald sobre el "género" del yo autobiográfico de la siguiente manera:

> La firma de Nietzsche no toma lugar en el momento en que escribe, y él lo dice claramente, tomará lugar póstumamente según el crédito infinito que él se ha abierto, cuando el otro venga a firmar con él, a hacer alianza con él, y para eso, a entenderlo [*l'entendre*, entenderlo y oírlo]. Y para entenderlo, hace falta tener la oreja fina. Dicho de otra manera, es la oreja del otro la que firma ... Es la oreja del otro la que me dice, y la que constituye el *autos* de mi autobiografía (Derrida, *L'oreille* 71).

Pero no hay que apresurarse a entender en este otro un otro meramente empírico. El otro es de naturaleza estructural–una estructura peculiar, ciertamente, que incluye en sí la inscripción de la muerte del uno, y que así es también tanatográfica, y no solamente biográfica; una estructura que, como toda la segunda parte de "Otobiographie" se esfuerza en demostrar, está constituida de parte a parte por fuerzas políticas, dado que depende de la apertura y/o cierre del oído del cofirmante, y de la modalidad de su grado (oreja pequeña, oreja grande, oreja institucional, oreja libre, etc.). La estructura del otro heterográfico está quizá más claramente expresada en la respuesta de Derrida a una intervención de Pierre Jacques: "Cuando [Nietzsche] se escribe a sí mismo *se escribe al otro* infinitamente alejado que se supone deba reenviarle su firma. No hay relación consigo mismo que no esté obligada a diferirse, pasando por el otro, y bajo la forma precisamente del eterno retorno" (*L'oreille* 120). El Eterno retorno está aquí entendido desde la fórmula nietzscheana *amor fati*, como mecanismo de afirmación y aceptación absoluta. Pero Derrida recoge, sin discutirlo explícitamente, que tal afirmación es la afirmación de algo, de un don, que viene forzosamente desde lo distante, del lugar del otro:

> Amo lo que vivo y deseo lo que viene, estoy agradecido y deseo que eso revenga eternamente, deseo que lo que me llega me llegue, me revenga eternamente.

Autografía

Cuando [Nietzsche] se escribe a sí mismo, no hay presencia inmediata alguna de sí mismo a sí mismo, hay la necesidad de este desvío por el otro bajo la forma del retorno eterno de lo afirmado (*L'oreille* 120).

Esta es la temática del doble sí que Derrida ha desarrollado en otros lugares: el sí es siempre un sí al sí, porque el primer sí no es inmediatamente presente, sino diferido por la constitución misma de su posibilidad.[7] Es, digamos, el asentimiento a un envío a cuya recepción hay que asentir previamente.

No hay ninguna diferencia desde este punto de vista, no hay distinción posible si ustedes quieren, entre la carta que yo escribo a cualquier otro y la carta que me envío a mí mismo. La estructura es la misma; en esta estructura común habría ciertamente todavía una diferencia ... Pero es una "sub"-diferencia. La estructura fundamental del envío es la misma (*L'oreille* 120-21).

El don que Nietzsche recibe –un don del otro– le lleva a otorgarse un crédito, una credibilidad que sin embargo debe pagar con la inversión autobiográfica. Esta inversión es en primer lugar inversión porque invierte al sujeto de la escritura haciéndolo constituido por la necesidad de cubrir la deuda, la falta, impuesta por el otro. La deuda está abierta por un crédito que viene de la producción dada y que lleva a Nietzsche a darse a sí mismo una firma como forma de asegurar el pago: la idea fundamental bajo la que se produce la inscripción autográfica de Nietzsche empieza a circular. El Eterno retorno hace de la firma una necesidad de autoproducción como respuesta al "don" y de "don" como consecuencia de la heteroproducción. Deuda y crédito se encuentran en el lugar de la firma: "me conté mi vida". El don de la vida lleva a la necesidad de recontar la vida, de reafirmarla, para que revenga eternamente: la afirmación es así siempre doble, puesto que el primer sí, la aceptación del don, requiere el segundo sí, la afirmación de tal aceptación. No hay sí sin sí. No hay uno sin otro. En "Women in the Beehive" se dice "recibir un don en el sentido nietzscheano es decir 'quiero que empiece otra vez', que suceda otra vez, no que reproduzca... El 'sí' del don debe ser repetible desde el comienzo" (Derrida, "Women" 203). Pero ese 'sí' tiene la estructura de una firma contractual, de una alianza que, al producir por primera vez la relación heterográfica, y al producirse por primera vez en ella, engendra y es engendrada por la ley: "Es por el don que la ley se produce" ("Women" 200).

Digamos que en cierto sentido el segundo sí da razón del primero, pero

---

[7] Viene desarrollándose desde textos como "La structure, le signe et le jeu" (409-28), pero ver especialmente *Ulysse gramophone*.

solo porque el primer sí da razón del segundo. La vida de Nietzsche está coimplicada en su obra, y viceversa. Ambas no son idénticas, en el sentido de que el recuento de la vida no coincide sin más con la elaboración de la obra. Pero *Ecce Homo*, en cuanto intervención autobiográfica, es la señal de un retorno selectivo de vida en obra y de obra en vida cuya lógica obedece a una ley no comprendible por la determinación metafísica del "dar razón".

> La dificultad, el riesgo del gesto que yo esbozo aquí, es una vez más relacionar la firma autobiográfica, de la cual se espera siempre que sea idiomática, singular, aventurera, etc., a algo tan esencial como el eterno retorno (Derrida, *L'oreille* 64).

El concepto tradicional de representación llevaría a pensar que la autobiografía nietzscheana debería trazarse sobre la posibilidad de que la escritura de Nietzsche indujera una repetición simple, ya mimética, ya interpretativa, de un itinerario vital concluyente en el pensamiento que para Nietzsche llegó a ser el hecho crucial de su existencia: el Eterno retorno de lo mismo. Pero las cosas se complican, su complicación, digamos, se dobla, cuando el pensamiento del Eterno retorno, en cuanto tal, se postula como lo precisamente no exterior a la escritura autográfica. En cuanto filosofema, entendido todavía a la manera heideggeriana como "último nombre del ser de los entes", el Eterno retorno tiene un estatuto único, del que precisamente depende su importancia decisiva para la posibilidad de un estilo otro de autografía que sería también un estilo otro de pensar filosófico: el Eterno retorno no es otra cosa que la inscripción auto-heterográfica en todo acontecimiento de pensamiento; o mejor dicho, empieza por ser eso. La ley del pensamiento en Nietzsche aparece así como la ley del borde autográfico. A partir de eso, la inscripción autográfica de Nietzsche no es ya un acto de representación. Antes bien, condena al abismo, arroja sobre la falta de fundamento toda posible representación autobiográfica: "la firma individual, la firma de un nombre propio, si quieren, desde el momento en que está atravesada por el motivo del eterno retorno, ya no es más simplemente una empiricidad fundada sobre otra cosa que ella misma" (*L'oreille* 65).

El terreno está preparado para pasar a establecer la inscripción auto-heterográfica como otra de las infraestructuras que dan ley al pensamiento. El caso de Nietzsche permite a Derrida determinar la inscripción auto-heterográfica como algo hasta Nietzsche no ciertamente ausente –los comentarios de Eugene Vance sobre las *Confesiones* de San Agustín en 111-15 de *L'oreille* lo muestran– sino inaudito en la historia de la filosofía: en la medida en que

Autografía

inaudito, requiere el desarrollo de una nueva modalidad de oído.[8] La "otobiographie" es la autobiografía que escucha dentro de sí la inscripción autográfica, y que concibe el desarrollo de la firma como radicalmente implicado en "el problema paradójico del borde": borde entre corpus filosófico y cuerpo biográfico, borde entre sí y sí (Derrida, *L'oreille* 63).

Esta es la ley del borde autográfico: la vida y la obra no aparecen ya más como meras posiciones en contraste mutuo y mutua determinación. La vida no puede determinarse por referencia a la obra, igual que la obra no es la alteridad de la vida. La obra está radicalmente marcada por la autografía, incluso en los casos en que la obra se autopostula como un intento de vencimiento y derrota, de reducción, de lo autográfico en la escritura. Pero esto no es decir que toda obra sea meramente idiomática, y que su idiomaticidad haga de ella un avatar relativo al conjunto de circunstancias "empíricas" que determinan la vida del pensador. Al contrario, la ley, o la estructura, de la inscripción autográfica inscribe una doble exigencia, semejante a la que Claude Lévesque, en un texto también recogido en *L'oreille de l'autre*, reconoce en el nombre propio:

> De un lado, una exigencia de intraducibilidad y de ilegibilidad, como si el nombre propio no fuera sino referencia pura, fuera de la significación, fuera del lenguaje, y, de otro lado, una exigencia de traducibilidad y de legibilidad, como si el nombre propio fuera asimilable al nombre común, a todo vocablo tomado en un nivel lingüístico y genealógico, donde el sentido contamina ya el sinsentido y donde el nombre común absorbe de alguna manera lo propio expropiándolo (*L'oreille* 125).

Podría bien decirse que esta doble exigencia del nombre propio, de la idiomaticidad de lo propio en el texto de pensamiento, es la doble exigencia del Eterno retorno. La firma en Nietzsche tiene una curiosa necesidad a-idiomática, porque está impuesta por la verdad dada, el "don", de la experiencia filosófica, y no solamente alucinada, del eterno retorno de lo mismo. En cuanto a-idiomática, la firma en Nietzsche está forzosamente diferida, y solo retrospectivamente puede ser entendida, cuando retorne en el destinatario que hará de la primera, e imposible, idiomaticidad una experiencia común.

Nietzsche es el pensador que quiere firmar porque en su obra no hay cuestión de pensar, como parecería Hegel querer que pensáramos, que

---

[8] Sarah Kofman habla de la necesidad de desarrollo de una "tercera oreja" que no es, sin embargo, la oreja sintética en el sentido dialéctico. Es la oreja de y para el tercer espacio. Ver Kofman, "Un philosophe 'unheimlich'".

en tanto que filósofo ... y en tanto que enseñante, en el fondo, ... no solamente es posible, sin pérdida, que su firma o su nombre propio desaparezcan, caigan fuera del sistema, sino que eso es incluso necesario, en su propio sistema, porque esa será la prueba de la verdad y de la autonomía del sistema (*L'oreille* 79).

Derrida ha demostrado en *Glas* que Hegel también firma, advirtiendo por otra parte que esa demostración reelabora la problemática de lo biográfico en filosofía. De forma inversa, es precisamente la instancia del Eterno retorno la que impide que en Nietzsche la firma se consolide–y ello no solo atendiendo a lo que vengo exponiendo sobre la heterología de la inscripción autobiográfica, sino más precisamente atendiendo a la temática nietzscheana de la doble identidad paterno-materna, de la doble herencia de vida y de muerte, cuyo análisis constituye una parte importante del ensayo de Derrida pero que aquí no puedo más que mencionar[9].

El pensamiento del Eterno retorno borra toda posibilidad de estabilidad en la firma, igual que borra toda posibilidad de fundamentación metafísica de lo biográfico: "El eterno retorno convoca siempre diferencias de fuerzas que no se dejan quizás pensar a partir del ser, a partir del par esencia/existencia, a partir de las grandes estructuras metafísicas con las que Heidegger querría relacionarlas" (*L'oreille* 65). En el lugar del ser, permanece la noción de "máquina programatriz, que engendra el texto del que es parte en la medida en que ... la parte es más grande que el todo": lógica de la infraestructura (60). En *Ecce Homo*, el exergo es el lugar de tal máquina: ni dentro ni fuera del texto "propiamente" dicho, el exergo vincula vida y producción filosófica bajo la figura de un don que sin embargo otorga deuda. Tal es la poderosa máquina textual, que "en un conjunto dado ... programa a la vez los movimientos de las dos fuerzas contrarias y que los apareja, los conjuga, los casa como la vida la muerte [*sic*]" (45). Tal máquina, tal inscripción programática en el origen, no es ya una máquina "en el sentido clásicamente filosófico" (42), porque no se ajusta al imperativo de *logon didonai*, dar razón. No produce ni constituye el texto, sino que antes bien lo programa remitiendo a la imposibilidad de su producción, de su constitución, en el sentido de que ningún texto es posible si debe ser autoproducido, autoconstituyente.

---

[9] La doble herencia en Nietzsche es la que viene de su padre y de su madre. Ver *Ecce Homo* 516 y Derrida, *L'oreille* 29 y siguientes. La temática es crucial para Derrida por la importancia que atribuye al "parricidio" como introducción al anti-logocentrismo en su pensamiento. Ver "La pharmacie de Platon". La doble herencia en *L'oreille* es lo que llama a una posibilidad y a un sistema "otro" de enseñanza de la filosofía, 33-56.

Autografía

IV

La inscripción auto-heterográfica es la infraestructura del proceso autográfico. La versión trascendental de la autobiografía –según la cual la vida es representable en escritura más o menos perfectamente, atendiendo al grado de autorreflexividad alcanzada, toda vez que la autorreflexividad funciona y puede funcionar como una reducción de lo figural– fracasa porque no hay posibilidad de constitución autónoma de la firma, porque la firma depende siempre de lo firmado y no es meramente exterior, ni meramente interior, a ello. Dejando al margen las implicaciones de esta posición para una teoría de la autobiografía –pero esta "posición" no es una mera "posición", sino antes bien la expresión de las condiciones de posibilidad de toda posición con respecto de lo autográfico–, su importancia deriva, a mi juicio, de cómo afecta a la generalidad de la escritura teórica.

> Tras *Ecce Homo*, y en particular tras la interpretación derrideana de *Ecce Homo*, puede decirse que toda escritura, tanto autográfica como teórica, no puede ya sustraerse a la necesidad de inscribir en sí el imperativo implicado en las palabras de Nietzsche ya parcialmente citadas:
> Bajo estas circunstancias hay una obligación, contra la que en el fondo se rebelan mis hábitos, y todavía más el orgullo de mis instintos, que es la de declarar: ¡Escuchadme! *Pues soy tal y tal. Sobre todo, no me confundáis con otro* (Nietzsche, *Ecce Homo* 511).

Las circunstancias a las que Nietzsche responde son cabalmente las que imponen la deuda del no-reconocimiento por parte del otro (no me reconoces, y por lo tanto me obligas a decirte quién soy). Nietzsche quiere decir quién es porque el otro no reconoce su unicidad, y por lo tanto la cita recuenta la doble exigencia de intentar la inscripción del nombre único (ya sin embargo siempre multiplicado, o doblado: "tal y tal") en el momento en que el nombre único se pierde por obra de la deuda esencial que obliga a su repetición. La escritura es así el síntoma de una compulsión de repetición en la que lo único repite su pérdida en un esfuerzo desastroso por conjurarla. La misma cita de Nietzsche, como la totalidad de *Ecce Homo*, deben entenderse como un momento más de ese proceso inacabable de repetición. El nombre propio no quiere solamente inscribirse en el momento "propiamente" autográfico, sino que, al contrario, el momento "propiamente" autográfico no es sino la cifra de un proceso generalizado de heterografía en el corazón de la escritura. Y el Eterno retorno, en cuanto doctrina filosófica, y en cuanto apertura a algo que trasciende toda doctrina y todo hecho doctrinal como nombre propio o como propiedad del pensamiento, es la cifra de la inscripción heterográfica en el corazón del pensamiento.

Hemos visto la escritura autográfica como un intento de restauración, o sobrevivencia del sujeto al duelo por su falta. Toda escritura, y aquí habría que retomar la dialéctica especulativa y su voluntad de inscripción totalizadora, inscribe la muerte, y por lo tanto el momento vacío en que la totalización se hace imposible. La ley del pensamiento es así el paso a la heterografía– el paso a la inscripción del otro en el uno. Con ello el nombre propio se abre a la comunidad del nombre, en el mismo momento en que pretende conjurarla. "Todo lo que yo escribo es terriblemente autobiográfico", dice Derrida (*L'oreille* 99). Lévesque se pregunta: ¿por qué "terriblemente"? En esa afirmación del terror hay una afirmación del exceso que implica, dice Lévesque, "un pasaje en el límite" (*L'oreille* 100). El pasaje es hacia cierto "afuera", y consuma la entrada de la escritura en el lugar del desastre, del desbordamiento. El pensamiento queda desvinculado: en su lugar se instaura un secreto. Pero el secreto no guarda nada, excepto que guarda nada, el lugar de la desaparición, de la pérdida del pensamiento. La escritura es duelo por la pérdida del pensamiento. ¿Cómo conciliar esta conclusión con el hecho de que Nietzsche presenta en *Ecce Homo* el Eterno retorno como doctrina de la más absoluta afirmación de lo que hay?[10]

Varios de los capítulos que preceden han tratado de explicitar posibles relaciones entre corrientes varias del pensamiento teórico –las más influyentes en este texto– y la práctica de duelo que el libro estudia fundamentalmente en relación con la escritura literaria latinoamericana. Este capítulo, sin embargo, tiene una posición suplementaria, puesto que remite al exergo llamado "Al margen", y lo define en su propia posición como exergo, que es una posición por otra parte radicalmente impropia. "Al margen" aludía a mi propia inversión autoheterográfica en la escritura de este libro. Su necesidad teórica queda aquí, espero, justificada. A la vez, sin embargo, tanto "Al margen" como este capítulo desarrollan la postulación teórica de una necesidad de inversión heterográfica en toda escritura. El ejemplo de "El Aleph", si es que "El Aleph" puede tomarse como ejemplo, revela tal inversión al tiempo que la problematiza en su doble posibilidad de inversión estudiosa y guardada y de inversión sin guarda, abierta al salto que es también caída y pérdida.

---

[10] "El pensamiento del Eterno retorno, la más alta fórmula de afirmación que se haya jamás alcanzado" (Nietzsche, *Ecce Homo* 574). Sobre desastre ver Derrida, "Pas" 19-116, y "Survivre". Sobre duelo, tema crucial en *Glas*, ver también *Mémoires*, y "Fors" 8-73. La noción de "duelo de duelo" en "Ja, o en la estacada" 111.

Autografía

Pero la necesidad de inversión heterográfica en su doble dimensión también hace relación a un entendimiento de la práctica literaria alternativo al representado en el Capítulo primero como propio de la tradición historiográfica latinoamericanista. La preocupación de esta tradición con la formulación de una historia de "lo propio" en su variante diferenciadora acabó revelándose como represora de experiencias heteróclitas de historicidad: por una parte, represora, desde el concepto de literatura general, de tantas posibilidades entregadas por la pluritopía histórica del campo de enunciación geocultural en América Latina; por otra parte, represora también de una posibilidad de pensamiento latinoamericano con respecto del eurocentrismo en su modulación como ontologocentrismo. El desarrollo de esta última posibilidad fue lo que propuse como meta para mi estudio de las obras de Borges y Lezama como "zonas de formación" de una desestabilización ontológica susceptible de originar un movimiento crítico con respecto de la modernidad eurocéntrica en su dimensión global o planetaria en la era del capitalismo tardío. El concepto de heterografía, o de inversión autoheterográfica, puede ahora proponerse como central para esa empresa, por varias razones: en su implicación de unicidad o singularidad enunciativa; en su propuesta de apertura radical a la doble afirmación de destino histórico desde lo que hay, que es lo que retorna siempre; y en su fundamentación abismal del pensar de duelo como modo de, desde la pérdida, liquidar la pérdida.

Ahora bien, quiero también hacer notar que la heterografía debe desarrollarse como concepto central para la crítica de la literatura latinoamericana precisamente porque encierra en sí el imperativo de inclusión de aquello sobre lo cual domina, desde una perspectiva no dominante o apropiativa. Es en este sentido que toda "zona de formación" de una desestabilización ontológica debe acoger la necesidad y la articulación explícita de modos concretos de heterografía de la otredad subalterna. De otro modo no resolvería apropiadamente su posición como localización intermedia, y su tercer espacio quedaría excesivamente vinculado a la crítica del primer espacio de dominación, sin preguntarse por su propio papel en la represión mimética. Estas eran las cuestiones planteadas en el Capítulo sexto, a propósito de la posibilidad de encuentro de una práctica de mímesis que pudiera desvincularse internamente de su identificación con el poder del *logos*. Si la escritura de Borges pertenece a una "zona de formación", es porque en ella no está resuelto el problema recién indicado. Algo semejante pasará con la obra de Lezama, como trato de mostrar en el capítulo siguiente. También en Lezama su voluntad de totalización, que es duelo por la pérdida del suelo ontoteológico, culminará en una doble afirmación autoheterográfica, aunque todavía excesivamente inclinada del lado de la mímesis apropiativa.

Capítulo noveno

Escritura y repetición de lo indiferente en José Lezama Lima

La traducción cultural entendida ya como imitación de Europa, ya como transculturación, ya como traducción aberrante en uno de los sentidos del término "hibridización", ha constituido uno de los pilares fundamentales de la reflexión latinoamericana sobre la práctica de creación estética. Es este mismo esquema transposicional el que ha permitido empezar a liberar el marco mismo de reflexión cultural en la atención a elementos semióticos no reducibles a la transposición misma. Los capítulos anteriores han tratado de sacar a la luz ciertas modalidades de escritura en el texto de Borges que no se dejarán interpretar como meros efectos de traducción de elementos constitutivos u orgánicos de la experiencia histórico-cultural metropolitana. Están, sin embargo, igualmente alejados de tentaciones identitarias, entendidas como esfuerzos por reconstituir el espacio cultural latinoamericano a partir de ideologemas basados en la inversión del paradigma mimético. Los textos de Borges se abren a un tercer espacio intelectual que no es meramente autónomo con respecto de mimetismo e identidad, sino que los tematiza radicalmente para encontrar en su absolutización posibilidades alternativas de experiencia. La absolutización mimética desemboca en Borges en fuertes intervenciones intelectuales cuyo carácter crítico con respecto de la tradición europea dominante, el pensar ontoteológico, se ha hecho, espero, percibible. Ahora bien, el pensar ontoteológico no viene a ser sustituido por la postulación de un nuevo fundamento del pensar, que sería por definición meramente reconstitutivo: incide, en cambio, en la pérdida del fundamento. El pensar de pérdida se sostiene en la pérdida del fundamento del pensar, que al mismo tiempo guarda y conmemora, y vence, en labor de duelo.

El presente capítulo intenta comprender la difícil teoría poética de José Lezama Lima, igualmente basada sobre un pensar de pérdida anti-identitario y anti-imitativo. La obra de Lezama, una de las más grandiosas construcciones epistemológicas de la literatura latinoamericana, repite en sus estructuras más básicas la apertura borgesiana a la escritura lapsaria, comprometida en una forma de ruptura ontológica que no llega sin embargo a resolver sus propias paradojas. Presentarlas, dentro de cierta mesura crítica apenas mantenible en el enfrentamiento con el texto lezamiano, es mi propósito. Su función dentro del contexto de este libro es también teórica. Aunque no me interesan las dimensiones prescriptivas de la poética lezamiana –es decir, la insistencia de Lezama en que de su poética puede derivarse la posibilidad de un espacio de escritura propiamente americano, en la que Lezama se desliza hacia planteamientos identitarios–, me interesa su incidencia en la formación de paralogías desestabilizadoras de la escritura precisamente a partir de su postulación del espacio poético americano.

En el fondo pienso que la escritura de Lezama, en su mismo desbordamiento y exceso, marca un final histórico en la misma medida en que se anuncia explícitamente como un comienzo. La repetición (im)productiva, ya estudiada en la obra de Borges, encuentra en Lezama un raro paroxismo terminal. Pero su diferencia con respecto de Borges, es decir, su insistencia en el compromiso de su teoría con el espacio simbólico latinoamericano propiamente dicho, es lo que nos va a permitir llevar hacia adelante el argumento que este libro propone: la escritura de Lezama está pues interpretada como un elemento genealógico determinante en la zona de formación de una desestabilización latinoamericana del ontologocentrismo a partir de la literatura. En ella, como he observado repetidamente, se juega la proyección de futuro de la literatura hegemónica latinoamericana, en su dimensión global, como empresa productiva, y no meramente reproductiva.

El capítulo está estructurado en tres secciones (aunque hay una sección adicional de carácter intermedio): la primera estudia brevemente la noción lezamiana de eras poéticas, con el fin de preparar mi interpretación sobre la forma en la que Lezama ve su propia intervención en ellas, en la creación de una nueva era poética que será lezamiana. La segunda sección trata de entender la ambigüedad entre gramática y dialéctica, a partir de la cual Lezama desesperadamente trató de encontrar un suelo consistente de justificación para su propia actividad de escritura. La tercera sección es intermedia. La cuarta ofrece tal teoría de la escritura en su precipitación específica en *Paradiso*.

I

La sabiduría poética, y con ella el comienzo de la sociedad humana, se constituye para Giambattista Vico en el terror del trueno–pero el trueno es solo la representación jeroglífica o metafórica de lo que para el hombre primitivo funciona como radicalmente otro. Para Vico la sociedad humana nace en el terror. Georges Bataille amplía la fuerza de esta noción anotando que "en la práctica de la vida ... la humanidad actúa de manera que pueda satisfacer necesidades desarmantemente salvajes, y parece capaz de subsistir solo en los límites del horror" (Bataille, "Notion" 117). En Bataille el horror queda vinculado a la práctica de la muerte, la propia y la ajena, a través de la categoría económica del gasto improductivo, o *pérdida*. El gasto improductivo es una actividad hipertélica, para usar la palabra con la que Lezama define a la poesía en *Paradiso*: no tiene fin más allá de sí misma. Igual en Bataille, la poesía es gasto improductivo: "de hecho significa, de la forma más precisa, creación por medio de la pérdida. Su sentido es por lo tanto cercano al del *sacrificio*" ("Notion" 120).

La asociación de gasto improductivo y sacrificio puede hacernos cuestionar la hipertelia de lo primero, pero solo si no reparamos en que el sentido del sacrificio, la hecatombe, no es otro que la pérdida pura. En el sacrificio se conmemora, como explica Freud en *Totem y tabú*, la pérdida del principio de autoridad. Lejos de reafirmar el "modelo servil de las relaciones paterno-filiales", el sacrificio abandona toda capitalización y conservación para abrazar consumo y dispendio–para sacralizarlos ("Notion" 118). La noción de pérdida o gasto improductivo sirve para entender no solo la concepción lezamiana de la poesía, sino la proyección socio-histórica que da Lezama a su práctica de escritura. En esta sección pretendo llegar a una delimitación de la política poética de Lezama a través de su concepto de "posibilidad infinita".

A Lezama no le es fácil distinguir entre actividad poética y praxis política. Quizá por influencia de Vico, Lezama vinculó siempre estado social y lógica poética[1]. En Lezama la práctica de la poesía tiene como finalidad adecuar el lenguaje a un nuevo orden institucional cuya hora histórica él daba por llegada, muy a pesar de las dificultades en que pronto se vio metido en su relación con la Revolución cubana de 1959. Lezama identifica este nuevo orden con el retorno a una primera edad del mundo, siguiendo el ciclo espiral viquiano. Por eso en *Oppiano Licario*, en las páginas en que se recomienda el recurso a una escritura primitiva, al jeroglífico, al enigma y al emblema, dice que hay que volver a los "tiempos en que la poesía fundaba la casa de los dioses o aquellos otros en que luchaba por la belleza a la orilla del mito" (Lezama, *Oppiano* 403). La economía de la escritura lezamiana es "salvaje" en el sentido de que quiere volver a la primitividad expresiva de los descubridores del lenguaje. También es salvaje, como veremos, porque su modo de operación asume el gasto sacrificial ilimitado, poniendo en él la esperanza de una transfiguración redentora. "Hay que llevar la poesía a la gran dificultad, a la gran victoria que partiendo de las fuerzas oscuras venza lo intermedio en el hombre" (Lezama, *Oppiano* 403).

---

[1] Quizá fue Cintio Vitier el primero en notar ese rasgo. Ver Vitier, *Lo cubano en la poesía* 462-68.

Tercer espacio

Vico divide en tres las edades del mundo: divina, heroica y demótica. Si la edad divina es el nacimiento y desarrollo temprano del grupo social, en la edad heroica se avanza hacia una madurez que será compartida por los momentos principales de la sociedad demótica, antes de la inevitable decadencia, el progreso del caos, y la disolución que traerá el recurso de una nueva edad teológica. La noción lezamiana de "lo intermedio" refiere a la tercera parte del ciclo histórico viquiano. Vivir en una época intermedia quiere decir vivir al final de un ciclo y en el comienzo de otro. De su relación con la época intermedia extrae Lezama su propia determinación de un tercer espacio de escritura, que él insistirá en llamar espacio propiamente latinoamericano.

La expresión americana puede ser resumida así: en Latinoamérica, lo que Lezama entiende como sociedad teocrática primitiva queda destruido por la llegada de los "héroes" de ultramar. En el paso de sociedad heroica, o sociedad de la Conquista, a sociedad demótica coloca Lezama al gran señor barroco y su lenguaje heráldico, que determina cierta madurez esencial de la cultura latinoamericana. Pero la sociedad demótica se descompone: José Martí es ya el profeta de un *ricorso* necesario. Fomentar tal ricorso es la teleología poética lezamiana. A Lezama la teoría de las eras imaginarias–debe incluirse en ella *La expresión americana*–le importa y le sirve como fundamentación de su propia actividad de escritura. "La historia de la poesía", dice, "no puede ser otra cosa que el estudio y la expresión de las eras imaginarias" (Lezama, *Obras II* 833). Las vicisitudes de la imagen a través de la historia, cuyo estudio constituye como en Vico una tropología, sirven para intentar una recuperación de la imagen apropiada al momento histórico que Lezama cree vivir. La poética lezamiana es así una política al mismo tiempo que una gnoseología, y debe ser leída como tal.

La epistemología poética de Lezama coincide con el principio viquiano *verum ipsum factum*, según el cual el criterio de conocimiento es la capacidad que tiene el cognoscente de *producir* aquello de lo que tiene conocimiento.[2] En "La imagen histórica" Lezama hace de este principio de Vico una fuente de su propia teoría de la imagen:

> Frente al mundo de la *physis* ofrece Descartes el resguardo de sus ideas claras y distintas. Frente a los detalles "oscuros y turbios" de los orígenes, Vico ofrece previamente a las platónicas ideas universales, la concepción de sus universales fantásticos o imaginarios (Lezama, *Obras II* 847).

El universal imaginario de Vico es previo a la idea platónica y su concepción realista de la relación entre intelecto y mundo porque depende de la

---

[2] Ver Hayden White, *Tropics* 198.

primera constitución del lenguaje en la transposición metafórica. La lógica poética es la lógica del "hombre primitivo", y difiere de la de los hombres reflexivos e irónicos de la edad moderna en la dirección que toma el pensamiento al hacer afirmaciones sobre la realidad. Vico distingue específicamente el primer lenguaje, el lenguaje de los poetas teológicos, del lenguaje sagrado de Adán, dotado por Dios del poder de onomatesia, es decir, el poder de dar nombres según la naturaleza de la cosa[3]. El pensamiento platónico procede sobre la misma pretensión de poder onomatético. Pero el primer lenguaje de los gentiles procede de acuerdo a la lógica metafórica. En glosa de Hayden White, "en los tiempos primitivos, la dirección tomada por el pensamiento es de lo familiar a lo infamiliar, y de lo concreto a lo que llamaríamos lo abstracto, así que las 'formas por las que las cosas se significan' en tiempos primitivos deben siempre interpretarse como proyección sobre lo no-familiar de los atributos que se supone caracterizan lo familiar" (White, *Tropics* 204).

A partir de ese procedimiento, *verum factum* es el principio de análisis histórico que nos permite examinar críticamente la pretensión de todo conocimiento (excepto, para Vico, el conocimiento hebreo-cristiano, que queda al margen de su categorización, en situación de excepcionalidad). Pero también es el principio que permite a Lezama extrapolar la noción de conocimiento poético como "posibilidad infinita". El conocimiento poético renace como posibilidad infinita al término del ciclo viquiano, cuando la ironía ha deshecho la relación entre literalidad y figuración y el lenguaje vuelve a quedar, como en su alba, expuesto al silencio y al terror de lo radicalmente otro. La recuperación de la pobreza radical del hombre primitivo, esto es, la recuperación de la pérdida de la palabra como instrumento de conocimiento, es lo que paradójicamente, en el comienzo del nuevo ciclo, otorga la nueva capacidad de poesía. En "Preludio a las eras imaginarias" Lezama dirá: "la poesía había encontrado letras para lo desconocido, había situado nuevos dioses, había adquirido el *potens*, la posibilidad infinita, pero le quedaba su última gran dimensión: el mundo de la resurrección. En la resurrección se vuelca el *potens*, agotando sus posibilidades" (Lezama, *Obras II* 819). Veremos cómo, para Lezama, en 1959 la resurrección toma un contenido explícitamente político sin abandonar su infinita capacidad de agotación, de gasto.

El juego metafórico de lo familiar a lo no-familiar es definido por Lezama ya en "Preludio" como el producto de una tensión dialéctica entre la causalidad y lo incondicionado: "Con ojos irritados se contemplan la causalidad y lo

---

[3] La capacidad de onomatesia constituía "el lenguaje sagrado inventado por Adán", con respecto del cual el lenguaje de los poetas teológicos, incluyendo tal vez a Lezama, no se daba en acuerdo estricto con la naturaleza de las cosas. Ver Giambattista Vico, *New Science* 127.

incondicionado. Se contemplan irreconciliables y cierran filas en las dos riberas enemigas" (797). Las cadenas metafóricas van estableciendo una forma de causalidad que siempre permanece, según la lógica del *verum factum*, en la orilla opuesta de lo incondicionado. Lo incondicionado es la cosa en sí, aquello que reclama a la poesía pero que permanece fuera de su alcance. Cintio Vitier, en el capítulo sobre Lezama de *Lo cubano en la poesía*, lo llama "sustancia poética", es decir, lo que subyace al trabajo de la poesía. Vitier define así esas relaciones esenciales:

> Hay una enemistad original, de raíz sagrada, entre la criatura y la sustancia poética. No olvidemos que el hombre es, por definición, en todas las intuiciones primigenias, el expulsado. Pero hay también una atracción irresistible entre la criatura y la sustancia poética. Ese cuerpo enemigo, siempre a la misma distancia, no cesa de mirarnos. Su mirada fija ... significa un desafío y un llamado (Vitier, *Lo cubano* 444-45).

Enemistad y atracción cifran la relación económica entre poesía y mundo. La irreconciliabilidad de lo causal y de lo incondicionado no excluye su mutua relación, y la creación de una dialéctica en la que lo incondicionado aparece en cuanto tal, con fuerza de negación. De aquí deriva Lezama su idea de "posibilidad infinita": "lo imposible al actuar sobre lo posible engendra un *potens*, que es lo posible en la infinidad" (Lezama, *Obras* II 839). Lo posible nombra la capacidad tropológica o poética, la capacidad de establecer transposición entre hombre y cosa, o entre cosa y cosa. Lo imposible es la opacidad pura de lo incondicionado, lo real en cuanto *physis*. La infinidad es el inacabamiento de las relaciones tropológicas entre lenguaje y mundo. En este inacabamiento se proyecta la hipertelia de la poesía, que pasa de ser un intento por familiarizar lo siniestro a ser la celebración sacrificial de la desfamiliarización radical de la pérdida. La negación de lo incondicionado, el elemento de resto opaco que Lezama siempre opone a la causalidad metafórica, organiza la pura pérdida de la poesía. La necesidad de la resurrección es para Lezama la necesidad de entrada en una dimensión en la que el *potens*, la potencialidad poética, "agote sus posibilidades". La resurrección es el momento de pura improducción en el que la poesía recobra lo que Bataille llamó "la función insubordinada del gasto libre" ("Notion" 129). En el gasto libre se articulan, como veremos, gnoseología y política.

Dos párrafos de "A partir de la poesía" están quizá entre los más claros sobre la asimilación de práctica poética y práctica del gasto improductivo. En el primero Lezama comenta que el asombro poético tiene una estructura repetitiva, y que lo que se repite es precisamente la devolución del asombro, el gasto de lo previamente incorporado, dice, "en esa región donde vamos ya de asombro en asombro, pero como de natural respiración, a una causalidad que es un continuo de incorporar y devolver, de poder estar en el espacio que se contrae y se expande, separados tan solo por esa delicadeza que separa a la anémona de la marina" (Lezama, *Obras II* 822). El "continuo de incorporar y devolver", presumiblemente entre lo causal metafórico y lo incondicionado, es una forma de intercambio. Pero en este intercambio, también de acuerdo con Bataille, lo esencial no es el rédito acumulativo, sino al contrario, la pulsión de pérdida. El concepto de imagen lezamiano puede entenderse como la institucionalización poética de la pérdida de lo real. El "continuo de incorporar y devolver" es llamado, en la misma página, "continuo de la imagen", y a él se asocia el dominio del "contrasentido": "Así, la poesía queda como la duración entre la progresión de la causalidad metafórica y el continuo de la imagen. Aunque la poesía sobre su causalidad metafórica se integra y se destruye, y apenas arribada a la fuente del sentido, el contrasentido golpea al caudal en su progresión" (822).

El "continuo de la imagen" es un poder esencialmente negativo que guarda en su negatividad la pura potencialidad de la lógica poética. Como en los universales fantásticos de Vico, la imagen sirve siempre, y de hecho fuerza, a un nuevo avance de la serie tropológica. Digamos que es la muerte de la imagen, o un poder de muerte dentro de la imagen, el mecanismo mediante el cual el lenguaje asegura su progresión en siempre renovados, y siempre perdidos, avances. El tercer ciclo viquiano en el desarrollo del lenguaje, la ironía, es precisamente consecuencia de la toma de conciencia metapoética de que hay una fisura básica en el proceso de identificación tropológica: "la ironía representa un estadio en la evolución de la conciencia en el que el lenguaje mismo se ha convertido en objeto de reflexión, y la sentida inadecuación del lenguaje a la plena representación de su objeto se percibe como un problema" (White, *Tropics* 207) Este problema, un problema de ausencia, de muerte en el corazón del lenguaje, lleva a la necesidad de la resurrección. La resurrección solo se da en la muerte.

Para Lezama, escribiendo a comienzos de los sesenta, la Revolución cubana es el gran cambio que abre y restituye la posibilidad infinita. Desde el punto de vista poético, la Revolución crea la posibilidad de una poesía que retorne a las condiciones no dilapidadas de la primera edad de los hombres. En el ricorso y entrada en un nuevo ciclo histórico la posibilidad infinita gana la resurrección. Lezama lo explica:

> La última era imaginaria, a la cual voy a aludir en esta ocasión, es la posibilidad infinita, que entre nosotros la acompaña José Martí. Entre las mejores cosas de

la Revolución cubana, reaccionando contra la era de la locura que fue la etapa de la disipación, de la falsa riqueza, está el haber traído de nuevo el espíritu de la pobreza irradiante, del pobre sobreabundante por los dones del espíritu.
...
La Revolución cubana significa que todos los conjuros negativos han sido decapitados. El anillo caído en el estanque, como en las antiguas mitologías, ha sido reencontrado. Comenzamos a vivir nuestros hechizos, y el reinado de la imagen se entreabre en un tiempo absoluto. Cuando el pueblo está habitado por una imagen viviente, el estado alcanza su figura. El hombre que muere en la imagen gana la sobreabundancia de la resurrección ... El estilo de la pobreza, las inauditas posibilidades de la pobreza, han vuelto a alcanzar entre nosotros una plenitud oficiante (Lezama, *Obras* II 838 y 839-40).

La imagen viviente y morir en la imagen, y en la pobreza irradiante ganar sobreabundancia: más que paradojas, son estas proposiciones en las que la ambigüedad del hecho poético se rompe o parece romperse en una dialéctica esperanzada. Pero ¿cuál es el estilo de esta esperanza?

Morir en la imagen viviente del nuevo estado y enriquecerse en la pérdida, en la destitución, son voluntades asociadas desde antiguo con la Revolución, y en particular con el momento revolucionario llamado el Terror. "Los conjuros negativos", dice Lezama, "han sido decapitados". En la guillotinación de toda negatividad, y en el flujo sanguíneo que escapa de la herida abierta, está la nueva producción, el nuevo oficio que Lezama llega a establecer como "reino de la imagen en un tiempo absoluto". Pero entonces tanto imagen como absoluto se constituyen en la negatividad, en la pérdida: negación de la negación. El *ricorso* viquiano se consuma en la radical intensificación del nihilismo irónico. La vinculación esencial de poesía y revolución queda establecida por Lezama en el recurso a un tiempo fabuloso y mitológico, el tiempo absoluto de la tropología que otorga la posibilidad infinita y abre el paso a la producción de un nuevo y verdadero *factum*. En la Revolución, dice Blanchot,

la libertad aspira a realizarse en la forma *inmediata* del *todo* es posible, todo puede hacerse. Un momento fabuloso –y nadie que lo haya experimentado puede recuperarse completamente, dado que ha experimentado la historia como su propia historia, y su propia libertad como libertad universal. Estos momentos son, de hecho, momentos fabulosos: en ellos, la fábula habla; en ellos, el lenguaje de la fábula se hace acción (Blanchot, "Literature" 38).

Si la literatura está esencialmente asociada al terror revolucionario ello es porque "su ideal es ... ese momento de la historia en que 'la vida soporta a la muerte y se mantiene en ella' para ganar de la muerte la posibilidad de hablar, y la verdad del habla" (41). Pero en esta nueva "verdad del habla" no hay recuperación de ninguna positividad firme ni abandono de la perspectiva del terror. "Todo tendrá que ser reconstruido", dice Lezama, "invencionado de nuevo, y los viejos mitos, al reaparecer de nuevo, nos ofrecerán sus conjuros y sus enigmas con un rostro desconocido" (*Obras* II 286). Teniendo la posibilidad infinita ganada en el Terror revolucionario, habiendo accedido al absoluto de la imagen, habiendo ganado la pura negatividad, un contrasentido viene a golpear. Y así se desarrollan nuevas cadenas metafóricas, desde la pérdida de lo real que impone la mirada de lo incondicionado.

II

El grandioso texto de Lezama, orientado a lograr la resurrección del saber poético y el éxtasis paradisíaco, es también un texto desbarrado y disparatado, al que le cabe la designación de máquina célibe desarrollada por Michel de Certeau: la máquina célibe "señala las operaciones de una escritura que constantemente hace una máquina de sí misma, y nunca encuentra nada sino a sí misma" (De Certeau, *Practice* 150). Para la máquina célibe no importa lo que se dice, ni siquiera el decir mismo entendido como estilo, como forma, sino "la transformación, y la invención de mecanismos insospechados que permitan multiplicar las transformaciones" (152). La capacidad tropológica del texto lezamiano agota toda identificación de referente, y ha llevado a suponer que es un texto autoscópico, que solo puede interpretarse a sí mismo. Pero ya esta posibilidad de autointerpretación quebranta la pureza maquínica: en el límite, la pura gramática se revela posible solo como negación y subversión del conocimiento, y así como forma alternativa de conocimiento. Igual que, en su límite, la pura dialéctica es voluntad obsesiva de rechazo de lo que la amenaza. No hay pureza, sino contaminación. Y solo en la mutua contaminación encuentran gramática y dialéctica su región respectiva. De ella depende la propuesta lezamiana de un espacio de escritura latinoamericano–a partir de la cual Lezama contribuye a la "zona de formación" de un latinoamericanismo crítico de la modernidad eurocéntrica global.

Rosario Castellanos encuentra en la escritura barroca americana un quebrantamiento de la ley dialéctica cuyo valor es apotropaico y terapéutico: "La palabra aquí no es el instrumento de la inteligencia ni el depósito de la memoria, sino la 'fermosa cobertura' con que se apacigua el horror al vacío, el talismán con el que se conjura la angustia" (Castellanos, *Mujer* 173). Sus cultivadores son "amanuenses atareados en el menester de construir un soneto que sea legible de arriba para abajo y viceversa, de izquierda a derecha y al revés; un acróstico acrobático; una silva en la que la selva se petrifique en mármoles helénicos" (173). Castellanos objeta a este tipo de escritura desde una posición obsesivamente dialéctica: a las palabras "lo que ya no les está permitido volver a ser nunca es gratuitas. Las palabras han sido dotadas de sentido y el que las maneja profesionalmente no está facultado para despojarlas de ese sentido, sino al contrario, comprometido a evidenciarlo, a hacerlo patente a cada instante, en cada instancia" (175). El énfasis de Castellanos en la economía del lenguaje, en su contradictoria misión a la vez reveladora y canceladora de una deuda, no le permite sin embargo evitar la ceguera de su mismo razonamiento. Si las palabras no pueden ser gratuitas porque tienen en sí el peso grave de una deuda que amortizar, es obvio que la máquina célibe, en cuanto cobertura del horror, de la carencia, de la deuda, usa su poder mágico también como forma de revelación y de pago. Por otra parte, la insistencia de Castellanos en que las palabras paguen en cada instante, en cada instancia, apenas encubre una teleología secreta cuya nostalgia es el ansia de final cubrimiento y liquidación de la deuda.

Desde una perspectiva diferente a la de Castellanos, Lezama expresa su fascinación por la posibilidad de lenguaje meramente gramático: "Nada más fascinante que el poema mudo, formado de figuras que se vuelven sobre sí mismas y se queman como la cera. Decir soldado y ya aludimos a dos prodigios: el sol y los dados. Se lee al derecho y al revés, por el centro de la esfera, en el túmulo" (Lezama, *Oppiano* 404). El túmulo: la cripta del lenguaje, que atrae a Lezama con la fascinación de la muerte. La fascinación es la entrada en el conocimiento gramático, "ser del no ser, existir del no existir", que la máquina célibe otorga en su inmenso poder de transformación metafórica. Como dice Blanchot:

> Escribir es disponer el lenguaje bajo la fascinación y, a través del lenguaje, en el lenguaje, permanecer en contacto con el medio absoluto en el que la cosa se hace de nuevo imagen, donde la imagen, que había sido alusión a una figura, se hace alusión a lo que es sin figura, y habiendo sido forma bosquejada en la ausencia, se hace la presencia informada de esa ausencia, la apertura opaca y vacía a lo que es cuando no hay más mundo, cuando no hay mundo todavía (Blanchot, "Essential" 76-77).

Lo gramático es redescubierto por Lezama como instrumento de resistencia poética a lo dialéctico. Pero esta resistencia a lo dialéctico no podrá plantearse nunca como su vencimiento o superación. La resistencia tiene aquí una estructura de carácter meramente diferencial o demónico, a la que Lezama le dará sin embargo un carácter histórico y político: la escritura lezamiana, según su propia reivindicación, es en sí la constitución de un nuevo y fuertemente paradójico sujeto poético: el sujeto del espacio de conocimiento americano.

La fundamentación de la noción lezamiana de sujeto ocurre en el ensayo "La dignidad de la poesía" (1956) a partir del *ethos* poético como conducta "simbólica" en sentido cuasi-etimológico. El acto de unión de las dos partes del símbolo es el acto poético por excelencia, que constituye y se constituye en la metáfora. La metáfora está entendida como configuración que obedece a un estímulo trans-subjetivo, o acontecimiento puro al que el hombre responde con su *tessera hospitalis*. Ahora bien, este acontecimiento puro tiene en sí el carácter de una ruptura institutiva del signo poético. La forma en que el puro acontecimiento, o ruptura institutiva del lenguaje poético, se hace manifiesta –es decir, el "significado" de la ruptura como acontecimiento "significante"– depende a su vez, para Lezama, de una configuración cultural determinada, y tiene un carácter histórico. Establecer la clase específica de estos "significados" cambiantes es en el fondo el proyecto lezamiano de investigación de las "eras imaginarias". Por ejemplo, dice Lezama, "en alguna de las más antiguas teogonías, cuando un dios copula, no con una diosa, sino con una representación humana, con su hieródula, comienza a llover" (*Obras II* 765). Este es el tipo de acontecimiento trans-subjetivo históricamente encarnado que provocará quizás una respuesta engendradora del *ethos* poético: "Estamos en presencia de una serie o constante de relaciones que no podemos descifrar, pero que nos hace permanecer frente a ella ... Es indescifrable, pero engendra un enloquecido apetito de desciframiento" (765).

La pura capacidad engendradora de respuesta, de "enloquecido apetito de desciframiento", es la "sobreabundancia" del "acto primigenio" de hierofanía –lo que llamo acontecimiento puro–. "En esa dimensión el hombre aparece como una metáfora que se lanza a esa situación simbólica, es decir, un contrasentido, una contrarréplica" (765). Quedan así indicados los dos "puntos referenciales" de la constitución del sujeto metafórico: el acontecimiento llamado sobreabundante y la respuesta a su epifanía, que tiene un carácter configurativo: "Así como en toda extensión tiene que surgir el árbol, en aquel paréntesis que abarca acto primigenio y situación simbólica por una parte, y configuración o espacio hechizado por la otra, tiene que surgir fatalmente el acto del *ethos*" (766). En la definición aristotélica la metáfora es el encuentro de lo semejante en lo disímil. También para Lezama el poeta es el "señor de lo semejante" (770). El sujeto metafórico avanza mediante la formulación de cadenas metafóricas consecuentes a su primera aventura simbólica, y en tal cadena se va tejiendo la posibilidad de la "participación en lo homogéneo" que define la era imaginaria según Lezama. El sujeto poético se forma en un espacio hechizado, o gnóstico, cuya encarnación histórico-temporal es la era imaginaria. "La historia de la poesía no puede ser otra cosa que el estudio y expresión de las eras imaginarias". La era imaginaria es definible como la intersección de cadenas metafóricas y situaciones históricas. Las imágenes poéticas actuando sobre situaciones históricas las convierten en "viviente[s] causalidad[es] metafórica[s]", y así se instaura un "reino poético" (832).

En *La expresión americana* Lezama estudia la era americana, en la que predomina, según dice, "un espacio gnóstico abierto, donde la inserción con el espíritu invasor se verifica a través de la inmediata comprensión de la mirada". Este *"sympathos"*, talante poético fundamental del americano, "se debe a su legítimo mundo ancestral, es un primitivo que conoce, que hereda pecados y maldiciones, que se inserta en las formas de un conocimiento que agoniza, teniendo que justificarse, paradojalmente, con un espíritu que comienza" (387). El espacio gnóstico americano delimita y define, según Lezama, una región de conocimiento en la que lo determinante es un modo particular de estásis teórica entre lo invasor y lo invadido. El lugar del espacio gnóstico es inestable y dinámico, y su economía es la que rige la relación entre la decrepitud de lo ya muerto para la historia, pero todavía dominante, y el espíritu naciente que quiere volver, o empezar, en la historia. Este entendimiento de la era americana es conflictivo y agónico. La era imaginaria se constituye así, formalmente, como borde y punto fronterizo. Desde este borde la mirada descubre lo que Nietzsche en *El nacimiento de la tragedia* llama "intuición trágica" (Nietzsche, *Geburt* 87). La forma socrática de conocimiento, conocimiento positivo, agoniza para el hombre fronterizo de Nietzsche como para el *sympathos* americano. La intuición trágica es fundamentalmente el reconocimiento de una destitución radical, que revela antes que nada el cadáver de lo precedente. En uno de sus ensayos sobre Stephane Mallarmé Lezama lo menciona. La poesía de Mallarmé proporcionaría el "trágico conocimiento del no ser, existir del no existir", en la "decapitación" de la pretensión poética del correlato objetivo, y su corolario de que ciertas palabras son más verdaderas que otras: "Mallarmé creía nutrir sus recursos de lo que él consideraba como 'reflejos inversos' ... Esa luz última de cada palabra sobre la otra, impedía la presunción banal de que hubiese una sola palabra, distinta, distinguida, diferente, si no una palabra que gira en la espuma propia y de su escala" (239).

La poesía de Mallarmé, entendida como precursora de la misma poesía de Lezama, resume para Lezama la situación de la poesía en el umbral de la nueva era imaginaria, cuya configuración histórica está dada por el fin de la metafísica occidental. Lezama tematiza el fin de la metafísica a partir de la conocida imagen nietzscheana de la muerte de Dios. En "Preludio a las eras imaginarias", por ejemplo, la muerte de Dios organiza el último gran avatar de la poesía:

> Al llegar el ser causal, el decidido dominador de toda causalidad, a causalizar, por la invasión de la Suprema Esencia, el mundo de lo incondicionado, adquiría unos dominios tan vastos, que solo la resurrección podía ser la guardadora de su ímpetu, que llegaba a las grietas por donde se esboza lo frío descendido. Solo el poeta, dueño del acto operando en el germen, que no obstante sigue siendo creación, llega a ser causal, a reducir, por la metáfora, a materia comparativa la totalidad. En esta dimensión, tal vez la más desmesurada y poderosa que se pueda ofrecer, *el poeta es el ser causal para la resurrección* (819-20).

La difícil lógica, a la que hay que acostumbrarse en Lezama, implica no solo que la muerte de Dios –la invasión por el hombre de la Suprema Esencia– abre el espacio (gnóstico) de la resurrección, sino que el resurrecto no es ya precisamente el "decidido dominador de toda causalidad": este da el paso a un sujeto otro, al sujeto poético del nuevo espacio de conocimiento. El énfasis mallarmeano en el "reflejo inverso" de las palabras borra la idea de un mundo expresable o de una naturaleza conocible. El *ethos* poético pierde aparentemente el antiguo carácter órfico de conmemoración y reencuentro: "al volverse sobre la identidad de su instrumento y olvidarse de las condiciones órficas del canto, la poesía tenía que alcanzar una segunda naturaleza, donde sus reducciones y sus secuestros mostrasen sus apoyos, las posibles reproducciones de una presencia que en su fuerza primigenia fuera inalcanzable e inaudita" (261). La idea de "segunda naturaleza", en la que se tiende a la reproducción de una nueva presencia que sin embargo resta inalcanzable, es clave para la poética de Lezama, ligada, como vamos viendo, a la constitución de un nuevo espacio gnóstico. En "Confluencias" Lezama hablará de la revelación que fue para él la frase de Pascal "como la verdadera naturaleza se ha perdido, todo puede ser naturaleza". En ella encontró una "terrible fuerza afirmativa" que lo decidió a "colocar la imagen en el sitio de la naturaleza perdida. De esa manera frente al determinismo de la naturaleza, el hombre responde con el total arbitrio de la imagen. Y frente al pesimismo de la naturaleza perdida, la invencible alegría en el hombre de la imagen reconstruida" (1213). Pero observemos que la afirmación de la imagen desligada y libre de toda necesidad mimética no puede encubrir una nostalgia de base, constituida en la pérdida. La pérdida de la dimensión órfica –y hay que notar que el orfismo integra su pérdida en el mito de Orfeo y Eurídice también como una de sus necesidades– articula el *ethos* poético sobre la base de una secundariedad irremediablemente avocada a la "reproducción de una presencia ... inalcanzable e inaudita".

Tercer espacio

Como lugar simbólico, donde procede la actividad del símbolo, el nuevo espacio gnóstico de la imagen, en el que se integra la práctica poética de Lezama, no puede entenderse simplemente como el significante de un significado dado, ni viceversa, sino que es más bien un corte ideológico, instituyente, que hace posible toda producción de signo, porque organiza su ritmo y su sentido. En cuanto tal, el espacio gnóstico es un espacio fasto, en la etimología de que habla Georges Dumézil: "*fas* es ... la fundación mística, que está en el mundo invisible, y sin la que todas las formas de conducta dispuestas o autorizadas por *jus* ... son dudosas, peligrosas, e incluso fatales (Ver De Certeau 124). La alegría de Lezama ante la revelación de que todo puede ser (segunda) naturaleza, o sobrenaturaleza ("la penetración de la imagen en la naturaleza engendra la sobrenaturaleza" [Lezama, *Obras* II 1213)]) es la alegría fundacional de un ámbito nuevo de escritura revolucionaria. Pero si el acontecimiento puro que en épocas precedentes abrió eras poéticas pudo manifestarse como hierofanía, en la nueva era imaginaria tal acontecimiento se registra como pura pérdida, que da, es verdad, la posibilidad complementaria de la imagen pura. La imagen pura es el nuevo *ethos* poético, pero por su misma condición de constitución tal *ethos* guarda la "nostalgia infinita" que aparece en el poema "Un puente, un gran puente", cuyo final recoge inquietantes intimaciones de retorno: "Un puente, un gran puente, no se le ve./ Sus aguas hirvientes, congeladas,/ rebotan contra la última pared defensiva/ y raptan la testa y la única voz/ vuelve a pasar el puente, como el rey ciego/ que ignora que ha sido destronado/ y muere cosido suavemente a la fidelidad nocturna" (Lezama, *Poesía completa* I 93).

El nuevo espacio gnóstico, era americana de Lezama, se constituye en la resistencia al conocimiento agonizante, y tiene por lo tanto un carácter conflictivo y dinámico. La afirmación del reino de la imagen en la sobrenaturaleza no excluye la presencia activa, aunque agónica o fantasmal, del modo antiguo de conocimiento. Al contrario, como hemos visto, la región americana de conocimiento se establece como relación de resistencia entre lo invasor y lo invadido. En este juego de resistencia lo que se juega es el establecimiento del sujeto metafórico americano, ya definido como el que responde a la pura pérdida de la dimensión órfica. Aparentemente Lezama formula una teoría de la revolución como construcción de un espacio utópico en el que la aflicción dejaría de ser necesaria. Eso es lo que parece verse en su insistencia de que toda revolución incluya el imperativo de la resurrección de los muertos: "Golcia y Parusía, ciencias de invocación de los muertos y de la resurrección, he ahí donde deben dirigirse las llamas de una nueva revolución" (Lezama, *Oppiano* 217). En realidad el movimiento lezamiano es el contrario, y lo que postula es la necesidad de una fantasmalización explícita de lo muerto, que lo mantenga como lugar de aflicción, al que oponer una resistencia: "Si nuestra época ha alcanzado una interminable fuerza de destrucción, hay que hacer la revolución que cree una indeterminable fuerza de creación, que fortalezca los recuerdos, que precise los sueños, que corporice las imágenes, que le dé el mejor trato a los muertos, que le dé a los efímeros una suntuosa lectura de su transparencia, permitiéndole a los vivientes una navegación segura y corriente por ese tenebrario" (215). El "reencuentro con nuestros padres" –pero bajo la forma de recuerdos, sueños e imágenes– es una necesidad pragmática, porque sin él la revolución sería "solo desprendimiento sin fin" que "regalaría la victoria a la muerte (216). Orfeo canta y amansa a los animales, crea sobrenaturaleza, en la recuperación por la imagen de Eurídice perdida. La pérdida es así tan esencial como su conjuro en el *ethos* órfico: la dialéctica es tan esencial como la gramática.

La imagen se coloca en el sitio de la naturaleza perdida, dice Lezama, y da su plena potencia afirmativa y fasta. La práctica de escritura lezamiana es un complejo proyecto revolucionario, cuya representación comienza pero no acaba en lo que dice Michel de Certeau: "La revolución misma ... representa el proyecto escritural al nivel de una sociedad entera que busca *constituirse a sí mismo* como página en blanco con respecto al pasado, escribirse a sí misma (es decir, producirse como su propio sistema) y producir *una nueva historia* en el modelo de lo que esta fabrica" (135). Para Lezama, como para Mallarmé, esa página blanca produce antes que nada el terror de la pura pérdida, y la producción de la historia nueva solo puede concebirse en la relación de resistencia/aflicción con la vieja. Tras la muerte de lo antiguo lo nuevo lo fantasmaliza, y el fantasma hechiza la nueva producción, que sin él quedaría doblemente cautivada por la muerte–"regalaría la victoria a la muerte" al ser "desprendimiento sin fin", es decir, al continuar viviendo en la pura pérdida, caída pura.

La imagen en Lezama se entiende como fantasma, mejor, como correlato o transposición metafórica del fantasma–"la imagen penetrando en la naturaleza engendra la sobrenaturaleza", donde la imagen penetra en lo perdido o incluso donde la imagen causa la pérdida misma. Tanto se afirma en "Recuerdo de lo semejante", largo poema sobre "la risotada crepuscular" en el que se enuncia de múltiples modos una pregunta instituyente para la misma posibilidad de espacio poético americano: "¿Cómo lo semejante puede crear la copia?" (Lezama, *Poesía completa 1* 396). Lo semejante es recordado, y por lo tanto se experimenta como reminiscencia. La reminiscencia es activa, quiere y busca algo: "Lo semejante añora su emparejamiento, reaparecer/ en el tizne del sucio nadado y que ese tizne/ despierte las participaciones del germen,/ la antiestrofa golpeante de la primera luna del soplo" (395-96).

Tercer espacio

La nada se ha consumado –y es así nada-da– en la pérdida de lo semejante, que permanece como reminiscencia en aflicción, y que exige su retorno. El retorno se producirá como mera traza, o "tizne" en lo consumado. Y el "tizne" en cuanto tizne, en cuanto marca de lo sucio en lo sucio, viene a ser el acontecimiento puro, golpe o soplo que introduce la primera luz en la noche poética y anuncia un nuevo nacimiento. El tizne no reaparece como presencia plena, pero tampoco como mera ausencia –su modo de advenimiento es fantasmal, Lezama incluso dirá, demónico: "Todo lo que no es demonio es monstruoso/ ... / pues todo lo que no es nosotros tiene que hacerse hiperbólico/ para llegar hasta nosotros, y penetrar lo ecuatorial" (401)–. El tizne marca nuestro *ethos* como demonio, y el poeta queda poseído en y por su recuerdo de lo semejante–lo demás es hipérbole que golpea y sopla. El poseso vuelve al agua y nadando recibe la contaminación del tizne, descrito ahora como "suspensión/ que volvió a tocar el cuerpo" (402). En la contaminación por el tizne el poseso recibe el advenimiento de lo hiperbólico-monstruoso, y adquiere la nueva "justicia metafórica":

> ... la sobreabundancia / es un sacramento, ya no se sabe de donde llegó, tocaron alguien /a quien sin saberlo se dirigieron y le hablaron y de pronto / se emparejaron sin la interpolación de las aguas / El sobreabundante es el poseso que posee, muestra el sacramento / encarnado y dual ... / El sobreabundante tiene la justicia metafórica, como el monarca /hereda y engendra el bastardo, se disfraza y saborea el regicidio (403-04).

El recuerdo de lo semejante se presenta así como un momento nostálgico que busca su repetición, y demoniza al poeta. La repetición se produce en el reencuentro del poeta demonizado con lo semejante, reaparecido en una traza o tizne que toca el cuerpo del poeta en forma sacramental. La nada demonizada acontece como sobreabundancia donde se constituye la nueva era poética. La sobreabundancia implica, sin embargo, un peculiar modo de retorno de lo ido: el nuevo poeta-rey se hereda como disfraz de sí mismo, su *ethos* es la bastardía, que en un mismo movimiento regicida destruye la monarquía y la replica como copia monstruosa. Lo semejante ha creado, pues, la copia. Y el nuevo reino poético es manifiesto "entre el Ovalo del Espejo y el Ojo de la Aguja" por el que es posible la entrada en el difícil paraíso de la escritura, sobrenaturaleza, que es simultáneamente olvido y reminiscencia de la naturaleza.

Para Lezama la sobrenaturaleza se adquiría en Mallarmé en el olvido de "las condiciones órficas del canto" al volverse la escritura "sobre la identidad de su propio instrumento". Vamos viendo que la reflexión sobre el propio instrumento poético, la imagen, se produce en Lezama como reflexión sobre sus dos condiciones extremas, lo llamado aquí pura pérdida y la sobreabundancia, que produce la pura pérdida como acontecimiento "sacramental". La sobreabundancia está ligada al esfuerzo o la necesidad del recuerdo de lo semejante, que retorna desplazado o demonizado. En "Recuerdo de lo semejante" Lezama introduce una frase como "sentencia burlesca" que puede dar una idea de lo implicado en la repetición desplazante, y en qué sentido esta guarda el olvido de las "condiciones órficas": "Eurídice puede desear a Plutón y Proserpina pasear con Orfeo" (401). La reflexión sobre la identidad de la imagen poética se articula en el olvido de lo órfico. Pero el olvido de lo órfico tiene entonces, como podía esperarse, una peculiar estructura.

Identidad de la imagen: ¿en qué sentido es la imagen idéntica, y cuál puede ser el término de comparación? Lo que está en juego no es una determinación de la identidad de la imagen, sino una reflexión sobre su posibilidad de identidad. Lezama se preguntaba cómo podía lo semejante crear la copia. Su respuesta dependía de la noción de reminiscencia, para establecer desde ella un advenimiento sobreabundante que en su exceso hace posible el retorno, la repetición. Lo que se repite se repite como imagen: es la imagen la que sustituye a la naturaleza en sobrenaturaleza. La naturaleza está perdida. La sobrenaturaleza se ofrece, por la imagen, como objeto de conocimiento. La reflexión sobre la identidad de lo poético depende de la situación de lo poético en el espacio de conocimiento, espacio gnóstico. ¿Cómo puede esto implicar el olvido de "las condiciones órficas del canto"? ¿Cuáles son esas condiciones?

"Todo nuevo saber, utilizando sentencias de los coros eleusinos, ha brotado siempre de la fértil oscuridad", dice Lezama en "Introducción a los vasos órficos", y "saber su no saber es el nuevo saber" (Lezama, *Obras II* 860, 859). El saber órfico demanda ignorancia, es el conocimiento de la ignorancia, la ignorancia es el requisito de entrada en la noche poética porque otorga disponibilidad. Por eso el saber órfico es opuesto por Lezama al saber parmenídeo, saber de la totalidad "bien redondeada" del ser: "la noche de Parménides se aísla siempre en un *es* de la noche órfica, que siempre se espera como 'inacabada'" (860). El inacabamiento del espacio órfico es el ámbito de la "verdadera sabiduría" porque en él se hace posible el logro de la "justicia metafórica", entendida en el sentido presocrático (cf. el *apeiron* de Anaximandro) como adecuación al ritmo universal:

> Saber que por instantes algo viene para completarlos, y que ampliando la respiración se encuentra un ritmo universal. Inspiración y espiración que son un ritmo universal. Lo que se oculta es lo que nos completa y es la plenitud en la longitud

de la onda. El saber que no nos pertenece y el desconocimiento que nos pertenece forman para mí la verdadera sabiduría (1211).

¿Qué es sin embargo lo que se oculta en la noche órfica? A ello accede la inspiración, que no puede quebrantar su ocultamiento. Y aquí es donde la relación olvido/memoria en el orfismo crea la pérdida de las condiciones órficas del canto como medio de encontrar su cumplimiento. Todo depende del fenómeno que Maurice Blanchot llama "contradicción" del *ethos* órfico. En "La mirada de Orfeo" Blanchot define del siguiente modo la inspiración órfica: "Mirar a Eurídice sin preocuparse del canto, en la impaciencia y la imprudencia de un deseo que olvida la ley –eso es *inspiración*–" (101). Eurídice se oculta en la noche órfica, y la ley de Orfeo es no mirarla para recuperarla. Solo así puede Orfeo consumar su obra. Pero Orfeo olvida su ley, y la obra no puede ser llevada a cabo. Eurídice se disuelve en la sombra. Por eso el orfismo se desarrollará fundamentalmente en el mandato de constante rememoración de lo ordenado, como ley de la memoria:

> En algunas hojas de oro conservadas en el Museo Británico se aconseja por los órficos en los himnos que allí se escribían que se huya en el Hades de la fuente del ciprés blanco, que produce el somnífero olvido, que se busque, por el contrario, el Lago de la Memoria ... El fervor que cada cual conserva de esa reminiscencia traza la veracidad de su religiosidad (Lezama, *Obras II* 856).

Pero hay que preguntarse ya si, en la medida en que el orfismo busca la repetición de Orfeo, el énfasis en la memoria de la ley, ley de la memoria, no está impuesto para endosar su quebrantamiento, olvido activo que, lejos de impedir la consumación de la obra de Orfeo, hace a Orfeo Orfeo, le da la contradictoria identidad de su destino. Esta es la posición descrita por Blanchot:

> [La obra] se protege a sí misma diciéndole a Orfeo: "Solo podrás conservarme si no *la* miras". Pero este acto prohibido es precisamente el que Orfeo debe realizar para llevar la obra más allá de lo que la garantiza, y Orfeo solo puede realizarlo olvidando la obra ... La obra lo es todo para Orfeo, todo excepto esa mirada deseada en la que la obra se pierde, de forma que es también solo en esta mirada donde la obra puede ir más allá de sí misma, unirse con su origen y establecerse en la imposibilidad ("Gaze" 102).

La inspiración, genuino saber poético, es la mirada en el olvido. También es la aceptación del profundo desconocimiento de las condiciones bajo las cuales la noche impone su ley. La ignorancia órfica posibilita la resolución

Escritura y repetición de lo indiferente en José Lezama Lima

de mirada en la que lo ganado se pierde –la mirada órfica es pura pérdida, sin la que la obra poética no podría originarse, pero en la que la obra poética impide su realización y queda constituida en el inacabamiento. La inspiración y la pérdida de inspiración, la inspiración como pérdida es una de las preocupaciones esenciales de Mallarmé. Es la preocupación que Lezama identifica como reflexión sobre la identidad del instrumento poético, la identidad contradictoria de la escritura que Blanchot sitúa en la historia de Orfeo:

> El acto de escritura comienza con la mirada de Orfeo, y esa mirada es el impulso del deseo que destroza la ocupación y el destino del canto, y en esa decisión inspirada y despreocupada alcanza el origen, consagra el canto. Pero Orfeo ya necesitaba el poder del arte para descender a ese instante … Para escribir hay que estar ya escribiendo. La esencia de la escritura, la dificultad de la experiencia y el salto de la inspiración también yacen en esa contradicción ("Gaze" 104).

Lezama se refería a la mirada del americano como constituyente del espacio gnóstico en la comprensión de la agonía entre lo invasor y lo invadido. La mirada americana, como la de Mallarmé, mira la mirada de Orfeo, y en tal reflexión se abre el campo especulativo que Lezama situa entre el Ovalo del Espejo y el Ojo de la Aguja: sobrenaturaleza, en la que el *ethos* poético se articula como secundariedad, como "reproducción de una presencia … siempre inalcanzable e inaudita", que no es solo la reproducción de la presencia de Eurídice, la fantasmalización de Eurídice, sino también la reproducción del gesto doble de Orfeo –en el que se funda la posibilidad (fasta) de escritura al tiempo que se blasfema de tal fundación en la destrucción (nefasta) de la posibilidad de la obra–. En este sentido Mallarmé "olvida" la condición previa a la constitución del canto, repitiendo el gesto órfico. En este sentido el sujeto metafórico americano responde a la pura pérdida de lo órfico, y proporciona el conocimiento trágico del *no ser*, que subyace al *ser* de la obra. Pero el conocimiento, para ser trágico, precisa de la aflicción, que es resistencia, a la pérdida del ser.

El movimiento antiparmenídeo en la descripción lezamiana de las condiciones órficas equivale a una disolución en el *ethos* poético entre pensar y ser. "Pues lo mismo es pensar y ser", dice Parménides, estableciendo una cópula que organizará desde entonces el saber metafísico y científico. La mismidad parmenídea es lo semejante lezamiano, y por lo tanto lo que motiva el viaje órfico a los infiernos en la persecución del símbolo. Pero en la demonización resultante, que es la entrada en la sobreabundancia, en el exceso poético, lo semejante quedará roto, en virtud de la imposible articulación del predicamento órfico. Tal ruptura organiza, según Lezama, la misión misma del poeta, ser para la resurrección: "Lo semejante solo se rompe con la resurrección./ ¿En qué forma allí se liberan nuestras efímeras sucesiones/ y el tedioso señalamiento de la causalidad operadora?" (Lezama, *Poesía I* 340). En la resurrección se libera la sucesión causal, y la liberación se entiende como ruptura de lo semejante. Esta liberación de lo semejante, ¿hay que entenderla como la sanción lezamiana de la pérdida de la perspectiva dialéctica? ¿Cómo entender esa ruptura, y salvar la hipótesis de que en Lezama lo dialéctico retorna en la aflicción por su pérdida?[4]

Todo depende de si el retorno de la dialéctica en la aflicción por su pérdida puede ser considerado como un momento más en la serie dialéctica, y por lo tanto últimamente una repetición de Parménides y una resolución de la contradicción órfica, o si, por el contrario, como he venido sosteniendo, la poética de Lezama apunta a la constitución de la poesía según un movimiento no-dialéctico, y no meramente antidialéctico, cuya posibilidad lógica depende del infierno del no-ser, y se da como conocimiento trágico, ruptura en el pensar, fundamento y abismo de una inspiración en la que toda ley, si toda ley es ley del ser, queda perdida. La resurrección de la poesía dependería todavía de la imagen, pero la imagen habría que entenderla como acontecimiento puro, en el que lo único que se da es la posibilidad misma de imagen: "Lo que aparece en ella es el hecho de que nada aparece, el ser que yace profundamente dentro de la ausencia de ser, el ser que es cuando no hay nada, que ya no es cuando hay algo –como si hubiera entes solo mediante la pérdida del ser, cuando el ser falta–" (Blanchot, "Essential" 73).

III

Para Severo Sarduy Lezama es el signo de un signo eficaz, signo barroco, cuya operatividad, como la de los sacramentos tridentinos, está en el hecho mismo de su ejecución: la palabra del futuro está cifrada en Lezama en la potencia de un signo puro, de tal fuerza que su misma enunciación es su más rotunda presencia. En el signo barroco, el signo se agota en su propia materialidad, y así pertenece al orden absoluto de la Revelación. Citando al Jacques Lacan de "Du baroque" Sarduy aprueba la "obscenidad exaltada" del barroco, de la escritura lezamiana: "el barroco es la regulación del alma por la escopía corporal ... todo lo que chorrea, todo lo que delicia, todo lo que delira" (Lacan citado por Sarduy, "Un heredero" 593).

---

[4] Ver Enrico Mario Santí, "*Oppiano*". En su ensayo Santí niega la trascendencia "dialéctica" en Lezama, pero su noción de dialéctica es distinta de la mía. Reconozco aquí mi deuda con Santí, con Brett Levinson (ver *Secondary Moderns*), y con Eduardo González–tres críticos con quienes he compartido conversaciones délficas en torno a Lezama.

En este camino hacia el encuentro del porvenir –el signo pleno, autoscópico– Sarduy encuentra tres clases de escritura. Usa para ellas dos topologías. Una de ellas, desechada como pobre o insuficiente, es dialéctica. "Como el romanticismo ... se ha relacionado, tradicionalmente, con la conciencia desdichada, el clasicismo podría ocupar el lugar del amo y el barroco el del esclavo" (Sarduy, "Un heredero" 594, n.7). Sarduy prefiere la topología lacaniana, según la cual al Otro (A) corresponde el espacio simbólico del clasicismo, al sujeto escindido (S) corresponde el espacio simbólico del romanticismo, y con el objeto *petite a* (a) "entramos en el apogeo del barroco". El objeto *a*, "básicamente y por definición perdido", no es el barroco, sino el que define su espacio: "*Paradiso* es como el paréntesis que encierra ese objeto *a*, la montura donde resplandece esa diminuta perla irregular y oscura. Apoteosis e irrisión del oro barroco y de su doble residual y nocturno, con una salvedad: el objeto implica por su propia definición esa caída en lo opaco, esa ocultación que es también su ilegibilidad. Es también lo que escinde la unidad del sujeto y marca en él una falla insalvable: una ausencia a sí mismo" (594-95). El objeto *a* es siempre un objeto perdido, y por eso la escritura no puede ser más que el marco para su retirada, el lugar de su pérdida. La ilegibilidad de la escritura barroca emana de la opacidad necesaria de lo que está revelando: la ocultación. La escritura barroca, como obscenidad exaltada, pertenece siempre al futuro porque está siempre fuera de escena, proyectándose extáticamente en la perpetuidad de lo que, por siempre yéndose, siempre está por venir. Por eso la escritura barroca, como escritura de lo inmemorial, es la conmemoración de una ausencia: duelo.

Esa perla negra e irregular, la perla barroca, no está en posición dialéctica con respecto de sus contrapartidas en el espacio clásico y en el espacio romántico. Sarduy prefiere una topología estructural por razones esenciales: porque los tres espacios de la escritura se abren en simultaneidad, de modo que cada uno de ellos implica cada uno de los otros. No hay Gran Otro, el Otro del clasicismo, sin el sujeto desdoblado que postula su necesidad. No hay héroe romántico, "agitado por una opacidad, incapaz de transparencia con respecto de sí mismo", sin una pérdida de objeto que lo constituya en su escisión (594). Tal topología servirá a mi propia determinación de tres modos de escritura en *Paradiso*: como expresión de búsqueda o visión (espacio clásico), como conjuro de obsesión (espacio romántico), y como repetición de lo indiferente (espacio barroco, en el que las preguntas al fin de la sección anterior vienen a ser inestablemente contestadas). Quiero mostrar en lo que sigue que esta repetición de lo indiferente, en una u otra de las formulaciones que le dio Lezama, es, en su más exaltada obscenidad, la marca del duelo del sentido, y que preludia la totalidad de la respuesta lezamiana al problema de la escritura latinoamericana, en el que la relación entre lo que hemos venido llamando gramática y dialéctica, es decir, entre lenguaje poético y lenguaje irónico, en la determinación de Vico, o entre el silencio poético y la promesa teórica, resulta, para Lezama, definitoria.

Expresión de búsqueda o visión; conjuro de una obsesión; repetición de lo indiferente. En cuanto a lo primero, la escritura encaminada a la presentación mimética de lo que pertenece al campo de la experiencia, podemos establecer una doble versión de esa expresión: por un lado, la búsqueda de visión (no hay visión sin búsqueda; la visión es la teleología de la búsqueda) puede ser reactiva, si se trata en ella de articular un código que permita el dominio de determinado campo de experiencia; por otro lado, la búsqueda de visión puede ser activa, si de lo que se trata es, no de articular un código, sino de establecer una nueva modalidad, o tonalidad, de experiencia. En el primer caso, se reacciona sobre una construcción experiencial previa, que se intenta interpretar o descifrar; en el segundo caso, la acción toma las características de un acontecimiento: la escritura se autocrea, no en interpretación de lo dado, sino en producción pura de un don –visión de lo no-dado, que es por lo tanto creación de mundo–. En sus dos formas más obvias, el realismo y la vanguardia corresponderían a estas versiones reactiva y activa de la escritura proyectada como expresión de búsqueda o visión. Decir que este es el espacio del clasicismo, o decir que esta es la escritura del amo, o decir que este es el campo del Gran Otro, son solo tres formas de aventurar que lo que está en juego aquí es la estrategia de apropiación del mundo en la expresión, y que la verdad como ideologema rige su destino. La escritura realista debe ser una escritura verdadera, en el sentido de que debe hacer concordar la cosa con el sujeto del lenguaje. La escritura de vanguardia es una escritura verdadera en el sentido de que la construcción de mundo que postula, que es por definición la de construcción de un nuevo "juego de lenguaje", solo se constituye en la autodonación de un valor de verdad en tanto autonomía poética. Tanto la versión reactiva como la activa, sin embargo, encuentran su fin en la expresión de su verdad: la verdad paraliza, o hace superflua la continuación de la escritura.

La escritura como conjuro de una obsesión podría también calificarse de escritura nostálgica. Implica una conciencia desdichada, en el sentido de que en ella la conciencia ha llegado al conocimiento de sí misma solo a través de la obsesión que inmediatamente la aliena de sí misma. La obsesión no es sino un imperativo absoluto de auto-coincidencia: el obseso persigue el momento en el que su conciencia logre una identificación tan absoluta con el objeto de obsesión que el dolor del deseo quede radicalmente apaciguado. Alternati-

Escritura y repetición de lo indiferente en José Lezama Lima

vamente, el obseso persigue librarse de su obsesión erradicando el objeto de obsesión. La escritura obsesiva o nostálgica es así escritura teológica en su versión reactiva, que es la que busca la obediencia del objeto de obsesión, imperativo absoluto que culmina en la radical identificación ("si hay dioses, ¿quién no quiere ser dios?", decía Nietzsche); o es ateológica en su versión activa y catártica, que persigue la pura liberación del objeto de obsesión. La escritura obsesiva es conciencia desdichada porque es conciencia preeminente de su propia contradicción interior: el fin de la escritura obsesiva, activa o reactiva, es el fin de la conciencia constituida en la desdicha. La escritura obsesiva persigue su propia muerte, porque persigue librarse de la contradicción que la constituye. Como dice Jean Hyppolite glosando pasajes pertinentes de la *Fenomenología* hegeliana: "[la reflexión en la autoconciencia] considera la vida como esencia careciente, y contrapone a ella infinidad, o esencia. Al revés, esta infinidad separada, que trasciende la existencia, existe solo en la especificidad de la auto-conciencia" (*Genesis* 195). La escisión interna entre falta e infinidad, entre inesencia y esencia, campo simbólico de la escritura romántica, motiva una nostalgia de unidad plena que tiene una consecuencia paradójica. La conciencia escindida no sabe simplemente olvidar la falla que la obsesiona sino que convierte la falla en objeto pleno hasta el punto de dotarla con todos los atributos de la más única singularidad. El obseso cree que el objeto de su obsesión es el centro de toda posible significación: teológica o ateológica, la escritura obsesiva es siempre logocéntrica, aunque su logos sea el lugar de la más profunda alienación, o de la muerte. Toda poesía amorosa es aquí prototípica. También la literatura pornográfica, y la mística.

Lo indiferente no es lo idéntico. Tampoco es, sin embargo, lo diferente. Si lo activo busca la diferencia y lo reactivo busca la identidad, lo indiferente es aquello susceptible de ser repetido sin que la repetición promueva cambio. En toda repetición de lo indiferente, lo indiferente es aquello que, sin aportar principio alguno de identidad, tampoco se mueve hacia la diferenciación. Lo indiferente es la materia del idiolecto, el lenguaje verdaderamente privado, allí donde linda con el radical trastorno, la afasia universal, entendida como la pérdida de toda posibilidad de lenguaje. Escritura deprimida, la que repite lo indiferente lo hace forzada por una forma particular de sabiduría: conoce el terror de la individuación, y se ve obligada a rechazar, como estrategia de supervivencia, tanto la posibilidad de expresión de una diferencia como toda posibilidad de identificación; vive en un nivel previo (o alternativamente, en un nivel póstumo), el indicado por la formulación de Bataille, "Lo que es, ES DEMASIADO" (Bataille citado por Allen Weiss 25). Ante el puro exceso de la identidad y de la diferencia, la repetición de lo indiferente se refugia en la necesidad imperativa de guardar tan solo aquello que, siempre borrado por el exceso, hace el exceso posible. Escritura por lo tanto de lo que está para ser borrado o tachado, escritura de lo que es indiferente porque no da ni quita, sino que, simplemente, guarda o enmarca toda posibilidad de manifestación: escritura del límite que otros podrán o deberán cruzar, su fuerza tautológica es devastadora y disuelve toda ontología, todo intento de autoconfirmación, de fundamentación. En ella no hay dos posibilidades, no hay dos versiones, porque se establece en una determinación que es previa a los juegos del doblamiento y de la polaridad, que es previa a los excesos lógicos de la voluntad metafísica. O póstuma.

El par activo/reactivo, que marca una doble posibilidad teórica en la escritura de búsqueda y en la escritura obsesiva, fracasa en la escritura de repetición indiferente e improductiva. Siguiendo temas ya introducidos en capítulos anteriores, me interesa entender tanto la doble posibilidad como su fracaso a partir de la Doctrina nietzscheana del eterno retorno, y ello por dos razones: la primera, porque el Eterno retorno juega un papel importante en la representación lezamiana de las tres modalidades de escritura que vengo comentando, que para él se concretan, como veremos, en la trinidad protagonista de *Paradiso*, Ricardo Fronesis, Eugenio Foción, y José Cemí. La segunda, porque la fuerte conexión existente entre la escritura de repetición improductiva y lo que Heidegger llamó "el último nombre del Ser" en la tradición ontoteologocéntrica, esto es, el Eterno retorno, no es simplemente casual. El Eterno retorno quedó entendido, siguiendo la formulación nietzscheana, como una pura estructura de afirmación incondicional de lo existente en tanto que existente: por lo tanto, aunque está esencialmente relacionada con el gran tema metafísico de identidad y diferencia, supone una intervención radical en la posibilidad de pensamiento identitario-diferencial. Si el Retorno, en la interpretación heideggeriana, está todavía contenido en la tradición europea como su última y apocalíptica revelación, entonces el pensamiento latinoamericano sobre el Retorno supone una confrontación directa con el ontoteologocentrismo constituyente de la metafísica –y, por extensión, constituyente también del pensamiento identitario-diferencial que todavía hoy marca determinantemente la reflexión latinoamericana sobre la cultura–.

Paradiso es una novela de formación cuya conexión con el obsesivo tema lezamiano de la búsqueda de una "expresión americana" quizá no se ha resaltado suficientemente. Para Fredric Jameson, el *Bildungsroman* europeo llegó a naturalizarse en el llamado Tercer mundo en los años posteriores a la Segunda Guerra Mundial. Para Jameson el *Bildungsroman* tercermundista o poscolonial incide fundamentalmente en la adecuación superestructural, es decir, al nivel de expresión simbólica, de sociedades en trance de transformación desde modos de producción semifeudales al capitalismo industrial. La transformación de estructuras familiares, la constitución del sujeto individual según las normas míticas que rigen su evolución en sociedades de hegemonía burguesa, y la afirmación de una nueva temporalidad están entre los rasgos que resulta más urgente naturalizar en el discurso de la modernidad "desigual" poscolonial (ver Jameson, "Sustitución" 18-27). Es cierto que *Paradiso* está fundamentalmente implicado en todos ellos, así como en la indagación de la memoria personal como constituyente de la identidad del sujeto. Todo ello colocaría a *Paradiso* en el terreno de la repetición productiva de estructuras simbólicas fuertemente condicionadas por la metafísica europea, en sí no esencialmente distinguible de la evolución del capitalismo hasta su conversión en fenómeno global. Pero en *Paradiso* hay además una especial vuelta de tuerca, quizá definible como el retorno del sujeto individual a posiciones desfamiliarizantes, heterográficas. A través de la escritura de repetición improductiva el sujeto novelístico emblematizado en José Cemí no solo lleva la novela de formación latinoamericana al ápice de su modernidad estética, sino que también la lleva, por así decirlo, a su fin. Después de *Paradiso* es ya difícil o imposible concebir un *Bildungsroman* latinoamericano en el sentido clásico. El entendimiento lezamiano de lo que debe ser la "expresión americana" se relaciona con este acabamiento de las posibilidades de la novela latinoamericana de formación en el sentido de Jameson. Y ambos están íntimamente relacionados con la repetición (im)productiva como posibilidad y necesidad de escritura.

Allen Weiss ha tratado de interpretar el Eterno retorno de lo mismo según las categorías retóricas de Roman Jakobson a propósito de los trastornos afásicos. Para Jakobson, las dos formas básicas de afasia siguen las leyes de la metáfora y de la metonimia. La afasia en la que dominan los desórdenes de similaridad, afasia metonímica, afecta "la selección léxica de las unidades lingüísticas y sus posibles substituciones e intercambios. En tales desórdenes, el sentido de una palabra depende de su contexto, de la sintaxis: una palabra fuera de contexto no tiene sentido" (Weiss 24). En otras palabras, lo afectado negativamente es el nivel paradigmático. La otra forma de afasia, o afasia en la que dominan los desórdenes de contigüidad, es la afasia metafórica, que "afecta las reglas sintácticas para organizar palabras en frases. En tales desórdenes, las palabras llevan sus propios significados, y el orden sintáctico tiende a desintegrarse" (24). En ella, el orden sintagmático está averiado, y en consecuencia el sujeto tiene dificultades para establecer asociaciones metonímicas.

Para Weiss, la experiencia del Eterno retorno es en última instancia una experiencia muda e inexpresable, y parece aparejar una forma concluyente de *aphasia universalis* (25). Sin embargo, en la medida en que, en cuanto pensamiento filosófico, es comunicable, presenta una aporía que Weiss desarrolla a partir de los apuntes de Nietzsche, donde puede leerse alternativamente que el Retorno es "una recurrencia infinita de casos idénticos" o bien "un principio selectivo". Desde la primera determinación, el Retorno sería "el signo reactivo del Ser, implicando presencia, limitación, determinación, continuidad, totalidad, e identidad. Es vivido como cuerpo enfermo, neurótico" (18). Desde la segunda determinación, el Retorno es afirmación de diferencia a través del olvido, "un pensamiento poético, antimetafísico" que marca "el signo activo del Ser, implicando azar, transgresión, exceso, discontinuidad, fragmentación y diferencia. Es vivido como cuerpo saludable, perverso" (18-19). La afasia que implica desórdenes de contigüidad está del lado del Retorno entendido como "recurrencia infinita de casos idénticos". Reactiva, esta experiencia del Retorno está fundada en la representación excesiva de presencia paradigmática. La afasia que implica desórdenes de similaridad está del lado del Retorno entendido como "proceso selectivo". Activa, esta experiencia del Retorno está basada en un "movimiento excesivo hacia la ausencia" (26).

La repetición de lo indiferente marca una tercera forma de experiencia del Eterno retorno, que no coincide con la suma ni con la mezcla de las otras dos, sino que es heterogénea con respecto de ellas. Esta tercera forma no está caracterizada por movimientos hacia la presencia ni hacia la ausencia; no comprende desórdenes metonímicos ni metafóricos; no es reactiva ni activa; no es neurótica ni perversa. Al contrario, en radical transversalidad con respecto de la experiencia activa y de la reactiva, la repetición de lo indiferente se sitúa en un espacio liminal que es el espacio de la escisión entre activo y reactivo. La repetición de lo indiferente no solamente hace posibles las dos experiencias metafísicas del Retorno que Weiss define, sino que las critica y las deconstruye desde el que podríamos llamar su otro lado: no propiamente su origen, sino la región, nefasta, en la que la diferencia entre activo y reactivo no importa todavía, o bien ha dejado ya de importar; región melancólica, región depresiva, región en la que la conciencia filosófica no se ha abierto paso todavía, o bien ha cedido su lugar a una conciencia desvelada por la imposibilidad de hacer otra cosa que velar su propio acabamiento y consumación. La repetición de lo indiferente, por lo mismo que no es activa ni reactiva, tampoco puede ser calificada de nostálgica o afirmativa; no es teológica ni ateológica, pero tampoco está determinada por la necesidad constructiva de expresión poética. Su posición es la de conmemorar la pérdida de objeto, estableciéndose en el límite abismal en el que el objeto ha entrado en la ocultación. Escudriñar esa ocultación, leer la ilegibilidad a la luz negra de su propia presencia: esa es la estrategia posible de la escritura como repetición de lo indiferente. En todo ello, sin embargo, se juega un modo particular de revelación, una revelación sin duda obscena, cuyo carácter fundamental intentaré descifrar en lo que sigue.

IV

Al comienzo del capítulo X de *Paradiso*, José Cemí, el protagonista que tiene en Ricardo Fronesis y en Eugenio Foción sus contrapartidas o complementarios respectivamente activo y reactivo, entra en un cine en el que se proyecta "una variante de la Isolda puesta al alcance de los hijos del siglo" (Lezama, *Paradiso* 272). Utilizando una expresión a primera vista caprichosa, Lezama escribe que en ese cine están también Fronesis y Lucía "en el eterno retorno de sus posturas" (272). Cintio Vitier, en una nota en la edición de *Paradiso* que estoy citando, precisa un dato importante, en cuanto revelador de un motivo de fondo susceptible de pasar en general desapercibido. La película en cuestión es *L'éternel retour* de Jean Delannoy y Jean Cocteau, "estrenada [probablemente en 1943 o 1944] ... en el teatro Encanto de La Habana, a pocas cuadras de la casa de Lezama en Trocadero 162" (501, n. 1). La mención cifrada del Eterno retorno al mismo tiempo esconde y revela un nódulo textual cuyo desmadejamiento se probará iluminador para entender la teoría lezamiana de la escritura, y el tipo particular de entrada en la escritura que Lezama busca para su protagonista Cemí.

La escena que Lezama presenta es la siguiente: mientras Fronesis y Lucía persiguen sus juegos amorosos Cemí se entrega a un voyeurismo un tanto avergonzado y renuente. Mientras, Isolda y Tristán, en la película, desarrollan sus propios rituales a la orilla del mar. Cuando Tristán, en plena tensión erótica o, como dice Lezama, con su cuerpo "ya ejercitado para luchar con el dragón" (273), se acerca a Isolda, y cuando la cámara enfoca una entrepierna donde "la piel rosada se ha trocado en una estribación retorcida como una tripita de apéndice intestinal" (273), Cemí mira a Fronesis y a Lucía, y observa cómo Fronesis hace una mueca de asco que pone a Lucía a sollozar. En la misma mirada descubre Cemí a Foción entre los espectadores, y lo nota "sentado con inquietud que se desataba mirona hacia la pareja" (273). Bajo el juego de sombras de la pantalla cinematográfica y su imagen abismal del dragón en la vagina los tres amigos participan de una misma confrontación imaginaria. La mirada de Cemí es comparada y contrapuesta con el obrar al tiempo temeroso y osado de Fronesis y con la negatividad demónica de Foción. Acontecimientos posteriores en la narración mostrarán que en esta escena está preliminarmente puesta en juego la resolución del miedo a *vagina dentata*, es decir, la resolución simbólica del incesto. No sé si podría en todo caso defenderse hasta el final la idea de que es la resolución simbólica del incesto la que determina en toda la amplitud de sus implicaciones la relación del texto lezamiano con la vieja idea míticofilosófica del Eterno retorno de lo mismo, pero el pensamiento merece entretenerse.

La evolución novelística de Foción, Fronesis y Cemí, la trinidad protagónica lezamiana, está mediada por la resolución de sus conflictos libidinales: el retorno de lo reprimido es una permanente amenaza para los tres, como veremos. Lezama cifra en las distintas mediaciones de tal retorno las tres posibilidades de escritura –escritura de búsqueda, la de Fronesis, de obsesión, la de Foción, y de repetición improductiva, otorgada a Cemí– que eventualmente vendría a haber asumido José Cemí si el proyecto inconcluso de Lezama hubiera llegado a su término. Con la escena del cine comienza un capítulo que termina con Cemí contemplando agradecido la mirada de su madre, en restablecimiento postoperatorio. Rialta acaba de sufrir una intervención cuyo objeto era librarla de "un fibroma de diecisiete libras" alojado en el interior de su cuerpo. Gustavo Pellón ha sido quizá el primero en llamar la atención al poderoso carácter de emblema de ese fibroma alojado en el cuerpo materno. Para Pellón el pasaje del capítulo X sobre el fibroma es "la más fuerte y completa proposición de estética novelística de *Paradiso*" (Pellón 15). Estoy de acuerdo con Pellón a condición de entender en el pasaje del fibroma solo la culminación de un difícil y sinuoso avance simbólico que nos llevará a ver la misma posibilidad de escritura como dependiente de la consumación apotropaica de un sacrificio sexual. El objeto de ese sacrificio es la otra cara del parricidio primordial del que habla Freud en *Totem y tabú*. En Lezama, no es el padre el que debe ser asesinado sino, primordialmente, la madre la que debe ser sublimada e incorporada sin ruptura productora de monstruos. La consumación simbólica del incesto permite la entrada en la escritura, que es entonces, no el elemento libre del deseo, sino la trasposición del deseo a un elemento donde su repetición, si desesperada y melancólica, es sin embargo permitida.

No quiero mantener con esto que la escritura de Cemí, y menos aun la teoría lezamiana de la escritura, dependan enteramente de la resolución de lo que en términos psicoanalíticos sería el duelo por la pérdida del objeto primario. Lo que intentaré justificar es que la peripecia de Cemí en el capítulo X apunta al desarrollo metatextual de la escritura de repetición de lo indiferente, así como los otros dos tipos, escritura de búsqueda o visión, y escritura obsesiva, aparecen representados en las personas textuales de respectivamente Fronesis y Foción. Mantengo además que a través de esta tipología escrituraria Lezama desarrolla un entendimiento particular de la doctrina del Eterno retorno. La experiencia de Cemí en el capítulo X de *Paradiso* inaugura una visión del Eterno retorno que no es activa ni reactiva, sino heterogénea con respecto de ambas posibilidades, que son las que marcan a sus amigos y alteregos Fronesis y Foción.

Escritura y repetición de lo indiferente en José Lezama Lima

El capítulo x incluye explicaciones precisas sobre los orígenes familiares de Fronesis y Foción. En estructura quiasmática, Foción cuenta de Fronesis una historia cuya radical alternativa leeremos después en la historia que Fronesis cuenta de Foción. Así como Fronesis es hijo de dos madres y un padre, Foción lo será de dos padres y una madre. La complejidad de las historias familiares respectivas, irresumible, creará en ambos jóvenes un terror primordial a la madre fálica, indicado en las varias referencias textuales a *vagina dentata*. Fronesis consigue resolver su miedo a la entrepierna femenina y consumar el coito con Lucía. Al hacerlo "decapita a la serpiente" y entra, como Tristán, en el elemento dragón, pero no sin que el episodio provoque en él una alucinación cósmica en la que el cuerpo de Lucía, asimilado al mar, es devuelto por la luna como cuerpo de sus dos madres, la bailarina austriaca y su hermana María Teresa (cf. también la mención de la "serpiente circuncidada" en 296). Fronesis reacciona a este brote paranoide entrando en una fuerte regresión: "El extenso muro entre la noche que avanzaba hacia el mar y el oleaje que volvía siempre hacia la tierra, y el puntico grotesco que él ocupaba en esa zona divisoria, lo llevó como si hubiese sufrido una mutilación reciente, a hundir la cara en las dos manos juntas, con los codos apoyados en las piernas. Era la postura de algunas momias del período copto, encontradas con el encogimiento placentario. Empezaba a sentirse protegido cuando comenzó a llorar" (297).

El encogimiento placentario de Fronesis en el retorno de su temor al incesto permite diagnosticar en él lo que llamábamos, siguiendo la exégesis de Allen Weiss, un trastorno de similaridad. Su alucinación de incesto es signo de su dificultad para mantener en la vida un orden paradigmático que le permita una articulación adecuada con el elemento femenino. En su alucinación "la imagen de Lucía, que se mantenía en momentáneos círculos de fósforo, ... se trocaba en un medallón barroco vienés ... ocupado por una bailarina" que habría a su vez de trocarse en la imagen de "María Teresa Sunster, su guardiana legal" y madre vicaria (295). Como indica esa cita, Fronesis demuestra una capacidad patológica para establecer representaciones metonímicas en serie de igualación demente, cuya base es lo que puede considerarse una catexis excesiva hacia lo ausente. El reto de Fronesis, en su relación con Lucía, es romper la repetición de lo idéntico y entrar en la diferencia selectiva. Su coito con Lucía queda consumado en el terror, y a pesar del terror.

La afasia que implica desórdenes de contigüidad, como veíamos, está del lado del Retorno entendido como "recurrencia infinita de casos idénticos". Fundamentalmente reactiva, esta experiencia del Retorno está fundada en la representación excesiva de presencia paradigmática, y organiza una pulsión obsesiva. La afasia que implica desórdenes de similaridad, y que hemos visto amenazando a Fronesis, está del lado del Retorno entendido como "proceso selectivo". Eminentemente activa, esta experiencia del Retorno está basada en un "movimiento excesivo hacia la ausencia" (Weiss 26), organizador de una pulsión de búsqueda de cuya continuación textual dará fe la posterior evolución de Fronesis en *Oppiano Licario*. Para Fronesis la sintaxis funciona, aunque descabelladamente, y su imaginario corre en el desplazamiento. Para Foción, en cambio, funciona excesivamente el paradigma. Pero la condensación paradigmática no da lugar a los desplazamientos sintácticos.

Foción, obsesionado siempre por la locura de un padre perdido en reflejos miméticos, sufre el trastorno opuesto o complementario al de Fronesis: sus trasposiciones son de carácter totalizantemente metafórico, estando dañada su capacidad de desplazamiento en el eje sintagmático. Hundido en sí mismo, "su verbo de energía sexual ya no solicitaba el otro cuerpo, es decir, ya no buscaba su encarnación, ... sino, por el contrario, ... lograba la *aireación*, la sutilización, el neuma absoluto del otro cuerpo" (Lezama, *Paradiso* 323). La energía de Foción permanece trabada en el orden sintagmático porque su desorden fundamental insiste en el eje paradigmático: incapaz del salto hacia lo disímil, prendido en sutilizaciones verbales, su salud mental sufrirá un colapso cuya característica expresa, en palabras lezamianas, una experiencia del Retorno como repetición innumerable de lo idéntico: "Al lado del álamo, en el jardín del pabellón de los desrazonados, vio un hombre joven con su uniforme blanco, describiendo incesantes círculos alrededor del álamo agrandado por una raíz cuidada. Era Foción. Volvía en sus círculos una y otra vez como si el álamo fuera su Dios y su destino" (366).

Igual que Fronesis conseguía en su comunión con Lucía decapitar a la serpiente y entrar en el elemento dragón, Foción está atrapado en la figura lezamiana del Ouróboros, la serpiente que se muerde la cola, y su imaginación neurótica tiene el signo reactivo del logocentrismo y está por lo tanto cerrada al intento de "lo más difícil". Intentar "lo más difícil" –esa es la tarea que Rialta le da a su hijo Cemí, el destino y la posibilidad de Cemí, pero no de Fronesis o de Foción: "Óyeme lo que te voy a decir: no rehuses el peligro, pero intenta siempre lo más difícil" (231)–. Lograr la repetición improductiva, como modalidad suprema de escritura en Lezama, es esencialmente la tarea que Rialta le da a Cemí.

Con acierto Pellón relaciona el pasaje del fibroma con el pasaje del capítulo IX en el que Cemí escucha las palabras oraculares de su madre Rialta, que también incluyen las siguientes: "El paso de cada cuenta del rosario, era el ruego de que una voluntad secreta te acompañase a lo largo de la vida, que siguieses un punto, una palabra, que tuvieses siempre una obsesión que te llevase siempre a buscar lo que se manifiesta y lo que se oculta. Una obsesión que nunca destruyese las cosas, que buscase en lo manifestado lo oculto, en lo secreto lo que asciende para que la luz lo configure" (230-31). Son estas palabras las que deben efectivamente guiar la interpretación del episodio del fibroma. El fibroma alcanzará el estatuto de un objeto emblemático no solo en cuanto producción perversa del cuerpo materno, y así oscuro doble del mismo Cemí, sino también, y sobre todo, en cuanto para Cemí la extirpación del tumor supone una explicitación literal del misterio implicado en las palabras de su madre. En la cita es fácil reconocer el mandato que alcanza a dos de las modalidades de escritura antes apuntadas: escritura de búsqueda ("que una voluntad secreta te acompañase ... que siguieses un punto, una palabra") y escritura obsesiva ("que tuvieses siempre una obsesión ... que nunca destruyese las cosas"). No lo es tanto ver también en ella oculta mención de una tercera forma de escritura, la que vengo llamando escritura de repetición de lo indiferente, o de repetición improductiva.

Esta tercera forma no está caracterizada por movimientos hacia la presencia ni hacia la ausencia; no comprende desórdenes metonímicos ni metafóricos; no es reactiva ni activa; no es neurótica ni perversa. Al contrario, en radical transversalidad con respecto de la experiencia activa y de la reactiva, la repetición de lo indiferente se sitúa en un espacio liminal que es el espacio de la escisión entre activo y reactivo. La repetición de lo indiferente, por lo mismo que no es activa ni reactiva, tampoco puede ser calificada de nostálgica o afirmativa; no es teológica ni ateológica, pero tampoco está determinada por la necesidad constructiva de expresión poética. Su posición es la de conmemorar la pérdida de objeto, estableciéndose en el límite abismal en el que el objeto ha entrado en la ocultación. El fibroma aparece cabalmente en el texto lezamiano como síntoma de la pérdida de objeto. El objeto que cae en lo opaco, el objeto oculto en su manifestación y manifiesto en su ocultación, ese es el objeto secretamente transferido en las palabras de Rialta a Cemí del capítulo IX, cuyo simulacro material Rialta ha engendrado ya para presentar en el capítulo X a la mirada atónita del Cemí que contempla los frescos hilillos de sangre de la masa cancerosa:

> El organismo lograba emparejarse con el monstruo que lo habitaba. Para conseguir una normalidad sustitutiva, había sido necesario crear nuevas anormalidades, con las que el monstruo adherente lograba su normalidad anormal y una salud que se mantenía a base de su propia destrucción. De la misma manera, en los cuerpos que logra la imaginación, hay que destruir el elemento serpiente para dar paso al elemento dragón, un organismo que está hecho para devorarse en el círculo, tiene que destruirse para que irrumpa una nueva bestia, surgiendo del lago sulfúrico, pidiéndoles prestadas sus garras a los grandes vultúridos y su crá-

neo al can tricéfalo que cuida las moradas subterráneas. El fibroma tenía así que existir como una monstruosidad que lograba en el organismo nuevos medios de asimilación de aquella sorpresa, buscando un equilibrio más alto y más tenso (319).

En el pasaje se establece una vinculación explícita entre fibroma y cuerpo de imaginación, es decir, obra de arte. Sin duda esta vinculación no es inmediatamente comprensible, en la medida en que tendemos a concebir todo tumor como cuerpo opaco y sin sentido, si no primordialmente como cuerpo destructor del sentido. Sin embargo Lezama establece una fuerte equiparación entre fibroma y escritura. En mi opinión, a pesar de los acercamientos de Pellón, Brett Levinson y Leonor Ulloa, tal equiparación no ha sido aun convenientemente dilucidada[5].

En las palabras de Lezama, fibroma y cuerpo de escritura tienen en común los siguientes rasgos esenciales: ambos establecen una normalidad sustitutiva o supletoria; tal normalidad es una "normalidad anormal" o monstruosa, puesto que ambos son presencia destruyente en el organismo que los aloja; y ambos imponen la sustitución del llamado "elemento serpiente" por el llamado "elemento dragón": el elemento dragón es la ruptura de lo que en numerosas ocasiones Lezama llama el Ouróboros, la serpiente que se muerde la cola, que viene a simbolizar la esterilidad, el Retorno en su carácter reactivo. Por último, tanto fibroma como escritura son un "signo eficaz" según la definición tridentina invocada por Sarduy: "Se decreta que el sacrificio de la misa es el memorial y la representación del sacrificio de la cruz, con el mismo sacrificador y la misma ofrenda; los dos sacrificios no se diferencian más que en el modo de otorgar la ofrenda" (Sarduy, "Un heredero" 591). Pero la actividad dragónida, siendo productiva, está muy lejos de significar en Lezama la mera posibilidad de apertura al otro o de redención por medio de la imagen poética. Tampoco me parece posible aceptar que, como dice Pellón, el dragón sea meramente imagen de escritura descriptiva- digresiva, es decir, en sus términos, escritura barroca para oponer a la escritura lineal cuya imagen es la serpiente. Obsérvese que el elemento dragón toma prestadas garras de buitres y cabeza de Cancerbero, con ello acercándose gravemente o incluso presidiendo la entrada en el reino de la muerte.

Tanto fibroma como cuerpo de escritura llevan al organismo a un peligro mortal cuya única posible conjura está dada en la posibilidad de adquirir "un

---

[5] Ver Ulloa, "Golondrinas" y Levinson, *Secondary*, además del texto de Pellón ya citado. Textos relacionados son Chiampi, Santí "Parridiso", Jitrik, González Echevarría, "Lo cubano", y Molinero.

equilibrio más alto y más tenso". Sobrevivir en ese equilibrio alto y tenso, más alto y más tenso –esa y no otra es la tarea asignada a Cemí por Rialta–. Eso es "lo más difícil", entendido ahora al modo intensificativo, en confrontación con una monstruosidad amenazante que aumenta a medida que aumentan nuestros medios de asimilación y respuesta. Cemí busca la entrada en una posibilidad de existencia cuya clave le viene dada no solo en las palabras de su madre en el lecho postoperatorio, sino también, alegóricamente, en la producción misma del fibroma por el cuerpo materno. La "salud que se mantiene a base de su propia destrucción" es una salud basada en el principio dinámico del vencimiento de la enfermedad, precisamente el principio que hace afirmar a Nietzsche en el prólogo de *La Gaya ciencia*, escrito tras haber concebido por primera vez la idea misma del Eterno retorno como suprema doctrina ontológica, que "la filosofía no ha sido nunca otra cosa que un malentendimiento del cuerpo" (Nietzsche, *Fröhliche* 16). La nueva filosofía que Nietzsche propone es una filosofía material porque afirma el principio mismo del vencimiento de todo síntoma de decadencia como *ultima ratio* de un pensamiento ahora entendido como pensamiento del cuerpo. A la intensificación exacerbada del principio selectivo en la concepción activa del Eterno retorno le dio Nietzsche el nombre de Voluntad de poder. La Voluntad de poder es la doctrina metafísica que acompaña en Nietzsche el postulado ontológico del Eterno retorno de lo mismo. Lezama parece acercarse a la experiencia nietzscheana de la Voluntad de poder en su concepción de una repetición asimilativa cuya misión es sobrevivir a la monstruosidad en el mantenimiento tan osado como precario de un equilibrio siempre más alto y más tenso. Pero todavía la Voluntad de poder, en cuanto doctrina metafísica, está atrapada en la polaridad principio activo/principio reactivo que la constituye. Hemos quedado en que en Lezama se da una posibilidad heterogénea con respecto de lo activo y de lo reactivo, de la búsqueda y de la obsesión: la repetición de lo indiferente; en Lezama la repetición de lo indiferente va más allá de la Voluntad de poder nietzscheana–esto es, consigue trascender la polaridad activo/reactivo que parece agotar en Nietzsche las posibilidades de un pensamiento corporal. En la conclusión del capítulo x de *Paradiso* Cemí visita a su madre en estado postoperatorio: "Al entrar en el cuarto vio cómo los ojos de su madre caían sobre su rostro ... Solo las madres saben mirar, tienen la sabiduría de la mirada, no miran para seguir las vicisitudes de una figura en el tiempo ..., miran para ver el nacimiento y la muerte, algo que es la unidad del gran sufrimiento en la epifanía de la criatura" (Lezama, *Paradiso* 320). El "gran sufrimiento" es el duelo por la pérdida del objeto primario que la escritura como encuentro con la mirada materna memorializa y consuma. Entre el nacimiento y la muerte la escritura que repite lo indiferente asume inconspicuamente el mayor peligro, que es la obediencia al mandato materno de apertura y confrontación con el dragón: escritura bajo las condiciones desastrosas impuestas por el "gran sufrimiento", no excluye, sino que implica, las escrituras neuróticas y perversas de Foción y Fronesis.

La escritura que entiende y concibe Cemí, aleccionado por el destino de sus amigos bajo la impresión materna, es una escritura liminal, medida, cuya más grave amenaza es también su condición definitoria y su única condición de presencia: la posibilidad de total colapso simbólico, la afasia universal que borraría toda expresión, la muerte. En la resistencia a la muerte, la escritura como normalidad anormal, como repetición de lo indiferente, traza su trabajo de duelo. ¿Está el duelo más allá o más acá de la polaridad activo/reactivo? La labor de duelo es de hecho ejemplo de una tonalidad afectiva no subsumible bajo esas categorizaciones. El duelo no es activo ni reactivo porque es indiferentemente ambos. Está por lo tanto también más allá o al margen de los imperativos de identidad y mimetismo. Convoca una escritura ya no basada en la posibilidad de traducción –y por ello no basada sobre el principio ontoteológico de la copia–. Escritura otra, escritura de semiosis pulsional y no de compensación simbólica, la escritura lezamiana de repetición de lo indiferente es una respuesta idioléctica al desastre desconstitutivo: mantiene el desastre, lo preserva, lo guarda, y en ello encuentra su misma posibilidad, su propia sobrevivencia. Con ello la noción de escritura como normalidad anormal, como mero intento de mantener un equilibrio sistémico bajo las condiciones desastrosas impuestas por el "gran sufrimiento" atestiguado en la mirada enterrada de mamá gana el derecho a llamarse escritura de repetición (im)productiva.

La escritura de duelo va hasta aquí acumulando nombres: escritura del tercer espacio, escritura de la ruptura entre promesa y silencio, escritura lapsaria, escritura que repite lo indiferente, escritura de la anormalidad ontológica. Todos estos términos mientan un mismo fenómeno, cuyo carácter fundamental es el intento de sobrevivir a una experiencia radical de pérdida de objeto. En tal intento la escritura de duelo no ignora las pautas marcadas por otras posibilidades de escritura: no ignora la escritura ética, por ejemplo, cuyo rasgo esencial es la articulación mimética con el mundo (Fronesis); tampoco ignora la escritura demónica o teológica, escritura del fin del sujeto en la más amplia aceptación de la falla que, al cruzarlo, traza su total consumación (Foción). La escritura de duelo abarca esa doble posibilidad del espíritu –espíritu metafórico de la escritura mimética, espíritu metonímico de la escritura teológica– situándose más allá de ella, pero también más acá: cabalmente, en la región del "gran sufrimiento" donde la resistencia a la muerte sería para Lezama ya lo único posible, pero también lo único necesario. Escritura mínima, la escritura de duelo es la dimensión de la escritura que se define por la incesante asimilación de lo excesivo: de lo que excede, y que, precisamente por exceder, se pierde y falta.

En un artículo-reseña sobre *L'attente l'oubli* Emmanuel Lévinas dice de la escritura de su autor Maurice Blanchot que "tiende a deshacer el nudo doble del sinsentido, la monstruosidad hasta él inexpresada de lo idéntico poniéndose a proliferar como una célula cancerosa, sin producir nada excepto repetición y tautología" (Lévinas, Lévinas, *Sur Maurice* 31). El comentario de Lévinas puede aplicarse literalmente a la representación lezamiana de la escritura como fibroma. Seán Hand, usando conceptos prestados de la fenomenología de Edmund Husserl, comenta que Lévinas "lee la obra de Blanchot como el intento continuo de tener noesis sin noema" (Hand 150). El noema, para intentar una definición breve, es el objeto intencional que corresponde a la noesis como acto de intelección o pensamiento. En cuanto objeto intencional, el noema configura el sentido –es el sentido–. El Husserl de *Ideen* va a radicalizar su visión del noema hasta el punto de decir que el objeto está incorporado al noema, y que no hay objeto sin noema. De ese modo, el sentido de lo vivido se da en el acto de captación, o acto noético, y ambos son una y la misma cosa. Siguiendo esta lógica, tener noesis sin noema, es decir, asumir la ruptura de la correlación noesis-noema, que es lo que Hand dice que ocurre en la obra de Blanchot, supone entrar en el pensamiento del objeto perdido. El acto noético excede lo dicho, de tal forma que el noema es siempre insuficiente, siempre careciente. De ello dice Hand: "El movimiento de este lenguaje poético es radicalmente opuesto al de la ontología: en lugar de confirmarse a sí mismo en el discurso, se desdobla como una espera y un olvido soberanos" (Hand 150). Para Hand, siguiendo a Lévinas glosando a Blanchot, la escritura de la espera y del olvido (*L'attente l'oubli* es el título de la novela de Blanchot bajo comentario) es lo opuesto del movimiento autoconfirmador y autofundamentador que caracteriza el discurso ontológico. La escritura de la espera y del olvido destruye la ontología. En cuanto tal, el olvido es primordial, y la espera no espera nada, o espera nada.

Si la correlación noesis-noema era para Husserl la misma composición del tiempo entendido como duración para la conciencia, la ruptura de la correlación introduce una noesis abocada a la experimentación de la duración sin sentido. Como dice *Finnegans Wake* en el capítulo sobre mímesis: "Time: the pressant" (Joyce, *Finnegans* 221). El tiempo presiona hacia la depresión: la presión busca su propio acabamiento. La repetición del acto noético o reflexivo, al no entregar contenido objetivo alguno, es pura autorrepetición, en la que lo objetivo siempre se excede. Ese exceso, sin embargo, es indiferente, puesto que su contenido es vacío. Su fuerza tautológica es devastadora y disuelve toda ontología, todo intento de autoconfirmación, de fundamentación. Como el fibroma, esta escritura vive solo de sí misma: pero como el fibroma, si esta escritura no viviese, si el corazón dejase de irrigar su monstruosidad proliferante, tampoco la ontología de la que parte, el cuerpo pleno que le da nacimiento, podría vivir. Dice Lezama, las "células sobrantes, monstruosas" están "necesitadas también del riego que evita la putrefacción" que causaría la ruina del organismo total (Lezama, *Paradiso* 319). La escritura de la espera y del olvido, la escritura que repite lo indiferente, es una necesidad que enmarca la ontología en un equilibrio más alto y más tenso. Por ello, si bien el término es radicalmente ambiguo, esta escritura puede ser llamada escritura ontológica: no porque busque la ontología, sino porque su anormalidad aontológica permite que la ontología se de en su estela, en su anverso. Esta escritura traza el límite de la ontología, y vive en su duelo. Pregunta Lévinas: "¿Es posible salir de este círculo de otra manera que expresando la imposibilidad de salir, que diciendo lo inexpresable?" (*Sur Maurice* 17). Pero eso es, según Lévinas, lo que se juega en el arte, entendido ya como el reverso de la ontología: "Quizás Hegel tenía razón en lo que concierne al arte. Lo que cuenta –llámese poesía o como se quiera– es que pueda proferirse un sentido más allá del discurso acabado de Hegel, que un sentido que olvide las presuposiciones de este discurso devenga *fable*" (33). "Esperar, olvidar aflojan el campo ontológico, sueltan una costura, deshuesan, desmoronan, descontraccionan, borran" (36). También Lévinas, como Sarduy, situa esta escritura como sirvienta con respecto de su amo: "Cuenta, de manera consistente, las extravagancias del amo y pasa por amar la sabiduría. Encuentra victoria y presencia narrando los fallos, las ausencias y las fugas de aquel a quien sirve y espía. Conoce el inventario de los lugares secretos que ella no puede abrir y guarda las llaves de las puertas destruidas… . ¡Hipócrita maravillosa! Porque ama la locura que vigila" (42). Ama su propio terror: mira y espía la acción del Señor absoluto, la muerte, y en ello encuentra el principio de su perversa sabiduría.

El último capítulo de *Paradiso* concluye con unas páginas escritas, según noticia de Vitier, cuando el manuscrito de la novela estaba ya en prensa, en 1966. En nota al dorso de la página final de la sección que antecede, concluida en 1953, Lezama escribió: "El *ascendit* en Paradiso". Las últimas páginas son ese *ascendit*: el lugar donde *Paradiso* establece el destino poético de Cemí. En términos de Sarduy, el lugar donde *Paradiso* establece su propio precurso. Estas páginas ocurren en medianoche. La medianoche es el lugar más alto o el más profundo de la noche: una noche dentro de la noche. Cemí siente ambas: "Una era la noche estelar que descendía con el rocío. La otra era la noche subterránea, que ascendía como un árbol, que sostenía el misterio de la entrada en la ciudad, que aglomeraba sus tropas en el centro del puente para derrumbarlo" (Lezama, *Paradiso* 450). Cemí pasea por La Habana en "estado de alucinación" (453). La atmósfera ominosa se acentúa a medida que Cemí se acerca a lo que para él será el centro de la noche: "Cemí siguió avanzando en la noche que se espesa, sintiendo que tenía que hacer cada vez más esfuerzo para penetrarla. Cada vez que daba un paso le parecía que tenía que extraer los pies de una tembladera. La noche se hacía cada vez más resistente" (453). Cemí siente una llamada que lo obliga a seguir adelante, hacia una mansión iluminada, "lucífuga" (452). "La casa misma parecía un bosque en la sobrenaturaleza" (454). ¿Puede ser esta la misma casa que en un poema escrito veinticinco años antes, "Noche insular: jardines invisibles", aparece llamada "mansión siniestra agujereada" (Lezama, *Poesía I* 88)? En ese mismo poema, donde lo lucífugo está bajo la forma de "verdes insectos portando sus fanales" (88), se dice: "La mar violeta añora el nacimiento de los dioses,/ ya que nacer es aquí una fiesta innombrable" (90). La innombrabilidad nos acerca a la posible obscenidad de lo que está mentado: el nacimiento de los dioses. El "orden inmemorial" de la frase de Benjamin citada por Sarduy en "El heredero", lo sagrado, que protege toda revelación, es lo que Cemí va a conocer en su noche resistente. Pero no sin ambigüedad.

La primera intimación de lo que está en juego le llega a Cemí al fondo del corredor de acceso a la casa lucífuga. Cabe una estatua del dios Término, "vio dos espantapájaros disfrazados de bufones, jugando al ajedrez. Uno adelantaba la mano portando el alfil, la mano se prolongaba en la oblicuidad lunar. Recordó que en francés los alfiles son llamados *fous*, locos, y que están representados en trajes de bufones. El otro espantapájaros estaba en la actitud de esperar la oblicuidad que avanzaba, la locura que como una estrella errante iba a exhalar la noche ... Estaba escrito con un carbón en la mesa, el verso de Mathurin Régnier: *Les fous sont aux échecs, les plus proches des rois*, los locos en el ajedrez, son los más inmediatos a los reyes" (Lezama, *Paradiso* 455-56). La contigüidad en el juego de alfiles y reyes traza para Cemí el abismo más estrecho. De lo que va a ver y experimentar a continuación –el centro de la noche, la región de destitución más radical– depende su destino poético. Lo que ve es el cadáver de su mentor Oppiano Licario, que excita en él el recuerdo de una frase que su padre solía repetirle en juegos infantiles: "Cuando nosotros estábamos vivos, andábamos por un camino, y ahora que estamos muertos, andamos por este otro" (457). El rostro impasible del cadáver no refleja ya lo habitual, cuando en él "la columna de autodestrucción del conocimiento se levantaba con la esbeltez de la llama, se reflejaba en el espejo y dejaba su inscripción" (457).

En vida de Licario, la autodestrucción del conocimiento marcaba el camino de la vida. En su muerte, sin embargo, "lo que gravitaba ... era ... la ausencia de respuesta" (458). Cemí llega a la medianoche de su noche. En el mensaje dejado para él por Licario la última línea lee: "Vi morir a tu padre; ahora, Cemí, empieza" (458). En el manuscrito Lezama ha tachado la palabra "empieza" para superponer "tropieza". Entre "empieza" y "tropieza" se juega el carácter del conocimiento autodestruyente. El palimpsesto ofrece nuevamente una obscenidad ininterpretable, porque cada interpretación borra su alternativa. Lo que resta es la tacha, *"rased on traumscrapt"* (Joyce, *Finnegans* 623). Ese momento traumático y abismal de indecidibilidad, que es la cierta conclusión de *Paradiso*, oculta el objeto dando a leer su ilegibilidad. La traza del destino poético es lo que resta en la muerte de Oppiano Licario, a quien en otro lugar el texto llama "luciérnaga errante" (Lezama, *Paradiso* 423). La marca desvaneciente del cocuyo en la noche insular: el precurso de Lezama.

En "Le regard du poète" Lévinas glosa la "segunda noche" de Blanchot en los términos siguientes: "la que en la primera noche, fin normal y aniquilamiento del día, se hace presencia de este aniquilamiento y retorna así incesantemente al ser" (Levina, "Le regard" 17). La literatura sería precisamente la constatación de presencia de la desaparición del mundo en el lenguaje poético. Conduce así "al error del ser –al ser como lugar de errancia, a lo inhabitable" (19)–. La literatura "retorna a lo insignificante" (20). Sea en cuanto expresión de visión poética o en cuanto conjuro de obsesión o respuesta a una inspiración demónica, la literatura retorna al lugar donde la resistencia a la significación se abre como destino más propio. La escritura repite lo que es ya indiferente porque solo en esa repetición encuentra la segunda noche: en la región de la más fuerte destitución, también la huella de una errancia de luz; en la inhabitabilidad, la marca inmemorial de habitación; en la muerte del sentido, el duelo.

Por eso el destino poético de Cemí radica en la reconstitución del libro perdido de Oppiano Licario. El libro de Oppiano, que pervive como pura pérdida en la memoria y en el olvido de Frónesis, Cemí, o Ynaca, sacraliza la necesidad de su repetición: pero esta necesidad de repetición no es más que el mandato formal de constitución del sujeto poético, de reconstitución tras el desastre que ha velado lo antiguo. La metafísica entra en una segunda vida como metafísica de la copia por la imagen, metafísica poética, todavía orientada a restituir la presencia de lo perdido, aunque condenada a hacerlo como imposible reproducción de una presencia inalcanzable. Si bien es verdad que en Lezama la nostalgia por lo dialéctico ha quedado desplazada por el reino de la imagen como irrupción afirmativa de un saber post-dialéctico, gramático, presuntamente vivo en el eros de la escritura, ?no es cierto que ese saber vive en el texto de Lezama bajo la forma de la nostalgia? Es decir, a la nostalgia por el saber metafísico le sustituye ahora una nostalgia por un saber gramático que solo puede testimoniar su secreta adscripción (a)teológica: "tú volverás a recorrer los caminos que él recorrió y lo que tú hagas será la reconstrucción de aquel libro suyo *Súmula, nunca infusa, de excepciones morfológicas*, que el ciclón arremolinó y perdió sus páginas quedando tan solo un poema ... Oye: tu vida será por ese poema ... la reconstrucción de aquel libro que podemos llamar sagrado, en primer lugar porque se ha perdido. Y ya desde los griegos todo lo perdido busca su vacío primordial, se sacraliza" (Lezama, *Oppiano* 424-25).

Capítulo décimo

Reducción afectiva: La demanda literaria en Virgilio Piñera

Desde la cueva en la que Nicho Aquino de *Hombres de maíz* logra el reencuentro con su nahual y en él la identidad con la tierra hasta la caverna mágico-realista de *La campaña*, pasando por la gruta de Mackandal en *El reino de este mundo*, el antro de Melquíades en *Cien años de soledad* y el cuarto de los piolines en *Rayuela*, la caverna es para la tradición latinoamericana lo opuesto de la platónica: lugar de resistencia y redención, y no lugar de engaño[1]. Contra la caverna latinoamericana el subsuelo de Virgilio Piñera: "Ya sabemos que mi personalidad está en el subsuelo", dice el Sebastián de *Pequeñas maniobras*, queriendo simplemente decir que para él no hay tierra que pueda ser considerada suya (Piñera, *Pequeñas* 86). Pero más que abominar de la superficie terrestre lo que está en juego aquí es un acto radical de recuperación: el compromiso con una áscesis específica de pensamiento y escritura en el que pocos en la tradición latinoamericana precedieron o han seguido al oscuro escritor cubano.

La extrañeza misma de los textos de Piñera presenta una demanda que yo entiendo que no es tanto de interpretación como de asentimiento, o incluso de asentimiento previo. La estructura de esa demanda es quizá coyuntural, pero eso no reduce su extraordinaria complejidad. Para mí, está estrechamente vinculada a otra demanda, antigua, difícilmente atendible, que es la demanda literaria entendida como demanda de lo "neutro" inmemorial: demanda del tercer espacio. En "demanda literaria" no mento demanda estética sino lo que en el hecho literario nos requiere extraestética y también extraideológicamente. Aunque en este terreno el éxito de cualquier definición sería al mismo tiempo su fracaso, la demanda literaria no es ética ni estética, sino que su especificidad refiere a lo que funda la posibilidad ética y la posibilidad estética, que es la estructura del afecto. Hay más en la demanda literaria, pero la demanda litera-

---

[1] Hablo por supuesto de las novelas de, respectivamente, Miguel Angel Asturias, Carlos Fuentes, Alejo Carptentier, Gabriel García Márquez y Julio Cortázar.

ria abre el afecto como lugar teórico, es decir, abre la posibilidad de pensar los afectos, más allá o más acá de su lugar psicológico, como estructuras de conocimiento por un lado, pero por otro también como estructuras sin las que no hay conocimiento posible. La escritura de Piñera es escritura del afecto en un sentido particular: más que expresar diversas modalidades de afecto, investiga la estructura del afecto mismo. En Piñera el afecto aparece entendido como el condicionante mismo de nuestra relación con el mundo[2].

En *Cuentos fríos, Presiones y diamantes, Muecas para escribientes* o *La carne de René* Piñera establece una armadura ontopoética en la que lo decisivo no es tanto el seguimiento de este u otro avatar temático o línea argumental, sino, por encima o por debajo, la exploración resuelta e incondicional del modo de estar en el mundo que la tonalidad afectiva entrega. Y la tonalidad afectiva, para Piñera, está siempre comprometida con el terror: su narrativa, en particular, es un registro de estados de ánimo vividos en el permanente terror sin nombre y sin palabra.

No me interesa tanto proponer que Piñera sea nada parecido a un escritor de escritores como proponer que en el texto de Piñera la preeminencia del afecto como lugar fundamental de indagación literaria le otorga cierto privilegio epistemológico: este privilegio no tiene nada que ver con elitismos hegemónicos como los frecuentemente promovidos por la llamada literatura del boom, por ejemplo. Al contrario, Piñera es todo lo contrario de un escritor del boom. Si el boom constituyó una práctica de objeto basada en la presentabilidad de lo impresentable, en el sentido de que su construcción de sentido giraba alrededor de la alegoría nacional/continental a base de la postulación de hipóstasis identitarias, tampoco el post-boom configura un modelo en el que Piñera pueda cómodamente integrarse: el post-boom insiste en la impresentabilidad de lo dado, pues es una práctica de objeto que ha venido a reparar en el intersticio, la fisura, la brecha que alienta en el corazón de toda construcción ontológica, de toda alegorización nacional, de toda formación identitaria. Si el boom es perfectamente relacionable con el paradigma de desarrollo y modernización que construía la otra cara de la teoría de la dependencia (la escritura del boom anuncia y alegoriza el desarrollo desde la dependencia), el post-boom, como decíamos, hace duelo por el fallo del boom de constituirse en la concretización estética del desarrollo, por su incapacidad para traspasar la fetichización de realidades nacionales y continentales en vista de la promovida estetización máxima del campo cultural[3].

---

[2] Sobre el afecto como el suelo del pensamiento ver Michel Haar, "Attunement" 159-72.

[3] Roberto González Echevarría, en *Celestina's Brood* 212-37, intuye esa forma de interpretación sin llegar a proponerla explícitamente en la contraposición entre Lezama y Sarduy.

Piñera no participa ni en la estetización del boom ni en el llanto desestetizante del post-boom: su producción textual, descuidada por razones quizá esencialmente históricas hasta fecha muy reciente, apunta hacia una región reflexiva diferente y alternativa: en su práctica singularizadora y descomprometiente, en su radical afirmación del terror previo, en su áscesis de la de- subjetivación y de la fuga, Piñera puede entenderse implicado en la elaboración de una lógica del sentido susceptible de ser reivindicada hoy como nuevo fundamento de la práctica literaria. El texto de Piñera conforma un objeto genealógico cuya índole afectiva no desmiente, sino que confirma, su relevancia teórica. Trataré de apoyar estas afirmaciones en un breve análisis de *Pequeñas maniobras*, de 1963.

Pequeñas maniobras, al contrario de los textos fundacionales del boom que estaban por aquella fecha siendo escritos, no registra voluntad de identidad ni voluntad de diferencia. Hay en él, en cambio, una voluntad de singularización cuya relación con la experiencia de comunidad, de cualquier posible comunidad, incluida la comunidad que vendrá, la comunidad futura, se hace eminentemente pensable desde coordenadas similares a las que veremos después rigiendo el mismo pensamiento en Julio Cortázar y en Tununa Mercado[4]. Pero hay también serias diferencias: la singularización en juego en el texto de Piñera no tiene características psicológicas, sino que circula más bien en el terreno ambiguo de la de-subjetivación: lo que Piñera busca representar no es la constitución del sujeto individual, pero tampoco la disolución del sujeto. En su negativa fundamental a toda trascendencia, el texto de Piñera, que comienza afirmando "no trato de ir más allá. Estoy cansado de querer ir más allá", ejerce un tipo específico de pasión singularizadora cuyo horizonte es la sistematización del descompromiso (Piñera, *Pequeñas* 15). Me gustaría tratar de entender en qué sentido esta pasión singularizadora se relaciona por un lado con lo que he llamado la demanda literaria; y cómo, por otro lado, la sistematización piñeriana del descompromiso, al menos en *Pequeñas maniobras*, no tiene en absoluto, contra toda apariencia, talante antipolítico.

El sujeto de *Pequeñas maniobras* no puede estar más lejos del sujeto metafórico lezamiano, ducho en puentes y asimilaciones. Si para Lezama la sustancia del sujeto de la escritura es el "protoplasma incorporativo", para Piñera lo esencial es la áscesis de la extroyección. Como dice el narrador principal en uno de los momentos metaficcionales del texto, "la mercancía que vendo está averiada; los granos están secos, la carne es dura, la sal se ha mojado ...Sin embargo, tengo que salir de ella, darla por nada. Si no lo hiciera, muy pronto

---
[4] Sobre la noción de "la comunidad que viene" ver Giorgio Agamben, *Coming Community*. También Jean-Luc Nancy, *Communauté* y Miami Theory Collective, *Community*.

el repugnante hedor de lo podrido apestaría todo el almacén. Quedaré así limpio de culpa y mancha" (*Pequeñas* 135). El carácter de expiación catártica que Piñera atribuye a la expresión literaria es aquí engañoso, porque el objeto de la pequeña maniobra de la escritura piñeriana, como veremos, no es limpiarse-de, sino limpiarse-para.

A través de este gesto Piñera servirá para modificar radicalmente la genealogía del tercer espacio crítico de la literatura latinoamericana, e indicar otra apertura. Borges y Lezama permanecen atrapados en un limpiarse-de cuyo carácter en última instancia limitante ha sido sugerido en los capítulos anteriores. Con Piñera trato de moverme hacia un registro de historicidad alternativo. El descompromiso piñeriano es ante todo un descompromiso con respecto de la implicación ontoteológica. La fuga de Piñera permite indicar que la desestabilización ontoteológica en Borges y Lezama no es la única posibilidad de posicionamiento crítico por parte de la "alta" literatura latinoamericana con respecto del eurocentrismo literario y sus repercusiones en la experiencia.

Empezamos a entender la estructura de limpiarse-para en Piñera al notar que la extroyección catártica del contenido de la conciencia se entiende en Piñera no como confesión, sino al contrario, como aquello que resiste toda confesión y toda estrategia confesional. La confesión, cuya presencia abrumadora en la novela como aquello de lo que hay que escapar la determina como un importante nudo textual, está vinculada con la muerte: "Sentir que nos arrancan una confesión es algo más grave, es como la pérdida de un ser querido, Teresa, es tomar contacto con la muerte …Confesarse es morir" (*Pequeñas* 94). Para Piñera la confesión es aquello que hay que resistir fundamentalmente porque la confesión implica un limpiarse-de cuyo contenido objetivo es el restablecimiento de lazos comunitarios desde la abyección nostálgica o melancólica. Para Piñera, la búsqueda de un limpiarse-para en la escritura no rehuye la labor de duelo, sino que trata de proyectarla, no en pérdida, sino en preservación singularizadora. No hay precedentes literarios, en mi conocimiento, para este singular afecto piñeriano.

La extroyección catártica piñeriana es anticonfesional: es cabalmente un eludir toda posibilidad de confesión. Uno escapa de lo confesional porque es lo confesional mismo lo que crea la "culpa y mancha". Piñera busca la preservación de inocencia afectiva en la elusión confesional como medio de evitar la conversión del afecto en pasión abyecta. Empezamos con esto a detectar la paradójica y anticonvencional lógica del sentido piñeriana: más que creación ontológica o destrucción ontológica, que son los procedimientos literarios que han conformado nuestro entendimiento de una literatura latinoamericana demasiado centrada en la fuerza del ontologocentrismo y sus secue-

Reducción afectiva

las, Piñera entrega la posibilidad, anunciada quizá antes que en él en César Vallejo solamente, de concebir la entrada en la escritura a partir de un mecanismo ascético de reducción radical: pasión singularizadora que se juega en la negación sobre la base de un asentimiento siempre ya previo que la dirige. Aquello a lo que se da asentimiento permanece enigmáticamente enlazado con la fuerza afectiva. La fuerza afectiva debe entenderse, no como voluntad de afecto, sino casi al contrario, como voluntad de desafecto--en donde el afecto queda preservado como el resto de la reducción, lo que siempre todavía sobrevive a las estrategias reduccionales.

La extroyección no es confesional, sino que toma el sentido de un riguroso descompromiso de carácter táctico con todo aquello que puede suponer un vínculo o plantear una demanda de afecto. Sebastián va desplazándose de trabajo en trabajo y de año en año en lo que él llama "vida escapatoria", puesto que, dice, "no hay que hacerse ilusiones: he sido puesto en el mundo para una sola cosa; para ocultarme, para tener miedo, para escapar a toda costa, para escapar, aunque en el fondo no tenga que escapar de nada" (*Pequeñas* 36 y 32). Habría que intentar entender estas líneas en relación con las antes citadas: "No trato de ir más allá; estoy cansado de querer ir más allá". Si escapar no puede entenderse como un ir más allá de aquello que plantea la necesidad escapatoria, si escapar no es, en otras palabras, una estrategia de trascendencia o de fuga, entonces escapar solo puede ser entendido estáticamente, es decir, como un "ocultarse" en el miedo. El miedo guarda y preserva aquello de lo cual es necesario ocultarse: "en el fondo... nada". El ocultamiento, como ocultamiento de la nada, responde a la nada, también en el sentido de que no va más allá: ocultamiento entonces hacia nada, hacia la nada, donde lo que sobrevive es la estructura misma del ocultamiento singularizador.

Escapar, sin embargo, y con ello la voluntad de singularización en el descompromiso, es afirmado explícitamente como preservación de la vida: "¡La vida! Sepan que me encanta y que no encuentro deporte más apasionante que vivir. Ocurre, sin embargo, que las reglas del juego varían de acuerdo con la concepción vital del jugador: algunos la exponen locamente, otros la preservan. Yo soy de estos últimos" (*Pequeñas* 184). La preservación de la vida como tarea ocurre en la posibilidad escapatoria: "[Mi derecho] es el de escapar, esto me ha sido concedido, esta es mi fuerza" (38). Y ocurre desde una experiencia de acoso registrada en las siguientes palabras: "En general la vida se hace más dura a medida que la vamos viviendo. El día de hoy es más atroz que el de ayer y el de mañana más atroz que el de hoy" (29).

¿Cómo entender entonces un escapar entendido como la preservación de un don contra el movimiento temporal? No se escapa hacia el futuro, porque el futuro es intensificativamente atroz. Si la vida debe ser preservada en el escapar, si la fuerza escapatoria reside en el ocultamiento, y si uno se oculta de nada y para nada, parecería entonces que la vida está entendida como pura experiencia de ocultamiento. La vida en Piñera es una actividad antimimética sostenida en el repetido ocultamiento. La repetición piñeriana repite una resistencia pura, en la que ni identidad ni diferencia parecen estar en juego. No se repite por voluntad de identidad ni se repite por ansia de diferenciación: solo la preservación rige. Pero en la preservación, ¿qué es lo preservado?

El narrador principal de *Pequeñas maniobras* se esfuerza por transmitir una experiencia básica de la existencia cuyo carácter permanece por el momento opaco, aunque anclado en el terror. En la huida, en la resistencia a toda confesión, en la resistencia a todo vínculo afectivo, en la áscesis del descompromiso singularizante, en la extroyección sistemática de todo contacto comunitario, parecería de hecho que el proceso de singularización en el texto fuera puramente reactivo, puro intento de representación de una alienación neurótica y antisocial, negatividad girante en el vacío. Pero ¿cómo entender entonces el hecho de que todo ello se afirma como preservación de la vida, y voluntad activa de enfrentamiento con lo atroz? De notar esta aparente inconsistencia depende, a mi juicio, la recta interpretación de lo que Piñera va planteando. De nuevo se trata de estar alerta a la diferencia entre limpiarse-de y limpiarse-para. El énfasis piñeriano en esta segunda estructura de experiencia hace de su escritura una literatura preparatoria.

Según mi forma de entenderlo, el texto de Piñera culmina en la viñeta del viejo de las fotos. Hacia el final del relato, el narrador principal, Sebastián, ahora fotógrafo ambulante, recibe un día tras otro la visita callejera de un viejecito que insiste en ser retratado siempre en la misma posición. Por fin explica el enigma. Dice que está enfermo, se va a morir, y ha decidido darse el gusto de retratarse todos los días hasta que le llegue la hora: "Paso las horas metido en mi casa comparando las fotos. No vaya a creer que todas son iguales. Hay diferencias que solo yo soy capaz de apreciar" (*Pequeñas* 198). El viejo de las fotos es emblemático de la maniobra que voy a llamar de reducción ontoheterológica en el texto de Piñera, para cuya comprensión cabal es a mi juicio necesario alterar el orden normal de nuestra lógica del sentido temporal en forma semejante a la que propone cierto pasaje de la obra de Lewis Carroll: en un momento en el que Alicia empieza a crecer desmesuradamente alguien le dice, "Alicia, ¡te estás haciendo más grande a cada segundo!", a lo que ella contesta, "Al contrario, ¡cada segundo me vuelvo más pequeña!"[5] De forma semejante, el viejo de las fotos encuentra en las pequeñas diferencias

---

[5] Ver sobre esto Gilles Deleuze, *Logique du sens* 9.

de las fotos cotidianas la traza de una presencia más plena en una vida que gira con rapidez hacia la muerte. Lo que el viejo compara, y aquello en lo que encuentra su placer, no es, digamos, la diferencia de la primera foto con la segunda, para encontrar en la creciente decrepitud señales de muerte, sino la diferencia de la segunda con la primera, y así decrepitud decreciente.

Quizá podamos vislumbrar entonces, a partir de esta parábola del viejo de las fotos, hasta qué punto la experiencia básica de la literatura piñeriana, tal como viene a ofrecerse en *Pequeñas maniobras*, depende de una mera traza en el recuerdo. El viejo de las fotos repite cotidianamente su gesto porque para él en la repetición sobrevive la vida como preservación singularizadora. La compulsión de repetición está determinada por la vivencia extrema de una simple posibilidad de preservación, donde preservación marca un objeto intransitivo. No hay objeto de preservación, o alternativamente: la preservación es en sí su propio objeto. La preservación es una traza imperativa siempre amenazada por el terror. Al mismo tiempo, sin embargo, solo en el terror alienta la posibilidad de preservación. Este es el sentido último de las pequeñas maniobras de Sebastián en el texto de Piñera: llamar la atención a la posibilidad de una escapatoria hacia delante, en la que, lejos de dilapidarse la posibilidad del afecto, el afecto quedaría preservado en su pura posibilidad; en la que, en el aparente desconcierto de la negatividad frenética, se encuentra la traza de una positividad nunca contrariada, porque el movimiento de negación no ha tenido (aún) lugar ni oportunidad de ocurrir.

Preservación es el nombre que daría Piñera al don que, en palabras de Sebastián, le ha sido concedido: preservación singularizadora de una demanda secreta e inconfesable, que no es otra que el espacio literario como lugar del afecto teórico, como lugar de la teoría del afecto. La reducción ontoheterológica es entonces la preservación, en la negatividad, de aquello siempre todavía incontaminado de negatividad. De una forma de hecho apenas planteada en la historia de la literatura latinoamericana, Piñera pone su dialéctica de la negación al servicio de un "siempre todavía", y no de un "siempre ya", en el que se descubre la posibilidad de una preservación del objeto incontaminada de duelo. Esta es quizá la experiencia básica, o una de las experiencias básicas, de la literatura piñeriana. Si la máquina boom insiste en la presentabilidad de lo impresentable, yendo hacia una construcción ontológica que conforme, en palabras de Sarduy, un "signo eficaz" sustituyente y compensatorio de una pérdida de objeto" (Sarduy, "Un heredero" 591); si la máquina post-boom insiste en la impresentabilidad de lo dado, oponiendo al signo eficaz la absoluta ineficiencia del signo, que es ahora siempre ya postcompensatorio, la máquina Piñera se mueve al margen de toda estrategia de presentación: máquina heterológica, el texto de Piñera renuncia a la posibilidad misma de pérdida y atiende a la preservación incondicional del objeto afectivo. Tal preservación solo se hace posible desde el ocultamiento sistemático: esto es, desde una negación de presencia que no se reduce en absoluto a una afirmación de ausencia.

El ocultamiento piñeriano, que es una sustracción y reducción sistemática de la traza afectiva desde el terror, encierra sin embargo una extraordinaria positividad: en él se entrega la posibilidad de una escritura alternativa. En cuanto escritura alternativa, encierra también un proyecto otro de comunidad: ya no la comunidad identitaria del boom, pero tampoco la comunidad diferencial post-boom formada por aquellos que han perdido la posibilidad comunitaria. La comunidad piñeriana, concebida desde y para un futuro intensificativamente atroz, es la extraña comunidad librada del duelo por la preservación afectiva. Como para César Vallejo en el dolor, para Piñera en el terror mismo está dado el principio de una esperanza (Vallejo, *Poemas en prosa* 187-88). Como saber de la irrupción de lo otro en lo mismo, la heterología es el saber de lo que afecta. El proyecto de singularización abismal en la existencia de Sebastián es un proyecto de preservación del saber heterológico. Santo intelectual, Sebastián se mantiene fiel a la demanda que él solo puede seguir escuchando en el rechazo de todo compromiso, porque el compromiso comprometería la demanda en su positividad pura. Descomprometerse para Sebastián no tiene el sentido negativo de liberarse de todo compromiso, sino el sentido esencial de apertura a un asentimiento previo, que en cuanto previo y fundante reclama absolutamente.

En esta estructura del asentimiento previo encuentro la radical posibilidad política del texto piñeriano: el asentimiento previo responde a la demanda literaria, y la demanda literaria otorga la posibilidad de una fundación política al margen de toda estructura reactiva. No se trata, por supuesto, de afirmar que la estructura reactiva deba permanecer al margen de la práctica política, sino de decir que la comunidad no se funda en prácticas reactivas. La "previedad" piñeriana, el "siempre-todavía" que la escritura preserva en atención a la demanda literaria, otorga una posibilidad comunitaria de carácter activo, pero también de carácter inmanente: principio a-principial, o principio anárquico, porque nunca llega a trascenderse como pura posibilidad, mantiene al pensamiento a salvo de agotarse en el cálculo identitario y también a salvo de consumarse en el duelo por lo perdido[6].

Si la caverna latinoamericana ha sido siempre una caverna antiplatónica, concebida como lugar de redención o como lugar de resistencia preparatoria, el ocultamiento piñeriano no es redentor ni resistente: en todo caso, su resis-

---

[6] Para "principio an-árquico" o "aprincipial" ver Reiner Schürmann, *Principe d'anarchie* 12-34.

tencia no es resistencia transitiva (resistencia a o resistencia de), sino resistencia preservadora, donde lo preservado es la preservación misma, su pura posibilidad. Piñera ensayó una escritura de la traza afectiva que nunca fue leída ni atendida. La cuestión ahora es saber si podrá serlo, o si ya se ha hecho demasiado tarde: si, como decía Sarduy, lector de Piñera, antes de su muerte, "ya todo es póstumo" (Sarduy, *Pájaros* 22).

Capítulo once

Ekfrasis y signo terrible en *Farabeuf*, de Salvador Elizondo

Que la escritura tenga una "misión fundamental de *des-alienación*", como dice Sarduy en uno de los textos críticos más influyentes de su generación, *Escrito sobre un cuerpo* (11), es sin duda uno de los ideologemas fundacionales del boom: en realidad, uno de los que mejor permiten entender la distancia experiencial que separa su época, todavía vanguardista, de la nuestra, que ha dejado de serlo. La frase misma quizá no pueda hoy leerse más que como síntoma de un modo particular de alienación estética. Pero cabe argumentar que el boom, al menos en alguno de sus segmentos, y no solo en el constituido por el postboom, llega ya tardíamente a la aventura que simultáneamente propone; en otras palabras, que la escritura como desalienación es, para ciertos textos del boom, apótrope de su sentida ineficiencia. Por eso Sarduy, en su controvertida celebración de la escritura sádica, comienza postulando su carácter "fantasmático", es decir, la absoluta inalcanzabilidad de su objeto (*Escrito* 11). Paradójicamente, sería su carácter fantasmático lo que organiza la auténtica radicalidad de tal escritura: "la aventura del marqués se desarrolla en un nivel *fantasmático*, en ese plano, inasimilable aún para la sociedad, de la *escritura*. Su desenfreno es textual ... [P]oco llevó a lo que se considera la realidad, poco *tradujo* la verdad de sus fantasmas. Por ello su revolución es, aún hoy día, intolerable" (11).

Entre la postulada inalcanzabilidad del objeto de escritura y la también postulada misión de desalienación se abre un dilema no tanto estético como intelectual y práctico-político. Quiero explorarlo en el examen de la tensión entre desalienación e inalcanzabilidad del objeto de escritura en uno de los textos inspiradores de Sarduy, que constituye por otra parte uno de los ejemplos más perturbadores de escritura sádica latinoamericana: *Farabeuf, o la crónica de un instante*, de Salvador Elizondo. La escritura sádica sarduyana, en cuanto escritura de la desalienación, halla su límite en la constancia paradójica de que no puede darse más que como repetición de sí misma: "la búsqueda de ese objeto para siempre perdido, pero siempre presente en su engaño, reduce el sistema sádico a la repetición ... El código preciso de la invocación ... no es más que la prescripción de las condiciones óptimas para que una presencia, la divina, venga a autentificar la intervención de los objetos, venga a encarnarse, a dar categoría de *ser* a lo que antes era solo *cosa*" (Sarduy, *Escrito* 14). Lo paradójico es precisamente esa desesperada confianza en que la inversión libidinal en la escritura pueda, bajo el pretexto de la desalienación, desembocar en la fetichización absoluta de la práctica estética como forma de entrada en el ser. El ejemplo que funciona paradigmáticamente en "Del Yin al Yang", primer ensayo de *Escrito sobre un cuerpo*, es Georges Bataille, y en especial dos de sus textos, explicitados como representación ekfrástica de fotografías: la glosa de *Les larmes d'Eros* a la fotografía del Leng Tch'e; y "una de las últimas páginas que escribiera" Bataille (en *Ma mére*) fantaseando la contemplación por el narrador de su madre en "repugnantes posturas": "La alegría y el terror anudaron en mí un lazo que me asfixió. Me asfixiaba y gemía de voluptuosidad. *Mientras más esas imágenes me aterrorizaban, más gozaba al verla*"(*Escrito* 16; Bataille citado por Sarduy, *Escrito* 17). Bataille expresa con concisión el misterio de un goce libidinal de carácter estético y estéticamente extremo, formalmente definible como ekfrástico, cuya expresión literaria tiene a su vez la curiosa función mimética de proveer a su lector de la posibilidad de experiencia que lo genera.

La ekfrasis es una vieja figura que tiene que ver con la representación verbal de la belleza, y más concretamente, aunque originalmente usada como tropo retórico determinante en los discursos panegíricos, ha llegado a referirse a toda reproducción verbal de obras artísticas perceptibles mediante el sentido visual, y también mediante el auditivo. Según Russell Berman, fundamentalmente de acuerdo con Sarduy, "ekfrasis transmite el deseo de un objeto ausente" (Berman, "Written" 76). Para Berman, el juego de presencia y ausencia en la representación ekfrástica depende de una dialéctica doble, dado que la ekfrasis invoca como presente un objeto que falta, y dado que se apropia del habla en escritura para producir, o suscitar, una imagen visual (76). La conjuración ekfrástica de una representación visual en el campo literario es ya suficientemente enigmática de por sí. En cierto sentido, suspende o difiere la referencia: toda representación visual a su vez remite a aquello que representa, y esta mediación está comprendida por la ekfrasis misma; si el sentido de la ekfrasis depende del sentido de la obra plástica reproducida en palabras, la ekfrasis, al mediar el sentido, posterga o complica la manifestación de sentido.

Por otro lado, sin embargo, y de forma incluso contradictoria, la ekfrasis parece liquidar el clásico problema literario de la referencia, dado que, en la representación ekfrástica, el signo visual se toma, por así decirlo, no como signo, sino en su propio derecho, como objeto significado. Es decir, en la ekfrasis el signo representado es a la vez signo de algo y ese algo mismo. Por lo tanto, la ekfrasis, lejos de postergar la manifestación del sentido, es una especie de atajo al sentido. La referencia del texto no depende ya de la interpretación, sino que está inmediatamente dada, deícticamente dada, en la apelación a la obra plástica verbalizada, que es o se toma como signo de sí misma. Es este segundo aspecto de la ekfrasis el que puede intensificarse como escritura sádica.

La contradicción ekfrástica es la siguiente: en el procedimiento ekfrástico hay a la vez una postergación del sentido, puesto que la literatura refiere a la mediación de sentido dada en otra representación estética, y un adelantamiento del sentido, dado que la ekfrasis refiere, no ya al mundo en general, sino al mundo interpretado en otra representación, y por lo tanto a un sentido ya manifiesto. Hay una forma simple de mediar esta contradicción del objeto ekfrástico, que es decir que ekfrasis traduce una literatura sin objeto, una literatura donde el objeto se ha retirado para dar paso a la alegoría infinita. Ekfrasis, o por lo menos la forma particular de ekfrasis que Sarduy usa sin teorizarla como tal, es escritura alegórica, y el *allos* a donde conduce es siempre el enigma de un jeroglífico. El sentido opaco del jeroglífico es el sentido que la ekfrasis a la vez difiere y revela. El lugar de esa opacidad, de esa carencia sustantivada de objeto, es el lugar del signo terrible: el lugar donde signo y referente se encuentran como mutua destrucción. Tal sería el lugar del placer sádico que propone Bataille y suscribe Sarduy. Pero Elizondo elude la contradicción ekfrástica al llevarla a un tercer grado de reflexión o metarreflexión mediante la intercalación en su texto de una representación visual que permanece secreta aunque legible, solamente indicada o aludida: *El desollamiento de Marsias*, de Tiziano.

La fascinación que la fotografía del Leng Tch'e representa para la escritura del *boom* motiva el texto de Sarduy, que es a su vez glosa ekfrástica de dos instancias novelísticas: una contenida en *Rayuela* (1963), de Cortázar, y otra afectando a la totalidad de *Farabeuf*. La formulación teórica que alcanza a esbozar Sarduy de estas instancias de escritura va más allá del tema de la escritura como instrumento de desalienación y desemboca en una noción que solo posteriormente, en un texto sobre Lezama, llegaría a articular como propio de la escritura neobarroca latinoamericana: que la escritura es "signo eficaz", es decir, que efectúa aquello que anuncia[1]. En tal apoteosis se daría

---

[1] Sarduy remite en su noción de "signo eficaz" a la teología tridentina, que es para él síntoma o manifestación del "primer barroco" ("Un heredero" 590): "Los padres tridentinos privilegian, contra la concepción luterana de la fe, lo que, sin saber que así promulgan toda una semiolo-

para Sarduy la gran transgresión escritural del *boom* en su límite, el momento propiamente revolucionario de la modernidad estética que le era contemporánea: "Lo único que la burguesía no soporta, lo que la 'saca de quicio', es la idea de que *el pensamiento pueda pensar sobre el pensamiento*, de que *el lenguaje pueda hablar del lenguaje*, de que un autor *no escriba sobre algo, sino escriba algo*" (Sarduy, Escrito 19-20). Lo que se escribe es, sin embargo, bajo esta invocación, signo terrible, ekfrasis sádica. "Mientras más me aterrorizaba, más gozaba": terror y goce de la imagen en la escritura, pulsión de muerte del sujeto de la escritura dada la inalcanzabilidad fantasmática de su objeto.

La idea de que la escritura puede en algún momento límite vencer sus bordes convencionales como sistema de representación y pasar a *crear su propio objeto* tiene fuertes resonancias en la historia de la vanguardia literaria latinoamericana. En la versión de Sarduy tal transitividad adquiere una particular complejidad, puesto que el objeto que la escritura crea es siempre de antemano objeto perdido. De ahí la importancia emblemática del procedimiento ekfrástico. Como veremos en el análisis que sigue, el procedimiento ekfrástico articulará, en al menos un ejemplo de escritura del *boom*, *Farabeuf*, una meditación estético-filosófica de largo alcance, empeñada en una indagación límite de los límites del sentido. Que la obra de arte pueda crear su propio objeto, en lugar de simplemente representarlo, es un ideologema consistente con el postulado metafísico de la razón productiva o de la extrema subjetividad cartesiana del fundamento de conocimiento. Sarduy es consciente de la raíz metafísica de lo que maneja. Su propósito es alcanzar lo que él denomina una inversión o conversión metafísica a partir precisamente de la práctica sádica:

> En "Kant avec Sade" Jacques Lacan ha señalado cómo el héroe sádico, por alcanzar su finalidad, renuncia a ser sujeto, es pura búsqueda del objeto. El héroe kantiano, si existiera, sería justamente lo contrario: para él no habría ningún objeto a que dar alcance, lo único que contaría sería la moral sin finalidad, sería sujeto puro. Sujeto moral sin objeto, el kantiano sería un héroe sano; búsqueda del objeto sin sujeto, el sádico es un héroe perverso (*Escrito* 14).

Conviene notar lo que es por otra parte ya obvio, pero no ha sido suficientemente explicitado. El héroe sádico sarduyano, que es para Sarduy, glosando a Cortázar y a Elizondo, el héroe de la vanguardia escritural del boom, es una inversión del héroe autocreacionista de la metafísica moderna. En cuanto inversión, sin embargo, permanece dentro de su paradigma, que no alcanza

---

gía del barroco, denominan el signo eficaz: una operatividad de los sacramentos por el hecho mismo de su ejecución" (591).

Figura 2

Figura 3

Tercer espacio

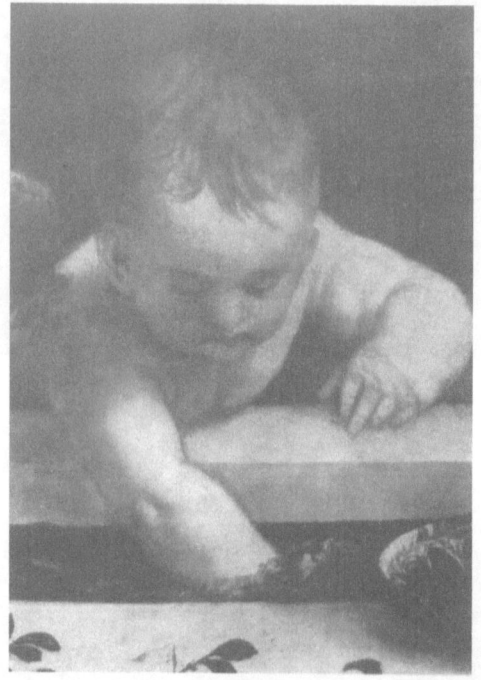

Figura 4

Figura 5

a afectar. La desalienación propuesta no es por tanto más que un juego en el límite de la alienación: es, sin embargo, también nada menos que un juego en el límite. Si la "misión fundamental de desalienación" atribuida a la escritura, aquello que para Sarduy en su momento guarda la última potencia desestabilizadora de la práctica estética, fracasa en su misma autorreflexividad, no es menos cierto que el fracaso guarda dimensiones historiales que no conviene desestimar o abandonar demasiado pronto.

En *Farabeuf* la ekfrasis es al menos triple, aunque siempre multiplicada por un juego de espejos enfrentados. Pero el texto circula en apariencia alrededor de tres representaciones visuales fuertemente enfatizadas. Una es el cuadro de Tiziano *Venus sagrada y Venus profana*, donde dos mujeres hacen frente al espectador en la encrucijada de tener que decidir entre ellas [Figura 2]. Entre las mujeres hay un sepulcro en cuya pared un bajorrelieve representa, según *Farabeuf*, forzando quizá la interpretación del motivo tizianesco, una escena de "connubio cruento de un sátiro y un hermafrodita" o "flagelación erótica" [Figura 3] (Elizondo, *Farabeuf* 22). Del fondo del sepulcro un niño trata de extraer algo. Lo que el niño trata de extraer se describe así: "Trata tal vez de sacar de esa fosa un objeto cuyo significado, en el orden de nuestra vida, es la clave del enigma" [Figura 4] (22). El objeto en el fondo del sepulcro es el objeto perdido a propósito del cual la novela se escribe, o la escritura se produce.

Otra representación ekfrástica es la conocida fotografía del Leng Tch'e, tomada en 1905 por Louis Carpeaux en Beijing, y posteriormente reproducida en el segundo tomo del *Nouveau Traité de Psychologie* de Georges Dumas, en donde puede haberse inspirado Bataille para su inclusión en *Les larmes d'Eros* [Figura 5][2]. Leng Tch'e (o Leng-T'ché) era un método de tortura aplicado a los magnicidas en la China imperial, que consistía en su desmembramiento sistemático y público. La fotografía, que produce una extraña fascinación, está también entendida por referencia al enigma: "una imagen imprecisa en la que se representaba, borrosamente, un hecho incomprensible", una fotografía, le dice el narrador a su interlocutora, "que amas contemplar todas las tardes en un empeño desesperado por descubrir lo que tú misma significas" (Elizondo, *Farabeuf* 16, 49). Esta segunda representación está incorporada al libro no solo en calidad ekfrástica, sino también en reproducción fotográfica.

El tercer gesto ekfrástico es un garabato escrito sobre un cristal empañado: "Era un nombre o una palabra incomprensible--terrible tal vez por carecer

---

[2] Rolando Romero comenta las discrepancias en la serie de fotografías sobre el suplicio publicadas por Dumas y Bataille: "Bataille no retoca ni recorta". Ver Rolando Romero, "Ficción e historia" 406, y 403-406 para la historia de las fotos.

de significado--un nombre o una palabra que nadie hubiera comprendido, un nombre que era un signo, un signo para ser olvidado" (50). Pero de ese signo olvidable se dice también que "tenía un significado capaz de trastocar nuestras vidas" (51). La alegoría de Tiziano tiene una larguísima tradición iconográfica que Erwin Panofsky entre otros ha estudiado.[3] En la tradición neoplatónica, las dos Venus representan la doble vía del conocimiento, el conocimiento material y el conocimiento espiritual, cuya alternativa sale al paso de todo iniciado en los saberes gnósticos. La reproducción fotográfica de un momento de la tortura de Leng-T'ché, en la glosa de *Farabeuf*, también implica ese doble camino. El supliciado es un criminal que sufre justo castigo o bien es un santo que en el momento de su muerte se abre a la contemplación extática del supremo placer. El supliciado alcanza en la tortura un supremo conocimiento negativo de su cuerpo o bien es radicalmente desalojado de su cuerpo en la máxima intensificación del dolor que lleva a la muerte. Por último, la novela acabará por revelar que el garabato en el vidrio es un hexagrama chino, *liú*, y que "la disposición de los trazos que lo forman recuerda la actitud del supliciado" (*Farabeuf* 150).

Las tres ekfrasis hacen alusión al tema del Hombre Desollado (la de Tiziano, en la escena del sepulcro). Pero el Hombre Desollado es también la figura adivinatoria que recurre en las preguntas que la mujer en *Farabeuf* hace al *I Ching*, y cuyo referente es el siguiente: "He aquí a un hombre que sufre de una inquietud interior y que no puede permanecer en donde está. Quisiera avanzar por encima de todo, por encima de su propia muerte. Si lanzaras de nueva cuenta las tres monedas y cayeran tres *yin* en el sexto lugar, tal vez comprenderías el significado de esa imagen, la verdad de ese instante: *Cesa el llanto, llega la muerte*" (56). El Hombre Desollado viene a ser en *Farabeuf* la figura ekfrástica de la experiencia artística, jeroglífico cuyo sentido, como veremos, se agota en su propia figuralidad. El Hombre Desollado es la representación en Elizondo del héroe sádico sarduyano. Pero también su comentario crítico, como veremos.

De esas tres representaciones ekfrásticas, la fotografía del Leng-Tch'é está privilegiada hasta el punto de que su reproducción gráfica viene inserta en el texto. Se dice: "En la contemplación de ese éxtasis estaba figurado mi propio destino" (119). La obsesión con la fotografía del supliciado en su suplicio es una obsesión erótica. Toda la trama textual se orienta a la presentación del suplicio como fuente de máximo placer al tiempo que como lugar del máximo horror: "Aspiras a un éxtasis semejante y quisieras verte desnuda, atada a una estaca. Quisieras sentir el filo de esas cuchillas, la punta de esas afiladísimas

---

[3] Ver en especial Panofsky, "Reflections" 109-38.

astillas de bambú, penetrando lentamente tu carne. Quisieras sentir en tus muslos el deslizamiento tibio de esos riachuelos de sangre, ¿verdad?" (36). En la foto como jeroglífico y lugar de absoluta fascinación abismal, figura de la violencia dolorosa y placentera, en la violencia que organiza el campo de deseo está también la cualidad irónica y enigmática del jeroglífico del Hombre Desollado: el jeroglífico en tanto tal difiere la revelación que guarda, pero al mismo tiempo revela la infinita posposición de su sentido ("*Cesa el llanto, llega la muerte*").

La totalidad de la novela de Elizondo puede entenderse como ekfrasis de la fotografía del Leng-T'ché. La fotografía es el lugar de un jeroglífico donde el horror confluye con el placer. Signo ambiguo en su profunda brutalidad, la fotografía remite a la problemática del sentido en la encrucijada: ¿debemos leer la foto como mera constatación de una crueldad histórica, resistiendo así radicalmente su poder de fascinación?, ¿o debemos dejarnos llevar por esa fascinación, y decidir entonces si ella depende de nuestra identificación con el verdugo o con la víctima, o con ambos? ¿Es esa fascinación de la foto emanación de su cualidad de objeto artístico, de objeto bello, o es cabalmente la belleza aquello que precisamente no podemos admitir como presente sin depravación? ¿Es la foto un problema moral, o un problema estético? Por último, de la indecibilidad de las numerosas encrucijadas que el supliciado en la estaca plantea, ¿llega la foto a transformarse, misteriosamente, en un problema de signo teológico –y no solo porque la imagen crística es también aquí obvia, y convenientemente resaltada en la glosa, sino sobre todo porque lo teológico es ya lo único que puede mediar nuestra perplejidad ético-estética en el momento de la abyecta contemplación a la que la foto nos obliga? ¿Cuál es en todo caso la fuente de la conexión entre lo erótico y lo teológico en la foto, si la hay? ¿Y cuál es la relación entre lo erótico, lo teológico y lo estético? De darse, se dará en la irresolución alegórica que el jeroglífico propone como límite del texto.

La exégesis que propone Sarduy del episodio de la aparición de las fotos de Leng-T'ché en el capítulo catorce de *Rayuela* apunta hacia esa conciliación supuestamente antimetafísica de lo erótico, lo teológico, y lo estético en el sujeto de la novela. Para Sarduy, "*Rayuela* es una novela sobre el sujeto. La búsqueda de Oliveira (la de la totalidad gnoseológica) es la de la unidad del sujeto" (*Escrito* 25). Parecería, pues, que *Rayuela* quebranta la perspectiva antikantiana, sádica, postulada por Sarduy para la escritura de objeto perdido. O precisamente: la quebrantaría, excepto por la aparición de Wong, poseedor de las fotografías de tortura al magnicida. Wong introduce en la novela, nos dice Sarduy, una referencia vacía. Y es el detentor del sitio vacío, el único cuya posición no está marcada por la expresión de una ideología (ni por expresión alguna), ese cuya señal es la ausencia, constantemente referido por los otros y constantemente en silencio, es ese portador de la nada quien posee la panoplia fotográfica en que Bataille había encontrado la conversión (*Escrito* 27).

La "extrañeza" de "la aparición de Wong y su pensamiento" vacío, la aparición de las fotos, vendría a perturbar gravemente el relato sobre la totalidad del sujeto. Wong es el jeroglífico que en *Rayuela* marca la irrupción de la perspectiva sádica como teología negativa: "Que el acceso al vacío, que el 'camino' pase por la contemplación del suplicio" (27). En tal contexto, *Farabeuf* debe ser interpretada como la radicalización sostenida de tal perspectiva: el intento de presentación de lo impresentable sádico, que Cortázar no pudo más que invocar. En cuanto impresentable, la presentación debe darse en técnica ekfrástica. "[T]oda la experiencia [relatada en *Farabeuf*] no sería más que la dramatización de un ideograma, algo que podía ser como la ruptura de la metáfora que representa todo signo, el hallazgo del fundamento real que se esconde bajo toda señal, de la realidad primera del lenguaje ideogramático" (28). La búsqueda al límite de tal fundamento real, o fundamento en lo real, en su máxima intensificación libidinal, es lo que estoy entendiendo por búsqueda sádica en la escritura.

Farabeuf es para Sarduy "el libro de la literalidad sádica" porque el relato insiste en la (re)conversión en *real* de la experiencia ekfrástica o ideogramática registrada en el suplicio. "Así se va describiendo el rito, repitiendo la fórmula, escribiendo la crónica de ese instante cuyo significado último es la muerte y cuya metáfora es el *liú*. Metáfora que la praxis 'meticulosa' de Farabeuf va a invertir, va a devolver a su literalidad inicial" (29). Y es así que la novela, la escritura, puede aspirar a abandonar su condición ancilar respecto de lo real, y pasar de ser escritura sobre algo a escribir *ese algo mismo*: a fuerza de repetición fantasmática, reificación estética del límite en la experiencia sádica. Hasta aquí llega la interpretación que Sarduy realiza de la novela de Elizondo.

Quiero introducir ahora otra representación visual, nunca mencionada en la novela, pero que la domina hasta el punto de afectar cada una de sus páginas. De manera a mi juicio todavía más cierta que en lo que respecta a la fotografía del Leng-Tch'é, todo *Farabeuf* es ekfrasis del cuadro de Tiziano conservado en la Pinacoteca de Kromeriz, llamado *El desollamiento de Marsias*, o *Marsias scorticato da Apolline* [Figura 6]. En su monografía de 1962, *Titian: The Flaying of Marsyas*, Jaromír Neumann nota que el cuadro, fechable entre 1565 y 1570, y perteneciente por lo tanto a la ancianidad del pintor, había sido relativamente poco atendido por la crítica: "El cuadro presentado en la literatura especializada en 1924 por el historiador de arte checo E. Dostál ha sido hasta el momento tema de comentarios breves y no ha sido usado en análisis más profundos" (Neumann 9). A pesar del relativo desconocimiento de la obra según Neumann hasta los años sesenta, la incorporación explícita del otro cuadro de Tiziano (*Venus sagrada y Venus profana*) a la novela, añadida a la evidencia formal que presento a continuación, es indicio suficiente a mi parecer para sostener que el texto de Elizondo refiere sutilmente al *Desollamiento de Marsias* como a su objeto perdido o carta robada, en un juego abismal de espejos en el que la foto es ekfrasis de tercer grado con respecto de la composición aludida pero no mencionada.

Figura 6

El cuadro relata el mito ovidiano del duelo entre Apolo y Marsias, que pierde Marsias, siendo condenado por el dios al desollamiento. Aunque en el mito las Musas actuaron como jurado, en la versión de Tiziano es Midas, el rey de los frigios, quien ocupa esa posición. Neumann detecta en la representación de Midas un autorretrato del maestro, lo cual resitúa la composición tizianesca como meditación alegórica del artista sobre el destino humano (Neumann, 19 y siguientes). Lo que actúa a mi juicio como evidencia formal de que Elizondo persigue secretamente una voluntad de glosa ekfrástica de *El desollamiento de Marsias* es la curiosa similitud estructural entre el cuadro de Tiziano y la foto de Carpeaux. En la foto, según *Farabeuf*, "la disposición de los verdugos es la de un hexágono que se desarrolla en el espacio en torno a un eje que es el supliciado". También "los trazos que ... forman" el hexagrama *liú* "recuerdan la actitud del supliciado". *El desollamiento de Marsias* sigue la misma estructura, definida por las diversas figuras congregadas en torno al cuerpo invertido del sátiro: dos versiones de Apolo, dos ayudantes a la ejecución, Midas, y un pequeño sátiro cuya mirada está orientada hacia el espectador, así como dos perros. Para Neumann, "el sistema entero de composición se basa en una serie de triángulos que encajan entre sí por encima y por debajo y se unen en una forma deltoide que le da unidad al lienzo" (12). La similitud con la composición fotográfica está realzada por la presencia en esta última de figuras que funcionan como contrapartidas de las presentes en la composición pictórica: no solo el funcionario imperial y los verdugos, también el espectador del acontecimiento que mira hacia el espectador de la composición visual[4].

En la interpretación renacentista del mito de Apolo y Marsias, el desollamiento se entendía como redención según la línea cristiano-platónica. Apolo descubría valores superiores en el interior del cuerpo del sátiro. El mito alegoriza, para los exégetas renacentistas, el triunfo de las artes superiores sobre las inferiores. Neumann suscribe tal entendimiento como propio de Tiziano, y lo consagra como entendimiento canónico para la tradición crítica:

> La victoria de la lira de Apolo asumió un doble significado en el trabajo de Tiziano. Por un lado, estaba vinculada a la idea de la armonía del cosmos y del espíritu humano, por el otro, se relacionaba con la idea de Redención [cristiana]. Esa interpretación depende de la idea simbólica del acto de castigo mismo. Tiziano no concebía el desollamiento como revelación de cualidades negativas, sino como descubrimiento de valores más altos ocultos en el interior del cuerpo, como proceso de purificación y promoción (22).

Según tal entendimiento del mito, lo que parecería estar en juego en *Farabeuf*, y aquello de lo que entonces dependerían las imágenes visuales mencionadas y su representación ekfrástica, es la victoria de lo apolíneo sobre lo

---

[4] El lector puede notar otras semejanzas estructurales, obvias pero no menos enigmáticas. No todas ellas derivan del hecho de que ambas representaciones lo son de una ejecución.

dionisíaco en su sentido protonietzscheano.⁵ Ese tema deberá ser entendido en relación con el tema del triunfo del amor espiritual –el amor místico– en el otro cuadro de Tiziano que Elizondo menciona y utiliza, *Venus sagrada y Venus profana*.

Pero no es exactamente amor místico lo que glosa *Farabeuf*. El poder de la foto que *Farabeuf* glosa la constituye en signo sagrado: lugar del horror y de la muerte, la foto es también quizá lugar del éxtasis místico donde el sentido puede manifestarse. Pero no es posible trascender ese quizá. La foto es ícono de una práctica extática del sufrimiento, en la que la destrucción sistemática del cuerpo, que es mímesis de la pérdida fantasmática del objeto primario, puede culminar en el instante de la muerte, instante de total negación y momento atroz de redención irónica. El epígrafe en *Farabeuf* tomado del *Breviario de podredumbre* de E. M. Cioran hace referencia a esta posible práctica antinostálgica del síndrome sádico: "La vida no tiene contenido sino en la violación del tiempo ... la imposibilidad del instante es la nostalgia misma" (*Farabeuf* 8). Pero paralizar el instante en la práctica extática es entrar fuera del tiempo, morir en lo sagrado. Elizondo parece querer volver a la mística negativa de Bataille, en la que la extrema intensificación de la voluntad de poder desemboca en una práctica de muerte alegre en la afirmación de la vida: "Solo es feliz el que, habiendo experimentado el vértigo hasta el temblor de sus huesos, hasta ser incapaz de medir la extensión de su caída, halla de repente la fuerza inesperada para transmutar su agonía en una alegría capaz de helar y transfigurar a quienes la encuentran" (Bataille, "Practice" 236).

La ekfrasis es en esta novela una ekfrasis icónica, porque convoca la presencia de un signo inestable, cuya más peculiar característica es su tendencia a desaparecer como signo, a borrarse a sí mismo como signo, y a darse en la plenitud abismal de su materialidad o literalidad jeroglífica. Ahora bien, la autotachadura tendencial del signo en el icono ekfrástico parece reproducir la primera condición retórica de la ekfrasis, cuya característica formal es presentar la ausencia, y por lo tanto testimoniar textualmente una pérdida de

---

⁵ Sobre las relaciones protonietzscheanas entre lo apolíneo y lo dionisíaco ver Augusto Gentili, *Da Tiziano a Tiziano* 71-87. De particular interés para la interpretación de *Farabeuf* es la constatación de Gentili de que, para la crisis del humanismo renacentista que representa según él Tiziano, "[o]gni conciliazione di apollineo e dionisiaco appare dunque precaria: il predominio dell'armonia apollinea, che tende ad istituzionalizzare i concetti, funzionali al sistema, di civiltà e cultura, non puó ammettere l'alternativa del 'disordine' e deve necessariamente emarginare la 'dissonanza' dionisiaca, socialmente corrispondente al rifiuto delle norme ordinatrici vigenti, ad una 'ebrezza' sempre critica nei confronti dell'asserto ufficiale" (75). En estas palabras la interpretación canónica de "El desollamiento de Marsias", que hemos entrevisto en Neumann, empieza a hacerse problemática, con consecuencias que se señalarán para el entendimiento de la novela de Elizondo.

objeto. ¿Cuál es, en todo caso, el objeto perdido en esta escritura ekfrástica que remite al poder de un signo sagrado, que pretende literalizarlo? Cuando Moisés le pide a Dios un signo de su existencia Dios se manifiesta como llama en el zarzal. Es decir, el signo que Dios da de sí mismo es un signo de autoconsumación, de autoconflagración. El dios terrible del Antiguo Testamento es el dios de máxima irrepresentabilidad porque en su existencia signo e imposibilidad de signo coinciden puntualmente. Dios permanece hoy como hipótesis de un signo terrible, cuya fuerza consistiría en ser a la vez signo de la totalidad y totalidad misma. La ekfrasis encuentra su fuerza más radical cuando es ekfrasis del signo terrible, que es el signo divino de la autoconflagración, de la autodisolución como signo: "Soy el que soy". En la representación ekfrástica de la ausencia de la presencia plena se da en *Farabeuf* el Hombre Desollado como signo del signo terrible, y como entidad jeroglífica de la pérdida en cuya absorción, se piensa o se desea, quizá alguna ganancia máxima es todavía posible.

Si *Farabeuf* se subtitula *Crónica de un instante*, es porque la escritura sádica persigue siempre la posibilidad de que advenga un instante en el que la configuración del deseo se realice. Dentro del sistema de *Farabeuf* tal instante estaría enunciado, anunciado y no cumplido, en las últimas páginas de la novela, en las que el narrador quiere que su amante llegue a *vivir* la muerte en la experimentación de las técnicas quirúrgicas del maestro Farabeuf, semejantes a las técnicas de los verdugos del Leng-T'ché: "Recuerda que solo se trata de un instante y que la clave de tu vida se encuentra encerrada en esa fracción de segundo" (175). Ese instante, la entrada en el cual preludia el fin de la novela, es el instante supremo, que el sadismo no puede sino ritualizar en la repetición, de recuperación de la experiencia del sentido: "'¿Quién soy?', dirás, pero en ti misma descubrirás al fin el significado de esas sílabas que siempre habías creído sin sentido" (179).

Ahora bien, es claro que si la novela de Elizondo debe ser interpretada en la clave proporcionada por la vinculación de escritura sádica y perspectiva neoplatónica, entonces la novela se reduce a reproducir la inversión del platonismo intentada por el marqués de Sade en la interpretación lacaniana. Esa sería la interpretación sarduyana. Pero la ekfrasis secreta de la novela, descubierta en la invocación de *El desollamiento de Marsias*, permite avanzar otra posibilidad de entendimiento, que a su vez depende de una reinterpretación de *El desollamiento de Marsias* como la propuesta por David Richards en *Masks of Difference* (y siguiendo posibilidades ya indicadas por Augusto Gentili). Tal posibilidad otra no excluye, sino que incluye la anterior: la novela es una y la otra, también en la medida en que ambas son recíprocamente dependientes; en la medida en que en su dependencia recíproca se ofrece la novela como indagación al límite de los límites del sentido.

Para Richards el proyecto mismo del cuadro tizianesco debe ser entendido dentro del entramado de problemas al que remite la representación ekfrástica:

> El cuadro es paradigmático de una 'crisis' recurrente de la representación que yace en lo profundo de la tradición platónica del arte y de la interpretación europea. El arte occidental se construye sobre este problema de representar aquello que no puede ser representado, mientras que a la vez olvida eficazmente el cuerpo en sí como un medio de escasa consecuencia para el fin de una representación imposible... La pintura de Tiziano está indudablemente sumergida en el lenguaje visual de la interpretación neoplatónica, pero de ese vocabulario emergen otras presencias significativas que demandan la atención del espectador hacia lo que el cuadro realmente muestra –el cuerpo– y no simplemente la espiritualización de sus valores (*Masks* 13).

Richards encuentra en el lienzo un dialogismo radical en el que la ascendencia apolínea queda "subvertida (literalmente *invertida*) por su otro, un descenso insistente hacia el dolor del suelo de la ejecución silvestre" (14). Las estrategias compositivas de Tiziano, y su juego de insistencias rítmicas, encierran la revelación de que la estructura ascendente enfatizada en el entendimiento canónico "no puede *existir* sin la desestructuración de Marsias" (18). Por lo tanto, el cuadro, en su máxima tensión productiva, insiste en la otra cara del triunfo apolíneo, la "domesticación en la subyugación de lo salvaje" (18). Midas/Tiziano "no juega papel alguno en el triunfo apolíneo, su arte no viene ...de la celebración del triunfo apolíneo sino del registro de la estructura que tal triunfo articula" (19).

Entender esa posición meta-estructural de Midas/Tiziano, que en *Farabeuf* está ocupada por la presencia de *El desollamiento de Marsias* como ekfrasis secreta, genera a su vez una lectura modificada de la foto del suplicio. El poder de fascinación que guarda la tremenda fotografía del Leng-T'ché, y que alcanza a toda la novela, puede también ser leído desde su dimensión estructurante o meta-reflexiva. Así, depende del estatuto de la víctima como *pharmakos*, esto es, como chivo expiatorio y víctima propiciatoria del resentimiento social. Leída desde *El desollamiento de Marsias*, *Farabeuf* no es simplemente escritura sádica (tal sería la lectura "canónica", equivalente a la lectura que propone Neumann del cuadro de Tiziano en línea cristiano-platónica); también es constancia de la línea descendente que demanda atención al predicamento desestructurador del cuerpo en la escritura sádica, a su papel domesticador del afuera y sojuzgador de todo posible goce salvaje.

La víctima, que es víctima por haber sido magnicida, ha amenazado el orden social. El ritual de la tortura reproduce en el cuerpo el daño que el magnicida pudo haber causado en el tejido social: el desmembramiento. El poder de fascinación que guarda la fotografía del Leng-T'ché, y que organiza el tejido textual de *Farabeuf* no solo como compulsión obsesiva de interpretación, sino también como recuento y teatralización de un gesto fundamental de repetición o puesta en práctica del rito del suplicio, tiene sin duda una dimensión sádica: el narrador de *Farabeuf* busca la repetición del gesto imperial en el cuerpo de su amante, y esta búsqueda está orientada a la producción última de sentido. El sentido está así entendido como apertura de la escritura a la inscripción del poder. Por otra parte, solo el asesinato ritual del *pharmakos* lo convierte en *pharmakos*, es decir, en figura capaz de dotar de sentido el espacio social precisamente porque en el asesinato ritual se crea la distinción fundamentadora de un afuera y un adentro bajo el signo propiciatorio de lo sagrado. La instancia extática en *Farabeuf* no es por lo tanto simplemente una producción sádica. Antes al contrario, el éxtasis productor de sentido está entendido desde el punto de vista de la producción simbólica de la novela. La producción propiamente sádica, como violencia sagrada, viene del espacio extratextual, y es solo acogida, pero también contestada, intratextualmente.

Del jeroglífico trazado en el cristal de la ventana desde la cual la amante del narrador y el narrador mismo ven al doctor Farabeuf acercarse a la casa con su instrumental quirúrgico se dice que interpretarlo daría sentido: constituye la respuesta a una pregunta olvidada. El jeroglífico es el carácter chino *liú*, que representa un hombre en la estaca, un hombre desollado: el *pharmakos*. En el pensamiento del *pharmakos* se cifra la intervención de *Farabeuf* a propósito de la constitución de la escritura contemporánea de la siguiente manera:

Las tres representaciones ekfrásticas en *Farabeuf* tienen que ver con la representación del *pharmakos*, el Hombre Desollado. Las tres son figuras, no de lo real, sino del artista. Las tres, en tanto representaciones ekfrásticas, son representaciones del objeto perdido en tanto que fetiche extático. La desollación, el suplicio, es el momento en que el objeto perdido puede retornar como signo terrible. El sadismo está aquí entendido como sometimiento siempre de antemano, siempre eternamente recurrente, al imperio paterno-teológico, pues este es en última instancia el que organiza la inalcanzabilidad del objeto. La desestabilización de la ontoteología, del régimen paterno kantiano-lacaniano, acaba pues revelándose simulatoria en el acto sádico. Contra ella y en ella, en su otro lado que es también el mismo lado, el acto de escritura encuentra un pliegue ekfrástico en el que se juega su relativa potencia de desalienación dentro de la misma alienación que simultáneamente se crea: allí donde la repetición no es simplemente reproductora, sino que es productora, y lo que produce es un doblamiento reflexivo en el interior de la máquina metafísica; cuando el Hombre Desollado (o la Mujer Desollada, pues así acaba Elizondo por interpretar la figura humana del Leng-T'ché) no es ya la referencia última del terror/goce textual, sino que se dobla o especula en aquel que contempla tal terror/goce, y así innumerablemente. La escritura de la literalidad sádica, a la que Sarduy atribuía una potencia de desestabilización revolucionaria, queda a la vez afirmada y desmentida en la novela de Elizondo: afirmada porque tal parece ser la organización textual de la novela en su estructura superficial; pero desmentida porque en ella aparece secretamente, y por lo tanto quizá también últimamente, en la medida en que el secreto fuerza la desestabilización radical de la estructura novelística aparente, una sumaria identificación autográfica del artista con el Midas de las orejas de asno que lleva la interpretación sarduyana a su abismo.

Si bien todavía es cierto que *Farabeuf* llega tardíamente a la aventura de desalienación que simultáneamente propone, puesto que su inversión libidinal depende *siempre de antemano* de la alienación inaugurante, debe constatarse en su lugar secreto una pulsión o intento de des-inversión que no alcanzará a confundirse con el ahorro.

Capítulo doce

Nomadismo y retorno en Xosé Luis Méndez Ferrín

Hay por lo menos dos versiones del mito del paraíso desde el punto de vista de la caída: la primera lamenta la pérdida del padre en la adquisición de la ciencia por el pecado, versión irónica; la segunda lamenta el forzado abandono del vientre materno en el acontecimiento de nacer, versión nostálgica. En "Tlön" domina, como hemos visto, la versión irónica del mito, y no solo para el millonario Buckley, cuya obsesión es "demostrarle al Dios no existente que también los mortales son capaces de crear un mundo", y así confrontar paraísos tras la primera caída simbólica, sino también incluso para el narrador Borges, cuya "ciencia" traduce y pierde a Buckley mismo. En la narrativa de Xosé Luis Méndez Ferrín es la figura nostálgica la que domina, pero no sin que la ironía juegue en ella, dentro de ella, un papel implacablemente perturbador. Ferrín proporciona una forma de entender la crítica del primer espacio, espacio identitario, desde una perspectiva política que se juega a favor de la resistencia regional-nacionalista. La apertura ferriniana al tercer espacio sigue imperativos ético-políticos cuyo origen y desarrollo difieren marcadamente de los que concebiblemente determinan el texto de Borges. Veremos sin embargo cómo cierta vivencia básica del mundo como objeto perdido lleva en Ferrín a posiciones de escritura opuestas a la afirmación ontoteológica, y expuestas a la afirmación de una comunidad social aprincipial y desubstantivante.

El narrador de *Bretaña, Esmeraldina*, prisionero de por vida en las cárceles de la República de Terra Ancha, encuentra su existencia consciente constituida alrededor de dos obsesiones: la recuperación de su nombre perdido, y la observación de una ética de resistencia revolucionaria a favor de la independencia de la nación de Tagen Ata. Lo primero es figura obvia de identidad personal, alienada por una memoria de infancia drásticamente fragmentada. Su segunda obsesión es también nostálgica. El piensa en sí mismo como revolucionario internacionalista, nacido en Bretaña, pero ya desde antes de su encarcelamiento comprometido con la lucha independentista de los nativos de Tagen Ata, sujetos al poder de la opresora República. Su ética de resistencia contra las autoridades de la prisión es ahora su única opción de acción política emancipatoria. En la prisión conecta con otros miembros encarcelados del movimiento para la liberación de Tagen Ata, y sus esfuerzos conjuntos culminan en una insurrección penal que logra quemar la prisión. Mientras la prisión arde, el narrador, que piensa en su oscura identidad, concluye que "fuera, la revolución espera ... y la continuación de la lucha hasta el fin, que es sin duda la independencia de Tagen Ata y el comunismo para todos. Bretaña, amiga mía, brillaba en la distancia como una estrella" (Méndez Ferrín, *Bretaña* 282). Esta estrella que brilla en la distancia es el lugar aparentemente identitario que cifra la nostalgia y el motivo de la acción del personaje.

La articulación de las dos obsesiones del narrador es suficientemente explícita en el texto, pero su sentido permanece por el momento oscuro. Por un lado, la conciencia de experiencia alienada del narrador, su pérdida de nombre, promueve resistencia política. La resistencia tiene como meta utópica independencia y comunismo. No se dice que el logro de estas metas políticas traerá consigo la autoapropiación identitaria del sujeto personal, pero se implica que la autoapropiación colectiva de Tagen Ata de alguna forma aliviará para el narrador el dolor de su *nostos*, su viaje a los orígenes de la identidad personal. Entender mejor la articulación de ambas obsesiones permite una determinación de la relación entre resistencia política y resistencia personal.

En la narrativa de Ferrín hay un movimiento nostálgico hacia la recuperación de lo perdido. Sin embargo, la articulación entre ese momento regresivo y el impulso utópico permanece confusa y difícil. Ferrín intenta apuntar una dirección para tal articulación: "Bretaña sobre todo ... La razón y la dignidad sobre todo" (212). En esta frase, Bretaña, que es la tierra del nacimiento y de los mundos fantásticos de la memoria y del deseo, la tierra mítica, la tierra del origen, es también el suelo de la razón y de la dignidad, el suelo del valor. Bretaña, en la memoria, es el suelo que suple al narrador con la fuerza necesaria para tratar de llevar a cabo sus dos tareas: colaborar en la independencia nacional de Tagen Ata, y continuar investigando su apenas parcialmente recordado origen personal.

Bretaña no es un estado, solo una tierra mítica del origen. Y sin embargo Bretaña está en la razón, está por la razón. Así la razón, y la concurrente práctica revolucionaria de resistencia, son promovidas por el amor de la tierra como suelo matricial y fundamentador, como tierra cultivable o herrén. La memoria (fragmentada) de Bretaña hace que el narrador conciba su lucha política como racional al darle una teleología. La razón está teleológicamente orientada a la producción de libertad con respecto del estado de la República de Terra Ancha, por amor de la tierra sobre el que tal estado se impone, y por su asociación con Bretaña como tierra alienada. La solidaridad del narrador con los habitantes insurgentes de Tagen Ata está basada en la razón de la tierra, que es una razón contra el estado (opresor). ¿Cuál es el estatuto de la oposición de razón de estado y razón de la tierra? ¿Puede la razón funcionar sin el estado? La razón parece siempre articularse por o contra el estado. Una razón sin estado es siempre una razón privada, doliente, en necesidad de reapropiación. La razón de la tierra, en cuanto tal, no parece existir por sí misma, sin una razón de estado que refuerce o rechace. Quizás por eso todos los actos de constitución nacional, de fundación nacional, "*al mismo tiempo* producen y presuponen la unidad de una nación", esto es, producen y presuponen el estado (ver Derrida, "Laws" 17). La razón de la tierra está siempre comprometida con la razón de estado, aunque solo sea porque es la erección de un estado la que primero otorga la posibilidad de resistencia desde la tierra.

El narrador les dirá a las autoridades penales: "No reconozco haber roto ninguna norma, ni siquiera la legalidad de las normas vigentes. Soy un opositor del régimen republicano de Terra Ancha, y defiendo el derecho a la autodeterminación e independencia de Tagen Ata como nación oprimida" (*Bretaña* 137). El narrador tiene, obviamente, sus razones, y sus razones promueven el establecimiento de un *nomos* que tiene como precondición la destrucción del *nomos* constituido. Pero ¿cuál es el suelo de tal *nomos* futuro, su *physis*? ¿Qué clase de razón puede hacer a Bretaña imponerse "sobre todo"? Dado que no es la razón del estado opresor, pues de lo que se trata es de hacer que otra razón ocupe su lugar, la apelación debe hacerse aquí al lugar mismo en el que la razón puede en absoluto establecerse. La razón de la tierra solo puede ser la tierra de la razón, el principio fundante de la razón, el fundamento o razón misma de la razón.

La razón de la tierra se opone a la razón de estado, pero al mismo tiempo la razón de la tierra es no solamente razón de sí misma, principio de razón, su propio fundamento, sino que también es principio y fundamento de la razón de estado, puesto que propicia la construcción de un estado alternativo. Por otro lado, como veíamos, es la razón de estado la que parece exigir un fundamento si es cierto que la razón se articula siempre por o contra el estado. El principio de razón es una construcción retrospectiva de la razón misma: la razón requiere su propio principio, y es por lo tanto principio de su principio. Así entonces la lógica binaria se cancela o entra en el desastre. Un demonio entra en la dialéctica.

Los criterios éticos del narrador dependen de la resistencia misma como acción contra el estado. La ética es aquí resistencia. En la medida en que la resistencia está fundada en el amor de la tierra original, podemos preguntar si

Tercer espacio

es tal fundamento –la razón de la tierra, el principio de razón– lo que suscita la necesidad de resistencia.

La razón de la tierra está siempre esencialmente relacionada con el nombre propio. Para el narrador de *Bretaña, Esmeraldina* la voluntad de recobrar el nombre propio está oscura pero fuertemente ligada a su voluntad de resistencia política. El nombre propio, dador de la identidad personal, constituye simbólicamente un mandato originario. El nombre se introyecta, desde el origen de la memoria, como deuda permanente, y siempre impagada: prosopopeya cierta por la que habla la sucesión de figuras parentales, la serie genética, los muertos. El nombre se vincula a la tierra a través de la serie genética, de los ojos enterrados que nos miran. Hablando del *daimon* socrático dice Ned Lukacher: "la famosa voz 'atópica' o 'sin lugar' con la que Sócrates tiene comunión le da acceso al mundo fantasmal del logos [cf. la "razón" ferriniana]. Anámnesis describe ese proceso de escucha interior. La 'atopicalidad' fantasmal de esa voz es una máscara u ocultamiento tras el que o a través del que habla la voz de los muertos ... A través del logos el origen del yo, la encarnación absolutamente más temprana, permanece presente al yo" (Lukacher 46). En *Bretaña, Esmeraldina* la anámnesis del protagonista, la recuperación de su nombre propio, permanece vinculada a la resistencia nacionalista revolucionaria: la atopicalidad demónica está pues en búsqueda insistente de su topos. En el nombre quizá razón de la tierra y razón de estado puedan llegar a coincidir "*ao lonxe como unha estrela*".

A esta fuerte tematización del nombre no es ajeno el propio nombre de Ferrín. "Ferrín" parece estar conectado con cierta clase de óxido, que los latinos llamaban *ferrugine* y los castellanos llaman *orín*. Pero la palabra "ferrín" tiene otra posibilidad en gallego, la que le da el latín *ferrago, ferraginis* en genitivo, que significa "herrén", es decir, "tierra cultivada", en otros términos, tierra usada para propósitos de cultivo, tierra abierta a la semilla, donde la seminación, como inseminación y como diseminación, ocurre. En cierto sentido, entonces, matria, tierra materna, quizá incluso patria, o ambas: una tierra abierta a la posibilidad de cultivo es también la tierra que otorga en sí razón de estado. La cuestión del *nomos* se convierte en Ferrín en una cuestión de *onoma*, una cuestión onomástica. Pero ¿qué hay de la otra posibilidad de su nombre, la posibilidad castellana, el "orín"?

Arnoia, Arnoia es un texto dedicado, y por ello dirigido, a los tres hijos de Ferrín, Oriana, Roi y Cristal. Se anuncia por lo tanto como don de un padre, como el nombre. Y como dar un nombre, *Arnoia, Arnoia* será también un intento de reinscripción postnatal de la semilla paterna. En el relato, un niño cuya madre ha muerto encomendándose a su memoria vive lejos de su lugar de nacimiento varias aventuras que a la vez le impiden la vuelta a casa y van trazando el camino de su retorno. Voy a comentar dos momentos de esta historia.

El primer momento es inaugural, en el doble sentido de que abre el libro y de que es profético:

> –No olvides nunca que llevas contigo la estrella que en la tierra de Arnoia llamamos Libredón –me dijo mamá Loretta justo antes de morir ... – No olvides, mi niño, la estrella Libredón que llevas en tu brazo derecho.
>
> –Cuando estés muy cansado –mamá Loretta me dijo justo antes de morir en mis brazos–, cuando estés muy cansado, debes tratar de recordar, cosa a cosa, todo lo que sucedió en tu peregrinar, y por fin conseguirás tu vuelta a Arnoia ... Libredón te guiará de súbito: en un relámpago oscuro. No lo olvides. (Méndez Ferrín, *Arnoia* 11-12)

El texto habla de memoria, de peregrinaje, y del mandato de una madre agonizante que otorga la necesidad del retorno del niño a su tierra natal. Tal necesidad ha sido inscrita en el cuerpo del niño, y la inscripción es una estrella en su mano que se iluminará en el momento de recolección –esto es, en el momento de un ejercicio total de memoria que el texto presenta como condición de la final vuelta a casa–. Esta estrella, Libredón, brilla en el momento del retorno. Su brillo anticipa la apropiación de la patria celebrada en *Bretaña, Esmeraldina*: allí, cuando la insurrección penal triunfa y las puertas de la prisión están a punto de abrirse, el narrador escribe: "fuera, la revolución espera... y la continuación de la lucha hasta el final, que es sin duda la independencia de Tagen Ata y el comunismo para todos. Bretaña, amiga mía, brillaba en la distancia como una estrella" (*Bretaña* 282).

El segundo momento al que me quiero referir viene al fin del libro, cuando el chico, volviendo finalmente en el recuerdo, se encuentra delante del espejo de su propia habitación. Se da cuenta entonces de que "no hubo retorno a Arnoia porque nunca hubo ninguna Arnoia. La razón iba ahora a ser mi señora y mi libertad, y sonreí de nostalgia satisfecha" (*Arnoia* 77). Y cuando esta toma de conciencia ocurre, la estrella ya no brilla. Sin embargo, esta razón, esta libertad que calma la nostalgia, solo se alcanza en la experiencia del retorno, y como consecuencia de haber seguido el mandato materno, el camino de la estrella. Hay un retorno a la razón, que es también un retorno de la razón, cuando el niño despierta para encontrarse en su habitación. ¿Cómo puede conectarse esta razón a la extraña polaridad de razón de la tierra y razón de estado? ¿Es la total recolección del niño la culminación de la misma anámnesis que en *Bretaña, Esmeraldina* quedaba simbólicamente identificada con la revolución nacional-comunista? El logro de la razón aparece así en

Tercer espacio

Ferrín ligado a la autopresencia, ligada esta a su vez a la consecución de la utopía revolucionaria. Al final de *Arnoia, Arnoia* la razón es postulada en el vestíbulo del retorno, y en frente de un espejo, como anticipación del futuro y reconstrucción del pasado. Y produce un placer algo oximorónicamente llamado "nostalgia satisfecha". La razón es, en otras palabras, el resultado final de la autoapropiación mimética o reflexiva del sujeto en el espejo. La razón es especulativa, y produce la identidad del sujeto en el complejo movimiento reflexivo. En cuanto tal, la razón es, en el texto de Ferrín, función del doble mandato materno de separación y retorno. Este doble mandato es también lo mimetizado por Ferrín en la estructuración textual de la dedicatoria a sus propios hijos, en tanto él simultáneamente transmite y suspende un mandato materno.

La narrativa presenta la razón como el fin del retorno, pero simultánea y contradictoriamente como la consecuencia del retorno. Es decir, el retorno es entendido como total autorrecolección, como total autoapropiación en un momento de plena presencia del sujeto ante sí. Pero a la vez se dice que la razón servirá "de ahora en adelante", es decir, a partir del fin del libro, a partir de ese momento ciego de total presencia. Remitida entonces hacia fuera de la textualidad desde la textualidad, va hacia los narratarios como función textual extrañamente desprovista de contenido: su contenido solo puede ser alcanzado tras el despertar, tras el texto. La estructura de la razón en *Arnoia, Arnoia* replica o simula, al nivel de retorno de lo familiar personal, la misma estructura al nivel de la comunidad nacional en *Bretaña, Esmeraldina*. En este último texto, el suelo de la razón nunca se daba, sino que se enunciaba o se anunciaba, "*ao lonxe como unha estrela*", como razón de la tierra. Dado que la razón de la tierra se inaugura como resistencia al estado, como algo que aparece en tal resistencia pero que solo entrará en lo propio tras la destrucción del estado opresor, y bajo las nuevas (y futuras) condiciones, también la razón de la tierra es una función de diferimiento. La estructura de la razón que es entendida como efecto del retorno es similar a la estructura de la razón de la tierra, mientras que la razón de estado es estructuralmente similar a la razón teológica del retorno.

La razón, bajo el nombre de *logos*, es la palabra rectora de la ontoteleología. El *logos* fundamenta la posición central de lo ontológico y lo teleológico abriendo el espacio mismo de la trascendencia. En los textos de Ferrín, por un lado, la razón abre la trascendencia al substituir y/o suplementar la posibilidad misma de retorno. En cuanto tal, la razón termina o limita la textualidad y refiere a la extratextualidad y a la posibilidad de praxis. La razón se encuentra siempre en el paratexto: es, en sí, una recuperación de lo propio socio-político, no lograble en el texto, sino en la acción política directa. Pero, por otro lado, la razón permanece vacía. Es solo invocada, en ambos textos, como punto final, punto fundamentador, pero también punto de extremo diferimiento y diferencia, en la medida en que marca el lugar del retorno absoluto, sin resto: la misma consecución de la utopía, que liquidará esencialmente la necesidad de texto.

La invocación misma de la razón hacia o en el fin teleológico de ambos relatos como algo todavía por venir, no alcanzado, impide la clausura narrativa al reenviar la textualidad hacia sí misma. En los textos de Ferrín, dentro de ellos, la razón no es tanto un significado trascendental como su cascarón vacío, vaciado por la misma imposibilidad narrativa de atraerla a la acción textual, de textualizarla efectivamente de otra manera que no sea su mención formal o profética. La razón entendida como consecuencia del retorno es estructuralmente idéntica a la razón de la tierra, mientras que la razón que es el fin del retorno es igual a la razón de estado. Igual que la razón de estado, fundamentada en la razón de la tierra, daba en su fundamento la posibilidad de una resistencia contra sí misma, en el segundo texto comentado la razón del retorno se opone a la razón como consecuencia del retorno, y la razón del retorno da en lo que le sigue la posibilidad de una resistencia contra sí. La cuestión del fundamento, del principio de razón, la razón de la razón, es la cuestión que tanto en uno como en otro caso destruye la oposición polar e introduce en la dialéctica un demonio desastroso y mortalmente inquietante.

Ambos sistemas de razón tienen precisamente la estructura del nombre, la estructura del nombre de Ferrín. Igual que todo nombre encierra en sí la traza maternal y paternal a despecho de la apariencia, toda razón está doblemente marcada: según la primera marca, los sistemas de razón se abren como el *ferrín*, y se ofrecen al cultivo y a la inseminación. Entregan un mandato de autoconstitución, de identidad, de desarrollo, de desarrollo de identidad. Deben seguir la guía de una estrella, y promover su brillo, la luz de la presencia. Esta es la ley del retorno. Pero, de acuerdo con la segunda marca, la estrella no brillará. La estrella se ha quemado durante el viaje teleológico, quizás, y todo lo que resta es el signo de una combustión metálica, un óxido o un orín. No hay retorno a Arnoia, igual que no hay posibilidad de recuperación de la tierra, de recolección de la tierra, después de que hayamos logrado la destrucción del estado. Este es el efecto que llamaré nómada, que es también una ley de la razón. El efecto nómada es el reconocimiento de la paradójica constitución del fundamento, que resiste captura, apropiación, y que permanece infamiliar, incesantemente resistente.

La paradoja no es nueva ni infrecuente, sino tan antigua como la metafísica misma, pero no por ello fácilmente superable por los intentos de pensar el post- de la metafísica. Son sin embargo los textos mismos de Ferrín los que nos dan la idea de que la afirmación nacionalista no puede ser sino una afirmación de tal marca doble de la razón, y así una afirmación del doblamiento del nombre propio, que es también un acto de resistencia contra la fija identidad del nombre, un acto nomádico de resistencia, una desnominación. La paradoja es por lo tanto que la constitución de una identidad nacional no puede por menos que implicar la tachadura de la noción misma de identidad nacional. Es la misma paradoja que habita una vieja palabra de la filosofía occidental, el aforismo heraclíteo que dice "ethos es daimon" (*ethos anthropoi daimon*), es decir, traduciendo, lo familiar es lo infamiliar para el hombre, identidad es diferencia. Desde este punto de vista, toda determinación de otredad es excluyente y efecto de la razón de estado, de la teleológica razón del retorno. Contra ella está la necesidad nómada.

Si la escisión nostálgica, como ley del retorno, impone para Ferrín un corte en la atopicalidad constitutiva del mandato originario, la escisión irónica, o efecto nómada, establece un corte en la misma necesidad nostálgica de retorno. La marca doble de la razón ferriniana, como la marca doble en el nombre de Ferrín, implica la irrupción del tercer espacio: lo substantivo se diluye cuando lo propio mismo está irrefragablemente cruzado por su contrario.

Capítulo trece

Producción heterológica en "Apocalipsis de Solentiname" de Julio Cortázar

1. Violencia política y ruptura de mímesis

Si algunos segmentos del texto de Julio Cortázar parecen haber envejecido dramáticamente, el relato de 1976 titulado "Apocalipsis de Solentiname" no ha seguido el mismo destino. "Apocalipsis" es un texto político, probablemente uno de los ejemplos más sucintos y económicos de la literatura testimonial de solidaridad que se manifestó como respuesta a la brutalidad de los regímenes de contrainsurgencia centroamericanos de las décadas del 70 y del 80[1]. "Apocalipsis" conmueve emocional y políticamente, del mismo modo que conmueven *Me llamo Rigoberta Menchú*, *Harvest of Violence*, *The Massacre at El Mozote* o *Unfinished Conquest*[2]. Su efecto literario, sin embargo, no puede ser asimilado automáticamente al tipo de eficacia lograble por el texto histórico, periodístico, científico-social o testimonial.

"Apocalipsis de Solentiname" rompe un ideologema exhausto pero sorprendentemente persistente: la noción de que la alta literatura está estructuralmente condicionada a servir los intereses de formaciones sociales hegemónicas, dado que solo puede, en el mejor de los casos, dar representación subordinante o vertical de los oprimidos desde una perspectiva siempre ya privilegiada. Es cierto que el relato cortazariano se ocupa central y sintomáticamente de tal ideologema: lo produce y repite solo para mejor demolerlo en su presentación convencional. "Apocalipsis" no rechaza, sino que abraza, el hecho estructural de su forma privilegiada de representación, y lo abraza

---

[1] Para lecturas políticas del texto ver Barbara Harlow, *Resistance Literature*; también Willy Muñoz, "Julio Cortázar", y Jonathan Tittler, "Dos Solentinames". Ver Jaime Alazraki para un análisis sumario de la tematización de lo político por Cortázar. Y también la entrevista de Cortázar con Omar Prego, "Juego y compromiso político". De Cortázar, *Nicaragua tan violentamente dulce* y *Argentina, años de alambradas culturales*.

[2] Respectivamente, Elizabeth Burgos-Debray ed., Robert M. Carmack ed., Mark Danner y Víctor Perera.

precisamente en virtud de su inevitabilidad estructural; no abdica de procedimientos retóricos y estilísticos asociables con la alta literatura, sino que al contrario los intensifica para ponerlos al servicio de una compleja forma de solidaridad; renuncia a la ilusión de compromiso directo e inmediato mostrando que el compromiso solo puede ser mediato; y vuelve, por fin, a una auto-interrogación teórica de gran rigor, a través de la cual, y solo por la cual, se abre la misma posibilidad de una praxis literaria. Cortázar, por así decirlo, acaba devolviéndonos la literatura, tras exponerla y rescatarla del basurero de la historia al que una cierta desesperación contemporánea presuntamente política pareció haberla consignado.

Cortázar, en "Apocalipsis", avanza hacia la plena expresión literaria de algo que estaba ya vislumbrado en textos más tempranos, como *Rayuela*, "Las babas del diablo" o *Prosa del observatorio*, para mencionar solo algunos: la idea de que la literatura debe proceder desde la constatación de que su esfera de efectividad es la de la inversión anaclítica en el objeto de expresión; una inversión que acabará revelando dicho objeto como siempre absolutamente opaco, siempre resistente a la apropiación[3]. "Apocalipsis de Solentiname" procede desde una inversión primaria en un objeto percibido como originario hacia una inversión secundaria en el mismo objeto a través de la cual se enuncia simbólicamente la imposibilidad de recuperación del objeto de anáclisis. En ello el texto se mostrará traspasado por una pretensión ontológica rota. Lo que rompe el impulso ontológico es la materialidad heterológica de lo real. La grandeza de "Apocalipsis" reside en su capacidad de afirmar la cierta impo-

---

[3] "Anáclisis" es un neologismo usado por algunos traductores e intérpretes de Freud para dar cuenta de nociones nominales relacionadas con el verbo alemán *Ahlehnen*, que significa "dar apoyo". Jean Laplanche, aun proponiendo una rendición alternativa para el francés, *etayage*, le da al término categoría de "término fundamental en el aparato conceptual freudiano" (Laplanche 15). Originalmente el impulso sexual se apoyaría en una función vital, no sexual. Por ejemplo, el infante que mama la leche materna por razones de sustento y autopreservación no puede evitar al mismo tiempo obtener satisfacción erógena en tal actividad. "Así [anáclisis] consiste inicialmente en el apoyo que la sexualidad emergente encuentra en una función vinculada a la preservación de la vida" (17). Lo que me interesa es el hecho de que "en una fase inmediatamente subsiguiente encontramos una separación de ambas funciones, dado que la sexualidad, en un principio enteramente asociada [a la función de preservación de vida, al sustento], está simultánea y enteramente *en el movimiento de disociación con respecto de ella*" (18). Las necesidades de sustento podrán encontrar satisfacción posterior de alguna otra manera, pero el deseo, en virtud de su disociación orginaria con respecto del objeto de satisfacción, no la encontrará. Lo literario está semejantemente apoyado en un objeto perdido, la cosa literaria misma, el lenguage entendido como necesidad corporal; pero la literatura está a la vez enteramente en el movimiento que la disocia del lenguaje entendido como función vital. Por eso toda literatura ha de ser literatura del tercer espacio en la medida en que se entienda a sí misma. Sobre anáclisis ver también Rosalind E. Krauss, *Optical Unconscious* 140.

sibilidad constituyente de la obra de arte para ofrecerse como construcción ontológica y, al mismo tiempo, afirmar que la obra de arte depende para su constitución de tal imposibilidad constituyente. Esto tiene serias consecuencias en relación con el efecto político de la obra de arte y la articulación social del trabajo cultural. Para Cortázar, como trataré de mostrar, la solidaridad no puede depender de la mímesis, igual que la comunidad no puede depender de la ontología. Serían más bien la ruptura de la mímesis y el desastre de la ontología las que nos entregaran, desde la destitución, la posibilidad de un suelo en el que puedan asentarse a la vez, por más que incómodamente, el pensamiento, la literatura, y la política emancipatoria.

Este capítulo cierra el ciclo narrado en este libro y acaba tornando a la temática expresada en el Capítulo primero a propósito de la posibilidad de compromiso en la literatura latinoamericana con la expresión de subalternidad. Si la cuestión que se ofrecía allí con cierta premura era la de averiguar de qué formas podía la literatura hegemónica latinoamericana al mismo tiempo expresar su propia historicidad eurocéntrica y abrir el campo discursivo hacia una crítica del eurocentrismo, que permitiera posteriormente, o que abriera el camino, a posibilidades de articulación política expresa con lo que lo dominante excluye o subsume, "Apocalipsis de Solentiname" produce una respuesta particular. En ella se repiten soluciones ya estudiadas a propósito de duelo, mímesis, representación (im)productiva, escritura lapsaria, escritura antidialéctica y representación ekfrástica. Pero la desestabilización del ontologocentrismo en Cortázar adquiere un carácter distinto con respecto de todo lo visto en virtud de su posicionamiento explícito en relación con la subalternidad latinoamericana. Desde ella Cortázar logra efectuar una fuerte crítica de la localización intermedia misma del punto de enunciación que constituye su escritura, que él mismo concibe como fuertemente comprometida en un orden simbólico paterno- teológico.

II. MENTIR (CON) LA VERDAD

Al principio del relato dice Cortázar "el chacal aúlla pero el ómnibus pasa" ("Apocalipsis" 18). Omnibus: el vehículo que lo lleva todo, como la metáfora. Escuchar el aullido al paso de la totalidad de las cosas implica cierta telepatía o capacidad para sentir dolor a distancia, como en un sacrificio. Dice Cortázar, que es a la vez autor y narrador del relato, que la avioneta que lo lleva a la escena fundamental del texto, un Piper Aztec, lo lleva "derecho a la pirámide del sacrificio" (19). Allí se consuma el dolor a la distancia. Todo momento sacrificial es necesariamente un momento telepático. El texto habla de la visita de Cortázar a una "vida rodeada de miedo y de muerte;" una visita, sin embargo, no a un corazón de tinieblas, sino hacia una "visión primera del mundo", cuya consecuencia será "cruzar un límite" y entrar de lleno en la "idiotez" de la alucinación o del delirio (20 y 24). Es decir, en la idiotez del fantasma. Ese chacal que aúlla en el texto de Cortázar es ya anticipo de un acto extraordinario de traducción ectoplásmica. El chacal es el animal centroamericano cuyo aullido traduce culturalmente el aullido del lobo en otras latitudes: ominoso, portentoso.

Hay una oscura mención del lobo en "Apocalipsis", hermética, críptica, y se pensaría que no puede pasar de ser una broma del lenguaje. Cortázar, al principio de su cuento, se imagina muerto, en las puertas del trasmundo, y piensa que allá San Pedro o su alternativa diabólica le harán las preguntas de siempre, y entre ellas: "¿a usted no le parece que allá abajo escribía demasiado hermético para el pueblo?" (18). Se sabe que pueblo es "*Volk*" en alemán, y es cierto que Cortázar va a hacer de su experiencia en Solentiname una experiencia en cierto sentido folklórica, al representarse como turista que va al encuentro del arte popular de los campesinos de la comunidad cristiana de Solentiname, en Nicaragua, de visita. Ahora bien, "*Volk*" en ruso significa "lobo". Más allá de la ocurrencia de que un cuento escrito parcialmente en La Habana y en vista e impaciente espera de la insurgencia sandinista podría estar abierto a ciertos préstamos soviéticos, se pensaría que Cortázar no tiene nada que ver con esa palabra rusa. Pero ¿por qué entonces esa manifestación delirante sobre las preguntas del guardián del trasmundo acerca del hermetismo y del pueblo, que puede hacer pensar que, efectivamente, algo esconde el pueblo, algo se oculta al pueblo y en el pueblo? En cualquier caso, podemos plantear la cuestión de que en la escritura hermética de Cortázar sobre el pueblo, sobre los campesinos pintores folkloristas de Solentiname, puede haber un lobo escondido, un chacal traducido al paso de lo real, y por lo tanto puede ser que "Apocalipsis de Solentiname" acabe revelando una experiencia radical de licantropía, que sin duda excitará nuestro dolor catártico, telepático[4].

"Entiendan por nihilismo cierta clase de conciencia crítica que no les permitirá hacer ciertas proposiciones afirmativas cuando esas proposiciones afirmativas van contra la manera en que las cosas son": eso dice De Man, en un texto varias veces citado en este libro, comentando el ensayo de Walter Benjamin "La tarea del traductor" (De Man, "Conclusions" 104). En la traducción –la traducción entendida como "acontecimiento"– encuentra De Man precisamente ese nihilismo activo, antimesiánico y antiutópico, del que dice que es "posiblemente preparatorio a un acto histórico" (103). Para De Man, interpretando a Benjamin, la traducción es una intervención política

---

[4] La licantropía se menciona, pero sin elaboración alguna, en el ensayo de Muñoz, que trata parcialmente de "Apocalipsis", "Julio Cortázar" 543.

antimesiánica y antisagrada, cuyo acto fundamental es la descanonización del original. En tal descanonización se revela, comenta De Man, "todo lo que es idiomático, todo lo que es acostumbrado, todo lo que es cotidiano, todo lo que es *prosaico* en el original" (97). Esta revelación, esta forma particular de apocalipsis que Benjamin situaría en el ámbito del lenguaje puro (*reine Sprache*), es a mi juicio la referencia general de "Apocalipsis de Solentiname". En el relato podemos encontrar un modo de literatura política de resistencia cuya táctica fundamental no es la proyección utópica, sino el pensar de duelo, el uso de la memoria y de la repetición mnemónica para constatar una pérdida e intentar sobrevivirla en resistencia a su atracción siniestra.

Dos años después de haber escrito el cuento, en 1978, Cortázar observa en una ponencia presentada al PEN Club de Estocolmo:

> ["Apocalipsis de Solentiname"] narraba una visita clandestina que en 1976 hice a la comunidad de Solentiname, en el gran lago central de Nicaragua ... ese relato fue ... tristemente profético, pues un año después de haberlo escrito las tropas del dictador Somoza arrastraron y destruyeron esa pequeña, maravillosa comunidad cristiana dirigida por uno de los grandes poetas latinoamericanos, Ernesto Cardenal (*Argentina* 85).

El relato resultó profético. Si no hubiera sido profético, si las tropas somocistas no hubieran atacado Solentiname, el relato estaría igualmente escrito y disponible para la lectura, pero su lectura provocaría efectos notablemente diferentes. Si el cuento no hubiera sido profético en el sentido más terrible y elemental, la pregunta por la génesis intencional del relato podría plantearse hoy con más fuerza, y tendría quizá mayor resonancia: ¿por qué, de hecho, escribe Cortázar un cuento que postula la imaginaria destrucción de la comunidad teológica de Solentiname? Obviamente, Cortázar no quiere ser profético cuando escribe ese cuento. "Apocalipsis de Solentiname" no debería ser interpretado retrospectiva y anacrónicamente, a favor de su contenido lamentable y contraintencionalmente profético, como una narración político-realista en el sentido tradicional.

Desde el punto de vista de un hipotético lector de 1976, fecha de escritura del cuento, las frases pronunciadas por Cortázar en Estocolmo en 1978, frases que retrospectivamente leen el cuento como profético, son frases mentirosas: frases, esto es, que mienten con la verdad, y que haciéndolo reconstituyen y apuntalan un mecanismo de ocultación y defensa ya presente de forma ambigua en el texto de 1976: en 1976, Cortázar se autopresenta como un extranjero que da testimonio de un acontecimiento atroz. Ahora bien, el testimonio, es decir, la verdad de lo que Cortázar ve, solo podrá darla, en 1976, como proyección fantasmática, alucinatoria, sobre la pantalla libidinal que Cortázar instala en su casa de París. El testimonio de Cortázar, lejos de ser un testimonio realista, es en "Apocalipsis de Solentiname", en 1976, una mera proyección libidinal. Al presentar en 1978 esa proyección libidinal como genuinamente profética, y por lo tanto después de todo verdadera, Cortázar perpetra un fraude, que consiste en lo siguiente: darnos su producción simbólica como perteneciente, en un sentido fuerte, al orden de lo real. En su intervención de Estocolmo de 1978 Cortázar se encripta, por decirlo así, en lo real: este es el fraude y la ruptura fundamental en la mímesis cortazariana. El supuesto realismo de "Apocalipsis" se vuelve un importante mecanismo de ocultación superpuesto al texto: una cesura o fisura al nivel más esencial de constitución de sentido textual.

Ahora bien, ¿no es esta ruptura de la mímesis, esta cesura en el procedimiento mimético, en realidad consustancial a toda literatura?[5] El fraude puede ser estructuralmente necesario para la literatura realista si es verdad que, como afirman Nicolas Abraham y María Torok, "el concepto metasicológico de realidad remite, en el aparato síquico, al lugar donde el secreto está enterrado" ("Topography" 62). Abraham y Torok aluden al bien conocido hecho analítico de que "la noción de realidad aparece siempre [en el tratamiento] ... de forma disfrazada, incluso irreconocible. Para nosotros en cuanto analistas son el disfraz y la negación mismos los que testifican, más que cualquier otra cosa, de la presencia de aquello que tiene el estatuto de realidad para nuestros pacientes" (62). No pretendo psicoanalizar el texto, sino proponer que el relato de Cortázar suscribe una noción analítica de realidad tal como la que acaba de ser citada.

¿Cuál sería entonces el secreto del texto cortazariano? "Apocalipsis de Solentiname", entendido desde la clave del secreto, desde la clave hermética anunciada en el delirio sobre San Pedro o el diablo, sería una forma de hablar imposiblemente del secreto, de hablar callando. En ese "mentir con la verdad" estaría de hecho la meta pulsional del relato de Cortázar. De acuerdo con eso, el relato, para seguir con el vocabulario propuesto por Abraham y Torok, debe ser considerado un relato "criptofórico". Y para el criptóforo "un deseo, ya directamente saciado, yace enterrado, igualmente incapaz de salir a la superficie que de desintegrarse. Nada puede deshacer el hecho de que el deseo haya sido consumado o borrar su memoria. Este pasado está así presente para el sujeto como un *bloque/o de realidad*; es mencionado como tal en negaciones y desmentidos" (65). Tratemos entonces de desenterrar, como lectores, la destructiva revelación que "Apocalipsis" guarda, aunque no

---

[5] Sobre mímesis y cesura ver Lacoue-Labarthe, *Imitation* 39-69.

completamente. Una llave para el secreto está dada al menos formalmente en el aparato de traducción presente en el texto–un aparato preparado, como todo aparato de traducción, para una descanonización del original entendido como lugar de un secreto, esto es, de un deseo a la vez cumplido y oculto; un síntoma textual, por lo tanto.

III. Dos escrituras, y el fantasma semiótico

En el cuento, Cortázar, que es al mismo tiempo narrador y personaje, va de visita a la comunidad teológica de Solentiname y ve allí unas pinturas naïf hechas por los campesinos: casitas, vacas, maíz, campos de caña y arcadia. En ellas Cortázar reconoce o identifica, nos dice, la posibilidad de una "visión primera del mundo" ("Apocalipsis" 20). Toma unas fotos, y al proyectarlas en su pantalla de diapositivas en París ocurre que las imágenes en que se ve inmerso no tienen aparentemente nada que ver con lo que creyó fotografiar: son imágenes de tortura, muerte y destrucción (somocistas contra campesinos). Entiendo en esto una referencia a dos posibilidades diferentes de escritura: por un lado, la escritura fundacional, órfica, dadora de mundo, escritura ontológica y poética en el sentido de *poiesis*, que es la representada en los lienzos de pintura campesina: una escritura comprometida en la equivalencia o unidad entre representación y ser; y, por otro lado, la escritura que podría llamarse sacrificial siguiendo una idea de Bataille: escritura de gasto y horror, nihilista, angosta, esencialmente destructiva, que es la representada por el acto de traducción que la máquina de Cortázar lleva a cabo sobre el texto pictórico[6]. La relación entre ambas formas de escritura define la dimensión criptofórica del texto.

Esas dos formas de escritura no tienen una relación de equilibrio dentro del texto. No son homólogas, sino heterólogas la una con respecto de la otra. La traducción entre ellas, de la una a la otra, ostensiblemente aquello que constituye el tema fundamental del cuento, establece su heterología mutua. Mediante el obvio compromiso autográfico de Cortázar con la segunda forma, mediante la utilización de la metáfora fotográfica, metáfora de metáfora propiamente, y ya usada para fines semejantes en "Las babas del diablo", Cortázar privilegia el segundo modo de escritura, escritura de gasto y destrucción, que es un modo de escritura hostil a toda apropiación por la buena conciencia, hostil a toda reinscripción domesticante. Ya en *Rayuela* Cortázar

---

[6] Sobre las dos clases de escritura ver Gerald Bruns, *Modern Poetry*, para una presentación alternativa. Aunque suscribo la noción de Bruns de escritura órfica, prefiero hablar de otra escritura para la que tomo prestadas ciertas nociones de Georges Bataille que Bruns no contempla en su elaboración sobre la expresividad hermética.

había intentado enmarcar "la poesía y la denegación de la poesía", buscando no una escritura de suma –acumulación poética, construcción de mundo– sino "una *resta* implacable"[7]. ¿Cuáles son las consecuencias políticas de una teoría, y una práctica, de escritura indomesticable, afirmadora de la pérdida, de la disolución, de la muerte? ¿Cómo entenderla como escritura de resistencia, de potencialidad emancipatoria?[8]

La segunda escritura de Cortázar, escritura de traducción, de resta, ejerce su acción sobre la primera forma de escritura, la escritura poética, y es así, no solo resistencia frente a la formación de mundo, sino beligerancia activa contra ella. Estamos frente a una concepción de la escritura donde lo privilegiado es en apariencia el momento nihilista –una escritura antipoética, antisimbólica–. Pero el hecho de que Cortázar no encuentre otra forma de representar su versión de segunda escritura que mediante la fantasmalización de la tortura y el asesinato somocista debe en mi opinión leerse así: en la lucha entre escritura fundacional y escritura destructiva, lo fundacional es aparentemente subordinado, pero en ello prepara su venganza. La segunda escritura es siempre traducción de la primera: la traducción se produce a partir de una carencia del original, pero la traducción –que es suplemento– tampoco alcanza en sí estatuto de suficiencia. La segunda escritura depende entonces esencialmente de la primera: la escritura naïf, fundacional, preinscribe lo

---

[7] Se encuentra al final de *Rayuela*, con finalidad cierta: "Si el volumen o el tono de la obra pueden llevar a creer que el autor intentó una suma, apresurarse a señalarle que está ante la tentativa contraria, la de una resta implacable" (708). Sin embargo, hay que decir que *Rayuela* incorporó hasta un grado máximo la búsqueda de una "visión primera del mundo", y que de hecho la problemática, no necesariamente de las dos escrituras, pero sí de dos intentos opuestos de lidiar con el mundo, uno constructivo y otro destructivo, encuentra expresión clásica en la novela de 1963. Ver entre otros pasajes importantes capítulos 71, 90 y 99.

[8] Si la estética de Solentiname puede ejemplificar la primera clase de escritura tal como la defino, no será porque las pinturas campesinas expresen necesariamente una "visión primera del mundo", sino porque esa sería su supuesta intencionalidad convencional. Creo que se puede asumir que las pinturas de Solentiname fueron para Cortázar el lugar de una alegoría: una producción tropológica que podría postularse "gobernada por una unidad mítica o ideal de palabra y ser" (Bruns, *Modern Poetry* 1). En otras palabras, una producción cultural cuya misma literalidad resultara ya en una ontología. Pero el estilo "primitivo", o la cargada versión de tal supuesto que nos entrega Cortázar, no debería engañarnos. Como aprendió Betty La Duke en el curso de su visita a la reconstruida Solentiname en 1981, no había nada de primitivo en el primitivismo de Solentiname: "Mi objetivo principal era aprender sobre la pintura 'primitiva', pero tras hablar con la familia Guevara y otros artistas y miembros de la comunidad, me di cuenta en seguida de que la pintura 'primitiva' de Solentiname era una expresión profunda de evolución personal conectada con una perspectiva religiosa y política de amplios alcances" (La Duke, "Painter-Peasants" 97). Ver el resto del ensayo de La Duke, que es un relato de la vida personal de los pintores de la comunidad y de sus posiciones estéticas y políticas.

depravado y abyecto, igual que lo depravado y abyecto remite siempre a su posibilidad naïf. La emancipación es siempre la posibilidad teológica y pastoral de la primera escritura, pero la lucha por su manifestación implica también necesariamente la posibilidad heterológica. La ontología que subyace a cualquier proyecto emancipatorio está siempre sujeta a crítica heterológica.

Hay dos sistemas semióticos en juego: uno encaminado hacia una epifanía original; el otro, traduciéndola. En su incesante enfrentamiento aparece el momento mimético, que los dobla siniestramente, y otorga su indecidibilidad. Esta duda es, finalmente, la cierta proyección heterológica del relato de Cortázar: una duda que pertenece al texto mismo, que *es* el texto, texto posmoderno, prendido en la imposibilidad de aceptar una ontología o una dialéctica, pero afirmando esa imposibilidad como constitutiva, paradójicamente. El texto es criptofórico precisamente porque en él el secreto, el deseo ontológico enterrado, "es igualmente incapaz de alzarse y de desintegrarse" (Abraham y Torok, "Topography" 65). Está allí, pero siempre bajo la forma de un bloque de realidad, cuya misma posibilidad está generada por la escritura ontológica, presente en negaciones y denegaciones que la segunda escritura impone.

Voy a llamar fantasma semiótico a lo producido en la relación heteróloga entre esas dos formas de escritura[9]. El fantasma semiótico es un efecto de traducción. Ocurre en la intersección entre texto original y labor de traducción–la intersección de dos sistemas de signos. Ocurre cuando la fractura simbólica en el original, la cripta del original, se extiende hacia su suplemento cosimbólico, su traducción; cuando el traductor, al traducir, toca la cripta del otro, y la experimenta, diríamos, telepáticamente. En el comienzo del cuento Cortázar desembarca en San José de Costa Rica, penúltima etapa donde tomará una avioneta que le llevará a Nicaragua. La avioneta es un Piper Aztec, y Cortázar no puede evitar pensar que de algún modo la avioneta le lleva a "la pirámide del sacrificio" ("Apocalipsis" 19). Durante la rueda de prensa en

---

[9] Adopto el término de un cuento de William Gibson llamado "The Gernsback Continuum", 29. El narrador de este cuento, fotógrafo, debe llevar a cabo una tarea que roza lo sublime: rescatar ruinas, trazar un resto. Necesita fotografiar lo que queda de la arquitectura futurista norteamericana de los años treinta y cuarenta, lo que el texto llama "*American Streamline Moderne*" or "*raygun Gothic*" (24). En el proceso de investigar lo que pudo haber sido y no fue, el fotógrafo, para usar la apropiación cortazariana de una de las frases favoritas de Horacio Quiroga, "cruza la línea": "Y un día, en las afueras de Bolinas, cuando me preparaba a retratar un ejemplo particularmente suntuoso de la arquitectura marcial de Ming, penetré una fina membrana, una membrana de probabilidad ... Con infinita delicadeza, crucé el borde" (27). "The Gernsback Continuum" es una curiosa traducción norteamericana de la experiencia latinoamericana al mismo tiempo parcial y excesivamente (pero precisamente) captada en "Apocalipsis de Solentiname".

San José alguien le pregunta: "¿qué pasó que *Blow-Up* era tan distinto de tu cuento?" (18). Como se sabe, *Blow-Up* es la película que Michelangelo Antonioni rodó sobre o desde "Las babas del diablo". Entre *Blow-Up* y "Las babas del diablo" no ocurre simplemente un proceso de traducción fotográfica o cinematográfica. El cuento tanto como la película tematizan la traducción fotográfica en general, y son por lo tanto reflexiones sobre metafotografía. Así "Apocalipsis" queda enmarcado desde su comienzo entre referencias a varios sistemas semióticos. La frase de "Apocalipsis" sobre *Blow-Up* y "Las babas del diablo" organiza una polisemiosis, una complicación ejemplar de la relación entre sistemas de signos. Tal complicación problematiza la relación de traducción entre ellos. En nuestro texto, preludia la aparición del fantasma semiótico. El fantasma semiótico es lo incontrolado, lo heterólogo, lo que el lenguaje, desde dentro del texto, excreta por pura tensión entre sus elementos significantes, dentro de un proceso de traducción que desde luego trasciende al sujeto traductor, pero que lo implica y reclama de él el pago de su deuda. Vamos a ser testigos de una producción heterológica.

IV. Mímesis heterológica e inconsciente óptico

La heterología tiene que ver con la relación de lo que Bataille considera dos impulsos humanos básicos y polarizados: la excreción y la apropiación. La producción sería según Bataille la fase excretora de un proceso de apropiación. La apropiación está subordinada a la excreción incluso en casos límite donde la apropiación parece tener prevalencia. Así es en la consumición sacrificial, dice Bataille, el caso elemental de la orgía, en la que "la incorporación en la persona de elementos irreduciblemente heterogéneos" tales como esperma, sangre menstrual, orina, o materia fecal sirve al propósito de provocar un aumento de fuerza para una expulsión más intensa (Bataille, "Notion" 95). Podemos llevar este modelo a la traducción, considerándola como juego de apropiación y excreción.

La traducción no es meramente excreción de lo previamente apropiado, sino producción de un remanente específico, heterogéneo con respecto de lo apropiado y de todo acto de apropiación. Desde esta perspectiva, la traducción, como producción heterológica, es producción de lo diferente a partir de lo idéntico: es el desperdicio, la basura de lo idéntico; es, de hecho, la fiesta de lo mimético, en la que la ausencia o la carencia, la des-identidad, juegan un papel primordial. La traducción siempre se ejerce en traducir lo que no está allí. Fotografiar lo que no está ahí–y en el fondo la fotografía no hace otra cosa, sinónimo en esto de traducción–es como "leer lo que nunca fue escrito": Walter Benjamin usa esta última frase para referirse a la facultad mimética, una vieja facultad humana que estructuraría la percepción de lo que Benjamin define a su manera como "similaridades no-sensibles": "'Leer lo que nunca fue escrito'. Tal lectura es la más antigua: lectura antes de todo tiempo, desde las entrañas, las estrellas o los bailes" (Benjamin, "Mimetic" 336). La noción benjaminiana de mímesis está radicalmente condicionada por su punto de partida en la irreducibilidad de la relación mimética a relación sensible. Si mímesis es para Benjamin la práctica de la similaridad no-sensible, la mímesis en Benjamin no organiza la homogeneización del mundo, sino lo contrario: su proliferación heterológica, en las brechas del elemento homogeneizador, que es el elemento semiótico. La mímesis viene en bruscos relámpagos de percepción, como el organizado por la rápida apertura y cierre del diafragma óptico:

> El elemento mimético en el lenguaje puede, como una llama, manifestarse solo a través de alguna especie de portador. Este portador es el elemento semiótico. Así la coherencia de palabras y frases es el portador a través del cual, como en un flash, aparece la similaridad. Pues su producción por el hombre –como su percepción por él– está en muchos casos, y particularmente los más importantes, limitada a flashes (335).

En mi interpretación, "Apocalipsis de Solentiname" suscribe enteramente el concepto benjaminiano de mímesis. En la intersemiosis traductora, en el proceso de traducción de uno a otro sistema de signos, la ruptura de lo semiótico es, por decirlo así, congénita, y facilita, o incluso causa, la aparición fantasmal. La mímesis es cabalmente el fantasma dentro de la semiosis. El elemento semiótico, como simple portador, siempre incorpora la posibilidad de fantasma. El elemento semiótico lleva en sí su posibilidad de fantasma, captable en un fogonazo o en un disparo: el flash de Benjamin. Ahora bien, esta producción de fantasma es, para Benjamin, el momento propiamente epistemológico en la práctica artística. La posibilidad de conocimiento estético viene así afirmada en la recuperación de un momento antiestético, antisensible, el momento fantasmal en el que sin embargo la similaridad del mundo, y por ende su básica traducibilidad, queda constatada.

En su libro *The Optical Unconscious* Rosalind E. Krauss ataca lo que presenta como la ideología de opticalidad subyacente a la poderosa noción vanguardista de la autonomía del arte:

> El mapeo del campo retinal sobre el plano pictórico del alto modernismo, que apareja la expectativa positivista de que las leyes del uno legislarían y subyacerían a la autonomía de las operaciones del otro, es típico de la forma en la que el alto modernismo estableció y consiguientemente fetichizó un reino autónomo de lo

visual (Krauss 126).

Según Krauss, la vanguardia estética desarrolló una corriente antióptica o antivisual que sin embargo permaneció subterránea o escondida frente a la hegemonía de la opticalidad, que constituye la ideología más obviamente susceptible de fundamentar o legitimar la autonomía de la práctica estética. La fetichización de lo visible encontró a pesar de todo enfrentamiento en el trabajo de quienes, como Marcel Duchamp o Max Ernst, entendieron que la opticalidad no es un dato objetivo, sino un producto de la intervención del cuerpo en la percepción fenoménica. Estos artistas avanzaron hasta llegar "al vestíbulo del deseo-en-la-visión, es decir, a construir la visión misma dentro de la opacidad de los órganos y la visibilidad del inconsciente" (125); así "se propone la densidad y opacidad del sujeto de visión como la precondición misma de su acceso a la visión" (125).

Krauss adapta la noción que Benjamin publica en 1931 de un "inconsciente óptico" para significar con ella "una [proyección] externalizada dentro del campo visual ... de la manera en la que la visión humana puede concebirse inferior al control de todo lo que contempla, en conflicto, como vive con todo lo que es interno al organismo que le da morada" (179-80). El fantasma semiótico, la producción del momento mimético como flash, como guiño diafragmático, es así no una apertura del campo visual, sino una ruptura retinal hacia la opacidad del deseo inconsciente. Por eso la fotografía siempre necesariamente fotografía lo que no estaba allí, y no podía estar–puesto que estaba siempre en otra parte. La fotografía siempre captura el fantasma de la semiosis. "Apocalipsis" trae desde ello a la luz la opción antióptica descrita por Krauss.

V. Disturbios visuales y tarea del traductor

Cuando Cortázar llega en su viaje a Las Brisas, finca de José Coronel Urtecho y última etapa antes de embarcarse en la lancha que le llevará a la isla de Solentiname, aparece una polaroid que le asombra e inquieta, forzándole a preguntar por el fantasma, el "ectoplasma inquietante": "[¿]qué pasaría si alguna vez después de una foto de familia el papelito celeste de la nada empezara a llenarse con Napoleón a caballo[?];" "a mí ver salir de la nada, del cuadradadito celeste de la nada esas caras ... me llenaba de asombro" ("Apocalipsis" 19). El "cuadradadito celeste de la nada", como campo de escritura, es una pura membrana de probabilidad, normalmente el hímen de la similaridad convencional o semiótica entre modelo y traducción, original y copia. Pero ¿por qué "de la nada"? La aparición del fantasma semiótico –es decir, el fantasma de la mímesis en la semiosis– no desmiente la función del campo de escritura como campo de similaridad: al contrario, la producción del fantasma es la excreción pura de lo similar no sensible, heterogéneo, heterológico. Para Bataille la nada, o sus análogos lo absoluto y la infinitud, constituyen la excreción del pensamiento filosófico: aquello que el pensamiento no puede dotar de contenido positivo, y permanece así como escandalosa diferencia a duras penas tapada por la dialéctica (Bataille, "Notion" 96). En la traducción mimética o fotográfica, la nada es el campo abierto para el sacrificio, para la incorporación y la pérdida sacrificial. La aparición del fantasma que introduzca la heterología en ese campo de escritura, el papel fílmico, asusta a Cortázar. Cortázar prefigura ya la heterología en esa nada del papel blanco, en blanco.

La preocupación por evitar la nada o el lugar de la nada es ominosa en "Apocalipsis" y recurre en otro momento crucial del texto. Viendo las pinturas de los campesinos de Solentiname, en las que Cortázar cree captar la expresión de una "visión primera del mundo", decide fotografiarlas una por una "con cuidado, centrando de manera que cada cuadro ocupara enteramente el visor. Las casualidades son así: me quedaban tantas tomas como cuadros, ninguno se quedó afuera" ("Apocalipsis" 21). Nada queda fuera. Lo importante es asegurar la total coincidencia de los diferentes sistemas semióticos, pintura y fotografía, para lograr una exacta traducción sin resquicios para fantasmas. La "pirámide del sacrificio" que aparece en la introducción del cuento cobra ahora el carácter tropológico de pirámide de la visión, a partir del centro óptico –y teológico– de la pupila fotográfica. La ansiedad que Cortázar experimenta en Solentiname en el momento de hacer las fotografías queda curiosa y fascinantemente confirmada en el relato testimonial de la visita que hizo otro de los que participó en ella, el escritor y político nicaragüense Sergio Ramírez. Contando que sostenía las pinturas para que Cortázar las fotografiara en la luz primera de la mañana pasa a un monólogo interior: "Julio", le dice, "no te olvidés del apocalipsis y dejáte de joder con el folklore, las vaquitas ... Lo que importa es el apocalipsis" (Ramírez, *Julio, estás en Nicaragua* 47).

Expulsados del margen, privados de su lugar digamos natural de habitación, los fantasmas irritados harán su aparición en el único lugar que les queda libre, el centro mismo, llegando a dominar en su totalidad la pantalla de proyección, la base piramidal del triángulo óptico, en un principio supuestamente fiel reproductora de lo percibido en el momento original de la visión, en el tiempo de la fotografía. Este retorno de lo excluido es una obvia intromisión de la opacidad del cuerpo y sus pulsiones en la transparencia óptica buscada "con cuidado" por el fotógrafo Cortázar. Pero no podía haber nada realmente sorprendente en tal aparición, por lo menos no para un Cortázar que define su mismo acto de traducción, la transposición de pintura a fotografía, como un robo y un rapto emprendido en vistas a la posterior liberación del objeto. Pero ¿liberación hacia dónde? De hecho, el traductor se limita a cumplir su tarea: "Es tarea del traductor liberar en su propio lenguaje ese lenguaje puro que está bajo el hechizo de otro, soltar al lenguaje apresado en la obra en su recreación de esa obra" (Benjamin, "Task" 261). Así dice el narrador: "Cuando vino Ernesto a decirnos que la panga estaba lista, le conté lo que había hecho y él se rió, ladrón de cuadros, contrabandista de imágenes. Sí, le dije, me los llevo todos, allá los proyectaré en mi pantalla y serán más grandes y más brillantes que estos, jodete" ("Apocalipsis" 21). La proyección en la pantalla aparece así como una continuación natural de la proyección deseante que llevó a Cortázar al rapto de la imagen. Ese carácter erótico de la relación de traducción es precisamente lo que organiza su imposibilidad de acabamiento: el deseo de apropiación no puede ser satisfecho. La carencia del original, la ley que en todo original reclama el suplemento de la apropiación por otro, origina la deuda del traductor, pero la deuda, siempre contraída, debe ser pagada[10].

Un texto de Freud citado por Krauss, "La perturbación psicógena de la visión según el psicoanálisis", puede servir para indicar el carácter libidinal o deseante del fantasma semiótico: para Freud, el ojo puede captar la atracción erótica de determinados objetos y no limita su función a percibir las modificaciones en la realidad que pueden amenazar la preservación de la vida. El conflicto óptico puede resultar cuando las pulsiones yoicas, que buscan la preservación, y los instintos sexuales entran en discordia: entonces el ego organizará la represión del ojo. Si la lujuria ocular "se ha atraído ... la contradefensa de las pulsiones yoicas, de suerte que las representaciones en que se expresa su querer-alcanzar cayeron bajo la represión y son apartadas del devenir-consciente, queda perturbado el vínculo del ojo y del ver con el yo y con la conciencia en general" (Freud citado por Krauss 139). La antiopticalidad, en el sentido definido por Krauss como especificativa de un cierto tipo de vanguardia artística, no es más que la aceptación de la sumisión del ojo a procesos de investidura libidinal.

La proyección en la pantalla de la casa de Cortázar en París es un acto de monumental excreción para el que el previo rapto apropiativo ha sido preparatorio. El acto de proyección es el momento pura o propiamente sacrificial o mimético, y lo producido en él es la expulsión y pérdida de la coincidencia semiótica entre modelo y copia. La pérdida de coincidencia es la revelación apocalíptica: pero lo oculto que la apocalipsis desvela es la similaridad

---

[10] El apoyo anaclítico de la sexualidad en funciones corporales esenciales a la vida también abre la necesidad del pago de una deuda.

heterológica. El momento que llamé epistemológico de la práctica artística es entonces producto de una represión del deseo, el lugar de un secreto. El término "represión preservativa", adaptado de su utilización por Abraham y Torok, puede servir para indicar el procedimiento específicamente literario mediante el que, en la lucha entre dos formas de escritura, en la no coincidencia entre sistemas de signos, el fantasma logra su existencia mimética. Hay que entender por un lado que la formación reactiva causada por la represión, esto es, el fantasma semiótico, está en relación mimética con lo reprimido. Pero esto todavía no explicará qué en las pinturas de Solentiname puede haber atraído, no solo la lujuria del ojo cortazariano, sino más fundamentalmente la medida retaliatoria de su represión. Si Freud está en lo cierto, debemos elucidar un conflicto entre pulsiones yoicas e instintos sexuales. No hay que abandonar la perspectiva política, ni a mi juicio el trasfondo teológico que la sostiene, para llevar este análisis a su diana propia o impropiamente teórico-literaria. El momento epistemológico en "Apocalipsis de Solentiname" no es, sino que coincide con, la producción del fantasma semiótico: el fantasma semiótico se constituye como signo. En cuanto signo, su importe epistemológico está en su relación diferencial con los signos a los que sustituye o contra los que reacciona.

Las pulsiones yoicas habrían actuado contra el placer de ver que lleva a Cortázar a querer capturar las imágenes de la "visión primera del mundo". El ego reacciona contra la catexis arcádica buscando su propia conservación. Pero la pulsión reprimida guarda su venganza:

> Constituye la venganza, el resarcimiento de la pulsión reprimida, el hecho de que ella, coartada de un ulterior despliegue psíquico, pueda acrecentar su imperio sobre el órgano que la sirve. La pérdida del imperio consciente sobre el órgano es la perniciosa formación sustitutiva de la represión fracasada que solo se posibilitó a ese precio (Freud, "Perturbación" 214).

La formación sustitutiva causará disturbios visuales en el sentido de que el instinto reprimido obtendrá poder sobre el trabajo de la visión.

VI. Fetiche fallido

Al final de su ensayo Freud se pregunta si este mecanismo psíquico es explicable por mera apelación al funcionamiento de las pulsiones yoicas o si por el contrario cabe postular la existencia de ciertas "constelaciones constitucionales" que predispondrían "a los órganos a exagerar su papel erógeno y de ese modo provocarían la represión de las pulsiones" (Freud, "Perturbación" 216). Para Freud tales constelaciones son parte de la constitución orgánica,

Tercer espacio

no psíquica, del cuerpo. Organizan una "solicitación somática" de los órganos que anticipa y predetermina el trabajo de la represión.

Por nuestra parte no precisamos la reducción orgánica, sino que nos basta con adjudicar al mismo trabajo de la escritura el papel de solicitación somática de los órganos. Si el fantasma semiótico aparece dentro de la escritura como signo, su importe epistemológico depende de su relación con los signos que desplaza y afecta. Es la escritura la que fuerza al sujeto de la escritura a desatar la formación reactiva cuando lo amenazado es la supervivencia de la escritura misma ante el encuentro con lo propiamente monstruoso, el mundo primero de los orígenes.

¿Qué en las pinturas de Solentiname puede haber atraído no solo la lujuria de Cortázar sino la medida retaliatoria de su represión? El ojo de Cortázar quedará perturbado por el trabajo de una formación sustitutiva que empieza a producirse en el momento en que el placer de ver las pinturas campesinas pide su apropiación en la reproducibilidad fotográfica. La traducción no será meramente reproductiva. Las pinturas campesinas, desde su transformación en imágenes de horror, deben ser entendidas como el lugar fallido de la construcción de un fetiche: el fetiche de la plena escritura poética, ontoteológica, creadora, dadora de mundo. Cortázar reformula desde esta perspectiva el *punctum* barthesiano de la imagen fotográfica. El *punctum*, cuya violenta manifestación en "Apocalipsis" es el resultado de la represión de una inversión libidinal, se ofrece como el lugar fallido o la fisura en el lugar de la construcción del fetiche de la escritura ontoteológica. Y esto es lo que hace de la escritura de Cortázar en "Apocalipsis de Solentiname" una escritura profundamente marcada por el duelo, abierta al relapso fantasmático.

Una larga cita de *Rayuela*, en la que Horacio Oliveira se entrega a su propio delirio ebrio, quedará posteriormente justificada:

> No estaba tan borracho como para no sentir que había hecho pedazos su casa, que dentro de él nada estaba en su sitio pero que al mismo tiempo –era cierto, era maravillosamente cierto–, en el suelo o el techo, debajo de la cama o flotando en una palangana había estrellas y pedazos de eternidad, poemas como soles y enormes caras de mujeres y de gatos donde ardía la furia de sus especies, en la mezcla de basura y placas de jade de su lengua donde las palabras se trenzaban noche y día en furiosas batallas de hormigas contra escolopendras, la blasfemia coexistía con la pura mención de las esencias, la clara imagen con el peor lunfardo ... Todo desorden se justificaba si tendía a salir de sí mismo, por la locura se podía acaso llegar a una razón que no fuera esa razón cuya falencia es la locura. 'Ir del desorden al orden', pensó Oliveira. 'Sí, ¿pero qué orden puede ser ese que no parezca el más nefando, el más terrible, el más insanable de los desórdenes? El orden de los

dioses se llama ciclón o leucemia, el orden del poeta se llama antimateria, espacio duro, flores de labios temblorosos' (Cortázar, *Rayuela* 209-10).

En "Apocalipsis" también la blasfemia, bajo la forma de tortura y asesinato de los inocentes, coexistirá con la pura mención de las esencias, con la primera visión del mundo, y las hormigas lucharán contra las escolopendras. Los soles negros de antimateria refieren a la instancia contradictoria del ojo deseante, el foco de desorden, la fuerza antióptica y antiteológica que resistirá, desde la opacidad del inconsciente, la constitución de la escritura poética, fundadora, órfica, y la desplazará hacia el lugar de un desorden en el que se consuma el orden insano del poeta.

En *Histoire de l'oeil* Bataille dramatizaba el foco del deseo en el impulso hacia la ruptura del ojo —una ruptura literal, violenta, coincidente con la voluntad sádica de destrucción: "El ojo, dijo ella, tenía forma de huevo. Me pidió que le prometiera que cuando pudiéramos salir al exterior, arrojaría huevos al aire soleado y los rompería con disparos de mi pistola" (Bataille, *Histoire* 46)–. Eso es exactamente lo que pasa en el cuento de Cortázar, donde se dramatiza la ruptura del ojo hacia una visión antióptica, fantasmática. Hay un momento semejante, dentro de esta lógica del delirio, en *Prosa del observatorio*, cuando Cortázar describe al sultán Jai Singh, constructor del observatorio de Jaipur. En la inquietante descripción de Cortázar, Jai Singh está empeñado en una lucha a muerte contra el ojo que lo mira. Primero se traduce el combate:

> contra los husos de la altura destilando sus hebras para una inteligencia cómplice, telaraña de telarañas, un sultán herido de diferencia yergue su voluntad enamorada, desafía un cielo que una vez más propone las cartas transmisibles, entabla una lenta, interminable cópula con un cielo que exige obediencia y orden y que él violará noche tras noche en cada lecho de piedra (Cortázar, *Prosa* 43).

La opción antióptica es entonces expuesta como intensificación de lo óptico hacia el reino del deseo: Erotismo de Jai Singh al término de una raza y de una historia, rampas de los observatorios donde las vastas curvas de senos y de muslos ceden sus derroteros de delicias a una mirada que posee por transgresión y reto y que salta a lo innominable desde sus catapultas de tembloroso silencio mineral (44).

Pero lo innominable, que con más frecuencia Cortázar, siguiendo a Rainer María Rilke, llama lo abierto, es el lugar de entrada en la "verdadera revolución" (67), lugar utópico, entonces, donde la escritura poética se postula como posible, y región de una "imagen donde todo está esperando" (77). Tal imagen estática aparece imposibilitada de antemano por el erotismo sádico que la postula, por la violencia recurrente "noche tras noche en cada lecho de piedra" (44). La irresolución fundamental que organiza no solo la estructura de *Prosa del observatorio* sino también su dramática textura, la cualidad de su prosa, que es también, en resonancia plena, la prosa antivisual del lugar del ojo, es una irresolución fundamental entre escritura poética y escritura destructiva.

Las pinturas "primitivas" de los campesinos de Solentiname, que otorgaban en Nicaragua el recuerdo de una "visión primera del mundo", el pastoralismo de vacas y chozas de azúcar y prados de amapolas, se invierten en la pantalla gigante de Cortázar en París en imágenes desoladoras de muerte, sadismo y destrucción. La transposición fotográfica revela lo que no estaba pero estaba en su no-estar: el niño disparado en la frente por el oficial somocista, la escena de cadáveres tendidos boca arriba, la imagen de la muchacha con la picana entre las piernas, los pedazos de cuerpos y las carreras de mujeres. ¿Cómo esta producción de fantasmas ensangrentados puede proceder del pastoralismo inicial? ¿Qué traducción diabólica o qué diablo de la traducción ha actuado? Ha actuado la escritura como solicitación somática: y el resultado es una formación reactiva que sin embargo tiene el carácter de una formación sustitutiva; una similaridad no-sensible, mimética, que actúa en las grietas de los sistemas semióticos, tomando ventaja del hecho de que solo en la vulnerabilidad de la traducción puede intervenir el demonio del desplazamiento, de la transposición y del juego. La erogenia es siempre ya la deuda marcada en el original mismo, pagado en anáclisis.

VII. Lobos escópicos

Cortázar no es el único escritor del boom afectado por semejante constelación constitucional. También ella organiza parcialmente el trabajo de la escritura en *Tres tristes tigres*, de Guillermo Cabrera Infante. Bustrófedon, el gran creador de lenguaje e imagen encriptada del autor, funciona desde una lesión cerebral contraída en la niñez y que poco a poco va disociando escritura y pensamiento, es decir, poco a poco va abriendo el pensamiento a la labor de la formación reactiva. En la glosa de González Echevarría,

> la lesión cerebral de Bustrófedon es especial porque es la fuente del lenguaje, es decir, de un nuevo lenguaje cuya habilidad para nombrar depende de una negatividad fundacional, cuya hipóstasis es la lesión misma, el corte, o la muerte ... El logos como ontología en este juego de lenguaje es el intervalo de la disfunción, el juego del lenguaje anunciando la disfunción en su proclividad a la malformación y al error. La malformación y el error son las brechas entre el yo y el mundo y

entre el yo y su intencionada representación en el lenguaje[11].

En esas brechas surge el fantasma semiótico, que en cuanto signo o conjunto de signos se inscribe tropológicamente en las cadenas significantes que lo rodean, y otorga similaridades no-sensibles en las que se asienta el poder epistemológico de la escritura. En "Apocalipsis" el fantasma semiótico entrega imágenes de gasto y destrucción. Lo excretado en el proceso de traducción es en el cuento de Cortázar el doblamiento en el nivel de significado de la excreción misma, que es un proceso de carácter significante: el contenido concreto de las imágenes que aparecen sobre la pantalla fotográfica es así el símbolo de los procesos de transposición semiótica señalados en el cuento, incluido el acto de traducción. En "La noción de gasto" dice Bataille que la literatura, que produce terror y horror en la representación simbólica de la degradación y de la muerte, "puede ser considerada sinónima del gasto; de hecho significa, de la forma más precisa, creación por medio de la pérdida. Su sentido está por lo tanto cercano al del *sacrificio*" (Bataille, "Notion" 20). La lectura o traducción mimética de Cortázar extrae de las pinturas de Solentiname un oculto sentido sacrificial. ¿En qué consiste?

Cortázar no está escribiendo solo sobre la represión somocista, y eso es lo más perturbador de su texto. Cortázar escribe también de la represión del ojo en la tarea del traductor. Ciertas analogías del texto psicoanalítico con el texto de Cortázar se imponen por sí mismas. Brevemente, el Cortázar narrador realiza en Solentiname una fuerte *catexis* o investidura de objeto que debemos entender como indicadora de una regresión hacia el narcisismo. Cortázar viaja, en otras palabras, hacia "el lago con botecitos como zapatos y en último plano un pez enorme que ríe con labios de color turquesa" ("Apocalipsis" 20). Ese pez que boquea en el fondo de las pinturas campesinas es la imagen –como en el cuento "Axolotl"– de un yo en estado de narcisismo primario[12]. El intento de Cortázar por apoderarse de las pinturas

---

[11] González Echevarría, *Voice* 141. Ver también el personaje de Humberto Peñaloza "Mudito" en *El obsceno pájaro de la noche* de José Donoso o el de Oppiano Licario en *Oppiano Licario*, de Lezama, entre otros ilustres ejemplos.

[12] Sobre "Axolotl" ver Brett Levinson, *Ends*. Mi análisis de "Apocalipsis" sigue en muchos sentidos intereses similares a los de Levinson en su lectura de "Axolotl", aunque Levinson no indica que haya algo así como narcisismo primario implicado en la fascinación cortazariana con los ajolotes. Su lectura es en principio opuesta: "Los ajolotes del cuento de Cortázar juegan (casi a la ley de la letra) el papel del analista lacaniano. Criaturas que miran fija y silenciosamente al hombre sin cerrar nunca los ojos, los ajolotes son manifestación del testigo aterrador, del lector omnisciente, del sujeto-que-se-supone-que-sabe. La conversión del protagonista en ajolote es así su llegada personal a la naturaleza particular del conocimiento del ajolote–y no hay conocimiento" (16).

mediante la cámara fotográfica corresponde a lo que Freud llama la etapa de la organización sádico-anal. El atesoramiento agresivo está atestiguado en las siguientes palabras: "Cuando vino Ernesto [Cardenal] a decirnos que la panga estaba lista, le conté lo que había hecho, y él se rió, ladrón de cuadros, contrabandista de imágenes. Sí, le dije, me los llevo todos, allá los proyectará en mi pantalla y serán más grandes y más brillantes que estos, jodete" ("Apocalipsis" 21).

En "Pulsiones y destinos de pulsión" Freud menciona que en la posición libidinal sádico-anal las pulsiones yoicas "gobiernan a la función sexual" y "prestan ... a la meta pulsional los caracteres del odio" (Freud, "Pulsiones" 133). Esto explica la actividad de destrucción sádica en la alucinación de París: cuando Cortázar busca la proyección de lo previamente introyectado lo que se produce es la visión alucinada de un yo escindido en ambivalencia radical. Cortázar en París sufre el síntoma de una investidura narcisista de objeto que alcanza a penetrar la conciencia con implicaciones angustiosas. El texto de Cortázar nos acerca a la esquizofrenia entendida como psiconeurosis narcisista.

El texto de Cortázar cobra plena relevancia política en el difícil acercamiento de la labor literaria en su función mimética a la función sádica, en el que se constata la fuerza ambivalente de la representación literaria en un sentido específico. A ella no es por cierto ajeno el trasfondo apenas mencionado: Solentiname es una comunidad teológica –una comunidad de campesinos dirigida por Ernesto Cardenal, que los instruye en la palabra de Dios–. La ambivalencia textual alcanza también a devorar la situación de concordia aparente dentro de la comunidad. El paraíso, parece decírsenos, es siempre un paraíso dominado por montos afectivos de amor al padre. Pero el padre puede siempre convertirse en lobo y abrir las puertas del infierno mencionadas por Cortázar al principio mismo de la narración. El régimen escópico del texto de Cortázar, en el que vamos del placer de mirar y ser mirado al horror angustioso de lo mismo, es un régimen paterno-teológico. Si la traducción es posible, si Cortázar puede fotografiar las pinturas de los campesinos de Solentiname, eso ocurre porque el original "no estaba allí sin falla, completo, pleno, total, idéntico a sí mismo", como dice Derrida comentando el texto de Benjamin sobre traducción (Derrida, "Des tours" 232). La tarea de Cortázar es la tarea del traductor, que Benjamin define como "redimir en su propia lengua el lenguaje puro exiliado en la lengua extraña, liberar transponiendo este puro lenguaje cautivo en la obra" (Benjamin, "Task" 80). El fantasma semiótico de la producción heterológica entrega como en un flash, para usar otra imagen de Benjamin, el lenguaje puro, que no es el lenguaje poético, ni tampoco el lenguaje sacrificial y destructor de la traducción, sino que es el lenguaje que dice de la profunda coimplicación de esas dos formas de lenguaje, o dos polos de la escritura.

Una frase tan enigmática como a primera vista repulsiva de Bataille en "El valor de uso de D. A. F. de Sade" puede considerarse en este contexto: "Sin un entendimiento sádico de una naturaleza torrencial e incontestablemente abrumadora no podría haber revolucionarios, sino una repugnante sentimentalidad utópica" (Bataille, "Use Value" 102). Ese entendimiento sádico de Bataille es el que en primer lugar permite introyectar la "visión primera del mundo", es decir, permite hacer en ella una violenta investidura libidinal. ¿Cómo conjurar después esa pulsión de destrucción? ¿Cómo escapar de esa voluntad de muerte? El texto de Cortázar está profundamente comprometido en la tensión de esas preguntas. "Apocalipsis de Solentiname" contiene el conflicto de escrituras y da lugar a su expresión, pero no a su solución, excepto si se piensa que la irresolución es la solución misma. La escritura de Cortázar, al coimplicar irresolutivamente escritura órfica y escritura sacrificial, produce una heterología cuyo efecto no puede, y al mismo tiempo debe, ser controlado.

El texto de Cortázar ejerce su resistencia política en el duelo por la escritura teológica, órfico-poética. Este duelo distópico, al enunciar la pérdida de la función órfica de la escritura, y al estar abiertamente traumatizado por ella, se hace paradigmático de una cierta posibilidad de vanguardia cultural latinoamericana. Cortázar practica en "Apocalipsis de Solentiname" una escritura telepática, escritura de dolor a la distancia: escritura de solidaridad también, porque en ella la posibilidad misma de solidaridad es interrogada radicalmente, y últimamente aceptada como expresión de un deseo mimético interrumpido. Al fin y al cabo, no son las pinturas de Solentiname las que realmente constituyen una visión primera del mundo: las pinturas solo la alegorizan, al presentarse como lugar de encriptamiento de una realidad cuya posibilidad extratextual se da solo en su ocultación incesante. De esa posibilidad, en su negación, Cortázar presta testimonio: escritura utópica, entonces, *porque* es escritura prosaica, sucia, traducida a la destrucción[13].

Ramírez, comentando la opción personal de Cortázar en favor de la Nicaragua sandinista y en favor de las luchas revolucionarias centroamericanas, no menciona el hecho de que para Cortázar la opción misma pasaba por una exploración de las motivaciones mismas de la escritura, de lo que la escritura podía y no podía hacer, de lo que la escritura, por lo tanto, estaba obligada a hacer si tal opción, para Cortázar como escritor, tenía que ir más allá de

---

[13] El capítulo de Levinson sobre Cortázar en *Ends* habla también de las dificultades de Cortázar para escribir sobre solidaridad.

las declaraciones de intenciones y del trabajo puramente político (Ramírez 86-92, 99-103, 120-24). Como practicante de la literatura cuyo trabajo lucha por entender el mundo desde una localidad cosmopolita y universalista, no depende de Cortázar salirse de su piel profesional y afirmar meramente una solidaridad con los nicaragüenses que entonces correría el riesgo de estar más profundamente sentida que adecuadamente expresada. Al fin y al cabo, ¿no escribía él "demasiado hermético para el pueblo"? ¿Cuáles serían las implicaciones políticas de una súbita claridad, de una reducción drástica de la forma compleja en la que la escritura de Cortázar trató de seguir la llamada del pensamiento?

En "Apocalipsis de Solentiname" la solidaridad queda sometida a la prueba del inconsciente: Cortázar renuncia a la posibilidad de una visión empática, de un compromiso meramente afectivo con los apuros de los pobres de Nicaragua, que le habría sabido demasiado a deseo latinoamericanista, a una "reconversión neocolonial del primitivismo", para usar palabras que Michael Taussig aplicó a un contexto similar[14]. En su lugar, Cortázar escribe un texto en el que una perspectiva anaclítica sobre la imposibilidad de la satisfacción del deseo en la escritura, sobre la imposibilidad de subscribir cualquier "visión primera del mundo", va de la mano con un riguroso autoanálisis de tendencias destructivas en su propia relación con la representación. Lo que en América Central parecía una expresión de esperanza se convirtió en París en ocasión de experiencia o manifestación de terror sacrificial. Con ello el terror sacrificial no aparece como horizonte último de expresión simbólica; al contrario, con ello el terror sacrificial aparece mostrado en lo que es, es decir, una formación reactiva causada por el conflicto entre inversiones erógenas de objeto primario y las pulsiones yoicas de un escritor cosmopolita forzado desde antiguo a abandonar ilusiones nostálgicas por mor de la autopreservación estética (narcisista). En "Apocalipsis de Solentiname" Cortázar muestra, con perfecta economía de medios, que la solidaridad con lo subalterno pasa por la autorrenuncia, y eso en el caso de un escritor localizado en el primer mundo como Cortázar solo puede significar una crítica radical de las estrategias de representación sobre las que el poder de la producción cultural del primer mundo se basa. Para un intelectual del primer mundo el dolor de la solidaridad solo puede ser dolor a distancia: pero la telepatía no es un aparato afectivo tan fácilmente accesible. Primero, debe encontrarse el

---

[14] Taussig, *Shamanism* 172. El contexto de Taussig es el de una definición de realismo mágico y de sus usos políticos. "El espacio mítico fijado por la imagen del indio del Nuevo Mundo está fraguado con ironía política" (171). Cortázar no podía usar sin más las pinturas de Solentiname para reivindicarlas como fundamentación de su afecto posterior.

dolor propio, para que al menos algo así como un dolor común pueda llegar a poder invocarse.

El dolor es lo que la repetición mnemónica trabaja por comprender. La alternancia del recuerdo/visión primera del mundo y destrucción/alucinación sádico-anal es en última instancia la matriz del relato de Cortázar: una figura matricial poderosa que, lejos de darle al cuento una forma, una estructura, destruye forma y estructura: forma dismórfica, cripta. La representación anaclítica de Cortázar en "Apocalipsis" satisface quizá una necesidad de solidaridad, pero no satisface el deseo de solidaridad. Porque no hay objeto recuperable de solidaridad, sino solo un objeto perdido, encriptado, herméticamente sellado, que nos aparta de sí y al que no podemos apropiar. La "visión primera del mundo" refiere al lugar de un secreto, esto es, a una negación y denegación de realidad, a un deseo permanentemente en la tumba, e igualmente incapaz de salir de ella o de descomponerse en ella. El fantasma semiótico es solo el síntoma del dolor del ojo al tratar simultáneamente de contemplarlo y de eludirlo.

Uno de los sueños del "hombre de los lobos", el ciudadano ruso Sergei Pankeiev cuyo caso narra Freud en *Historia de una neurosis infantil*, es: "Mi madre y yo estamos juntos en una habitación. En una esquina la pared entera está cubierta con pinturas sagradas. Mi madre quita las pinturas y las arroja al suelo. Las pinturas caen y se hacen pedazos. Yo me asombro de que mi piadosa madre haga tales cosas" (Abraham y Torok, *Wolf Man* 66). Para Abraham y Torok, este sueño aclara la "función económica de mantener viva a toda costa la escena traumática del testimonio"[15]. La producción sádica de Cortázar es un intento por incorporar esa visión primera del mundo, la escena primaria, las "pinturas sagradas" del sueño de Pankeiev; es igualmente y por la misma razón un intento de resistir fundamentalmente los efectos destructores que la escena primaria puede ejercer sobre el yo narcisista. La "escena traumática del testimonio" es en Cortázar el lugar de un autoduelo aberrante. Que el trauma venga a darse en el lugar de la constitución fallida de un fetiche, que el fetiche no pueda llegar a constituirse, indica la presencia de una cripta abierta en el

---

[15] 67. La escena del testimonio es en este caso la escena de un *coito a tergo* entre los padres de Sergei, lo cual Freud ya había averiguado. La interpretación particular que Abraham y Torok le dan a este "sueño de los íconos" incluye muchas presuposiciones que no puedo vertir en forma sucinta. Ver *Wolf Man* 66-67, pero en realidad también la totalidad del análisis. Lo importante para mí es la conclusión de que "las palabras de la escena [del sueño] permiten [a Sergei] preservar otra palabra, dotada de otra función y preciosa sobre todas las otras. Esta es la preciosa y mágica palabra *tieret* [*coitus a tergo*]" (67). En "Apocalipsis" la escena del testimonio es también la escena invertida de la primera visión del mundo, y su función económica es, hablando en general, preservar la posibilidad de la escritura.

inconsciente textual cortazariano. La inocencia que queremos incorporar en toda "visión primera del mundo" depende de dejar la cripta quieta, de no tocarla. Porque tocarla supone abrir la ventana y ver un árbol lleno de lobos. La visión atroz de Pankeiev no está lejos ni es sustancialmente diferente de lo que Cortázar nos entrega, regalo envenenado, contra todas las falsas inocencias, escrituras órficas, y así por lo tanto exculpatorias –tal regalo envenenado es siempre ya la escritura del tercer espacio–.

Capítulo catorce

La traza teórica en Tununa Mercado

En estado de memoria es un texto obsesionado por la cuestión de la transferencia con respecto del texto teórico, y así es un texto profundamente comprometido en la producción de una traducción de teoría. Ofrecido como remanente autográfico, en el sentido ambiguo de escritura que o es autobiográfica o solo es en la medida en que trasciende la pulsión autográfica, le conviene quizá la idea que propone Djelal Kadir a propósito de *Lumpérica* de Diamela Eltit. Dice Kadir que en *Lumpérica* la protagonista "abandona su vestimenta institucional de modo que a su luz el remanente destitucional pueda venir a la vida" (Kadir, *Other Writing* 183). Escribir el remanente destitucional a partir de la teoría como institución terapéutica conforma el estilo de *En estado de memoria*.

El libro de Mercado, estando fundamentalmente implicado en la experiencia básica del objeto perdido, es decir, viviéndose fundamentalmente como narrativa de duelo, es al mismo tiempo muestra e intento de teorización de lo que Ricardo Piglia llamó un "relato futuro"[1]. Ambas perspectivas temporales, pasado y futuro, abren de formas distintas un espacio inaugural que organiza la narración o que le permite organizarse como "relato" en toda la ambigüedad de esa expresión. El relato está comprometido en la producción de un "efecto teórico" de cuya génesis intratextual habló también Piglia en su conversación con Juan José Saer. Estas son las palabras de Piglia:

> Parece que ya ese hecho, de que el mundo de las ideas entre a la ficción, produce un efecto particular. Las ideas están un poco más exasperadas y ficcionalizadas, puestas en un grado de tensión. Y a menudo se encuentran resoluciones también teóricas, que no estaban previstas y que quizás en la escritura, más limpia, de un ensayo, no hubiesen tenido el mismo efecto. Esto, por supuesto, separándonos de lo que es la retórica de la novela de tesis. Cuando uno se opone a la novela de tesis

---

[1] En el título mismo. Ver Piglia, *Por un relato futuro*.

se opone a la idea de que hay algo previo a la escritura, una especie de contenido anterior que la escritura no haría sino reproducir (Piglia, *Crítica* 10).

El concepto de "resolución teórica" de que habla Piglia permanece en su texto excesivamente oscuro. La cuestión es, si las ideas no entran a la ficción desde un momento previo, ¿desde dónde entrarían? La condición de una resolución teórica, para Piglia, parece ser cabalmente "no estar prevista", es decir, no poder ser vista previamente. La resolución teórica aparece así ella misma dependiente de un futuro, o de la posibilidad misma de futuro que el presente constituye en tanto que el presente viene siendo, y viene a ser.

El psicoanalista francés François Roustang relaciona esta posibilidad de futuro con la liquidación de la transferencia en el trabajo analítico al decir que "hay una proximidad entre el delirio, la teorización, y la liquidación de la transferencia" (Roustang 56). Lo que está en juego es por supuesto el delicado, quizás incluso peligroso pensamiento de que solo se avanza en la teorización desde el inconsciente, de forma tal que la teoría analítica incluye como momento fundamental de constitución la pérdida de la teoría analítica. Sin delirio no hay posibilidad de teorización–o mejor dicho, sin acceso del delirio, la teorización es solo su propia represión. En otras palabras, la teoría analítica es una forma de racionalidad que incluye el postulado axiomático de que la racionalidad es represión del sujeto en tanto entrega al Otro como supuesto sujeto de conocimiento; el éxito de la teoría analítica, es decir, la posibilidad de liquidación de la transferencia, depende del descubrimiento de un lugar en el que tal racionalidad queda vencida por la irrupción de lo que es irracional en el sentido de que no ha podido aún ser racionalizado. Piensa Roustang que "el proceso de descubrimiento ... siempre presupone pasar por ... el lugar en donde la construcción de una ficción se hace posible" puesto que "las palabras que vienen del inconsciente en cualquier momento dado siempre sobrepasan la teoría, la contestan, o la exceden" (64). Estas nociones parecen especialmente pertinentes para la comprensión de lo que a mi juicio está en juego en el texto de Tununa Mercado.

En alguna de sus entrevistas Piglia expresa lo que por otra parte es evidente para cualquier lector de sus textos: "me interesa trabajar esa zona indeterminada donde se cruzan la ficción y la verdad" (*Crítica* 15). Voy a proponer que esa zona indeterminada es cabalmente el espacio autográfico del relato, y por ende el lugar donde la escritura tiene la posibilidad de constituirse como autobiográfica. Esa zona indeterminada es por supuesto también el lugar del efecto teórico, y al mismo tiempo es el lugar de la irrupción del delirio en resistencia a la teoría. Obviamente teoría y ficción trabajan esa zona indeterminada desde lugares de enunciación opuestos: si el análisis trata de oír lo inaudible para incorporarlo al enunciado teórico, la ficción se abre a la resolución o al efecto teórico desde el lugar mismo de lo inaudible, es decir, desde el delirio.

En un sentido fuerte, que tiene que ver con la relación poder/conocimiento teorizada por Michel Foucault, la teoría no puede sino ser fundamental y fundamentadamente un lugar institucional. Ahora bien, desde el punto de vista que aquí estoy tratando de proponer, un punto de vista que insiste no tanto en la teoría como en el efecto o en la resolución teórica, o incluso, podríamos decir, en la traza teórica entendida como marca mnemónica en el delirio, la teoría se abre a la posibilidad de ser captada, autográficamente, no como locus institucional, sino como tensión contraria: y entonces, como lugar destitucional, si insiste en su propia negatividad, o como lugar restitucional, si insiste en su positividad potencial. Ambas posibilidades se constituyen siempre en términos de futuro desde la experiencia básica del objeto perdido: destitución o restitución son resoluciones del duelo, y por lo tanto anticipaciones melancólicas del fin posible del trabajo de la escritura. Si ambas posibilidades de escritura se originan en la experiencia de una perforación de la conciencia, de un agujero que resta inteorizable, su objeto, en el sentido de meta o fin, es lograr que esa perforación acabe tragándoselo todo, bien sea para que nada reste (destitución) o para que la devolución del todo se haga una vez más factible (restitución).

En estado de memoria está en el lugar de la destitución, en el sentido de que su efecto teórico se abre a un horizonte de destitución. Al comienzo del texto la narradora refiere a "la inmensa capacidad de transferir que [la] caracteriza" (Mercado 11-12). Implicada en una sorda demanda de cura de los "altos picos de aflicción que [le] asaltan", se estrella una y otra vez contra la rigidez teórica de analistas "aferrado[s] a su[s] idea[s] de la depresión" (10, 19). El modelo de la cura analítica es llevado ineluctablemente en el final del primer capítulo al terreno de la escritura. La narradora se ha profesionalizado como "escritora fantasma", cuya misión es por lo tanto ser "fantasma tutelar sobre la frase ajena", "nodriza sobre la cuna de palabras que salen de otro imaginario, de otro inconsciente" (25). Su situación la lleva a una brutal despersonalización así expresada: "Frase a frase mi frase moría, muere, se extinguía, se extingue, es correcta, se enmascara, se alínea, sonríe, corregida" (26).

El capítulo concluye con un feroz ataque contra aquellos que habrían usurpado su escritura. A mi juicio la violencia de los asertos les da un rango sintomático:

> Hay personas que construyen abundantes curricula con artículos y aun con ensayos amplios y densos que no escribieron ellas, que los dieron a hacer a escribas

como yo. Gente que pide prestada la palabra de otro o que la compra y que, hinchada de orgullo, ofrece como contraparte un llamado "marco teórico", sin el cual se supone que nada puede hacerse, minimizando cuestiones secundarias como la sintaxis. Gente que cree que no saber escribir es una discapacidad irrelevante, puesto que solo importa tener teoría, formular teoría. En el marco vacío del que se vanaglorian, la obrera o el obrero tienen que cruzar sus hilos ... Estos impostores e impostoras ... se forja[n] una personalidad por una despiadada transfusión de la competencia ajena (26-27).

No es difícil ver en esta referencia a los que canibalizan su escritura una referencia enmascarada o desplazada a experiencias de frustración en el curso del análisis con analistas incapaces de fijar su labor en la liquidación de la transferencia: analistas dogmáticos cuya noción de teoría no incorpora, porque ha reprimido, la noción de que la teoría analítica pasa por su propia pérdida. También, sin embargo, permite ser leída en clave propiamente literaria, y suscitar por tanto la cuestión de la relación entre silencio y promesa, escritura poética y escritura teórica. La noción de teoría aquí atacada es obviamente idéntica a la que rechaza Piglia en el texto antes citado, cuando dice que la novela de tesis supone que "hay algo previo a la escritura, una especie de contenido anterior que la escritura no haría sino reproducir". La noción de escritura implicada positivamente por Mercado es equivalente a la noción de ficción abierta al "efecto teórico" entendida en el sentido de Piglia y Roustang. Llegar a ella, abrirse al delirio resolutivo, es el propósito fundamental de la tensión textual en *En estado de memoria*. También Mercado podría decir, como Piglia, "la escritura de ficción se instala siempre en el futuro, trabaja con lo que todavía no es" (Piglia, *Crítica* 19).

Que ese relato futuro depende siempre de un resto, de un remanente o precipitación inteorizable, es al mismo tiempo la posibilidad y el peligro de la escritura. En "Celdillas", el capítulo central de la novela, dice Mercado: "buscar allí la respuesta al enigma significaba un riesgo: que por mediaciones perversas o intersticiales del inconsciente, la superficie fundante perforada pudiera de pronto volverse persecutoria e incontrolable" (Mercado 91). El sintagma "superficie fundante perforada" apunta a mi juicio al establecimiento del objeto perdido como lugar inicial de la pulsión de escritura. Al final de ese capítulo la narradora habla de unas fotos "de campos de concentración que archivaban mis padres. Cuerpos amontonados y muertos; cuerpos alineados dentro de fosas, llamadas con pertinencia fosarios" (93). Otros fragmentos de texto apuntan a la relación esencial de esos muertos con los muertos y desaparecidos argentinos de la historia política reciente (17-18 en particular). Que los muertos perforan se dice en la imagen de los "muertos que entraban por mis ojos y salían por mi nuca" como "frase inicial" de la escritura (39, 40). Lo que está en juego es de alguna forma asimilar esas perforaciones: "Ese orden instaurado por el terror repele y al mismo tiempo devora; si se lo elude, de cualquier modo triunfa, la cavidad gana la partida" (94).

Se trata entonces de enfrentar el resto, la ceniza. En ese sentido interpreto la significación del capítulo titulado "Fenomenología", en el que la narradora cuenta aparentemente la anécdota de sus laboriosos estudios de la *Fenomenología del espíritu* hegeliana. Mercado nos da en él una interpretación de la lectura basada en la dialéctica hegeliana, a su vez entendida desde el punto de vista de la noción de teoría ya discutida arriba:

> Deficitaria, mi apropiación intelectual se produce por bocados; cuando muerdo el conjunto, las partes se me escamotean; cuando me detengo en las partes, el conjunto se vuelve borroso, y así ando, a los tanteos, soltando o recuperando lo que capto, atesorando apenas los fondos de la gran caldera (140).

En ese precipitado de la caldera se carboniza el resto de las mediaciones dialécticas, es decir, todo aquello que no puede ser subsumido en el juego de la negación redentora: lo inteorizable. Pero es el saber de lo inteorizable, es decir, justamente la instancia del no-saber en el saber, lo que para Mercado en última instancia adquiere relevancia viviente:

> lo que debería leer para saber se vuelve cada vez más brumoso, mientras que lo que está al costado, por encima o por debajo del texto, sin posiciones jerárquicas, comienza a cobrar nitidez y a hacerse de un brillo, desplazando a las sombras los datos que hacen al conocimiento sin más, el que se adquiere y se transmite (Mercado 141).

En la "profunda congoja" de ese saber del no saber, el saber de lo carbonizado en la precipitación del espíritu, experimenta Mercado "el dolor del descubrimiento", y en él el remanente destitucional que acaba por organizar el efecto teórico propio de *En estado de memoria* (144). La desventura sentida en el proceso de descubrimiento es vivida como "expresión de una desnudez fundamental: no saber, no poder llenar el vacío, no abarcar lo universal" (146). Tal "desnudez y desprotección" aparecen "en el sedimento" que una frase puede dejar a su paso, "en la fragancia que arroja donde es dicha, y eso es precisamente lo que yo recogía y recojo de las lecturas, la conciencia reducida de haber sido acorralada por el texto a una situación 'de absoluto', aunque esa palabra tenga un alto costo referencial" (146). Ese lugar de máximo acorralamiento, de máxima destitución, es sin embargo "el único sitio al que aspiro alguna vez volver, ... el sitio del Espíritu" (147).

La escritura de la destitución en Mercado alcanza su último emblema en la conclusión del texto, allí donde el delirio de la escritura se vuelve alegoría de la posible entrada en la mayor intemperie. El muro que la protege y al mismo tiempo le impide la visión, al convertirse en la superficie misma de la escritura,

> sobrecargado de una violenta energía, traspasado y transido por la grafía, expuesto a una intemperie desconocida hasta entonces, constreñido por su foso y dominado por un prolongado sitio, se fue cayendo, literalmente, sobre la línea recta de su base; no se desmoronó arrojando cascotes como edificio de terremoto, sino que se filtró sobre su línea fundante, como un papel que se desliza vertical en una ranura (197).

Estas palabras finales del texto refieren a la condición fantasmática de aquello que promueve el delirio, pero también a la condición fantasmática, post-teórica, del delirio mismo. Excepto que en este segundo delirio, el delirio que afirma la absoluta desaparición del síntoma, el remanente destitucional está entendido y vivido, o delirado, como efecto teórico mismo, y como único lugar posible de la escritura. Presentar la escritura destitucional de *En estado de memoria* como escritura de futuro apunta a la posible formalización de las modalidades de escritura literaria hoy posibles en América Latina. Mercado está implicada en la producción de una escritura del efecto o de la traza teórica cuyo horizonte fundamental está no solo más allá de la llamada "poética de la negatividad" (Piglia, *Relato* 15), sino igualmente lejos de cualquier "propuesta" de carácter constructivo o redentor. El juego de la verdad en el texto de Mercado pasa fundamentalmente por la inscripción autográfica en el sentido de que solo el delirio post-teórico, es decir, el delirio cuyo carácter fundamental consiste en jugarse personalmente en el resto teórico, puede dar lugar a la resolución de la transferencia abyecta (cuyo síntoma específico es aquí la perforación de la conciencia por los muertos desaparecidos de la dictadura). Entrar en el futuro es también entrar en un espacio remanente, no totalmente colonizado por la transferencia, pero cuya posibilidad debe ser ganada en el esfuerzo mismo de escritura. Solo esa escritura podrá, incluso desde la mayor y más profunda destitución, o precisamente desde ella, restituir la noción misma de comunidad cuya pérdida fue el logro más estable de los años del Proceso: "La persona se relaciona en permanencia con el afuera, lo que viene del otro lado de su pared condiciona sus movimientos y organiza sus rituales; busca, fundamentalmente, estar en un grupo, pertenecer a la grey, pensando tal vez con razón que esa pertenencia puede alejar de ella la locura o, por lo menos, la incertidumbr" (Mercado 20-21). Esa sorda demanda de restitución desde la destitución es lo que la demanda literaria a la que Mercado responde trata de articular. También es, en última instancia, el resto abierto de este libro expuesto a la demanda literaria.

Segunda Parte

Capítulo primero

El villano en el centro. Series patéticas y series apáticas

A Paul de Man le gustaba decir que los textos de Jorge Luis Borges eran como ensayos académicos convencionales, solo que "mucho más sucintos y retorcidos" (De Man, "Modern" 124). Prueba de lo avieso sería el comentario que Borges le dedicó a la traducción que hizo Enno Littmann de las *1001 noches* al alemán: "En Littmann, incapaz como Washington de mentir, no hay otra cosa que la probidad de Alemania" (Borges, "Traductores" 389; De Man 124). La traducción literal y no fantasiosa acaba entregándonos un mundo literal y no fantasioso. Decía Sherlock Holmes que "no hay nada más engañoso que un hecho obvio" (Conan Doyle 72). Si los ensayos académicos son tanto más engañosos cuanto más probos y menos malvados, entonces también son más malvados cuanto menos malvados. Para De Man, de los dedicados a la obra de Borges, el esfuerzo crítico dependería de una manera o de otra de la "presencia ordenadora de un villano en el centro" (De Man 124).

"Tema del traidor y del héroe" viene a redactarse próxima "la fecha del primer centenario" de la muerte de Fergus Kilpatrick (Borges, "Tema" 491). Cuenta la historia de Ryan, que cuenta la historia de Kilpatrick e imagina en ella una rara conspiración mimética. Kilpatrick firma la sentencia de muerte de un traidor. Su compañero, James Alexander Nolan, propone "un plan que hizo de la ejecución del traidor el instrumento para la emancipación de la patria" (493): "Así fue desplegándose en el tiempo el populoso drama, hasta que el 6 de agosto de 1824, en un palco de funerarias cortinas ... un balazo anhelado entró en el pecho del traidor y del héroe [Kilpatrick], que apenas pudo articular, entre dos efusiones de brusca sangre, algunas palabras previstas" (494). El traidor y el héroe se hacen indecidibles. Kilpatrick ha muerto, asesinado, y es un héroe para su gente. Pero Nolan y otros saben que la realidad es más compleja: no fue asesinato, sino ejecución. Ahora, Ryan debe decidir. "Al cabo de tenaces cavilaciones, resuelve silenciar el descubrimiento. Publica un libro dedicado a la memoria del héroe" (494). El villano está en el centro de este cuento de Borges, pero también en su margen, pues Ryan se hace él mismo villano en su probidad. Ryan aprende la verdad y persiste en lo falso, en nombre de una verdad más alta. O al revés: Ryan aprende la mentira y persiste en ella, contra toda verdad. Pero Ryan está situado en el lugar del crítico, en el lugar del ensayista académico. Mi interés en este capítulo buscará mostrar que Ryan denuncia de antemano el patetismo rancio de la inmensa mayoría de la crítica borgiana, con excepciones, orientada a presentar la obra del escritor argentino en sentimentalización banal, al optar por una solución narrativa apática en cuanto abierta al sentido de lo real.

El ensayo de Paul de Man se publica en 1964, casi al principio de la internacionalización de la literatura de Borges. Quiero recordar los aspectos centrales de la exégesis de De Man, todavía hoy raramente superada, y prefiero hacerlo con sus propias palabras para ahorrar tiempo y ganar en precisión. De Man es quizá el primer crítico que anuncia una posible lectura bajo consideraciones apáticas, como muestra la siguiente secuencia: "el artista debe llevar la máscara del villano para crear un estilo" (124); "cualesquiera que sean las angustias existenciales de Borges, ... son la expansión consistente de una conciencia puramente poética a sus límites extremos" (124); "el mundo [de sus cuentos] es la representación, no de una experiencia real, sino de una propuesta intelectual" (125); "la intervención poética empieza en la duplicidad, pero no para allí. Pues la duplicidad particular del escritor ... surge del hecho de que presenta la forma inventada como si poseyera los atributos de la realidad, permitiendo así su reproducción mimética, a su turno, en otra imagen especular que toma la seudorrealidad que precede como punto de partida" (126); "al llevar el proceso a sus límites, el poeta puede lograr éxito último –una imagen ordenada de la realidad que contiene la totalidad de las cosas, sutilmente transformada y enriquecida por el proceso imaginativo que la engendró–" (127); "el éxito de estos mundos poéticos queda expresado por su totalidad ordenada e inclusiva. Su naturaleza engañosa es más difícil de definir, pero esencial para un entendimiento de Borges" (127); "nuestro universo 'real' es como el espacio, estable pero caótico. Si ... ordenamos este caos, podemos lograr un tipo de orden, pero disolvemos la sustancia espacial aglutinante que daba consistencia a nuestro caótico universo" (128); "el estilo en Borges se hace el acto ordenador y disolvente que transforma la unidad de la experiencia en la enumeración de sus partes discontinuas" (128); "de ahí ... su definición de su propio estilo como barroco, el estilo que deliberadamente agota (o trata de agotar) todas sus posibilidades" (128); "el impulso poético en toda su duplicidad perversa le pertenece solo al humano, lo marca como esencialmente humano. Pero Dios aparece en la escena como poder de la realidad misma, bajo la forma de una muerte que demuestra el fallo de la poesía ... Dios está del lado de la realidad caótica y el estilo es impotente para conquistarlo. Su apariencia es como la cara terrible de Hakim cuando pierde la máscara refulgente que llevaba y revela una cara gastada por la lepra. La proliferación de espejos es tanto más aterradora cuanto cada nueva imagen nos acerca más a esta cara" (128-29); "aunque el último reflejo podría ser la cara misma de Dios, con su aparición la vida de la poesía llega a su fin. La situación es parecida a la del hombre estético de Kierkegaard, con la diferencia de que Borges rehúsa abandonar su predicamento poético a favor de un salto hacia la fe" (129).

A esta ordenada visión de la realidad de Borges como punto de partida quiero oponerle una visión contraria, la de Enrique Pezzoni, tal como nos es dada en algunas de las primeras lecciones transcritas por Annick Louis, cruzada por un texto de Josefina Ludmer donde emerge o se reproduce una cierta estructura textual que me interesa rechazar. Por fin glosaré un ensayo de Raúl Antelo, "La zoología imaginaria como deslectura de las radiografías y los retratos de la nación en crisis". Con pocas excepciones, la relación de la crítica académica con Borges mimetiza la relación de Carlos Argentino Daneri con el universo: literal, pero fantasiosa y banal. Falta y ha faltado siempre una articulación teórica de la poética de Borges; falta, fundamentalmente, un procedimiento conceptual que nos permita por fin movernos más allá del tedio que inspiran gestos y palabras infinitamente repetidas, sin recato ni pudor, hasta por intelectuales como Juan José Saer: "Estos textos mágicos en los que chisporrotean mil momentos luminosos" (Saer 31) parecen no habernos deparado nada sino ceguera, camuflada luego en charla vacua sobre espejos, memorias, tradiciones, pérdidas, y laberintos. Hay una lectura estética de Borges, la dominante, que es solo pretensión de estética: ojalá, en relación con Borges, hubiéramos llegado alguna vez a la estética. De Pezzoni hubiera podido quizá esperarse mayor iluminación que la que depara el libro cuidadosamente preparado por Louis, y que recoge un número de clases dictadas por Pezzoni en su cátedra de la universidad de Buenos Aires. En las clases en las que Pezzoni se ocupa de "Tema del traidor y del héroe" Pezzoni nos entrega un Borges chato, nihilista, falsamente subversivo, funcionalista, metafísico y, en última instancia, trivial.

La distancia que media entre el Ryan de antes de su intuición final (cuando descubre que la estructura de la obra preparada por Nolan puede estar entregando una verdad aviesa) y el Ryan que decide escribir un panegírico es en un sentido específico similar a la distancia infinita que existe entre Miguel de Cervantes y Pierre Menard –poco importa que, en el caso de ambos sucesores, el texto por escribir fuera literalmente idéntico al de su precursor–. El Ryan que decide no es simétrico del Ryan inicial, puesto que el Ryan que decide está ya tan caído en el "tema del traidor y del héroe" como su protagonista Kilpatrick. Lo que resulta curioso es que el Ryan que decide parece, el menos en primera impresión, repetir la posición crítica que recomienda Josefina Ludmer a partir precisamente de un breve comentario a Pezzoni. Comencemos, pues, por Ludmer:

> Escribe Enrique Pezzoni en *Sur* en 1952 que después de las primeras críticas y elogios se produce una revisión fundamental de la opinión sobre Borges: "lo que empezó a descubrirse en él fue su posición frente a la realidad y la cultura, concebida esta como una nueva realidad en el mismo nivel que aquella, y tan vasta, tan urgente, como aquella". Voy a retomar esto ... porque creo que es crucial hoy para nosotros, o al menos para mí: la cultura y la realidad, dos realidades con el mismo peso (Ludmer 292).

Dos hechos con el mismo peso: la cultura y la realidad. Tan indiferente el peso, quizá, como la distancia que media entre ser héroe y ser traidor. Entre ambas instancias, la literatura: no simplemente cultura ni simplemente realidad, algo otro que quizás marca esa diferencia inicial, pero solo en el momento de constituirse como absoluta autonomía. "[Borges] definió en la Argentina una literatura moderna, puramente literaria, sin dependencia de otras esferas, sin esferas por encima de ella. Independizó la literatura, o mejor, completó el proceso de autonomía que se abre en 1880 con el establecimiento del Estado nacional y la independencia de la esfera política. Todo lo redujo a literatura y escribió que la filosofía era una rama de la literatura fantástica" (Ludmer 292-93). Borges lo reduce todo a literatura precisamente en el mismo movimiento que le permite crear dos órdenes o esferas radicalmente heterogéneas: realidad y cultura. Al discernir absolutamente entre realidad y cultura Borges descubre la literatura como aparato de reducción de toda diferencia entre realidad y cultura. Para Ludmer tal viaje es paralelo de la apoteosis del Estado moderno, que autonomiza absolutamente lo político y por lo tanto reduce absolutamente todo a lo político al tiempo que, mediante tal reducción, establece una diferencia esencial, pero enigmática, entre el orden de la realidad y el orden de la cultura. "Y esa es la ficción de la era de la autonomía literaria y la ficción de Borges, que es una máquina generadora de enigmas que gira alrededor de la descomposición verbal de la verdad legítima y de la ambivalencia perpetua, del texto indescifrable, y de la forma misma del secreto en literatura" (Ludmer 293-94).

¿Cuál es ese secreto que la ficción de Borges a la vez oculta y revela, y el crítico responsable debe amparar también, como hace Ryan, en la ambivalencia perpetua héroe/traidor? Este es el segundo comentario que Ludmer dedica a Pezzoni:

Borges puede aparecer entre los años sesenta y ochenta como un escritor revolucionario en la Argentina porque la ideología de los textos (el sujeto textual) puede contradecir la ideología explícita del escritor. Y así aparece, nihilista y anarquista, en las clases de Enrique Pezzoni de los años ochenta ... ; Pezzoni lee su procedimiento técnico de invención de series que se niegan sucesivamente, mientras absorben todo tipo de otros discursos. Y encuentra un sujeto textual que supera la división entre la literatura pura y la literatura social (294).

En la economía textual de Ludmer, tal como la entiendo, tal concepción es precisamente la que debe abandonarse. Ese "sujeto textual" de Pezzoni, que supera la división entre la literatura pura y la literatura social, o la división entre cultura y realidad, es un sujeto confuso: en primer lugar porque su supuesto nihilismo y anarquismo coinciden absolutamente con la posición del Estado como sujeto, del sujeto estatal. El sujeto textual autonomizado en lo literario coincide con el sujeto estatal autonomizado en lo político, y ambos forman sistema. Ya Ludmer había dicho que Borges lleva en el mismo movimiento a "una fusión y a un punto crítico" la historia del estado nacional-popular argentino que empieza en 1880 igual que la "historia de la autonomía literaria (y con ella la historia de la idea de autor, de obra, de autorreferencia y de ficción)" (292). Abandonar al Borges nacional-estatal es por lo tanto también abandonar al Borges monumentalizado y autónomo en lo literario, y viceversa. "Porque para mí, salir de Borges, sacarle el nombre y la autoridad a Borges no quiere decir no nombrarlo, sino disolver la unidad orgánica de su obra, quitarle estabilidad y monumentalidad. Sería disolver una unidad orgánica autonomizada y romper también la unidad de sus textos para construir con su literatura, con algunos fragmentos de su literatura, otro campo que no sea un campo regido por su nombre" (297): un Borges ni traidor ni héroe, otra cosa que permita respirar en su obra.

Parece entonces que Ludmer se prepara a mimetizar al otro Ryan, a un posible Ryan sujeto de una decisión alternativa que pasa por la deconstrucción de Kilpatrick contra la falsa crónica anunciada de la "emancipación de la patria". Borges, como la vida misma en el *Macbeth* de Shakespeare, que es uno de los textos recurrentes en la conspiración mimética orquestada por Nolan (es conspiración porque su fin último es engañar a la patria, hacer creer que un traidor es héroe), habría venido a ser, en el futuro perfecto de una nueva emancipación, la posibilidad misma de emancipación con respecto de Borges, ahora entendido como "una sombra que camina, un pobre actor que alardea y tiembla en la escena" (*Macbeth* 5.5), un Kilpatrick roto por la conciencia de su traición, viviendo el vacío de su verdad. Tal revelación postestatal o contraimperial permanece en inminencia pero no llega a producirse en el texto de Ludmer. Ludmer se retira, contra lo real, hacia lo cultural, y propone un campo todavía regido por el nombre de Borges, que es ahora sin embargo el nombre de un héroe ya sospechoso, de un héroe caído y precisado por tanto de las tablas y de más representación falsa y traidora. La crítica que hace Ludmer de Pezzoni no radicaliza sus propios planteamientos y así no llega a su verdad –o llega, pero de forma demasiado sucinta, demasiado aviesa, y así irresuelta con respecto de una traición necesaria–. Ludmer concluye débilmente: "Me quedaría con una posición de lectura borgiana, de utilización y crítica. Y transformaría a Borges en tradición. La tradición irreverente de Borges sería una tradición de lectura crítica de las propias tradiciones e historias nacionales. Al leerlo como tradición, saldría de Borges desde adentro, con su posición de lectura crítica de las tradiciones culturales, haciendo de esta posición una tradición nacional" (299). Ludmer acaba, a despecho de su propio planteamiento, restaurando la trampa que se abre en esa concepción pezzoniana del sujeto textual como mediador entre las series heterogéneas de la realidad y de la cultura. Realidad y cultura no tienen el mismo peso, como tampoco lo tienen el traidor y el héroe. Postular su equilibrio, que es lo que Paul de Man no hace (ni Borges), es una apuesta subrepticia hacia la superioridad de la cultura, que acaba siempre revelándose como cultura comunitarista, y así como comunión cultural, en este y en tantos otros casos comunión nacional.

Podemos encontrar en otras palabras de Sherlock Holmes el secreto de la disimetría entre realidad y literatura que parece ser misión constante de la crítica borgiana acallar y no revelar. Dice Holmes del "razonador ideal" que

> una vez que se le ha mostrado un solo hecho en todas sus coordenadas, deduciría no solo toda la cadena de acontecimientos que llegan a él sino también todas las consecuencias que se derivarán. Igual que Cuvier podía describir correctamente todo un animal después de contemplar uno de sus huesos el observador que ha entendido plenamente un eslabón en una serie de incidentes podría postular con toda precisión todos los demás, los que anteceden y los que siguen. Todavía no hemos entendido los resultados a los que puede llegar la razón por sí sola. En el estudio se pueden resolver problemas que han confundido a tantos que pretendían encontrar una solución con ayuda de sus sentidos. Pero para llevar el arte a su cima más alta es preciso que el razonador utilice todos los hechos que han llegado a su conocimiento, y esto en sí ya implica ... la posesión de todo el conocimiento, lo cual, incluso en estos días de educación gratuita y enciclopedias, es un logro más bien escaso (Conan Doyle 105).

Postulado un conocimiento infinito, mapa y territorio, realidad y cultura coincidirían infinitamente. Es el fallo del conocimiento, y no el fallo de la realidad, el que desencadena la necesidad de la conciencia figural o poética, cuya característica en Borges es clásicamente mimética, pero barroquizada en la imposibilidad de estásis. La conciencia poética de Borges, como advierte De Man, busca llevar su expresión hasta las últimas consecuencias. La voluntad de estilo en Borges es tensión barroca en la medida en que tematiza la fisura entre realidad y cultura, entre territorio y mapa. Lejos de postular una posibilidad sustitutiva o compensatoria para el artefacto poético, lejos de pensar que la serie poética puede clausurar la mímesis de lo real, Borges muestra una y otra vez cómo la posibilidad de visión total es solo un ideologema que desplaza y difiere lo real. El ordenamiento del caos en De Man, o el conocimiento total en Holmes, son síntomas e inversiones de la imposibilidad borgiana de clausura de lo real. Pero tal imposibilidad abre cabalmente la posibilidad poética –el modo en que lo poético abandona la noción de verdad como representación y entra en una aleteología alternativa–. En tal aleteología lo engañoso es marca de una verdad más profunda que la verdad obvia: de ahí que Borges siempre requiera "la presencia ordenadora de un villano en el centro". Porque, en un contexto en el que la verdad como representación es revelada como fundamental o esencialmente falsa, la representación como engaño apunta a una verdad más alta, más allá de la representación. Todo acto de ordenación es un acto de disolución: solo el villano puede disolver y (des)ordenar sin amenazar la sustancia misma del misterio, pues entiende el misterio desde su finitud, y no pretende la posibilidad de un saber infinito. Con el villano, con el traidor, se anuncia lo poético como serie en la finitud, en un contexto en el que lo infinito es pura farsa cultural, pura pretensión de auto-equiparación con lo real. Si hay Dios en Borges es el dios de la finitud, que está del lado de lo real, y así de lo poético, y contra toda cultura.

Por eso la teoría de Pezzoni desemboca en un Borges nihilista: porque el Borges de Pezzoni es culturalizante, también su recuperación ludmeriana, y en esa medida pensado contra lo real, a lo que prefiere destituir hacia la nada. Para mostrarlo voy a la lectura que establece Pezzoni de "Tema del traidor y del héroe" en la primera parte de *Enrique Pezzoni, lector de Borges*. Louis le llama a esa parte "El sujeto Borges o la exhibición desaforada", y comprende las clases 13 a 17, dictadas entre mayo y junio de 1988. Pezzoni parte en ellas de lo que queda dicho en la última clase: "El 'Tema del traidor y del héroe' podría ser una suerte de epítome de toda la narratividad borgeana; y el juego de las traiciones entre los opuestos está subyaciendo permanente en la literatura borgeana" (118). Lo que se establece aquí, por lo tanto, vale como afirmación general sobre la propuesta poética de Borges, y no cabe restringirlo al comentario sobre un cuento: lo particular tiene valor de universal. Así, otra vez con disculpas, y para mantener cierta simetría, voy a transcribir primero

Tercer espacio

algunas citas con breve comentario intercalado. Entiendo que Pezzoni mueve a Borges hacia la producción infinita de series patéticas, como toda alegoría nacional. "['Tema'] problematiza los mecanismos para trasmitir un hecho real o ficticio, y cómo los procedimientos influyen decisivamente, e ideológicamente, sobre la visión del hecho real o ficticio transmitido" (30); "el sujeto textual Borges ... es ... un sujeto esencialmente subversivo de las formas institucionalizadas" (31); "contraposición entre dos prácticas: la supuesta práctica sumisa del documentador y la práctica activísima, discursiva del que propone, inventa documentos, que es el núcleo .. de ['Tema']" (37); "frente al mundo, la mejor posibilidad es proponer otras formas de ordenación y de esquemas del mundo" (40); "de un personaje, de un hombre se podrían componer diferentes biografías, reordenando las series de acontecimientos de tal manera que la relectura de esa multitud de biografías al final arrojaría la cuenta de que todas esas biografías dispares son la biografía del mismo sujeto" (41). Pezzoni parece sugerir que existe, de antemano pero siempre en cada caso, una "forma institucionalizada" que corresponde a aquello que la "práctica sumisa del documentador" busca encontrar, en el mismo momento aparente en el que la institucionaliza. Contra esa "práctica sumisa" otra práctica, "esencialmente subversiva", forma de ordenación alternativa cuyo referente sigue siendo "el mismo sujeto". En esta posibilidad de "procedimiento" diverso "frente al mundo" se revela una opción ideológica. Borges parecería optar en cada caso por la práctica subversiva de lo institucionalizado, revelando no solo que lo institucionalizado es ideología, sino que lo subversivo es igualmente ideología.

"La serie borgeana, la serie que inventa Borges en sus relatos como la serie de Santo Tomás también puede no haber sido. La diferencia es que, para Santo Tomás, en el universo hay una causa primera no contingente que es la Divinidad. Puede no haber sido, pero es. Y su existencia se explica por esa causa no contingente, no aleatoria, no azarosa, la Divinidad. La serie borgeana es una serie donde alguien asume el papel de una divinidad absolutamente contingente –es una divinidad aleatoria y contingente– que inventa una divinidad absolutamente contingente que inicia una serie que, en efecto, puede no ser y que es absolutamente contingente" (44); "el principio ordenador de Borges es absolutamente contingente ... Y bien, entonces el texto de Borges y la serie de acontecimientos que presenta Borges es siempre injustificada ... El texto instaura siempre su propia causalidad ... El texto es el que justifica con los ordenamientos propuestos esa forma de ordenamiento. El mundo es así porque el texto lo propone así" (46-47); "son textos ideológicos que conciben la ideología no como contenidos sino como formas especiales, formas dinamitadoras, formas subversivas, etc. En este sentido, Borges es una especie de extraña presencia" (48); "esta idea [de Borges] del texto no definitivo, es decir de la producción de sentidos constantes. El sentido como producción y no como busca de algo previo, congelado, que ya existe" (49). Lo contingente es aparentemente subversivo, pero ¿de qué? Subversivo de la necesidad. Borges es convencionalmente ateo, es decir, es ateo con respecto de la convención ontoteológica occidental, según la cual Dios no es sino primera causa infundada y principio de razón suficiente. De ese ateísmo o posición antiontoteológica, antimetafísica, Borges deriva, según Pezzoni, un simple procedimiento paródico: el texto se coloca en el lugar ontoteológico, como sustitución de la divinidad. Por lo tanto, Borges es un dios villano o falso dios, un demonio o "extraña presencia" que subvierte la versión ontoteológica del acontecer, basada en la presuposición de un principio de razón suficiente extratextual y dominador del mundo. Pero ¿cómo la subvierte? Caprichosamente, mediante la afirmación arbitraria, injustificada, de principios de ordenación que resultan desordenadores. Cada acto de creación es una propuesta de sentido, y no hay sentido excepto el sentido caprichoso de cualquier forma de ordenación arbitraria. Yo, Borges, al asumir la creación de sentido supuestamente a cargo de la divinidad, me doy cuenta de que todos podemos crear sentido, y así la divinidad es tan irrisoria o falsa como yo mismo. Mi sentido es sinsentido, a no ser que tenga el sentido de mostrar el sinsentido.

"Hay una especie de ética nihilista y tremendamente anarquista que es la prohibición de caer en la tentación ... de una causa trascendente y fundante, pero al mismo tiempo la nostalgia de una causa trascendente y fundante" (50); "la negación absoluta de admitir sentidos últimos que puedan imponerse como verdaderos ... el cuestionamiento absoluto de toda edificación de los sentidos como sentidos trascendentes a los sujetos que trabajan con ellos" (53); "Borges avanza, exhibe el procedimiento como una forma, pero que es una forma ideológica; o, dicho de otra manera, muestra la ideología como forma, como propuesta de determinadas concepciones del sentido que destruyen ciertas concepciones en ese momento vigentes" (61-62); "su gesto ideológico consiste en corregir la historia, en fraguar la posibilidad de que se pueda fabricar de nuevo la historia universal, pero a la vez, nuevo gesto ideológico, nihilista y anarquista, desvaloriza inmediatamente esa construcción rigurosa: esta construcción es mentira, no es verdadera. La verdad no está diseminada en ninguna parte" (86); "la historia y la literatura intercambian continuamente sus papeles y se desvalorizan mutuamente; el gesto ideológico borgeano es destruir paradigmas epistemológicos de conocimiento. Los paradigmas epistemológicos están hechos para ser destruidos, transformados, alterados, reemplazados incesantemente. No hay sentido último, ni definitivo" (90); "su didactismo, en definitiva, consistiría en mostrar la literatura como procedimiento, pero, a la vez, en mostrar el procedimiento como una forma de vehiculizar sistemas ideológicos. Esa exaltación del procedimiento supone también una degradación del procedimiento. Es decir, analógicamente correspondería a la exhibición de los paradigmas epistemológicos que son inmediatamente descartados por la posibilidad de emergencia de nuevos paradigmas epistemológicos que son a su vez descartados y de los cuales no quedan más que palabras, en definitiva" (96). Y claro, si mi sentido es sinsentido, entonces nada es verdad ni es mentira. Me declaro por lo tanto nihilista, porque solo nada existe, y anarquista, porque no creo ni siquiera en que mi propia capacidad de ordenación pueda dar un principio de orden al mundo. Mi procedimiento a partir de ahora solo puede ser complacerme en la hipóstasis nihilista-anarquista: desmantelar, dinamitar, y hacer que la palabra degenere al mostrar que todo es (no más que) palabra. Solo esa vaga "nostalgia", emparejada a la prohibición de nostalgia de una causa trascendente y fundante, insinua en este sistema un problema que se va a acabar convirtiendo en la verdadera "extraña presencia" de la interpretación de Pezzoni, el villano en su centro.

Hay candor y probidad en esta propuesta interpretativa de Pezzoni, no sé si probidad argentina como la de Littmann era alemana, pero en todo caso una probidad que, bajo pretexto de traducir literalmente el sistema de Borges, lo traiciona fundamentalmente al reducirlo a trivialidad nihilista, a cansina insistencia disolvente. Pezzoni, cabalmente, no tendría por qué sorprenderse de que este Borges, *su* Borges, sirva como principio de justificación de lo peor en el orden de lo político: "la obra de Borges, sempiternamente subversiva, ideológicamente subversiva respecto de los órdenes habituales, y el gran problema que es la superposición del sujeto empírico y el sujeto textual ... , esta obra tan tremendamente subversiva, desgraciadamente ha servido de apoyo a los gobiernos conservadores; en todo caso la obra de Borges, por cierto, no ha sacudido el orden de los gobiernos militares" (123). El razonamiento es simple: *si* hay nihilismo, entonces el orden se convierte en la única posibilidad, es decir, en la posibilidad absoluta de garantizar un principio de inmanencia de lo social. Cualquier orden es preferible al desorden, cuando el desorden no puede incorporar mayor valor que el de ser mera y vacía alternativa al orden. El secreto del anarquismo, cuando el anarquismo es efectivamente nihilista, es que está esencialmente abierto a las peores formas de autoritarismo: dado que no hay orden, entonces que todo sea orden. El valor del ensayo de Ludmer antes comentado radica precisamente en la reacción, secreta o no manifiesta por lo demás dentro del ensayo mismo, pero su posibilidad más cierta, contra la íntima alianza entre el sistema que propone la autonomización total de lo literario y el sistema que propone la autonomización absoluta de la forma estatal. Empezamos a entender la complicidad entre las vanguardias literarias del siglo XX y el totalitarismo de estado, del cual depende toda concepción posible de nación comunitaria. Y empezamos entonces a darle rienda suelta a la sospecha de que el problema con Borges no fue su reaccionarismo, sino el reaccionarismo inadvertido de la crítica, no solo argentina, que creó un Borges nacional, anarquista-subversivo y nihilista, en cuyo envés no cabe sino leer la apoteosis absoluta del ontoteologismo que subyace a toda dictadura como contingencia necesaria y principio de inmanencia de lo social.

Recordemos las palabras de Paul de Man antes citadas: "Si ... ordenamos este caos, podemos lograr un tipo de orden, pero disolvemos la sustancia espacial aglutinante que daba consistencia a nuestro caótico universo". Hacen falta pies de paloma para no caerse en el abismo ontoteológico, como decía Nietzsche, él mismo ciego en ciertos momentos de su obra, a pesar de todo, a la complicidad entre nihilismo y metafísica. Pezzoni consigue crear un "tipo de orden" en el universo complejo y sutil de la obra de Borges, pero al precio de disolver su sustancia propiamente poética, que no es por supuesto nunca funcionalista y que no radica por lo tanto en el mero asombro desfamiliarizador con respecto de lo establecido, o institucionalizado, o santificado por una tradición por lo demás siempre radicalmente dudosa en sus complicidades con el poder estatal y así con la historia de la dominación política y de sus procedimientos. "Dios está del lado de la realidad caótica y el estilo es impotente para conquistarlo... con su aparición la vida de la poesía llega a su fin. La situación es parecida a la del hombre estético de Kierkegaard, con la diferencia de que Borges rehúsa abandonar su predicamento poético a favor de un salto hacia la fe.". Si lo poético es conciencia fundamental de finitud, porque depende absolutamente de la relación con lo no-poético, con la que establece una relación sin relación en la medida en que lo no-poético resiste absolutamente, entonces todo salto a la fe, sea fe ontoteológica o su gemela nihilista-anarquista, es fin de lo poético y traición, heroica o no, de lo poético en cuanto tal. Esta es la traición que "Tema del traidor y del héroe" a su vez traiciona absolutamente, al rehusar todo compromiso en la denuncia infinita de las palabras finales. Esas palabras son: "En la obra de Nolan, los pasajes imitados de Shakespeare son los menos dramáticos; Ryan sospecha que el autor los intercaló para que una persona, en el porvenir, diera con la verdad. Comprende que él también forma parte de la trama de Nolan ... Al cabo de tenaces cavilaciones, resuelve silenciar el descubrimiento. Publica un libro dedicado a la gloria del héroe; también eso, tal vez, estaba previsto" (494). Si cualquier solución posible estaba prevista, entonces la única posible posición no sometida a captura es la renuncia a la conspiración. La conspiración parece coincidir exhaustivamente con el universo: Nolan ocupa el lugar del dios ontoteológico, señor del silogismo disyuntivo que ha previsto y predispuesto todas las variaciones posibles en la trama histórica ("o esto, o esto, o esto ...") de forma tal que cualquier acción de Ryan acabaría probando su presencia (la de Nolan) al comienzo de la serie como su divinidad no contingente o absoluto señor de la necesidad. Por implicación, entonces, también la redacción de "Tema del traidor y del héroe" estaba, tal vez, prevista. Y esta lectura.

Ahora bien, hay una diferencia crucial, manifestada o expuesta repetidamente en los textos de Borges (baste citar el final de "Lotería en Babilonia", por ejemplo), entre lo derivable de entender la posibilidad de conspiración y entender que entender la posibilidad de conspiración es un acto fundamental de libertad poética que presupone la posibilidad de no-conspiración, de acabamiento de la conspiración. En otras palabras, si entender la conspiración y aceptarla en su posibilidad supone caer en la trampa de la lectura ontoteológica del mundo, convencional o pseudo-subversivamente, entender la posibilidad de tal trampa es ya abrirse a otra historia y así a una relación no-ontoteológica con el mundo y con lo real. Es el texto de Borges, en su búsqueda barroca de su posibilidad límite, el que entrega una y otra vez, en su misma finitud, la posibilidad abierta del misterio de lo real, con respecto del cual no se trata ya de postular la invención del sentido, la proliferación del sentido, la construcción contingente de todo sentido, sino al revés: entender el límite absoluto del sentido, entender la insuficiencia radical de toda construcción de sentido, y así recibir el mundo y lo real, como por primera vez, como don infinito y absoluta apertura del sentido. Con respecto de esta alternativa, siempre literal en Borges, la postulación del sujeto textual como el dinamitador del sentido en la impostación del lugar ontoteológico de la divinidad equivale solo a hipostasiar al sujeto textual, al autor, y así a todo el sistema literario, a un pobre lugar sustitutivo emplazado en la maestría técnica como única verdad posible del arte de la modernidad, allí donde el arte hace entonces sistema con la tecnología y con el poder estatal.

Voy a proponer como definición de ese sujeto textual, infinitamente repetido en la historia de la crítica de Borges, la palabra "patético", tomando pie en "Tema": cuando Kilpatrick entra en Dublín en camino hacia el teatro en el que va a ser asesinado (pero ya Dublín es escenario de la representación más amplia), dice Borges, "el condenado ... discutió, obró, rezó, reprobó, pronunció palabras patéticas y cada uno de esos actos que reflejaría la gloria había sido prefijado por Nolan" (493-94). El sujeto textual, el sujeto crítico, es patético cuando sigue el guión ontoteológico y participa en la conspiración, es decir, participa en la ideología de la construcción infinita de sentido como artefacto o técnica de conducta. Incidentalmente, por eso advierte Borges de que las citas de Shakespeare intercaladas en esos actos de Kilpatrick resultan los pasajes "*menos* dramáticos [énfasis en el texto]": son esas citas las que van a permitir entender la conspiración en tanto que conspiración, y así desarrollar el principio de una visión no conspirativa de la historia. Borges se acerca en esto a una propuesta teórica que permite oponer al sujeto crítico patético un principio de "apatismo" que constituye el centro cabal del ensayo de Raúl Antelo que ahora quiero comentar.

La serie "apática" define en Antelo la posibilidad de una diferencia con respecto de "las producciones de sentido dominantes que toman como base la vida" (113). Con pie en el análisis de Giorgio Agamben en *Medios sin fines*, según el cual "la fractura biopolítica dominante de la sociedad moderna" (113); es la diferencia entre lo popular y su resto ("lo popular es aquello que no puede ser incorporado al todo del que es parte inalienable así como tampoco puede pertenecer cabalmente al conjunto en el que, pese a todo, se integra" [113]), Antelo define, a partir de Borges, el "patetismo" como precisamente el discurso obsesionado por la representación de lo popular como totalidad sin división ("mucho de la manera patética de Spengler, de Keyserling y aun de Frank, hay en la obra de Martínez Estrada" [Borges, citado por Antelo 114]). La formulación de la posibilidad de una "versión apática de la experiencia" es por supuesto hermana de la precisión de De Man, según la cual el mundo de los cuentos de Borges no representa "una experiencia real sino ... una propuesta intelectual". También la noción del Walter Benjamin temprano, en "Programa de la filosofía futura", sobre la necesidad absoluta de reformar la filosofía kantiana a favor de una formulación más amplia y menos pedestre de experiencia, en la que se juega una crítica de todo el empirismo ilustrado, debe al menos traerse aquí a colación. La fractura biopolítica fundamental de la modernidad, entre lo popular y su resto, entre *bíos* y *zoé*, puede representarse también como la división entre realidad y cultura. Tanto en De Man como en Benjamin, en la revisión de la noción kantiana de experiencia se juega una crítica de lo cultural como el lugar por excelencia de la maquinación de la modernidad: en la escisión de lo real entre realidad y cultura la experiencia está siempre del lado de la cultura, hipostatizada en "vida", y metonímicamente en "vida comunitaria o nacional", y dicta una apropiación de la realidad a partir de categoremas cuya genealogía histórica está radicalmente contaminada por la modalidad ontoteológica del pensar.

"Vida" es, para la modernidad, la suma de maquinación técnico-económica y cultura, donde "cultura" recoge el espacio de experiencia supuestamente autónoma que arroja como resto la maquinación misma. Esta es también la versión heideggeriana en *Contribuciones a la filosofía*. Si la serie apática define en Antelo algo otro que "las producciones de sentido dominantes que toman como base la vida", entonces la serie apática es radicalmente a-culturalista y a-constructivista, contracomunitaria y contra-axiológica, mientras que la serie patética, en la versión de Martínez Estrada pero también en la versión de Nolan, ambas movidas por la teleología ilusa de "la emancipación de la patria", como tantas versiones críticas de la obra de Borges, de una forma o de otra, busca establecer un principio de experiencia radicalmente disciplinado o domado hacia la producción de sentidos siempre de antemano contenidos por la escisión realidad/cultura, y así siempre relativizados y destruidos por el peso no-examinado de lo cultural comunitario. En otras palabras, la serie patética marca el principio absoluto de una sentimentalización de la vida a partir del régimen estatal de dominación nacional-popular y de todos sus derivados, incluido por cierto el régimen neoliberal de control social a partir de la propuesta multicultural.

La serie patética es por lo tanto el lugar del nihilismo y del anarquismo, que no son más que la inversión de la soberanía ontoteológica, y que así están radicalmente marcados por ella, y no son otra cosa que esa soberanía en disfraz de villano, en disfraz de traidor. Una vez aceptada la lógica ontoteológica, una vez constatado el principio patético de lo real como división entre divinidad no-contingente y serie contingente de acontecimientos, entre realidad y cultura, la mera negación de lo primero es necesariamente también negación de lo segundo. Y ambas negaciones formulan, no en contraposición sino en régimen de suplementariedad ostensible, el anarco-nihilismo cuya terribilidad es difícilmente disociable de la benevolencia conservadora y bien-pensante que entendemos como violencia metafísica. El ensayo de Antelo revienta esa polaridad como pocas veces se ha hecho en la historia de la crítica de Borges, y así logra "salir de Borges con Borges", al deshacer, entre otras cosas, esa arbitraria y malaconsejada escisión de sujeto textual y sujeto empírico, esa aparente contradicción entre subversión textual y politicidad reaccionaria que la máquina Borges en toda su institucionalidad no ha hecho sino ensayar infinitamente. En otras palabras, el ensayo de Antelo abre la posibilidad de una ruptura crítica al proponer lo apático como concepto capaz de resolver la práctica literaria de Borges en teoría de lectura: una teoría de lectura negada al patetismo nacional-popular, y así a toda formulación identitaria, subjetivizante, emotiva, sentimental, y estatal del aparato poético. ¿Qué es pues lo apático?

El diccionario Liddell-Scott da bajo la voz *pathos* las siguientes acepciones: "todo lo que le pasa a uno, un incidente, un accidente … lo que uno ha sufrido, la experiencia de uno … una pasión, emoción …, cualquier estado pasivo, una condición, un estado … en plural, los incidentes o cambios a los que son susceptibles las cosas" El más limitado Diccionario de la Real Academia da bajo "patético" "lo que es capaz de mover y agitar el ánimo infundiéndole afectos vehementes, y con particularidad dolor, tristeza o melancolía". Y bajo "apatía" "impasibilidad del ánimo.// 2. Dejadez, indolencia, falta de vigor o energía". El ensayo de Antelo, al definir la "línea de fuga" de lo apático como el "encuentro fortuito para postular una nueva concepción de experiencia que nada le debía a la vivencia" (115), se pronuncia a favor de una modificación en la primera acepción de Liddell-Scott: para Antelo lo apático define una modalidad de recepción del acontecimiento no dependiente de la vivencia. Vivencia fue una palabra inventada por José Ortega y Gassett para traducir el alemán *Erlebnis*, por oposición a *Erfahrung*. No es necesario aquí meterse en filologías complejas, que tendrían que pasar por un análisis de la explicitación benjamiana de la diferencia entre ambas palabras: *Erlebnis* está del lado de la interioridad biopolítica y es por lo tanto consustancial a la diferencia realidad/cultura –la vivencia marca lo patético en toda apropiación literaria–. *Erfahrung*, por oposición, marca la serie apática como apertura a la marca de lo real. Lo apático es pues una radical apertura al sentido de lo real, contra la producción patética del sentido. En palabras de Antelo, "señala ... el entre-lugar (asintético y no dialectizable) del sentido, un sentido donde el valor mundo circula" (115). El mundo circula en el sentido apático, mientras que lo patético circula intramundanamente. La apatía, a la que Antelo llama "acefálica" y "minotáurica",

> reconstruye retrospectivamente la consistencia ontológica, tanto del *bíos* individual como de la *zoé* de masas, pero nos obliga, en cambio, a recorrer y rearmar un mundo laberíntico donde la simultaneidad de presentes absolutamente incompatibles y la diseminación de pasados no necesariamente verdaderos coexisten lado a lado, dando a la verdad consistencia estriada. No se trata, por lo tanto, de evaluar la reconstrucción como restauración de lo vivido sino como desafío a la creación de nuevos vínculos éticos por medio de la potencialización de lo falso. En esa serie, cuya virtud es resultado de fuerzas actuantes, la verdad, siempre diferida y virtual, reside, sin embargo, en lo inactual de toda experiencia, en su vacío irrepresentable (117).

La apatía es, en otras palabras, la apertura a "la verdad presente en su ocultación, la verdad de un relato que no ostenta verdad pero es regido por ella, a tal punto que su visibilidad duplica la misma opacidad ficcional que trata de aprehenderla" (113). Si la nostalgia, medida por su prohibición misma, era en Pezzoni el principio ordenador anarco-nihilista del texto borgiano, y así su invitado siniestro y el eje de destrucción de la consistencia ontológica de la propuesta crítica de Pezzoni (si el anarco-nihilismo responde a una prohibición de nostalgia, el anarco-nihilismo es voluntarismo autorrepresor y por lo tanto es cualquier cosa excepto anarco-nihilismo: de ahí que la contraposición en Pezzoni del sujeto textual Borges y del sujeto empírico Borges sea inconsistente), la práctica crítica de la apatía propuesta por Antelo permite establecer consistencia ontológica a partir de un desmarque radical de la perspectiva ontoteológica. La aleteología apática busca "la verdad presente en su ocultación", es decir, busca la duplicidad infame y villana de una verdad nunca agotable en la representación, nunca agotable en la producción o maquinación de sentido. Esa verdad, la verdad o no-verdad del misterio de lo real, da cuenta de realidad/cultura al mismo tiempo que desplaza el horizonte de interpretación más allá de esa polaridad biopolítica, hacia un encuentro con el rostro de lo divino o fin de lo poético, y más allá de una "emancipación de la patria", que es por otra parte siempre también la entrada en dominación de la patria, del padre, y del nombre del padre, en la exclusión perpetua de aquello de lo cual lo popular, que es el nombre patético de la totalidad del conocimiento, no puede dar cuenta. Eso es lo que "Tema del traidor y del héroe" entrega: el exceso de lo popular, un movimiento hacia la verdad histórica coincidente con la tensión poética hacia su límite, la verdad de lo social en su sobrecogedora inmanencia, que es la inmanencia o infrainmanencia de todo lo que la ontoteología, incluyendo la ontoteología patriótica, subalterniza. La literatura de Borges, en su práctica apática, es literatura de lo infrapolítico contra el rapto biopolítico de lo político.

Capítulo Segundo

Mulos y serpientes. Sobre el principio neobarroco de deslocalización

I

La procesión o *theoria* barroca no atiende solo a la pasión del dios sino fundamentalmente, como testifican las saetas, a una aventura en la costumbre, a una exposición en lo abierto. El paso barroco, en cuanto pasión en lo abierto, marca un acontecimiento. Algo sucede (*pathos*) que establece una relación sin relación con el afuera. El *pathos* barroco, si Santa Teresa o San Juan de la Cruz pueden ofrecer algún posible modelo para él, es la marca de un peregrinaje indefinido sobre el fondo sin fondo de una casa iluminada o de un sueño de comunidad. El protagonista de la novela de Peter Handke, *En una noche oscura salí de mi casa sosegada*, escrita tras una larga estancia en Soria y sobre la experiencia explícita de San Juan, tiene dos sueños: "En uno de ellos, había una fila de cuartos en el subsuelo, adyacentes a la pequeña bodega de su casa, un gran salón llevaba al otro, todos suntuosamente decorados, festivamente iluminados, pero todos vacíos, como expectantes, esperando un acontecimiento espléndido, quizá tambien terrible, y no desde hacía poco, sino desde tiempo inmemorial" (40). En el segundo sueño "los setos que separaban de las propiedades vecinas habían desaparecido de súbito, eliminados a propósito o simplemente desvanecidos, y la gente podía ver lo que pasaba en los jardines de los otros y en las terrazas de los otros, y no solo en ellas, sino en todos los rincones de sus casas, ahora de repente expuestos, y de la misma forma un vecino podía ver al otro, lo cual causó en los primeros momentos inmensa consternación y vergüenza mutua, pero luego gradualmente dio paso a una especie de alivio, casi placer" (Handke 40-41). Siguiendo ese segundo sueño quizás haya que empezar a interpretar al diablo cojuelo de Vélez de Guevara como cifra de tal anhelo de comunidad en transparencia, que es solo la utopía barroca, cuyo reverso siniestro es el anticipo de la sociedad imperial de control prefigurado en la España del siglo XVI. Pero es el primer sueño el que invierte la utopía y nos da su clave: la comunidad está vacía, es solo la pulsión de un acontecimiento que no acontece. El peregrino barroco –los peregrinos, en la novela de Handke–, "fuera de la comunidad, vinculados a ninguna comunidad" (29), inician su destierro a partir de saberlo siempre ya efectivo.

> Lo que compartían, sin embargo, era su condición, o su conciencia: de una aventura, peligrosa de alguna forma no especificada, una aventura en la que algo grande, incluso todo estaba en juego, una aventura, además, en el borde de lo prohibido, de lo ilegal, incluso de una ofensa criminal. ¿Contra la ley? ¿Contra los modos del mundo? Y ninguno de ellos podía haber dicho de dónde venía esta conciencia compartida. De cualquier modo, lo que estaban haciendo, y especialmente lo que estarían haciendo en el futuro, podría traerles castigo a sus cabezas, castigo sin misericordia. Pero la vuelta atrás estaba ya fuera de cuestión para ellos. Y por lo tanto, a pesar de todo, realmente experimentaban su viaje como algo nuevo y sin precedentes (72-73).

El paso del peregrino, "náufrago, y desdeñado sobre ausente" en un verso de Góngora, es deslocalizante. Su relación con la comunidad es deslocalizante. De ahí la necesidad, también barroca, de su contención. O quizá es la contención la que fuerza al peregrino a serlo –y de ahí el peligro. Todo puede traer castigo, pero sin arriesgar castigo no hay aventura. Si toda localización apunta tendencialmente a constituir comunidad, y si toda comunidad localizante es precisamente comunionista –comunionista con respecto de los parámetros localizantes– entonces el paso o el trabajo de deslocalización es anticomunionista y apunta a una invención contracomunitaria o descomunitaria: relación sin relación. En cuanto relación sin relación, el paso barroco es también relación de amor: "¡No escribas sino historias de amor de ahora en adelante! ¡Historias de amor e historias de aventura, nada más! –alguien se fue–. La casa quedó en silencio. Pero algo todavía faltaba: no había oído cerrarse una cierta puerta" (Handke 186).

¿Cómo pensar políticamente la descomunión? ¿Cómo descomulgarse o excomulgarse políticamente? Mediante el éxodo o renuncia afirmativa. Hay quizás una manera en la que la renuncia o el abandono de posiciones, más que ser antipolítica, desoculta las condiciones disciplinantes de lo político y así puede apelar a una repolitización. ¿En nombre de qué? Quizá solo pueda darse a esa pregunta una respuesta absolutamente precaria: en nombre de un principio de libertad afectiva y liberación de los afectos, en nombre de un desdisciplinamiento biopolítico, en nombre de un rechazo a lo que hay y a lo que habrá, y a lo que hubo, porque lo que hay, y lo que habrá, y lo que hubo, aparecen afectivamente como falta, como carencia, y como deuda:

pasiones tristes¹. Pasión triste es para Spinoza la pasión que colabora en su propio esclavizamiento –a partir de una perversa compensación de falta–². Si nuestra práctica académica es o puede pensarse como pasión triste, entonces nuestra práctica académica es siniestra pasión universitaria de autodisciplinamiento y autodominación: pasión antipolítica. En ese caso lo único propiamente político con respecto de nuestra práctica académica sería la renuncia y el éxodo. ¿Hacia dónde? ¿Hay exterioridad respecto del discurso universitario? Si nuestra práctica académica no es otra cosa que un aparato de captura localizante y disciplinante, ¿puede determinarse, en la renuncia y el éxodo, una exterioridad que no sea recapturable? ¿Puede ser lo neobarroco uno de sus nombres?

No sería un nombre cualquiera. Hace tiempo que el barroco hispánico viene teorizándose, en sus vertientes española y latinoamericana, como principio cultural de la modernidad para nuestras tradiciones socio-políticas. John Beverley, en *Una modernidad obsoleta*, al repasar la historia de esa crítica, extrae de la profunda imbricación de lo barroco con la razón imperial española "la imposibilidad de dejar atrás al barroco, que queda como una especie de episteme o inconsciente cultural imborrable de lo latinoamericano, cambiando constantemente de referente: barroco de Indias, barroco mestizo, barroco criollo, barroco mundonovista, barroco 'real-maravilloso', neobarroco, barroco postmoderno" (9). Lo barroco traza para Beverley una curiosa estructura en doble registro: si por un lado atiende a su determinación como forma cultural de la dominación imperial española, tanto en las colonias como en su espacio metropolitano, por otro lado produce un exceso o suplemento letrado que genera condiciones de diseminación de sentido y lo hace funcionar, a partir de su propia crítica, hacia una inmanentización radical de

---

¹ La interpretación que da Sarduy del neobarroco como "operatividad del signo eficaz" (591) apunta ya a la inversión de toda pasión triste basada en la falta: Si el objeto "es tambien lo que escinde la unidad del sujeto y marca en él una falla insalvable; una ausencia a sí mismo", en *Paradiso*, de José Lezama Lima, obra emblemática del neobarroco latinoamericano, una "particular hilaridad" es su característica "de fundación": "esa rijita cejijunta, violenta pero ahogada, que tiene la misma virulencia, la misma energía de choteo y de impugnación que la carcajada, pero que nunca llega al estallido, a la explosión, al grafismo caricatural y sincopado" ("Heredero" 591).

² Ver la tercera parte de la *Etica*, "Del origen y naturaleza de los afectos". En los postulados 54 y 55, por ejemplo, "el intelecto lucha por imaginar solo aquello que postula su poder de acción" y "cuando el intelecto imagina su propia falta de poder, se entristece por ello" (182), se entiende ya cómo la tristeza es el paso a "una perfección menor" desde la alegría del afecto (188). La tristeza no es una privación, sino en sí un acto, "el acto de pasaje a una perfección menor" en el que el poder del intelecto queda disminuido o restringido (188). La pasión triste es el acto de autoesclavizamiento del poder intelectual.

la experiencia. "La paradoja del arte barroco consiste en que es una técnica de poder aristocrático-absolutista y, a la vez, la conciencia de la finitud de ese poder" (24). En otras palabras, "reflexionar sobre el barroco es ... reflexionar sobre la moderna institución de la literatura y la crítica en su condición contradictoria de ... aparato ideológico del estado" (25). Es la contradicción misma en el corazón de la práctica barroca la que convierte al campo barroco en campo de inmanencia, es decir, en posibilidad de una práctica teórica no reducible, para usar términos de Alain Badiou, ni a una archiestética ni a una archipolítica. Lo barroco mienta más bien las condiciones metapolíticas de una práctica de verdad. En cuanto procedimiento de verdad lo barroco es el lugar de una lucha constitutiva de sujeto. El sujeto barroco, si es cierto que dicta la apropiación hispánica a o de la modernidad, marca sus posibilidades de autoinscripción así como sus posibilidades de desinscripción o ex-surrección. Pero el sujeto exsurrecto es un sujeto en éxodo y un sujeto en autodisolución: un sujeto en crisis de fidelidad, el sujeto en retirada de lo barroco. Ya en Góngora el peregrino de las *Soledades*, como el peregrino de Handke, es sujeto en retirada: "es un héroe ... cuya acción consiste en llegar a ser distinto de lo que es" (Beverley 46-47). El campo barroco de immanencia constituye un sujeto cuya peculiar forma de presencia es su retirada, "soledad confusa". "Por eso la ruina viene a ser el símbolo de las *Soledades* mismas" (54). Y así, termina Beverley,

> Al final de las *Soledades* no se ha llegado aún a la descripción directa de la corte y el imperio. Estos constituirán la patria trágica del peregrino al "día siguiente". La experiencia histórica de la usurpación y el desastre condiciona tácitamente la forma de las *Soledades*. En la narrativa barroca la obtención de legitimidad implica necesariamente una inmersión en lo bucólico que le sirve al príncipe como aprendizaje en las reglas de la prudencia y la virtud. Para gobernar bien su pueblo ha de conocer la capacidad de libertad que este manifiesta, la extensión y la índole de sus sufrimientos, las alternativas vitales y comunitarias que persisten en el campo. El laberinto geométrico y social de la ciudad le esconde todo esto, de manera que debe abandonarla, junto con su identidad y su clase, para convertirse en "uno de ellos". ... en Góngora la edad de oro pastoril ya no es un paisaje fuera de la historia, o sea, un sueño imposible de integridad y naturalidad, sino más bien un paisaje intra-histórico, un cuadro que ha de leerse en las paredes de la corte, donde tendrá que ser descifrado su valor redentor como precepto social y moral. "Soledad"/"edad de sol": el diluvio que abolirá el desorden actual y preparará el retorno a la edad de oro es el poema mismo, que borra los términos normales de la experiencia y que nos remite a nuestros orígenes, que atomiza y reforma (69).

Mulos y serpientes

Esta es una de las dos caras de lo barroco: la cara excesiva, el envés o antagonismo inmanente barroco contra la vertiente de contención que lo sitúa como instrumento imperial de afirmación estatal. Desde ella, en Góngora (por ejemplo),

> la obra restante es la creación de un sentido fragmentario de lo hispánico no ligado a una ideología de represión y explotación ... tal vez por esta razón la escritura latinoamericana lleva la fuerte influencia de Góngora, ya que comparte con las *Soledades* la función de buscar una cultura y una sociedad posibles partiendo de la mutilación que el colonialismo y el imperialismo han infligido en sus pueblos. Para Góngora y la España de su época, dicha apelación fue infructuosa; el poeta se retira de nuevo a la noche del exilio y a la sabiduría triste del desengaño. Pero la apelación habrá de repetirse, porque la desaparición del peregrino al final de las *Soledades* nos revela a nosotros mismos en el escenario del presente (75).

¿Y cuáles serían las condiciones de apropiación de esta práctica barroca del sujeto imperial en retirada en el presente? El hispanismo, como cualquier otro aparato epistémico, es un lugar de expropiación. Si el hispanismo busca, en cada caso, algo así como una apropiación del objeto hispánico, la distancia entre el objeto y la intención apropiativa es irreducible. La expropiación sucede por ambos lados: ni la mirada captura plenamente el objeto ni el objeto resiste exhaustivamente su apropiación parcial. Llamémosle a esa distancia fisura constitutiva. La fisura es constitutiva entre el discurso teórico y el campo de reflexión. Hay momentos en la historia del conocimiento en los que tal fisura pasa al trasfondo y queda prácticamente olvidada o denegada. Pero hay otros momentos en los que no solo la fisura sino su denegación misma vienen a ser tematizadas como objetos propios del saber. Cierto que tematizar la fisura y tematizar la denegación de la fisura son fenómenos diversos –puede hacerse lo primero sin lo segundo, aunque no lo segundo sin lo primero–. Pero hacer las dos cosas a la vez es también posible, y a eso podríamos llamarle el pliegue propiamente barroco de la práctica académica. Estamos en uno de esos momentos. Son siempre momentos paradójicos porque son momentos de deconstitución epistémica en los que el conocimiento viene a entenderse en su retirada misma, esto es, como relación con el no-conocimiento. El conocimiento entiende entonces su relación desnudamente expropiativa –entiende que *es* relación expropiativa–. Y eso tiene sin duda sus inconvenientes, pero también sus ventajas.

Las condiciones de posibilidad del discurso universitario hispanista han cambiado en las últimas décadas. Hace unos años el hispanismo estaba todavía estabilizado en el cruce entre impulsos *nuestro*-americanistas –dándole a la expresión de José Martí su plena dimensión apropiativa– o, en el caso de España, excepcionalistas con respecto de la historia de Europa, y las fuerzas centrípetas del universalismo científico. De estas formas se ha teorizado abrumadoramente, por lo demás, lo barroco como campo de expresión identitaria del modo peculiar de experiencia hispánica de la modernidad. Nuestra práctica académica todavía podía entenderse entonces como la aplicación sistemática del discurso identitario al cruce de historias específicas y epistemologías generales, o de historias generales y epistemologías específicas. Obviamente el postestructuralismo y el postcolonialismo han atacado con dureza, si bien diversamente, el concepto mismo de epistemología general. Pero creo más significativo notar una dimensión no siempre notada de esa crítica: la sombra del sujeto reflexivo está siempre caída sobre el objeto de reflexión. Igual que Nietzsche nos dijo que la desaparición del mundo verdadero acabaría por destruir la posibilidad misma de pensar lo aparente, el fracaso de toda certeza epistémica a manos de la crítica postestructuralista y postcolonialista también entierra en su tumba toda posibilidad de pensar la especificidad de lo específico[3]. La crítica postcolonialista no abre el paso a una nueva reapropiación del objeto: la destrucción de un sujeto crítico general implica la disolución del objeto crítico específico. Si fuimos capaces de reconocer la fisura constitutiva entre discurso teórico y campo de reflexión, no fuimos sin embargo capaces de sostenernos en esa primera intuición y procedimos a una nueva denegación: enterramos la cabeza en la arena ilusoria de una nueva reapropiación del objeto. La deconstitución epistémica queda borrada como tal en la repetición del gesto esencialmente apropiativo –y así también esencialmente colonizante y colonialista– del discurso universitario de la modernidad.

En su dimensión geopolítica o regionalista podemos datar ese gesto en su aparición americana a partir de los primeros intentos barrocos, criollistas, por deshacer la soberanía imperial europea en las Américas. Beverley advierte que esta práctica siguió en líneas generales un complicado proceso de reafirmación colonial a partir de la extensión mistificadora del gongorismo imperial. Si el gongorismo, "atacado y censurado como heterodoxo en España durante la vida de Góngora" (92), "llega paradójicamente a ser el discurso estético oficializante de la Colonia en su periodo de crisis y consolidación" (92), esto es porque ha sido recapturado por el aparato de estado y convertido en "una

---

[3] "Hemos abolido el mundo real: ¿qué mundo nos queda? ¿Quizás el aparente? ... Pero ¡no! Con el mundo real hemos abolido tambien el aparente" (*Twilight* 51). Debo tambien decir que la crítica postestructuralista y la postcolonialista no son ni mucho menos lo mismo, y conviene sin duda establecer una historia específica de lo que aquí no puede ser más que escueta afirmación.

especie de teoría de acumulación mágica que enmascara la real 'acumulación originaria del capital' ... armonizándola en apariencia con los presupuestos religiosos, aristocráticos y metropolitanos de la ideología imperial española: discurso-espejo que permite al colonizador el lujo de pensar que su situación de privilegio y poder es un fenómeno natural y providencial, que habita un espacio social en principio armónico y utópico, en que toda rebelión o disidencia se descalificaría automáticamente como producto de fuerzas del mal que amenazan deconstruir ese orden" (92). El barroco criollista o proto-nacionalista consiste en su mayor parte en el desplazamiento y reapropiación de ese aparato de captura por las clases criollas, cuyo principio exacto coincide con el abandono de las formas poético-épicas relacionadas con conquista militar o fundación estatal hacia formas de poesía "menor": "Fueron las formas menores de poesía desarrolladas por el gongorismo –sonetos 'ocasionales', romances, villancicos, loas, letrillas satíricas– las que ofrecieron modelos efectivos de una literatura nueva, post-épica y post-humanista, en la cual las actividades diarias de la sociedad civil ... colonial pudieron ser representadas e idealizadas" (104-05). La primera edición del *Apologético* de Juan de Espinosa Medrano, de 1662, fecha, a partir de su propósito explícito de "fundar lo ideológico (una conciencia criolla naciente) en lo estético", "el nacimiento epistemológico de la ciudad letrada" latinoamericana (115).

El pensamiento regional, desde esos inicios modernos, se conforma en la ciudad letrada en tres constelaciones ideológicas que pueden venir a resultar una y la misma: llamémoslas identidad, mímesis, y diferencia, y entendámoslas como la extensión de la práctica del gongorismo colonial como aparato de estado. Atendiendo a la primera constelación, identidad, el gesto regionalista consiste en el intento de transformar el discurso histórico-cultural, esto es, el archivo, en una máquina de producción y contención identitaria: la práctica estatalizante y comunitaria de la ciudad letrada. Podemos ser más precisos, a algún coste, y referir a este primer momento como el momento de "construcción de la nación". Pero la identidad, para hacerse práctica, praxis, práctica teórica, debe sufrir una positivación, un incorporamiento. El incorporamiento de la identidad es también el límite de la identidad y el momento en que la identidad se hace mímesis apropiativa. La apropiación mimética es siempre ya crítica del robo identitario, crítica de la traducción como siempre de antemano traducción a lo dominante; pero a la vez, y crucialmente, crítica de la crítica: la apropiación mimética apunta a la restauración de aquello que había sido perdido en el robo identitario, y así es una celebración de la traducción. Podemos llamar a este segundo momento "anti-imperialismo cultural", no olvidando que el antiimperialismo vive de aquello que condena, igual que el gongorismo colonial quedó posibilitado por su heterodoxia prevía: la razón estatal procede siempre mediante la incorporación de su crítica. Y sigue un tercer momento: el momento en que la identidad reafirma su derecho contra la apropiación mimética: el momento de la diferencia. Ya no necesitamos representación identitaria, sino más bien representación diferencial. La identidad es ahora diferencia, y ya no es mayor y nacional, sino menor y fragmentada: la traducción es ahora auto-traducción, y la subjetividad no se concibe ya sino como siempre de antemano transculturada e híbrida. La estásis, el punto de clausura de esta formación ideológica, es la esencia sin esencia de lo local en resistencia, esto es, lo meramente representacional contra otras representaciones, donde la representación no representa más que su batalla representacional, no trae nada de nuevo a la presencia, sino que a-presenta contra, pero lo hace repetidamente: de ahí, re-presentación. Llamemos a este momento: globalización, o el momento de los estudios culturales.

Estos tres gestos no son fundamentalmente secuenciales desde una perspectiva histórica o cronológica, aunque también lo son, sino más bien, primariamente, co-incidentales y cotemporales. No hay identidad sin mímesis y diferencia. No hay mímesis sin identidad y diferencia. No hay diferencia sin mímesis e identidad. Estos son, no solo histórica, sino esencialmente, los tres gestos del intelectual regional –o, más bien, los tres gestos del ideólogo regional, puesto que el pensamiento estaría en otro lugar, estaría del lado de la descontención o el peregrinaje barroco, de la aventura en la costumbre, en un cuarto gesto que constituiría, precisamente, el desastre de los otros tres, su des-astre, es decir, su des-orientación, su des-teleologización, su ruina–. La deconstitución epistémica en curso, que no por denegada deja de ser activa, marca el desastre de los tres gestos constitutivos del discurso universitario de la modernidad en su dimensión regionalista. Pero si el desastre es un intervalo del ser, si la crisis es lo que transforma el desastre en posibilidad, en la posibilidad de un pasaje, de un pasaje hacia una proyección alternativa del tiempo histórico, hacia una nueva temporalidad, entonces el desastre marca la aurora de un cuarto gesto. O, más bien, el desastre permite entender cómo la fisura constitutiva entre discurso teórico y campo de reflexión siempre de antemano guardaba la posibilidad de un cuarto gesto, que es el gesto que permite que la destrucción o la renuncia a nuestra práctica académica pueda consumarse en un paso deslocalizante y abierto a una pasión de goce, a una pasión alegre. Ese sería el paso siempre ya implícito en la constitución de lo barroco, no solo una forma de poder sino también la conciencia de la finitud de ese poder. A ese paso una tradición específica de la literatura latinoamericana contemporánea le ha llamado neobarroco. La recuperación de la forma neobarroca de experiencia es una necesidad de nuestra práctica teórica, y no porque sea conveniente reapropiar la tradición, sino precisamente en nombre

Mulos y serpientes

de la desapropiación, en nombre del éxodo afirmativo contra el discurso universitario experimentado como pasión triste, esto es, como pasión de autoesclavizamiento. El neobarroco es una de las formas en las que la reflexión proyecta su tensión anti-ideológica como principio desregionalizante: el pensamiento es, para el neobarroco, interrupción del principio de regionalización, peregrinaje hacia el afuera.

Pero Beverley se opone a lo llamado por él "literatura neobarroca": "En el caso de la promoción de un 'neobarroco' en la literatura y crítica actual, ¿se trata de un reflejo o efecto superestructural de la desesperanza de sectores sociales de la pequeña burguesía, o de una gran burguesía en decadencia, insertados contradictoriamente en los procesos de modernización capitalista en América Latina hoy? Si esto es así, ¿no sería una literatura neobarroca esencialmente una forma de privilegio y exclusivismo cultural en vez de una forma de democratización?" (26). Concediendo una respuesta afirmativa a la primera de esas preguntas, hay una manera de negar la segunda. Sí, la literatura o práctica neobarroca puede ser una forma de privilegio y exclusivismo cultural de características más o menos reaccionarias, puede efectivamente entrar en connivencia con las formas contemporáneas de control imperial, puede colaborar al establecimiento de condiciones de dominación hegemónica en la represión indirecta e incluso contra-intencional de formas expresivas subalternas. Y sin duda este es el interés ideológico presente en buena parte de la crítica probarroca o proneobarroca en la actual conformación del latinoamericanismo, allí donde el latinoamericanismo es, o es vivido como, pasión triste de autoesclavizamiento.

En polémica con su antagonista Roberto González Echevarría Beverley precisa que el logro histórico de Espinosa Medrano, su contribución inaugural al establecimiento de la ciudad letrada latinoamericana, no fue sin más un acto de liberación. El retruécano, al que González Echevarría le da en *Celestina's Brood* un valor emblemático como figura esencial de la práctica barroca, encuentra en la versión de Beverley una peligrosa y destructiva condición de posibilidad. Veamos cómo. Para González Echevarría "el *retruécano* es una equivalencia en el proceso de desplegarse a sí misma en su inherente repetición y diferencia, en su reiteración y deseada simultaneidad. El retruécano puede leerse en cualquier dirección, ambos caminos encontrándose en algún lugar de un centro virtual en el que las apariencias están invertidas ... La historia americana, la escritura americana, y por lo tanto la lectura de la escritura americana deben permitir la manifestación de tales inversiones, deben practicar tales inversiones; el retruécano es el sistema de la historia americana" (181). La obra de Espinosa Medrano consuma epocalmente para González Echevarría el retruécano barroco al localizar el gongorismo en América y darle así su paradójica verdad:

> El barroco tiene una conciencia exaltada del poder y del prestigio del modelo; de ahí que la práctica poética barroca consista en un homenaje ambiguo a su modelo, puesto que la presencia monumental de este último no es sino el marco para lo nuevo. El texto barroco es una especie de filigrana, una joya que enfatiza su montura en lugar de la piedra preciosa. Lo extraño en el barroco no es lo desconocido, sino lo conocido desplazado y sacado de proporción ... El barroco no sufre angustia de influencia tanto como angustia de confluencia y afluencia, un exceso en el que lo nuevo es meramente una rareza más. El barroco consiste en una secundariedad y en un retraso aceptados y asumidos, capaces de absorber los desplazamientos geográficos y temporales del poeta antártico e incluso de desplegarlos como emblema (164).

Espinosa Medrano, al incorporar su autoconciencia criolla a la reivindicación del gongorismo, incorpora el gongorismo a lo criollo y le da carta de naturaleza para la ciudad letrada americana: "el criollo vive en un mundo de arte en el que él es el artefacto por excelencia. Esa es su rareza. Es un tropo encarnado" (16). Con ello se crea el lenguaje poético americano, presentado por González Echevarría como el logro paradójico de una universalización particularista, es decir, como la primera y por lo tanto inaugural coincidencia americana de ser y pensar, o escribir, y así como el establecimiento de una tradición a la que ya todo debe referirse en la modernidad hemisférica:

> La modernidad de la poética del Lunarejo es esa combinación de resentimiento, alienación y auto-aceptación como un ser que, si en verdad disfruta del estatus de lo nuevo, sufre un retraso congénito que le condena a una exploración ansiosa de lo dado en la búsqueda de lo que le da forma, de la fuente de la extrañeza que él es e incorpora. El ser y la poesía se juntan en catacresis. Este proceso se revela en la textura misma de un lenguaje que es su perímetro más elusivo y al mismo tiempo su fundación más sólida, un lenguaje que permite al ser brillar intermitente entre los arabescos retóricos, que giran sobre sus propios ejes, confundiendo originalidad y anacronismo, proximidad y distancia (González Echevarría 169).

Ahora bien, esta defensa de lo americano como originalidad secundaria y así originalidad propiamente barroca contra la precedencia metropolitana lleva dentro un retruécano reprimido y denegado. Si es cierto que la oficialización del gongorismo en América logra incorporar la heterodoxia como marca auténtica del nuestro-americanismo con respecto de la posición imperial, también lo es, apunta Beverley, que ese nuestro-americanismo incluye una represión inicial en la que lo excluido es la contrahegemonía indígena, siempre de antemano al margen de modelos y copias. En la creación de la ciudad letrada americana "la oposición civilización/barbarie se ha desplazado de una distinción racial (europeo/indígena) a una cultural (docto/ignorante) equivalente en esencia a la distinción en el *Apologético* que opone a Góngora y sus detractores" (Beverley 125). Como consecuencia, sin embargo,

> la idealización de la práctica de la literatura ... constituye una identidad (precaria) criolla o criollo-mestiza no solo ante la anterioridad/autoridad de la cultura peninsular o europea, estratagema que se prestará entonces a una refuncionalización del canon literario ... como registro de posibilidades de esa identidad. También establece esa identidad en una relación diferencial ... con un sujeto social subalterno: subalterno precisamente por su falta de acceso a o supuesta incapacidad para la literatura culta, la cual, sin embargo, pretende 'representar' o 'hablar por' ese sujeto adecuadamente (Beverley 126-27).

La pasión triste aparece en González Echevarría a partir de esa denegación originaria que entroniza lo barroco como condición de posibilidad de lo americano sin percibir que lo americano se constituye entonces como mecanismo de contención y esclavizamiento de lo que queda fuera de la definición. La literatura, lugar de la práctica barroca, incorporaría en la versión de González Echevarría su carácter de aparato ideológico de estado, entendiendo estado en un sentido amplio como conjunto de prácticas discursivas al servicio de un corte conformador de lo social como recurso de dominación. En otras palabras, lo barroco en González Echevarría es todavía barroco colonial. No puede trascender su estatuto de ideología regional al servicio de la constitución de lo local como aparato identitario/mimético/diferencial. Es un límite inherente ya a la totalidad del proyecto reflexivo, que consiste en cifrar la tradición barroca como marca de identidad continental a partir de su instalación metonímica en el boom de la novela latinoamericana. "¿Por qué el barroco? Desde fuera de las culturas del mundo hispano-hablante es difícil comprender por qué un movimiento que es tan obviamente europeo deba ser de interés alguno para los escritores hispano-americanos modernos ... Y sin embargo una legión de [ellos] han hecho del barroco bandera de su nuevo arte, llamándolo neobarroco" (González Echevarría 195-96). González Echevarría es un crítico del boom, lo cual tambien significa: su crítica está necesariamente contenida en los parámetros discursivos cifrados para/por el boom. El boom lo explica, tanto como él explica al boom, porque su práctica crítica parecería buscar la fijación del boom como aparato literario al servicio de una construcción identitario-diferencial en la que lo que verdaderamente se juega es la ancestral cuestión de la pertenencia latinoamericana. ¿Para quién es o debe ser América Latina? Para quien conforme la identidad latinoamericana. ¿Quién la conforma? Quien conforme su hegemonía. El problema es, a mi juicio, no tanto la respuesta, que es en un sentido fuerte inevitable, sino la pregunta misma. Pero la pregunta misma, la pregunta acerca de la pertenencia, parecería tambien ser inevitable a partir de la constitución del hispanismo como aparato de apropiación regional. Solo dándole vuelta al hispanismo, y entendiendo lo que en él hay, no de apropiación, sino de necesaria expropiación y robo, solo entendiendo, por lo tanto, lo que en él coincide con la estrategia fundamental de todo aparato epistémico, sería posible proceder, como apunta Handke, "contra la ley, contra la vía del mundo", y buscar la constitución crítica de un sujeto exsurrecto, sujeto en crisis de fidelidad, sujeto en retirada, en éxodo, en deconstitución epistémica: sujeto neobarroco, afirmado contra la contención del neobarroco en práctica de pertenencia. Nada más lejos, por cierto, del proyecto de González Echevarría, cada vez más contenido en una práctica de pertenencia radicalizada en autopertenencia, y así dedicada a un disciplinamiento de fronteras cuyo exceso llega a postular la frontera recesiva e imposiblemente: "yo, el crítico, soy la frontera. Nada fuera de mí tiene existencia. Nada que yo no apruebe es latinoamericanismo". Pero esa es, como decía, solo una de las caras del sujeto barroco: una cara ya marchita y muerta, como tantas otras pieles latinoamericanistas.

¿Y Beverley? ¿Cómo soluciona él el problema que detecta en González Echevarría? Lo cierto es que tanto la propuesta de González Echevarría como la contestación de Beverley han determinado en gran medida, en cuanto posiciones convencionales a las que ellos dan sendas articulaciones, al menos dentro del hispanismo norteamericano, los parámetros de inserción posible de la práctica crítica durante varias décadas. No quiero necesariamente decir que ambos hayan inventado sus posiciones respectivas (hay en cualquier caso más invención en Beverley que en González Echevarría, cuya autoproyección lo situa como rancio guardia de la tradición incluso en esa dimensión radicalmente autosubjetivizante recién notada), sino más bien que la polémica entre ambos marca la linde histórica de nuestra errancia profesional en cuanto hispanistas/latinoamericanistas durante el periodo cuya cronología puede datarse entre el agotamiento literario del boom novelístico y el fin del proyecto de grupo del grupo de estudios subalternos latinoamericanos, datable en 1998. Es también el momento, en su etapa inicial, que prefigura la publicación del testimonio de Rigoberta Menchú en 1981. Aunque habría que referirse a la totalidad de *Against Literature*, así como a otros textos posteriores, prefiero limitarme, por razones de economía textual, al último capítulo del libro de Beverley al que me he estado refiriendo, libro que podría entenderse en su totalidad como respuesta a *Celestina's Brood: Una modernidad obsoleta: Estudios sobre el barroco* (1997). Beverley reproduce ahí con cambios sustanciales un ensayo leído originalmente en 1991 y publicado en 1993: "Post-literatura: Sujeto subalterno e impasse de las humanidades".

Hablando de textos relacionados con las rebeliones tupamaristas y kataristas de fines del siglo XVIII Beverley nota una disyuntiva crítica de enorme fuerza: "Si el historiador escoge la literatura como una instancia representativa de la rebelión (en el doble sentido de mimesis y representación política), ve un movimiento esencialmente criollo-reformista, concebido dentro de los mismos códigos legales y humanistas impuestos por el proceso de la colonización; si escoge las prácticas no-literarias de la rebelión ve una revolución desde abajo sobre todo de masas populares indígenas, con aliados coyunturales criollos y mestizos, dispuesta a reestablecer una forma milenaria y utópica del estado inca, o incluso de formas pre-incaicas" (145). La fuerza de tal disyunción va por supuesto mucho más allá de proponer una alternativa entre historiografía literaria e historiografía de movimientos sociales. El retruécano actúa aquí de otra manera, mediante la clara acusación de que todo textualismo, sea crítico-literario o historiográfico propiamente dicho, está siempre de antemano inmerso en la interpretación obnubilante de la historia total como historia de las clases dominantes. Toda prosa, y especialmente toda prosa colonial, aparece bajo sospecha de ser, en palabras de Ranajit Guha, siempre ya prosa de contrainsurgencia. La literatura aparece por lo tanto también como prosa de contrainsurgencia, en un contexto en el que la implicación no es simplemente política: si el aparato crítico se reduce a interpretar la prosa de contrainsurgencia entonces el aparato crítico no solo queda implicado en la contrainsurgencia, sino que debe abandonar toda pretensión de verdad histórica. Por lo tanto, toda epistemología basada directa o indirectamente en recursos textualistas o crítico-literarios se convierte automáticamente en epistemología falsaria, o ideología. "Desde esta perspectiva, mirar aún a textos escritos por líderes de la rebelión para un destinatario criollo como representativos de la rebelión no solo oscurece el hecho de la producción de una concepción nacional-popular no literaria (o no basada centralmente en la literatura culta) indígena, también equivale a un acto de apropiación que excluye al indígena como sujeto consciente de su propia historia, incorporando a este solo como elemento contingente en otra historia (de la nación, de la emancipación, de la literatura peruana o hispanoamericana), protagonizado por otro sujeto (criollo, hispanohablante, letrado)" (147). A fortiori, si esto ocurre en referencia a textos escritos por líderes indígenas de la rebelión, ocurrirá más señaladamente en textos no rebeldes, es decir, en la mayoría de los textos que conforman el archivo histórico latinoamericano. El archivo histórico latinoamericano aparece entonces como archivo, no de una revelación, sino de un ocultamiento de experiencia con respecto del cual el aparato ideológico de reproducción universitaria solo puede aparecer como colaborador o colaboracionista. ¿Qué hacer entonces para restituirle al archivo su carácter, no de ocultamiento, sino de revelación? ¿Cómo pensar una práctica crítica que pueda al menos darnos, en palabras de Maurice Blanchot usadas en otro contexto, "la revelación de lo que la revelación destruye" ("Literature" 47)?

La insistencia de Beverley en la representación subalterna le lleva a preguntarse si la literatura está atrapada sin remisión en procesos de desigualdad social que la constituyen y que ella misma ayuda a crear. La pregunta que hace Beverley a continuación condensa la posición fundamental de toda la izquierda académica latinoamericanista en las últimas décadas: "¿Qué pasa si ... comenzamos por lo menos a cuestionar el privilegio estructural que la historia del colonialismo nos concede y a entrar en nuevas formas de relación en nuestro trabajo de investigación e interpretación con las fuerzas sociales representadas por la categoría de lo subalterno?" (150). Y: "la consigna 'post-literatura' sugiere no tanto la superación de la literatura como forma cultural sino una actitud más agnóstica hacia ella ... Lo que hace falta y es posible ahora sería una democratización relativa de nuestro campo, a través de, entre otras cosas, el desarrollo de un concepto no literario de la literatura. Pero ... ¿es posible transgredir la distinción kantiana entre juicio estético y juicio teleológico? ¿Depende la literatura de la existencia de desigualdad social?" (153-54).

Ahora bien, si esta pregunta puede llegar a constituir el fin de un libro sobre el barroco, conviene preguntarse si la pregunta misma es en sí barroca o constituye un afuera irrescatable. Estamos aparentemente ante una situación aporética, a la que Beverley llama "el impasse de las humanidades", en la que las opciones son o parecerían ser igualmente desesperadas. Por una parte, la opción "literaria" parece autocondenarse a reproducir ideológicamente un bloqueo político-social que lleva toda pretensión de conocimiento al fracaso. Si la literatura no es más que un procedimiento superestructural de control y autorreproducción de las clases dominantes en cuanto clases dominantes, entonces ninguna práctica literaria puede sentar procedimientos de verdad— cuanto más se esfuerce la literatura por hurtarse a su propia condición como aparato de estado, más reforzaría su condición de aparato de estado, y más se hundiría en su propia ilusión ideológica. Cuanto más se esfuerce la literatura por abrirse a la expresividad subalterna, más esconderá su absoluta complicidad con lo que es hegemónico en cualquier momento dado y más eficaz resultará su participación en la represión de su afuera constitutivo.

Mulos y serpientes

Por otra parte, sin embargo, la opción "anti-literaria" está atrapada en una paradoja similar, puesto que su radicalización en nombre de la expresión subalterna, es decir, en nombre de la expresión de aquello que la literatura como aparato ideológico del estado reprime para poder constituirse como tal, es una radicalización vacía. Pues, ¿en qué lengua podría expresarse tal radicalización? ¿Quizás en una lengua "post-literaria"? ¿Sería esta una lengua capaz de reducir el tropo, de expresarse sin figura, de alcanzar la absoluta nihilización de toda metáfora, la absoluta literalización de su propio contenido a la vez que de su propia forma? ¿Una lengua neutra, en la que la lengua misma sería abandonada a favor de la expresión directa, sin representación, sin mediación? ¿Una lengua capaz de acceder directamente al ser, en la total identificación de pensar y ser, en la total absorción de acción y palabra? Pero ningún sueño es más literario que este, y quizá por esta razón Beverley introduce en el prefacio a su libro una meditación que coloca la pregunta por el afuera de la literatura en el centro de la aventura literaria misma: "Fue la gran lección de los formalistas rusos que el 'efecto estético' de la literatura ... persiste a través de un proceso de auto-denegación y desfamiliarización, al que dieron el nombre de *ostranenie*. Creo que la literatura, hoy, solo puede existir en su negación, en su *ostranenie*. Y el sitio más radical de esa negación es desde la perspectiva [*sic*] de lo que no pudo ser adecuadamente representado por la literatura, de lo no literario, inclusive de lo anti-literario. Para mí, lo subalterno es el nombre que designa este sitio" (10).

Pero entonces no resultaría tan insólito que la meditación sobre el barroco de Beverley termine en referencia a *Me llamo Rigoberta Menchú*. El testimonio de Menchú es archiliteratura, en la medida en que desfamiliariza el aparato literario: "la literatura, hoy, solo puede existir en su negación". Si el testimonio es negación de la literatura, entonces el testimonio aparece bajo la figura barroca del retruécano –más literatura en cuanto más testimonio–. Algo semejante –si no idéntico– aparece en el libro de González Echevarría, en el que todo el aparato literario barroco se sustenta en *La Celestina*, texto prebarroco y por lo tanto por definición no barroco, texto fundacional de la literatura barroca a partir de la constatación de que no puede fundar literatura alguna. Texto archiliterario: " La *Celestina* inaugura la modernidad al llevar inmediatamente a sus límites la crítica radical de todos los valores que subyacen a las obras modernas ... una obra que no solo abrió el oscuro abismo de la modernidad sino que parece haberlo llenado todo con su pena no puede dejar herencia" (11). ¿Está justificada entonces la crítica que Beverley le hace a González Echevarría? ¿No está basando González Echevarría su propia construcción imaginaria de un aparato literario para la hegemonía criolla en la imposibilidad de que el aparato literario pueda fundamentar hegemonía

Tercer espacio

alguna exactamente de la misma manera que Beverley basa su construcción imaginaria de un subalternismo antiliterario en la imposibilidad de que el aparato antiliterario pueda sustraerse de la hegemonía de la literatura? "La brujería de Celestina es un antisistema de valores y prácticas que reivindicaría la inducción del mundo real, y particularmente de la gente, a formas de conducta en consonancia con quienes realmente son, y no como pretenden ser" (14). Nada de ilusiones hegemónicas: la literatura barroca, si está verdaderamente basada, como afirma González Echevarría, en el antihumanismo radical de la *Celestina*, no puede ser un aparato estable de dominación. Más bien estaría entregada a un desmantelamiento constante de toda pretensión de poder, a la revelación del poder en cuanto tal, al desnudamiento del hecho de que todo "conocimiento recibido, incluso bajo la forma religiosa, es una elaborada tapadera que la literatura debe siempre exponer como tal" (31). La literatura y la antiliteratura vienen, entonces, a lo mismo: a la destrucción del sueño de literalidad, en tan vasta medida, aunque denegada, parte de la configuración presente de los estudios culturales y de su insistencia en lo que antes llamé la esencia sin esencia de lo local en resistencia, en lo meramente representacional contra otras representaciones, donde la representación no representa más que su batalla representacional, no trae nada de nuevo a la presencia, solo se trae a sí misma, por lo tanto a-presenta contra, repetidamente, sin suelo, sin fundamento, y donde la historia no es sino el pretexto para un infinito nivelamiento del campo discursivo en silogismos mántricos, sin espesor. Mejor la práctica neobarroca, que al menos entiende, como dice González Echevarría que entiende *Celestina*, que "aunque pueda ser difícil ... vivir como un caballero errante o amante cortés en el mundo contemporáneo es igualmente difícil ... no hacerlo" (31). Esencial entonces contar historias de amor, aunque sean historias dichas desde el otro lado del caballero errante y del amante cortés, desde aquello con lo que, en su relación, no establecen relación, desde la posición anticomunitaria, descomunionista y anticomulgante que marca al peregrino en su aventura. De otra forma, "mejor lo hacen los asnos en el prado" (*Celestina*, citada por González Echevarría 32).

Si el límite del proyecto de González Echevarría es la autoconversión del crítico en aparato ideológico del estado, por más que estado fantasma o contraestado, estado literario, cuya máxima verdad o razón interpelativa es "actúa según quien realmente eres", en un contexto en el que el crítico, apoyado cierta o imaginariamente en la tradición, decide y marca la verdad del ser, el límite del proyecto de Beverley podría cifrarse en un desnudamiento o renuncia radical de la posición crítica, incluyente de la renuncia al lenguaje mismo en cuanto lengua contaminada por instancias de poder tradicional siempre de antemano represoras de la otredad en la que se sustentan. Quizás entonces

González Echevarría y Beverley estén diciendo lo mismo, como los teólogos de Jorge Luis Borges: están diciendo lo mismo, pero lo otro está en el modo de decirlo. La diferencia entre contenido proposicional y forma propositiva, entre lo dicho y el decir, ¿no abre el problema fundamental de la expresión neobarroca? Su quiasmo es al mismo tiempo el lugar de su identificación y de su diferencia.

II

Pero, a propósito de cómo lo hacen los asnos en el prado, sin apartar el goce, más bien en nombre del goce, no basta con decir que el neobarroco es "una investigación desenfrenada de las posibilidades de gozar con las palabras" (Echavarren 7). Sabemos que siempre hubo más que el goce de la lengua en Villamediana o Quevedo, en Góngora o Gracián. Sabemos también que el goce de la lengua, para parodiar la definición que Henry Charles Lea dio de la Inquisición española, es "un poder dentro de la lengua superior a la lengua misma"[4]. Lengua y estado, pero: poder dentro del estado superior al estado mismo, poder dentro de la lengua superior a la lengua misma. Y siempre, en ello, aquello en ti más amable que tú mismo, sin lo cual no habría ni un tú mismo ni siquiera una relación de amor. Y precisamente: porque hay ese poder no hay ni un tú mismo, ni siquiera hay una relación de amor. La relación a ese poder de la no-relación es el barroco –o, mejor dicho, lo barroco es relación a ese poder o fuerza de lo que excede y al exceder delira[5] –. Y lo neobarroco es relación contemporánea a ese poder. En la medida en que ese poder es el objeto mismo de la teoría, de la indagación teórica, el neobarroco es una práctica teórica, como lo fue el barroco. Entiendo práctica teórica como la resistencia absoluta a todo proceso de cosificación o reificación de formas, sean formas estéticas, formas valorativas o formas conceptuales. Solo la práctica teórica preserva la posibilidad de una irrupción del pensamiento. La práctica teórica es irrupción de pensamiento. ¿En qué forma? ¿Cómo se concreta la práctica teórica como práctica teórica neobarroca? ¿Por qué neobarroca? ¿Qué mienta lo neobarroco?

---

[4] Lea dice de la Inquisición, en tropología estrictamente aporética, que constituía "un poder dentro del estado superior al estado mismo" (357).

[5] En "El heredero" Severo Sarduy usa como epígrafe la siguiente cita de Lacan: "Si les digo todo esto es porque justamente vuelvo de los museos, y que, en suma, la contrarreforma significó volver a las fuentes y que el barroco es la exhibición de este regreso. El barroco es la regulación del alma por la escopía corporal ... Hablo solo, por el momento, de lo que se ve en todas las iglesias de Europa, de lo que se cuelga en los muros, todo lo que chorrea, todo lo que delicia, todo lo que delira. Lo que he llamado la obscenidad, pero exaltada" (Lacan 104-05; citado por Sarduy 593).

Tercer espacio

Lo neobarroco es una especificación regional de la práctica teórica latinoamericana. Lo neobarroco es pensamiento regional latinoamericano: pensamiento contra ideología. Si la ideología es tanto formación de sujetos como relación de amor social, el pensamiento es siempre deconstitución subjetiva y afirmación del fin de la relación, o establecimiento de lo des-relatante de cualquier relación. Si la ideología es narración, el pensamiento es desnarración, desnarrativización, desobramiento. ¿En nombre de qué? ¿Qué profesa o qué teoriza el pensamiento? Teoriza el exceso, el delirio respecto de lo legible en la articulación ideológica. El pensamiento –en definición estrictamente materialista– no es sino el exceso de la ideología –su éxodo –[6]. Lo barroco es éxodo ideológico y así resistencia absoluta a toda relación, a toda reificación. Lo barroco es relación al poder de la no-relación, y así interrupción de la soberanía ideológica, de la soberanía de lo ideológico. Necesitamos, hoy, movilizar nuevamente la fuerza intelectual del neobarroco como libertad del pensamiento –contra la comunión ideológica de la práctica académica–. ¿Qué es, hoy, lo interesante para nosotros? Lo que no ha dejado de ser interesante: marcar, establecer, una práctica teórica irruptiva, buscar libertad en la institución, empujar el pensamiento hacia sus límites, dejar que el pensamiento entre en su autodeterminación más allá de las presiones de la ideología –afirmar, y correr el riesgo, de la transverberación, de la espada del ángel, esto es, el momento teorizado por Lacan bajo la rúbrica de "encore!", el momento de mayor goce, mayor dolor, en el que la filosofía deja de ser un malentendido del cuerpo tanto como el cuerpo pasa a ser un malentendido de la filosofía.[7]

Lo neobarroco es una marca regional del intelectual latinoamericanista. Voy a definirlo como esa murga o procesión, esa *theoria* que irrumpe desoladoramente en el primer poema del primer libro de poemas publicado por Nestor Perlongher. Sabemos que "murga" es, barrocamente, en asociación

---

[6] Mi uso de la noción de éxodo está en deuda con el de Paolo Virno, que dice, por ejemplo, "Exodo es la fundación de una república. La idea misma de 'república', sin embargo, requiere el abandono de la judicatura estatal: si república, ya no estado. La acción política del éxodo consiste, por lo tanto, en una retirada comprometida. Solo los que abren un camino de éxodo para sí mismos pueden ejercer fundación; pero, inversamente, solo los que hacen fundación conseguirán partir las aguas y salir de Egipto" (196). El éxodo disciplinario del que hablo no se recata de aceptar la posibilidad de una fundación alternativa.

[7] Difícil dejar de citar el hermoso poema de Néstor Perlongher dedicado a la transverberación teresiana y titulado "Luz oscura": "Si atravesado por la zarza el pecho/ arder a lo que ya encendido ardía/ hace, el dolor en goce transfigura,/ fría la carne mas el alma ardida,/ en el blanco del ojo el ojo frío/ cual nieve en valle tórrido: el deseo/ divino se echa sobre lanzas ígneas/ y muerde el ojo en blanco el labio henchido" (304). Cf. tambien en Lacan, *Encore*, las referencias a la experiencia mística de Santa Teresa como forma barroca de conocimiento, metonimizable a una posible noción de conocimiento (en cuanto) femenino.

que hubiera deleitado al Severo Sarduy lacaniano o al José Lezama Lima que habló del "jugo de [los] ojos" del mulo, "sus sucias lágrimas", y dijo de ellas que "son en la redención ofrenda altiva" (Lezama, *Poesía* 1.165), el delirio de la aceituna, su jugo fétido o alpechín, lo que la aceituna llora o exuda. Pero "murga" es también la procesión o "compañía de músicos malos, que en pascuas, cumpleaños y otras fiestas, toca a las puertas de las casas acomodadas con la esperanza de recibir algún obsequio" (*Diccionario de la Real Academia*). Imaginemos una murga sin esperanza, una murga que llega o que no llega, una murga en inminencia, una mala murga de fiesteos impropios, invisible, inaudible, pero que precisamente por eso se constituye en horizonte transreferencial, en relación sin relación, en sostén abismal de la noche insular lezamiana o de la fiesta innombrable de Sarduy. Esa murga es la marca del barroco, que Perlongher define de la siguiente manera en su poema llamado "La murga, los polacos":

> Es una murga, marcha en la noche de Varsovia, hace milagros
> Con las máscaras, confunde
> A un público polaco
> Los estudiantes de Cracovia miran desconcertados:
> Nunca han visto
> Nada igual en sus libros
> No es carnaval, no es sábado
> No es una murga, no se marcha, nadie ve
> No hay niebla, es una murga
> Son serpentinas, es papel picado, el éter frío
> Como la nieve de una calle de una ciudad de una Polonia
>   Que no es
>   Que no es
> Lo que no es decir que no haya sido, o aún
> Que ya no sea, o incluso que no esté siendo en este instante
> Varsovia con sus murgas, sus disfraces
> Sus arlequines y osos carolina
> Con su célebre paz–hablamos de la misma
> La que reina
> Recostada en el Vístula
> El proceloso río donde cae
> La murga con sus pitos, sus colores, sus chachachás carnosos
> Produciendo en las aguas erizadas un ruido a salpicón
> Que nadie atiende
> Puesto que no hay tal murga, y aunque hubiérala

Tercer espacio

> No estaría en Varsovia, y eso todos
> Los polacos lo saben (Perlongher 23).

Imaginemos, pues, una práctica intelectual tensada en la relación sin relación con esa murga que no es pero que, no siendo, es en su omisión y en su vacío. Tal práctica intelectual sería mucho más que un goce de palabras puesto que apuntaría al lugar sin lugar en el que las palabras rompen su relación con el goce y se abren a una plusvalía de goce, a un *plus de jouissance* que es ya otra cosa que el goce, igual que el capital es siempre más que el dinero. ¿Existen oídos para tal murga en nuestra práctica académica? ¿O es nuestro deleite académico nada sino lo que mienta la tercera acepción de murga, la que da "dar la murga", es decir, "molestar con palabras o acciones que causan hastío por prolijas o impertinentes"? Es mala molestia la que causa hastío. Contra ella la murga neobarroca, la murga inquietante del salpicón inaudito en el agua procelosa del río que no es, de la que Peter Robb dice o podría decir que, para leerla, "necesitas tener oído para lo no dicho, para el archivo que falta, la entrada que no está, la conclusión tácita, la fisura, el silencio, el negocio que se hace con un movimiento de cabeza, con un guiño" (Robb, sin página). Robb habla del pintor barroco paradigmático, Caravaggio, cuya vida solo puede recontruirse a través de fragmentos desobrados–"son mentiras a la policía, reticencia en los tribunales, confesiones extorsionadas, denuncias forzadas, memorias vengativas, recuerdos autojustificatorios, cotilleo incuestionado, urbanidades diplomáticas, rumores de segunda mano, dictados teocráticos, amenaza y propaganda, enfados furiosos –apenas alguna palabra incontaminada de temor, de malicia o de autointerés –" (Robb, sin página). Al buscar lo más difícil, lezamianamente, no podíamos esperar una definición mejor del archivo barroco.

El archivo barroco es la ilocalización de la murga teórica, de la procesión innombrable, desconcertante y confusa, de ambiguo estatuto ontológico, del poema de Perlongher. El archivo barroco es lo contrario de la localización ontopológica del pensamiento, su atopismo sucio, su sospecha –"apenas alguna palabra incontaminada de temor, de malicia o de autointerés"–. Apenas una palabra sin cuerpo, pero donde el cuerpo tanto como la palabra afirman su gloria en el rechazo de toda localización, de toda ontopologización, de todo atrapamiento y captura. Apenas una palabra sin mancha, pero donde la mancha es el nombre de la posibilidad misma de pensamiento. Todavía en "Rapsodia para el mulo" Lezama se referirá a esa poderosa mancha en el ojo del mulo como paso: "Paso es el paso del mulo en el abismo" (1.165). Dice Lezama: "Sentado en el ojo del mulo,/ vidrioso, cegato, el abismo/ lentamente repasa su invisible./ En el sentado abismo,/ paso a paso, solo se oyen,/ las preguntas que el mulo/ va dejando caer sobre la piedra al fuego" (1.165). El mulo es el animal teórico y la cifra de la práctica neobarroca. El mulo recorre "lo oscuro progresivo y fugitivo" (1.163) al caer en el abismo contemplativo, en amor a los "cuatro signos" que son tierra y cielo, mortales y dioses, lo que se ve desde el templo, desde el techo del templo que marca, en cuanto techo teórico, los cuatro signos de la contemplación para el que cae sin alas, como Talos en el mito griego, o el mulo en el abismo, "las salvadas alas en el mulo inexistentes" (1.164)[8]. Y Lezama advierte contra la murga hastiante que proyecta su propia esterilidad y su propio nihilismo, su propia radical deshabitación desolada en un oscuro que ya no es "lo oscuro con sus cuatro signos"(1.165) de la habitación abismal sino la simple privación de luz como morada ontopológica del resentimiento privado:

> Ese seguro paso del mulo en el abismo
> Suele confundirse con los pintados guantes de lo estéril.
> Suele confundirse con los comienzos
> De la oscura cabeza negadora.
> Por ti suele confundirse, descastado vidrioso.
> Por ti, cadera con lazos charolados
> Que parece decirnos yo no soy y yo no soy,
> Pero que penetra también en las casonas
> Donde la araña hogareña ya no alumbra
> Y la portátil lámpara traslada
> De un horror a otro horror.
> Por ti suele confundirse, tú, vidrio descastado,
> Que paso es el paso del mulo en el abismo (1.167).

El que confunde el paso del mulo con el nihilismo y la esterilidad, el que deja de entender que el movimiento del mulo es movimiento a una región alternativa es, para Lezama, el que sufre de privación de luz. La mala murga dice que uno siempre piensa desde alguna parte (así, nunca desde el abismo), que el pensamiento está siempre localizado, y que todo lo que uno escribe es autobiográfico. No me interesa estar en desacuerdo con ello, no hay desacuerdo con lo que produce hastío, sino más bien preguntar qué pasa cuando llevamos esas dos intuiciones menores a su radicalización. Lo que viene a darse entonces –en la radicalización ontopológica del pensamiento– es una estásis brutal: locacionalismo, que me perdonen los filólogos. El locacio-

---

[8] Sobre la relación entre el mito de Talos y la práctica teórica ver Alberto Moreiras, *Interpretación y diferencia* 102-18, y su ampliación en "Pharmaconomy".

nalismo, que empezó siendo una defensa contra la expropiación imperial o colonial, en la medida en que tiene éxito, fracasa. Convierte expropiación en propiedad, y convierte la propiedad en el horizonte último del pensamiento –la ontopología es lo que Marx llamaba la forma social del dinero, la proyección invertida del valor de cambio en fundamento ideal de lo social. El locacionalismo o radicalización ontopológica– la forma de pensamiento dominante hoy—marca el momento de la absoluta subsunción del trabajo intelectual en el capital y es por lo tanto absolutamente funcional al modelo neoliberal, incluso en la medida en que cree oponerse a él.

Conviene explicar más esto. En páginas espléndidas de los *Grundrisse* Marx habla de la codicia como la tonalidad afectiva fundamental del modo de producción social regido por el capital. Marx insinúa o descubre un elemento religioso en lo que él llama codicia o manía monetaria, un curioso entusiasmo históricamente dado, que está condicionado por un cambio social, a saber: "desde su rol servil, en el que aparece como mero medio de circulación, de repente se transmuta en el señor y el dios del mundo de las mercancías. Representa la existencia divina de las mercancías, y estas representan su forma terrestre" (Marx 222). Cuando eso pasa, cuando ese nuevo dios nace en la mutación del segundo al tercer estadio del dinero, dice Marx, el entusiasmo, la manía monetaria, "necesariamente trae consigo la decadencia y caída de las viejas comunidades" (223). No hay opción, dice Marx, el dinero se convierte en la comunidad, *Gemeinwesen*, en sustitución absoluta de la vieja comunidad. *Gemeinwesen* significa, además de comunidad, "esencia común", "sistema común", "ser común". El dinero se hace ser, fundamento ontológico, "y no puede tolerar ningún otro sobre él" (223). No hay opción: "Dondequiera que el dinero no es en sí la comunidad", una vez que el dinero aparece en su tercer momento, "debe disolver la comunidad" (224). Y esto presupone, dice Marx, "el pleno desarrollo del valor de cambio, y así una organización social correspondiente", esto es, la sociedad regida por el capital (223). "La decadencia de [la] vieja comunidad avanza" (223) a medida que el valor de cambio pasa a construir el fundamento ontológico de lo social. Cuando "el capital" y "el trabajo asalariado" llegan a su existencia plena, "el dinero directa y simultáneamente se convierte en la comunidad real, dado que es la sustancia general de sobrevivencia para todos, y al mismo tiempo el producto social de todos" (225-26).

Y la codicia es el correlato afectivo de la comunidad real cuya ontoteología está ahora constituida por el dinero. La pregunta es entonces: ¿son el dinero y la producción intelectual de la práctica académica regionalista la misma cosa? ¿Es el dinero lo mismo que la identidad, la apropiación mimética, y la diferencia? Quizás sí. En su función social el dinero y la producción cultural tienen una *Gemeinwesen*, una comunidad, una esencia común, que es lo que Marx llamará en otro lugar de los *Grundrisse* una "mediación en desvanecimiento" (269). Es decir, en su función social el dinero y la producción cultural, la producción cultural y el dinero, median una relación, y lo hacen de tal modo que, en la mediación, su esencia común se desvanece para asumir la forma de la relación misma. Con ello queda establecida una equivalencia ontoteológica entre el discurso universitario del intelectual regional y la forma social del dinero.

En las páginas del Cuaderno II de los *Grundrisse* donde Marx analiza el sistema social que corresponde al modo de producción burgués Marx está, como en otras partes de su obra, furioso contra esos "socialistas" que quieren presentar el socialismo como "la realización de los ideales de la sociedad burguesa articulados por la revolución francesa" (248). Dice Marx que la respuesta apropiada para ellos es "que el valor de cambio o, más precisamente, el sistema monetario es de hecho el sistema de igualdad y libertad, y que los disturbios que ellos encuentran en el desarrollo posterior del sistema son disturbios inherentes a él, son simplemente la realización de la igualdad y de la libertad, que prueban ser desigualdad y no-libertad. Es ... pío ... desear que el valor de cambio no se desarrolle en capital o el trabajo que produce valor de cambio no devenga trabajo asalariado" (249). Los socialistas proudhonianos –y uno podría añadir: los socialdemócratas de nuestra época y sus representantes en el discurso universitario contemporáneo– se caracterizan por su "incapacidad utópica de entender la diferencia necesaria entre la forma ideal y la forma real de la sociedad burguesa, que es la causa de su deseo de emprender el superfluo negocio de realizar de nuevo la expresión ideal, que es de hecho solo la proyección invertida de esta realidad" (249).

Marx traza con ello una diferencia infranqueable entre posiciones intelectuales. Una de ellas parte de y absorbe su noción de crisis entendida como "intimación general que apunta más allá de la presuposición [que es el sistema de producción asentado en el mercado mundial] y la urgencia que nos compele hacia la adopción de una nueva forma histórica" (228). La otra es la representada por este deseo utópico de emprender "el superfluo negocio de realizar de nuevo la expresión ideal, que es de hecho solo la proyección invertida" del espejismo que nos hace percibir la desigualdad y la no-libertad realmente existentes como igualdad y libertad auténticas y verdaderas. Esta es la codicia, la reverencia, la santidad de nuestros gestos habituales, mediada ideológicamente, como proyección invertida de nuestra sumisión al dios de la codicia, de nuestra sed de dinero. En otras palabras, los tres gestos ideológicos fundamentales de nuestra práctica académica son gestos maníacos, poseídos por el fundamento ontoteológico entendido como el dios monetario. ¿Cómo así? Lo común, la comunidad de esos tres gestos identitarios, miméticos, y diferenciales, el gesto único de los gestos, es la reducción del mundo a sujeto, y la entronización del sujeto como único valor de cambio de interés general. El gesto único de la ideología latinoamericanista, como también del hispanismo entendido como discurso de la excepcionalidad española en Europa, es la capitalización del sujeto latinoamericano, o español, como sujeto continental o nacional, o como sujeto minoritario, intracontinental o intranacional. El gesto único que nos ampara y sostiene como ideólogos regionales es la reducción de la relación social a una relación entre sujetos concebidos como sujetos equivalentes a partir de su diferencia natural y cosificados en su equivalencia. Pues es tal equivalencia –siempre categorizada según índices de calculabilidad, de más y de menos– la que garantizaría el derecho latinoamericanista o hispanista a la igualdad y a la libertad en el contexto de la comunidad universal a partir de sus diferencias naturales. El horizonte identitario y antiimperialista de la construcción del sujeto en el discurso universitario tiene como misión fundamental abrir el paso y así garantizar una equivalencia generalizada de sujetos. La liberación identitaria viene entonces a poder entenderse como insidiosa opresión y encadenamiento, como proyección invertida de la relación social real, que fuerza la transformación de las relaciones sociales en relaciones entre cosas. Pues la liberación identitaria dirigida por la forma social del dinero postula la transformación en cosa, en mercancía, del sujeto en cuestión –el sujeto es cosa, es instrumento de cambio postulado como tal en religiosa reverencia al dios de la codicia–. Este es el análisis de Marx, una crítica de las políticas identitarias sobrecogedora en sus implicaciones si bien olvidada hoy. Según Marx, a través de la práctica intelectual del intelectual regional,

> se postula la libertad completa del individuo: transacción voluntaria; ninguna fuerza por ningún lado; postulación del sujeto como medio, o como sirviendo solo como medio, a una postulación del sujeto como fin en sí mismo, como dominante y primario; finalmente, el interés auto-localizante que no trae nada de orden más alto a su realización; el otro es reconocido también como el que busca su propio interés autolocalizante, de forma que ambos sepan que el interés común existe solo en la dualidad, en la multiplicidad, y en el desarrollo autónomo de los intercambios entre intereses autolocalizantes. El interés general es precisamente la generalidad de los intereses autolocalizantes. Por lo tanto, cuando la forma económica, el intercambio, postula la igualdad omnilateral de sus sujetos, entonces el contenido, el material objetivo tanto como individual que lleva al intercambio, es la libertad. La igualdad y la libertad son así no solo respetadas en el intercambio basado en el valor de cambio sino que, también, el cambio de

valores de cambio es la base real y productiva de toda igualdad y de toda libertad. Como ideas puras, son simplemente la expresión idealizada de esta base; en su desarrollo jurídico, político, y de relaciones sociales [así como, por cierto, literario y crítico-literario] son meramente esta base hacia un poder mayor. Y así ha sido en la historia (244-45).

Los intelectuales regionalistas han sido los proveedores del interés general en su función de preservación de la generalidad de los intereses autolocalizantes. Han convertido, por lo tanto, la proyección invertida de la forma social del dinero en su tarea más propia. Las políticas identitarias de nuestra práctica académica no son la interrupción sino la reafirmación radical de la soberanía del capital en la región, de la identidad de capital y región. El cuarto gesto es el gesto desestabilizador, crítico, de esa identidad de capital y región. Es el gesto constituyente de una forma de comunidad contracomunitaria, alternativa, contra la absoluta saturación de lo social por la forma de equivalencia cuyo modelo y cuyo dios es, dice Marx, el dinero. ¿Cómo pensar, pues, sobre la base de la crisis, hacia el intervalo del ser, esto es, hacia el afuera de la ontoteología, y hacia el abandono de la codicia como condición de comunidad? ¿Cómo pensar hacia un cuarto gesto que sea también la invención de una nueva temporalidad? ¿Es posible concebir una situación en la que ese gesto podría apuntar a una disolución de la comunidad? ¿Es posible imaginar, en renuncia afirmativa, un principio de disolución del discurso universitario para el intelectual regional? ¿Hay una forma de pensar, desde el discurso universitario, el afuera del discurso universitario? Ese afuera, al que apunta el cuarto gesto: si es el desastre de la dialéctica regionalista, en cuanto desastre, ¿puede ser algo más que un oscuro murmullo, un clamor o un ruido del ser, solo indeterminado, y en cuanto indeterminado vacío, y en cuanto vacío salvaje, amenazador, y destructivo?

III. Atopismo sucio

Contra la radicalización ontopológica de estudios culturales, la práctica neobarroca del atopismo sucio. La traducción, la transculturación, el locacionalismo no son los horizontes últimos del pensamiento. El atopismo sucio reside en o invoca un suplemento al locacionalismo; marca un programa de pensamiento que rehusa encontrar satisfacción en la expropiación al mismo tiempo que rehusa entregarse a instintos apropiativos. Es sucio porque no hay pensamiento des-incorporado y es atópico porque ningún pensamiento genuino se agota en sus condiciones de enunciación. En las palabras fundacionales de Lezama, de Haroldo de Campos, de Sarduy, lo neobarroco fue un intento, sucio, por encontrar la posibilidad de una interrupción de lo regional, y por darle a esa interrupción categoría de pensamiento general. Hay que empezar a entender que lo neobarroco es una máquina de guerra contra el otro paradigma, el paradigma ideológico dominante en la historia de la modernidad latinoamericana, que es el paradigma locacionalista e identitario. Desde los días de la traducción ramiana del concepto de transculturación de Fernando Ortiz hay toda una industria de transculturación en la escritura académica que ahora se complica con la industria hibridatoria. En su peor facticidad, que es por otra parte la más común, los transculturadores o hibridizantes postulan como fin de su tarea mostrar que **hay** transculturación en los procesos culturales, y que la transculturación, o la hibridez, es en general una buena cosa: que es la forma en la que la cultura subalterna contamina y subvierte la cultura de los dominantes. Sabemos que hay transculturación, y sabemos que, por suerte o por desgracia, la transculturación no es solo la forma en que la cultura subalterna subvierte la cultura de los dominantes, sino que tambien es la viceversa. Comoquiera, los estudios de transculturación, iniciados en un principio como la gran respuesta latinoamericanista a la amenaza de homogeneización cultural impuesta por el imperialismo global, desembocan hoy por la mayor parte en tautología glorificada. Y no quiero decir con ello que no sea absolutamente necesario rastrear minuciosamente procesos prácticos y reales de transculturación: esa es una labor histórica de primera importancia, llamémosle el estudio del "trabajo" de la transculturación, sin el cual no habrá especificidad de ninguna clase a la hora de estudiar la diacronía de la transformación cultural[9]. Lo que quiero decir es que hay una enorme diferencia entre estudiar el trabajo de la transculturación y constatar que **hay** transculturación, como si no lo supiéramos hasta la saciedad. Hay transculturación, hay hibridez: ¿y qué? La hibridez no es de por sí liberatoria ni sufriente, la transculturación no es simplemente la respuesta gloriosa del débil a la apropiación del tiempo por el poderoso. La tarea del pensamiento empieza a partir de la crítica de la transculturación. ¿Desde dónde se establece la posibilidad de una crítica de la transculturación? Desde una doble articulación que en otro momento he llamado subalternista y que ahora no vacilo en llamar neobarroca: en un primer registro, estudio del trabajo de la transculturación; en un segundo registro, crítica del trabajo de la transculturación. Ambos proceden, deben proceder, inextricablemente vinculados: sin doble articulación la segunda articulación no existe; sin doble articulación la primera articulación no importa. Se trata, pues, de establecer un horizonte de posibilidad para una perspectiva crítica

---

[9] Ver por ejemplo los dos ensayos de John Kraniauskas "Globalization" y "Hybridity" en los que se justifica la necesidad de atención explícita al trabajo de transculturación.

no colapsable en el estudio fáctico de procesos de transformación cultural. La noción de la doble articulación permite mantener el horizonte abierto al horizonte mismo, es decir, permite afirmar un más allá de la facticidad transformacional sin por otra parte sustantivizarlo en una receta específica o en un dogma específico. La segunda articulación transcultura la transculturación: esa es la hibridez salvaje que abre la historia a un cuestionamiento sin final, en la ausencia del cual todo se refuncionaliza al servicio del modelo fáctico dominante.

Así que el atopismo sucio es la región paradójica del pensamiento y más marcadamente la región del pensamiento para el intelectual regional, cuya región está doblada, en forma *unheimlich*. Región –palabra insólita, pues tiene un rey en su centro. El *rex* latino– el principio de soberanía regionalizada—coloniza la región. La región busca la soberanía, y no es de hecho otra cosa que esa búsqueda de soberanía. La región no es sino la vindicación de soberanía en su verdad formal. Por lo tanto, ¿quién es el intelectual regional? ¿Nadie sino el ideólogo del soberano regional? Sí, exactamente solo eso, si el intelectual permanece en los confines intelectuales de la región. Pero hay otra posibilidad, en la que el intelectual regional busca la interrupción de la soberanía de la región, piensa desde ella y contra ella. El intelectual regional busca en esa segunda acepción una región no-regional en lo regional. Esta es la única forma en la que el intelectual regional puede ser otra cosa que un ideólogo del soberano, la única forma en la que el intelectual regional puede llegar a pensar, puesto que el pensamiento solo sucede en el intervalo de la soberanía, contra ella, fuera de ella.

Pero esto ya indica que el intelectual regional solo puede pensar en la crisis, si la crisis es el intervalo del ser, si la crisis es lo que transforma el desastre en la posibilidad de un pasaje, en una proyección alternativa del tiempo, en una nueva temporalidad. "Las crisis son la intimación general que apunta más allá de la presuposición y la urgencia que nos compele hacia la adopción de una nueva forma histórica". Intimación general, urgencia: la tonalidad afectiva básica del intelectual regional como pensador, el mandato de pensar la interrupción de la soberanía de la región, esto es, de ir "más allá de la presuposición" y de ir "hacia la adopción de una nueva forma histórica". El discurso universitario de la modernidad en su dimensión regionalista es o pretende ser pensamiento localizante. La destrucción del latinoamericanismo programático, de la murga hastiante, atiende a la interrupción del principio de soberanía y busca por lo tanto un principio de constitución aprincipial o anárquico, a-local o atópico.

Este principio aprincipial, este atopismo sucio es la fuerza irruptiva neobarroca. Y no casualmente: el barroco histórico remite al momento previo a

Tercer espacio

la disolución final de la vieja comunidad bajo la acción inconcusa del dinero en su tercer estadio. Lo neobarroco, tramado en América Latina, apunta a la crisis de la comunidad ontoteológica constituida como forma social del dinero en el momento de la postmodernidad, es decir, el momento en el que América Latina queda firmemente integrada en el mercado mundial bajo el régimen desarrollista keynesiano, que es también el momento del fracaso de tal integración, como mostró la teoría de la dependencia. Ese es el tiempo en el que Lezama postula la posibilidad poética como "ser para la resurrección", atendiendo a la norma pascaliana: "como la verdadera naturaleza se ha perdido, todo puede ser sobrenaturaleza"[10]. La sobrenaturaleza lezamiana es el espacio de constitución de un real alternativo, contra el régimen de acumulación produccionista de lo real, contra la "maquinación" heideggeriana, que es el anverso de la moneda ontoteológica cuyo reverso está constituido por lo cultural como presunto lugar de vida bajo el capital.[11] Pero la sobrenaturaleza neobarroca no es el lugar de la cultura –es el lugar de la retirada de la cultura, de la renuncia a la cultura, del éxodo de la cultura como instancia biopolítica de dominación y como pasión triste.

Ese es el paso neobarroco: paso del mulo en el abismo más allá del fundamento ontoteológico. Pero el bestiario neobarroco incluye otro animal también emblemático para Lezama: la serpiente. Perlongher habla del "paso de la serpiente" en su poema del mismo nombre en abierta complementación del paso del mulo lezamiano: "Serpentina de cobras en el ballet mohave/ mojándose a la sombra de espiraladas araucarias/ por marcar en la hiedra la levedad

---

[10] En "Preludio a las eras imaginarias": "la poesía había encontrado letras para lo desconocido, había situado nuevos dioses, había adquirido el *potens*, la posibilidad infinita, pero le quedaba su última gran dimensión: el mundo de la resurrección. En la resurrección se vuelca el *potens*, agotando sus posibilidades" (*Obras* 819), y "Solo el poeta, dueño del acto operando en el germen, que no obstante sigue siendo creación, llega a ser causal, a reducir, por la metáfora, a materia comparativa la totalidad. En esta dimensión, tal vez la más desmesurada y poderosa que se pueda ofrecer, *el poeta es el ser causal para la resurrección*" (*Obras* 819-20). En cuanto a "sobrenaturaleza", dice Lezama que en la imagen de Pascal encontró una "terrible fuerza afirmativa"que lo decidió a "colocar la imagen en el sitio de la naturaleza perdida. De esa manera frente al determinismo de la naturaleza, el hombre responde con el total arbitrio de la imagen. Y frente al pesimismo de la naturaleza perdida, la invencible alegría en el hombre de la imagen reconstruida" (*Obras* 1213). Nótese que "el total arbitrio de la imagen" coloca la invención de la imagen más allá de la cultura como respuesta orgánica a la separación humana de la naturaleza.

[11] Ver en *Contribuciones* los comentarios de Heidegger sobre "maquinación" (88-100). Por ejemplo, "El Ser ha abandonado a los entes y los ha sometido de tal manera a la maquinación y a la vivencia que todos esos intentos ilusorios de rescatar la cultura occidental y toda política culturalmente orientada deben necesariamente convertirse en la forma más insidiosa y así la más alta de nihilismo" (97-98).

Mulos y serpientes

de un paso/ que es en verdad el paso de la hierba por el aire/ mojado de los círculos de ojos hueros en salitrosos/ vidrios fintas de macramé escandiendo la cítara/ pupilar, su enamorado colibrí la córnea/ cornea simulando en la alfombra del musgo/ en lo aguado del aire ese rocío del humo en su/ dehiscencia" (289).

El paso de la serpiente –"su giba en roce desleyente/ borra casi olvidando las leyendas del jabón"–. Lo que deja es solo "la lucidez del paso" (289). ¿Solo la lucidez del paso? Hay que pensar en la secuencia del carbón del famoso capítulo IX de *Paradiso* para entender en qué consiste esa lucidez. Allí el "maestro incorporador de la serpiente", en el éxtasis incorporativo, provoca "una hecatombe final de la carbonería" (355). "Corría el cisco con el silencio de un río en el amanecer, después los carbones de imponente tamaño natural, aquellos que no están empequeñecidos por la pala, rodaban como en una gruta polifémica ... El ruido de las tortas de carbón vegetal, burdos panales negros, era más detonante y de más arrecida frecuencia. Por la pequeñez del local, toda la variedad del carbón venía a rebotar, golpear o a dejar irregulares rayas negras en los cuerpos de estos dos irrisorios gladiadores, unidos por el hierro ablandado de la enajenación de los sexos" (355-56). "Por la pequeñez del local toda la variedad del carbón venía a rebotar" –consecuencia del paso movilizador y deslocalizante de la serpiente–. Carbón es por supuesto anagrama imperfecto, sucio, de barroco.

IV

¿Qué programa trazan entonces estas páginas? Supuesto que no quieran acogerse al abrigo ni de la literatura como aparato de estado o de identidad hegemónica ni de la antiliteratura como práctica de lectura subalternista, supuesto también que no quieran renunciar a ello, ni a González Echevarría ni a Beverley, ¿cuál es entonces la diferencia? Si lo que trato de hacer aquí es fundar la posibilidad de una práctica teórico-crítica alternativa, aunque con toda la modestia que conviene al que en el fondo lo único que quiere es inventar la posibilidad de escribir con goce, ¿cómo evitar una formulación que quede exclusivamente constreñida a justificar una sucesión de capítulos o de temáticas de escritura? En otras palabras, ¿cómo darle alcance teórico a este escrito? ¿Cómo dejar que el texto abandone o pueda abandonar su propia idiosincrasia y pueda proponerse como práctica de lectura general? ¿Qué política disciplinaria puede extraerse? Creo que lo que quedó indicado más arriba como proyecto de construcción de un sujeto disciplinario exsurrecto puede ser el principio de una respuesta.

Capítulo tercero

Los límites del *ethos* barroco: Jesuitismo y dominación principial

> Las ruinas daban resguardo y protección a los miserables, mientras estos las cuidaban y reutilizaban. Lo barroco está en que, para sobrevivir en ellas, sus habitantes debieron mimetizarse y confundirse con ellas (Echeverría, *Modernidad* 97).

I

Cuando nos dice Bolívar Echeverría que "en la periferia [latinoamericana] el xvi es un siglo cuya figura histórica perdura hasta nuestros días, como puede comprobarse en los Andes peruanos, en el Nordeste brasileño o en el estado mexicano de Chiapas" (*Modernidad* 62, n.4), es obvio que su intención no es meramente decolonializante: Echeverría no propone un retorno simbólico ni efectivo, por imposible, ni meramente intencional, susceptible de alentar nuevas mitologías, al periodo anterior a la Conquista. Su propuesta reside más bien en promover la construcción reflexiva de formas de vida latinoamericanas que puedan trazar, en el presente, los contornos de una alternativa a la modernidad a partir de elementos ya dados en germen (en traza, en proyecto) en los márgenes de su historia real –no necesariamente solo la historia de los grupos que sobreviven aun hoy a la crueldad destructiva del siglo xvi, sino la historia diferenciada pero relativamente unitaria del subcontinente en su totalidad–. Uno de los más conocidos es su intento de teorizar el "*ethos* barroco" como fundamento de una crítica tanto experiencial como material, tanto histórica como política. Y dentro del *ethos* barroco latinoamericano la función histórica de la Compañía de Jesús, o de lo que Echeverría llama "la primera época de la Compañía de Jesús" (59), tiene relevancia especial.

Echeverría no duda de que los esfuerzos centrales de los jesuitas a partir de fines del siglo xvi en América Latina, y en particular durante el periodo que va de "la derrota de la Gran Armada a finales del siglo xvi" al "Tratado de Madrid de 1764" (la aniquilación del estado guaraní consecuencia de las cesiones territoriales a Portugal) (59), deben inscribirse en el "proyecto criollo", que es un proyecto europeizante o re-europeizante. Pero el signo subalternista de la propuesta de Echeverría se hace visible a partir de su afirmación de que "por debajo de la realización de este proyecto 'criollo' por parte de la élite, realización castiza, españolizante, ... hay otro nivel de realización ... , que es el determinante: más cargado hacia el pueblo bajo" (64, n. 5). ¿Cómo entender la función subalterna en la reconstrucción histórica de un proyecto social, central y decisivo en la modernidad latinoamericana, que es en sí el proyecto barroco de reconstrucción, cortado o interrumpido en apariencia por el colonialismo ilustrado borbónico? Dice Echeverría: "En la España americana del siglo XVII son los dominados los incitadores y ejecutores primeros del proceso de codigofagia a través del cual el código de los dominadores se transforma a sí mismo en el proceso de asimilación de las ruinas en las que pervive el código destruido" (55).

La tesis sería, pues, que la población dominada, atravesando desde finales del siglo XVI una crisis de supervivencia, toma ventaja de cierta debilidad imperial (la monarquía española no estaba en condiciones de prestar atención a sus posesiones americanas) para lanzarse a una empresa (barroca) de resistencia y construcción cultural consistente en resignificar los códigos dominadores:

> El subordinado está compelido a la aquiescencia frente al dominador, no tiene acceso a la significación "no". Pero el dominador tampoco es soberano; está impedido de disponer de la significación "sí" cuando va dirigida hacia el interlocutor dominado. Su aceptación de la voluntad de este, por puntual e inofensiva que fuera, implicaría una afirmación implícita de la validez global del código del dominado, en el que dicha voluntad se articula, y ratificaría así el estado de crisis que aqueja a la validez general del suyo propio; sería lo mismo que proponer la identidad enemiga como sustituto de la propia (55).

El subordinado aquiesce, su "sí" es el sí de quien debe sobrevivir, y así el "no" del dominador se hace sutilmente negociable en los márgenes de la vida social a largo plazo. La crisis del (largo) siglo XVII en América Latina sería refuncionalizada por la Compañía de Jesús, según Echeverría. Se trata de una especie de barroco de segundo grado, de encuentro de intencionalidades que darían lugar, dice Echeverría, a una "lengua tercera" (22). El pueblo subalterno de la España americana, en proceso de codigofagia, en proceso de constitución de un mestizaje barroco que constituirá su primera modernidad, en proceso de recomposición de un cuerpo social con garantías mínimas que no puede ya esperar un retorno a lo prehispánico, encontrará un aliado en la Compañía, por entonces embarcada en "un proyecto de magnitud planetaria destinado a reestructurar el mundo de la vida radical y exhaustivamente, desde su plano más bajo, profundo y determinante –donde el trabajo productivo y virtuoso transforma el cuerpo natural, exterior e interior al individuo humano– hasta sus estratos retrodeterminantes más altos y elaborados –el disfrute lúdico, festivo y estético de las formas–" (73). Este es el momento en el que las historias se cruzan: ciertos intereses de la clase dominante encuentran disponibilidad popular, y viceversa. Echeverría hace del barroco jesuita, del jesuitismo barroco, el fundamento de una posibilidad de modernidad alternativa y así la traza de un futuro posible, aun hoy, para el subcontinente. ¿Se le fue la mano? Incluso un jesuitismo apropiado por el dominado, si es que tal cosa es posible, parece una estructura demasiado endeble sobre la que basar cualquier posibilidad de "proyecto civilizatorio realmente alternativo frente al que prevalece actualmente" (*Modernidad* 15). La presencia jesuita es todavía dominación católica, principial, y su hegemonía borra la posibilidad de lengua tercera. Sus estrategias no pueden sino ser estrategias de dominación, aunque sea dominación alternativa. Trataré de mostrar por qué.

II

En su discusión de *Thought and Behaviour in Modern Japanese Politics* (1969), de Maruyama Nasao, Naoki Sakai nos habla de una alternativa capaz de dar cuenta de la diferencia moderna, esto es, de la diferencia de la modernidad. Según Sakai, Maruyama opone un "universalismo misionero" de carácter premoderno, presumiblemente situable en la empresa ibérica de conquista del siglo XVI, a la noción moderna y fundamentalmente europea de nacionalismo que organizó el sistema interestatal prevalente desde el siglo XVII sobre una base jurídica de igualdad política: "el nacionalismo, como principio rector del estado-nación moderno, y su momento esencial, el concepto de 'soberanía,' están basados en la premisa de que las naciones-estado soberanas coexisten en el mismo plano como iguales, incluso si en ocasiones apoyan el aventurismo incondicional del estado: de ninguna manera son compatibles con el centrismo de lo civilizado contra la periferia salvaje, que nunca admitiría ninguna noción de centro verdadero excepto en sí mismo" (Maruyama, en Sakai 69). La posición premoderna, ibérica o hispánica, sería la posición de "universalismo teológico, según la cual el mundo se constituye como emanando de un único centro ... Tal universalismo teológico ha sido reivindicado por misioneros y colonizadores, y ha servido para reforzar la fe en la universalidad de la civilización occidental y para justificar y darle poder al colonialismo (y al postcolonialismo) desde la 'Conquista de América'. Es

Tercer espacio

un universalismo auto-indulgente que carece del sentido de una fisura primordial entre 'lo mismo' y 'lo otro'" (Sakai 69).[1]

Para Echeverría tal universalismo teológico era predominante en la Edad Media: "El Medioevo ... había tratado de hacer de los individuos humanos, dejados por la descomposición de las comunidades arcaicas, meras almas en mala hora corporizadas, simples miembros casi indiferenciables de una comunidad abstracta, moderna *avant la lettre*, la del 'pueblo de Dios', pero desjudaizado, des-identificado, viviendo, a través de la individuación abstracta de la juridicidad romana, el drama del pecado original, el castigo divino, la redención mesiánica y la salvación final" (*Modernidad* 84-85). Pero Echeverría abandona la noción de universalismo teológico como dominante desde el Renacimiento europeo a partir de una necesidad de "mediación imaginaria" propia de individuos en trance de autoconstitución como sujetos del capitalismo. El jesuitismo, quizá por oposición a franciscanismo o dominicanismo, no tiene ya para Echeverría primariamente esa función colonizante del universalismo teológico, sino que es más bien un recurso moderno para mediar imaginariamente la alienación capitalista. En cuanto esencialmente recurso barroco, el jesuitismo es para Echeverría una "manera de ser moderno que permite vivir la destrucción de lo cualitativo, producida por el productivismo capitalista, al convertirla en el acceso a la creación de otra dimensión, retadoramente imaginaria, de lo cualitativo. El *ethos* barroco no borra, como lo hace el realista, la contradicción propia del mundo de la vida en la modernidad capitalista, y tampoco la niega, como lo hace el romántico; la reconoce como inevitable, a la manera del clásico, pero, a diferencia de este, se resiste a aceptarla" (91).

Para Echeverría, pues, el jesuitismo, como *ethos* barroco, rechaza el productivismo capitalista y busca una mediación imaginaria alternativa. La

---

[1] El mestizaje latinoamericano, como proyecto civilizacional desde abajo, busca romper ese rechazo de la fisura misma, busca incorporar la fisura, idealmente, a través de lo que Bolívar Echeverría llama "la utopía del intérprete": "Utopía que plantea la posibilidad de crear una lengua tercera, una lengua-puente, que, sin ser ninguna de las dos en juego, siendo en realidad mentirosa para ambas, sea capaz de dar cuenta y de conectar entre sí a las dos simbolizaciones elementales de sus respectivos códigos; una lengua tejida de coincidencias improvisadas a partir de la condena al malentendido" (*Modernidad* 22). Este recurso utópico traiciona o revela cierta inversión idealista en el planteamiento de Echeverría, que parte de un esquematismo quizá regulativo, pero que no puede aceptarse sin más como un simple hecho empírico de la historia: "Hay sin duda [un abismo] entre dos mundos vitales construidos por sociedades o por 'humanidades' que se hicieron a sí mismas a partir de dos opciones históricas fundamentales no solo diferentes sino incluso contrapuestas entre sí: la opción 'oriental' o de mimetización con la naturaleza y la opción 'occidental' o de contraposición a la misma. Se trata justamente del abismo que los cinco siglos de la historia latinoamericana vienen tratando de salvar o superar en el proceso del mestizaje cultural" (30).

tesis de partida es weberiana: la Reforma protestante naturaliza el "espíritu del capitalismo", "visto como la demanda de un comportamiento humano estructuralmente ambicioso, racionalizador y progresista" (36). La ética protestante, "vista como la pura oferta de una técnica de comportamiento individual en torno a una autorrepresión productivista y una autosatisfacción sublimada, es claramente una condición necesaria de la vida civilizada en torno a la acumulación de capital" (36). Pero el jesuitismo desata en América Latina, al margen de su condición de universalismo teológico, una especie de proceso contrahegemónico a nivel imperial. Si el llamado *ethos* histórico "realista", hegemonizado por la ética protestante, puede asumir "las demandas de la productividad capitalista concentradas en la exigencia de sacrificar el ahora del valor de uso en provecho del mañana de la valorización del valor mercantil" (41), el jesuitismo "resulta de una estrategia de afirmación de la corporeidad concreta del valor de uso que termina en una reconstrucción de la misma en un segundo nivel; una estrategia que acepta las leyes de la circulación mercantil, a las que esa corporeidad se sacrifica, pero que lo hace al mismo tiempo que se inconforma con ellas y las somete a un juego de transgresiones que las refuncionaliza" (46). La refuncionalización, piensa Echeverría, da lugar a un universal concreto latinoamericano –el *ethos* barroco, mestizo–. En su teoría es desde ella, desde esa mediación imaginaria históricamente concreta, que América Latina puede aun hoy encontrar una fuerza de ruptura civilizacional, en el agotamiento de la modernidad bajo condiciones extremas de crisis en la productividad capitalista.

Sakai propone que el universalismo teológico, a pesar de su aparente obsolescencia tras el surgimiento del nacionalismo, pudo todavía organizar, a lo largo de la entera modernidad, los regímenes coloniales y postcoloniales coexistentes con el nacionalismo. En otras palabras, el universalismo teológico acompañó el aventurismo estatal como herramienta ideológica fundamental del expansionismo colonial hacia la "periferia salvaje". De ahí que el esquema político moderno ("los estados-nación coexisten en el mismo plano como iguales") pudiera ser perfectamente compatible con la "universalidad colonialista" (Sakai 69). Echeverría, en cambio, entiende el proyecto jesuítico de *propaganda fidei* no como la continuación consecuente del universalismo teológico sino más bien como mediación imaginaria alternativa a la de la modernidad capitalista: "Se trataba de la evangelización de los indios, pero especialmente de aquellos que no habían pasado por la experiencia de la conquista y sujeción a la encomienda, es decir, de los indios que vivían en las selvas del Orinoco, del Amazonas, del Paraguay. Su trabajo citadino se concebía a sí mismo como una actividad de apoyo al proceso de expansión de la Iglesia sobre los mundos americanos aún vírgenes, incontaminados por la 'mala' modernidad" (72-73). El jesuitismo sería la apuesta por una "buena" modernidad, "una modernidad propia, religiosa, que girara en torno a la revitalización de la fe –planteada como alternativa a la modernidad individualista abstracta, que giraba en torno a la vitalidad del capital–" (49). Sakai presenta su noción de "co-figuración" como una especie de residuo internalizado del universalismo teológico tanto para Occidente como también para el no-Occidente. La co-figuración es solo posible a partir del final de la dominación ostensible del universalismo teológico. Dada la base jurídica del sistema interestatal de la modernidad (el *jus publicum europaeum*), la co-figuración surge como el mecanismo ideológico por medio del cual mi estado-nación depende del tuyo en la misma medida en que el tuyo depende del mío. Es decir, para Sakai, la consolidación, inicialmente europea, del sistema interestatal depende de un sistema paralelo de identidad por transferencia[2].

Uno de los rasgos más atractivos del pensamiento de Bolívar Echeverría es sin duda su rechazo del pensamiento identitario, y su insistencia en que la identidad cultural no puede avanzar nunca más allá de una relacionalidad contingente y precaria[3]. A pesar de ello, la idea de que el *ethos* barroco marca decisivamente la modernidad latinoamericana podría entenderse también, relacionalmente, en clave narcisista-paranoide: mi *ethos* barroco se sostiene en tu modernidad clásica, y mi catolicidad residual apoya tu calvinismo desmesurado. El "proyecto criollo" que transpira en la obra de Bolívar Echeverría quizá no sea totalmente inocente de identitarismo, lo cual podría indicar que, a contracorriente, a contrapelo de sus intenciones, cierto universalismo colonial sobrevive en ella, como sobrevive a fortiori en todo régimen paranoi-

---

[2] Sakai muestra cómo la identidad nacional japonesa necesitó y por lo tanto apoyó la constitución alternativa de una identidad occidental, de la misma forma que la identidad occidental solo podía postularse como relacional con respecto a otras partes del mundo. Como consecuencia, "[e]l esquema de la coexistencia entre estados-nación sirve para ocultar la complicidad del Occidente y Japón en la formación por transferencia de sus identidades respectivas. A causa de tal complicidad, la obsesión con Occidente garantiza la auto-referencialidad para los japoneses. Una absorción acrítica de tal esquema nos impide detectar la alianza oculta entre los narcisismos de Occidente y de Japón. Esconde el funcionamiento de regímenes donde impulsos paranoicos de identificación (con Occidente o con Japón) se reproducen en simultaneidad por medio del mutuo autorrefuerzo" (Sakai 71).

[3] "El *ethos* barroco no puede ser otra cosa que un principio de ordenamiento del mundo de la vida. Puede ser una plataforma de salida en la puesta en juego con que la vida concreta de las sociedades afirma su singularidad cultural planteándola al mismo tiempo como absoluta y como evanescente; pero no el núcleo de ninguna 'identidad', si se entiende esta como una inercia del comportamiento de una comunidad –'América Latina', en este caso—que se hubiese condensado en la historia hasta el grado de constituir una especie de molde peculiar con el que se hacen exclusivamente los miembros de la misma" (48). Sobre la noción de ethos barroco ver también Echeverría, *Modernidad, mestizaje cultural, ethos barroco*.

co-narcisista de identidad cultural, desde el meramente nacionalista hasta el llamado decolonialista. Se trata de evaluar, en la obra de Bolívar Echeverría, su dependencia residual con respecto de la teología política occidental, más archimoderna que premoderna en la medida en que el universalismo teológico pervive en el sistema mismo de identidad cultural funcional a la globalización neoliberal. La pregunta crítica es si no hay co-figuración también en el intento echeverriano de oponer un capitalismo protestante y afirmativo, malo, al barroquismo renuente y católico de la civilización latinoamericana, que sería bueno o menos malo o tendencialmente redentor. Es un poco demasiado cómodo y al mismo tiempo inquietante pretender que el barroco, el *ethos* barroco, en su sobredeterminación católica, en su sobredeterminación jesuita, es no solamente una característica esencial de lo latinoamericano, sino que además, en cuanto característica cultural, constituye también el germen de una posible redención, de otra historia, más allá de la modernidad, más allá del capitalismo, más allá de que las cosas sean como son y han sido. La co-figuración sakaiana puede estar marcando más de la cuenta el proyecto crítico de Bolívar Echeverría.

III

Para la conciencia religiosa en general, cualquier acto de tolerancia o respeto hacia ideas extrañas está fisurado por una conciencia prevaleciente de verdad incondicional y transcendente. El relativismo no pertenece a lo religioso, o le pertenece solo de un modo subordinado y derivativo. Para la conciencia religiosa, el relativismo encuentra su límite en la necesidad de servicio y fidelidad a una verdad incuestionable que puede bien merecer posterior escrutinio y clarificación pero que, en sí, no acepta probabilidades. El creyente sabe que no es el origen de la verdad, sino que Dios lo es, y que la verdad es unívoca. La novedad de la práctica jesuita fue admitir la posibilidad de múltiples mediaciones a propósito de la determinación ético-política de la verdad –posibilidad reflejada en la noción de *composición de lugar*, traducible como "conciencia situacional–". El lugar, la situación específica, es el espacio de la decisión. Y toda situación que pide una decisión práctica es la región para la encarnación de una verdad que permanece única aun cuando pueda estar sujeta a manifestaciones diferentes o incluso innumerables. Esto es lo que cuenta el viejo chiste sobre el jesuita y el musulmán: "Ambos rendimos culto al mismo Dios –tú a tu manera, y yo a la Suya–" (Eagleton sin página)[4]. El jesuita tolerante o mundano puede inclinarse a aceptar que el otro, musul-

---

[4] Eagleton atribuye la frase a un católico en general, pero creo que está mejor aplicada a un jesuita en particular.

mán o protestante, idólatra o ateo, haga todo lo que está en su poder para ser fiel a alguna idea transcendente de verdad, o quizás solo a alguna idea de conducta adecuada, pero eso nunca es bastante: para el jesuita la condición infortunada de precatolicidad es irredimible excepto mediante la conversión. Sin embargo, esa condición, aunque nunca basta, puede bastar lo suficiente para propósitos prácticos, es decir, puede ser mejor que muchas alternativas. Tal es la condición de práctica secular o política para un jesuita entre no católicos. El jesuita es un ser político en una medida a la que no podían aspirar los miembros de órdenes católicas más antiguas. Si esas otras órdenes católicas, especialmente en el periodo de la modernidad temprana, eran fundamentalistas, el jesuita puede no ser, por contraste, particular o visiblemente fundamentalista pero proviene de un fundamentalismo estructural y fundante. El jesuita busca siempre en cada caso, constitutivamente, dominación principial. Esto es lo que Echeverría no parece reconocer adecuadamente, o parece olvidar en su argumento.

Notemos la situación que se produce en las primeras décadas del siglo XVII en el Paraguay, narrada por Nicolás del Techo en *Historia provinciae paraquariae* (1673). En el recuento de Philip Caraman, uno de los problemas principales no solo para la administración adecuada sino para el establecimiento mismo de las reducciones sudamericanas era la poligamia endémica, tanto simultánea como serial, que era una característica del *modus vivendi* de los jefes tribales guaraníes. Como es natural, las reducciones jesuíticas no podían permitir la poligamia. Los esfuerzos de los padres jesuitas por determinar en cada caso quién había sido la primera mujer de tal o cual cacique para proceder a un reconocimiento apropiadamente sacramental de tal unión, que excluía la legalidad de todas las restantes uniones conyugales, se producían en vano con alarmante frecuencia, cuando no se encontraban con límites intratables (por ejemplo, cuando la "primera mujer" de un cacique dado había estado unida previamente a algún otro miembro vivo de la tribu). Pero, intratable o no, el arbitraje y la adjudicación se hacían imprescindibles, puesto que la estructura entera de la vida en la Reducción estaba basada en la autoridad y el ejemplo del cacique. Supuesto que el cacique entendiera y aceptara que solo una mujer era legalmente posible, si al cacique no le gustaba la decisión jesuita sobre quién debiera ser la agraciada, el cacique no traería a su gente de la selva y así no la sometería a supervisión jesuita. Dice Caraman: "Una decisión estricta basada en la ley europea, no en las realidades de la vida tribal guaraní, hubiera hecho imposible cualquier progreso sustancial" (Caraman, *Lost Paradise* 41-42).

Harto de muchas versiones de este problema, el Cardenal Juan de Lugo (1583-1660) decidió elevar una petición al Papa Urbano VIII pidiéndole permiso para que el Padre Provincial pudiera disolver todo matrimonio prebautismal de los caciques guaraníes, "haciéndolos así libres para casarse por primera vez" (Caraman 42). Urbano VIII, formado por los jesuitas y hombre notorio por su mal humor, se enfadó con la consulta y respondió que la decisión de dispensa tenía que hacerse en cada caso por los padres locales. El Papa, a todos los efectos, rehusó responder, sobre la base de que solo los padres locales podrían determinar si podía darse una opinión probable sobre la conveniencia de declarar la nulidad de un matrimonio u otro. Pero la negativa del Papa a responder era todavía un acto papal, una decisión papal, y desde entonces los jesuitas tuvieron permiso efectivo para actuar, no necesariamente como quisieran, sino como dictase la situación que podríamos llamar traductiva, en un contexto de conflicto endémico de lenguas y prácticas ideológicas diversas. La conciencia situacional o composición de lugar fue sin duda una de las herramientas más poderosas para la acción práctica o política en la modernidad católica. Hasta cierto punto incorpora la noción de "*heterolingual address*" o remisión heterolingüe que Sakai ofrece como su propia solución al problema de la universalidad colonialista denegada o forcluida, de la que luego hablaré. Pero la cuestión fundamental es la de si la conciencia situacional jesuita es de hecho lo suficientemente moderna (y así está sustraída del universalismo teológico católico medieval)[5].

En *Política del cielo*, Antonio Rivera, hablando desde el centro de la tradición del pensamiento político moderno, piensa que la modernidad jesuita es solo parcial, suponiendo que no sea ya una mera contradicción en los términos. Para Rivera el absolutismo o el republicanismo calvinista iban a emerger en el siglo XVII como las únicas opciones propiamente modernas, y la doctrina jesuita de la censura política indirecta no podía constituir sino un intento a medio camino de darle a la Compañía un grado limitado de autonomía. La doctrina de la censura política indirecta significa en suma que los jesuitas se oponían a la finalidad de la autoridad política sobre la base de su fidelidad a otra esfera de acción social –la religiosa, fundamentada en la obediencia a la autoridad papal (Rivera 94). Rivera es consistente con consideraciones tradicionales al sostener que el papel que los jesuitas le dan al poder

---

[5] Por supuesto el chiste jesuita sobre la decisión soberana en cuanto siempre sancionada por la autoridad papal es el que sigue, que le debo a Karmele Troyas: "Los dominicos y los jesuitas disputaban de si era posible fumar mientras rezaban, así que decidieron preguntarle al Vaticano. Los dominicos preguntaron: 'Su Santidad, ¿podemos fumar mientras rezamos?' Su Santidad respondió inmediatamente: '!No, idiotas! Rezar es una cosa seria, y no permite actividades mundanas al mismo tiempo'. Pero los jesuitas preguntaron: 'Su Santidad, ¿podemos rezar mientras fumamos?' Y el Papa respondió: '!Claro, hijos míos! Cualquier momento es bueno para rezar'".

eclesiástico, y específicamente al Papa, constituye "una carga insuperable" en el camino hacia la modernidad (94). El Papa, como cabeza de la Iglesia, es el único ejemplo de soberanía mundial. Cualquier otro poder político solo puede o debe admitir heteronomía en relación con el Papa. En la medida en que la fuente de la autoridad del Papa es eclesiástica y no política, no puede haber soberanía propiamente política. La soberanía, esto es, la soberanía real, para los jesuitas, es siempre de antemano transpolítica. Ahora bien, si la modernidad, como dice la tradición, y como confirma Sakai en su lectura de Maruyama Masao, depende de la presunción radical de la autonomía de lo político (que es precondición de la organización jurídica del sistema interestatal europeo), y si los jesuitas nunca fueron capaces o nunca quisieron establecer doctrinalmente tal autonomía, entonces los jesuitas pueden ser muchas cosas, pero precisamente nunca modernos. ¿Es realmente así? ¿Y si los jesuitas hubieran mantenido el secreto de la teología política archimoderna que permanece activa hoy, aunque en versión caída y denegada, en el régimen narcisista-paranoide de co-figuración identitaria? ¿No sería ello prueba de su hipermodernidad?

Por supuesto Echeverría resuelve el problema tangencialmente. Para él no importa tanto la copertenencia de los jesuitas a una concepción de la modernidad que en cualquier caso debe ser impugnada. Contra la historiografía tradicional, que subordina desde el punto de vista "realista" el mundo histórico católico al mundo del protestantismo, Echeverría piensa que "es necesario revisar ... los esquemas conceptuales a partir de los cuales se juzgó nefasta la actividad de la Iglesia postridentina y de la Compañía de Jesús" (65). Desde tal revisión el jesuitismo, o incluso la totalidad del proyecto postridentino, "es un proyecto que se inscribe también ... en la afirmación de la modernidad, es decir, que está volcado hacia la problemática de la vida nueva y posee su propia visión de lo que ella debe ser en su novedad" (65):

> Para la Compañía de Jesús, el comportamiento verdaderamente cristiano no consiste en renunciar al mundo, como si fuera un territorio ya definitivamente perdido, sino en luchar en él y por él, para ganárselo a las Tinieblas, al Mal, al Diablo. El mundo, el ámbito de la diversidad cualitativa de las cosas, de la producción y el disfrute de los valores de uso, el reino de la vida en su despliegue, no es visto ya solo como el lugar del sacrificio o entrega del cuerpo a cambio de la salvación del alma, sino como el lugar donde la perdición o la salvación pueden darse por igual (67).

Para los jesuitas la Reforma es "insuficiente y regresiva", lo cual lleva a Echeverría a postular que el proyecto jesuita, barroco en la medida misma en

Los límites del ethos *barroco*

que acepta condiciones de discurso que trata de llevar a su límite para rebasar, se esboza históricamente como la posibilidad de desbancar la hegemonía del capitalismo occidental: "Es la desmesurada pretensión jesuita de levantar una modernidad alternativa y conscientemente planeada, frente a la modernidad espontánea y ciega del mercado capitalista, lo que hace que, para mediados del siglo XVIII, la Compañía de Jesús sea vista por el despotismo ilustrado como el principal enemigo a vencer. La derrota de la Compañía de Jesús ... es la derrota de una utopía; una derrota que, vista desde el otro lado, no equivale más que a un capítulo en la historia del indetenible ascenso de la modernidad capitalista, de la consolidación de su monolitismo" (73). ¿Son los jesuitas la clave maestra para la figuración potencial, con respecto de la cual son predecesores pero también fundadores, de un tercer espacio latinoamericano?

IV

En un momento de su libro anterior al ya comentado, Rivera había parecido dudar en su argumento contra la modernidad de los jesuitas: "la meta última [de la teoría jesuita sobre el poder temporal o civil, y especialmente de la teoría de Mariana y de Suárez] era ... legitimar la interferencia de la autoridad moral o religiosa en la esfera pública. Este discurso político heterónomo de la Compañía podría ser interpretado como signo de modernidad, dado que los *letterati*, los masones, los críticos de la Ilustración, a pesar de sus profundas diferencias con el jesuitismo, seguirían en su lucha contra el poder absoluto de los monarcas una estrategia indirecta muy similar" (Rivera 65-66). Rivera se refiere al hecho de que, para el pensamiento de la Ilustración en general, la esfera pública debe ser regulada moralmente. No tenemos que ir más lejos que al mismo Immanuel Kant, que en *Hacia la paz perpetua* establece sucintamente la diferencia entre el "político moral" y el "moralista político". El primero es el que "concibe los principios de la efectividad política de tal manera que puedan coexistir con la moralidad" y el segundo es el que "conforma su moralidad de manera que sirva su propia ventaja como estadista" (Kant 118).

Para Kant los moralistas y los moralizantes son los que "recurren a trucos despreciables, pues su única intención es explotar al pueblo (y si es posible a todo el mundo) influyendo en el poder de gobierno para asegurar su propia ventaja privada" (119). El político moral, como el individuo ético, se relaciona con la política de forma no oportunista, de hecho de manera tal que puede forzarles a posponer su propia ventaja sobre la base no solo del deber moral, sino de la simple legalidad de la situación en la que pueden encontrarse: "no puede haber medias tintas aquí; no sirve de nada encontrar soluciones híbridas tales como un derecho condicionado pragmáticamente a medio camino entre la ley y la utilidad. Pues toda política debe hincar la rodilla ante la ley, aunque la política pueda a su vez llegar, así sea lentamente, a un estadio de brillo duradero" (125). Pero el brillo duradero de la política depende, precisamente, de su conformidad al derecho: "Un verdadero sistema político no puede por lo tanto dar ni un solo paso sin primero pagar tributo a la moralidad. Y aunque la política en sí mismo es un arte difícil, no se requiere de ningún arte para combinarla con la moralidad. Pues en cuanto ambos entran en conflicto, la moralidad puede cortar el nudo que la política no puede desatar" (125).

"Un verdadero sistema político", esto es, la verdad de lo político, depende de su conformidad al derecho extrapolítico. Los filósofos de la Ilustración no colocan al poder eclesiástico en la posición de árbitro de la moralidad en la esfera pública. Para ese papel, para bien o para mal, eligen la razón, es decir, la razón práctica y el mandato de la ley ética. O por lo menos Kant así lo hace. Si la Ilustración limita la autonomía de lo político haciéndolo dependiente, en cualquier "sistema verdadero", de la ley ética universal, entonces la Ilustración establece doctrinalmente la heteronomía de lo político: hay un límite o una condición de lo político, y solo la interiorización de tal límite alcanza la verdad de lo político. Si, para los jesuitas, la razón religiosa es la única posibilidad de verdadera heteronomía política, en otras palabras, si la verdad de la política jesuita está dada de antemano en su acuerdo y obediencia a la autoridad papal, esto es, a la verdad católica, entonces ¿habrá sido la historiografía de la modernidad demasiado ligera al excluir de sus presuposiciones este límite interno a la autonomía de lo político? ¿O es la Ilustración anti-moderna en la medida en que reconoce, como hicieron los jesuitas, que lo político no es en última instancia propiamente autónomo, o autónomo en su verdad? Todo depende de si uno cree que el Papa es el intérprete verdadero de la ley moral en términos práctico-políticos. O, más allá de eso, quizás todo depende del estatus que le demos a la noción misma de una ley moral universal. ¿Y si no hubiera ley moral alguna como condición de la libertad política? Tenemos una opción: o elegimos a un Papa (o elegimos un acontecimiento cuyas consecuencias instituyan la necesidad de una administración normativa –por ejemplo, una revolución–) que pueda interpretar la verdad por nosotros y más allá de nosotros, o no lo hacemos. Ambas opciones tienen consecuencias.

El pensamiento jesuita se desarrolló en un ambiente de guerra religiosa y de cruzada que marcó significativamente la vida del fundador de la Compañía, Ignacio de Loyola. El compromiso político de Loyola en la causa de la expansión de su propia fe es innegable. Tomó gran interés desde muy pronto en su vida en campañas militares relacionadas con la defensa o propagación de la fe católica. Las cartas de Loyola de 1552 al Virrey de Sicilia, Juan de Vega, sobre la necesidad de organizar una flota fuerte para la defensa de Nápoles y de las costas italianas y españolas, así como para recapturar las islas griegas de los turcos fueron tomadas seriamente por las autoridades militares en la preparación de las campañas que hubieron de resultar en la batalla de Lepanto, como cuenta Philip Caraman en su biografía del fundador de la orden jesuita. Desde 1546 Loyola mantuvo una intensa correspondencia con el Rey Juan III de Portugal sobre la necesidad de terminar con el cisma de la Iglesia de Etiopía. En el último año de su vida Loyola se ofreció voluntario para la misión etíope, aunque su fragilidad y mala salud le impedirían cumplir su intención. Pero, dice Caraman, "las instrucciones que Ignacio trazó para Etiopía forman un charter de método misionero que fue adaptado con éxito rotundo por una generación posterior de jesuitas en China, Japón, Paraguay e India, y que permanece aun hoy como uno de los documentos misioneros más ilustrados de cualquier época" (Caraman, *Ignatius* 179).

Si para los Padres Mateo Ricci, Francisco Xavier, José de Anchieta, y tantos otros en los primeros cincuenta años en la vida de la Sociedad de Jesús el tiempo se consumía esencialmente en trabajos políticos, por supuesto la meta de tales obras políticas era el establecimiento de una dominación religiosa católica total, y así por lo tanto el colonialismo mundial, sin complejos. Podemos llamar a la mezcla de autonomía política práctica y heteronomía en la concepción jesuita autonomía relacional. La conciencia situacional emerge como la verdadera clave para evaluar la autonomía relacional jesuita tanto en el nivel doctrinal como en el práctico. Por ejemplo, las instrucciones altamente detalladas que le envió Loyola al Patriarca de Etiopía, Nunes Barretto, incluyen, abismalmente, la instrucción de no seguir instrucciones. Ignacio "le hizo claro al Patriarca que no debería considerarse ligado por nada que [Ignacio] hubiera escrito sino que quedaba libre para lidiar con cualquier situación como él juzgase apropiado" (180). Podría decirse que este quiasmo extraordinario, "te ordeno que no te sientas obligado a cumplir mis órdenes", constituye algo así como un desgarro en el tejido de la concepción jesuita de una política propiamente religiosa, y que abre o se abre a la catástrofe del moralismo político. O, alternativamente, podría decirse que tal quiasmo es la esencia misma de la autonomía relacional de lo político, esto es, la única manera en la que cualquier ley abstracta, desde la supuesta por el imperativo categórico a la afirmada en los decretos papales, puede acomodarse en términos prácticos a las exigencias de la situación, no por oportunismo moralista, sino más bien en vista de un cumplimiento mejor y más fiel de la verdad. Comoquiera, la autonomía relacional constituye, en mi opinión, el centro de la modernidad jesuítica, y quizás, en formas distintas, de toda otra modernidad, incluyendo nuestra propia archimodernidad. Cabe preguntarse que habría pensado Nicolás Maquiavelo de tal cosa, suponiendo que tal no fuera el pensamiento dominante de Maquiavelo.

La noción de autonomía relacional nos reenvía al primer problema planteado por Antonio Rivera: ¿Es la autonomía de lo político respecto de lo religioso una marca esencial, o incluso la marca esencial, de la modernidad? La pregunta es central para marcar mi crítica a la posición de Echeverría. La noción de lo político como autónomo con respecto de la facultad religiosa es condición *sine qua non* para el vencimiento del universalismo teológico cuyo objeto es la dominación universal. Si cabe pensar en la posibilidad, afirmada por Echeverría, del establecimiento de una "utopía del intérprete" en la marcha hacia la consecución de una "lengua tercera" (un tercer espacio desde el que iniciar un movimiento antiontopológico, una promesa de liberación del pensamiento), la desvinculación, no de lo religioso en sí, sino de la pretensión religiosa de controlar lo político es instrumental. Sin ello no habrá nunca tercera lengua: solo el espejismo de una lengua de niños que nunca podrá medirse con la verdad del que sabe. Y en última instancia no es cuestión de lenguas. Fredric Jameson dice, hablando del discurso crítico contemporáneo, que en él lo político siempre termina degenerando "en motivos éticos, teológicos o cívico-republicanos ... Para la izquierda, es argumentable que la concebibilidad presente de cualquier orientación estratégica hacia el poder del estado ha impartido un carácter abstracto a sus varias afirmaciones de lo político como agenda autónoma" (Jameson, "Thinking" s. p.). Si hemos de ocuparnos del "estatuto problemático de la semántica de la decisión, el compromiso, la denuncia" y dirigirnos a la "cuestión de qué constituye la dimensión específicamente política ... y si puede distinguirse de la mera ideología partisana" (Jameson, ibid.), debemos, en mi opinión, resolver el asunto de la autonomía relacional jesuita. Está en juego ni más ni menos que la vieja cuestión de la libertad de lo humano en su sentido negativo o restringido: la libertad, sea lo que sea, debe también entenderse como libertad respecto de la dominación.

V

¿Podemos considerar absoluta o relativa la primacía de la política sobre la historia (incluyendo la historia económica)? Si es relativa, entonces la política estaría subordinada a la historia en última instancia. Si es absoluta, entonces la política se constituiría como norma de acción. Pero una política absolutamente primaria tendría que confiar en la inmanencia total de sus propias condiciones, y por lo tanto sería una política sin norma. Una política como norma sin norma de acción, esto es, una política que sería en sí el estándar

Los límites del ethos *barroco*

normativo, sin recurso a alternidad o suelo heterogéneo alguno, puede solo ser una política de la fuerza. En cuanto tal, se habría convertido en una ontología, como en el caso de Nietzsche.

La alternativa a una ontología de la fuerza (que crearía en sí una paradoja o más bien una aporía intratable: la política alcanza plena autonomía en la medida en que se convierta en ontología, y así devenga en algo otro que sí misma) es pensar que una norma para la política puede encontrarse fuera de la historia, fuera de toda fuerza, incluida la disimulación ideológica de la fuerza. Esa norma, que es evidente para la conciencia religiosa y aparece como verdad trascendente, podría tomar la forma de un afecto normativo, como el que Alain Badiou llama "la invariante (o hipótesis) comunista" o lo que Jacques Derrida llama lo indeconstruible en la demanda de justicia. Si toda política depende para su constitución misma de un afecto normativo otro que la fuerza, incluida la fuerza de la historia, entonces quizá fuera necesario concluir que todo posible entendimiento de lo político como motivador primario de la acción humana tendría que entrar bajo la definición kantiana de moralismo político, y tendría que ser siempre automáticamente patológica o partisana. El afecto partisano no es exclusivamente un afecto de la fuerza, aunque la fuerza es secundaria o derivativamente aquello que un afecto partisano debe buscar. El único posible entendimiento no partisano de la política puede ser el entendimiento de que toda política es siempre ya partisana. Pero, si la política siempre depende de un afecto partisano previo, entonces la política, entendida clásicamente o bien desde la perspectiva de la modernidad, no es autónoma, porque debe seguir determinaciones no de su propia factura. En otras palabras, decir autonomía relacional es siempre ya decir heteronomía relacional.

¿Dónde encuentra Ignacio de Loyola el fundamento de su partisanía como soldado de Cristo, y del Papa? En un sentido general, la respuesta es obvia: en su fe católica, entendida como fe en el carácter universalmente redentor de la figura de Cristo encarnada en el Cuerpo Místico de la Iglesia. Derivadamente, también en los poderes civiles dispuestos a ejercer su fuerza de dominio al servicio del carácter misionero o evangelizador de la Iglesia. En el límite, tendencialmente, la universalización de la Iglesia rompería el carácter jerárquico y opresivo de la llamada comunidad perfecta, porque lograría la unidad sin fisuras del cuerpo político universal como cuerpo místico de Cristo: la comunión de los santos, cuando ya no haya no santos. La doctrina de la comunión de los santos, que encuentra eco en la visión kantiana de la república del último humano, es quizá el mejor referente para la teoría democrática moderna, particularmente si entendemos democracia, siguiendo la formulación que María Zambrano esboza en 1958, como el movimiento hacia el abandono de la estructuración sacrificial de la historia (Zambrano 42).

Los *Ejercicios espirituales* de Loyola nos dan algunas pistas para entender esta marcha hacia el cuerpo místico de una perfecta comunidad universal. Es una marcha basada en la militancia teológico-política, o partisanía. Nunca está más claro que en la sección de los *Ejercicios* conocida como "meditación de dos banderas, la una de Cristo, summo capitán y señor nuestro; la otra de Lucifer, mortal enemigo de nuestra humana natura" (*Ejercicios* 253-54). Su tropología básica está fundada en la analogía teológico-política que Loyola nos da en la "Segunda semana" de los *Ejercicios* titulada "El llamamiento del rey temporal ayuda a contemplar la vida del rey eternal" (245). Parte de la composición de lugar, o del venir a conciencia situacional en este ejercicio, es "poner delante de mí un rey humano, eligido de mano de Dios nuestro Señor, a quien hacen reverencia y obedescen todos los príncipes y todos hombres christianos" (246). Con su punto de partida en esta analogía temporal de la realidad espiritual de la presencia soberana de Dios en el mundo, el ejercicio dice que es necesario "mirar cómo este rey habla a todos los suyos, deciendo: Mi voluntad es de conquistar toda la tierra de infieles; por tanto, quien quisiere venir conmigo ha de ser contento de comer como yo, y así de beber y vestir, etc.; asimismo ha de trabajar conmigo en el día y vigilar en la noche, etc.; porque así después tenga parte conmigo en la victoria como la ha tenido en los trabajos" (246). Loyola presenta la vida cristiana como militancia en una empresa de conquista cuya meta es la victoria y cuya final recompensa es la posesión de los bienes conquistados. La evidencia de este tipo de entendimiento es tan fuerte que, dice Loyola, hay que "considerar que todos los que tuvieren juicio y razón, offrescerán todas sus personas al trabajo" (247). Así, la militancia no es sino militancia total. La vida del cristiano debe ser un esfuerzo infinito de militancia al servicio del rey eterno y sus metas de conquista universal[6].

---

[6] Esta es la única manera de entender lo que constituye la comparación fundativa o paralelismo original en los *Ejercicios*, que es la noción de que un ejercicio espiritual es la transposición psíquica del ejercicio corporal para propósitos de entrenamiento militar. En la primera página del texto se lee: "Porque así como el pasear, caminar y correr con exercicios corporales, por la mesma manera todo modo de preparar y disponer el ánima, para quitar de sí todas las affecciones desordenadas, y después de quitadas para buscar y hallar la voluntad divina en la disposición de su vida para la salud del ánima, se llaman exercicios espirituales" (221). Este paralelo no tendría sentido si pensáramos que la justificación para el ejercicio corporal es sencillamente el cuidado del cuerpo. Si lo espiritual implica distancia, como dice Loyola, "de su propio amor, querer y interesse" (264), esto es, distancia con respecto de toda pretensión de autonomía subjetiva, de la misma forma el ejercicio corporal no apunta al cuidado biopolítico de la salud del cuerpo, sino más bien a convertir al cuerpo en un ins-

Los límites del ethos *barroco*

La "meditación de dos banderas" opone tropológicamente la bandera de Cristo, "summo capitán y señor nuestro", y la bandera de Lucifer, "mortal enemigo de nuestra humana natura", y demanda "imaginar así como si se asentase el caudillo de todos los enemigos en aquel gran campo de Babilonia, como en una grande cáthedra de fuego y humo, en figura horrible y espantosa" y "considerar cómo hace llamamiento de innumerables demonios y cómo les esparce a los unos en tal ciudad y a los otros en otra, y así por todo el mundo, no dexando provincias, lugares, estados ni personas algunas en particular" (254). Contra la bandera de Lucifer la bandera de Cristo, que opone pobreza, desprecio del honor mundano, y humildad a las riquezas, presunción y arrogancia de Lucifer. El soldado de Cristo –desde una perspectiva jesuita, no todo soldado debe ser primariamente un soldado de Cristo, pero toda persona debe asumir su militancia cristiana como militancia total– intenta una conquista cuya meta es la catexis interna del mundo hacia valores espirituales y antimundanos. Amigos y enemigos se encuentran opuestos tanto como Jerusalén se opone a Babilonia en un juego infinito de desterritorialización. Jerusalén se territorializa buscando la desterritorialización total de Babilonia, de la misma manera que la territorialización de Babilonia es la desterritorialización de Jerusalén. El resultado final, en cuanto conquista, es la apropiación de los bienes, la apropiación de la tierra. La militancia total es militancia política hacia la conquista y apropiación de la tierra en su totalidad. Si hay excepción al moralismo político kantiano, es en la medida en que el católico solo puede proceder a una apropiación de la tierra desde la humildad, el desprecio por honores mundanos, y la pobreza radical[7].

---

trumento adecuado a su función heterónoma, que es su función verdadera, a saber, servir temporalmente.

[7] Por ello es esencial que la meditación de las dos banderas sea seguida por un suplemento en la historia de los diez mil ducados: "la historia, la qual es de tres binarios de hombres, y cada uno dellos ha adquerido diez mil ducados, no pura o débitamente por amor de Dios, y quieren todos salvarse y hallar en paz a Dios nuestro Señor, quitando de sí la gravedad e impedimento que tienen para ello, en la afección de la cosa acquisita" (256). La pregunta que Loyola hace es cómo debe Jerusalén poseer riquezas temporales y al mismo tiempo, en y a través del proceso de conquista mundial, eludir la tentación de acumulación total, que sería una reterritorialización babilónica secreta. La respuesta es la única posible: el tercer hombre "quiere quitar el affecto [que a la cosa acquisita tiene], mas ansí le quiere quitar, que también no le tiene affección a tener la cosa acquista o no la tener, sino quiere solamente quererla o no quererla, según que Dios nuestro Señor le pondrá en voluntad ... de manera que el deseo de mejor poder servir a Dios nuestro Señor le mueva a tomar la cosa o dexarla" (256-57). La gloria de Dios es también el límite, no solo de nuestra posibilidad política, sino, por ende, de nuestra capacidad económica.

VI

Esa respuesta es por supuesto lo mismo que decir "autonomía relacional", es decir, heteronomía relacional. Una apropiación *pobre* del mundo, una apropiación del mundo bajo la bandera de la pobreza, del menosprecio de honores mundanos, y de la humildad es solo posible, no como fin en sí, sino al servicio de la más grande gloria de Dios, poseyendo al servicio de Dios, de forma que la victoria final, esto es, la territorialización última del mundo por Jerusalén o por los ejércitos cristianos pueda ser también un abrazo de Dios como servicio de Dios. El colonialismo radical así encubre en sí mismo, como su verdad más propia, un proyecto radicalmente anticolonial: todo depende, en el límite, de entender el dominio de Dios, en versión jesuita, como centro mismo de la libertad, o de no entenderlo, igual que para el republicanismo kantiano el cumplimiento político de la ley moral, que marca excepción a la autonomía de lo político, no es opresión del dominador sino la condición misma de la libertad humana. Si la militancia total es servicio total, entonces el soldado de Cristo encuentra su proyección última en una especie de posesión desposeyente que es integración en el cuerpo místico de Cristo como cuerpo desterritorializado e inmaterial, por su mayor gloria, en nombre de la comunidad perfecta o comunidad de los santos. ¿Se trata de un adelanto de la catástrofe totalitaria o es el epítome de una formulación moderna de la expansión civilizacional universal en nombre de la democracia (en cuanto igualdad de todos) por medios políticos? Se trata de las dos cosas. Es así colonialismo impuro de la misma forma que es impura desposesión. La noción de autonomía relacional, aquí, no puede engañar a nadie, al menos no hasta que se logre el fin de los tiempos y la perfecta comunidad de los santos. Y tampoco la heteronomía relacional convence. Ahora bien, notemos que esa misma ambivalencia radical, una vez reconocida y aceptada, es en sí síntoma del *ethos* barroco. Mi crítica al *ethos* barroco en Echeverría es ya crítica barroca, y no estoy seguro de que tal estructura sea evitable.

El pensamiento jesuita, entendido como proyecto militante para la absoluta territorialización de Jerusalén, incorpora necesariamente, a través de la conciencia situacional como recurso práctico permanente e irrenunciable, la subordinación de su proyecto de santidad a su necesidad sacerdotal, y simultáneamente la subordinación de sus necesidades sacerdotales al imperativo de santidad. Esta necesidad de doble y contradictoria subordinación permanece hoy como horizonte político y condición, no del moralismo político, sino de la política moral, que puede por lo tanto solo ser política moral en última instancia, pero puede también muy bien, por la mayor parte, no llegar nunca a ello, y quedar en el lado babilónico de su oportunismo predador. Antonio Rivera dice que la modernidad del pensamiento jesuita, modernidad relativa en cuanto "pensamiento católico más moderno", lleva "directo al ejército profesional moderno, al burócrata, al trabajador" (Rivera 16). Es así porque el jesuita, como sus contrapartidas seculares, él mismo al fin y al cabo también figura secular y ser que habita en un mundo que no es todavía solo Jerusalén, vive en la fisura misma entre sacerdocio y santidad. La conciencia religiosa puede sin duda absorber la fisura y suturarla, al referirse siempre estructuralmente a una verdad transcendental regulativa de la que la conciencia situacional deriva. Pero la fisura permanece intolerable para la conciencia no religiosa –igual que la alternativa escandalosa, puramente cínica para el no religioso, entre sacerdocio y santidad–.

Y suponiendo que rehusemos escoger entre sacerdocio y santidad y rehusemos los términos mismos de la elaboración religiosa: para Naoki Sakai, la respuesta al esquema de la cofiguración que organiza toda posible contradicción e incluso la aporía fundante del pensamiento postcolonial (que es su límite mimético y especulativo, y que dicta que el pensamiento postcolonial no ha sido todavía otra cosa que la inversión especular del universalismo teológico) debe buscarse en una crítica paciente del régimen de traducción homolingüe a favor de su opuesto, la "remisión heterolingüe" (Sakai 4): "Solo allí donde es imposible asumir que uno debería automáticamente ser capaz de decir lo que uno quiere decir y que el otro debería ser capaz de aceptar lo que uno quiere decir –esto es, solo allí donde una enunciación y su recepción son, respectivamente, traducción y contratraducción– podemos aspirar a participar en una comunidad no agregada donde lo que quiero llamar remisión heterolingüe es la regla, donde se hace imperativo evadir la remisión homolingüe" (Sakai 7). La cofiguración, el régimen mimético de dominio global postulable sobre la presencia surrepticia del universalismo teológico bajo la vena de igualdad interestatal o internacional, es consecuencia directa del régimen de traducción homolingüe, o bien viceversa; en cualquier caso, ambos se implican mutuamente, sobre la basis de la identidad de transferencia. La remisión heterolingüe es la recomendación de Sakai para la formación de un régimen de traducción democrático o no opresivo, una comunidad no agregada de pertenencia ya no reconocible en los términos excluyentes que han organizado la modernidad como campo de división entre amigos y enemigos, como lucha entre Jerusalén y Babilonia. Parece cierto que la remisión heterolingüe ya no es parte o consecuencia del universalismo teológico, en la medida en que representa su crítica radical. Y la idea de remisión heterolingüe no es distante de la postulación por Echeverría de una "utopía del intérprete", en cuanto utopía asignable a la Malintzin como emblema de un posible funcionamiento político-cultural latinoamericano: "una lengua tejida de coincidencias improvisadas a partir de la condena al malentendido", es decir, una lengua puramente política.

Pero ¿se libra la remisión heterolingüe de la autonomía relacional? ¿Puede vencer la presuposición jesuita de un régimen de autoridad trascendental? ¿O la presuposición kantiana de una ley moral universal absolutamente vinculante? Desde la perspectiva que Alain Badiou ha llamado "materialismo democrático" (Badiou, *Logics* 1-9), donde no hay verdades que vengan a afectar el libre juego de lenguajes y cuerpos, como ocurre en el campo traductivo propuesto por Sakai, es posible todavía plantear la difícil, quizá destructiva pregunta por la cualidad mimética de toda crítica (incluyendo mi propia crítica a Bolívar Echeverría). Si la remisión heterolingüe es cofiguración de la traducción homolingüe, entonces la remisión heterolingüe es el avatar contemporáneo de la verdad teológico-política. Sería el lugar de un dios babélico, el dios de la comunidad no agregada, pero tal dios babélico podría también ser el subordinador de la vida política. Claro que quizás no fuese totalmente eficiente. Ese margen de no-eficiencia es, en último término, la apertura al futuro y el índice de cualquier posibilidad de cambio. ¿Cómo no ver en esto una de las verdades de fondo, compleja, indesentrañable en su totalidad, en la posición textual de Jorge Luis Borges, de José Lezama Lima, Julio Cortázar, Augusto Roa Bastos, o tantos otros creadores de un tercer espacio latinoamericano?

Capítulo cuarto

La cuestión del cinismo. Lectura de La diáspora (1989), de Horacio Castellanos Moya

> Y esta imagen anarquista de la gente dejando sus tareas obligadas y dispersándose en la libertad de lo inexplorado y lo inmapeado incluso hoy parece ofrecer alivio de la opresión de un capitalismo omnipresente (Jameson, *Representing* 91)[1].
>
> didonai gar auta diken kai tisin allelois tes adikias kata then tou khronou taxin (Anaximandro, citado por Kirk, Raven y Schofield 107).

(Traducción corregida de María Cornelio).

I

En una de las pocas obras de referencia que tenemos sobre la literatura centroamericana contemporánea, Beatriz Cortez argumenta que una cultura de *cinismo fallido*, impulsada por lo que Baruch Spinoza hubiese llamado "pasiones tristes", domina el espacio literario centroamericano después de las guerras civiles que devastaron tierras y sociedades en El Salvador y Guatemala y Nicaragua entre los años setenta y principios de los noventa. El argumento es fuerte y merece ser repetido especialmente porque no habría necesidad de limitarlo a América Central y se podría usar para otros lugares. En su interpretación, el *cinismo fallido* es una especie de dispositivo que puede haber llegado a tomar el lugar antes ocupado por un compromiso político verdadero, por la fe y la esperanza en un cambio político radical de tipo emancipador.

Uno de los autores a los que Cortez se refiere con frecuencia es el nacido en Honduras Horacio Castellanos Moya, generalmente considerado escritor salvadoreño. *Estética del cinismo. Pasión y desencanto en la literatura centroa-*

---

[1] Las traducciones de Jameson son mías.

mericana de posguerra de Cortez fue publicado en 2010, pero es el resultado de trabajo llevado a cabo a mediados de la década del 2000, con la consecuencia de que su corpus para Castellanos solo considera tres novelas, que son *Baile con serpientes* (1996), *El asco. Thomas Bernhard en San Salvador* (1997) y *El arma en el hombre* (2001), una colección de cuentos, *Indolencia* (2004), y la colección de ensayos titulada *Recuento de incertidumbres* (1993). Deja fuera de consideración no solamente la tetralogía compuesta por *Donde no estén ustedes* (2003), *Desmoronamiento* (2006), *Tirana memoria* (2008) y *La sirvienta y el luchador* (2011), sino también libros tales como la novela de Castellanos de mayor éxito crítico, *Insensatez* (2004)[2], *El sueño del retorno* (2013), y también, entre otros cuentos y colecciones de ensayos, las novelas tempranas *La diabla en el espejo* (2000) y *La diáspora* (1989), que fue la primera de Castellanos, nunca reimpresa, y sobre la cual quiero concentrar mi lectura[3].

---

[2] Ver los ensayos de Ignacio Sánchez Prado y Sam Steinberg sobre *Insensatez*. Para Sánchez Prado la esencia de la novela indica o se refiere al colapso del sujeto intelectual moderno, cuya personificación en América Central fue el intelectual comprometido. *La diáspora* no busca el rescate del intelectual comprometido ni busca su nueva configuración, no busca ninguna reconstrucción de un sujeto de lo político. Es interesante que Steinberg vincule la producción de Castellanos Moya con la noción de infrapolítica. La diferencia que tengo con Steinberg radica en su interpretación de una política militante a nivel metacrítico, pues pienso que la dimensión infrapolítica en Castellanos Moya excluye toda posibilidad de militancia. Prefiero usar el término "beligerancia". Castellanos Moya es un escritor beligerante de acción restringida contra toda escritura de militancia infinita.

[3] Pero pude haber escogido *Baile con serpientes*, si fuese simplemente cuestión de descartar el cinismo de Castellanos. Las serpientes que causan estragos y producen confusión general entre la población en ese libro –son serpientes buenas, aunque asesinas y venenosas, con una capacidad indeterminada para el ataque– son un buen síntoma de la agresividad que subyace a la narrativa de Castellanos, gran parte del tiempo expresada en forma tenue, pero que aquí, como en *El asco*, recibe rienda suelta. Esta no es ni una narrativa de redención ni tampoco una narrativa cínica. La agresión cínica tiene una tonalidad totalmente distinta. Pero en esta novela encontramos la agresividad de un hombre desesperado, un escritor cuyas tensiones internas vacilan entre un nihilismo oscuro y la furia contra un mundo que permite que la estupidez, la miseria y la corrupción dominen siempre. Castellanos ve falta de verdad y mendacidad por todas partes, y considera lo simbólico como artificio que encubre luchas mezquinas por el poder y fantasías manipuladoras de varios tipos. No hay necesidad de controlarlo afirmando que simplemente está dándole expresión al ambiente de las sociedades centroamericanas posteriores a las guerras civiles, y aún menos necesidad de adoptar una actitud desdeñosa hacia él afirmando que sus sombrías representaciones de cierta realidad imaginaria esconden un verdadero compromiso con el cambio social. Si el escritor se siente a veces más cerca de sus propios personajes -Eduardo Sosa en *El asco*, Robocop en *La diabla en el espejo* y *El arma en el hombre* o el desventurado camarero en "Con la congoja de la pasada tormenta", es probablemente porque así son las cosas y está anímicamente más cerca de ellos que de los otros. Pero las serpientes no son simplemente agresivas. También son criaturas amorosas, como vemos

No sería justo confrontar la crítica de Cortez haciendo referencia a obras que ella no estudia porque fueron publicadas después de que hubiera más o menos concluido su libro, pero hay que preguntarse por qué *La diáspora* en particular no fue considerada, ya que parece particularmente pertinente a su tema. Puede haber varias razones, y prefiero no hacer conjeturas, pero quiero señalar el hecho de que rebatiré la idea de Cortez sobre el cinismo fallido desde mi análisis de una obra que ella pudo haber explorado pero que optó por no considerar. Mi lectura, sin embargo, no refiere a la totalidad de su posición. He aprendido mucho del libro de Cortez, y doy por supuesto que existe literatura reciente en América Central, como en otras partes, escrita desde pasiones tristes como fondo suficiente para llenar varios estantes de cualquier biblioteca. Mi conjetura no es solamente que *La diáspora* no tiene nada que ver con el cinismo fallido, ni siquiera con el cinismo como tal, sino que nos da, aunque sea de una manera imperfecta e inconclusa, como pasa a menudo con primeras novelas, las primicias de una labor literaria que yo consideraría el polo opuesto de una empresa cínica para la época contemporánea. Y, más aún, también nos da una nueva figura del escritor centroamericano que, al atacar de frente todo tipo de prejuicio de parte de los llamados intelectuales del primer mundo en particular, y de sus clientes, puede tener algo importante que enseñarnos acerca de la función de la narrativa literaria hoy en día; al menos, por lo pronto, acerca de la narrativa de Castellanos mismo. En ese sentido también Castellanos es escritor del tercer espacio.

En sus primeras páginas Cortez se refiere a una "sensibilidad del desencanto" que conforma una "estética del cinismo" (23) a ser entendida como contestación directa a la "estética utópica de la esperanza" vinculada a los procesos revolucionarios centroamericanos (24). Esta última, por supuesto, tuvo gran influencia por toda la región desde antes de la revolución sandinista en Nicaragua, a raíz de un descontento político endémico y de un fuerte anti-imperialismo que datan, en su configuración moderna, de las décadas del 1920 y 1930, y que fueron exacerbados por el golpe puesto en marcha por la CIA contra el gobierno de Jacobo Arbenz en Guatemala en la década de 1950. El surgimiento de movimientos guerrilleros en Guatemala, El Salvador, Nicaragua y otros lugares, apoyados por el estado posrevolucionario cubano, formó generaciones enteras de artistas e intelectuales cuyo horizonte descansaba en los valores de la militancia política asociada con la liberación comunista de una manera u otra (nunca hubo ningún acuerdo ideológico en particular, y por supuesto hubo muchas tendencias políticas e intelectuales).

---

en la última sección de la novela, que contiene una de las escenas eróticas más salvajes de la literatura latinoamericana.

La postura de Cortez es por lo tanto que la nueva sensibilidad de desencanto ideológico, consecuencia de los distintos fiascos políticos en América Central que no obstante consiguieron poner fin aparente a las guerras, es una relativa novedad histórica para la región y, desde la perspectiva de una evaluación de la producción cultural, marca un verdadero cambio a nivel de tonalidad y de lo que podríamos llamar espíritu social. Pero Cortez no está satisfecha. No es necesariamente que eche de menos el viejo sentimiento de conformidad revolucionaria y comunión liberacionista. Se trata más bien de que encuentra el nuevo espíritu catastróficamente vacío y eminentemente destructivo: "esta estética del cinismo dio lugar a la formación de una subjetividad precaria… una subjetividad constituida como subalterna *a priori*, una subjetividad que depende del reconocimiento de otros, una subjetividad que solamente se posibilita por medio de la esclavitud de ese sujeto que a priori se ha constituido como subalterno, de su destrucción, de su desmembramiento, de su suicidio, literalmente hablando" (25).

Por esta razón falla el cinismo: porque, según Cortez, lleva a la destrucción del sujeto cínico. Dejando a un lado la posibilidad perpetua de que la definición del cinismo nunca pueda fijarse por completo y por lo tanto pueda producir discrepancias en la interpretación, la postura de Cortez parece a primera vista contraintuitiva. ¿No es el cinismo, de entrada, ya un mecanismo de defensa inflexible en cuanto a su propio privilegio epistémico y que se establece de antemano contra cualquier deseo de reconocimiento recíproco? De ser así, sus estrategias defensivas parecerían fallar en Centroamérica. ¿Por qué ha de exponerse el sujeto cínico centroamericano a ser reconocido como sujeto subalterno? ¿No es el sujeto cínico ya siempre un sujeto superior, un sujeto que sabe más, un sujeto cuyo entendimiento privilegiado de lo real tiene como objetivo esencial protegerse contra cualquier subalternización posible? Pero Cortez dice que el cinismo falla porque, en el caso particular del cinismo centroamericano, este se vuelve una trampa que destruye la subjetividad al mismo tiempo que la constituye.

La argumentación se vuelve un poco más compleja cuando le añadimos un suplemento. Dentro del contexto histórico centroamericano, desde los círculos insurgentes culturalmente hegemónicos, la producción artística en general y la escritura de ficción en particular estaban estigmatizadas tradicionalmente como "traición" (26). Si todo tenía que estar orientado hacia ayudar a "la lucha del pueblo", o más tarde hacia la construcción del nuevo Estado revolucionario, entonces la ficción era percibida en la mayoría de los casos como mero escapismo, evasión y alienación de lo que verdaderamente contaba. El surgimiento del testimonio, en sus distintas variantes, y de la poesía "política", fue consecuencia directa de haberse relegado a segundo plano una producción cultural cuya reinvención después de las guerras hubiera sido todo menos inocente desde el punto de vista político. La escritura de ficción después de las guerras ya constituía un abandono de las viejas ortodoxias e implícitamente un rechazo de todo lo que alguna vez fue considerado no solamente válido, sino la definición misma de lo válido. Uno se pregunta si el alegato de Cortez en cuanto al cinismo no empieza aquí mismo, en la denuncia estructural o formal de las ortodoxias, en el rechazo de una cultura partidista centroamericana que, como todos saben, no logró mucho, a pesar de los esfuerzos, de los sufrimientos, y de las muertes. Después de tanta y tan terrible agitación, las sociedades centroamericanas hoy siguen fisuradas y desgarradas por la injusticia social, pero ahora también, además, oprimidas bajo el peso que la ineficaz vuelta de tuerca dialéctica de los movimientos revolucionarios, guerras y acuerdos de paz ha traído consigo. Tal vez admitirlo ya sea cínico de por sí, en la interpretación de Cortez. Y ahí se escapan las cosas.

Así es que, si me muevo de manera que mis movimientos revelen mi profundo descontento, mi abandono de los valores y formas de comportamiento de mis amigos, o mis tíos, de mis hermanas mayores o de mis primos lejanos, de mis maestros y mis vecinos, entonces me vuelvo un cínico. ¿Me vuelvo un cínico, o me pongo en una situación en la que me arriesgo a que me llamen cínico, porque creo que su manera de ver la vida ha demostrado ser nada menos que un desastre, o casi nada menos que un desastre, y, pase lo que pase, no quiero el retorno de su mundo? Es posible –así es como pasan las cosas, particularmente dado el dogmatismo atroz de ciertas pasiones políticas desenfrenadas. Sin embargo, traición es una palabra fuerte, una palabra importante, y no deberíamos permitir que sea definida exclusivamente por los guardianes de un proyecto histórico fallido y que ha traído en última instancia muy pocas cosas buenas a las sufridas sociedades centroamericanas. Volveré a Cortez, pero primero debo añadir distintos trozos a mi propio paño argumental.

II

Horacio Castellanos Moya es un hombre de izquierdas. Su literatura no se puede confundir con ningún intento de garantizar ni fortalecer, ni por acción ni por omisión, un *statu quo* que favorezca la corrupción, la incompetencia, el gangsterismo, la violencia y la profunda injusticia social en su país, que de hecho su literatura nunca ha dejado de sacar a la luz. No es mi interés aquí proceder a un análisis biográfico de su itinerario, pero Castellanos ha dicho lo bastante en sus obras publicadas para que entendamos que de joven se sentía comprometido con los objetivos revolucionarios, durante la época de la insurgencia y la guerrilla. Algo le pasó en los 80, y tiene pleno derecho a optar por no hacerlo claramente manifiesto[4]. En todo caso, decidió no hundirse, como les pasó a tantos de su generación, y emprender un camino diferente que ha producido una de las obras más interesantes y extraordinarias de la literatura latinoamericana contemporánea, todavía en pleno desarrollo. A mi juicio *La diáspora*, lejos de ser un texto cínico, es el recuento o el comienzo del recuento de tal negativa a hundirse, pero es un relato ficticio y no hay razón particular en principio para pensar que tiene una intención autobiográfica. Es un libro sin terminar, en un sentido: demasiados hilos de la historia simplemente quedan sin recoger. Como en la mayoría de sus otras novelas, Castellanos inicia con *La diáspora* una secuencia narrativa que puede optar o no por completar en algún momento posterior. Que yo sepa, nunca ha vuelto a los personajes que empezó a dibujar en *La diáspora*, y su novela nunca se ha vuelto a imprimir. Pero es una novela importante precisamente porque indica un proceso de rompimiento, se le podría llamar desencanto o también se le podría llamar liberación, aunque no en el sentido poscolonial tradicional. En este texto hay que entender liberación como una liberación específica de las obsesiones de una forma de vida que, para el 1984, o tal vez para el 1989, había llegado a parecer imposible de asumir, pero no debido a los riesgos y peligros de la vida clandestina e insurgente. Había otra cosa en juego.

A principios de 1984 Juan Carlos, un joven que por varios años ha sido militante en la más fuerte de las cinco organizaciones del Frente Farabundo Martí para la Liberación Nacional (había estado trabajando en la División Financiera de las Fuerzas Populares de Liberación Farabundo Martí desde Managua), rompe con "el Partido", e inicia su exilio en México. Su meta adicional es llegar hasta Canadá o Australia, terminar sus estudios, ganar un poco de dinero, tal vez hacerse escritor. En México visita a antiguos compañeros como Carmen, ella también ex-miembro del Partido, Antonio, esposo de Carmen, un simpatizante mexicano del Comité de Solidaridad, Gabriel, también un antiguo compañero, profesor en la universidad jesuita de San Salvador que ahora está trabajando en una tesis sobre el escritor salvadoreño Roque Dalton ("te van a colgar de los huevos", le advierte Juan Carlos [20]), y su esposa Teresa, e intenta ponerse en contacto con el Turco, otro antiguo compañero, un músico, y el Negro, un antiguo jesuita que todavía es un *apparatchik* y dirige la Oficina Mexicana de Información para la guerrilla salvadoreña.

Por medio de Gabriel es recibido por una refugiada argentina, la bella Rita, una *montonera* cuyo marido desapareció durante la "guerra sucia", y que ahora dirige ACNUR, la agencia para refugiados cuya cooperación Juan Carlos

---

[4] Véanse los ensayos recogidos bajo el título "Breves palabra impúdicas" en *La metamorfosis del sabueso*, 11-54.

necesita para llegar a Canadá (o Australia), y para sobrevivir en México hasta que le den el visado. Juan Carlos pasa el tiempo charlando con sus amigos, esperando, deseando a Rita, soñando con escribir, leyendo un poco (empieza a leer una novela de Milan Kundera, "al principio leyó con prejuicio, pues temía encontrarse con una chabacanería anticomunista" [35]) y luchando con sus propios demonios. Unos cuantos personajes más cruzan los bordes de la página, como el Chele Carlos, a quien Juan Carlos ve de lejos varias veces, y le dicen que era "un cuadrazo militar... de los comandos encargados de secuestros, asaltos a bancos, ajusticiamientos, actividades de inteligencia y contrainteligencia; de esas implacables máquinas de guerra que no se tocaron los hígados para meterle ochenta y dos picahielazos a la comandante Ana María" [49]. Juan Carlos ha estado ayudando a Negro a preparar una fiesta y está de regreso en casa de Carmen y Antonio cuando es secuestrado por la inteligencia mexicana, golpeado, interrogado y amenazado. Aquí termina la Primera Parte.

No pasó gran cosa. Han sido presentados varios personajes que forman parte de lo que el título de la novela llama "la diáspora" –personas con varios grados de desilusión política y crisis personal. ¿Basándose en qué? La revolución ha seguido con toda su furia en El Salvador por muchos años, y las organizaciones revolucionarias están bien arraigadas. Pero en 1983, el año anterior, ocurrió un acontecimiento mortal que parece centrar el importe alegórico de la novela: el asesinato de la Comandante Ana María (ochenta y dos puñaladas con un punzón picahielos), antigua maestra de 56 años, y en el momento de su muerte la segunda al mando de la fuerza guerrillera Frente Popular de Liberación (FPL), cuyo jefe era el Comandante Marcial, esto es, Salvador Cayetano Carpio. Carpio, de 64 años, conocido como el Ho-Chi-Min latinoamericano, fue un antiguo dirigente sindicalista y secretario general del Partido Comunista de El Salvador en la década de los años 60 que se convirtió en el líder indiscutible del FPL desde sus comienzos en 1970. Resulta que la policía sandinista, mediante sus propias investigaciones, había determinado que los culpables del asesinato de Ana María fueron personas aparentemente bajo órdenes directas del Comandante Marcial, quien luego opta por suicidarse. Estos son todos hechos históricos, pero con un problema: todo lo que sabemos es la historia oficial, en la mayoría de los casos una franca aunque quizás compleja mentira. La novela da indicios de esto último –el hecho de que la historia oficial podría no ser verdad, o es fundamentalmente mentirosa– en varios sentidos.

El asesinato de Ana María y el suicidio de Marcial cambian las cosas, o tal vez esos acontecimientos son nada más que una confirmación de que las cosas habían cambiado, o de que las cosas no eran lo que debían ser. La muerte de

Tercer espacio

ambos líderes, en una situación estructuralmente cargada de significado por el reinante culto a la personalidad, fue un serio golpe psicológico y moral para la base popular de la militancia. Según lo cuenta la novela, "ambos eran, pues, un mito, los próceres revolucionarios, el vínculo con toda una tradición de lucha y conspiración, los ancianos sabios, el símbolo de la esencia proletaria y popular de la revolución salvadoreña. Juntos habían forjado … una organización que hasta abril de 1983 se consideraba la expresión genuina de la moral revolucionaria, la heredera de los principios del marxismo-leninismo, la destinada a liberar al pueblo salvadoreño, la verdadera manifestación de la alianza de clases obrero-campesina, la única que contaba con un obrero y una maestra (nada de estudiantes pequeño-burgueses) como sus máximos líderes" (113). Para Juan Carlos, según lo cuenta, la fuerte impresión de los acontecimientos fue ya bastante mala, pero optó por continuar en el Partido, a diferencia de otros miembros que prefirieron separarse. Las cosas se deterioraron, sin embargo, a medida que la creciente atmósfera de sospecha perpetua y la vigilancia y la imposición implacable de la línea del partido se volvían irrespirables: "Pero las cosas ya no eran iguales: algo se había roto dentro de Juan Carlos. Y no se trataba únicamente –como él sostendría más tarde– de que en el Partido se había generado una situación de desconfianza intolerable" (114). Todo cuanto sabe Juan Carlos ahora es que "no hay regreso" (12) del paso que ha dado, eso es, abandonar el Partido, abandonar la lucha, y que ocho años de su vida acaban de esfumarse en el aire.

Carmen es otra antigua militante para quien los acontecimientos de abril de 1983 habían sido nefastos. Antonio comenta que el hecho de que el Partido se negara a discutir abiertamente las cosas y que se cerraran filas en una militarización intensificada de la vida de todos es "alarmante … cuando la actual crisis interna exigía una respuesta" (15). El fantasma de Roque Dalton, el más ilustre escritor salvadoreño, asesinado por compañeros de su propio partido en 1975 en circunstancias muy oscuras, regresa constantemente[5]. Para Gabriel es una obsesión. Pero el Partido requiere solamente sumisión incondicional. Juan Carlos se siente presa de "ansiedad inexplicable", paranoico y atemorizado (22). Mientras tanto, el Turco se ha vuelto el más radical del grupo en su denuncia vocal de la traición de la revolución y del carácter siniestro del liderazgo revolucionario. Anima a Juan Carlos: "Salú … porque al fin te saliste de esa mierda. Yo sabía que ibas a tener huevos" (32). Y, según Juan Carlos va avanzando en la novela que está leyendo, piensa "en la posibili-

---

[5] Roque Dalton, mencionado ya en *El asco* (86), es una obsesión recurrente en Castellanos. Véanse por ejemplo su muy asombroso cuento "Variaciones sobre el asesinato de Francisco Olmedo", y su también asombroso ensayo "La tragedia del hereje".

dad de que su historia personal pudiese servir para escribir una novela de esa envergadura. Le pareció, sin embargo, que lo suyo era demasiado insípido, tranquilo, sin tragedia. Lo que sí valía la pena contar era la forma en que se habían aniquilado entre sí los dos máximos comandantes revolucionarios; aunque para eso se necesitaba una pluma genial" (35).

No da la sensación de que el trauma de la muerte de los Comandantes lo diga todo –esta última es metonimia, eso parece quedar claro dada la narrativa apagada y poco agresiva cuyas voces de autor y narrativa son tan dolidas como perplejas, cruzadas por dudas y recelos, por preguntas sin resolución–. En cambio, la proyección de un estado de cosas general poco satisfactorio está suspendida sobre los personajes como una nube de moscas. La historia del poder bruto, las conspiraciones en los altos niveles, el uso y abuso de la vida y energía de los combatientes, la ineficiencia y la incompetencia encubiertas por tácticas policiales dentro del partido y la intimidación y el silenciamiento de toda disensión: todo eso lo conocemos bastante bien. El autor-narrador no se identifica solo con Juan Carlos sino que se dispersa entre todos los antiguos compañeros. Si la ofensiva guerrillera en El Paraíso que acaba de tener lugar se hubiese podido llevar a cabo con éxito hasta la toma final de poder, es el momento de evaluar si el mundo que estas fuerzas podrían ofrecer o haber ofrecido es un mundo que merece el inmenso sacrificio del pueblo. No es una pregunta fácil: Juan Carlos lleva ocho años de su joven vida invertidos en ella. Y no es particularmente fácil porque la mera alternativa, el *statu quo* anterior, es por lo menos igualmente desagradable. Uno no es anticomunista, no querría serlo, parece decirnos Castellanos, o el autor implícito, pero se pregunta si quiere ser comunista mirando el panorama, eso es todo, y es lo suficientemente sencillo. Mientras tanto, ¿se vuelve uno cínico? ¿Es cínica la consideración? ¿Hay que ser comunista o fascista en ese mundo? ¿No es intolerable tal pensamiento?

Hay tal vez un personaje cínico en la novela, que aparece en una Segunda Parte dedicada casi en su totalidad a la historia de Quique, militante de origen campesino, no un intelectual, sino un soldado cuyo interés es la lucha como tal. El otro hombre que se nos presenta allí al principio es llamado "el Argentino": la oficina de prensa, dirigida por el Negro, le encarga a Quique "una copia del comunicado del Partido del 9 de diciembre, en el que se acusa al comandante Marcial de haber mandado a asesinar a la comandante Ana María. También quiere copias de todos los cables que haya al respecto. Son para el Argentino" (74). Pero no es hasta la Tercera Parte que el Argentino es identificado como Jorge Kraus, un conocido periodista basado en México. Se trata de un militante de una de las organizaciones de izquierda en su patria a principios de los años 70 que tuvo que huir del país, para pronto convertirse en el reportero estrella de una prestigiosa publicación. Kraus es descrito como un hombre cuya "pluma siempre estuvo dispuesta a colaborar en lo que el proceso revolucionario le exigía" (107), en un sentido, por lo tanto, un publicista revolucionario, un mercenario de la revolución cuyo oportunismo esencial no es más que el de la búsqueda perpetua de la oportunidad. La encuentra primero en Angola "luego del triunfo del Movimiento de Liberación Nacional" (107). Escribe un primer libro sobre la revolución en Angola que lo transforma en "un periodista de primer nivel en los círculos de poder tercermundista" (108). Y su segundo triunfo fue un libro sobre el proceso etíope, el que le trae "nuevas peticiones de artículos, viáticos, derechos de autor y hasta conferencias universitarias" (108). Nicaragua viene más tarde, mediante otro gran libro sobre la entrada sandinista a Managua. Y luego, claro, las fuerzas revolucionarias salvadoreñas se hacen famosas en el escenario internacional, y nuestro amigo Kraus no duda en establecer como su objetivo a "ese pequeño país" (109).

Pero las cosas se vuelven un poco más difíciles de lo esperado. Primero, a Kraus lo echan de su trabajo en el periódico mexicano, donde ha conseguido hacer algunos enemigos, y pierde estatus y cobertura. Segundo, la revolución salvadoreña aún no ha triunfado, lo que quiere decir que no puede exactamente trabajar bajo las condiciones de seguridad con las que ha llegado a contar. Por lo que intenta hacer otra cosa durante un tiempo, pero nada tiene éxito. Tiene la suerte de ser ya novio de una guapísima fotógrafa francesa con credenciales y recursos cuando estalla la noticia: la Comandante Ana María ha sido asesinada, y Marcial parece estar involucrado de alguna forma. "Como buen periodista, supo de inmediato que ahí había gato encerrado, pero si los compas habían optado por guardar silencio, más valía desentenderse del asunto" (117). Mientras tanto –estamos en octubre, 1983– Juan Carlos se entera mediante su enlace de que los sesenta líderes supremos del FPL se han estado reuniendo en secreto durante un mes y han llegado a la conclusión de la necesidad de culpar al Comandante Marcial del asesinato de abril: "Juan Carlos escuchó sin preguntar, sin buscar coartadas con las cuales defender algo de lo que le estaban destruyendo, como si toda esa versión fuera cierta, la verdad a secas, y él no tuviera dudas" (121-122). El comunicado de diciembre no le llega de sorpresa, pero le da a Kraus una idea. Sí, él sabe que la historia no es tal como la cuentan, pero es el hecho de contarla lo que le ofrece una oportunidad, por supuesto siempre y cuando pueda conseguir la luz verde y el apoyo del FPL y de los sandinistas. Así que propone un libro con el fin de apaciguar a la militancia: "los hechos habían sido demasiado crueles y complejos como para que algunos compas se contentaran con una explicación general, por lo que una historia novelada sería una manera formidable para difundir y hacer comprensible la versión oficial" (127). En cuanto reportero mediocre Kraus "no tenía la intención expresa de buscar nuevas revelaciones que dieran otro cariz a los acontecimientos: él partiría de lo que consideraba 'la verdad' y su trabajo consistiría precisamente en demostrar que esta verdad era absoluta, hasta en los mínimos detalles" (129). Y decide escribir su relato.

La diáspora es una novela política, y estoy intentando evaluar su cinismo. Por eso es tan necesario aquí describir minuciosamente el argumento. De que Kraus es un cínico queda poca duda –es un intruso, una especie de representante del intelectual primermundista comprometido, aunque sea de Argentina, cuya misión en la vida es la promoción de causas revolucionarias por todas partes–. La novela no lo condena demasiado, o no explícitamente. Los párrafos citados son lo más lejos que va la denuncia del personaje. Pero en las novelas políticas a veces la política se vuelve lo más importante, y la calidad literaria debe dar un paso atrás–lo que, hay que añadir, no habla en nombre de ningún cinismo en particular, sino más bien de lo contrario. Eso es precisamente lo que pasa en este punto en particular de la novela de Castellanos. En la Sección 7 de la Tercera Parte se incluye una adición completamente editorial que no tiene función alguna en mostrar (literariamente) sino solo en contar lo que pasó. No se trata, ya no se trata, de Kraus –en este punto Kraus queda a un lado y es simplemente quien confirma, no por estupidez sino por cinismo, la falsedad general de la historia según la cuentan los dueños de la palabra–. Se trata del proceso revolucionario. Esta sección "editorial" cuenta la historia de Roque Dalton, al que podría llamarse el escritor salvadoreño más importante del siglo, ejecutado por los jefes de su grupo, el Ejército Revolucionario del Pueblo, en mayo de 1975, después de haber sido acusado inicialmente de ser un traidor al servicio de la CIA, y después de ser un traidor y un "payaso" infiltrado en el ERP por los cubanos. La ejecución de Dalton nunca fue llevada a juicio legal y los responsables todavía son desconocidos (en general) por el público, mientras que el sitio donde está enterrado Dalton se mantiene en secreto. El texto no lo dice, pero está claro que el FPL no podía darse el lujo de otro escándalo como el de Dalton –había que encontrar un claro culpable: Marcial–. Pero, si Marcial verdaderamente hubiera matado a Ana María, entonces Marcial estaría en una posición paralela a aquella de los asesinos de Dalton. Por lo tanto, hubiera sido una sorpresa insólita que la viuda de Dalton se apareciera en el entierro de Marcial, como lo hizo, y como fue documentado en una fotografía publicada en el periódico sandinista *Barricada* el 21 de abril de 1983. La novela presenta así una afirmación contundente de que Marcial no mató y no fue responsable del asesinato de Ana María: fue solo impulsado al suicidio por la falsa acusación.

¿No podríamos objetar al argumento de Beatriz Cortez sobre el cinismo fallido que existe una diferencia entre describir el cinismo y adoptarlo? A un nivel, *La diáspora* puede parecer cínica, en la medida que expresa un fuerte disgusto por las tácticas del FPL (y, antes que ellas, por las del ERP), aunque creo que los acontecimientos particulares expuestos en la novela son en sí mismos metonímicos de una mayor variedad de asuntos. Por lo cual hay que hacer la pregunta de manera directa: ¿son la crítica y la denuncia de organizaciones guerrilleras en una situación revolucionaria o posrevolucionaria siempre necesariamente cínicas? Si la respuesta es afirmativa, en la medida que no querríamos concluir que todas las críticas y denuncias son cínicas, tendríamos que aceptar que la acusación misma de cinismo no es más que una acusación inspirada por la guerrilla a los que la guerrilla considera traidores a sus metas. Pero por supuesto, el así llamado cínico puede entonces replicar que los objetivos ostensibles de la guerrilla son precisamente los que se ven traicionados por sus propias acciones, o por las acciones de sus dirigentes. La traición, en otras palabras, no está definida por gente como Kraus, ni siquiera por los 60 personajes que se reúnen en las montañas de Chalatenango para conspirar sobre la mejor manera de librarse de las consecuencias del asesinato de Ana María culpando a Marcial. Tampoco por los críticos con simpatías políticas partisanas. Tal vez la cuestión del cinismo, en la configuración particular centroamericana, presupone y hasta niega, de manera demasiado cínica, la cuestión de la incesante traición histórica de la gente por parte de los autoproclamados dueños de la verdad revolucionaria.

Está claro, me imagino, que existe un nivel primario en *La diáspora* que no debe ser silenciado, y que no tiene nada que ver con resignación cínica alguna a como son las cosas. Menos aún está comprometida la novela con representación alguna de "una subjetividad precaria ... una subjetividad constituida como subalterna *a priori,* una subjetividad que depende del reconocimiento de otros, una subjetividad que solamente se posibilita por medio de la esclavitud de ese sujeto que *a priori* se ha constituido como subalterno, de su destrucción, de su desmembramiento, de su suicidio, literalmente hablando" (Cortez, 25) Sí, existe una subjetividad precaria en la novela, pero es la subjetividad precaria del conjunto de personajes que lucha con la traición continua de las metas de justicia y verdad, de libertad y respeto, que ha dejado su vida vacía de significado y orientación. Sin embargo, la novela en sí solo se puede entender como un intento de hacer posible que surja un entendimiento de dicha precariedad desde dentro de sí misma, para escapar de la destrucción, del desmembramiento y del suicidio: libre de ir en pos de las pasiones alegres de las que habla Spinoza. No veo nada cínico en ello.

III

Pero ¿por qué es esto importante? ¿Qué es lo que está en juego aquí, más allá de la preocupación por varias historias de vidas quebrantadas que no pueden ni siquiera acercarse ni en la cantidad ni en la violencia sufrida a las miles de vidas inocentes perdidas durante la guerra civil, la represión por el Estado salvadoreño y por sus escuadras de la muerte? Ciertamente quejarse de lo difícil que son las cosas en una situación de guerra civil no es suficiente para establecer un argumento politico. *La diáspora* fue publicada en 1989, y representa hechos de 1983-84. Justo entre esas dos fechas Fredric Jameson, que en esa época prestaba atención al proceso político en Latinoamérica, publicó su siempre polémico pero en ese momento merecidamente alabado ensayo sobre "Literatura tercermundista en la era del capitalismo multinacional". Hoy, casi treinta años más tarde, es fácil aseverar que el ensayo de Jameson resulta anticuado y obsoleto, pero no es tan fácil entender, o decir, por qué razón lo es. Intentaré hacerlo.

En ese ensayo, la afirmación más irritante y que durante varios años persistió en su fuerza de manera obstinada era, por supuesto, que "todos los textos tercermundistas son necesariamente ... alegóricos, y en un sentido muy específico: deben ser leídos como lo que llamaré *alegorías nacionales*, incluso cuando, o quizá debería decir, particularmente cuando sus formas se desarrollan desde maquinarias de representación predominantemente occidentales, tales como la novela" (69). La afirmación lo abarca todo en su generalidad y proclamación enérgica de ser verdadera: *todos* los textos tercermundistas son *necesariamente* alegorías nacionales. Se hace tal osadía un poco más fácil de entender con las siguientes palabras: "Los textos tercermundistas, incluso aquellos que son en apariencia privados y catexizados por una dinámica propiamente libidinal, necesariamente proyectan una dimensión política en forma de alegoría nacional: la historia del destino privado individual es siempre una alegoría de la situación asediada de la sociedad y de la cultura tercermundistas públicas" (69). El ensayo de Jameson llevó a un buen número de especialistas literarios en estudios de área a la desesperación frenética en la busca infructuosa de excepciones a la afirmación. Después de todo, la afirmación no podía encontrar excepciones porque el alcance universal forma parte de la naturaleza de la máquina alegórica. El mismo Jameson lo reconoció al decir que "las estructuras alegóricas no están tanto ausentes de los textos culturales del primer mundo como están *inconscientes* en él, y deben por lo tanto ser descifradas mediantes mecanismos interpretativos que acarrean necesariamente la crítica social e histórica total de nuestra situación primermundista contemporánea" (79).

Pero si la diferencia entre la producción primermundista y la tercermundista tiene que ver con el hecho de que esta última pone de manifiesto lo que permanece latente en la primera, ¿en qué consiste esa diferencia tan radical? Solo en cierto modo al forzar el argumento se puede presentar la diferencia entre lo latente y lo manifiesto, para los críticos literarios cuya tarea es, después de todo, convertir lo latente en lo manifiesto, como "extraña para nosotros en un primer acercamiento, y luego resistente a nuestros hábitos occidentales convencionales de lectura" (69). "A diferencia de las alegorías inconscientes de nuestros propios textos culturales, las alegorías nacionales tercermundistas son conscientes y ostensibles: implican una relación objetiva radicalmente diferente de la política y la dinámica libidinal" (79-80): Jameson establece una correlación directa entre la objetividad y la manifestación (equivalente a la política) y la subjetividad y lo inconsciente (equivalente a la vida libidinal), lo que es dudoso de entrada o al menos deja mucho que desear en cuanto estrategia crítica, y probablemente sea insostenible en el fondo (pero tardaría demasiado tiempo en demostrarlo). Y sin embargo esa es la base de su afirmación de una diferencia radical, y la base de su demanda para el desarrollo de los estudios de literatura mundial.

No se solía reconocer que la afirmación principal de Jameson dependía en realidad de una afirmación más profunda que había sido relegada a las páginas finales de su ensayo. Puede haber llegado el momento de examinar y rechazar explícitamente esa afirmación más profunda como procedente de una actitud de superioridad –un elemento que se ve claramente en casi cada página del ensayo, y cuya visibilidad patente tal vez no debería sorprendernos en retrospectiva–. El intelectual primermundista adopta cierta superioridad de principio que se ve solo aparentemente negada por la afirmación más profunda, es decir, la afirmación que trata de abogar por el privilegio epistemológico del intelectual tercermundista. A manera de prólogo, Jameson dice: "Quiero concluir con algunos pensamientos sobre por qué todo esto debería ser así entendido y sobre los orígenes y el estatus de lo que he identificado como la primacía de la alegoría nacional en la cultura tercermundista" (84). Pero tales pensamientos terminan siendo una repetición de la vieja obsesión de Kojéve y Lukács con la dialéctica hegeliana del amo y el esclavo. Dentro de los términos de la dialéctica, como es bien sabido, o según se entiende convencionalmente, "solo el esclavo sabe qué son la realidad y la resistencia de la materia; solo el esclavo puede acceder a un módico de conciencia materialista verdadera de su situación, dado que es precisamente a ello que está condenado. El amo, sin embargo, está condenado al idealismo –al lujo de una libertad sin lugar en la que cualquier conciencia de su propia situación concreta huye como un sueño, como un mundo no recordado en la punta de la lengua, una duda persistente que la mente confusa es incapaz de formular–" (85). Es un relato conmovedor, siempre lo ha sido, pero también es un relato descuidado e impreciso: no existe ni jamás ha existido privilegio epistémico alguno del esclavo, porque la conciencia situacional de opresión no llega a ser y nunca puede llegar a ser privilegio epistémico: es solo conciencia de opresión. De hecho es el amo quien, al proyectar una idea de privilegio sobre el esclavo, toma en consideración su propia miseria y busca asegurar la posibilidad de que el reconocimiento por parte del esclavo, ahora dotado con cierta aura prestada, pueda por fin llegar a otorgar algo, a la posibilidad de una nueva catexis libidinal (dado que, en la situación anterior, como bien reconoce Jameson, "el 'reconocimiento' por parte de esta hasta ahora forma de vida subhumana que es el esclavo se evapora en cuanto se recibe y no ofrece satisfacción genuina" [85]).

Así es que el esclavo tercermundista se ve obligado a confrontar, no solamente su esclavitud, sino la de su propio pueblo, mientras que, y esta es la disimetría que no es reconocida como tal en el argumento de Jameson, el intelectual primermundista, particularmente aquel que tiene que ver con la "literatura mundial" o el cosmopolitanismo, solo necesita confrontar la esclavitud del otro: la colectividad activa, por así decirlo, para el intelectual primermundista, es la colectividad del esclavo tercermundista. Es, por supuesto, indicativo de la inteligencia de Jameson que, al final de su ensayo, diga que las condiciones de la inversión libidinal del amo en el destino de los esclavos dependan de un horizonte que se mantiene más allá de la dialéctica, y por lo tanto lo suficientemente remoto. Tal como son, esos esclavos no son interesantes: "nada había de atractivo en ello de hecho" (86). Pero se puede añadir un suplemento que arregle las cosas, a saber: si un amo pudiera llegar a creer que la verdadera proyección del esclavo no es realmente convertirse en amo sino volver al momento pre-dialéctico originario. Jameson lo plantea mediante su interpretación de *Xala*, de Ousmane Sembene, en una cita que de repente aparece como un mantra, dotado de un aura mágica: "Su vida [debería estar] basada en los principios de la interdependencia comunal" 86). ¿Ah, sí? ¿Pero por qué ha de buscar o promover un amo la interdependencia comunitaria? ¿O es que tal cosa solo se quiere en la medida en que se quiera para el otro, y el demandarlo es simplemente un acto más de dominio? Después de todo, se trata de una vieja tradición de cierto segmento de la intelectualidad occidental, y también, por cierto, de la intelectualidad criolla. ¿Y si la noción activa de los intelectuales occidentales que tratan de pontificar sobre acontecimientos en otros lugares fuera más bien alejarse de la identificación fantasmática de amos y buscar en su lugar la denuncia de todas sus apariciones miméticas a cualquier nivel de lo social, lo político o lo intelectual?

El muy joven Castellanos Moya decidió entonces que no quería tener nada que ver con la idea de asumir la esclavitud para sí mismo ni, de hecho, y por lo

Tercer espacio

tanto, para su pueblo, ni siquiera en términos comparativos; y que preferiría un camino donde se evitara la estructuración misma del mundo en términos de esclavitud y dominio. Ha de tenerse en cuenta que la definición de cinismo fallido en Cortez implica una aceptación básica de la división amo/esclavo mediante la idea misma de que el cínico fallido ha sucumbido a problemas de reconocimiento. De hecho, Cortez apela a una "subjetividad subalterna" que ansía reconocimiento y que el amo puede entonces destruir fácilmente denegando esto último. Además, Jameson constituye la subalternidad como dependiente de una esclavitud psicológica subyacente: "'la revolución cultural' ... gira sobre el fenómeno de lo que Gramsci llamaba 'subalternidad', es decir, los sentimientos de inferioridad mental y hábitos de obediencia y sometimiento que necesaria y estructuralmente se desarrollan en situaciones de dominación –de la forma más dramática en la experiencia de pueblos colonizados–" (76). En la obra de Castellanos, más joven que Jameson, no existe ya ni un supuesto de inferioridad subalterna estructural ni una aceptación del reconocimiento como medio para el logro de 'revolución cultural' alguna. Lo que se alegoriza en su obra no es por lo tanto ni remotamente la situación nacional como diferencia presumida entre una situación actual y algún final de la historia basado en el logro postdialéctico de la interdependencia comunal. La verdad es que, sin partir críticamente de un horizonte utópico sostenido en la abolición de la diferencia entre esclavos y amos y en la restitución de la interdependencia comunal, ninguna literatura tercermundista, ni ninguna literatura primermundista, se podría jamás describir como exhaustivamente comprensible en términos alegórico-nacionales.

Y todo esto, aunque haga de *La diáspora* una novela incómoda para las consabidas piedades izquierdistas, no hace por supuesto de ella ni una novela cínica ni derechista ni liberal. Su Parte Cuatro está dedicada a la narración de la fiesta en casa del Negro, donde se reúnen todos los personajes de la novela, vistos a través de los ojos del Turco. Pero el Turco era quien de manera más radical había renunciado a sus ortodoxias anteriores. ¿Es él, entonces, quien se ha vuelto cínico, porque ha optado por una subjetividad subalternizada sobre un espejo negro de falta de reconocimiento? No lo creo. Su historia es lo suficientemente familiar, ya que algo similar nos habrá pasado a todos en algún momento de nuestras vidas. No es una historia de subjetividad catastrófica ante un fallo de reconocimiento, sino la historia de un individuo terminalmente molesto y furioso ante un drama biográfico que está tratando de dejar atrás: exactamente el tipo de historia para el que Spinoza ofrecía ayuda con su teoría de las pasiones[6].

---

[6] Este es un tema que solo puedo señalar. La teoría de Spinoza sobre los afectos, que incluye

El Turco renuncia a su trabajo tocando el piano en el bar porque su jefe ha decidido que no recibiría más crédito por las bebidas. Está en una situación bastante desesperada –sus perspectivas económicas nunca fueron buenas y acaban de empeorar aún más. Se acuerda de que el Negro lo había invitado a su fiesta, y allí se presenta–. Todos los personajes que tenemos en la novela están en la reunión. El Turco los revisa a todos con mirada fría. En este momento solo le interesa encontrar una pareja sexual para la noche. Mientras tanto, por supuesto aterroriza a todos los demás con la crudeza de sus opiniones sinceras, convencionalmente cínicas ("se asustan por las divisiones y los crímenes en las filas revolucionarias, cuando todas las revoluciones han estado infestadas de mierda" [152]), convencionalmente autodestructivas ("Con esos comentarios, Turquito, vas a perder a esta vieja" [149]). Pero ni pide ni obtiene reconocimiento alguno de parte de los demás. No le puede importar menos. Está bebiendo demasiado para que le importe. Y, al final, se levanta a Carmen.

El monólogo de estilo libre e indirecto al final de la novela es el del Turco al despertar a media noche en una casa desierta con una fuerte resaca, enfermo, con frío y solo, sin nada más que su vida quebrada para examinar. La situación lo lleva a rememorar su vida en la lucha política, su miedo y trauma, sus pequeñas aventuras como músico itinerante al servicio de la revolución una vez que fue enviado al extranjero por el liderazgo del partido, su separación final debido a desacuerdos sobre la censura y la disidencia. Todo es un anticlímax. No llega ninguna revelación a darle claridad al lector, que solamente debe ser testigo de la culpa, el fracaso y la soledad de una vida. ¿Es este el mensaje cínico final de *La diáspora*? ¿Es el cinismo meramente pesar por razones de fracaso existencial? ¿Es este el mensaje de la novela, y con él, si Cortez tiene razón, el que toda, o casi toda, la obra escrita centroamericana de posguerra finalmente quiere comunicar? ¿Para qué sirve la literatura?

IV

Cortez dice: "El proyecto del cinismo llena al individuo de pasiones que no lo llevan a experimentar alegría, sino ... que lo llenan de dolor... La estética del cinismo muestra los síntomas de lo que está ausente ...: la experiencia de la alegría, la lucha por defender el derecho que tiene el cuerpo de actuar,

---

sus tratados sobre pasiones alegres y tristes, ocupa gran parte de su trabajo, en particular las Secciones 3 a 5 de *Ética*, con secciones importantes en *Tratado sobre la enmienda del intelecto* y *Breve tratado sobre Dios, el hombre, y su bienestar*. Era importante para Spinoza teorizar sobre la libertad contra toda posibilidad de esclavitud por profundas razones personales y biográficas. Diré que el intento de separar la obra de Castellanos de la idea de las pasiones tristes en Spinoza fue mi motivo para escribir este ensayo.

el predominio de la vida por sobre la muerte, la inmanencia del poder" (38). Uno podría decir con razón que la fuerte resaca del Turco no es más que la consecuencia de su mismo intento de mantener alejado el dolor y la muerte – de su voluntad de alegría–. Pero, en todo caso, ¿no está Cortez confundiendo el plano de la escritura con el plano de lo escrito? No son lo mismo, y no son inmanentes el uno para el otro: mostrar no es lo mostrado, y decir no es lo dicho. Escribir acerca de la esclavitud no es prueba alguna de ser esclavo, de la misma manera que imitar al amo no nos convierte en él. ¿Y qué hay del cinismo? En un libro reciente, *Representing* Capital. *A Reading of Volume One*, Jameson observa, glosando a Marx, que en épocas históricas y modos de producción anteriores, la dominante ideológica se mantenía diferenciada del determinante productivo: la religión era la dominante ideológica en el feudalismo, por ejemplo, pero no estaba identificada con el modo de producción como tal. "Solo el capitalismo constituye una formación social –esto es, una multiplicidad organizada de gente– unida por la ausencia de comunidad, por la separación y la individualidad ... la identidad de dominante y determinante en el capitalismo en principio lo constituye como la primera sociedad transparente, es decir, la primera formación social en el que 'el secreto de la producción' es revelado" (16). En un artículo reciente Jorge Alvarez Yágüez estudia lo que implica la perspicacia marxiana en cuanto a la irresistible presencia del cinismo como dominante ideológica en nuestra sociedad. Es una dominante ideológica con una particularidad peculiar: resulta difícil de definir como ideología, ya que es de hecho el reconocimiento absoluto de que la ideología de nada servirá, de que existen situaciones que no pueden ser contenidas por ideología alguna. El cinismo es, según lo determina Alvarez Yágüez, precisamente el resultado de reconocer el hecho de que debemos asumir, bajo condiciones de un capitalismo plenamente desarrollado, "una brutal simplificación,... una reducción de la densidad de motivaciones que podían regir la psique y conducta a la única que puede imperar, 'el frío interés', el 'simple valor de cambio'" (Alvarez Yágüez 3). Alvarez Yágüez supone que solo el cinismo puede captar lo real de una situación en un contexto sin alternativas. Es, de hecho, una forma de realismo radical. Dice: " El cínico es el 'gran realista', el que está siempre a favor de la realidad " (4). De ser así, ¿qué convierte la posición cínica en una falsa posición? Alvarez Yágüez solamente da pistas hacia la respuesta al sugerir que el cínico vive en una conciencia falsa mediante un olvido voluntario que se mantiene "desatento a las potencias que niegan la realidad existente" (4).

    La falta de atención del cínico a esas potencias, si el cinismo es verdaderamente la ideología del final de las ideologías, no es desatención inadvertida, y no se puede compensar con la antigua receta: la crítica de la ideología.

La cuestión del cinismo

Al cínico le importa poco que su ideología pueda estar sujeta a crítica, hasta el punto de haber asumido por adelantado todas las formas de crítica para descartarlas como inanes. El cínico, un historicista absoluto que siempre ya sabe muy bien lo que está haciendo, siempre en cada caso opta por continuar haciéndolo: sabe que la ventaja personal es la única posición tolerada por la preponderancia absoluta de la ley del valor en una sociedad capitalista, y no encuentra ni límites ni determinaciones que puedan restringir su empeño por obtener ventaja personal. El cínico no es ningún amo –su vida no es más que un constante deseo de ser amo, lo que quiere decir que no lo es– pero tampoco es ningún esclavo: no puede haber esclavos, porque ya no hay amos: el cínico no los reconoce como tales. Solo hay portadores de una posición subjetiva, dentro de un sistema caracterizado por una objetividad sin fisuras, que pueden simular la esclavitud o la condición de amo sin por esa razón jamás alcanzar la estructura sistémica, que en cada caso los determina desde fuera. La posición cínica imita el dominio sin jamás adquirirlo, justo porque la imitación le basta. ¿No es el cínico por lo tanto el representante contemporáneo perfecto del portador de la alegre pasión espinosista? ¿O podemos sugerir el difícil pensamiento de que el cinismo como tal siempre necesariamente falla mediante su propia falta de atención a lo que no es más que imitación en la imitación? Creo que esto último es lo que Alvarez Yágüez, o el mismo Marx, quisieron decir mediante la idea de que el cínico, a pesar de su sintonía anímica con la realidad presente, y a través de ella, pierde la posibilidad de una temporalidad alternativa, una calidad futura que lo elude, aunque solo sea porque también elude a todos los demás. La desatención del cínico es por lo tanto esencial a la posición cínica.

Si se entiende que Horacio Castellanos Moya puede ofrecer lo que antes llamé una nueva figura del escritor en América Central –solo he emprendido el análisis de *La diáspora* en este ensayo, pero quiero postular como válida mi tesis para toda su obra–, es porque esta deja atrás los parámetros presentados por Beatriz Cortez en su libro, que de hecho centran la discusión secular de la función de la intelectualidad en América Latina. Castellanos no es ni un escritor de la insurgencia, comprometido con la liberación poscolonial en nombre de una identidad servil que busca redención, ni un escritor conservador que favorece la dominación de un grupo social particular mediante la proyección artística de una ideología de clase. Es un escritor del tercer espacio. Lo que quiera que sea insurgencia, y tal vez también conservadurismo, en su escritura es más profundo. Castellanos es un escritor claramente político cuyo enfoque está en la poco visible falta de atención a las cosas y afectos que pudieran abrigar la semilla de potenciales históricos que se mantienen fuera del campo de visión e inimaginables. Sigue un sendero de pensamiento, un sendero de escritura, que debe rechazar por adelantado todo tipo de ortodoxia histórica. Esto no era el caso, por ejemplo, de su admirado Roque Dalton, quien sabía, como intelectual militante, exactamente lo que quería. Pero hoy la cuestión de un posible futuro redimido permanece oscura. Según ha dicho hace poco Moishe Postone, "el viejo entendimiento del socialismo (y del capitalismo) ha quedado cuestionado de varias maneras, incluyentdo el carácter y fracaso del 'socialismo realmente existente' ... sin embargo ... una visión más adecuada del socialismo como negación del capitalismo no ha emergido" (233). La obra de Castellanos, como la obra de sus amigos Roberto Bolaño o Rodrigo Rey Rosa, para dar dos ejemplos, vive en la crisis de un pasado que ya no ofrece un futuro, y que debe ser constantemente interrogado en cuanto a su mismo silencio y opacidad.

La diáspora proyecta la presencia de un escritor, Juan Carlos, cuya obra será producida en las ruinas de una juventud y sobre las cenizas de un país devastado por una guerra civil inconclusa. Juan Carlos es por lo menos parte de la *persona* literaria de Castellanos. Como él, Castellanos salió de El Salvador hacia una vida incierta en otro lugar, a terminar sus estudios, a ganar un poco de dinero, a convertirse en escritor, no para escribir "chabacanerías anticomunistas", sino para proyectar una obra novelística que pudiera alimentarse de los restos del pasado en nombre de un futuro improbable. Es obvio para cualquier lector que la literatura de Castellanos registra una crisis monumental en lo político, de la cual *La diáspora* es solo un prefacio en cierto sentido. Pero ¿qué clase de interpretación de lo político se presenta al final, o se puede ofrecer desde el punto hipotético de una consideración general de una obra que continúa y que en estos momentos está definitivamente sin terminar? Algún día volveré sobre el tema. Por ahora, para concluir, trataré de explicar mi epígrafe de Anaximandro. Convencionalmente, el epígrafe se traduce como "pues se pagan pena y retribución mutuas por su injusticia según su ordenamiento del tiempo" (Kirk, Raven, y Schofield 108). Martin Heidegger ofrece una conocida traducción revisionista del fragmento en su ensayo "El fragmento de Anaximandro", que dice: "según el uso; pues dejan que el orden y por lo tanto también el dar-cuenta se pertenezcan mutuamente en el (vencimiento) del desorden" (Heidegger, "Fragment" 57). El ensayo de Heidegger está en el centro de una disputa entre Jameson y Jacques Derrida de mediados de los años noventa sobre el tema de una reinterpretación del marxismo. Jameson afirma que para Derrida "el pasado y la historia, junto con la historiografía y la narrativa misma (grande o no), han sido eclipsadas por cualesquiera razones". Dicha situación "pide una revisión del pasado ... pero lo hace por medio de una reinvención profunda de nuestro mismo sentido del pasado, en una situación en la que solo el duelo, y sus peculiares fracasos e insatisfacciones ... [abren] un espacio vulnerable y punto de entrada a través del cual los fantasmas puedan hacer su aparición" ("Marx" 43). Esta es la forma más o menos sutil en que uno de los grandes representantes del marxismo intenta hacer que desaparezca la bienvenida derridiana a los espíritus marxianos en *Los espectros de Marx*, pero, apartándonos de su lado irónico o crítico, podría servir igualmente bien para caracterizar la aparente relación con el pasado salvadoreño que ofrece la obra de Castellanos.

Sin embargo, si "El fragmento de Anaximandro" es importante para Derrida, es porque se presenta mediante un lenguaje peculiarmente político, ya que habla de justicia y restitución, de orden y desorden, de usanza, de la dislocación del tiempo dispensado y del tiempo retenido, y de la superación. Si "estar en la diyunción fuera la esencia de todo lo que es presente" (Heidegger, "Fragment" 42), entonces la acción de la política quizás pueda introducir un elemento corrector, bajo la forma de "dar-cuenta", que es la expresión que usé para traducir el griego *tisin*, y viene a figurar como el sentido esencial de lo que Derrida llamaría una democracia por venir, en el sentido de dejar pertenecer y dejar ser. Heidegger dice: "La experiencia de los seres en su ser que aquí accede al lenguaje no es ni pesimista ni nihilista; ni optimista. Es trágica" (44). Tal vez la obra de Castellanos es también una obra de *tísin*. La experiencia de lo político que nos ofrece la literatura de Castellanos es trágica también, lo que la hace única en el contexto centroamericano, comparable solamente a la representación de algunos de los más augustos escritores latinoamericanos: José María Arguedas, por ejemplo, o el mismo Roberto Bolaño. El cinismo no está del todo a esa altura.

Capítulo quinto

El secreto republicano en *Yo el Supremo*, de Augusto Roa Bastos. Y algunos comentarios sobre producción simbólica y mal radical

> ¡La primera República del Sur convertida en Reino del Terror! ¿No les consta acaso que ha sido, por el contrario, la más justa, la más pacífica, la más noble, la de más completo bienestar y felicidad, la época de máximo esplendor disfrutada por el pueblo paraguayo en su conjunto y totalidad, a lo largo de su desdichada historia? (*Yo el Supremo* 303).

1. La interrupción de la interrupción

Carlo Galli, Roberto Esposito y en general el grupo de pensadores asociados a la revista italiana *Filosofia politica* han dicho muchas veces que nuestro mundo llegó ya al final de la conceptualidad de la política moderna, y que la mayoría si no todos los conceptos productivos de la modernidad en política han agotado su productividad y están arruinados[1]. Tal ruina, suponiendo que Galli y Esposito tengan razón, no puede sino afectar la producción simbólica. Estaríamos viviendo en un tiempo en el que solo es posible la literatura sin concepto, la producción artística no-conceptual, mientras esperamos la llegada solo potencial de lo nuevo. La ruina conceptual de la acción política se habría encontrado con la no-conceptualidad de la producción simbólica. O viceversa.

En la *novella* de Herman Melville "Bartleby the Scrivener", un texto que anticipa desarrollos históricos y que ha sido consiguientemente objeto de extensos comentarios en el pasado reciente por gente como Gilles Deleuze, Giorgio Agamben o Jacques Rancière, Bartleby es el fulano que dice siempre:

---

[1] Ver en particular las reflexiones sobre el fin de la arquitectónica de la modernidad política en *Espacios políticos*, de Galli. Este es también un tema persistente en el trabajo de Esposito, pero ver en particular su intento de proponer una conceptualidad nueva, *Términos de lo político*.

"Preferiría no (hacer esto o lo otro)"[2]. Bartleby es un melancólico, y en sus hombros descansa algo así como una colisión final para la destrucción del mundo[3]. Está atrapado en una estructura de mundo que le es ajena, donde no hay posible pertenencia. Existe fuera del ser, en la intolerabilidad de un desplazamiento radical. Prefiere que no lo molesten, no se le puede pedir nada, porque su responsabilidad es ya totalmente excesiva. Solo una cierta fijeza, quizás, una cierta inmovilidad, puede permitirle contener su espera atroz, puesto todo es ya demasiado delicado y precario. La destrucción del ser pesa sobre sus hombros. Quizás ahí están hoy la literatura y otras clases de producción simbólica.

Nuestros límites en conceptualidad artística y política –otro síntoma más es el empobrecimiento de toda estructura colectiva en la universidad, en la que hoy se viven solo carreras solipsistas sin meta alguna, sin horizonte, o en un horizonte de reproducibilidad incierta– son también límites de nuestra experiencia de libertad. En términos kantianos podríamos decir que estamos atrapados en un horizonte de mal radical en el que la siempre improbable (ya para Kant) salida hacia la libertad se ha hecho inaccesible, incluso impensable. Solía decirse –era progresista hacerlo– que la literatura y las artes eran subversivas, siempre ya revolucionarias, en la medida en que interrumpían el orden de la representación, el orden de la ideología, para fisurarlo y marcar así el camino para siempre nuevos regímenes de lo visible. Cuando, por ejemplo, un texto literario hacía agujeros en el tejido de lo real, la crítica lo saludaba como fenómeno positivo enteramente perteneciente al orden de la libertad humana, como si abriera el camino hacia un tiempo alternativo y a la posibilidad de lo que entonces se llamaba liberación. El arte y la literatura, desde luego a lo largo de la segunda modernidad, después de la época romántica, estaban al servicio de la liberación, y la liberación era de naturaleza ético-política. Pero ya es todo menos claro que la liberación sea el horizonte contemporáneo del trabajo de los preservadores o intérpretes de la producción simbólica.

En los casos entendidos como más radicales, más fieros, los más expuestos y arriesgados, hubiera podido decirse que la liberación que encerraban era política en la medida en que era también una liberación de la política –una liberación impolítica de lo político que creaba algo así como una politicidad de segundo orden. La función de la literatura y del arte era desocultar el vacío, el agujero en el corazón de los discursos ideológicos. Se pensaba que la litera-

---

[2] "Bartleby" pertenece a la colección *The Piazza Tales*, publicada originalmente en 1856.

[3] Un desplazamiento distanciante del ser y una colisión final que trae al mundo a su final son los temas principales de *Melancholia* (2011), de Lars Von Trier.

tura y el arte eran constitutivamente capaces de instalarse en alguna zona vestibular desde la que apuntar a un más allá impensado pero ya no impensable. Y ese más allá era el lugar de una libertad total, impolítica, no solo política. De otra forma, ¿para qué molestarse en leer o en contemplar?

Esa pregunta tiene nueva fuerza hoy, incluso para nosotros lectores y contempladores profesionales. Debemos preguntar si la pretensión de un más allá, la pretensión de alcanzar un afuera, fue alguna vez algo más que un refugio estético o ideológico, una línea de fuga más que una solución o una respuesta real a una pregunta por lo real. Es el destino de los que llegan tarde cuestionar como mera ilusión la felicidad de los antecesores. Tal es el destino de Bartleby también, de su pregunta fundamental, a la que ya ha respuesto positivamente: sí, era solo ilusión. Desde una posición bartlebyana la literatura y las artes, en el momento de su mayor gloria o en su misma cotidianeidad, no eran sino expresión y tapadera de la ausencia de respuesta. Bartleby se ha instalado en la impensabilidad de lo real, desplazado del ser y más allá del principio del placer, y desde allí vive, quizás psicóticamente, en la mera interrupción de lo que ya está interrumpido. No es que la literatura y las artes o el pensamiento humano puedan de hecho interrumpir el orden de la representación. Antes bien, algo extrahumano interrumpe la interrupción, y la aniquila, la arruina. Ya no hay recurso al arte. Vivimos en la fijeza de ese algo, en esa interrupción de segundo orden.

II. *Yo el Supremo* y los dos lados de la crítica

Pero podemos aún examinar la felicidad de nuestros predecesores. Carlos Fuentes contaba una historia que ya era conocida a través de David William Foster, quien la contaba basado en una carta personal de Augusto Roa Bastos. Según el recuento de Foster, Mario Vargas Llosa y Fuentes invitaron a Julio Cortázar, a Gabriel García Márquez y a Roa Bastos a escribir sendos cuentos para ser publicados en una antología sobre dictadores latinoamericanos, pero la antología nunca llegó a fruición (Foster 122-23). Fuentes elabora y nos dice que la reunión con Vargas Llosa ocurrió en algún pub de Hampstead, en Londres, y que ambos invitaron a una docena de autores latinoamericanos a escribir una pequeña *novella* sobre "su tirano nacional favorito" (Fuentes 1). Entre los invitados, Alejo Carpentier, Roa Bastos y García Márquez habrían terminado sus propias obras sobre dictadores en el espacio de unos años, y tardaría mucho más Vargas Llosa en publicar su *La fiesta del chivo* (2000). Hoy, muchos años más tarde, es fácil ver que *Yo el Supremo*, de Roa Bastos, está bien por encima de las otras y constituye una contribución soberbia, quizás epocal a la historia de la literatura latinoamericana. Ha venido a ser reconocida como un texto exigente e intrincado, arduo, que empujó las fronteras de la literatura y llegó a su límite mismo, a una región solo poblada quizás por un puñado de otros textos de escritores subhemisféricos de la misma época: *Ficciones* y *El Aleph* de Jorge Luis Borges, *Rayuela* de Julio Cortázar, *Paradiso* de José Lezama Lima, el ciclo de Santa María de Juan Carlos Onetti, y *El zorro de arriba y el zorro de abajo* de José María Arguedas. Es esta última novela la que nos permite imaginar que la felicidad que les facilitó la creación de todos esos textos a los demás era mera voluntad de felicidad, que en *Los zorros* se hace explícita solo para sufrir un colapso catastrófico. Pero voy a limitarme a *Yo el Supremo*.

Yo el Supremo no ha perdido su atractivo o su enigma, pero sospecho que ya no es una novela que pueda ser leída primariamente atendiendo a parámetros críticos vinculados al llamado boom o al post-boom. Toda novela es la historia de sus lecturas, y muchas de las lecturas de *Yo el Supremo* han privilegiado posiciones críticas en conflicto. Así, *Yo el Supremo* sería sobre los horrores de la dictadura o más bien sobre construcción de la nación en Paraguay; sería sobre escritura o sería un intento incoherente y falsamente historiográfico de experimentación lingüística y formal; sería sobre el fin de la literatura o el ejemplo supremo de un arte narrativo latinoamericano, una verdadera captura y producción de identidad nacional-popular. Propongo describir *Yo el Supremo* como un texto que encripta tendencias anti-populistas desde una posición democrático-republicana subyacente. ¿Por qué habría de resultar esto significativo? ¿Cómo interacciona hoy el republicanismo democrático con el tema de la liberación literaria y su colapso potencial o real en mal radical?

Yo el Supremo puede ser entendida como un avance republicanista tardo-moderno contra formas residuales de dominación imperial hispánica, incluyendo el caudillismo pastoral del tipo que representa el doctor Francia. Es una de las novelas del boom que ha resistido el paso del tiempo no solo como arte literario sino también en términos de su potencial para el pensamiento, y para el pensamiento político. Si es verdad que "el giro cultural" en los estudios postcoloniales dio paso hace algunos años a un "giro político" (que se libró de algunos vicios del paradigma antecedente solo para caer en otros, por cierto), entonces parecería útil reconstruir una intervención política de carácter democrático radical dentro del boom, donde no abundan (*Yo el Supremo* podría resultar excepcional en ese sentido.) Una relectura de la obra mayor de Roa Bastos desde líneas democrático-republicanas tendrá un peso tanto sobre el entendimiento criollo-liberal de la postcolonialidad latinoamericana como sobre su lado indigenista, aliada con ninguno y crítica de ambos. Podría ofrecer incluso el principio de una lectura alternativa de la tradición literaria latinoamericana, que durante demasiado tiempo ha estado colgada entre el populismo identitario más trivial y pegajoso y el narcisismo vano de la experimentación formal. Sería otra forma de tercer espacio.

La tradición crítica, sin embargo, en general no ha entendido la novela de Roa Bastos en el sentido que estoy mencionando. Por ejemplo, en una nota al pie a su artículo de 1979 sobre *Yo el Supremo* dirá Gerald Martin que "el anhelo del poder absoluto es una proyección del deseo idealista de vivir para siempre" (183), introduciendo así una corrección existencial a lo que percibe como novela de poder en el doble sentido genitivo: novela sobre un poder que la novela busca mimetizar y apropiar. Yo no estoy tan seguro de que el deseo de vivir para siempre sea idealista; no-realista podría ser una calificación mejor. Y aun así la nota a pie de página cumple una curiosa función en la estrategia textual del importante artículo de Martin sobre la novela paraguaya de 1974, que por lo demás marca la lectura política dominante de *Yo el Supremo* hasta hoy. Para mí, sin embargo, *Yo el Supremo* no es una vindicación al menos parcial del terror y de la dominación dictatorial en pro de una constitución nacional anticolonial, sino una crítica fiera de toda articulación sádica de lo político, que es lo que El Supremo emblematiza para la totalidad de la historia política postcolonial latinoamericana: "La suerte del Paraguay es la suerte del destino político americano" (*Yo* 123).

No hay argumento en *Yo el Supremo*. Sus muchas páginas nos dan los delirios de un fulano que está o muerto o muriéndose. Revisa su vida, sus logros y catástrofes, sus relaciones. Nos enteramos de todo a través de una compilación de archivo realizada por un Compilador/Escritor con acceso misterioso y extraordinario a una confusa variedad de fuentes textuales que, juntas, trazan los recesos más íntimos de la mente del personaje principal. No es otro que el doctor José Gaspar Rodríguez de Francia, caudillo del Paraguay de 1811 a 1840, nombrado por un Congreso del Pueblo Paraguayo Dictador Perpetuo en los días tempranos de la existencia de Paraguay como primera república independiente del subhemisferio.

¿Era el doctor Francia un lunático pervertido con la suficiente suerte como para disfrutar durante muchos años de la servidumbre voluntaria de su pueblo alienado o un hombre ascéticamente comprometido con la tarea histórica de preservar la independencia de su nación emergente? La novela nunca lo aclara sino que prospera en la ambigüedad de la indeterminación histórica. ¿Es siempre mala la dominación? Si se trata de ser dominado, ¿quién prefieres que te domine? ¿Mejor un héroe o un villano?[4] Por supuesto, dice Martin,

---

[4] Por supuesto que hay cierta tensión entre la noción de un héroe y la noción de un dominador –ambos serían incompatibles para la imaginación romántica–. Las dos posiciones más importantes sobre el héroe político en los tiempos del doctor Francia son por supuesto las representadas

el proyecto de Don José Gaspar Rodríguez de Francia para la dominación absoluta del pueblo paraguayo, aunque en general concebido al servicio de tal pueblo, iba a acabar fallando, puesto que, entre otras cosas, nadie vive para siempre[5]. "El fallo se materializa, en la novela, en la bandada de golondrinas que mueren estrelladas ... y en los extraños gemelos siameses asexuados que empiezan su caminata a la capital al fin del libro, imágenes de un pueblo divorciado por una parte de la totalidad plena de la experiencia sensible natural de los humanos, y separados por otra parte de la posibilidad de desarrollar su propia 'visión' consciente para llevar adelante el curso de la Revolución de forma colectiva" (Martin 178). El pueblo estaba ciego y privado de sexualidad y el pueblo no tenía función en su propia determinación–pero, aun así, piensa Martin, Francia fue un gran héroe, quizás otro Fidel Castro. Martin, entusiasmado por su propia lectura, atribuye justificación *ad hominem* a Roa Bastos: "es difícil resistir la conclusión de que la novela se dirige sobre todo a los amigos cubanos de Roa Bastos" (179).

Alegremente saluda Martin el Paraguay de Francia como "verdadera nación más que dependencia disfrazada" (177), y dice del mismo Francia que "por su comprensión teórica avanzada y lúcida de lo que ahora llamamos neocolonialismo, por su ejemplo moral sin par y su integridad revolucionaria y, sobre todo, por su conversión directa y sin remordimientos de la teoría en práctica, el Dictador Supremo de la novela puede persuadir o forzar a la gente a aceptar la forma de sus ideas" (177-78)[6]. No hay ironía aquí. Martin se cree su propia

---

por las magníficas páginas de Georg W. F. Hegel dedicadas a él en *Filosofía de la historia del mundo* (86-93), y las de Thomas Carlyle en su obra *Sobre los héroes*. Hegel, por ejemplo, entiende el precio que pagan los admiradores del héroe: "Una figura poderosa debe pisar mucha flor inocente bajo sus pies y destrozar mucho de lo que encuentra en su camino" (89). El ensayo de Carlyle sobre el doctor Francia muestra, desde su teoría del héroe, una simpatía inequívoca por el buen prócer y así le da la vuelta a lo que hasta entonces había sido la opinión dominante sobre Francia, expresada por Rengger y Longchamp o por los hermanos Robertson. En páginas que Roa Bastos recogió y tomó muy en serio dice Carlyle: "¡Qué lástima que no haya conocimiento alguno [de Francia] procurable en el presente! Casi ninguno. Los paraguayos pueden en muchos casos leer y escribir, pero no son gente literaria; y este doctor fue, quizás, un fenómeno práctico demasiado terrible para ser tratado con la calma de la forma literaria" ("Dr. Francia" 258).

[5] La referencia standard para la vida del dictador es Chaves, *El supremo dictador*. Pero ver también White, *Paraguay's Autonomous Revolution* y Williams, *Rise and Fall*. El primero es una defensa vivaz del Dr. Francia, el segundo no tanto como eso. Ver también los ensayos de Halperín Dongui sobre la historia cambiante de las percepciones de la dictadura en América Latina, de Wright sobre los cambios en la historiografía académica norteamericana y de Palmer sobre cuestiones relacionadas. Un libro latinoamericano crucial para la reflexión sobre las dictaduras del XIX es Lanz Vallenilla, *Cesarismo democrático*.

[6] Porque, dice, "es inevitable que una vez que Francia muera ... sus sucesores serán el producto del conflicto o la contradicción que su autoridad pudo suprimir pero no eliminar" (178). Así

retórica. Pero a mí esto me huele a culto al héroe y no a crítica materialista. Me huele a idealismo antidemocrático denegado según la vieja y rancia retórica del marxismo latinoamericanista de los setenta. El fracaso del Supremo en cuanto a fijar a la nación paraguaya en su verdad extática (aunque ciega y sin sexo) para la eternidad no fue solo una función desafortunada pero lateral de la mortalidad humana. Pocas cosas tan monstruosas como el escenario de pesadilla de un Francia vivo para siempre, pero eso ni le preocupa mayormente a Martin ni posiblemente a los que él llama los "amigos cubanos" de Roa Bastos. Y esto es ya un problema para la interpretación de la novela.

Esa lectura ocurría en 1979, solo cinco años tras la publicación de la novela de Roa Bastos, pero tiempos ya marchitos desde la perspectiva de la creencia crítica en los poderes salvíficos y redentores de lo literario. Eran años en los que la literatura, y la literatura latinoamericana en particular, todavía retenían poder aurático, pero era cada vez más un aura que provenía del pasado, aunque fuera el pasado reciente: los años 80 marcan el fin del poder hegemónico de la literatura dentro de la producción cultural, y 1979 podría postularse como año-bisagra con tan buenos méritos como cualquiera de los años adyacentes. La explosión extraordinaria que la literatura latinoamericana había producido en los 60 estaba ya, en otras palabras, reducida a brasas, y la mayor parte de los grandes creadores de ficción de las décadas previas parecían estar en declive y desde luego más allá de sus mejores momentos. Una vez más la literatura había sido incapaz de tocar lo real de la historia con otra cosa que no fuera un gentil guante. Así también hay en Martin un tono palinódico, aunque abiertamente renuente. Nos había quedado *Yo el Supremo*. En esa novela, por fin, podíamos darle la bienvenida a un texto que nos permitía llevar a su conclusión toda una época: "esta novela es comparable solo al *Facundo: Civilización y barbarie* (1845), en su heterogeneidad peculiar y en su significación histórica ... Es la obra literaria que cierra finalmente la era que *Facundo* abre, definitivamente dándole la vuelta a los signos de la obra de Sarmiento" en el sentido de "someter los valores idealistas de la 'civilización' europea a una crítica materialista" (170).

El libro de Roa Bastos es glorioso no solo en virtud de sus calidades literarias intrínsecas, sino sobre todo porque trae a cumplimiento la crítica post-

---

que Francia, para Martin, estaba adelantado a su tiempo, un verdadero conocedor de la inevitabilidad de que la historia se cace a sí misma según las bien conocidas leyes verdaderas. ¡Si solo hubiera vivido más tiempo! Entonces el éxtasis todavía precario de autopresencia nacional que solo pudo durar una treintena de años se hubiera tornado orgía de visión y logro libidinal, y la gente paraguaya por fin habría entrado en sí misma. Que buena falta les hacía. Sin duda Martin pensaba lo mismo de Fidel Castro. De los buenos dictadores hay que desear que vivan para siempre o casi.

colonial de la dominación europea y su entendimiento de la historia y de lo político. De nuevo, para Martin, "el propósito de *Yo el Supremo* es cuestionar si el espacio de la novela, que es, precisamente, el espacio entre YO y El, pensamiento y acción, teoría y práctica, puede usarse para un propósito que no sea el de consolidar la hegemonía de la concepción burguesa de la historia" (170). Si la novela de Roa Bastos puede responder que sí, por oposición a *El recurso del método* (1974) de Alejo Carpentier o *El otoño del patriarca* (1975) de Gabriel García Márquez, es porque la novela de Roa Bastos apoya el proyecto anticolonial intenso y despiadado de Francia no solo al nivel de la ideología y de la retórica vacua, sino, más importante, como "el triunfo más grande de todos", porque "encontró una forma de fusionar 'revolución literaria' y 'literatura revolucionaria'" (180). Este encuentro tan sobrecogedor y perfecto entre la literatura y la revolución, entre la escritura y el poder político, entre la lengua y la historia, eso que los críticos marxistas, piensa Martin, no hemos dejado de soñar y seguiremos soñando para siempre, no deja sin embargo de revelar los límites de lo literario: "sentarse y escribir siempre lo saca a uno de la acción social directa" (179). Martin se conmisera de que Roa Bastos, o él mismo, no puedan sino estar amarrados al duro banco de la escritura revolucionaria, pero esta escritura es también o sobre todo importante porque ilumina de forma no meramente impotente que "la escritura es una forma de poder −por lo menos es la sombra del poder− la posesión de una habilidad (retórica: persuasión y manipulación) rara y específica que otros no poseen y que lleva consigo una gran responsabilidad ... hacia las grandes masas del pueblo que no pueden leer ni escribir, el pueblo del Tercer Mundo" (179). El escritor vive en la sombra de un poder que debe ser valientemente asumido at servicio de la gran masa del pueblo. En ese preciso sentido, para Martin, aunque "las intenciones básicas de esta novela son notablemente claras", "si no han sido reconocidas hasta ahora, es porque las conclusiones a las que llevan son inaceptables para la gran mayoría de escritores, críticos y otros intelectuales interesados en los problemas de la América Latina contemporánea" (169). En otras palabras, Martin dice, si *Yo el Supremo* no es todavía más popular y más famosa, es porque los críticos y los escritores y otros letraheridos no han entendido aún −o, más trágicamente, no pueden ya entender− que el escritor no es sino un dictador a la sombra, que es lo que debe ser (y me temo que el uso del masculino, explícito en inglés, no es inclusivo aquí). Para Martin en los tardíos 70 la mayoría de nosotros habríamos sido o todavía o ya incapaces de entender que el poder individual es una cosa buena desde luego cuando se pone al servicio de la liberación anticolonial y que las mejores dos manifestaciones del poder individual son, primero, la dictadura, ser dictador, ser un gran dictador, y, segundo, la escritura, siempre que sea escritura dictatorial apropiadamente fuerte.

Para Martin, en consecuencia, el escritor, tal como lo ejemplifica la novela de Roa Bastos, vive en la sombra de un poder que debe ser valientemente asumido al servicio de la gran masa del pueblo. La relación entre escritor y dictador se hace absolutamente íntima porque el escritor llega a reconocerse a sí mismo como un dictador intempestivo y desplazado que sin embargo debe también anhelar profundamente el poder absoluto, un poder absoluto de representación, que solo tendría límites en las deficiencias de una lengua marcada por la finitud humana. En la apoteosis de la escritura que representa *Yo el Supremo*, el escritor debe despabilarse para establecer su demanda de "poder ABSOLUTO [sic] sobre la realidad objetiva de la nación" y hacerse la sombra del "dictador perpetuo" que "renuncia a pretenderse humano y se convierte en una auto-creación totalmente abstracta" (177). Una vez hecha tal cosa, esto es, una vez *Yo el Supremo* se publica, "la 'Verdadera Historia'" de la literatura latinoamericana puede ... empezar a escribirse" (180). Son postulados ambiciosos, quizás ya absolutamente ridículos, o eso espero, pero eran normales para la crítica latinoamericanista en la época en la que se dieron. Hoy parecen de otro planeta, pero no solo por exóticos, también por profundamente ajenos a la realidad de las cosas.

Por mi parte, no podría estar más en desacuerdo con todo ello. Si *Yo el Supremo* marca un hito en la historia política de la literatura latinoamericana, es porque constituye un intento (parcialmente fallido, como vemos, porque es difícil abrirle los ojos a quien los prefiere cerrados) de arruinar las ambigüedades mismas de la posición endémica latinoamericanista sobre el republicanismo democrático, que es la de Martin, como si la democracia republicana, en la estela de Volney, Raynal, Rousseau –que son cabalmente héroes en el cementerio intelectual del doctor Francia–, y muchos otros, solo pudieran ser entendidos como otra forma de engaño colonialista y eurocéntrico. Incluso el gran historiador Tulio Halperín Donghi pudo decir, aprobadoramente, en 1986, que la posición política fundamental de *Yo el Supremo*, la novela y no el personaje, era cesarista y anticonstitucional, como la de una muy específica y bien establecida tradición latinoamericana, y favorecía una mano de hierro contra el pueblo en nombre de la redención de ese mismo pueblo. Halperín traza una historia de sanciones positivas y de francas comprensiones de excepciones dictatoriales a regímenes constitucionales que se remonta al periodo de la Independencia y que encuentra su culminación en la respuesta de la izquierda latinoamericana a la dirección de la Revolución Cubana (Halperín también piensa –era la línea de pensamiento correcta– que Roa Bastos escribe su novela en abierta complicidad con el impulso antidemocrático pero antiimperialista del régimen castrista). Pero Halperín termina su ensayo en una reflexión que apunta a otra posibilidad interpretativa. Para el historiador argentino en lo que él llama el "ciclo presente de novelas" el dictador no aparece tratado como un ídolo precolombino, impasible y mudo. La figura del dictador ya no es la planteada por José Mármol, Ramón María del Valle-Inclán o Miguel Angel Asturias. De Augusto Roa Bastos dice que nos ha dado una imagen del dictador paraguayo que coincide con la del escritor, en la medida en que el "monólogo infinito" de Francia es también el monólogo infinito del narrador de la novela: ambos tratan de crear una realidad imaginaria, ambos son grandes creadores latinoamericanos. Dice Halperín que en esta identificación simbólica se "complementa una distancia que todavía no ha desaparecido y la visión adquiere con ella una riqueza nueva y misteriosa" (Halperín 48).

A mí me interesa mucho más ese residuo de distancia que Halperín vislumbra que lo que él establece como identificación, porque el momento de identificación explícita es para mí justo el lugar de la crítica fundamental que Roa Bastos quiere desarrollar. El momento de identificación explícita, para mí además el momento de articulación crítica, está dado en una sección de la novela particularmente importante. Hacia su mitad nos encontramos con una "Nota del compilador" que no sigue el tono usual, desencarnado y neutral, sino que se compromete en lo que podría llamarse una autografía libidinal: en esa sección, el compilador es identificado como "Carpincho", es decir, como el mismo Roa Bastos, y se cuenta su historia de deseo obsesivo: "mi ávido, mi secreto deseo de posesión de su tesoro" (244). Carpincho en sus días de escuela primaria habría querido obtener de su compañero de escuela Raimundo, quien la había heredado, una pluma de marfil o quizás de madreperla manufacturada por prisioneros que había pertenecido al doctor Francia: "Aquí está la cosa", le dice Raimundo a Carpincho en 1932, y "la cosa" elicita un deseo compulsivo y quemante con el que, en 1947, cuando Raimundo está muriendo, confronta a su amigo de la infancia:

> Ese deseo, no de lo que soy, sino de lo que tengo, te ha encadenado a mí. Ha hecho de vos un esclavo, un perro que viene a lamer mi mano, mis pies, el piso de mi rancho. Pero no hay amistad, amor, ni afecto entre los dos. Nada más que ese deseo que no te deja dormir, ni vivir, ni soñar más que en eso. Día y noche. No te envidio… . Te esperan muy malos tiempos, Carpincho. Te vas a convertir en migrante, en traidor, en desertor. Te van a declarar infame traidor a la patria. El único remedio que te queda es llegar hasta el fin. No quedarte en el medio… Allí, en el solero del rancho, dentro de un tubo de lata, está la Pluma. Agarrá y llevala y andate con ella al mismísimo carajo. No es un regalo. Es un castigo. Esperaste mucho tiempo el tiempo de tu perdición. Yo voy a ser libre esta noche. Vos nunca

El secreto republicano en Yo el Supremo

más vas a ser libre… Si llegás a escribir con la Pluma, no leas lo que escribas. Mirá las figuras blancas, grises o negras que caen a los costados, entre los renglones y las palabras. Verás amontonadas en racimos cosas terribles en lo sombrío que harán sudar y gritar hasta a los árboles podridos por el sol. Mirá esas cosas mientras los perros del campo aúllan en medio de la noche (246-47).

El pasaje completo tiene una estatura en las letras latinoamericanas que rivaliza con la famosa descripción borgesiana del Aleph en la casa de Carlos Argentino Daneri. Es un pasaje metacrítico en el que la escena de escritura–la génesis no ya de la novela sino del espacio mismo de escritura y del deseo por ella–queda proyectada en un objeto parcial con propiedades mágicas, la Pluma del dictador. No sería un objeto *petite a* sino más bien la apertura de la posibilidad de su apropiación imposible (y de su coste consiguiente.) Las palabras que siguen a la Nota del compilador son indiferentemente palabras del Supremo o palabras del compilador, el lector no puede decidirlo. Pero la pluma, descrita variamente como una porra, o macana, o garrote, es la puerta hacia la incorporación de la visión, más allá de la lengua, hacia un conocimiento y una pasión del mundo, hacia un entendimiento íntimo de la acción, hacia la revelación de lo real tal como es: "Interversión de todos los ángulos del universo. Intervención de todas las perspectivas concentradas en un solo foco… . este cristal de acqua micans empotrado en mi portapluma-recuerdo ofrece la redondez de un paisaje visible desde todos los puntos de la esfera. Máquina incrustada en un instrumento escriturario permite ver las cosas fuera del lenguaje. Por mí. Solo por mí" (248).

La narrativa reconoce aquí tanto la identificación profunda como la distancia radical entre escritor y dictador. La pluma de manufactura esclava del doctor Francia es un instrumento de conocimiento y acción, una herramienta imposible para una apropiación total del mundo. Esto es lo que el escritor persigue, a costa de vender su alma y arriesgar el aullido de los perros de la noche; al coste de perderlo, en verdad, todo menos su pasión de escritura. La transposición entre escritura y dominación política está sin duda claramente establecida, y quizás del lado del deseo "idealista" de trascender la muerte: "Trazo de tinta invisible que triunfa sin embargo sobre la palabra, sobre el tiempo, sobre la misma muerte" (243). Pero –¿es eso todo? Claro que no– aunque ni Martin ni Halperín se dan cuenta. Empieza a insinuarse aquí una estructura quiasmática. Si el escritor puede desear ávidamente la herramienta del dictador es porque el escritor entiende su propia insuficiencia estructural: las palabras no bastan nunca para lograr la apropiación del mundo, la incorporación total. ¿Vive el dictador su propio itinerario vital como triunfo y conquista de la totalidad? El Supremo dice: "Yo soy el árbitro. Puedo decidir la cosa. Fraguar los hechos. Inventar los acontecimientos. Podría evitar guerras, invasiones, pillajes, devastaciones. Descifrar esos jeroglíficos sangrientos que nadie puede descifrar" (242). La pluma del dictador, su porra o macana, tiene una configuración compleja aunque un tanto deteriorada. Cuando estaba bajo la posesión del Supremo, la pluma era capaz, se nos dice, de recoger en torno a sí cuatro dimensiones espacio-temporales: "Escribir al mismo tiempo que visualizar las formas de otro lenguaje compuesto exclusivamente de imágenes, por decirlo así, de metáforas ópticas"[7]. Y: "reproducir el espacio fónico de la escritura, el texto sonoro de las imágenes visuales, lo que podría haber sido el tiempo hablado de esas palabras sin formas, de esas formas sin palabras, que permitió a El Supremo conjugar los tres textos en una cuarta dimensión intemporal girando en torno al eje de un punto indiferenciado entre el origen y la abolición de la escritura; esa delgada sombra entre el mañana y la muerte" (243).

Pero las cosas no son, con "la cosa", en el tiempo de Carpincho, como solían ser. Ahora, en el tiempo de la apropiación del escritor, "el portapluma-recuerdo solo escribe con trazos muy gruesos que rasgan el papel borrando las palabras al tiempo de escribirlas, proyectando sin cesar las mismas imágenes mudas, despojadas de su espacio sonoro" (243). Y sin embargo, aventura el que escribe, a pesar del deterioro, a pesar de la brecha generada en el pasaje de la cosa del poder político al poder de escritura, y de pasado a presente, puede quizá mantenerse una ilusión: "Estoy seguro. Pero no puedo probarlo" (244):

---

[7] Sobre este pasaje y otros semejantes John Kraniauskas en "De la ideología a la cultura" ofrece su ambiciosa interpretación de *Yo el Supremo* como texto que intenta desplegar la operacionalidad política de lo literario al acoger y luego arruinar la forma de estado dentro de lo literario mismo. Describe la novela de Roa Bastos como versión latinoamericana de la *Dialéctica de la Ilustración* de Adorno y Horkheimer, lo cual es consistente con mi noción de que *Yo el Supremo* desarrolla una crítica del republicanismo sádico (ver abajo.) Para Kraniauskas esto se hace alrededor de una especie de "cinematización de la historia" que permite a Roa Bastos entregarse a una deconstrucción de "la problemática político-cultural de la literatura latinoamericana". Para él, como para mí, "lo que el dictador ventrílocuo ofrece como palabra plena del pueblo está políticamente vacío, y es la denegación dictatorial de tal vacío lo que produce el monólogo incesante, la locura" (421). Si *Yo el Supremo* ilumina el fetichismo de estado latinoamericano, lo hace a través del fracaso patente de la tarea de escritura, que emerge como el imposer de la representación. Pero por supuesto el imposer de la representación, desde otro punto de vista, genera la fuerza misma de la escritura. Como Legrás ("Roa Bastos es un escritor subalternista ... no busca simplemente la validación de la perspectiva subalterna; todavía más fundamentalmente ... se esfuerza para hacer visible los mecanismos sociales que son responsables de la producción de subalternidad" [Legrás 169]), pero antes que Legrás, Kraniauskas discute a Roa Bastos como escritor subalternista, esto es, como escritor para quien la vocación primaria permanece como de-subalternización de la gente respecto de su propia historia (Kraniuskas, "Ideología" 423). Eso excluye la connivencia con el poder político siempre en cada caso

más allá o por debajo de todas las tachaduras impuestas por el tiempo "las imágenes mantienen sus colores imaginarios ... Ningún ácido, ningún agua puede quemarlas, apagarlas... . las imágenes retienen bajo el agua, o lo que sea ese plasma gris, sus voces, sus sonidos, su espacio hablado" (244).

En otro texto, en un ensayo titulado "La narrativa paraguaya en el contexto de la literatura hispanoamericana actual", Roa Bastos dice: "para escribir es necesario leer antes un texto no escrito, escuchar y oír antes los sonidos de un discurso oral informulado aún pero presente ya en los armónicos de la memoria. Contemplar, en suma, junto con la percepción auditiva, ese tejido de signos no precisamente alfabéticos sino fónicos y hasta visuales que forman un texto imaginario. Mi iniciación en la literatura se debió al influjo de esta creencia" (129-30). Esta doble textura de signos auditivos y visuales puede recordarse antes que encontrarse; es una textura imaginaria que, sin embargo, precede la imaginación. Constituye lo que Roa Bastos llama "un texto subyacente ... en el que uno no piensa pero que lo 'piensa' a uno, como sucede con la lengua o la historia" (130). La "cosa" –la porra de marfil, la pluma de nácar– es la misma posibilidad de desciframiento de tal textura de signos ausente/presente, una entrada reflexiva en la historia y la lengua, en la lengua como historia y en la historia como lengua. El escritor precisa oír el texto subyacente para poder escribir, pero ese texto subyacente no pertenece al que escribe. Descifrarlo es la tarea y la maldición de la escritura.

Raimundo le dice al que escribe que la posesión de "la cosa" lo condenará, le quitará su libertad, lo convertirá en un traidor, un desertor, un exiliado. Lo llevará hacia lo terrible: "El único remedio que te queda es llegar hasta el fin". Pero ir hasta el fin es algo. Es el remedio para no hacerse traidor, desertor, exiliado. Ir hasta el fin es empujar hasta el extremo, y en esa acción vencer y dejar atrás el drama del poder. Ese fin no es el de una identificación con el poder, sino el de un intento de comprensión histórica que entienda el poder y que, al entenderlo, en el acto mismo de entenderlo, pueda expresar su distancia infinita respecto de él. Esta distancia es infranqueable, y no es cuestión de más o de menos, no es una distancia cuantitativa. No es, para decirlo de modo que Martin y Halperín lo entiendan, que el escritor tenga, por mala suerte, menos poder que el dictador dentro del mismo continuo ilimitado del poder. Es una distancia que establece la imposibilidad de la apropiación de poder por o mediante la tarea de escritura. Llegar hasta ese fin, reconocer la distancia por lo que es y como es, es el otro lado del hacerse y de haberse hecho nómada, traidor, infame desertor de la patria, o escritor, el otro lado de la perdición de la que hablaba Raimundo. Pienso que esta es la posición clásicamente formal de la literatura en la república democrática: una liberación de la escritura en lo impolítico o lo infrapolítico y el establecimiento de una politicidad de segundo orden que se pliega en el no-poder y testifica de una experiencia fundamental de libertad abandonada, de abandono y libertad.

Mi hipótesis para esa reinterpretación de la novela principal de Roa Bastos no necesita más. La distancia entre escritor y dictador está establecida textualmente, y desde ella queda negada toda posibilidad de sicofancia, de culto al héroe, de adulación y emulación que pueda ir desde el productor simbólico republicano-democrático al usurpador de un poder que no le pertenece a nadie y que pertenece a nadie. Desde esta perspectiva la novela, *Yo el Supremo*, se abre como estudio de la distancia entre escritura (que es el recuerdo de la textura semiótica de lo real) y poder. Se abre el camino hacia un entendimiento de la literatura revolucionaria como práctica democrática (y no como sumisión cómplice al dictador), contra el sadismo político, y contra toda afirmación de poder por el poder mismo. La escritura de Roa Bastos es una escritura radicalmente anti-sádica en su auto-exposición a la distancia con respecto del poder.

Hay muchas indicaciones, muchos rastros en el texto, pero aceptemos uno que es ya suficientemente claro si es leído: el pasaje que en *La filosofía en la alcoba* del Marqués de Sade cualifica como el manifiesto del republicanismo sádico, "¡Hijos de Francia, un esfuerzo más si quereis ser republicanos!" (Sade, *Philosophy* 104-57) queda mencionado en *Yo el Supremo* como un texto superior a *El contrato social* de Jean-Jacques Rousseau o *Utopía* de Thomas More (*Yo* 90) en el sentido de que se da como la encarnación del programa del Supremo. El proyecto político sadeano debe ser entendido como lo que el Supremo repite como programa de gobierno:

> Dad a vuestros alumnos muchos más ejemplos que lecciones, muchas más pruebas que libros, y los haréis buenos ciudadanos; los haréis buenos guerreros, buenos padres, buenos maridos. Los haréis mucho más apegados a la libertad de su país que cualquier idea de servidumbre que se les pudiera ocurrir, que cualquier temor religioso que pudiera trastornar sus mentes. El verdadero patriotismo explotará entonces en todas las almas; mandará con toda su fuerza y toda su pureza, porque será la única emoción dominante, y porque ninguna idea extranjera debilitará su energía. Así vuestra segunda generación estará asegurada, y vuestro trabajo, que ella consolida, se convertirá en la ley del universo (Sade 114).

"Vuestro trabajo se convertirá en ley del universo": el sueño común del político sádico y del escritor dictatorial. Pero hay una segunda mención de Sade en el texto que refuerza la identificación del proyecto sádico con el Paraguay del doctor Francia: "Este noble degenerado [Sade], preso en la Bastilla, reflejó en su utopía de la imaginaria isla de Tamoraé la isla revolucionaria del

Paraguay, que ustedes calumniaron" (150).⁸ Contra la dominación sádica la tarea de la escritura–para mí no hay duda de que la relación de *Yo el Supremo* con el doctor Francia es absolutamente antagonista, aunque Roa Bastos le haya dado a su obra una estructura hermenéutica que no admite crítica fácil ni soluciones vulgares. Quizá su intención fue forzar críticamente a una decisión divisoria.

En el análisis que hizo Horacio Legrás en 2008 de la novela de Roa Bastos *Hijo de hombre*, de 1959, una novela del pre-boom, encontramos un relato que podría paradójicamente darnos la mejor pista para una lectura crítica adecuada del boom hoy. Dice Legrás: "El escritor está sitiado por una imposibilidad doble: la voz ausente, el pueblo subalterno ... La literatura ... tiene que recordar, no bajo el modelo omnipotente de un sistema ilimitado de significación, sino desde la humilde conciencia de sí mismo como solo una voz entre muchas tratando de dar testimonio de una realidad estallada en fragmentos. Roa Bastos escribe como el que es observado, interrumpido, negado por todas las voces que la literatura debe silenciar para poder existir" (Legrás 172). Estamos muy lejos de la celebración del gran encuentro entre teoría y práctica, muy lejos de la pretensión redentora del encuentro del pueblo consigo mismo en la mediación heroica de la literatura identificada con el poder y al servicio de las leyes inquebrantables de la historia. Si el retrato que da *Yo el Supremo* conmueve por lo incierto y difícil de su fijación, lo cual condena a la crítica a fallar siempre en su propia repetición de la arquitectónica de la magnífica novela, es porque la tarea de escribir –de escribir arte literario– siempre desafía y burla al poder, antes que sentarse a su sombra.

III. MAL RADICAL

Mi interpretación de *Yo el Supremo* difiere de la de Martin en un contexto en el que la interpretación de Martin, basada quizás en un deseo algo ciego de emancipación respecto de estructuras coloniales de poder, ha sido canónica durante muchos años. En mi opinión Roa Bastos elaboró una crítica plena y

---

⁸ La noción de republicanismo sádico y la posibilidad de que el doctor Francia pueda ser leído como su practicante críptico nos llevaría lejos, y en la dirección de una lectura posible del poder político contemporáneo en términos sádicos. Sobre esto ver el análisis de Jacques Lezra en *Wild Materialism* 149-72. Pero también: "La pasión del juego es lo único que no muere en el corazón del hombre, Señor... Tengo en mis manos los cuatro ases: El de bastos en mis manos, garrote de mi poder. El de oro en las arcas del Estado. El de copas en que darles de beber la hiel y el vinagre a los traidores. El de espadas para podarles la cabeza. Este es mi juego de truco. En él yo banco el triunfo a sangre fría, sin trucos de ninguna especie" (*Yo* 283-85). En juego está el asunto complejo del placer del esclavo, que el dictador como perverso, o el perverso como dictador, postula de forma fantasmática. En suma esto es lo que la novela de Roa Bastos estudia, pero resultaría muy prolijo establecerlo.

radicalmente lúcida de la tradición del caudillaje latinoamericano que acaba también implicando en su crítica a los que caen a cierto lado de la divisoria interpretativa que su texto ofrece. En mi opinión el texto de Roa Bastos debe ser plausiblemente leído de forma opuesta a la de las celebraciones específicas de Martin. Lo que está en juego en *Yo el Supremo* no es el patrocinio intelectual del poder, nacional o anticolonial, político o literario, sino más bien un apartamiento del poder como usurpación a través de su crítica y en nombre de una estructuración no sacrificial de la historia. Pero Martin y yo estamos de acuerdo en la excelencia de la novela. *Yo el Supremo*, como estudio de la distancia inconmensurable entre la escritura y el poder político, presenta y realiza la literatura como acto de libertad y abre el camino para entender la literatura revolucionaria como práctica democrática. *Yo el Supremo* estudia la distancia literaria del poder, no su íntima cercanía, y es así un texto fundamental que yo también consideraría culminante en la época reciente de escritura literaria en América Latina. Para Martin la novela articula la historia como liberación política porque glosa el episodio histórico desde el compromiso con la independencia anticolonial. Para mí la novela propone el acto de escritura como interrupción y denuncia del poder político en cuanto tal, de la política como opresión siempre de antemano despótica. Así, yo prefiero asociar *Yo el Supremo* no a la liberación de la escritura por la política, sino a la interrupción infrapolítica de la historia en nombre de un nuevo horizonte de libertad. Pero tanto para Martin como para mí, aunque por razones diferentes, *Yo el Supremo* permanece como monumento y acontecimiento con el rango de un acto político-literario genuino.

Me gustaría ahora arruinar mi propia interpretación sugiriendo que incluso ese gran acto político-literario fracasa, y que el fracaso también debe ser asumido por nosotros contra toda ilusión literaria o literaturizante. Hay un fracaso en la demanda de que la literatura alcance la frontera del no-poder, hay un fracaso en la demanda de que el acto literario pueda llegar al fin de sí mismo, remedio para todos los males del poder, salvación de toda traición, nuevo encuentro con la patria democrática. No hay posibilidad de ninguna politicidad de segundo orden en la pretensión arrogante de que el escritor consiga abandonar la esfera del poder en nombre de una nueva heroicidad, esta vez democrática y republicana. ¿No estamos ya tan hartos de las pretensiones artísticas a la pureza, aunque sea pureza impolítica, como lo estamos de las pretensiones a la vieja historicidad heroica del escritor? Nos harta y nos pone enfermos la pretensión de interrupción, pero también la pretensión de la interrupción de la interrupción, que ahora aparece con piel de oveja. Cansa y aburre la buena historia tanto o más que la mala historia, para cambiar los términos que Dipesh Chakrabarty usó para referirse a la necesidad historiográfica de ser edificante, constructivo, positivo, afirmativo.[9] Empieza a parecernos que la labor de lo negativo es tan intolerable como la otra. Pero, hay que avisar, no porque nos hayamos reconciliado con la legión de los que, en la estela de la deconstrucción y contra ella, están encantados de abjurar del pensamiento crítico y prefieren ilusionarse con la marcha adelante de la positividad revolucionaria hacia un futuro que, cuanto más tenemos que oírlos y soportarlos, más siniestro parece.

En el primer libro de *La religión dentro de los límites de la pura razón* Immanuel Kant entra en el problema del "mal radical" distinguiéndolo de lo que llama los "vicios diabólicos", que tienen que ver con una "predisposición a la animalidad", y los "vicios diabólicos", que son una consecuencia directa de la cultura y son esencialmente vicios miméticos: por ejemplo, dice Kant, "la envidia, la ingratitud, el rencor", que son consecuencia de una inclinación original a "adquirir estima en la opinión de otros" (22). El mal radical tiene su fundamento en lo que Kant llama "una predisposición a la personalidad en el hombre, considerado como ser racional y al mismo tiempo responsable" (21). La personalidad del hombre está basada en un respeto por la ley "como suficiente incentivo de la voluntad" (23). En otras palabras, el hombre, en virtud de su capacidad para la libertad, para la decisión, siempre sabe cómo portarse éticamente, y en cada caso puede hacerlo pero también puede elegir no hacerlo. Kant dice: "Que el hombre sea malo solo puede significar que es consciente de la ley moral pero que ha adoptado sin embargo en su máxima de conducta desviaciones ocasionales con respecto de ella" (27). "Por lo tanto la distinción entre un buen hombre y un hombre malo no puede estar en la diferencia entre los incentivos que adoptan para su máxima de conducta (no en el contenido de la máxima) sino que debe depender de la subordinación a la máxima (la forma de la máxima), esto es, de cuál de los dos incentivos hace condición del otro. Por consiguiente, el hombre, incluso el mejor de los hombres, es malo solo cuando revierte el orden moral de los incentivos al adoptarlos para su máxima. Adopta siempre la ley moral junto con la ley del amor a sí; pero cuando se hace consciente de que ambos no pueden estar en pie de igualdad sino que uno debe quedar subordinado al otro como su condición suprema, hace del incentivo del amor a sí y de sus inclinaciones la condición de obediencia a la ley moral" (31-32). El mal radical, esa "perversidad radical en el corazón humano" (33), es por lo tanto no el ejercicio de vicios bestiales o diabólicos sino más bien la posposición de la ley como incentivo a las ventajas de conformarse a la mera disposición o la letra de la ley por imperativo del amor a sí, esto es, del oportunismo privado.

---

[9] Me refiero específicamente a capítulos 1 y 4 de *Provincializing Europe*.

Tercer espacio

Desde tal definición se hace obvio que la mayor parte de nuestra literatura, la mayor parte de nuestra producción simbólica, como acto en el doble sentido kantiano de acto originario ("el ejercicio de la libertad en el que la máxima suprema (en armonía con la ley o contraria a ella) es adoptada por la voluntad" [26]) y acto derivado ("el ejercicio de la libertad en el que las acciones mismas consideradas materialmente, esto es, en referencia a los objetos de la voluntad, se llevan a cabo de acuerdo con tal máxima" [26]), es producción simbólica de mal radical. Esto puede considerarse meramente fáctico o deliberadamente provocativo. *Yo el Supremo* muestra un escritor que afirma la posibilidad de encontrar remedio o respuesta a su tarea empujando su escritura hasta el extremo, abandonando el poder, entrando en la región de libertad abandonada. Pero ese mismo escritor es también el que privilegia su propia conciencia situacional como posibilidad de llegar hasta el fin, abrazando una *hybris* que puede también traducirse como el oportunismo de la excepción, de la excepcionalidad. Y esta última no deja de ser la mejor definición de mal radical. ¿Hay acaso ejemplos de arte contemporáneo, de escritura latinoamericana, que serían o podrían ser considerados excepciones a esa excepcionalidad? Creo que no los hay, creo que la pregunta misma ha entrado ya en la nube de la incomprensibilidad, que no tiene oídos.

Hemos perdido los conceptos que regulaban posibilidades alternativas. Una literatura sin conceptos, al unirse a una política ella misma sin concepto, no puede sino confundir los incentivos, en el sentido kantiano, y abusar de la libertad en su necesaria corrupción hacia el oportunismo moral, político, crítico. ¿Qué ha de hacerse? ¿Puede el pensamiento compensar tal situación? ¿Existe la posibilidad de un nuevo pensamiento, quizás más allá de todo kantismo, que restituya una conceptualidad que haga pasar la noción misma de mal radical al cementerio de letras muertas donde reposa el resto de la modernidad política? Ese es también el lugar de descanso final para Bartleby el escribiente. Imaginemos por un momento que Bartleby fuera el compilador en la novela de Roa Bastos. E imaginemos que Bartleby es una figura en el fondo odiosa. Algunos no lo consideran odioso y le dan carácter de figura mesiánica, pero quizás lo mesiánico es lo insoportable. Ya lo es para el pobre abogado que nos cuenta su historia. Bartleby es la figura de lo insoportable en nuestras vidas, inane, informe. ¿Qué justicia o belleza puede darse en un orden de abstención preferencial absoluta? Solo la justicia o la belleza catastróficas de la disolución del mundo y del ser. Bartleby no es potencia contingente sino la impotenciación de todo acto. Lo sagrado en él es todo lo que lo constituye como Bartleby. Qué tipo inaguantable

Capítulo Sexto

Thriller e infrapolítica. Prolegómeno a toda forma de crítica literaria antimoralista. Sobre *Morir en el Golfo* (1988) y *La guerra de Galio* (1991), de Héctor Aguilar Camín.

> Subrayar tanto las continuidades podía conducir a una simplificación ontológica... en demérito de la historia, cuya "esencia" es cambiar
> (*La guerra de Galio* 281).

(

Traducción parcial de John Verbick y Ryan Long)

1. Política moral y moral política

Si la historia del pensamiento es una historia de asesinatos, como dicen Max Horkheimer y Theodor Adorno en su *Dialéctica de la Ilustración* (117), ¿por qué no podría ser la historia del asesinato historia del pensamiento? Podemos vincular el tratamiento literario del asesinato, que busca desocultarlo y no solo expresarlo, con la forma narrativa llamada *thriller*. El *thriller* constituye hoy la forma dominante y quizás incluso normativa de narración. En cada caso el *thriller* es una estetización de lo político. Traduce lo político en forma narrativa, y lo hace desde una posición primariamente ética, o al menos moralista. Pero una posición ética no es lo mismo que una posición moralista. Immanuel Kant determinó sucintamente la diferencia entre ambas en una sección de *Hacia la paz perpetua* en la que opone el "político moral" y el "moralista político". El primero es "alguien que concibe los principios de la eficacia política de tal manera que pueden coexistir con la moralidad" y el segundo es "el que adapta su moralidad a su propia ventaja como estadista" (Kant, *Perpetual* 118). Para Kant los moralistas y los moralizadores son los que "recurren a tretas despreciables, pues buscan solo explotar a la gente (y si es posible al mundo entero) influyendo al poder en curso de tal manera que quede asegurada su propia ventaja privada" (119). El político moral, como el individuo ético, se relaciona a la política de forma no oportunista, incluso de forma que puede forzarlo a renunciar a su propia ventaja cuando esta entra en conflicto no ya con el deber moral sino con la legalidad simple de la situación en que se encuentra: "no puede haber medias tintas aquí; no pueden apañarse soluciones híbridas como una ley condicionada pragmáticamente a medias entre la utilidad y el derecho. Pues toda política debe doblar la rodilla ante el derecho, aunque la política pueda también, a cambio, aspirar a llegar, aunque despacio, a un estadio de brillo duradero" (125).

El brillo duradero de la política depende, por supuesto, de su conformidad con el derecho: "Un verdadero sistema de política no puede por lo tanto dar ni un solo paso sin pagar antes tributo a la moralidad. Y aunque la política en sí misma sea un arte difícil, no se requiere ningún arte para combinarla con la moralidad. En cuanto ambas llegan al conflicto, la moralidad puede cortar el nudo que la política no puede deshacer" (125). Cortar el nudo que la política moralista no puede deshacer: esa es la función crítica del *thriller*. Su posición es por lo tanto radicalmente antimoralista, con tal de que nos ciñamos a la definición de moralismo como conducta oportunista. Decir que la historia del asesinato puede igualar la historia del pensamiento práctico es decir que la historia del asesinato es la historia de las acciones y reacciones singulares al mal radical en cualquier espacio político particular. El *thriller* es la estetización de tal historia, es decir, su presentación en forma simbólica.

En *La sombra del caudillo*, de Martín Luis Guzmán, el único personaje que sobrevive del grupo del General Aguirre es Axkaná, el tipo que escapa al asesinato masivo y puede por lo tanto contar la historia, y haciéndolo se convierte en la encarnación de la perspectiva ética en la novela. La novela es sobre política, pero le da a la política un tratamiento ético. La función de Axkaná es darle a la política una lengua, darle letra a la política, lo cual significa articular la política en un discurso que, en virtud de su mera articulación, quede catexizado por la ética, dotado de perspectiva ética. La novela persigue, dentro de su propio contexto, una ética de la verdad, de no-distorsión, y aspira a la radicalidad de un encuentro con las cosas tal como son, pase lo que pase. Cuando uno de los personajes dice que no hay amigos en política, que "la amistad no figura ... en el campo de las relaciones política" (58), puede querer hacer una afirmación exclusivamente política, puede querer estar hablando solo sobre política, pero no puede evitar la conexión ética incluso aunque su propósito fuera precisamente rehusar que haya una perspectiva ética en la política, puesto que la frase "no hay amigos en política", en el contexto de una conversación, no es una afirmación éticamente neutra. Pone a la ética en cuestión de la misma manera que pone a la política en cuestión.

El texto de Simone Weil sobre la Ilíada puede ayudar a explicar qué está en juego aquí. Para Weil, si la Ilíada "es un milagro", lo es porque el poema

Thriller e infrapolítica

no nos ahorra amargura ninguna en su recuento de la miseria humana, del sometimiento humano a fuerzas incontrolables, y aun así "su amargura es la única amargura justificable" (Weil 191). La expresión de amargura es a la vez un triunfo sobre la amargura. La victoria poética sobre la fuerza es simplemente la capacidad de expresar su irreductibilidad a ella. Porque tenemos la Ilíada, dice Weil, podemos sostener que no somos reducibles a la fuerza que no respeta a nadie. Y esto es así para toda la literatura: la literatura es estructuralmente un milagro en la misma medida en que nos permite, dada su representación fiel de la condición humana, dar un paso atrás respecto de ella. Esta distancia interna de su propio objeto es el aparato literario mismo: lo que permite a la literatura no confundirse con su objeto, y lo que por lo tanto preserva intactos cada vez tanto la literatura como su objeto.

No importa que *La sombra del caudillo* sea una presentación radical de la fuerza bruta de lo político en la vida mexicana, o incluso de la política como fuerza bruta en el México postrevolucionario. Lo esencial es que toda perspectiva sobre la política en la novela, en virtud de su articulación estructural en la narrativa, es siempre de antemano una perspectiva ética. Esto es así también para la curiosa "novela sin ficción" que Héctor Aguilar Camín escribió sobre el asesinato de Luis Donaldo Colosio en 1994, llamada *La tragedia de Colosio*, y que es de tantas formas, al menos en su primera parte, una reescritura literal de *La sombra del caudillo*. Aguilar Camín solo reproduce selectivamente fragmentos del masivo *Informe de la investigación del homicidio del licenciado Luis Donaldo Colosio*, en cuatro volúmenes, preparados por los fiscales que investigaron el caso y publicados por la Procuraduría General de la República en 2000. Pero su reproducción está guiada tanto estéticamente, puesto que sin estética no habría novela, incluso "novela sin ficción", como reza el subtítulo, como éticamente, puesto que el propósito de Aguilar Camín es dar el enigma de un caso de asesinato cuya resolución, si es verdad que el loco Mario Aburto cometió el crimen por su propia cuenta, es tan enigmática como lo habría sido su irresolución. La presentación misma del asesinato de un candidato presidencial mexicano como una cuestión de azar, como el mero cruce accidental de caminos entre un candidato presidencial particular y un psicópata particular, ya es una presentación ética, sobre todo en el contexto de las historias y rumores sobre la sucesión al Presidente Salinas, la insurrección neozapatista, y la rivalidad entre Colosio y el Licenciado Manuel Camacho.

El *thriller* por lo tanto es siempre estructuralmente incorporación del principio formal de la razón práctica. Hay un principio formal y otro material de la razón práctica. El principio material dice que debes disponer tu conducta práctica según tus metas como objeto de tu voluntad. Si quieres comer chocolate, orientas tu conducta a obtener, y luego deglutir, tu precioso chocolate, incluso si se lo tienes que quitar a tu sobrinito o a tu abuela. El principio formal, en la formulación kantiana, es disponer tu conducta práctica según el principio de la libertad: "Actúa de tal manera que puedas desear que tu máxima de conducta pueda ser máxima de conducta universal (al margen de lo que pueda ser el fin concreto de esa acción)" (*Perpetual* 122). Por supuesto que esta es conducta impolíticamente boba desde el punto de vista del moralista político. Pero es la única forma de conducta que se abre a la libertad, que en el orden de lo político recibe el nombre de "republicanismo genuino". El republicanismo genuino, dice Kant, "podría ser objeto solo para un político moral" (122).

Desde una perspectiva política, en consecuencia, la afirmación de una posición ética es la afirmación del republicanismo democrático del último humano, del último hombre y de la última mujer, incluyendo a todas las víctimas, pasadas y futuras, de asesinato. No se precisa más.

> Y la razón para ello es que es precisamente la voluntad general tal como es dada a priori, para un pueblo en particular o en la relación mutua entre varios pueblos, la que por sí determina lo que es de derecho entre humanos. Pero esta unión de la voluntad de todos, si pudiera ponerse en práctica de forma consistente, puede también, en el mecanismo de la naturaleza, ser la causa que lleve a su consecuencia deseada y ponga en efecto el concepto de derecho (*Perpetual* 1223).

La práctica del *thriller* es una práctica ética del derecho en términos literarios. Abandona un acercamiento meramente técnico a la literatura porque su inspiración es profundamente antitécnica: el *thriller* no es un medio para un fin, sino una afirmación del fin como fin ético. Debe proceder a él, por supuesto, desde transgresiones previas contra ese fin, desde fallos y faltas éticas que ponen en marcha la narrativa.

Toda narrativa bajo la forma de *thriller* efectúa un quiasmo particular. Un *thriller* es simpre una reacción política a la suspensión de la ética. Un crimen contra otro ser humano es siempre una suspensión de la ética. La novela incorpora, en cuanto obra, una reacción política a un crimen, que queda también materializada como reacción ética desde los elementos estructurales inevitables que Weil estudia para la Ilíada (un *thriller* épico, por supuesto). Podemos entonces hablar de una estructuración ético-política del *thriller*, que es una manera especial de pensar la política. Se trata de una forma ética de pensar la política que es también una forma política de pensar la ética. Para esta estructura quiasmática voy a usar el término "infrapolítica". El *thriller* es hoy la forma dominante, y quizás normativa, de hacer infrapolítica en literatura. La infrapolítica, o mejor, lo infrapolítico, es el momento teórico del *thriller*, esto es, el momento en el que el *thriller* se expone simultáneamente como interrupción de la ética por la política y de la política por la ética. Veremos quizás cómo la perspectiva infrapolítica en el *thriller* coincide con su dimensión literaria más propia, y cómo la literatura, como resultado, emerge, en por lo menos una de sus dimensiones, como aparato de razón práctica que no puede ser asimilado solo a la razón ética o a la razón política. Tampoco simplemente a la retórica. Hay otra cosa, de la que dice Kant que hay una necesidad oscuramente relacionada con la necesidad de amistad.

II. Azar y necesidad

El asesinato del protagonista, Carlos García Vigil, al final de *La guerra de Galio* suspende terminalmente una decisión importante. En el momento de su muerte Vigil no sabe, o el lector no sabe si Vigil sabe, si hubiera terminado aceptando la propuesta de volver a *La república* como director, o si le interesa más continuar su tarea como historiador, lo cual también incluye la redacción de una novela sobre su catastrófica experiencia personal como periodista durante los años setenta mexicanos. O periodista o historiador, en un contexto en el que la opción del periodismo parece vincularse a una afirmación política, y la de la historiografía (o literatura) parece estar ligada a una apuesta ética más profunda. Pero la reflexión complica pronto la alternativa. Si la misma capacidad política mexicana está en efecto profundamente determinada por la historia del país, entonces la opción ética es más fundamentalmente política que la política misma. Si la acción periodística, por otro lado, está determinada por una conciencia histórica y una madurez de experiencia suficientemente rica, entonces la aparente opción política adquiere un cariz dominantemente ético. En el retruécano –en el cruce de los términos que permiten entender la ética como ética y la política como política, que domina toda la narración– se juega la dimensión metaliteraria de la novela de Héctor Aguilar Camín, esto es, su lección sobre la experiencia, y así también su apuesta de conocimiento.

Cabe, en efecto, plantear la hipótesis de que, en la novela, el cruce de ética y política no es un cruce de esferas autónomas; de que ambas están subordinadas a una decisión de naturaleza epistemológica (sobre las consecuencias históricas de buscar cambio social por medios violentos); y de que tal decisión toma lugar sobre la base del colapso de las ilusiones revolucionarias representadas en la novela por los diversos experimentos de guerrilla en el México de la década. De Vigil en cuanto historiador se dice: "En su primer volumen había dejado ver entre líneas alguna simpatía juvenil por la violencia de raíces sociales –el villismo o el zapatismo– y su abierto rechazo a la violencia conservadora, militarista o reaccionaria. En su segundo volumen conservaba la simpatía por la confusa y profunda aspiración de justicia que electrizaba los cuerpos militares del pueblo armado, pero su visión de la violencia era igualmente sombría, sin distinción de campos ideológicos o motivos carniceros" (511). Entre ambos volúmenes media toda la experiencia periodística de Vigil, primero en *La república*, y luego en *La vanguardia*, bajo las órdenes de Octavio Sala. También el fin de su juventud, la muerte en la guerrilla de su amigo Santoyo, y la muerte de su gran amor, Mercedes Biedma.

En ese crepúsculo de la primera madurez Vigil debe decidir cómo negociar el tedio que le acosa. Muere antes de hacerlo, y así no alcanza a leer el libro que le había prometido escribir su antagonista y oscuro mentor, Galio Bermúdez, "el intelectual conservador, el genio del mal, el fascista" Galio (452). Pero el libro es publicado, y de él aprendemos que su idea fundamental es "que toda la historia mexicana podía leerse como una lucha de élites modernizantes contra sociedades tradicionalistas, como una permanente coerción civilizadora que bajaba de cúpulas impacientes y despóticas hacia bases inmemoriales y recalcitrantes" (547); un libro "'contra la utopía y contra la prisa', contra la idea de los 'atajos y las realizaciones súbitas en la historia', contra las 'soluciones rupturistas y también contra la estabilidad inmovilizadora'" (509).

El libro de Galio es, por supuesto, la guerra de Galio que da título a la novela. Si es ese el horizonte referencial de la narración, hay que entender la novela de Aguilar Camín como una obra de alcance político reformista, comprometida en la "modernización" pausada del estado mexicano, en su democratización gradual, en una lucha contra la violencia y la injusticia que no pierde de vista, pesimista o pragmáticamente, su necesidad histórica, pero que afirma su vencimiento teleológico en la madurez final de la nación, en algún futuro quizá no tan lejano. Lo propiamente estatocéntrico de tal política está explícitamente advertido en una temprana conversación entre Vigil y Galio. Galio dice: "México, al igual que la Galia conquistada por César, es todavía un lar bárbaro que se propaga en estado de naturaleza más allá de las fronteras de la civilización. Bien mirada la historia como historia universal, según quería Hegel, nuestro camino no pudo ser ni será por un tiempo distinto al que ha sido: el camino de la necesidad. México ha de pagar su cuota de violencia para domar su propia barbarie y abrirse a una posibilidad efectiva de civilización, de historia realizada. Es la guerra de la historia del mundo" (198). Es Galio el que habla. Saber si, a través de Galio, habla también el autor implícito, o si alguna vuelta de tuerca viene a complicar el argumento y acaba arrojando en la novela una visión alternativa de lo político es el propósito de este capítulo. Para ello conviene empezar por el análisis de la novela anterior a *La guerra de Galio*: *Morir en el Golfo*.

Dicen que todo es por amor o por dinero o por amor al dinero: ""Por eso lo llaman dinero, idiota!" en la frase inmortal de Danny de Vito en *Heist*. Aunque uno pueda pensar en noches insomnes un par de motivos más para estabilizar el principio de razón suficiente, no está mal atenerse a esos de entrada para analizar un thriller político como *Morir en el Golfo*. La novela es de 1988 y relata sucesos acontecidos en general entre 1976 y 1980, es decir, remite al período más o menos lópezportillista. Pero todo buen *thriller* tiende a la eternidad ontológica y se sitúa fuera del tiempo y de la historia, aunque sus pretextos sean siempre y precisamente nunca otra cosa que tiempo e historia. El contexto político de la época es el inicio de la larga crisis terminal del PRI en la post-revolución, en los momentos "propiciatorios de lo que sería ... el boom petrolero mexicano [1977-1985]" (121)[1]. En *Morir en el Golfo* hay amor, el desolado y patético amor del narrador a Anabela Guillaumín, y hay dinero, –el panorama "de una enorme inversión federal en la zona del paleocanal de Chicontepec, cuyas potencialidades petroleras ... eran equivalentes a las que el país había tenido en toda su historia" (117). Tal inversión federal desata la posibilidad del "cumplimiento puntual de los más locos sueños de Francisco Rojano Gutiérrez de estar en la cresta de la ola, donde el dinero y el poder" (117). Rojano, casado con Anabela, es candidato a la presidencia municipal de Chicontepec, lugar de la enorme inversión federal, y está tratando, con Anabela, de adquirir tierras en el municipio contra maniobras aparentes de su protector o rival político, el caudillo petrolero Lázaro o Lacho Pizarro. Es para ello que recluta los servicios de su viejo amigo y buen periodista político, nuestro narrador, usando la vieja amistad, y sobre todo el torpe amor de su amigo por su mujer, que Rojano tanto como Anabela saben que existe en rescoldo vivo. Rojano y Anabela –o, quizás, Anabela y Rojano– implican al periodista en una investigación sobre asesinatos supuestamente cometidos por los secuaces de Pizarro contra propietarios de ejidos que se interponen en su camino hacia la adquisición de tierras. Los motivos de Pizarro para la acumulación de tierra son por otra parte complejos y se sustraen al menos en apariencia al fácil cálculo crematístico: "Aquí está en marcha una revolución popular obrera", le dice Pizarro al periodista. "Estamos haciendo la revolución socialista porque nos vamos a apoderar de las fábricas, del capital, de la

---

[1] Ryan Long sostiene en "Mourning the Future of the Past" que el paradigma novelístico de los años setenta y ochenta en México queda ineludiblemente marcado por los sucesos de Tlatelolco en 1968. De acuerdo con la tesis de Long, es quizás solo un efecto de superficie considerar autónomamente el lópezportillismo, pero en todo caso la descomposición de la hegemonía del PRI tras la masacre de Tlatelolco y el boom petrolero mexicano marcan directamente *Morir en el Golfo*. Las referencias a Tlatelolco serán mucho más obvias en *La guerra de Galio*.

producción ... El sindicato de petroleros defiende a todos los marginados del país" (98). Aun así, no para en barras para conseguir esos objetivos, y añade: "dos vidas valen más que una y tres valen más que dos. Es la aritmética de la historia y de la verdadera igualdad ... muertes violentas ha de haber siempre porque esa es la ley de la historia. Volver las muertes fértiles, muertes creadoras, es lo que nos toca a nosotros. Nada más" (107-108). El socialismo de Pizarro es un socialismo de la voluntad de poder solo tácticamente comprometido con el respeto a la ley. Coincide históricamente con lo que se llamaba entonces "maoísmo petrolero". El deseo de tierras de Anabela y Rojano es en cambio enteramente meretricio.

En principio, pues, las coordenadas del *thriller* infrapolítico parecen dadas: la ética del narrador, difícil, pues debe vencer su enganche "patológico" con Anabela, contra la gran política de Pizarro contra la codicia de Rojano y Anabela; es decir, ética contra poder, en sus dos lados. El narrador actúa por amistad y amor, si bien no libremente, y debe enfrentarse, aun en el medio de su radical sospecha, contra la odiosa desmesura de los que están dispuestos a cruzar la línea de sombra en su afán de acumulación. En cuanto agente ético, el narrador ocupa el lugar del honor contra los nihilistas y su voluntad de poder. Honor contra corrupción parece condensar la estructura profunda de todo thriller, y en particular de todo thriller político. Aguilar Camín establece las líneas maestras de su novela siguiendo el sendero relativamente convencional de una doble articulación: el narrador, periodista o detective, quiere en un primer momento o registro el cumplimiento del imaginario de la comunidad contra aquellos que lo transgreden, como piensa que hace Pizarro pero tardará todavía en notar de Rojano y Anabela. En un segundo momento, siempre el momento heroico propiamente dicho, el detective tendrá que abandonar su primer registro, atravesar su fantasía, y comprometer su ser mismo en un acto de violencia –¿acto ético de violencia o acto de violencia ética?– que cambie las coordenadas de lo posible y reestablezca una nueva posibilidad de comunidad.

Pero si esto es así hay implicaciones no siempre notadas. La razón por la que el amor está siempre del lado del que busca la verdad en el *thriller*, en tanto que el dinero o el poder son siempre compensaciones siniestras del enemigo, o del otro lado, es simple: la estructura del *thriller* atiende siempre a mantener la ley moral en su sentido kantiano, incluso en su posible momento anticomunitario, como único sostén posible o sostén utópico de la comunidad (lo social en cuanto tal no está en juego, pues puede haber comunidad en estado de naturaleza, pero no puede haber sociedad civil en estado de naturaleza). Así el amor es en el *thriller* nunca afecto patológico sino siempre alegoría ética, es decir, representación narrativa del imperativo categórico entendido como el imperativo de adoptar por norma de conducta lo que puede sostenerse como norma de conducta universal[2]. Esto quedó establecido para la literatura mexicana de forma fascinante por Rafael Bernal en *El complot mongol*. El *thriller* establece, en un primer registro, un conflicto entre ética y política en el que el autor implícito aparece o puede aparecer sistemáticamente del lado de la ética. Y la resolución del *thriller* consiste en la transformación dialéctica de ética en política y en la consiguiente reducción de lo previamente político a afecto patológico. En cuanto encarnación alegórica de la ley moral el detective es un campo trascendental de potencialidad pura. Goza de su *potentia* o fuerza solo entre casos y no en los casos mismos[3]. El detective es siempre *dynamis* contra la *energeia* caída de los agentes o pacientes que debe investigar. En *Morir en el Golfo* así lo detecta no otro que Pizarro cuando describe al periodista como "un *wa'yá* que se dice en totonaca, un gavilán o zopilote: el que planea buscando alimento para volver a remontarse a las alturas" (133). En ese sentido, la movilización del detective, siempre renuente y antimilitante, solo el amor la explica. La posibilidad activa de pensamiento en el detective –una posibilidad excepcional, como lo es siempre la posibilidad de resolver un caso o lograr un pensamiento– no tiene que ver con la guerra. La guerra –la guerra entre Lacho y Rojano o Anabela, por ejemplo– solo puede producir compromiso militante, y así ideología. El detective se sustrae a la guerra en el mismo momento en que entra en ella –entrar y sustraerse son el mismo gesto– porque la guerra es en el mejor de los casos interrupción de pensamiento, de *dynamis*. Toda movilización polémica es distracción y caída en *energeia*. Así la verdad literaria del thriller coincide con la verdad literaria en general, y atiende a la conformación de una política del no-poder, o de una "gran política", por oposición a la política patológica del poder (o del dinero). Veamos cómo *Morir en el Golfo* despliega y complica estas estructuras.

El horizonte político contra el que se despliega la narrativa es abier-

---

[2] Versiones del imperativo categórico en Immanuel Kant deben verse en <u>Fundamentación de la metafísica de las costumbres</u> y en *Crítica de la razón práctica*. Alenka Zupancic ha mostrado la productividad de las diversas aporías que se derivan de la posición kantiana para el análisis de la lógica cultural de la postmodernidad en *Ethics of the Real*.

[3] La relación entre *potentia* y decisión tiene por supuesto carácter de esencial. Ver Giorgio Agamben, "Sobre la potencialidad": "Este 'puedo' no significa nada –sin embargo, marca lo que es, para cada uno de nosotros, quizá la más dura y amarga experiencia posible: la experiencia de la potencialidad–" (178). Y: "Ser capaz de bien y de mal no es simplemente ser capaz de hacer esta o esa acción buena o mala ... El mal radical no es esta o esa mala acción sino la potencialidad para lo oscuro. Y sin embargo esta potencialidad es también potencialidad de luz" (181). Ver también Ernesto Laclau, "Ethics," sobre la fundamentación de lo ético en la polaridad retirada/compromiso (*"withdrawal/engagement"*), que se desprende de un entendimiento aristotélico de la noción de *potentia*.

tamente utópico en al menos una de sus vertientes. La cercanía del boom petrolero era, en 1977, "la promesa de una euforia colectiva por una utopía posible, un mundo mexicano sin las deformidades brutales y lacerantes de siempre, soberano y rico, deseable; otro país, noble y generoso, como siempre creímos o quisimos que fuera; el gran país a la medida de nuestro nacionalismo y nuestro amor desdichado por él" (122-23). Escéptico, conmovido por la evidencia de la corrupción grave de la clase política lópezportillista, y ya con sospechas profundas sobre los motivos de sus amigos, el narrador no vacila, sin embargo, en respaldar la guerra de Anabela y Rojano contra las aparentes escaladas de Lacho Pizarro. Se lo pide Anabela tras un nuevo día de amor: "la guerra empezó. Cada una de las cosas que puedas hacer para ayudarnos, cuenta. Cada columnista o cada diario que siga tu información, cada oportunidad política, cada conversación, cada paso a favor de la caída de Pizarro, es fundamental" (153). El narrador publica una crónica en la que cuenta los hechos incriminatorios que comprometen gravemente a Pizarro según la versión de Rojano y Anabela. Pero un contacto del narrador en la Secretaría de la Gobernación, dirigente de la policía política mexicana, le muestra al periodista la manipulación de la que ha sido objeto por parte de sus amigos: las fotos que Rojano y Anabela mostraron al narrador estaban trucadas. Las cosas, así, se precipitan. El narrador rompe su relación adúltera con Anabela, soporta la reacción airada de Pizarro, y decide olvidarlo todo en su despecho. Pero pocas semanas más tarde Rojano es asesinado, linchado por vecinos enardecidos de su pueblo. Su cadáver aparece con un tiro en la sien, marca o firma de Pizarro, según lo que Rojano le había contado al narrador. Así el periodista, nuevamente conmovido, vuelve a su "guerra de papel" (174). Sus crónicas comprometen de tal manera al sindicato petrolero, e indirectamente a PEMEX (la corporación petrolera del gobierno), que Presidencia de Gobierno interviene. Se hacen tratos pacificadores con Pizarro, y Anabela y los niños se mudan a vivir con el narrador, abandonando el campo veracruzano y las tierras compradas en mejores tiempos. Parece, pues, que hay por fin paz, que el pasado es ya pasado, y el narrador entra en una cierta rutina doméstica que es de pronto interrumpida por el anuncio de Anabela de que va a matar, de que ya ha mandado matar a Pizarro.

Pero el intento de asesinato fracasa –aunque Pizarro, herido de gravedad, no vivirá mucho más tiempo–. Aun así, Anabela y los niños deben huir, dejar el país. El narrador, ya solo, se encierra en un ritmo de trabajo recalcitrante, del que dice: "Nunca me sentí como en esos días tan sumergido en la simple tarea de investigar y comunicar. Nunca tan neutral, ajeno a las implicaciones políticas y personales de mis columnas, despojado de segundas y terceras intenciones, objetivo y desapasionado, en absoluta paz conmigo mismo"

(265). El narrador ha vuelto a su *dynamis* o ataraxia moral, y cumple fielmente su destino no patológico. Pero su paz ética se derrumba cuando revela en su columna asuntos dañinos al maoísmo petrolero. Pizarro lo convoca, a través del jefe de la policía política, como condición de respetar el trato y no perjudicar a Anabela o sus hijos. El narrador debe asistir, y así se entera de que Pizarro va efectivamente a morir, pero no como consecuencia del inexistente atentado pagado por Anabela, sino a resultas de un proceso pancreático. La muerte de Pizarro llena de felicidad a Anabela.

Se consuma aquí la segunda articulación en el relato de Aguilar Camín. En virtud de la primera, el narrador no habría querido otra cosa que ayudar a sus amigos a vencer a un corrupto caudillo que no vacila en llegar al crimen para empujar su ansia política. Pero las cosas han cambiado, pues el narrador aprende, contra sus mejores deseos, la infinita complicación que lo sepulta en un juego de espejos. Pizarro no es inocente, pero no hay inocentes. La labor del narrador aparece retrospectivamente distorsionada por un ímpetu moral erróneo, basado en la ignorancia. Su ética se revela como una forma de política particularmente patológica. De las dos versiones de la realidad, la que Anabela elige creer sobre la muerte de Pizarro y la que el narrador conoce por intercesión del jefe de la policía política,

> [l]a versión de Bucareli [es decir, de la policía] de una larga serie de coincidencias, malentendidos y mitomanías de un delincuente menor, parecía estar más en el orden de lo real, más próxima a la verdadera imperfección dramática de las cosas, su tejido siempre laxo y verdadero. Concedía la verdad de algunos hechos, entre ellos el hecho central de la ejecución de Rojano en Chicontepec. Pero desvanecía lo demás en el perol de las fabricaciones interesadas, las mentiras, las falsas conclusiones, las coincidencias espectaculares y el curso natural de las cosas. La versión de Anabela hablaba, por el contrario, de una estricta geometría de la lucha, una batalla de trazos limpios y radicales cuyas coincidencias eran efectos claramente causados por la voluntad de los contendientes; el azar era ahí un disfraz de las decisiones y los resultados, el punto terminal de una aritmética cuya entraña nada resumía mejor que el lema del propio Pizarro: *El que sabe sumar sabe dividir* (303).

Lo terrible no es que el narrador no pueda elegir, sino que la voluntad de elegir se pierde ante la opción misma. De que Anabela elija se deriva la necesidad trágica de que el narrador deba renunciar a ella. La verdad de lo que el detective averigua está en exceso con respecto de la verdad posible –la verdad se excede a sí misma arrojando un real incontenible, con respecto del cual cualquier construcción de subjetividad es falsa o ilusoria–. El detective "atraviesa su fantasía", en destitución subjetiva, y renuncia no solo a su objeto de deseo, sino más profundamente a su voluntad patológica, pero ahora sin recurso a una ley moral más allá de la patología[4]. El detective ha perdido el lugar del honor, y con él todo lo demás. ¿Qué le queda? O, más bien, ¿qué le queda al thriller, qué le queda al lector atento a la verdad literaria que de ahí puede derivarse?

En la deconstrucción de la instancia ética por la instancia política y viceversa se consuma en *Morir en el Golfo* un proceso de afirmación infrapolítica. La infrapolítica es la interrupción política de toda soberanía ética y simultáneamente la interrupción ética de toda soberanía de lo político. En la infrapolítica el maoísmo petrolero no puede sostenerse, pero tampoco la codicia odiosa de Rojano o Anabela, y tampoco la angustiada conciencia moral del detective, cuya acción acaba resultando siempre tan prematura como póstuma. El narrador actúa siempre demasiado tarde o demasiado pronto, pero no hay gloria en su intempestividad, sino ridículo. Para nosotros, sin embargo, lectores, queda el resto infrapolítico como doble posibilidad de pensamiento: contra la ética, contra la política, pero no fuera de la ética, ni fuera de la política. La hipótesis que quiero manejar ahora es que el mismo resto infrapolítico constituye el horizonte propio de la construcción de conocimiento en *La guerra de Galio*.

Hay numerosos paralelos estructurales en la construcción novelística. En primer lugar el protagonista, que en la primera novela es también el narrador, es fundamentalmente un intelectual que escribe, y que encuentra en su escritura el centro inestable de su propio ser social. En segundo lugar, ambos protagonistas están dolorosamente cruzados por el afecto: amor y amistad no simplemente tocan en ellos resortes íntimos y desestabilizadores, sino que en cierto sentido los constituyen en una intemperie con respecto de la cual la escritura es refugio y salvación, compensación; pero en todo caso la escritura es siempre, para ellos, ocasión de darle salida a las aporías de sus afectos. En tercer lugar, afectos y escritura median una opción ético-política contra la corrupción y la violencia del poder en ambos casos. En cuarto lugar la imposibilidad de la buena conciencia, la imposibilidad de pensar que las opciones positivas son inmediatamente transparentes e incuestionables, la imposibilidad de creer que basta estar contra la corrupción y la violencia del poder para estar efectivamente contra ellas es el objeto mismo de la narra-

---

[4] La noción de "atravesar la fantasía" es esencial para el lacanianismo. Ver por ejemplo Žižek, "para liberarse de estar atrapado en la realidad social existente, uno debería antes renunciar al suplemento fantasmático transgresivo que nos retiene en ella" (*Fragile* 148). Atravesar la fantasía es renunciar al fantasma que determina nuestro apego a lo social tal cual es.

ción. El voluntarismo democrático termina en ridículo en *Morir en el Golfo* y en la peor de las corrupciones, a través de la figura de Octavio Sala, comido por el resentimiento y la venganza, en *La guerra de Galio*. Es como si se nos dijera que no hay nada necesariamente bueno en las buenas intenciones, que se necesita algo más que eso, y que, sin ello, estamos peor que perdidos, en el infierno mismo de la estupidez vendida.

Ambas novelas teorizan un instante crucial de decisión más allá de todo programa, y es ese instante el que en cada caso sutura la relación entre ética y política. Pero la decisión no llega a darse—aunque nunca se den más que decisiones. En la primera novela, como hemos visto, el narrador no puede decidir entre las versiones encontradas de la realidad presentadas por la versión de los hechos entregada por Bucareli, y la versión de los hechos ofrecida por Anabela. En la segunda novela el narrador es asesinado, en circunstancias nunca aclaradas, antes de que la decisión se produzca en sus efectos prácticos (no sabemos si el protagonista decide antes de morir, pues la estrategia narrativa en *La guerra de Galio* está elaborada a través de un narrador interpuesto, no omnisciente.) Pero es el hecho preciso de que la decisión no llega a darse la que presenta ambas novelas como completamente comprometidas en el acto mismo de la decisión.

El narrador de la segunda novela, viejo profesor de Vigil, refiere en dos ocasiones al "problema lógico insoluble" que le gustaba comentar con Vigil, la segunda vez en transcripción directa de los cuadernos de Vigil. Vigil anota su última conversación con el profesor:

> ... me dijo a mí: "He dedicado toda mi vida a construir esas oscuridades, como a usted le consta. Porque solo en las oscuridades puede existir la luz". Le reproché su facilismo mayéutico, diciéndole que donde hay luz, la luz no hace falta, porque nada necesita ser iluminado. Aceptó mi impertinencia y volvió amorosamente al problema lógico insoluble que él había detectado y con el que sabía hipnotizar, generación tras generación, a los alumnos. "¿Es posible evitar un accidente de coche?" Yo recordaba el argumento y le dije: "Imposible. Si pudiera evitarse, por definición no sería un accidente. Sería un acto voluntario. Un efecto de la voluntad de alguien que, pudiendo evitar su desgracia, no la evita". "No está mal", dijo el profesor: "¿Cuál es la conclusión práctica de este ejercicio?" "Vive como quieras", dije yo. "Lo que ha de suceder sucederá" (535).

La decisión, pues, implica solo la decisión misma, en un contexto en el que no hay garantías posibles de que su resultado pueda efectuar un logro positivo; y en el que no hay garantías posibles de que pueda en ningún caso estar orientada correctamente: "donde hay luz, la luz no hace falta". Si hay decisión, no hay luz. Todo tiene que ver entonces con cómo elegir la decisión, con cuál sea la dinámica íntima de ese "vivir como quieras" que no cambia el destino, pero que precisamente porque no puede cambiarlo lo afirma o lo sustrae. Gilles Deleuze, en *Nietzche y la filosofía*, menciona el entendimiento radicalmente opuesto del acto de decisión en Nietzsche y Mallarmé. Para Nietzsche, según Deleuze, "los dados que se tiran una vez son la afirmación del azar, la combinación que forman al caer es la afirmación de la necesidad. La necesidad se afirma del azar exactamente de la misma manera que el ser se afirma del devenir y que la unidad se afirma de la multiplicidad" (26). Es decir, para Nietzsche, "el segundo momento del juego [la caída de los dados en el tapete] es también los dos momentos juntos o el jugador que iguala al todo" (27). Afirmar la ley en el devenir, afirmar la necesidad en el azar, es por lo tanto un acto de afirmación de la totalidad y un compromiso con la decisión, un "vivir como quieras" que es al mismo tiempo, e indisociablemente, un "querer como vives": *amor fati*. El entendimiento de Mallarmé, según Deleuze, es alternativo e incluso opuesto, pues Mallarmé "siempre interpretó la necesidad como la abolición del azar" (33). "El poema de Mallarmé pertenece al viejo pensamiento metafísico de una dualidad de mundos; el azar es como la existencia que debe ser negada, la necesidad como el carácter de la idea pura o la esencia eterna ... Importa poco si es la depreciación de la vida o la exaltación de lo inteligible lo que prevalece en Mallarmé. Desde una perspectiva nietzscheana estos dos aspectos son inseparables y constituyen el 'nihilismo' mismo, esto es, la forma en que la vida se acusa, se juzga y se condena" (33).

La operación Nietzsche se opone pues a la operación Mallarmé. *La guerra de Galio* ofrece una versión de la oposición mutua de estas dos operaciones precisamente a través de la confrontación entre Galio y Vigil. Galio ocupa el lugar de Mallarmé, y Vigil el alternativo. La perspectiva estatocéntrica y teleológica de Galio, basada como él mismo le dice a Vigil en la idea hegeliana de historia del mundo o *Weltgeschichte*, es una perspectiva establecida sobre la vieja dualidad barbarie-civilización. En la teleología hegeliana de la historia Oriente, Grecia, Roma y el mundo "germánico" (este último representante de la totalidad de la Europa moderna) son órdenes de experiencia orientados a la subsunción final de la historia en el aparato estatal que constituye su culminación y promesa utópica. Desde este punto de vista, como ha insistido Ranajit Guha, la historicidad del mundo no coincide sino que queda precisamente negada en la *Weltgeschichte* hegeliana, que solo acepta para su constitución los elementos teleológicos de formación de un aparato de estado entendido como el fin de la historia[5]. El libro que Galio publica después de la muerte de

---

[5] En *History at the Limit of World-History* Guha muestra cómo el concepto hegeliano de *Welt-*

Vigil se llama *La coerción ilustrada*, y su fundamento es precisamente la insistencia en el desarrollo gradual del sistema estatocéntrico mexicano. Galio le ofrece a Vigil la trágica "hipótesis vulnerable" que cifra su vida:

> Solo hay un instrumento capaz de la tarea civilizadora que necesitamos, capaz de terminar nuestra propia guerra contra la barbarie de nuestro pasado ... Ese instrumento es lo que llamamos imperfectamente el Estado y nuestros anteriores llamaron simplemente Federación. El fierro helado de la federación, sus bayonetas centralizadoras, civilizadoras, como las de César, vierten hoy, en Guerrero, sangre limpia y joven que ahorrará más sangre ... Lamento cada una de las muertes que nuestra barbarie cobra en Guerrero. Pero en medio de los aullidos y el fuego, puedo ver una forma posible del país abriéndose paso hacia sí mismo, encontrando su identidad territorial, su núcleo político, su civilización posible. En una palabra: resolviendo su historia (199).

La legitimación de la violencia estatal es, por lo tanto, la consecuencia lógica necesaria de la voluntad de abolición del azar: la violencia estatal es necesaria porque la empresa de abolición del azar es necesaria[6]. En el azar se cifra la historicidad del mundo contra la *Weltgeschichte* hegeliana. En la historicidad abierta el libro de Vigil, la obra futura de Vigil, ofrece la promesa incumplida de una condena de la violencia como siempre "igualmente sombría", ampárese donde se ampare. Para Vigil la decisión –la decisión de dedicarse al periodismo o a la historia, a la ética o a la política– no es una decisión entre esos términos o por esas modalidades de acción. Es sobre todo una decisión contra la violencia, contra el paradigma de Galio, defensor incondicional de una "dictadura del sable", como pedía Donoso Cortés, contra la descomposición del mundo en anarquía y desorden[7]. Es por lo tanto una decisión a favor de la historicidad absoluta, contra el fetiche de la violencia estatal o antiestatal; contra la teleología, en cuya lógica justificadora se asienta siem-

---

geschichte, cuya traducción propia sería historia-mundial, para marcar su conceptualidad específica, está en la base de una concepción eurocéntrica de la historia que borra cualquier posibilidad de recuperación de la historia del mundo. Aguilar Camín lleva ciertas consecuencias de la noción hegeliana a su límite en el personaje de Galio Bermúdez.

[6] La referencia a "La lotería en Babilonia", de Jorge Luis Borges, es obligada, pues el cuento cuenta precisamente esa y no otra historia.

[7] "Se trata de escoger entre la dictadura que viene de abajo, y la dictadura que viene de arriba: yo escojo la que viene de arriba, porque viene de regiones más limpias y serenas; se trata de escoger ... entre la dictadura del puñal y la dictadura del sable: yo escojo la dictadura del sable" (131-32). Esta es también la opción de Galio, contra cuyo fondo se da en la novela la necesidad de decisión de Carlos García Vigil.

pre una abolición, no una afirmación del azar. Galio es en la novela el sujeto reaccionario del afecto patológico en el sentido kantiano, mientras Santiago y Carlos Santoyo, Paloma y los guerrilleros son también sujetos patológicos de una voluntad de poder antiestatal pero no por ello menos teleológica o menos basada en la *Weltgeschichte*. La liquidación de la aventura guerrillera, en cuanto aventura bélica y violenta, perpetuadora de la violencia y por lo tanto también de la legitimación de la violencia estatal, se continua en la abierta patologización del carácter de Octavio Sala, sujeto de resentimiento y mala conciencia, vencido, más que por su expulsión de *La república*, por sus propios fantasmas, que revelan cómo a fin de cuentas el juego de la verdad y de la transparencia periodística que jugaba Sala era un juego del error, porque era la instrumentalización patológico-política de una verdad de los hechos que será sacrificada cuando llegue a convenir.

La guerra de Galio es así también la guerra de todos los que en la novela se entregan a la política del poder a partir de sus propios afectos, no únicamente la clase política mexicana. Igual que Anabela en *Morir en el Golfo*, Sala y los guerrilleros, a pesar de la trágica disparidad de fuerzas, sostienen en *La guerra de Galio* la pretensión de "una estricta geometría de la lucha, una batalla de trazos limpios y radicales cuyas coincidencias eran efectos claramente causados por la voluntad de los contendientes; el azar era ahí un disfraz de las decisiones y los resultados". Pero las decisiones y los resultados políticos, abolición del azar, son producto de la sombra. "La política real siempre sucede en la sombra. Es por naturaleza vampírica, secreta ... Los políticos de las sociedades abiertas de que hablas simplemente dedican un poco más de tiempo a protegerse de la luz para poder actuar como se actua en la política: en los sótanos, en las sombras" (*Guerra* 151). La política real, nos dice el narrdor, es siempre la expresión del moralismo del poder–pero, por supuesto, el hecho mismo de que se pueda decir tal cosa, siguiendo la lección de Weil, introduce la necesidad misma de otro tipo de política real: antimoralista, republicana, ética[8].

Donde hay luz no hace falta luz. La in/decisión o trazo infrapolítico de Vigil, igual que la del narrador de *Morir en el Golfo*, suponen, más que una denuncia abierta de lo político por su compromiso necesario con los sótanos, con la trampa y la traición, con la violencia y la sombra, y por lo tanto más que una forma ética de piedad bien-pensante y cursi, la afirmación de la necesidad de una interrupción infinita de lo ético por lo político y de lo político por lo ético,

---

[8] Lo que no significa que sea fácil distinguirlas. Ver Fenves, *Late Kant*, Capítulo 4, para una buena discusión de las dificultades que rodean la adjudicación de mal radical y ley moral a las motivaciones de cualquier acción personal o política dada.

y así la afirmación del azar como necesidad. En la historicidad absoluta, reino del azar, no se cierra lo político ni lo ético: ambos se abren a una mutua deconstrucción cuyo albur puede también entenderse como democratización infinita del estado, puesto que es el otro lado del rapto teleológico del estado por las élites civilizantes y despóticas. Esta es la decisión que debe tomar Vigil, en la historiografía, o en el periodismo: una decisión más literaria que filosófica, pero en todo caso una decisión teórica, como toda decisión. En cuanto al narrador de *Morir en el Golfo*, su decisión siempre estuvo tomada: entiende, tras el hecho, que ya no tiene que seguir eligiendo. Pero había ya elegido, y fue el juego de dados lo que le llevó a enfrentar consecuencias que él no había causado.

En *Morir en el Golfo* y *La guerra de Galio* Héctor Aguilar Camín entrega dos soberbias novelas políticas cuyo carácter especial es su visión radicalmente desencantada de lo político. Su "impoliticidad", sin embargo, tiene muy poco o nada que ver con las piedades al uso, bien progresistas o reaccionarias. Que la literatura, en estos dos textos de Aguilar Camín, esté al servicio de lo político significa aquí que la literatura reclama su incontestable privilegio de pensar en democracia, que es también o sobre todo pensar la posibilidad de una decisión al margen de cualquier razón calculadora. La decisión no garantiza nada –el golpe de dados de *Igitur* no resuelve, como hemos visto, más que una abolición hegeliana del azar en la que se cifran todos los horrores y todas las verdades de la dominación–. Esa es la apuesta precaria de Galio, su "hipótesis vulnerable". Pero hay otra decisión, la decisión no militante, de carácter por lo tanto infrapolítico, de la que depende quizá toda posibilidad de acceso al reino antiutópico de una historicidad absoluta. Se mantiene contra todo rapto de la historia –por los poderosos, por los traidores, por los sujetos que patologizan al ocupar la ley moral y se hacen acreedores a la poco romántica detentación del mal radical kantiano–. Literatura contra élites civilizantes –poco frecuente, por otra parte, en una tradición que continúa oscilando entre las dos vertientes del sarmientismo, y que, dada la oposición civilización/barbarie, no sabe sino redefinirla, sin optar apenas por suspenderla–.

III. Exposición antimoralista

La dimensión infrapolítica del *thriller*, o incluso: el *thriller* como dimensión infrapolítica, nos da una manera posible de pensar lo literario al margen de la alegoría nacional, desde luego al margen de las ideologías nacional-identitarias que plagaron la reflexión literaria mexicana y latinoamericana durante más de un siglo[9]. También nos da una forma posible de pensar la relación éti-

---

[9] Ver comentarios al artículo de Jameson sobre alegorías nacionales en Capítulo 4 de esta segunda parte. Hoy quizás estemos ya lejos de la idea de que "cierto nacionalismo es funda-

co-política, y por lo tanto de entender la posibilidad de una literatura democrática, catexizada por algo así como un cuasi-universalismo ético. Quizás eso sea lo que intentaron ofrecer Paco Ignacio Taibo y el Subcomandante Marcos cuando publicaron como serial en *La Jornada* de México DF su novela *Muertos incómodos (falta lo que falta)*. Es una novela mala, pero es también una novela con intencionalidad democrática, que piensa en sí mismo como literatura democrática y literatura por la democracia[10]. Y por supuesto entre *La sombra del caudillo* y *Muertos incómodos* tenemos toda la ficción detectivesca escrita en México después de la Revolución. Es posible leer esa historia de la ficción detectivesca mexicana, y quién podría asegurar que no toda la narrativa de ficción ya es ficción de crímenes. Roberto Bolaño abre su novela mexicana *Amuleto* con una afirmación que busca, sin duda, ser un shibboleth para toda la literatura: "Esta será una historia de terror. Será una historia policíaca, un relato de serie negra y de terror. Pero no lo parecerá. No lo parecerá porque soy yo la que lo cuenta. Soy yo la que habla y por eso no lo parecerá. Pero en el fondo es la historia de un crimen atroz" (4) –una historia interesante de reflexión ético-política en México que tiene poco que ver con un pensamiento comunitarista de la nación–.

En la larga sección de *2666* dedicada a los asesinatos de mujeres en Ciudad Juárez dice Bolaño: "nadie presta atención a estos asesinatos, pero encierran el secreto del mundo" (439). En los asesinatos de Ciudad Juárez se esconde el secreto del mundo. La obligación de investigarlos –la obligación nunca cumplida de prestarles atención– es una obligación de conocimiento. La literatura no puede reclamar monopolio disciplinario alguno sobre esa investigación, pero la literatura piensa en esos asesinatos –y en otros asesinatos– para desocultar el secreto del mundo. Esa investigación, en literatura, tiene un carácter literario –la sociología no tiene carácter literario, la antropología busca hechos antropológicos, y la literatura parece buscar literatura, aunque su meta pueda no ser literaria–. Reconocer, desocultar, mostrar el secreto del mundo, si esa es la esencia de lo literario, es en sí una esencia extraliteraria. La relación entre la literatura y el asesinato parece postular que la esencia de lo literario no es literaria, y que el aparato literario despliega su potencialidad al servicio de algo otro que sí mismo. Ese algo otro –aquí, el secreto del mundo– determina la estructura del aparato literario en cada caso.

---

mental en el tercer mundo" (65) o de que "todos los textos del tercer mundo son necesariamente ... alegóricos, incluso cuando o ... particularmente cuando sus formas se desarrollan desde maquinarias de representación predominantemente occidentales, tales como la novela" (69). Lo que interesa es pensar contra tales constricciones.

[10] Ver Derrida, "Passions", sobre las conexiones estructurales entre literatura y democracia.

Podríamos por lo tanto hablar de una heteronomía del aparato literario: la esencia del aparato literario es transliteraria. La literatura no puede determinar sus propias condiciones de enunciación. La literatura es así nunca propiamente, solo impropiamente, literaria. Y en esa impropiedad la literatura despliega su presencia histórica y su eficacia histórica y política. Si la eficacia de lo literario depende de su capacidad para desocultar el secreto del mundo, esto es, si la eficacia de lo literario sigue condiciones heterónomas o transliterarias, ¿dónde se esconde el orden último de determinación? ¿En nombre de qué o con respecto a qué es la literatura eficaz? ¿Tiene el secreto del mundo una naturaleza teológica, ontológica, histórica, política, ética? ¿A qué nivel y en qué orden de actividad podríamos decir que su esencia queda contenida en sí misma?

Cuando Bolaño dice en 2666 que en las investigaciones sobre los crímenes contra mujeres en Ciudad Juárez está en juego ni más ni menos que el desocultamiento del secreto del mundo, la pregunta necesaria es la pregunta sobre la naturaleza epistémica de tal secreto. Si el secreto no es literario, aunque pueda ser buscado por lo literario, ¿es un secreto histórico-político? ¿Es un secreto ético? ¿Nos promete Bolaño, sin prometerlo, una revelación ética? Si el secreto de la literatura es transliterario, si eso puede aceptarse desde el pensamiento de que la literatura, cuando busca el secreto (pero la literatura siempre lo hace), busca algo otro que a sí misma, y si desde ese punto de partida debemos cuestionar la naturaleza transontológica, transpolítica o transhistórica de la revelación literaria, ¿sería una sorpresa descubrir que podríamos no estar en condiciones de decir que tal revelación es también transética? La revelación de lo que la revelación destruye, que es la sentencia última sobre la literatura en Maurice Blanchot (Blanchot, "Literature" 47), podría acabar mostrándose de naturaleza ética.

Pero no se trataría de una ética del buen vivir. La ética infrapolítica tiene mordisco, y no basta para decir que sirve para condenar todo moralismo posible. La ética infrapolítica también debe encontrar y criticar el residuo moralista en las posiciones filosóficas contemporáneas que apelan a definiciones débiles de la ética para poder ocupar posiciones de superioridad auto-asignadas. Me permito referir brevemente a dos de ellas: el apoyo de Giorgio Agamben a una ética de la vida beata aparentemente deleuziana y el apoyo de Peter Hallward a una ética sin otros aparentemente badiouana. En la medida en que la ética infrapolítica es siempre suplemento de un republicanismo radical del último hombre y de la última mujer, en la medida en que puede ofrecerse como ética subalternista, rechaza la noción de una ética sin otros así como toda noción posible de una ética de la vida. Intentaré mostrar cómo ambas nociones encierran un moralismo descarriado de origen ontoteológico –al margen de sus buenas intenciones, o precisamente por ellas.

Tercer espacio

El ensayo de Agamben "La inmanencia absoluta" constituye un apoyo más bien acrítico a la determinación del Gilles Deleuze tardío de un "plano de inmanencia" en el lugar de lo que otras tradiciones filosóficas llamarían el Ser de los entes. El plano de inmanencia deleuziano es identificado por Agamben como un nuevo pensamiento de la vida que establece, dice, "un legado que claramente atañe a la filosofía del futuro" (220). Agamben postula una primera divisoria en la filosofía moderna que tendría que ver con la inmanencia y la trascendencia. En el lado de la inmanencia colocaría a Spinoza y a Nietzsche y, tras un desvío por el antisubjetivismo heideggeriano, a Foucault y a Deleuze. Del lado de la trascendencia, colocaría a Kant, a Heidegger, Lévinas y Derrida. Si Heidegger tuvo éxito al enviarnos en la dirección de un "nuevo campo transcendental postconsciente y postsubjetivo, impersonal y no-individual" (225), después de Heidegger la inmanencia se convierte, dice Agamben citando a Deleuze, en "el vértigo de la filosofía" (226). Lévinas y Derrida tendrían trastornos de oído, y no pueden soportar el vértigo. Habrían sido incapaces de soportar el que es para Agamben el pensamiento más difícil y extremo, a saber, el pensamiento del plano de inmanencia como movimiento del infinito (228). Lévinas y Derrida habrían sido víctimas de una "ilusión necesaria" que consistiría en "pensar trascendencia dentro de lo inmanente" (227), y eso precisamente por haber abierto sus filosofías a un pensamiento del otro que registran como el límite de cualquier posible inmanencia. Para Lévinas y Derrida el otro es transcendente. Pero no para Deleuze.

Se invoca a Spinoza como predecesor, y especialmente la noción de *conatus* como el perseverar universal de cada ser en su propio ser. Desde el conato spinoziano Agamben puede glosar a Deleuze como pensador de "una vida", esto es, como pensador del "campo trascendental" (que es todo menos trascendental) de cada vida concreta, que no es sino la inmanencia del deseo en sí mismo, el deseo del propio deseo. En el conato coinciden "sin residuo" (236) deseo y ser. El programa de una filosofía futura debe aferrarse a la nueva potencialidad sin acción del plano de inmanencia para lograr "completo poder, completa beatitud", que es no tanto la consecuencia de una vida sino más bien el contenido mismo de una vida: "Una vida es la inmanencia de la inmanencia, la inmanencia absoluta: es completo poder, completa beatitud" (Deleuze, "Immanence" 386). El programa ético de tal filosofía sería sostener la prioridad o primacía de tal "una vida" contra toda vida concreta o encarnada, desde discernir "para cada principio que permite la atribución de una subjetividad la matriz de la desubjetivación misma" (238); para evitar el peligro de que la beatitud, el poder y el deseo se hagan ilusiones trascendentales, esto es, para evitar el peligro de que el que reivindica la desubjetivación acabe resubjetivándose desde su propio principio de acción, "tendremos que ver [y, suponemos, eliminar] el elemento que marca la sujeción al biopoder en el paradigma mismo de la beatitud posible" (238). Este es, pues, un programa para una ética del buen vivir inmanente, una ética del incremento de fuerza (poder) al servicio del "contemplador sin conocimiento" impersonal y desubjetivizado, libre "de toda cognición y de toda intencionalidad" (239). Le guste a uno la retórica o le parezca peregrina y caprichosa, es todavía obvio que el moralismo nietzscheano de la fuerza está activo en ella, aunque esta vez bajo la afirmación de una cierta práctica necesaria que, en la medida en que demanda consistencia con el misterioso campo transcendental de la inmanencia, gira hacia el ascetismo en su intento denegado de llenar la fisura del deseo. Bajo tal conceptualización no hay política posible que no sea una política del incremento de fuerza, en la que el mismo encuentro con el otro como encuentro ético-político solo puede entenderse como encuentro con un mal poder biopolítico que debe ser resistido y vencido. A mí me parece que no hay más que agujeros aquí.

La noción de encuentro ético-político queda rechazada desde el principio por lo que Hallward llama la "ética sin otros" de Badiou. La afirmación de Badiou es inequívoca: "toda la predicación ética basada en el reconocimiento del otro debería ser pura y simplemente abandonada" (Hallward 29-30). La ética de Badiou no es una ética de la vida sino una ética de la verdad, que por lo tanto se ejercita en fidelidad a acontecimientos juzgados verdaderos de los que se dice que constituyen al sujeto en cuanto tal. Políticamente, la condición ética de una verdad es que sea válida para todos y que esté basada en el principio de igualdad universal. Badiou postula así una suerte de republicanismo del último humano, y una indiferencia a toda diferencia desde el punto de vista de la afirmación del universalismo político. ¿Dónde está entonces el residuo moralista? En el hecho mismo de que el rechazo del reconocimiento– la terca negativa a negociar el encuentro político con seres para quienes el acontecimiento de verdad puede ser dudoso o susceptible de una descripción alternativa, o para quienes el supuesto acontecimiento de verdad es solo fantasía ideológica y fingida subjetivación fanática –corre el riesgo de convertir la práctica política badiouana en jacobinismo puro, y demasiado impersonal. Sí, "la filosofía nunca ha sido posible sin aceptar la posibilidad de afirmaciones anónimas" (27), pero la vida política en nombre de afirmaciones anónimas puede acercarse peligrosamente a la abstracción moralista desatada, puesto que siempre hay un sujeto detrás de esas afirmaciones anónimas, que es el siniestro sujeto de la verdad. Y el conocimiento de la verdad es poder sobre quienes no lo tienen o sobre quienes rehúsan tenerlo. Hallward critica presuntuosamente y sin piedad, en nombre de Badiou, claro, pero también en su propio nombre no tan anónimo, la ridiculez de los que piensan que "la ética debería organizarse según la voluntad del otro", pero eso solo significa que Hallward se niega a entender que la "pasividad" propuesta por Lévinas y Derrida, por ejemplo, está lejos de ser una abdicación de responsabilidad, una aceptación de imposiciones, o un abrazo de la "antifilosofía" en el sentido de Badiou. Esa pasividad no es sino el reconocimiento de que la demanda de igualdad universal está vacía si no viene acompañada de una conciencia de la prioridad de los derechos de otros sobre los míos propios. Si mi filosofía consiste en afirmar mi propia verdad como universal y válida para todos y me niego a dejar que mi vecino esté en desacuerdo por su propio bien, el problema fundamental no es la intolerancia: es más bien que me convierto en estructuralmente incapaz de negociar la adjudicación ética de ningún conflicto, y que por lo tanto caigo en una ética del poder desnudo e implacable. La verdad de la política es el último refugio de un moralismo exacerbado que rehúsa escuchar la no-verdad del otro.

La ficción detectivesca, o el *thriller*, nos enseñaría en todo caso a alcanzar esa conclusión. Todo asesinato esconde un secreto. La literatura detectivesca quiere revelar ese secreto. Tal secreto, el secreto inscrito en los asesinatos de mujeres de Ciudad Juárez, por ejemplo, esconde el secreto del mundo. Así que la literatura detectivesca acaba por reconocerse como literatura ética en la misma medida en que ningún asesinato es primariamente teológico, histórico, literario, o político sin ser antes que nada de eso un asesinato ético (en fin, puede hablarse de asesinatos literarios en el sentido de asesinatos de la literatura, como es el caso de la novela de Taibo y Marcos). Pero todo asesinato es antes que nada una falta ética, una infracción ética. De otra forma no sería asesinato. No hay asesinato y no podría haber asesinato si "la predicación ética basada en el reconocimiento del otro" fuera pura y simplemente "abandonada". Solamente habría adjudicaciones políticas de asesinato, según convenga al sujeto de verdad. El asesinato suspende el imperativo ético de la prioridad radical del otro, y es por lo tanto una relación negativa con el otro, pero la inversión, la negación de una relación, no destruye la relación.

La relación entre literatura y asesinato muestra así, de una forma privilegiada, la heteronomía y la impropiedad de lo literario. En particular muestra la impropiedad ética de lo literario en la medida en que la literatura debe ceder su autonomía ante la presión ética. En esa relación la ética desapropia a lo literario, en un contexto en el que la literatura no puede nunca desapropiar la ética, que está inserta estructuralmente en la forma de la lengua (que de otra manera no sería lengua). Los asesinatos de Ciudad Juárez esconden el secreto del mundo, y la literatura lo busca si es al cabo verdad que hay algo o alguien que lo busque en lugar de serlo el que nadie le preste atención a ello.

Si la literatura busca un secreto ético, entonces la relación ética con el otro domina la literatura e impone su ley.

Es posible imaginar una historia literaria que trate de las relaciones entre literatura, política y crimen. La literatura es un aparato epistémico cuya heteronomía se manifiesta fundamentalmente como impropiedad ética, o como impropiedad ético-política. Y no es así porque la literatura en sí sea impropiamente ética sino porque la literatura es desapropiada por la ética justo cuando sigue leyes éticas. La impropiedad literaria no es solo ética, es ético-política. Si los asesinatos son fundamentalmente relación ética, aunque negada o suspendida, la necesidad de investigar literariamente la presencia misma de asesinato en una comunidad dada, o en lo social, al menos tanto como la necesidad de investigarlos histórica, fiscal, policiacamente, es una necesidad de orden político elemental.

El asesinato es una relación ética suspendida, pero la investigación del asesinato es siempre una relación ético-política con el asesinato. La literatura, en el caso concreto de la literatura de crímenes, o del *thriller*, cuando hace del asesinato, de cualquier asesinato, su foco de investigación, se convierte en aparato político que busca darle respuesta a una suspensión ética. El asesinato es ético, en la medida en que es primariamente una negación o suspensión de la ética. Pero la necesidad de investigar el asesinato, la necesidad de entenderlo, la necesidad de articular su entendimiento en lenguaje ya no es primariamente una obligación ética. Busca intervenir en la ética, restituir la ética, corregir, aunque solo simbólicamente, una interrupción o una suspensión de la ética. Pero ya es impropiamente ética, porque el intento mismo, la necesidad y la expresión de esa necesidad de investigar, de entender, solo puede entenderse desde su distancia con la ética. Esa distancia de la ética es ya de naturaleza política. Incluso si la necesidad misma de una investigación literaria del asesinato encontrara en su punto de partida la ley ética de la prioridad radical del otro, si esa fuera su heteronomía y su ley secreta, el imperativo ético determina la necesidad literaria solo impropiamente. La necesidad literaria es primariamente, aunque no exclusivamente, la necesidad de una respuesta política a la suspensión de la ética y entra en una relación ético-política y no solo ética con la suspensión de la ética. Este es el otro lado de la heteronomía literaria, porque la literatura es lengua y lengua de una comunidad, y por lo tanto su impropiedad ética se manifiesta necesariamente en su dimensión política.

La necesidad literaria, como respuesta a la suspensión de la ética, está marcada por la ética, pero también está marcada por la mediación política de su propio aparato, inevitablemente. Desde el punto de vista del aparato literario mismo, es concebible que la relación sea vista como mediación literaria.

Tercer espacio

Pero, desde una perspectiva ética, la mediación literaria siempre es política. Así que, desde una perspectiva ética, la reacción literaria a un crimen, o al crimen, constituye una respuesta política a la suspensión de la ética. Pero es una respuesta política que está profundamente determinada por la relación ética. Al ser una respuesta ético-política, pero impropia en cuanto tal por sus dos lados, es una respuesta infrapolítica. La paradoja es por lo tanto que la impropiedad infrapolítica del aparato literario, como respuesta ético-política a la suspensión de la ética, puede ser la propiedad literaria misma. ¿Podría entenderse así que la literatura de crímenes es la condición de posibilidad de toda literatura? ¿Podría darse que el *thriller* fuera la forma narrativa dominante no solo de nuestro tiempo sino de todos los tiempos? Lo que me interesa es la pregunta regional sobre la relación entre literatura y crimen, y su relación con el secreto ético del mundo. La historia literaria, o la crítica literaria, podría investigar las condiciones históricas de articulación de la impropiedad ético-política de la literatura. La historia literaria mexicana podría reinterpretarse desde la perspectiva del estudio de las reacciones ético-políticas a la suspensión de la ética en la vida mexicana. Lo que está en juego es el estudio de una ética impropia y de una política impropia, marcadas ambas por la articulación literaria. Podrían plantearse historiografías peores que la de la historia de una ética literaria, por ejemplo en México, como historia ético-política de la suspensión de la ética. Pero esto nos acerca a un problema técnico.

¿Es la suspensión de la ética en sí histórica? ¿O es la suspensión de la ética el límite de la historia y su condición de posibilidad, el acontecimiento siempre de antemano ocurrido que determina toda historia posible y toda temporalidad histórica posible? Si hay una historia de la literatura, ¿puede haber una historia de la suspensión de la ética? ¿O son la desnarrativización y la suspensión de la ética momentos teórico-prácticos equivalentes al momento conceptual del subalterno en la frase de Gayatri Spivak, "el límite absoluto del lugar en el que la historia se narrativiza como lógica"? (Spivak 17). Quizás el estudio de la relación impropia entre literatura y crimen en México no sea otra cosa que el estudio del concepto de lo subalterno en la producción literaria mexicana[11].

La impropiedad ética de la literatura de crímenes, la heteronomía de lo literario en general y de la literatura policiaca en particular, configura una estructura en el corazón del aparato literario mexicano que desarticula cual-

---

[11] El momento inicial de este capítulo fue una conversación con John Kraniauskas sobre la importancia de la intersección entre literatura, el crimen y la política en México para cualquier entendimiento adecuado de la relación de luchas subalternas en el país. Este ensayo se ha beneficiado de muchas otras conversaciones con John sobre el *thriller* en general, y sobre la literatura mexicana en particular.

quier intento de presentar la literatura mexicana como alegoría nacional o como empresa identitaria. La impropiedad es paradójica o aporéticamente la tradición más propia de la literatura. La impropia tradición literaria, si es tradición, que dice que la literatura no puede pensar el asesinato (Bolaño: "nadie presta atención a esos asesinatos") sino que es el asesinato el que piensa la literatura, esa tradición que restituye una heteronomía siniestra en el corazón de lo literario, esa tradición que niega la textualización total de lo literario, la romanticización del aparato literario, esa tradición que dice que la literatura está dominada por un afuera-del-texto, y que tal afuera-del-texto es de naturaleza ética y solo admite contestación a través de esa formalización de la relación ético-política a la que llamamos literatura, esa es también la tradición, si es una tradición, que dice que, en términos de alegorías nacionales, transculturaciones, identidades, o cualquier otra forma de intentar configurar un pensamiento de la comunidad, la literatura siempre se queda corta o va demasiado lejos, porque siempre es demasiado literaria o nunca lo suficientemente literaria. La literatura de crímenes, cualquier *thriller*, como parte del aparato ético-político dedicado a darle respuesta a la suspensión de la ética, no puede encontrar en el horizonte comunitario, o nacional, ningún secreto del mundo sino que más bien muestra que el secreto está siempre más allá de lo nacional, más allá de lo comunal, que es inaccesible a ambas instancias, y que de hecho lo nacional, lo local, lo regional, lo comunal o cualquier otra variación de lo mismo son las estructuras diseñadas para tapar, ocultar, esconder y traicionar la impensabilidad del secreto. Toda propuesta comunitarista en literatura es parte de la estructura ideológica de compensación por la suspensión de la ética que el crimen comete, y por lo tanto es cualquier cosa excepto una respuesta apropiadamente política (es falsamente política, por definición) a la suspensión de la ética. Es una respuesta política, pero no es una respuesta política a la altura y medida de lo necesario. Es más bien siempre en cada caso la negación y la suspensión de una respuesta propiamente política. Asumir la historicidad absoluta del crimen, del asesinato, como vimos, implica una afirmación del azar, un rechazo de la necesidad télica, y un abrazo de la situación infrapolítica. Todo lo demás es moralismo domado.

Si la elaboración de una estructura nacionalista en literatura, o cualquiera de sus variaciones (comunitarista, partidista, etc.), es un gesto antipolítico en virtud de ser excesiva o insuficientemente literario, entonces el nacionalismo literario colabora en la suspensión de la ética y está así implicado en el crimen al que nadie presta atención, pero que sin embargo esconde el secreto del mundo. El nacionalismo literario, en México y en todas partes, es una estructura heterónoma de ocultamiento de la suspensión de la ética, esto es, ocultamiento de la suspensión de la prioridad del otro, y por lo tanto ocultamiento del proceso de subalternización y sacrificio, es cómplice del crimen de la historia y de todos los crímenes de la historia.

Contra el nacionalismo, y contra cualquiera de sus variaciones identitarias, uno solo puede continuar afirmando la democracia. La impropiedad de la literatura, la heteronomía literaria, es la marca democrática dentro de la empresa literaria–por un republicanismo del último humano. No hay ficción detectivesca sin universalismo ético y no hay reflexión sobre la suspensión de la ética sin democratización de lo político. En 1958 la filósofa española María Zambrano, escribiendo en Italia después de haber pasado varios años en México, dijo que una política democrática podía caracterizarse como el movimiento tendencial hacia el abandono de la estructuración sacrificial de la historia (Zambrano, *Persona* 42.) La ficción detectivesca–esto es, la intersección reflexiva de literatura y crimen, marcada heteronómicamente por la necesidad política de interrumpir la suspensión de lo ético y por la necesidad ética de interrumpir la suspensión de lo político –es literatura democrática y busca el abandono de la estructuración sacrificial de la historia–. Me gustaría que alguien ofreciera contraejemplos. Hasta entonces, la ficción detectivesca –o el *thriller*, en términos más generales (en la ficción detectivesca el crimen ha generalmente ocurrido ya, en el *thriller* el crimen va ocurriendo durante la narración misma)– configura una proyección impropiamente ético-política, infrapolítica. La infrapolítica es, en otras palabras, la carga ético-política del aparato literario, y la cifra de su heteronomía. En la infrapolítica literaria –en lo no propiamente político sino impropiamente ético e impropiamente político– encontramos el vínculo entre la literatura y la democracia, entendido como movimiento tendencial, incesante, hacia el final de la estructuración sacrificial de la historia. Puede pensarse en las respuestas literarias necesarias para atender los asesinatos de mujeres de Ciudad Juárez.

"En México, si no le madruga usted a su contrario, su contrario le madruga a usted" (Guzmán, *Sombra* 203); "la política mexicana solo conjuga un verbo: madrugar" (220). Madrugar es por supuesto levantarse temprano, pero hacer el verbo transitivo le hace significar actuar antes que el otro. El modismo mexicano puede bien referirse a una estructura elemental de la política: la voluntad de ganarle siempre al contrincante por la mano. Lo que choca por su cinismo es la idea de que el otro es siempre el enemigo –madrugar es antes que nada madrugarle al otro, definido como contrincante en la precisa medida en que es objeto de la acción verbal–. La frase compañera es "no hay amigos en la política". La combinación de madrugarle al otro y pensar que no hay amigos en política es mortal para todo antimoralismo. De hecho, la noción de que el acto político es el acto de ganarle siempre por la mano al otro es el epítome del moralismo y del oportunismo moralista, puesto que envuelve una consideración del político como alguien que vive en la suspensión permanente de la ley moral en el sentido kantiano, que habría dejado de aplicarse a él desde su compromiso con la noción de andar siempre madrugado. La consecuencia quizás no intencional es la postulación de que todo político, en la medida en que no sea además un mamón y descuide madrugar, es enemigo de la raza humana. Quizás sea cierto. ¿Qué diría la infrapolítica?

La autonomía de la política está basada en la amenaza existencial que el enemigo representa. Mi posibilidad de auto-defensa es incondicional y no heterónoma–no depende de nada ni de nadie excepto de mí mismo. El enemigo, en política, solo puede ser el que amenaza tu existencia. Ante esa amenaza existencial la ley ética queda suspendida, y la política se convierte en reino autónomo de acción: puedes, preventivamente, destrozar al que, dada una oportunidad, te destrozaría a ti. La autonomía de la ética parecería por lo tanto postular o remitir a la conducta que debe observarse respecto del amigo, o más bien del no-enemigo. Cuando no hay amenaza existencial, no hay propiamente enemigo. Si el campo de la política ha de ser entendido como el campo de división entre amigos y enemigos, en la definición de Carl Schmitt, entonces es esencial entender que solo hay que luchar contra el enemigo siempre injusto (Kant dice, abismalmente: "un enemigo justo sería un enemigo al que yo no tendría justificación para resistir; pero entonces no sería mi enemigo" [Kant, *Metaphysics* 119])[12]. Todos los demás son amigos.

¿Qué es, entonces, la amistad? Kant le dedica cuatro páginas importantes de su *Metafísica de la moral* a una discusión del concepto de amistad, sobre el que elabora pensamiento bajo la rúbrica "Conclusiones de los elementos de la ética". Cita a Aristóteles en la primera de esas páginas: "Mis queridos amigos, no hay tal cosa como un amigo" (215). Las paradojas de esta posición ya han sido abundantemente exploradas por Jacques Derrida en su *Política de la amistad* (libro que puede ser entendido como un comentario a las páginas de Kant que estoy citando), así que baste decir que la frase de *La sombra del caudillo* sobre el hecho de que la amistad no figura en el campo de las relaciones políticas, que se profiere durante una conversación entre amigos, es un eco directo de la posición kantiana (y aristotélica y quizá derridiana). La amistad es para Kant un deber, "no un deber ordinario sino un deber de honor" (215). Pero la amistad, Kant reconoce, es difícil. En su perfección sería "la unión de dos personas en respeto y amor mutuo e igual" (215). Hay muchos

---

[12] Ver Schmitt, *Concept*, para la definición clásica del campo político como campo de división entre amigo y enemigo, y también para su discusión de la autonomía de lo político en la determinación existencial del enemigo como aquel que amenaza tu supervivencia.

obstáculos en el camino de tal perfecto equilibrio de igualdad y, concluye Kant, esa amistad perfecta "es un ideal del deseo que no conoce límites en su concepto racional pero que debe ser muy limitado en la experiencia" (217). Esa amistad "estética", es decir, basada en sentimientos de afecto, solo puede actuar como idea regulativa. La amistad "moral", esto es, la forma limitada de amistad que consiste en "la confianza completa de dos personas que se revelan sus juicios y sentimientos secretos en la medida en que tales revelaciones son consistentes con el respeto mutuo", ya no es un ideal sino que "(como los cisnes negros) en realidad existe aquí y allá en su perfección" (217). Es rara pero existe. Y esta es la noción que para Kant marcaría la posibilidad de un modelo político que se sustraiga a la del político moralista y canalla: "un amigo del ser humano en general (esto es, de la raza humana total) es el que toma un interés afectivo en el bienestar de todos los seres humanos (se alegra con ellos) y nunca lo amenazaría sin grave pesar" (217). El amigo de los seres humanos es un amigo moral, un amigo que sigue la ley moral. Sé amigo de todos los seres humanos, excepto de los enemigos injustos, los asesinos: ese es el ideal político kantiano, el republicanismo del último humano. O todos cuentan o no cuenta nadie. Ningún *thriller* ha dicho nunca otra cosa.

Hay, sin embargo, una frase enigmática en esas páginas de Kant, con la que concluiré: "El ser humano es un ser destinado a la sociedad (aunque también es un ser insociable), y al cultivar el estado social siente fuertemente la necesidad de revelarse a otros (incluso sin propósito ulterior)" (216). Esa necesidad de auto-revelación antimoralista, esa necesidad de auto-exposición sin cálculo, no es una necesidad política. Tampoco es una necesidad ética. Es otra cosa y apunta a una región de la razón práctica que no puede capturarse en la división de esta última entre ética y política. ¿Es una necesidad retórica? Condiciona toda retórica, es condición de toda retórica, pero no es ella misma retórica. Quizás desde el abismo incalculable de esta necesidad puede haber algo así como una posición infrapolítica, ni propiamente ética ni propiamente política, aunque aborrezca la traición moralista. ¿No es esta, en última instancia, la razón decisiva para que existan los *thrillers*? También, entonces, la razón decisiva para que haya literatura.

Capítulo séptimo

Literatura infrapolítica: Hispanismo y frontera

> Lo que cuenta es la idea del desbordamiento del pensamiento objetificante por una experiencia olvidada de la que vive (Lévinas, *Totalidad e infinito*).

> Los villanos y los héroes andan confundidos (Ian Fleming, *Casino Royale*).

1. Sobre la exterioridad

El "Prefacio" de Emmanuel Lévinas a *Totalidad e infinito* se abre con la pregunta sobre guerra y moralidad. La guerra y la moralidad son incompatibles. Si hay guerra, entonces no habrá moralidad. "La guerra no es solo una de las tribulaciones –la más grande– de las que vive la moralidad: hace a la moralidad derisoria. El arte de anticipar la guerra y de ganarla por todos los medios –la política– es por lo tanto saludado como el ejercicio mismo de la razón. La política se opone a la moralidad como la filosofía a la ingenuidad" (21). La política y la guerra son lo mismo, o más bien, la política es el arte de ganar guerras. Y por supuesto, dice Lévinas, "no necesitamos oscuros fragmentos de Heráclito para probar que el ser se revela al pensamiento filosófico como guerra, que la guerra no solo lo afecta como el hecho más patente, sino como la patencia misma de la verdad, de lo real" (21). Así, para el pensamiento filosófico, dice Lévinas, el ser se revela como guerra, esto es, como política. La guerra es "pura experiencia del ser puro" (21).

Pero Lévinas no lo deja ahí, porque hay algo que hechiza la guerra. Lévinas lo llama "la escatología de la paz mesiánica" (22). Hay una excepción a la guerra, una excepción a la política. "La escatología instituye una relación con el ser más allá de la totalidad o más allá de la historia, y no con el ser más allá del pasado y del presente" (22). Lo que dice es que la escatología no refiere al pasado o al presente o al futuro, no refiere a la temporalidad o a lo supratemporal, entendido como lo que sostiene a lo temporal. Refiere, más bien, a lo que está más allá de la totalidad. La escatología es, por lo tanto, no una teleología. No es una teleología porque no tiene una estructura temporal. Es, simplemente, el anuncio de algo más allá de la totalidad, que significa más allá de la totalidad del tiempo y por lo tanto fuera del tiempo, fuera de la finitud (pero no marcando todavía una ontología extemporánea). Si está fuera de la guerra y fuera de la política, no es porque venga al final de la guerra o al final de la política. ¿Qué es eso nombrado en la expresión "paz mesiánica"? ¿Y cómo accedemos a ello? Lévinas dice: "infinito" (23). Y dice: "Está reflejado en la totalidad y en la historia, en la experiencia" (23). Aunque esté fuera de la totalidad y de la historia, que son los proveedores de experiencia, está también sin embargo reflejado en ellas, y así reflejado en la experiencia. De hecho, dirá Lévinas, constituye la experiencia, porque "la idea del ser que desborda la historia hace posibles existentes … que pueden hablar en lugar de prestarle sus labios al pronunciamiento anónimo de la historia. La paz es producida como esa aptitud de habla. La visión escatológica rompe con la totalidad de guerras e imperios en los que uno no habla" (23).

Lévinas vincula experiencia a esa capacidad de habla, de lengua, del decir. La experiencia del más allá de la historia hace el habla posible y solo posible en esa experiencia. Sin ella no habría lenguaje. Se trata aquí de una "visión sin imagen" y de una "significación sin contexto" (23). En *Meridiano de sangre*, de Cormac McCarthy, el niño habla no solo cuando le dice a Sproule "conozco tu ralea … Lo que está mal en ti está mal hasta tu fondo" (66), pero también cuando le dice a la momia mexicana: "¿No puedes escucharme?" (315). Como veremos en lo que sigue, la noción de Immanuel Kant de una necesidad de exponerse sin propósito ulterior tiene una contrapartida en el entendimiento de Javier Marías de la necesidad de escritura y en la tematización que hace McCarthy de un cierto pliegue interno en la práctica de la guerra. Mi interés está en entender que esas tres instancias de pensamiento son calas en lo que Lévinas conceptualiza como el desborde del pensamiento objetificante: significación sin contexto, inmemorial en cuanto tal, más allá de la historia, intemporal, y sin la cual toda narrativa, supuesto que pudiera darse, sería solo una narrativa más de guerra eficaz, esto es, asesina.

Ese desborde es para Lévinas lo infinito, entendido precisamente como la presencia que "desborda el pensamiento que lo piensa" (25). Es un exceso o un más allá, y está reflejado en la experiencia en la medida en que la experiencia se hace propiamente experiencia al ser tocada por ese hechizo: "si la experiencia significa precisamente una relación con … lo que siempre desborda el pensamiento, la relación con lo infinito cumple la experiencia en el sentido más pleno de la palabra" (25). El hechizo es sobre todo la traza de lo infinito en el pensamiento desbordado. Y está más allá de la guerra, más allá de la historia, más allá de la totalidad, más allá de la política. No se trata de que haya un hechizo, y por lo tanto lo infinito. Tampoco de que hay infinito, y por lo tanto el hechizo. No: tanto hechizo como infinito son consecuencia de una no-adecuación esencial (27), que pertenece a lo fáctico, a la facticidad más elemental. El pensamiento "contiene en sí lo que no puede ni contener ni recibir en virtud de su propia identidad" (27). Lo que surge ahí es nuevo, y el pensamiento debe acogerlo. Ese hechizo es la condición de toda hospitalidad, igual que la hospitalidad es condición del hechizo. "Contener más que la propia capacidad es hacer estallar a cada momento el marco de un contenido de pensamiento, cruzar las barreras de la inmanencia" (27). Esta es la violencia esencial: "Lo que rompe como violencia esencial es el exceso del ser sobre el pensar que pretende contenerlo" (27). Es la llamada a la rectificación de la guerra, dentro de la guerra pero fuera de la venganza. Quizás también guía toda narrativa infrapolítica, y toda la literatura.

La experiencia es por lo tanto para Lévinas, de manera muy precisa, la no-adecuación esencial a la realidad de la guerra, a la realidad de la política. La experiencia es siempre la experiencia de una violencia esencial. La violencia esencial es la condición de la narrativa infrapolítica. Para Lévinas es también la condición de la ética. De hecho, dice Lévinas, para esa violencia esencial, entendida como experiencia de exterioridad metafísica y como relación con lo absolutamente otro "la ética es el camino real" (29). Pero ¿y qué si, antes de la ética, pudiera postularse otra práctica que haga de la doble suspensión de la ética por la política y de la política por la ética su condición de posibilidad? Tal práctica, que encontraría expresión en la literatura pero no está limitada a la literatura, es la práctica infrapolítica. Nos expone sin propósito ulterior, y se sitúa más allá de la doble suspensión. ¿Un camino menor hacia la violencia esencial? Un camino hechizado, que vive en el hechizo. Ese hechizo no está más allá de la guerra, no está fuera de la guerra. No es una excepción a la guerra. Solo un pliegue dentro de la guerra, dentro de la política: infrapolítico. En cuanto infrapolítico, es también una suspensión de la ética, y no solo de la guerra, ni siquiera solo de la guerra justa.

II. Fondo oscuro

La infrapolítica es el tipo de práctica que rehusa totalizar lo político como esfera de acción. Afirma una ruptura respecto de lo político no en nombre de la política sino en nombre de algo esencial que, aunque incluya la ética, no está limitado a la ética. Hay una dimensión infrapolítica de lo literario que no está limitada al hispanismo, pero que determina el hispanismo de la misma manera que determinaría cualquier otra región de incidencia. Este capítulo es sobre política intelectual, o más bien sobre infrapolítica intelectual en cuanto práctica política en el campo universitario. Si entendemos hispanismo, no como la historia de reflexión secular sobre los destinos y especificidades de la cultura española, sino civilizacionalmente, como la historia y la práctica de reflexión sobre territorios, pueblos, lenguas y mundos marcados por la lengua castellana, demasiado a menudo mediante gestos de guerra, de dominación, de conquista y de opresión, podríamos entender al hispanismo en cuanto tal como una modalidad más de la práctica bélica. Yo propongo lo contrario: al buscar la dimensión infrapolítica misma del hispanismo busco también la posibilidad de un reentendimiento del hispanismo como práctica democrática. De cualquier modo, pienso que el hispanismo está hoy, precisamente, viviendo en la frontera, en una frontera, y que cruzar esa frontera es la tarea fundamental de una renovación necesaria. No es la separación entre nuestros distintos campos de trabajo dentro de estudios hispánicos sino su yuxtaposición, reunión, comparación y contraste lo que nos puede beneficiar a todos.

Hay un poema de José Angel Valente, el primero de su colección *Al dios del lugar*, publicada en Barcelona en 1989:

> El vino tenía el vago color de la ceniza.
> Se bebía con un poso de sombra
> oscura, sombra, cuerpo
> mojado en las arenas.
>
> Llegaste aquí,
> viniste hasta esta noche.
>
> El insidioso fondo de la copa
> esconde a un dios incógnito.
> Me diste
> a beber sangre
> en esta noche.
> Fondo
> del dios bebido hasta las heces (13).

Este poema puede ser leído como alegoría del trabajo infrapolítico. La clave de lectura me viene dada por un texto que Valente conocía bien, que es el libro de María Zambrano titulado *Los intelectuales en el drama de España y otros escritos de la guerra civil*. Zambrano utiliza repetidamente una expresión que reaparecerá en otros momentos de su obra, y en particular en su *magnum opus El hombre y lo divino*, de 1955. La expresión es "fondo oscuro". Zambrano habla de un "pensar el fondo oscuro" igual que Valente quiere que apuremos la "sombra oscura" en el vino, ese "fondo del dios" que el poeta quiere beber "hasta las heces". El "insidioso fondo de la copa/esconde a un dios incógnito":

encontrar al dios es la promesa. Conocer al dios implica, sin embargo, beber ceniza, también sangre y arena. Para la filósofa malagueña pensar el fondo oscuro nombra la empresa central de su pensamiento, cuya denominación alternativa, "razón poética", supone un intento de superación del racionalismo metafísico y cartesiano de la modernidad (una modernidad que Zambrano vio caducar en su promesa misma durante la Guerra Civil española) a favor de un elemento excesivo o transcendente que acaba constituyendo lo que hay que pensar y lo que llama al pensar, y con respecto del cual ni la filosofía ni la ciencia, aunque necesarias, pueden medirse. El "fondo oscuro" es el objeto perdido del deseo de conocimiento en Zambrano y en Valente, y el motor secreto de ambas obras. ¿Qué ocurriría si arriesgáramos una definición de la tarea civilizacional del hispanismo, o incluso de la tarea del hispanismo para el presente, como "pensamiento del fondo oscuro"? ¿Y cómo entender en primer lugar la literatura como pensar el fondo oscuro?

"El hacedor", de Jorge Luis Borges, empieza con un guerrero y termina con un poeta. La ceguera media entre los dos, y lo hace en tal manera que la experiencia de la literatura viene a ser asociada, en el texto de Borges, con la ceguera, o con una cierta ceguera. El guerrero es el que "nunca se había demorado en los goces de la memoria", pues para él todo consistía en "fruición y ... indiferencia inmediata" (309). Incluso las historias, los relatos son para él pura inmediatez, que absorbe como recibe "la realidad, sin indagar si eran verdaderas o falsas" (309). Pero llega la ceguera, y "el hermoso universo fue abandonándolo" (309). La retirada del mundo, que al principio causa desesperación, empieza a darle sin embargo algo otro, un retorno del mundo, cuando el hombre desciende "a su memoria, que le pareció interminable, y logró sacar de aquel vértigo el recuerdo perdido que relució como una moneda bajo la lluvia" (310). Sus recuerdos, recuerdos de amor y aventura, de Ares y Afrodita, de guerra y encuentro, vuelven a él "sin amargura, como una mera prefiguración del presente" (310). Es entonces cuando entiende que es Homero, al oír "el rumor de gloria y de hexámetros ... , el rumor de las Odiseas e Ilíadas que era su destino cantar" (310-11).

El cuento no nos dice mucho más. Recuenta la experiencia de la memoria literaria consecuencia de la retirada del mundo en la ceguera, y es una experiencia de (el recuerdo de) amor y guerra, guerra y amor. Esos son los elementos de un habitar incómodo solo encontrable en la retirada de la visión del mundo, o más bien en la entrada en visión, como la de toda ceguera, en fondo oscuro, solo encontrable en la memoria como uno encuentra una moneda en la lluvia. En "El hacedor" Borges nos entrega inmediatamente una reflexión sobre la práctica poética como un pensar del fondo oscuro, desde la ceguera misma. La noción de ceguera en Borges remite en este texto a algo así como la noción Lévinasiana de violencia esencial. Si la violencia esencial es el exceso del ser sobre el pensamiento de lo que pretende contenerlo, la literatura es una apertura a la facticidad de ese desbordamiento. La literatura es una apertura, en ese sentido, a la visión escatológica en la terminología de Lévinas, a esa visión sin imagen que sin embargo se elabora en producción de imagen. De ahí el hechizo. La experiencia es lo que desborda a la razón, pero es también lo que hace vivir a la razón. Ese desbordamiento es cabalmente determinante de lo que Zambrano llamará en *El hombre y lo divino* una "relación abismada" –que es una relación en la que uno de los dos términos se ha olvidado, y actúa solo desde el olvido–. Hay relación abismada entre razón y fondo oscuro en la misma medida en que la razón proviene de una experiencia que a su vez yace en el olvido –que es solo recuperable mediante un trabajo en el olvido, un trabajo del olvido–. Esa relación abismada no puede ser dilucidada por el pensamiento objetificante en cuanto tal; y sin embargo explicitar la relación abismada, recordar y extraer del olvido lo que la forma, es la empresa de conocimiento misma, reducida en el breve texto de Borges a la empresa poética.

El guerrero encuentra en su ceguera un exceso del ser o de la vida a la que en cuanto guerrero no tenía acceso. El guerrero ciego accede a un desbordamiento esencial, y la literatura es el abrirse mismo a la facticidad de tal desbordarse. La ceguera es condición de la apertura literaria porque es condición de retorno de la imagen desvanecida o perdida en la indiferencia inmediata del guerrero. De los dos recuerdos que habitan en el guerrero ciego, ya poeta, "sin amargura, como una mera prefiguración del presente", el primero es, para Borges, profundamente autobiográfico: "Lo había injuriado otro muchacho y él había acudido a su padre y le había contado la historia. Este lo dejó hablar como si no escuchara o no comprendiera y descolgó de la pared un puñal de bronce, bello y cargado de poder, que el chico había codiciado furtivamente. Ahora lo tenía en las manos y la sorpresa de la posesión anuló la injuria padecida, pero la voz del padre estaba diciendo: *Que alguien sepa que eres un hombre*, y había una orden en la voz" (310). Sabemos lo cargados que pueden estar tales recuerdos, y también, por la biografía de Borges, lo perturbador que este recuerdo particular le resultaba al escritor. Pero este texto lo recobra, y dice: "el sabor preciso de aquel momento era lo que ahora buscaba; no le importaba lo demás" (310). Lo demás no importa: solo el recuerdo de una experiencia que retorna en su diferencia consigo misma, en un sabor cuya traza es testigo del hecho de que contenemos más de lo que somos capaces, porque hay lenguaje. Si el joven guerrero podía pensar o despensar en sí mismo como el que yerra por las ciudades de los hombres "sin otra ley que la fruición y la indiferencia inmediata", el poeta ciego está ahora sometido a una ley enteramente otra. ¿Es la ley moral? No. El retorno del padre despótico no busca una acomodación ética en la prefiguración del presente. "En esta noche de sus ojos mortales" (310) el poeta vive en el habitamiento de las imágenes y experimenta el retorno de aquello que, en la imagen, está más allá de la imagen. Ese es el habitamiento poético del fondo oscuro; lo que la literatura, lo que la tradición de una lengua da de la vida sin textura[1]. Creo que todo ello es también el vórtice mismo o la afirmación silenciosa del poema de Valente. Llegamos aquí, venimos hasta esta noche o límite opaco y olvidado del pensamiento con la tarea de beber el fondo oscuro de la copa donde alienta el dios incógnito, el dios en sí olvidado. La meta, para Valente, para Zambrano, para Lévinas, para Borges, es entender la "vida sin textura", que Zambrano teoriza en *El hombre y lo divino*, con respecto de la cual toda manifestación cultural es derivada y secundaria. Pero no es posible llegar a recuperar ese fondo último de conocimiento sin cruzar la objetificación de una experiencia concreta, sin remontarla y desbordarla hacia la experiencia última misma. Esa es para mí, siguiendo en la estela de Zambrano, la tarea que espera al que, en cuanto hispanista, piensa el hispanismo. Yo le llamo a eso experiencia infrapolítica.

El concepto de infrapolítica remite para mí al fondo oscuro. Me gustaría por lo tanto proponerlo como una categoría general del pensamiento literario y cultural que tendrá en la reflexión sobre las literaturas hispánicas una determinación específica, o una serie de determinaciones específicas. Pero ¿qué es específicamente la infrapolítica, o mejor, qué es la acción infrapolítica? Es el tipo de acción simbólica en lo real que rehusa totalizar lo político como su propia esfera de acción. Es decir, no busca proponerse como acción solo en la esfera política, que es la esfera de las relaciones de poder entre personas. Propone, e incluso actualiza, una ruptura con respecto de lo político, no en nombre de lo político, sino en el nombre de una afirmación esencial que,

---

[1] La renuncia a la guerra y a la política no es un refugio inmediato en la moralidad. Que la literatura apunte más allá del ser, como unidad de la guerra, y que permanezca en el espacio de un desbordamiento en el que un morar que no es todavía ético, excepto en un sentido literal y menor, son nociones que rehúsan una definición o captura política. Hay un segundo recuerdo en "El hacedor", el que se refiere, no a la guerra, sino al encuentro, al amor. Al guerrero ya ciego, ya no guerrero, le adviene una segunda imagen: "Una mujer, la primera que le depararon los dioses, lo había esperado en la sombra de un hipogeo, y él la buscó por galerías que eran como redes de piedra y por declives que se hundían en la sombra" (6). El desborde: el desplazamiento infinito entre la espera y el encuentro, el vacío de un hechizo en el que solo hay o deja de haber imágenes. "El hacedor" podría tomarse como ilustración de la posición Lévinasiana según la cual "la conciencia es la imposibilidad de invadir la realidad como una vegetación salvaje que absorbe o rompe o empuja todo lo que se le ponga por delante. El momento del retorno a sí de la conciencia es el equivalente no de la auto-contemplación sino del hecho de no existir violenta y naturalmente, de hablarle al Otro" (Lévinas, *Difficult* 9).

Tercer espacio

aunque por otro lado implica a lo ético, tampoco está limitada a lo ético. La acción infrapolítica excede a lo político y excede a lo ético, pero es todavía acción práctica orientada a la relación entre personas. Y ¿cómo conceptualizar entonces su relación con la literatura? ¿Qué es o a qué llamo "literatura infrapolítica"?

Dice Zambrano que "la razón de los vencidos es semilla de la razón futura" (*Hombre* 115) en palabras que Don Quijote hubiera sin duda alabado por su discreción y sabiduría, y que el mismo Roberto Bolaño hace suyas en los cientos de páginas que les dedica a las mujeres asesinadas en Ciudad Juárez en su novela 2666. La acción simbólica que hemos venido a asociar con Don Quijote es ya precisamente acción infrapolítica: Don Quijote, efectivamente influido por la literatura, radicaliza su militancia en forma infrapolítica en la medida en que la acción de Don Quijote no puede reducirse a lo ético-político, aunque su conducta tenga con frecuencia implicaciones políticas o incluso esté medida en cada caso por una perspectiva ética. ¿Qué es lo que desborda la dimensión ético-política en Don Quijote, sin duda uno de los grandes vencidos de la tradición literaria hispánica, y en esa medida la metonimia de una muy larga y antigua historia ya no solo ni especialmente literaria? ¿O en cualquiera de los poetas alucinados, realista-viscerales, que circulan por las páginas de Roberto Bolaño, y para quienes la práctica literaria en su totalidad es la práctica de buscar lo infrapolítico en la literatura misma, hasta tal punto que, en Bolaño, podría sostenerse, la literatura es el nombre mismo de lo infrapolítico: el exceso de material de deseo, el desbordamiento que, aun contenido o restringido por la relación ético-política, no puede reducirse a ella?

En su tardío libro *Metafísica de la moral* dice Kant: "El ser humano es un ser orientado a la sociedad (aunque también es un ser insociable), y al cultivar el estado social siente fuertemente la necesidad de *revelarse* a otros (incluso sin propósito ulterior)" (216). Pensemos en el estatuto de esa necesidad de autorrevelación anti-moralista (la llamo anti-moralista en la medida en que no busca propósito ulterior: el moralismo pertenece para Kant a la "patología", en el sentido de que supone una invocación de la ley moral al servicio de intereses privados o patológicos. El moralismo se opone así a la ética, que es la labor de sometimiento libre e incondicional, no patológico, a la ley moral en cuanto tal), de auto-exposición sin cálculo. Esa necesidad de autorrevelación no es una necesidad todavía ética, pues nada en la ley moral la fuerza o la aconseja, y desde luego no tiene nada que ver con la política (podría incluso considerarse antipolítica). Es otra cosa, en verdad enigmática, sin por qué, o sin un porqué que podamos cabalmente entender, y en su masividad fáctica pertenece a otro registro de la práctica, apunta hacia una región de la razón práctica que no puede ser vislumbrada si nos atenemos a su división convencional en ética y política. Pero Aristóteles incluyó también a la retórica entre las divisiones de la razón práctica. ¿Sería esa necesidad de autorrevelación sin cálculo, que Kant se limita a constatar fácticamente, una mera necesidad retórica? Pero no: aunque sin duda condiciona toda retórica, expresa también en ello su exterioridad con respecto de la retórica. Desde el abismo incalculable de esta necesidad –queremos exponernos, exponernos a otros, sin cálculo, sin interés, en nuestra verdad, sin patología, y ello es parte, dice Kant, no de nuestro carácter humano en cuanto insociable o antisocial, sino de nuestra relación más íntima con el *socius*, con el otro– es quizá factible entender la posición infrapolítica, que no es ni propiamente ética ni propiamente política, y que además aborrece la traición moralista. Deberíamos preguntarnos si no es esta necesidad –posición, condición, determinación infrapolítica– la que responde más directamente a la pregunta de por qué deba haber literatura (en lugar de, más bien, no haberla); y, si la hay, por qué deba haber entonces reflexión sobre la literatura.

Podemos discutir el carácter específico de literatura de frontera de *Meridiano de sangre* (1992), de Cormac McCarthy, a pesar de que narra un hecho histórico –la incursión que un grupo de cazadores de cabelleras, el Gang o la Banda de los Glanton, hizo en la posguerra de la guerra Mexicano-Americana por el Norte de México desde Estados Unidos, cubriendo un territorio que va paralelo desde el sur de Texas al sur de California–. *Meridiano de sangre* es una obra decisiva no solo en cuanto novela norteamericana, sino también como novela de la violencia en la confrontación civilizacional implícita en su estructura: novela, por lo tanto, hispanista, o novela que habría que reivindicar como pensamiento hispanista. Está cruzada, por otra parte, de castellano y transcurre enteramente en territorio mexicano. En una rara entrevista con David B. Woodward McCarthy dijo: "No existe la vida sin derramamiento de sangre ... Creo que la noción de que la especie puede mejorarse de alguna manera, que todos pueden vivir en armonía, es una idea realmente peligrosa. Los afligidos con tal noción son los primeros en renunciar a sus almas, a su libertad. El deseo de que sea así te hace esclavo y hace tu vida vacua" (Woodward 36). La confrontación en *Meridiano* entre el Juez Holden y el chico debe leerse en el contexto de esas afirmaciones. Para *Meridiano de sangre*, en su mayor obviedad de lectura, la guerra es primaria, y la resistencia, no a la guerra, sino al entendimiento de que la guerra debe ser entendida como suelo y fundamento universal te hará esclavo, nos hará esclavos. Dice el Juez: "no importa lo que los hombres piensen de la guerra ... La guerra aguanta. Es como preguntarle a los hombres qué piensan de la piedra. La guerra siempre estuvo aquí. Antes de que el hombre fuera, la guerra le esperaba ... Así es y así será. Así, y no de alguna otra manera" (248). Y dice también: "En los juegos que tienen por meta la aniquilación del vencido las decisiones son muy claras. Este hombre que tiene este arreglo particular de naipes en la mano debe ser removido de la existencia. Esta es la naturaleza de la guerra, cuya meta es a la vez el juego y la autoridad y la justificación. Vista así, la guerra es la forma más verdadera de la adivinación. Es la prueba de la propia voluntad y de la voluntad del otro dentro de esa voluntad más grande que, en la medida en que los vincula, está por lo tanto forzada a elegir. La guerra es el último juego porque la guerra es por fin el forzamiento de la unidad de la existencia. La guerra es el dios" (249).

La guerra es el dios. Son palabras fuertes. ¿Será ese el dios incógnito en el fondo oscuro del que nos habla Valente? ¿Será el dios que buscamos? La literatura moderna española comienza también con una afirmación semejante, en la primera línea de *La Celestina*: "Todas las cosas ser criadas a manera de contienda o batalla, dice aquel gran sabio Heráclito en este modo: 'Omnia secundum litem fiunt'. Sentencia, a mi ver, digna de perpetua y recordable memoria". ¿Qué más hay? Sin duda, obviamente, hay también la peligrosa tentación de resistencia al dios de la guerra. Pero las cosas son como son, y la idea de que el mero pensamiento de "mejores sitios y mejores maneras" (19) pueda mejorar la existencia es un engaño, como le muestra el hermitaño al chico. La novela de McCarthy adelanta la confrontación última entre el juez y el niño en la conversación que el niño tiene con el hermitaño al principio de la narrativa. "–Pero dónde aprende sus nociones un hombre. Qué mundo ha visto que le gustó más. -Puedo pensar en sitios mejores y mejores maneras. –Puedes hacerlo ser? –No" (19). No, dice el niño. La idea de que el pensamiento mismo de "sitios mejores y mejores maneras" pueda mejorar la existencia es una ilusión. El Juez lo hará explícito, de tal forma que habrá hecho al viejo Kant revolverse en su tumba: "La ley moral es una invención de la humanidad para la expropiación de los poderosos a favor del débil. La ley histórica la subvierte incesantemente. Un punto de vista moral no puede probarse acertado o equivocado desde ninguna prueba última. A un hombre que muere en un duelo no se le considera recto o equivocado por ello en sus opiniones. Su mismo enredo da evidencia de una perspectiva nueva y más ancha" (250).

El ser moral debe todavía lidiar una guerra, la del débil contra el fuerte, pero su triunfo o su derrota no prueban nada excepto lo prevaleciente de la guerra en cuanto tal. La moralidad es un pliegue interno contra el fondo de la guerra absoluta, y participa en la guerra al lado de los débiles, precisamente para hacerlos más fuertes. "El misterio es que no hay misterio" (252). En cuanto arma de guerra, esto es, en cuanto herramienta de los débiles contra los fuertes, la moralidad no debe entenderse como moralidad sino como guerra. Es por lo tanto falsa moralidad. Y si renuncia a sí misma en cuanto guerra, por ejemplo en Kant, si insiste en ser moralidad verdadera, entonces, dice *Meridiano de sangre*, el pliegue de la moralidad no altera el destino, no puede ni siquiera ya oponerse a la acción de los fuertes, y debe por lo tanto contemplarse solo como autoesclavizamiento, como autorrestricción. Son palabras fuertes y terribles, y lo son en primer lugar porque totalizan al universo político como esfera de acción. Agobian. Si todo es guerra, entonces todo es política, todo pertenece a la esfera de las relaciones de poder entre personas y está en última instancia regulado por ellas. Pensar el fondo oscuro sería en tal caso no otra cosa que pensar la verdad de la guerra, pensar la verdad *de* la política, puesto que no habría más, no habría otra verdad que buscar. Si todo es guerra, entonces no hay literatura infrapolítica excepto como engaño, como autodecepción para débiles. En el insidioso fondo de la copa podríamos ya solo encontrar sangre, arena y ceniza. O, como dice McCarthy, "Este desierto que ha roto a tantos es vasto y llama a la anchura del corazón pero también está en el fondo vacío. Es duro, es estéril. Su naturaleza misma es piedra" (McCarthy 330).

El reto de *Meridiano de sangre* y de la historia de frontera que relata consiste en suspender de la forma más radical posible la posibilidad infrapolítica misma. Que esto es algo profundamente serio para McCarthy está constatado en la entrevista con Woodward. McCarthy mismo, parece, no ve o no puede articular teóricamente la posibilidad de una excepción a la guerra como principio ontológico. La poderosa epistemología polemológica del Juez Holden alcanza casi rango de autor implícito o *alter ego* del autor. Aprendemos del Juez la dureza de la piedra y la consistencia de la guerra como unidad del ser, y es difícil renunciar a la impresión o a la creencia de que la perspectiva del Juez sea la metanarrativa dominante. Nos jugamos mucho en esto, en esta literatura del límite, de la frontera misma de lo humano. Nos jugamos, entre otras cosas, saber si lo que nosotros mismos hacemos en nuestro trabajo universitario y en nuestro compromiso de enseñanza y pensamiento es otra cosa que un juego de poder, que una estrategia bélica. Si la palabra democracia tiene un sentido sustancial, positivo, y no puede referirse solo a hechos de dominación de minorías, entonces es necesario encontrar, en McCarthy o contra McCarthy, una salida del universo que parece ofrecernos.

Pero creo que ese universo alternativo está ya incluido en *Meridiano de sangre*. Hay otro nivel de discurso en *Meridiano de sangre* que es sutil y casi secreto, escondido. A mi juicio en ese nivel se registra la fuerza misma de la narración como autoexposición. Si la narración es ya siempre de antemano autoexposición sin cálculo ulterior, si la narración puede llegar a ser eso, entonces es excepción a la guerra. Como la Ilíada, *Meridiano de sangre* no puede confundirse con la guerra que describe y exalta y lamenta (tenemos un ensayo magnífico de Simone Weil sobre fuerza y poesía, ya comentado antes, sobre la Ilíada, en el que la tesis es que la literatura nunca se identifica con la fuerza, que el hecho mismo de que haya literatura es ya una excepción a la fuerza). Hay una frase en *Meridiano de sangre* que me gustaría ofrecer como compleja alegoría de tal excepción. Uno de los personajes dice: "Dejamos poco más que huesos para los lobos, pero nunca dispararía a un lobo y conozco a otros hombres de los mismos sentimientos" (129). ¿Por qué esa renuncia? En ella, pienso, y quizás contra McCarthy mismo (aunque quizás no), aparece la posibilidad de un respeto esencial, canalizado en abstención de violencia, incluso ante el rostro mismo de la violencia, los lobos –esos lobos que el texto inglés deja existir en castellano–. No es simple miedo. Ante el lobo, ser violento, alguien, un personaje, renuncia a usar de su más potente violencia, rehusa matar o dar muerte al lobo. ¿Por qué?

La excepción a la guerra en cuanto excepción ética (aunque todavía no infrapolítica) aparece también en otros fugaces momentos de la novela de McCarthy. Por ejemplo, en lo que los críticos han identificado como "las tres decisiones morales que toma el chico de ser compasivo antes que predatorio" (Rothfork 33), que son momentos en los que el chico ayuda a alguien, a Brown, a Shelby, al Juez mismo, bajo su propio riesgo o bien rehusa matar, también a riesgo propio. Aparece también en el episodio de la vieja en las rocas, que constituye una cuarta decisión de ayudar a alguien incondicionalmente (Masters 35-36). Y en la acción, ya no del chico, sino de la mujer que le lleva a los hombres de la Banda de Glanton cuencos de frijoles y tortillas chamuscadas en platos de adobe: "les sonreía y había camuflado dulces bajo su chal y había trozos de carne en el fondo de los cuencos que habían venido de su propia mesa" (71). Ahí empieza a aparecer la dimensión infrapolítica de la narración, en esos nódulos textuales casi negligibles pero que escapan a la ontología totalizante de la guerra que el Juez expone sin comprometerse por otro lado con una mera contraontología moralista. Se trata más bien, en su sobriedad ética, de una traición no moralista de la guerra. El crítico Joshua J. Masters insiste en el hecho de que lo que él llama "la capacidad del chico para la piedad", aunque "confunda al juez", permanece como capacidad "impotente que solo acentúa la totalidad de la ley del juez" (35). Pero ¿es realmente impotente? ¿No lleva en sí la promesa de una violencia superior a la violencia de la guerra? El pliegue de la moralidad no altera el destino –el chico sucumbirá al abrazo del Juez, y el Juez restablecerá por lo tanto el poder de su ley–. Pero persisten esos sutiles acontecimientos narrativos que apuntan, sin darla, a la dimensión infrapolítica de la novela, en los que se juega la

Literatura infrapolítica

idea de la literatura misma.

En cuanto persistentes, se hacen decisivos, aunque oscuramente, en las páginas finales de la novela, cuando el Juez, transfigurado en algún modo de criatura sobrenatural, en el demonio mismo, acepta el hecho de la falsificación histórica del baile. En un primer momento, en el momento de la guerra como unidad de la existencia, "solo el hombre que se ha ofrecido enteramente a la sangre de guerra, que ha estado en el suelo del pozo y ha visto el horror y ha aprendido por fin que ese horror le habla a su más íntimo corazón, solo ese hombre puede bailar" (331). Sí, pero hay un segundo momento, temporal o histórico, el tiempo en el que la frontera ha ido más allá de la frontera, en el que "la guerra ha sido deshonrada y su nobleza sometida a cuestión". Entonces, en ese momento que es el momento de la ley, el momento del estado, o el momento ético, precisamente el momento cuya constitución está siempre en juego en la frontera, "esos hombres honorables que reconocen la santidad de la sangre quedarán excluidos del baile" (331). El baile será ahora un baile falso. Pero la falsificación del baile no es salvación infrapolítica. Solo consigue excluir el derecho total y único del guerrero al baile. Fuerza al Juez a abandonar su lugar como maestro de baile. Desplaza al Juez. La guerra ya no es la unidad de la existencia. ¿Un engaño? Más bien, a mi juicio, el momento preciso en el que la escritura, escribiéndose a sí misma como engaño, y como falsificación de la guerra, no del lado del estado sino como lo capaz de rastrear en el estado su fundamento mismo, incluso entendiéndose como falsificación de la guerra, desesperadamente, emerge también, en su auto-borramiento, como testigo, y como testigo de algo que rompe la unidad polemológica del ser y, por ello, abre otra historia. No dispararle al lobo es excepción a la guerra. En esa frase *Meridiano de sangre* encuentra el principio de su autoexposición. Y "las cosas son rara vez lo que parecen" (255). Pero pasemos ahora a otra novela que parecería situada en otro universo, a muchos años luz de la sensibilidad dura, fronteriza, subalternista y cruel de Cormac McCarthy. Me refiero a *Mañana en la batalla piensa en mí* (1994), de Javier Marías.

III. "Desespera y muere"

He intentado rastrear en *Meridiano de sangre* algo así como una traición no moralista de la guerra –insisto, no moralista en el sentido de que no busca su propia ventaja, no negocia sobre cálculo, no procede sobre propósito ulterior alguno–. Ese mínimo rechazo de la guerra, o de la ontología de la guerra, no está basado en la presentación de una contratesis a la tesis ontológica del prevalecer de la guerra en la unidad de la existencia. Ni niega ni afirma, porque su registro no es ontológico. Pero ¿en qué puede entonces encontrar su fundamento? McCarthy le da curiosamente a esa pregunta una respuesta kantiana –es asunto de sentimiento. Dice McCarthy "Nunca dispararía a un lobo, y conozco a otros hombres de los mismos sentimientos–". Kant asimismo encontraba en la autoexposición antimoralista una necesidad radical de la socialidad humana, pero no podía fundamentarla más que en su facticidad misma –ocurre, existe, no sigue el principio de razón suficiente, o excede al principio de razón suficiente–. Como la rosa, es sin por qué. Pero sin ello, ¿por qué escribir *Meridiano de sangre*, y por qué escribir el fin de la escritura? ¿Por qué buscar autoexposición, en un contexto en el que la autoexposición limita nuestra capacidad de ser libres, de dar guerra, de bailar el baile? Hay una palabra inglesa que no tiene traducción al castellano. Viene de un verbo viejo-germánico que significa dar habitación, ofrecer morada, pero que en la tropología de la lengua evolucionó a significar el ser habitado por un pensamiento o sentimiento de forma insistente, molesta incluso, y de ahí a ser habitado por ... el espíritu, por fantasmas. ¿Estaríamos aquí en la región mentada por Emmanuel Lévinas de la experiencia olvidada que sin embargo in-siste, y cuya forma de existencia es el desbordamiento de la razón, del pensamiento objetificante? El verbo inglés es *to haunt*, que yo he estado traduciendo atendiendo a la noción de "hechizo". Quizás *to haunt*, o *haunting*, pueda indicar una respuesta a la pregunta por el fundamento de aquello que excede a la razón, por la razón de la razón, o, como diría Zambrano, pensando evidentemente en Cervantes, "razón de la sinrazón, semilla de la razón futura". Este ser habitado por una sensación in-sistente pero inconfesable, inatestiguable, elusiva y eludiente es sin duda asunto de sentimiento, algo que se sitúa más allá de todo moralismo, fuera de la moralidad, incluso siempre, diríamos, el síntoma de una traición de la moralidad, y quizás incluso de un abrazo de la guerra siempre previo, siempre olvidado, siempre desbordante.

Mañana en la batalla piensa en mí es una novela sobre ese inquieto estar habitado por algo que nos desborda, una novela de *haunting* y sobre *haunting*. Nadie sabe nunca de antemano qué nos habitará en ese modo. "Nadie piensa nunca", comienza la novela, "que pueda ir a encontrarse con una muerta entre los brazos y que ya no verá más su rostro cuyo nombre recuerda" (11). Pero eso es justo lo que le pasa al narrador, Víctor. Su amante inminente, la mujer que va a serlo pero que no lo es, muere en sus brazos cuando ya están en la cama, pero antes de haber hecho el amor. Y así, yendo a ser amantes nunca son amantes. En esa temporalidad angustiosa y terrible empieza el proceso de habitamiento que la novela describe. Me permito una cita algo larga en la prosa irresumible de Marías:

Tampoco podría reanudar sin más mis días y mis actividades, como si el vínculo

Literatura infrapolítica

establecido entre Marta Téllez y yo no fuera a romperse nunca, o fuera a tardar en hacerlo demasiado tiempo. Y a la vez ignoraba de qué modo podría perpetuarse, ya no habría nada más por su parte, con los muertos no hay más trato. Hay un verbo inglés, *to haunt* ... morar, habitar, alojarse permanentemente ... Tal vez el vínculo se limitara a eso, a una especie de encantamiento o *haunting*, que si bien se mira no es otra cosa que la condenación del recuerdo, de que los hechos y las personas recurran y se aparezcan indefinidamente y no cesen del todo ni pasen del todo ni nos abandonen del todo nunca, y a partir de un momento moren o habiten en nuestra cabeza, en la vigilia o el sueño, se queden allí alojados a falta de lugares más confortables, debatiéndose contra su disolución y queriendo encarnarse en lo único que les resta para conservar la vigencia y el trato, la repetición o reverberación infinita de lo que una vez hicieron o de lo que tuvo lugar un día: infinita, pero cada vez más cansada y tenue. Yo me había convertido en el hilo (100).

¿No es esa la posición estructural del hispanista en tierra extraña (la tierra siempre es extraña para el hispanista, perpetuo expatriado)? ¿No es nuestra tarea siempre seguir el hilo conductor de esa estructura de habitamiento siniestro, tratando de permanecer fieles a un pasado que nos condena en cuanto recuerdo imborrable y a la vez borroso? ¿No es esa la maldición misma que pesa sobre toda tierra de frontera –la tierra que el hispanista no puede sino habitar para vivir en el acecho incesante de aquello que, como experiencia necesariamente olvidada, vuelve para cautivar y desbordar nuestro pobre pensamiento objetificante y disciplinado–? Moramos en la expatriación, y el hispanismo, en su dimensión civilizacional, compleja, también cruel, cruzada por la muerte y la guerra, por el asesinato y la dominación, por la sangre y la ceniza, y también por todo lo demás, por todo lo que nos cruza y por todo lo que cruza, más o menos olvidadamente, esta tierra de frontera, es así relación abismada. Hemos perdido el acceso a la vida sin textura, e insistimos en su recuerdo imposible—pero esa tensión es pasión alegre (nada que ver con el autoesclavizamiento identitario o moralizante). El misterio es que no hay misterio. De ahí la necesidad de la literatura, y la necesidad de reflexión sobre ella. En las palabras que pronunció Marías durante la ceremonia de entrega del Premio Rómulo Gallegos por su novela en 1995,

> Cada trayectoria [de vida] se compone también de nuestras pérdidas y nuestros desperdicios, de nuestras omisiones y nuestros deseos incumplidos, de lo que una vez dejamos de lado o no elegimos o no alcanzamos, de las numerosas posibilidades que en su mayoría no llegaron a realizarse –todas menos una, a la postre–, de nuestras vacilaciones y nuestras ensoñaciones, de los proyectos frustrados y

los anhelos falsos o tibios, de los miedos que nos paralizaron, de lo que abandonamos o nos abandonó a nosotros. Las personas tal vez consistimos, en suma, tanto en lo que somos como en lo que no hemos sido, tanto en lo comprobable y cuantificable y recordable como en lo más incierto, indeciso y difuminado, quizá estamos hechos en igual medida de lo que fue y de lo que pudo ser. Y me atrevo a pensar que es precisamente la ficción la que nos cuenta eso, o mejor dicho, la que nos sirve de recordatorio de esa dimensión que solemos dejar de lado a la hora de relatarnos y explicarnos a nosotros mismos y nuestra vida (453).

La ficción es por lo tanto autoexposición radical sobre la base de un habitamiento incómodo —lo que podría haber sido nos habita, *haunts us*, nos hechiza, es la mitad de lo que somos, pero la mitad denegada y fantasma que vuelve incesantemente a exigir su prenda—. La ficción es una reacción al hecho de que, en palabras de Marías, "todo pensamiento está enfermo, por eso nadie piensa nunca demasiado o casi todos procuran no hacerlo" (313). Narrar es una defensa, apotropaica o evasiva, contra el habitamiento siniestro. "Es solo la fatiga que trae la sombra lo que impele a veces a contar los hechos, como se deja ver de repente quien se escondía, el perseguidor como el fugitivo, simplemente para que acabe el juego y salir de lo que se ha convertido en una especie de encantamiento" (282). Y ¿no es ese el secreto del hispanismo en cuanto actividad humana, es decir, en su realidad desbordante con respecto de su disciplinamiento académico? ¿No apunta Marías con esas palabras a la experiencia olvidada de la que surge nuestro deseo, y que debemos ya redescubrir?

"Los otros nunca se acaban", dice Marías (394), y su presencia en retorno siniestro o encantado no tiene nada que ver con habernos portado bien o mal con ellos: "Ningún proceder es recto, nunca sabemos", dice la novela de Marías en su final (431). Pero siempre hay una guerra del tiempo, con el tiempo de los otros que nos han dejado y que, por esa razón, rehusan dejarnos. Los otros están siempre ahí, en el tiempo encantado, y nunca acaban, y son siempre heridos por nosotros en la misma medida en que nos hieren. Esta es quizá la violencia originaria, la violencia esencial o infrapolítica con respecto de la cual la guerra, toda polemología, es derivada y apenas parcialmente fiel. La novela de Marías cifra esa violencia originaria en algunos versos del *Richard III* de William Shakespeare. En el sueño del Rey Richard los fantasmas de su pasado vuelven y le imponen su maldición: *Let me sit heavy on thy soul tomorrow! / Think how thou stabbed´st me in my prime of youth / At Tewkesbury. Despair therefore, and die!* (5.3.124-26); *When I was mortal, my anointed body / By thee was punchèd full of deadly holes. / Think on the Tower and me. Despair and die!* (5.3.132-34): *Tomorrow in the battle think on me, /*

And fall thy edgeless sword. Despair and die! (5.3.142-43).

Nuestro pasado y nuestro presente siempre murmuran "desespera y muere". Este es el habitamiento siniestro que nos viene de la guerra esencial, pero que está más allá de la guerra. Y de ahí la violencia originaria, no moralista, más allá de la moralidad y más allá de la guerra, que cifra no solo que haya literatura, en lugar de no haberla, pero también que haya hispanismo, y que por lo tanto nuestra justificación sea plausible. Para Marías,

> Es el que cuenta quien decide hacerlo y aun imponerlo y quien se descubre o delata y decide cuándo, suele ser cuando ya es demasiado grande la fatiga que traen el silencio y la sombra, es lo único que impele a veces a contar los hechos sin que nadie lo pida ni lo espere nadie, nada tiene que ver con la culpa ni la mala conciencia ni el arrepentimiento, nadie hace nada creyéndose miserable en el momento de hacerlo si siente la necesidad de hacerlo, solo luego vienen el malestar y el miedo y no vienen mucho, es más malestar o miedo que arrepentimiento, o es más cansancio (358-59).

Y entonces contamos, y escribimos, desde una historia que nos habita y con respecto de la cual nuestra autoexposición es redentora. Entenderlo, recuperar esa experiencia olvidada y entregarse al desbordamiento de su explicitación –no de otro modo puedo concebir yo la maravilla y el veneno que justifican mi trabajo, y la paciencia del lector.

Capítulo octavo

La diéresis del pensamiento como tonalidad patética: Nota sobre pensamiento/crítica en Willy Thayer apoyada en Jacques Derrida y en Martin Heidegger y en Juan Benet

1. Thayer

¿Qué es o podría ser una imagen del pensamiento? ¿Sería siempre ya deseo de pensamiento, conato, perspectiva? Pero podríamos querer pensar una imagen del pensamiento sin apetito, desperspectivizada, con su deseo suspenso. El pensamiento del pensamiento, todavía no pensamiento, sino su proyección, su entidad posible, produciría una imagen no atenida a principio, una imagen no principial del pensamiento, una imagen no orientada ni por su origen ni tampoco por su fin; una imagen dierética en la que esté inscrita cierta separación interna, o múltiples separaciones disyuntivas o conjuntivas: el pensamiento no es deseo, no es crítica, no es resistencia, no es llanto ni duelo, no es redención, no es castigo, ... La imagen –una imagen sin imagen, visión sin imagen o imagen sin visión, en cualquier caso una imagen para la que la representación estaría en sí bloqueada: no puede haber propiamente imagen del pensamiento, pues el pensamiento no tiene entidad de sustancia a la que pueda convenirle representación figural o literal alguna, el pensamiento no es representable, solo es o no es, así, ¿cómo imaginarlo?– desmetaforiza, no es transitiva, no lleva de ninguna parte a ninguna parte. Pero dice algo.

Willy Thayer propone en *Tecnologías de la crítica* un algo –eso que llamamos imagen del pensamiento– anunciado quizá en el último párrafo de su libro anterior, *El fragmento repetido* (que sería, por otro lado, un libro de crítica y no de pensamiento: "La condición de este libro está más cerca de la crítica que del pensamiento" [*Fragmento* 13]): "Tal vez cuando indicamos que *nada respira,* en esa indicación *algo respira.* Como si el pensamiento contemporáneo –en cada caso– tuviera su *chance* de oxígeno en esa indicación; como si pensara solo cuando pensara en su imposibilidad; tal como el arte solo tiene lugar '*subrayando en cada caso su propia muerte*'" (*Fragmento* 340). Eso que

Tercer espacio

respira –visión sin imagen o imagen sin visión; apetito denegado que permite que un resto entre en escena, deambulante, desorientado, medio muerto pero también por lo tanto medio vivo– respira en la diéresis entre pensamiento y crítica, o es la diéresis de la crítica: no es crítica, pero solo en la crítica aparece sin aparecer, como imagen sin visión, imagen bajo tacha, o interrupción pura, sin términos de interrupción, interrupción en un vacío o interrupción sin corte en lo ilimitado. El prólogo a *El fragmento repetido* desplaza su definición hacia una serie prestada de Walter Benjamin: "*verdadero estado de excepción, carácter destructivo, huelga general revolucionaria, lengua pura, violencia pura, imagen dialéctica, muerte de la intención, juicio final* como muerte del juicio, *tiempo fuera de sí*" (Fragmento 10). El pensamiento, entonces, o su imagen, como diéresis de la crítica, es o sería "*interrupción pura, despertar o verdadero estado de excepción*" (12); "la pragmática del *verdadero estado de excepción* solo busca destruir, no apropiar ni refundar: *hacer sitio, despejar, abrir caminos por todas partes, erradicar incluso la situación en que se encuentra, desbaratar todo entendimiento*" (11).[1]

Lo que tanto *Fragmento*, justo en aquello que, según su prólogo, deja de lado, es decir, la escenificación o explicitación de un pensamiento que solo puede darse performativamente (11), como *Tecnologías de la crítica* propondrían en cuanto al pensamiento o su imposible imagen—pero no proponen: solo despliegan o performatizan, solo exponen—es una insólita práctica dierética. El resto de la crítica arroja pensamiento, pero no habría crítica sin la dimensión performativa de un pensamiento que no comparece, o que comparece imposiblemente. Me interesa solo comenzar a pensarlo y quiero hacerlo ofreciendo dos instancias parciales de comparación: el libro de Jacques Derrida *Le dernier de Juifs* (2014) y, mediado por una excursión al Martin Heidegger de "¿Qué es la filosofía?" (1955), el texto de Juan Benet titulado "Una leyenda. Numa", parte del libro *Del pozo y del Numa. (Un ensayo y una leyenda)* (1978). Mi hipótesis es que en esas tres o cuatro trazas idiosincráticas de tareas del pensamiento –las de Thayer, Derrida y Benet, también la de Heidegger– alienta complementariamente una especie de respiración imposible –de pensamiento como respiración que se da en su imposibilidad

---

[1] La tesis en el trasfondo de este capítulo es que en el continuo pensamiento-crítica, el pensamiento (puro, sin crítica) es primario, debe serlo en cuanto lugar del deseo. Incluso que, sin esa presencia (dierética) del pensamiento, la crítica no vale nada, es solo resentimiento. El deseo es dierético, no se revela en cuanto deseo sino en relación con aquello que lo destruye. Esa sobrevida o infravida del pensamiento, su separación o diéresis improbable: esa es la inscripción autográfica e infrapolítica, o existencial, en Willy Thayer. No tiene pues que ver con materialidad, con "producción material de la vida," sino que es más bien su anverso, por más que enigmáticamente.

misma, es decir, en su estatuto aporético– que me gustaría vincular con el ejercicio o la práctica infrapolítica.

A mi juicio Thayer comparte mucho en la deriva general de una crítica de la crítica a favor del pensamiento (a eso le llamo "diéresis") que es manifiesta tanto en Derrida (quizás contraintuitivamente, contra un entendimiento "vulgar" de la deconstrucción como empresa crítica) como en Heidegger como, me esforzaré en demostrar, en Benet. Los libros de Thayer exponen y ejercitan la diéresis del pensamiento en el continuo crítica-pensamiento. Al final, sin embargo, de *Tecnologías de la crítica*, se hace detectable una toma de posición a favor de la crítica, o más bien, de "una crítica", de una forma de crítica, que yo consideraría un falso cierre del planteamiento general de Thayer y de las pulsiones más evidentes en su persona. Quizás solo esa intuición –crítica por mi parte, pero referida a una necesidad de pensamiento que creo compartir con Thayer– mueve este capítulo, dedicado a él y a nuestra vieja amistad, en el sentido de pensar un posible final alternativo –desde Heidegger, Derrida, Benet, pero sobre todo desde Thayer mismo– del libro de 2011. También me importa concluir este libro, o casi concluirlo, en referencia a Willy Thayer, dado su propio papel en la génesis de la primera edición de *Tercer espacio*. (También lo tuvo Federico Galende.)

II. Derrida

Para Derrida el énfasis dierético está del lado del pensamiento, y la imagen que el libro póstumamente publicado busca presentar retrotrae a él cualquier posibilidad crítica concreta. Los dos textos que incluye *Le dernier des Juifs*, a saber, "Avouer –l' impossible–. 'Retours', repentir et réconciliation" y "Abraham, l'autre", son conferencias respectivamente de 1998 y 2000. El breve prólogo de Jean-Luc Nancy advierte de dos asuntos no triviales. El primero es la importancia que tuvo para Derrida no ceder a la pretensión de un destino exclusivamente "griego" en su pensar (10), con todo lo que ello implica en su dimensión historial. El segundo es no aceptar la herencia judía como pretexto para la auto-asimilación subjetiva: "Rehusó ... dejarse identificar con ninguna especie de consenso, pertenencia o certidumbre adquirida" (12). El envés de rehusarse a la identificación es rehusar la desidentificación. Ese delicado lugar marca la posibilidad de una imagen del pensamiento derrideana. Lo que queda es el marranismo como figura existencial radical, que emerge por ejemplo en "Abraham" como conciencia intensificada ("juego seriamente y más y más con la figura del marrano" [89]) a propósito de una "ley de apariencia antinómica": "cuanto menos te muestres judío, más y mejor lo serás" (88, 89).

Pero, en un segundo rizo argumental, conviene complicar tal argumento.

Así, si bien Derrida admite que el rechazo a todo dogmatismo de lugar o de vínculo, a toda pertenencia, crea en su vacío "una responsabilidad sin límite, es decir, hiperética, hiperpolítica, hiperfilosófica" (89), también admite que hay en esa oscilación la posibilidad de una ejemplaridad no buscada, un nuevo recurso a la elección en cuanto tal susceptible de complacencia narcisista del que también es necesario librarse. Esa lucha doble, contra el dogmatismo del lugar o del vínculo y contra el antidogmatismo heroico del no-lugar y del no-vínculo, indica la necesidad de que el marranismo derrideano sea entendido como siempre ya sometido a su propio borramiento: la imagen de un pensamiento constituido en su propia imposibilidad, como el "algo" que sobrevive, si es que sobrevive, a la destrucción aporética. Poner el marranismo, en cuanto posible síntoma de una nueva pretensión de elección, bajo tacha arruina a mi juicio la hipérbole de responsabilidad –lo que hasta ese momento podía ser percibido más o menos heroicamente como llamada hiperética, hiperpolítica, e hiperfilosófica muta en infraética, infrapolítica, e infrafilosofía–. La hiperética-política-filosofía pierde su heroísmo en la destrucción y en la tacha. Derrida no alcanza a decir esto último, pero me aventuro a decirlo por él. Y no es trivial, pues Derrida cuenta, en reflexión autográfica, que para él se cifra en esa constelación reflexiva la pulsión deconstructiva:

> a veces me pregunto si el desciframiento del síntoma antisemita y de todo el sistema de connotaciones que lo acompaña indisociablemente no es el primer corpus que yo aprendí a interpretar, como si no supiera leer, y otros dirían 'deconstruir', más que para haber aprendido desde el principio a leer, es decir, a deconstruir el antisemitismo. Pero el mismo sufrimiento y la misma compulsión a descifrar el síntoma me alertaron también paradójica y simultáneamente contra la comunidad y el comunitarismo en general, comenzando por la solidaridad reactiva, también fusional y a veces no menos gregaria de lo que constituía mi medio judío (92).

El "oscuro sentimiento" (92) de doble exclusión, es decir, de "pertenencia interrumpida o contrariada por ambos lados" (92), es presentado por Derrida como el inicio de "un tipo de filosofía política que comenzó desde entonces a elaborarse salvajemente en [él]" (92). Este pensamiento salvaje y contracomunitario, salvaje en cuanto contracomunitario, milita por lo tanto contra toda noción de ejemplaridad, contra toda noción de elección, ante las que no cabe sino mantener una posición de retirada (94). Supongo que es posible considerar todo esto todavía reactivamente bajo la imagen hipertélica (y eso supondría una especie de derrideanismo de derechas, por decirlo así), pero, una vez entendido que la militancia contracomunitaria alcanza también a destruir su propia posibilidad como comunidad de elección, nada impide ya llevarlo hacia la región infrapolítica. Y las cosas han de complicarse todavía un poco más, hacia o desde una cierta recuperación del marranismo como esencia bajo tacha de cierto entendimiento de lo judío.

En "Avouer" Derrida insiste en que, si bien la única posibilidad de pertenencia a un "vivir en común" o "vivir juntos" que encontraba soportable de niño o adolescente pasaba por el rechazo de toda pertenencia identitaria, empezó a pensar que en tal separación podría darse el caso de que fuera "más fiel a una cierta vocación judía, hasta el riesgo de quedar como el único y el último de los judíos" (37): tal sería la autoadscripción a un marranismo "paradójico que corría el riesgo de perder hasta la cultura de su secreto y el secreto de su cultura" (37); a no ser, advierte Derrida, que tal marranismo paradójico pudiera ser domado hacia cierta ejemplaridad post- o pre-griega, en todo caso ya no griega. En la meditación que antecede a propósito del vivir-en-común o *vivre ensemble* Derrida acababa de hablar de un elemento "impensable, cercano a la imposibilidad" (35) que trasciende los categoremas fundamentales de la conceptualización griega del vínculo social, determinados por las oposiciones *physis/nomos* y *physis/thesis*. Hay un exceso "respecto de las leyes de la naturaleza tanto como respecto de las leyes de la cultura" (34) que condiciona toda posibilidad de un buen vivir común, pero es casi impensable y casi imposible. Desde lo griego, sin embargo, "¿Es que un 'declararse judío', bajo cualquier modo que sea (y hay tantos), puede dar un acceso privilegiado a esta justicia, a esta ley por encima de las leyes?" (35). Es esto lo que, tras la misma invocación autográfica de su experiencia adolescente de discriminación en Argelia que se narra en "Abraham", aparece como "el respeto al extraño", rasgo fundamental de la cultura judía aquí invocado a través del Emmanuel Lévinas del "Envers autrui" (*Cuatro lecciones talmúdicas*): "El respeto al extraño, dice, y la santificación del nombre del Eterno forman una rara igualdad. Y todo el resto es letra muerta. Todo el resto es literatura ... La imagen de Dios está mejor respetada en el derecho dado al extraño que en los símbolos. El universalismo ... hace estallar la letra, pues dormía, explosivo, en la letra" (Lévinas, citado por Derrida, 38).

Derrida reivindica aquí un compromiso con lo que podría nombrarse y se nombra, si bien con *caveat*, "la esencia del judaísmo" (41). Habría para Derrida una "compasión de justicia y de equidad" que él "reivindicaría, si no como la esencia del judaísmo, al menos como lo que en mí resta inseparable de la memoria sufriente y desarmada del niño judío, allí donde aprendió a nombrar la justicia y aquello que en la justicia a la vez excede y reclama el derecho" (41). Algo viene o adviene, y puede ser o no algo que llega desde la esencia del judaísmo, o bien desde una situación contextual, histórica, temporal, precisa. Pero ese algo no es cualquier cosa, no es en sí situacional, contextual, sino que guarda un imperativo al que Derrida no duda en llamar "mandamiento", "*commandement*" (16) –¿se trata por lo tanto de un mandamiento universal y universalizable, un mandamiento para todos y cada uno, o es su escucha, su llamada, audible solo por el niño judío, el electo en cuanto excluido, el electo que pertenece en y a través de su misma no pertenencia?–.

Esta noción de mandamiento, que Derrida asocia a un "primer" mandamiento vinculado a la confesión, un primer mandamiento de confesión (10), y que obliga a la confesión de algo inconfesable (pues para Derrida no hay sino confesión de lo inconfesable, como no hay perdón sino de lo imperdonable), está necesariamente vinculado a una cierta noción de Dios, que es una de las dos "apelaciones", palabras "que no son ni comunes ni propias" –la otra es "Judío"– de las que dice Derrida que le sobrevinieron inmemorialmente, y con respecto de cuya llegada hay "amnesia inquieta" (83). Si de lo judío puede decir Derrida que hubo de guardarse siempre, mediante un "silencio obstinado" que era también guardia, cuidado, salvaguardia (77), como si, y esto resume para Derrida "el tormento de [su] vida" (78), necesitara guardarse del judaísmo "para guardar en [sí] algo que provisionalmente llam[a] judeidad" (78), no hay razón clara para no suponer que lo mismo podría decir de Dios. Dios y lo judío actúan en Derrida como sus secretos, los que debe guardar para que le guarden, pero de forma incierta o indecidible: "una llamada digna de este nombre, una llamada del nombre digno de este nombre no debe dar lugar a certeza alguna, del lado del destinatario. De lo contrario no es una llamada" (79).

La parábola de Franz Kafka sobre Abraham, con la que Derrida empieza y termina su "Abraham", refiere a un cierto "otro Abraham" soñado por Kafka, un Abraham incierto e inseguro de haber oído bien, pensando que es posible que la llamada hubiera sido para otro, un mero malentendido, un trastorno del oído que no permite certeza alguna: ¿he sido yo el llamado? ¿O fue otro, y arriesgo todo en responder? ¿U oí, quizás, mal, y nadie llamó a nadie? "Este otro Abraham estaba listo, él, a responder a la llamada o a la prueba de elección, pero no estaba seguro de haber sido, él, llamado" (70). La parábola de Kafka, al centrarse en el otro Abraham, arruina su ejemplaridad de electo, al suspender la elección misma –crea "electos sin elección–" (62) en la proliferación de un posible pero incierto "malentendido originario" (125). "Es posible que no haya sido llamado, yo, e incluso no está excluido que ninguno, ningún Uno, haya jamás llamado a ningún Uno, ningún único" (125). ¿Será esta, más allá de ejemplaridad alguna, será esta ejemplaridad tachada, trágica o ridícula, "el pensamiento judío más amenazado pero también el más vertiginosa, últimamente judío" (126)? En cualquier caso, concluye Derrida, "el más judío" es también "más que judío", "otramente judío", y "otro que judío" (126), de entrada porque "la posibilidad de un malentendido originario en la destinación no es un mal, es la estructura, quizá la vocación misma de toda llamada digna de ese nombre, de toda nominación, de toda respuesta y de toda responsabilidad" (125). Y esto ya no es o sería "griego". Y genera una imagen alternativa del pensamiento.

Hay marranismo paradójico en esa incertidumbre respecto de la llamada, pero está cruzado por su imposibilidad ejemplarizante –si hay elegidos, lo son sin elección, y si hay elección no hay elegidos–. Hay una amnesia inquieta con respecto de la apelación que introduce la mayor disimetría, la falta radical de reciprocidad, la deuda tan infinita como improbable. Toda experiencia de herencia es "oscura e incierta" (123), espectral, igual que toda promesa mesiánica lo es. Ese borramiento de fundamento de toda decisión es, por un lado, "la condición para liberarse de todo dogma de la revelación y de la elección" pero, por otro, tal liberación "puede ser interpretada como el contenido mismo de la revelación o de la elección, su misma idea" (123). Hay una fe "más vieja que todas las religiones" (65) igual que hay un marranismo paradójico (paradójico porque el marranismo arriesga en su secreto la pérdida de su secreto), pero esa fe o ese marranismo no le pertenecen al niño judío de Argelia, o a su versión adulta, sino que los tiene todo el mundo, y no puede no tenerlos. Solo cabe negarlos. Tal negación es marca identitaria.

¿Y el mandamiento? ¿No es el mandamiento principal la suspensión cabal de toda incertidumbre, la plena asunción de una herencia, el quebrantamiento de la espectralidad mesiánica a favor de un contenido sustancial? Excepto que el mandamiento derrideano, cuya forma es la de una confesión de lo inconfesable, abandona su principialidad al manifestarse como obligación aporética, forzando a una decisión en el vacío de fundamento, en la indecidibilidad misma. Su figura es la ficción kierkegaardiana de un Abraham que le pide perdón a Dios "no por haber fallado en su deber absoluto hacia Dios, más bien por haber sido tentado de obedecerlo absoluta y ciegamente, y así de haber preferido su deber incondicional a la vida de los suyos, a su hijo preferido" (62-63). El elegido sin elección –uno, cualquiera– debe siempre "inventar la regla" para la acción (62), en moralismo salvaje, en ejercicio infrapolítico. Y es aquí que la diéresis derrideana abre su camino hacia la práctica crítica. La doble exclusión abre necesariamente un tercer espacio.

III. Heidegger y Benet

En su conferencia de 1955, "¿Qué es filosofía?", Heidegger no tiene reparo en afirmar una imagen griega del pensamiento[2]. Para él no habría forma de pensar filosóficamente sin tomar el camino marcado por la proveniencia histórica de la palabra "filosofía", excepto que, paradójicamente, la palabra misma es en sí una especie de intento postgriego de capturar la esencia de lo griego (o un intento tardo-griego de recuperar la esencia originaria de lo griego). Algo interfiere entre la experiencia originaria del pensamiento griego y la invención misma del término "filosofía". Heidegger culpa a los sofistas de ser esa intromisión destructora, desde la cual Sócrates, Platón y Aristóteles tuvieron que extraer la "libre consecuencia" ("libre consecuencia", dice Heidegger, porque "de ninguna manera puede verse que las filosofías individuales y las épocas de la filosofía hayan emergido unas de otras en el sentido de la necesidad de un proceso dialéctico" [62]) de llevar la correspondencia (*harmonia*) de la experiencia griega del *sophon* hacia una pregunta por el *sophon* que, al vincularse a la búsqueda de "ideas", o de "causas y principios", ya empezaba por reconocer su pérdida misma, esto es, la pérdida de la vieja y originaria correspondencia entre *sophon* y *Logos* que, según Heidegger, Heráclito resume en su decir "*Hen panta*", todo es uno.

La noción de correspondencia se hace clave en este texto heideggeriano. Filosofía es antes que nada una correspondencia al sentido originario de la palabra, que responde a la pregunta por el ser de los entes. Pero el sentido originario de la palabra está internamente roto y reconoce su ruptura en esa ambigüedad del *philein*, que afirma correspondencia al *sophos* solo en el instante de buscarla, y por lo tanto reconociendo la diéresis en la correspondencia misma. En este texto Heidegger redefine su empresa crítica, o el lado crítico de su empresa filosófica, a partir de la noción de destrucción (*Destruktion*) de la historia del pensamiento desde los griegos ya usada en *Ser y tiempo*, a favor de la palabra *Abbauen*, es decir, de-construcción. La deconstrucción heideggeriana es dierética en el sentido preciso de que busca restablecer la prioridad de la correspondencia como pensamiento, pero busca hacerlo

---

[2] Debo advertir que mi uso de la palabra "imagen" en la expresión "imagen del pensamiento" no corresponde al uso que le da Heidegger en su expresión "imagen del mundo". De esta última sabemos, por ejemplo, que "el acontecimiento fundamental de la edad moderna es la conquista del mundo como imagen. La palabra "imagen" (*Bild*) ahora significa la imagen estructurada (*Gebild*) que es la criatura del producir humano que representa y pone ante la vista" ("Age" 134). Para Heidegger la "imagen" en la expresión "imagen del mundo" tiene que ver con la calculación representacional derivada de la experiencia cartesiana del mundo como *certitudo*. Yo uso "imagen", como hubiera debido ya hacerse claro, en un sentido más difuso, como apreciación intuitiva y gráfica de aquello que en general se sustrae a su posibilidad, en este caso el pensamiento.

La diéresis del pensamiento como tonalidad patética

como destrucción histórica o histórico-crítica: "Destrucción no significa destruir sino de-construir, liquidar, poner a un lado las declaraciones meramente historiográficas sobre la historia de la filosofía. Destrucción significa abrir nuestros oídos, hacerlos libres para eso que nos habla en la tradición como el ser de los seres [o el ser de lo que es]. Escuchando tal interpelación logramos la correspondencia" (72).

Corresponder al ser de lo que es es "nuestra morada" (*Aufenthalt*, 74). Pero llegar a ella, habitarla, es un arduo proceso de destrucción crítica que prepara nuestro oído para la recepción de una voz (*Stimme*), nos dispone a ello. Esa voz requiere de una labor de afinamiento del oído que lo prepara a la correspondencia –la correspondencia se da en un afinamiento– ("*Das Entsprechen is ... ein gestimmtes ... Es ist in einer Gestimmheit* [76]"). Y así la correspondencia, es decir, la labor a la que apunta la filosofía como versión ya tardía del pensamiento, como intento compensatorio de una pérdida que no es pero se hace originaria en la tradición, no es más que "atender la llamada" (*Achten auf den Zuspruch*) (78). Para Heidegger "atender la llamada" es solo posible mediante el logro de un estado de ánimo, el que Platón y Aristóteles consideraban propiamente filosófico, *thaumadsein*, asombrarse, el asombro de que las cosas sean, de que todo sea, corrompido por Descartes y el subjetivismo moderno hacia la voluntad de certeza. Por eso el subjetivismo moderno dobla para nosotros la oclusión del *sophon* griego originario, y convierte la filosofía del presente (o "la filosofía del futuro", dice Heidegger [*das künftige Wesen der Philosophie*, 88] en un intento no simple de lograr una nueva tonalidad afectiva o patética que restituya la posibilidad de correspondencia efectiva, contra la *certitudo* y también contra el asombro. A mi juicio, o tal sería mi tesis para lo que sigue, la búsqueda de tal tonalidad patética ocupa el lugar del pensamiento en la diéresis pensamiento-crítica.

Como ya quedó apuntado en el breve análisis de *Le dernier des Juifs* la infrapolítica es tonalidad patética renuente a su diéresis crítica –la infrapolítica es resistencia a la asimilación a práctica crítica desde una pulsión de correspondencia libre de todo vínculo identitario o desidentitario–. Al final de su conferencia Heidegger apela al trabajo sobre la lengua que Heidegger llama "poesía" (94), del que dice que su relación con la filosofía está mediada por "un abismo", pues "moran en montañas máximamente separadas" (94). Juan Benet, en "Una leyenda. Numa", habla de una montaña y de su especial habitante.

Sabemos de la existencia del mítico guarda que no habla con nadie y extermina a quien resuelva penetrar en su coto por otros textos del ciclo de Región. En 1978 Benet decide contar su historia, en tercera persona. La opción es significativa, pues el guarda vive inmemorialmente sin permitir que nadie se

Tercer espacio

acerque a él a menor distancia de la que pueda satisfactoriamente cumplir un tiro de bala. Y la narración de Benet concluye con la muerte de Numa. Numa es, pues, una leyenda transmitida por un narrador omnisciente cuya credencial es imposible –nadie es omnisciente respecto de Numa, pues nadie conoce ni puede conocer a Numa–. Bajo esas condiciones, ¿qué nos dice el texto de Benet? Numa acepta la misión de servir a "la propiedad" ("tanto si se trataba del último y abscóndito propietario como si fuera una figura jurídica sin encarnación posible" [100]) vigilando e impidiendo el acceso de cualquiera a la montaña. La montaña es coto cerrado, y Numa se encarga de mantenerlo así. El momento de la narración es también un momento tardío, en el que se ciernen cambios, "se avecinaba un cambio cuya naturaleza se sentía incapaz de prever" (99). Para Numa solo hay una obligación –impedir que otros entren en el monte–. "En modo alguno podía olvidar su misión" (101). Su trabajo es por lo tanto permanente, y al mismo tiempo puntuado por largos períodos de inactividad aparente –en invierno, por ejemplo, el invierno largo de las montañas, que solo permite acceso a ellas durante ciertos meses estivales, el guarda solo vigila, sin actuar–. Por eso el guarda, Numa,

> tenía dos disposiciones de ánimo o dos almas, una meditativa, que le acompañaba la mayor parte del tiempo, y la otra empeñada tan solo en la acción, embriagada por los hechos instantáneos, para llevar a cabo su misión de castigo. Su misión lo era todo y gracias a eso no podría fallar nunca. E incluso el fallo, que no sería sino el primero y el último, constituiría el momento de mayor gloria, el triunfo del espíritu que le había encomendado y designado para aquel puesto (102).

Esas "dos disposiciones", llamémoslas pensamiento y crítica, coexisten en Numa. La segunda se atiene a un principio de acción, "único artículo de ... único código" (104), que consiste en salvar el monte de cualquier invasor. Con el tiempo la misión de Numa se convierte hasta tal punto en parte de su destino, hasta tal punto en su destino, que alguna "no acuciante" duda se le insinúa: "la sospecha de que en una evolución tan larga y lenta bien podía haberse extraviado en la senda de su deber, derivando y bifurcándose a su antojo –de manera sibilina e imperceptible incluso para sí mismo– hacia el confortable entretenimiento para el que siempre había demostrado una ciega vocación" (105). Las dos disposiciones de Numa son por lo tanto inestables, y viven en comunidad dierética, pero es la segunda, su necesidad de vigilia, su vigilancia impostergable, la que le da autonomía personal: "aquella encomienda, que sin duda constituía una necesidad para la propiedad que la había impuesto, con el tiempo se había convertido en la defensa de su libertad e independencia, que solo por la presencia del intruso en el monte podrían verse amenazadas" (107).

La sumisión incondicional de Numa a su mandato de vigilia –su diéresis crítica– no interfiere sino que facilita la expansión de su otra disposición, la del pensamiento, entendido también aquí como correspondencia con aquello necesitado de guardia: Numa consigue "gozar de una especie de silenciosa, enteléquica y salvaje aquiescencia del monte con su manera de ser y obrar, confirmada por el fracaso de todas las expediciones foráneas y contrastada con la benevolente acogida que le dispensaba en cualquier punto y en cualquier momento del año" (110-11). El pensamiento no deja de ser lucha en la correspondencia y por la correspondencia, pues Numa entiende bien que también él es miembro de "la raza maldita, ... los mismos que habían hollado, envilecido y sacrificado el monte en vano, que lo habían dilapidado y echado a perder, los responsables de su hostilidad actual" (115). Y sin embargo, contra su pertenencia a la raza maldita, Numa consigue individualizarse en su atención a la llamada, y por la llamada misma: "Se decía que en la vida de todo hombre se da ese momento en que se capta la llamada de otro, no lanzada al éter en busca de la respuesta del desocupado aficionado que ocupa sus horas en tan anodino juego, siéndole igual la llamada de uno u otro, sino dirigida a aquel que prefigurado por el deseo surge al instante materializado por el azar, único conocedor de la cifra con que se transmite el mensaje, y que capta todo su sentido en el momento en que se decidía a lanzar el propio" (119). La misión de vigilia de Numa es prescriptiva, está más allá del conocimiento, y es atenerse a ella la que lo libera hacia su goce.

Pero pasa el tiempo y ese goce se orienta hacia la meditación sobre el "último adversario" (136) que, dándole muerte a Numa, "ocuparía su puesto, enviado por la misma propiedad que a él se [lo] había confiado" (136). Una nueva duda, también ella productora de energía en el cumplimiento del principio de acción, aparece: "Solamente se podría hablar de fracaso si su vencedor no acudía con la intención de sucederle en la defensa del monte sino, antes al contrario, para depredarlo" (138). Numa teme, no a la muerte, sino a lo que el monte podría manifestarle en su tránsito: "su mayor congoja se aparejaba a la posibilidad de que el monte quedara descontento con el desenlace–... el monte sabría expresarlo y hacerle llegar en aquellos instantes decisivos la expresión de sus sentimientos" (141). Y así la angustia entra en el pensamiento de Numa en relación con la posibilidad del fracaso de su misión crítica: "Pese a haber elegido una existencia dedicada a un cometido tan simple, ¿se vería también escindida por innumerables e insolubles contradicciones y aporías, tendría que ver cómo sentimientos y aprensiones del futuro tan antagonistas se disputaban y despezaban un destino que él había querido ofrecer con inalterable fidelidad a un único y bien sencillo principio?" (143).

Tercer espacio

El texto repite ahora lo esencial de su planteamiento. Numa vive su existencia simple en dos disposiciones, ambas centradas en la preparación meticulosa de la tonalidad patética correspondiente al sentido de su simple misión:

> La vida del guarda, ya cuando discurría por el monte inactivo pero atento y al acecho ya cuando se presentaba la ocasión de ejercer su cometido, se repartía en dos actitudes muy distintas y que, merced a una disciplina automática, no se interferían entre sí: la primera era la del hombre que en todo momento ponderaba el mejor método y razón para el ejercicio de sus funciones, con arreglo a las normas adquiridas o a otras nuevas al dictado de los cambios, y la segunda la de quien a la hora de la verdad pasaba a la acción directa –de manera casi inconsciente, preterracional– sin más, cualesquiera que fueran las conclusiones de su período meditativo (151-52).

Pero, "un día" (152), el guarda se deja sorprender, y a duras penas termina, no sin coste, con un intruso vestido con un sombrero negro de alas anchas (no por lo tanto "el último adversario", pues este debería presentarse con la cabeza descubierta). El suceso causa una alteración especial en su vida de naturaleza oscura, cuya oscuridad supone posiblemente la intencionalidad textual más fuerte por parte de Benet. Se trata del desarrollo de una tercera disposición, o bien de la interrupción misma de la diéresis entre las dos ya existentes. A partir de ese momento, de ese día, Numa no vive ya en su alma doble, y ese cambio anuncia su fin, prefigura su muerte: "quizá la historia tendiera a una suavización de sus últimas escenas, de sus actos de clausura y a una mejor satisfacción del apetito de decadencia que lleva dentro toda carne y todo espíritu" (165).

Esta es, pues, la decadencia de Numa:

> Todo el suceso (del despiste ante el intruso del sombrero) no tuvo otra repercusión que el creciente recelo del guarda hacia sus ensoñaciones, a las que en lo sucesivo miraría como seductoras pero peligrosas acompañantes de su vigilia y a cuyos suaves halagos en lo sucesivo se entregaría solamente cuando los días se anunciasen tranquilos y en el horizonte no se columbrase el menor atisbo de amenaza al monte. Con lo cual dejaron de ser dos las actitudes de su alma pues una tercera vino a interponer –por así decirlo– una tierra de nadie entre ellas, tan diferentes y tan tajantemente separadas, una especie de terreno vago sin características propias, no dominado por ninguna de ellas y el que para convivir amistosamente ambas tenían que perder sus más calificativos caracteres. En aquel terreno [presumiblemente, el terreno de los días tranquilos y desprovistos de amenaza, el

La diéresis del pensamiento como tonalidad patética

terreno de los días convertidos en pliegue y excepción, el terreno de una fiesta que la existencia orientada de Numa no se había permitido hasta entonces] el guarda ni daba en pensar intensamente ni vigilaba con acecho y, tal vez, oscuramente y con regocijo y con miedo al mismo tiempo, vino a descubrir que aquel terreno era el más grato de los tres. Que en aquel terreno deseaba vivir, que no aspiraba a más, que a su entender había adquirido los suficientes méritos como para retirarse a él, dispensándose de otras obligaciones, y que su fin, su muerte debía encontrarle allí, en una mezcla de pensamiento sin inquietud y vigilancia de trámite (163-64).

Numa muere, poco después, tan hipnotizado por una distracción novedosa en el fondo del valle (la irrupción de otra historia, la construcción de una presa hidroeléctrica que hace aparecer una lámina de agua donde solo había habido monte), "que ni siquiera se molestó en volver la cabeza ante el crujido de la hojarasca" (168). La interrupción de la correspondencia, en el doble sentido de logro de la correspondencia con la montaña y de búsqueda y lucha por tal correspondencia, la distracción, su tercer espacio, mata a Numa, o coincide con su muerte, indecidiblemente.

No se trata de postular, más o menos implausiblemente, que Benet ofrezca o proponga la leyenda de Numa como trasposición o transcodificación del pensamiento heideggeriano de la diferencia ontológica. Más bien, el texto de Benet propone una ficción teórica que es trasunto de una vida cruzada por la diéresis entre crítica (entendida como vigilia para la acción) y pensamiento (entendido como búsqueda de correspondencia con lo que llama). No hay independencia entre pensamiento y crítica, no son empresas autárquicas, pero el énfasis dierético en el caso de Benet, como en el de Heidegger en el texto analizado, está del lado de la correspondencia, en vida sencilla, con aquello que por otro lado solo es accesible en y a través de la práctica de destrucción crítica. El monte es también guardia del guarda, y el monte sostiene al guarda mientras el guarda le de su fidelidad incondicional. Pero en Benet no parece darse la dimensión retrotemporal que caracteriza el texto heideggeriano –Numa no busca desbrozar el monte de maleza de forma que lo originario entre en la luz, sino que su misión es más cuidar el presente y defenderlo de intrusos–. La morada de Numa no es morada originaria, sino que es una morada entregada por la vigilia misma, y en tanto que la vigilia dure y se ejerza como tal. En ese ejercicio, que es ejercicio infrapolítico, Numa consigue trascender su condición de miembro de la "raza maldita", que es la raza cuya asignación es suspender la prerrogativa de supervivencia del monte mismo.

La tonalidad patética es diversa en cada caso –la ruptura de la hiperresponsabilidad en Derrida no abandona la misión prescrita a la que responde, pero encuentra en ella su libertad difícil–; la mediación nostálgica de la armonía originaria en Heidegger no impide sino que promueve la escucha atenta de la llamada hacia la correspondencia[3]; la angustia de la indecidibilidad del fracaso en Benet ("se preguntaba con creciente inquietud y frecuencia si no sería su función de las que habían sido abolidas por el paso del tiempo, la transformación de las costumbres, la variación del gusto y la moderna falta de curiosidad por unas tierras hoscas, pobres y apartadas, así como por la emigración hacia otras donde todo era más fácil" [127]) aumenta la decisión de cumplimiento del principio de guardia sin el cual toda libertad e independencia quedarían amenazadas ("no era tanto orgullo ni tampoco temor a perder su propio terreno para trasladarse a otro del que lo ignoraba todo cuanto un sentimiento ... de que por un lado le sería imposible dar un sentido a su vida si se sumaba al éxodo de sus contemporáneos y que por otro se habría de ver inmerso en una soledad mucho más abominable que la suya" [130]). Si la tonalidad patética responde en cada caso a la diéresis del pensamiento en la relación pensamiento-crítica, esas tres tonalidades –figuras sin figura– son tonalidades infrapolíticas de pensamiento; quizá todas lo sean, y la política esté siempre del lado de la diéresis crítica, o del lado crítico o destructivo de la diéresis. Y ¿qué pasa en el texto de Willy Thayer?

IV. Thayer autográfico

¿Cómo transmutar en figura de pensamiento, siguiendo alguna ciencia escatológica, la noción propia o impropiamente barroca de que "la vida empieza en lágrimas y caca"? En el cuarto ensayo de *El barniz del esqueleto* (2011) Thayer cuenta:

> Perdí la inocencia sentado a pleno sol en una bacinica transparente en medio del prado verde que circunvalaba una piscina en la casa de mi abuelo. Rodeado de mujeres blancas en trajes de baño advertí el olor de mis excrementos. Todo el tiempo que observé esos cuerpos mimándose bajo el sol, sus ojos pudieron ver la materia café sumergida en la orina sobre la que volaba mi trasero desnudo embutido en el recipiente de vidrio. La vergüenza me constituyó ese día en una danza de perfumes donde el reino de las flores era interceptado por el hedor de las heces. Esas imágenes tornan en mi memoria con frecuencia irregular. Y aun-

---

[3] Sobre esa tonalidad nostálgica de la relación de la filosofía con el *sofon* ver Derrida, "Heidegger's Ear", especialmente páginas 190-91. Derrida presenta la presentación heideggeriana como cruzada por un "movimiento de retorno al sitio perdido" (191). Como hemos visto, en el mismo Derrida hay una estructura semejante, y también en Numa, y también en Thayer, sin que ninguno de ellos pueda ser reducido a la nostalgia como categoría. Para Derrida, sin embargo, "esta nostalgia es el origen de la filosofía" (190).

que varían los recuerdos inexactos, la desdicha que los acompaña no se alteró jamás (*Barniz* 39-40).

Lágrimas y caca, y deseo. En el poema de Francisco de Quevedo el deseo irrumpe algo más tardíamente, en el segundo cuarteto: "En creciendo, la amiga y la sonsaca/ Con ella embiste el apetito loco/ En siguiendo a mancebo todo es poco/ Y después la intención peca en bellaca" (183). A Thayer su irrupción prematura le cuesta cara: "La inoportunidad, la torpeza y el ridículo como marca de partida infunden el ánimo de la autorreforma y la normalización. Desde el comienzo se cree que todo deseo es una falla que hay que corregir. El olor de la injuria que te segrega va adherido en la segunda circunvalación de la nariz" (*Barniz* 41). Al niño Thayer no le queda más remedio que exiliarse de los salones a la cocina, "el inconsciente del comedor" (42). Haciéndose o queriendo hacerse de ese modo materialista, el niño Thayer aprende que tampoco en la cocina se estudia la propia producción:

> Las cocineras lo olían todo, menos su morro. Solo en la inocencia del aroma propio el olor del otro se experimentaba extraño. El olfato de clase parecía constituirse en la insensibilidad de la propia emanación. El olor de tu cuerpo era el punto ciego del olfato. Al olerme la nariz perdí ese olfato, perdí la clase, y no hubo esencia que me amparara. El saber de mi aroma me desterraba de cualquier lugar. No hice domicilio en ningún lado. La misma nariz que me exilió del salón me exiliaba de la cocina. Lo otro, lo hediente, era el "yo mismo" (42).

Olerse la nariz perdiéndolo todo puede bien ser la figura del pensamiento que Thayer propone, y su tonalidad patética es una forma de marranismo en doble exclusión, o su consecuencia. *El barniz del esqueleto* empieza desde luego con una referencia a "la imagen de sí" (5) y continua con la producción "pathética", dice (23), de los álbumes de fotografía que nos "sintoniza en las paradojas anímicas de la familiaridad y la infamiliaridad" (23). El niño Thayer todavía mira la foto familiar como una proyección materialista, atendiendo a la muerte de su tiempo: "El don de la fotografía es lo que el ojo le ha donado. Le robamos lo que de antemano nos roba. Nosotros, los visitantes, somos su reserva de luz, su secreto, su novedad y el acontecimiento que la fotografía espera" (29). Pero quizás el momento más intensamente autográfico, donde se traman plausiblemente las fibras de la diéresis entre pensamiento y crítica en la formulación thayeriana, venga dado en unas líneas de apariencia inconspicua: "el efecto de 'verdad' del disimulo fue para mí, en aquel entonces, proporcional al instinto resentido de verdad contra el disimulo" (44). La crítica es, al fin y al cabo, siempre figura del resentimiento, mientras que su proporcionalidad al efecto de verdad de la mentira insinúa una necesidad de correspondencia otra, a ser emprendida en el lapso de vida que resta, antes de que advenga, como tal vez le pasó a Numa, el terceto barrigón del poema quevediano: "Viejo encanece, arrúgase y se seca/Llega la muerte, todo lo bazuca/Y lo que deja paga, y lo que peca" (183). Quizá por eso, cuando se empieza a percibir el fin del tiempo, aparece, al término de la reflexión autográfica de Thayer, una cita de Teócrito en la que se propone una imagen del pensamiento abiertamente consonante, aunque de forma parcialmente diferente, con las discutidas arriba de Derrida y de Heidegger, y también con la del Numa que encuentra en su tercer espacio "de pensamiento sin inquietud y vigilancia de trámite" el mayor gozo: "Regresar por donde se vino, desandar las retículas de la memoria en busca de un origen incierto que en cada tramo sugiere haber cambiado de sitio ... Tornar a las claves que enredaron las señales para poner a errar los ojos" (67).

V. OTRO THAYER

Tecnologías de la crítica, libro del que hay que decir que reivindica una genealogía alternativa, Walter Benjamin y Gilles Deleuze y no Martin Heidegger y Jacques Derrida, aunque solo sea para registrar la advertencia, se propone paradójicamente como un libro sobre la crítica. Yo diría, sin embargo, que su meditación sobre la crítica no es en sí una meditación crítica, sino que está volcada en la diéresis del pensamiento. Eso es al menos lo que me gustaría sostener, contra el falso final de la "crítica impersonal" propuesto por Thayer: "Crítica impersonal, sin sujeto, aunque singular, que erosiona en el plano abriendo virtualidades en lo tupido de bloqueos y contratos" (178). Pero ¿qué virtualidades y para qué sirven las virtualidades si no sirven como mantras utópicos?

La crítica ha quedado atrás, en *El fragmento repetido*. Ahora se reivindica, pero como se reivindican caminos seguidos ya y ya recorridos, como forma de iniciar la vuelta por donde uno vino. "Olerse la nariz" es consistente con la cita ya dada con la que concluye *El fragmento repetido*: "Tal vez cuando indicamos que *nada respira*, en esa indicación *algo respira*. Como si el pensamiento contemporáneo –en cada caso– tuviera su *chance* de oxígeno en esa indicación; como si pensara solo cuando pensara en su imposibilidad; tal como el arte solo tiene lugar '*subrayando en cada caso su propia muerte*'" (Fragmento 340). Olerse la nariz es al cabo la imagen de pensamiento propuesta por Thayer en su intento de nihilizar el nihilismo a través de la crítica: en riesgo y en confrontación con la muerte propia, sin garantías, desde el dolor de la doble exclusión antes mencionado.

La discusión sobre materialismo que *Fragmento* ofrece estaba ya indicada en germen en el quinto ensayo de *Barniz*, "El encuentro anterior", originalmente una conferencia pronunciada en 2000. La versión de 2006 es más amplia y a ella me refiero. Thayer comenta "la guerra general de Marx contra el idealismo/capitalismo" (*Fragmento* 144) y dice desde ella que el idealismo es el olvido de la producción. "Idealista es cualquier obra que reprime la escena de su producción; que se olvida de sí misma en tanto obra; que borra su *istoría* en su 'ser obra' y se fetichiza como realidad *per se*" (145). La filosofía es "la mercancía idealista ejemplar" en la medida en que su búsqueda de causas y principios, últimas o primeros, reprime la escena de la producción y se constituye como discurso "en el fetiche de que la filosofía es el origen de las cosas y de nosotros mismos" (146). El marxismo habría destituido a la filosofía de su fuerza idealista al restablecer la prioridad de la "producción material de la vida" como instancia de referencia. Hay pues un lugar abierto por un no-lugar que funda la filosofía y la destruye a la vez: la filosofía, es decir, una filosofía ya alineada con la producción material de la vida como exterioridad indomable en su propio discurso, sería entonces relegable desde sí misma, en cuanto cruzada por su no-verdad constitutiva. La filosofía no es así respuesta ni contenido especial de la posibilidad crítica, y no alcanza el rango de un pensamiento no sometido a la interpretación técnica. El idealismo, constitutivo de la filosofía, es interpretación técnica del pensar, y por lo tanto está caído en el nihilismo dogmático de forma no recuperable.

La referencia a Kant y a su noción de dogmatismo en *Tecnologías* se convierte retrospectivamente en decisiva.

A partir de la afirmación kantiana de que "nuestra época es, de modo especial, la de la crítica" (*Tecnologías* 57), contrastada con la de Benjamin sobre el fin de la crítica ("Solo el incauto se lamenta de la decadencia de la crítica. Su momento hace mucho que pasó" [57]), Thayer dice: "El dogmatismo [es decir, aquello con respecto de lo cual la crítica se desmarca] es mucho menos la afirmación intransigente de una opinión o doctrina que la aplicación incauta de condiciones imprevistas ... El dogmatismo dice menos relación con el contenido figurativo de los juicios, doctrinas y representaciones, que con la forma prediscursiva que los posibilita y gobierna, disciplinándolos en silencio, obligándolos a decir y figurar de cierta manera cuando incautamente se supone que se ejercen en libertad" (57). La desdogmatización crítica kantiana empieza por lo tanto la labor de materialización anti-idealista del pensamiento a la que Marx, en su doctrina de la división social del trabajo desde la categoría de "producción material de la vida", habría dado formulación precisa.

El dogmatismo no puede olerse la nariz, no puede examinar sus mecanismos de producción, no tiene recurso a la patética de la bacinica. Ostensiblemente es la crítica la que tematiza su propio marco: "la crítica, en la interface kantiana, va sobre sí misma en una épica que avanza como el remero chino, haciendo ver sus clausuras, poniendo ante los ojos lo que le queda a la espalda" (59). El intento de Thayer en *Tecnologías*, aunque ya ampliamente anunciado en *Fragmento*, es deslindar tres modalidades de crítica para hacerse cargo exclusivamente de la tercera. Para ello apela a la teoría de la dictadura en Carl Schmitt, y señala que hay una crítica que se ejerce como "dictadura consular", en el sentido de que crea una excepción "que suspende el orden para preservarlo" (60). Una segunda modalidad de crítica puede entenderse como práctica del "dictador soberano", que "suspende el campo fundando uno nuevo" al inscribirse "hegemónicamente en el lenguaje cotidiano" y conservar "los mismos nombres para referir entidades que han mutado" (61). Pero hay una tercera crítica que "comprende la crítica como interrupción que no conserva ni funda un nuevo orden, interesada más bien en tematizar sistemáticamente la condición, el límite, y el límite del límite" (61). Esta sería la crítica, dice Thayer en referencia a Benjamin contra Schmitt, que abre "el verdadero estado de excepción" (62). Se trata por lo tanto de una crítica que busca destruir la precomprensión misma desde la que se dice lo que se dice. Pero ¿en nombre de qué? ¿Es la "producción material de la vida" el último referente?

Se trata de una crítica explícitamente posthegemónica, en la medida en que trata de destruir o destruye la inercia hegemónica misma, y también infrapolítica, en la medida en que no aspira a conservación ni a fundación o refundación alguna. Su registro es otro. Su registro es quizá la imagen o cifra del pensamiento: "'La imagen es el *medium* del pensamiento. *Medium* no quiere decir aquí que el pensamiento se vea obligado a utilizar modos de exposición que le son impropios, incontrolables por él mismo. Quiere decir que la imagen, la cifra, es el elemento propio del pensamiento; que no hay pensamiento sino en y desde la opacidad de la cifra" (76). Por eso, al finalizar la primera parte del libro en referencia a la noción heideggeriana de destrucción, Thayer indica que hay algo "más originario que la crítica" que puede orientar la acción contra la interpretación técnica del pensar: "la destrucción de la categoría de categoría que se abisma por detrás de lo categorial y de sus posicionamientos histórico-acontecidos, y que abandona lo categorial mismo como ámbito del pensar" (69). Desdogmatizar la interpretación técnica del pensar es una empresa crítica, pero la empresa crítica está subordinada a un registro otro de pensamiento, registro dierético que es infrapolítico también porque rastrea e interroga el suceso de cualquier conservación o fundación política.

La interpretación técnica del pensar, también en su dimensión política, funciona a partir de la nivelación nihilista, de la "igualación de lo desigual" (100), o como aplicación mecánica del principio general de equivalencia. Todo ello es asimismo una "producción material de la vida" contra la que se hace preciso enunciar o anunciar una alternativa. Abrir, en la crítica, la diéresis del pensamiento es marchar hacia "una posible nihilización del nihilismo" (108) en vista necesariamente de una producción material alternativa de la vida. Para ello la crítica es insuficiente: "La crítica incauta del nihilismo no experimenta que su posibilidad recién comienza a activarse cuando se ha comprendido que la tecnología teatral de la crítica, exaltada desde hace mucho, mientras se quiere separada, autónoma, trascendente de lo que critica, es la más tenaz enemiga de la crítica" (110).

"El pensamiento es inseparable de una crítica", cita Thayer de Deleuze (175). Pero en Deleuze, según Thayer, la crítica, una crítica, se separa de la lógica nihilista a partir de una afirmación irrebasable de inmanencia. Una crítica, dice Thayer, no es la crítica. Una crítica no es crítica de … , no rompe el plano de inmanencia. El libro de Thayer concluye sin concluir en una especie de acto de fe en la pretensión de Deleuze de que la inmanencia, o la afirmación de inmanencia, es de por sí capaz de nihilizar el nihilismo, como si su afirmación final de que existe "una gran diferencia entre lo virtual que define la inmanencia del campo trascendental y las formas posibles que las actualizan y las transforman en algo trascendente" (Deleuze, "Immanence" 389) fuera de por sí una palabra final. Y no lo es. Nada es concluible de una afirmación ciertamente no marxiana sobre la producción material de la vida que la torna en producción material de *una* vida: "Una vida de pura inmanencia, neutral, más allá del bien y del mal, pues era solo el sujeto que la encarnaba en medio de las cosas lo que la hacía buena o mala. La vida de tal individualidad se difumina a favor de la vida singular inmanente a un hombre que ya no tiene nombre, aunque no pueda ser confundido con ningún otro. Una esencia singular, una vida … " (Deleuze 385). Y ejemplificada por supuesto en la agonía de un personaje de Dickens en cuanto vida agónica o rumor o resto de vida. ¿Hasta qué punto la noción de "una vida", indicada o propuesta por Deleuze en ese último trabajo suyo, y por lo tanto sin continuidad, constituye una alternativa plausible al cierre de la filosofía en su ignorancia denegadora de las condiciones de producción material de la vida? Porque en esa versión de "una vida" es concebible que el pensamiento, en cuanto diferente de la práctica crítica, no tenga lugar.

Esta es mi crítica a Thayer: Si lo que tan puntual y brevemente propone Deleuze como creación de un "campo trascendental" o "empirismo trascendental" (384) no es reintroducción de una forma de idealismo invivible por más denegado que sea, es al menos un límite coyuntural (contingente a la

Tercer espacio

muerte de Deleuze) del pensamiento que debe ser rechazado en cuanto tal. A mi juicio, este falso final es resta del pensamiento salvaje y contracomunitario que yo le atribuyo a Thayer, salvaje en cuanto contracomunitario, sustraído a salones y cocinas, y que milita por lo tanto contra toda noción de ejemplaridad, contra toda noción de elección, ante las que no cabe sino mantener una posición de retirada. También "una vida" es, cuando se propone, siempre vida ejemplar, y así incompatible con la del niño que debe huir de los salones y de las cocinas hacia un tercer espacio innominado que es el lugar marrano de la infrapolítica (y que tiene más que ver, quizás, con la existencia que con la vida misma, pero este es otro tema.)

Coda. Nota sobre desnarrativización

Hace años, en un libro llamado *The Exhaustion of Difference*, asocié el término "desnarrativización" a una ruptura histórica, o a la tendencia hacia una ruptura histórica, con la "conciencia melodramática", noción que yo tomaba de Louis Althusser (*Exhaustion* 51, 56, *passim*). Mi idea era que la subalternidad–lo que más me ocupaba por entonces–no puede confiar en narrativa alguna, sino que, antes bien, fuerza el fin de toda estabilidad narrativa, de toda casa o puerto narrativo. Así que lo que proponía era que había o que podría haber una ruptura histórica más o menos fantasmática o real en nuestros tiempos entre espacios subalternos y espacios hegemónicos, organizada en torno a la noción de narrativa o de forma narrativa. Toda forma narrativa "social" de carácter tanto hegemónico como contrahegemónico o aspirante a la hegemonía era para mí redescribible como conciencia melodramática.

Ofrecí un par de ejemplos de momentos desnarrativizadores en la tradición literaria postcolonial latinoamericana –el suicidio de José María Arguedas, que para mí era parte integral de la escritura de *El zorro de arriba y el zorro de abajo* (*Exhaustion* 206)–; y la propuesta de un radical azar existencial como forma política en "La lotería en Babilonia" de Jorge Luis Borges (181). La consecuencia teórica que yo trataba de extraer de todo ello no se hacía clara hasta el final mismo del libro. Como voy a criticarla se excusará mi autocita:

> La posición subalternista deshace el pensamiento de la hibridez, esto es, el pensamiento hegemónico del pasaje al imperio, al comprometerse con una hibridez salvaje que es, en palabras de [Gayatri] Spivak, 'el límite absoluto del lugar donde la historia se narrativiza como lógica' ('Subaltern Studies' 16)–y así al comprometerse con un rechazo absoluto a la narrativización misma. Pero de este rechazo, de la desnudez que resulta, comienza a emerger algo así como una fuerza capaz de hacerle frente al 'eje central del conflicto'. Creo que los estudios culturales latinoamericanos están en una posición tan buena como la de cualquier otro campo discursivo para abrirse a ello–siempre que no empecemos a contarnos cuentos (299).

Por supuesto nunca hemos dejado de contarnos cuentos, y hay también algunas otras cosas equivocadas en ese párrafo un tanto ingenuo. Menciono tres, empezando con la menos controvertible. Los estudios culturales latinoamericanos se mostraron incapaces de ninguna clase de ruptura histórica con la conciencia melodramática puesto que eran, en sí, y de forma terminal, la conciencia melodramática misma. El campo discursivo no era lugar de desnarrativización, sino más bien el último bastión, ya caído o derrumbándose, de la mitomanía melodramática, como no hemos dejado de ver desde entonces. El segundo error fue invocar la noción de un "rechazo absoluto" de la narrativización. Falta de sutileza: no hay rechazo absoluto de narrativización por la sencilla razón de que un rechazo absoluto de narrativización solo puede expresarse en forma narrativa, aunque sea la narrativa mínima de la negación (la negación implica lo negado, y la relación de la negación a lo negado constituye una narrativa mínima sin la cual no podría producirse.) Y el tercer error fue la noción de que una desnarrativización subalterna podría generar las condiciones de algo así como una gran política capaz de hacerle frente al "eje central del conflicto", cualquiera que fuese en el momento.

Propongo en esta nota repensar la noción de desnarrativización no solo más allá de cualquier recuperación de la noción de cultura sino también más allá de la idea de una gran política revolucionaria subalterna. En su lugar invocaré la noción más modesta de inversión infrapolítica. Pienso que la noción de desnarrativización es en términos generales el término que media entre las teorizaciones del tercer espacio de la primera parte de este libro y las todavía vagas consideraciones sobre infrapolítica que han ido apareciendo en los capítulos de esta segunda parte, y que serán retomadas y continuadas en otros libros. Me desplazaré muy rápidamente por cuatro textos cuya tenue intersección motiva la escritura de esta nota: el seminario de Jacques Derrida (1964-65), *Heidegger: La cuestión del ser y de la historia* (2017); el seminario de Derrida del 74-75 *Teoría y práctica* (2017); y los *Últimos cuentos* de Isak Dinesen, o más bien dos de los cuentos de la primera parte de esa obra, que me dieron el entendimiento básico de lo que quiero presentar. Los comentarios que siguen sobre los textos de Derrida deben entenderse como un intento de enmarcamiento o introducción a lo que dice Dinesen sobre cierto convento portugués, y que solo puedo intentar resumir torpemente, para terminar ya este libro.

En las primeras sesiones del seminario del 64-65 Derrida discute la proximidad y la distancia de forma provocativa. No alcanza conclusiones, solo elabora el tema, que está por supuesto vinculado al tema nietzscheano del "abismo más estrecho" (el más difícil de cruzar), y la noción proverbial de que lo que está más cerca es también lo más lejano. Pero apunta también a la diferencia óntico-ontológica tematizada en la obra de Heidegger y a nuestra

Coda

difícil relación con ella. En el seminario del 75-76 sobre teoría y práctica, o realmente sobre Althusser y Heidegger, en las sesiones finales, Derrida tematiza la palabra francesa *incontournable*, y dice que Heidegger intima que el pensamiento es el intento incesante de acceder a lo que está prohibido acceder pero es al mismo tiempo inevitable. Ineludible e inevitable, y sin embargo obstruido y bloqueado. Pensar sería buscar acceso a una inevitabilidad real pero simbólicamente prohibida. Esa sería la tensa estructuración del pensamiento–buscar siempre lo inaccesible inevitable, lo que llama y reclama en tanto inaccesible inevitable. (Hacia el final de los seminarios que dio Heidegger en Le Thor y Zähringen para una selecta audiencia, ya en sus últimos años, Heidegger hablaba de una "fenomenología de lo inaparente" que sería tentador vincular a esa formulación derrideana: buscar lo inevitable inaccesible es hacer fenomenología de lo inaparente ([Ver *Four Seminars* 80]).

Derrida, en referencia plena a Heidegger, ofrece cuatro ejemplos de eso *incontournable* que pueden ser polémicos: la ciencia busca acceso a la *physis* pero la ciencia nunca accederá a la *physis*; la *Historie* busca entrar en la *Geschichte*, pero la *Historie* nunca alcanzará la *Geschichte*; la gramática quiere capturar la lengua, pero la gramática es incapaz de capturar la lengua; lo humano quiere hacerse *Dasein*, pero el *Dasein* no es accesible desde la voluntad. La labor del pensamiento es lidiar con esa gran dificultad. Y se lleva a cabo, por la mayor parte, en la metaforización. La "tensa estructuración del pensamiento" mencionada arriba es en sí la proveedora de la metáfora. La metáfora aparece en cada caso como respuesta, y como respuesta compensatoria, a la imposibilidad de alcanzar lo *incontournable*, que queda fuera de toda posible literalidad. Así que la metáfora es en cada caso un *pharmakon*, una medicina que es también un veneno. Tomemos "casa", por ejemplo. Podemos proponer que la relación entre casa y ser es del mismo orden que la que hay entre ciencia y *physis*, lo humano y *Dasein*, *Historie* y *Geschichte*, gramática y lengua. Queremos llegar a casa pero nunca accederemos al ser. La relación entre casa y ser es una relación metafórica.

Pero ¿no abre eso la posibilidad de invertir los términos y decir, por ejemplo, que no solo es la casa una metáfora del ser, sino que el ser es también una metáfora de casa? ¿Y que así la relación entre el plano figural y el plano literal es reversible? En otras palabras, dado un campo general de metáfora como compensación de pensamiento, como remedio de pensamiento, entonces la diferencia óntico-ontológica podría ser entendida como un campo general de desmetaforización, sin prioridad absoluta del plano literal ni del figural. La práctica de pensamiento sería entonces la traza misma, en cada caso, y atendiendo a cualquier cadena metafórica dada, de la diferencia entre ser y pensar. Para mí, esa es, muy precisamente, la práctica infrapolítica como práctica existencial, esto es, siempre encarnada, siempre situada, pero siempre atenta a ese desplazamiento hacia lo imposible (y al mismo tiempo inevitable.)

El seminario del 64-65 incorpora comentarios específicos sobre "no contarse cuentos", que es una frase heideggeriana (inspirada en un motivo platónico) de *Ser y tiempo*. Tanto para Heidegger como para Derrida el rechazo de lo que voy a llamar "diégesis" está vinculado a lo que ya quedó dicho sobre metaforización. La diégesis debe tomarse, de hecho, como metáfora primera u original en cada caso–pues la diégesis, el acto diegético en sí, vehiculiza en cada caso el sentido, es el vehículo o transporte (*metaphora* en griego) de la trasposición misma en un orden de sentido. La diégesis es siempre forma, forma estética, y así puede verse como la estructuración particular de la metáfora para cualquier objeto de actividad humana. Pero que cualquier actividad humana tenga una estructuración diegética no implica que las cosas terminen ahí. La estructuración diegética del mundo es lo cuestionado en el acceso o el pasaje a la diferencia óntico-ontológica, que es también el paso a lo inevitable prohibido, a lo inaccesible necesario, a lo inaparente infrapolítico. En ese mismo sentido la narrativización, como la metaforización, nunca es objeto de rechazo absoluto –solo hay en cada caso un rechazo puntual de la narrativa, solo un rechazo específico cada vez al "contarse cuentos"–. En la medida en que todo rechazo de narrativa se basa en una narrativa alternativa, irreduciblemente, la diégesis no desaparece. La forma es irreducible, no hay no-forma ni en el caos mismo, puesto que hay forma caótica. El juego, por lo tanto, y es el juego de la deconstrucción, el juego infrapolítico, también el juego subalterno contra toda producción de conciencia melodramática, contra todo contarse historias, es la exposición existencial a lo que llama pero no comparece, a lo necesario oculto, al objeto de sentido *in/contournable*.

Los primeros siete cuentos de *Últimos cuentos* de Dinesen fueron pensados como parte de una novela, "Albondocani", que no llegó a terminarse. Al final del primer cuento, "El primer cuento del Cardenal", cierta conversación cifra una metanarrativa-marco para todo lo que sigue. El Cardenal dice: "Dentro de nuestro entero universo el cuento solo tiene autoridad para responder al grito del corazón de sus personajes, ese único grito del corazón de cada uno de ellos: ¿Quién soy yo?" (Dinesen 26). El último cuento, "La página en blanco", nos permite entender la relación entre la autoridad del cuento y la posición del narrador: "Donde el narrador es leal, eterna e inquebrantablemente leal al cuento, allí, al final, hablará el silencio. Donde el cuento queda traicionado, el silencio no es sino vacío. Pero nosotros, los fieles, cuando hayamos pronunciado nuestra última palabra, oiremos la voz del silencio" (100). No puede haber autoridad en el cuento sin total lealtad

Coda

del narrador, y esto significa, dice Dinesen, que la lealtad del cuentista es su logro estético –la composición formal en cuanto composición de *forma*, sin la cual la historia queda traicionada y el silencio es vacío–. Ahora bien, ¿qué significa que, en una historia contada con lealtad, sea el silencio el que habla por fin? El silencio viene a ser entonces "la voz" que puede responder al grito del corazón. ¿Cómo ha de entenderse esto?

"La página en blanco" tiene apenas media docena de páginas. Empieza una narradora hablando de sí misma, diégesis metanarrativa, y diciendo que lleva contando historias "doscientos años" (100). Su abuela le enseñó, y la narración de su abuela es también la suya. Dice la abuela: "¿Quién cuenta ... mejor cuento que ninguna de nosotras? El silencio. ¿Y dónde se lee un cuento más profundo que en la página mejor impresa del libro más precioso? En la página en blanco" (100). Y el cuento que se cuenta ocurre en un convento carmelita de los montes de Portugal, un convento decaído donde las monjas todavía producen "un lino exquisito" (101). Y como "el primer germen de una historia vendrá de algún lugar místico fuera de la historia misma", hay que decir que la primera linaza llegó al convento "desde la Tierra Santa" y fue traída por un cruzado (102). "De esta circunstancia se derivó el primer privilegio del convento, que fue procurar sábanas nupciales para todas las jóvenes princesas de la casa real" (102).

La costumbre portuguesa es mostrar la sábana ensangrentada en las nupcias, y el segundo privilegio del convento es guardar tales sábanas que hablan del honor virginal de las princesas. Las sábanas se guardan en una galería, y allí pueden ser visitadas por nobles damas en meditación silenciosa y ponderada. Un buen día una dama aristocrática y mayor visita el convento y se dispone a reflexionar sobre el tiempo pasado en la galería. Allí encuentra su "pensamiento más profundo" (104): "En el medio de la larga fila hay un lienzo que difiere de los otros. Su marco es tan fino y tan pesado como cualquiera, y sostiene con el mismo orgullo la orla dorada con la corona real. Pero en esta orla no hay nombre inscrito, y el lino enmarcado es blanco como la nieve de esquina a esquina, una página en blanco" (104). Esa es la voz del silencio. El cuento de la sábana en blanco atiende a lo que es ineludible y prohibido: la princesa ignorada que, al revelar su verdad, expone la mentira del convento, expone la mentira de la historia, y se abre así a una verdad más grande. Ese lienzo sin nombre en el corazón de la galería remite a lo no decible que debe sin embargo decirse. No hay más. En esa composición el silencio es a la vez constitutivo y deconstituyente de la diégesis, en ella el cuento llega a ser cuento y al mismo tiempo adviene a su destrucción en silencio. Toda narrativa, dice Dinesen, lleva inscrita en su corazón una instancia de desnarrativización, sin la cual la narrativa no podría producirse: esa instancia de desnarrativización en la narrativa es elusiva e ineludible, oculta y necesaria, opaca e insoslayable. Habla desde su ocultamiento –el silencio habla desde el silencio mismo, pero solo cuando la lealtad del narrador ha logrado una particular *stasis* formal–. En todos los otros casos el silencio es mero lugar vacío, o mero vacío sin lugar.

Estos cuentos leales –¿no son lo radicalmente opuesto al melodrama?– Esa "lealtad", ¿no es el envés letal de la conciencia melodramática? Tantas historias no son sino la corteza, el fijador, el marco de una palabra desleal, de una palabra falsa y traidora –no por oposición a ninguna "verdad" sino precisamente por impostarse como "verdad" contra su facticidad misma–. En el discurso académico por ejemplo, en tantos productos del latinoamericanismo tardío, del hispanismo –allí se abre el verdadero terror del archivo, lo que en él es mero vacío–. Ya es quizá demasiado tarde para proponerles a estas formaciones discursivas historias que desnarrativicen, historias y cuentos que hablen desde su silencio. En cualquier caso puede quizás pedirse que se escuche el argumento en su silencio mismo. Creo que todos los autores que han sido objeto de torpe estudio en este libro, excepto uno quizá, podrían solidarizarse con tales pensamientos.

Wellborn, Texas, 2020

APÉNDICES

1. Alvaro Cunqueiro y el fetichismo sentimental

I

En un libro reciente, *Pensiero vivente*, el filósofo italiano Roberto Esposito se refiere a un "nuevo registro tonal" o "tonalidad común" en el pensamiento contemporáneo que tendría que ver con el agotamiento del viejo giro lingüístico y el surgimiento tendencial de una nueva modalidad del pensamiento que afirmaría resueltamente la vida como su propio horizonte. Para Esposito tal desplazamiento paradigmático sucede de forma más clara no por casualidad en el pensamiento italiano contemporáneo, porque el pensamiento italiano habría permanecido resueltamente al margen del llamado giro lingüístico. La lengua nunca constituyó en Italia el horizonte trascendental del pensamiento, y así Italia estaría en mejor posición que otras tradiciones filosóficas para abrazar una nueva temática a caballo entre vida, historia y política, que desde la tradición italiana permite desbancar los otros dos grandes horizontes trascendentales del pensamiento moderno: el trabajo y el lenguaje.

Se me ocurre que Alvaro Cunqueiro estaría en principio de acuerdo con la noción de que la vida, y no el trabajo (entendido como la condición material de la existencia social) ni el lenguaje, ha de ser el horizonte trascendental del pensamiento. Para mí, que empecé a leer a Cunqueiro en la adolescencia, fue siempre difícil situar su obra dentro de las tendencias críticas que han dominado el discurso académico en los últimos treinta o cuarenta años, y que han estado, efectivamente, siempre hipotecadas, o bien al servicio de un pensamiento del trabajo (el marxismo es la más obvia), o bien al servicio de una reflexión metalingüística que se ha resuelto, en última instancia, en negatividad crítica. Ni puede fácilmente leerse a Cunqueiro desde la intersección trabajo/lenguaje que ha marcado los últimos veinte o treinta años de reflexión sobre la cultura. Cunqueiro no es por ejemplo primariamente un novelista de la alegoría nacional, no es un novelista de los grandes movimientos sociales, y no es un novelista de la trinidad raza-sexo-género. Poco sentido tenía, en mi opinión, hacer una lectura marxista o deconstructiva de Cunqueiro, y poco sentido sigue teniendo hacer una lectura culturalista de su obra. Pero también otros intentos provenientes de paradigmas críticos más antiguos, como el de sujetarlo a análisis semiótico, han dado pocos frutos. Quizás Cunqueiro es un escritor cuya escritura es difícil de abordar críticamente, y así un escritor sobre el que resulta difícil escribir. Esto es curioso. ¿Por qué? Con Cunqueiro uno siempre arriesga quedarse en la glosa del aparato literario o el comentario edificador, sea a favor del melodrama popular en ciertas obras o a favor de la ensoñación imaginativa, creadora o recreadora de mundos evocados aunque raramente evocables. La literatura de Cunqueiro tiende a pasmar o a maravillar, pero es pocas veces productiva de genuino pensamiento crítico. Ahora bien, nunca sabremos si este es propiamente un problema de la literatura de Cunqueiro o es más bien un problema de lo que se da en llamar pensamiento crítico.

Voy a sugerir una hipótesis cuyo éxito podrá parecer más o menos acertado para algunas de sus obras, quizás no aplicable a otras. Mi hipótesis debe quizá incluirse en el interés por desarrollar categorías críticas respecto a ese "nuevo registro tonal" de la vida que anuncia o certifica Esposito. El mismo Cunqueiro se pregunta en un lugar crucial de *Un hombre que se parecía a Orestes* (1968): "¿A qué llaman los hombres vivir?" (127). Pensar la vida desde la vida es difícil, y el peligro de la ingenuidad es siempre abismal. Esa misma frase aparece en el texto cunqueiriano en el momento en que Egisto, cuya inmensa melancolía en la espera destinal apenas recibe alivio, encuentra un breve respiro de libertad: "Desde los años de mocedad, nunca Egisto se había visto solo en el campo, saludado por el sol, libre cabalgador. Cantaban los pájaros en los alisos, volaban los cuervos en los barbechos, y sobre su cabeza describía anchos círculos, indolente cazador de gazapos, el gavilán. ¿A qué llaman los hombres vivir?" (127). Pero la vida, sabemos, no es la euforia de un paseo a caballo por el campo.

En otro de sus libros, *Las mocedades de Ulises,* de 1960, la pregunta por la vida es inaugural. "Buscar el secreto profundo de la vida es el grande, nobilísimo ocio," nos dice su primera página. Aprender a vivir, nos dice Cunqueiro en 1960, constituye un "largo aprendizaje—el aprendizaje del oficio de hombre—, sin duda difícil" (7). Y Cunqueiro acompaña su breve prólogo con una declaración abiertamente ideológica a la que tendremos que volver más tarde: "Toda novedad y toda primavera penden del corazón del hombre, y es éste quien elige las estaciones, las ardientes amistades, las canciones, los caminos, la esposa y la sepultura, y también las soledades, los naufragios y las derrotas" (7). ¿Elegimos? ¿Qué garantiza, en la vida humana, tan potente capacidad de elección? ¿O se trata más bien de aprender a elegir, en un proceso abierto en el que todo lo que pasa pueda hacerse afirmativo a través de la elección? Aprender a decir sí, en otras palabras, en una formulación que podría pretenderse decididamente nietzscheana, excepto que, en la misma página, ese proceso de libre elección queda vinculado al retorno a Itaca y al encuentro con "el rostro de la eterna nostalgia" (7).

Aprender el oficio de vivir, buscar el secreto profundo de la vida, es regresar a casa—Itaca es el dolor del retorno, pero en tal *nostos* se consuma la libertad creativa de lo humano. "Todo regreso de un hombre a Itaca es otra creación del mundo" (7). La literatura aparece así como consumación del *nostos*. ¿Estamos preparados a aceptar tal definición? ¿Podemos admitir que la vida, entendida como proceso de libre elección de eventos, de libre afirmación de lo que pasa, tiene como meta el retorno entrópico a su propio origen? Es como si el *conatus essendi* spinoziano debiera transmutarse en un *conatus primi essendi*; como si todo lo hecho en el camino de la vida debiera cabalmente hacerse para deshacer lo andado.

Permítanme entrar rápidamente en materia. Lo haré refiriéndome al artículo de Sigmund Freud de 1927 titulado "Fetichismo," que es el texto central de las investigaciones de Freud sobre el fetichismo (los otros dos son *Tres ensayos sobre la teoría de la sexualidad*, de 1905, y "La partición del ego en el proceso de defensa," de 1938). No es mi intención diagnosticar a Don Alvaro de fetichista de ninguna forma personal. Solo quiero sugerir que su literatura, o al menos algunos segmentos significativos de su literatura, tienen semejanzas estructurales con la lógica que Freud identifica, en 1905, 1927 y 1938, como lógica fetichista. Y propondría también que la forma narrativa fetichista es una forma narrativa marginal y transversal a las grandes lógicas narrativas del siglo XX, y por ende particularmente interesante. Nos faltan en realidad todavía categorías de clasificación de lógicas narrativas, y lo que propongo es una modesta contribución a tal empresa.

Para Freud, como se sabe, el fetichismo es un fenómeno psíquico intensamente masculino, aunque su objeto sea quizá negar la diferencia sexual misma, y así buscar indiferenciación. La lógica del fetiche es complicada. El niño siente el pánico de la ausencia de pene en la madre como pánico de castración. Si mamá no tiene pene yo también podría no tenerlo, es decir, podrían cortármelo si no me lo han cortado ya. La inversión libidinal fetichista no es, en última instancia, más que el proceso psíquico que asegura una compensación sustitutiva del pene materno, y así la posibilidad apotropaica de superar el pánico a la castración. El ego se parte entre lo que es obvio, que es la constatación de que no hay pene allí, y la afirmación inconsciente de que mamá, o las mujeres, también tienen pene, y ese pene puede ser, por metonimia, un zapato de tacón alto, una liga, una enagua, un delantal. A partir de ese momento esos objetos quedan dotados con capacidad mágica, o fetichista: son capaces de provocar intensa excitación sexual aunque en sí no sean objetos sexuales. Esa intensa excitación sexual, a la vez, constituye una declaración de hostilidad hacia la diferencia sexual misma—no hay diferencia, somos todos iguales. Y es sobre esa igualdad que se proyecta la posibilidad de recuperación de la madre como objeto parcial, es decir, el acceso eterno al seno materno, "el rostro de la eterna nostalgia," que sin embargo solo queda logrado en el rechazo de la genitalidad femenina real, que produce aversión y horror. De ahí la ambivalencia del fetiche, que, en un mismo gesto de inversión anímica, puede ser abiertamente odiado y sin embargo concentrar aura libidinal en el grado más fuerte.

En un cierto momento de su breve ensayo dice Freud, un tanto enigmáticamente, que el pánico de la castración no está confinado a la infancia. "En la vida posterior los hombres adultos pueden experimentar un pánico similar, quizás cuando se oye el grito de que el trono y el altar están en peligro, y a ello le siguen también consecuencias ilógicas" (162). Freud no elabora tal frase, pero de ella puede deducirse una extrapolación política al fenómeno fetichista: el fetichismo tiene, efectivamente, quizá inevitablemente, carácter reaccionario. Debemos hacer por tanto explícita la pregunta sobre el signo político de la noción de que toda literatura es consumación del *nostos*. Otra forma de decirlo es suponer que, si toda la literatura es consumación del *nostos*, toda la literatura es el intento de restitución soberana del trono y del altar, o bien, para ponerlo en términos que podría haber suscrito Carl Schmitt, todo concepto literario es secularización de un concepto teológico. Hay literatura teológico-política, o más bien la literatura es teológico-política. Parecen palabras excesivas, y estamos muy lejos de saber si podrían aplicarse realmente a la literatura de Alvaro Cunqueiro. Pero en todo caso, y antes de volver sobre ello al fin de este texto, mi hipótesis es que la literatura de Cunqueiro es primariamente fetichismo sentimental.

¿Cómo es posible llegar a tal conclusión a partir de la noción de que el secreto más profundo de la vida debe encontrarse en la libre elección del retorno a casa? O, más bien, ¿cómo es posible no llegar a ella? En la teoría psicoanalítica del fetichismo entendemos que es condición de tal retorno el rechazo de la diferenciación sexual y una ambivalencia constitutiva respecto del estatuto de lo femenino, que debe ser apropiado en su indiferenciación misma. Es como si el trono y el altar fueran en realidad, no poderosos símbolos de la masculinidad dominante en la historia, sino más bien versiones del falo materno, y en esa medida producto de la fantasía masculina. La estrella Libredón guía el camino al seno materno a través del fetiche mismo, a través del gozo fetichista. La sentimentalización del fetiche—en cierto sentido, su rescate con respecto de la oscura energía sexual, su idealización y purificación—es el proceso literario mismo. Pero ¿no es esto lo que el joven Karl Marx llamaba "la religión del deseo sensible"?

II

En su análisis, no de la historia de Ulises, sino de la Ilíada, de 1940, año de guerra, Simone Weil propone una lectura del gran poema homérico que podría resultarnos útil para entender lo que está en juego en la obra de Cunqueiro. Para Weil no hay nada más grande en la historia del espíritu humano que la Ilíada, y esto es así porque el poeta acierta a expresar el horror de la guerra, el horror del destino de destrucción y de mutua destrucción al que los humanos parecemos estar apegados, sin sancionarlo en ningún momento. La guerra es principio o suelo ontológico en la Ilíada, y sin embargo la guerra no se confunde con la totalidad de lo real. Para Weil "el verdadero héroe, el verdadero sujeto... es la fuerza" (163). No es una fuerza personal sino aquello impersonal bajo cuyo impacto los hombres viven y mueren en cada caso. La fuerza no es solo impersonal sino que despersonaliza y transforma lo humano en cosa, en el límite en esa cosa llamada cadáver, pero antes del límite, más acá de la línea, la fuerza despersonaliza en el sentido de que "puede matar, en cualquier momento, esto es, en todo momento" (165). Nadie en la Ilíada está libre de esa fuerza que engloba la acción y la totalidad de la acción para aqueos y troyanos: "La raza humana no está dividida, en la Ilíada, entre conquistados, esclavos, suplicantes por un lado y conquistadores y jefes por el otro. En este poema no hay un solo hombre que no tenga que doblegar su cuello ante la fuerza en un momento u otro" (171). La *hybris* del que está momentáneamente en situación de imponer su fuerza operará retribución, y esa *hybris* es tan inescapable como la fuerza, pues es la fuerza misma. "Tal es la naturaleza de la fuerza. Su poder de convertir un hombre en una cosa es doble, y de doble filo en su aplicación. En el mismo grado, aunque de diferentes maneras, los que la usan y los que la padecen se convierten en piedra" (184).

Weil habla de la petrificación general de lo humano bajo el impulso de la fuerza, habla de la guerra como condición esencial y suelo ontológico en la Ilíada, pero menciona también la posibilidad de la excepción. "El alma que ha entrado en la provincia de la fuerza no escapará excepto por milagro. Y tales milagros son raros y de duración breve" (185). La Ilíada menciona tales momentos de gracia como amor, hospitalidad, amistad. Son los momentos que la violencia mata y matará siempre, y con respecto de los cuales se desarrolla en el poema, dice Weil, una "amargura" (188) que constituye la verdad misma de la Ilíada como producción del espíritu. "Lo que no es guerra, lo que la guerra destruye o amenaza, la Ilíada envuelve en poesía. Las realidades de la guerra, nunca" (190). Por eso "este poema es un milagro. Su amargura es la sola amargura justificable, pues sale de la sujeción del espíritu humano a la fuerza, esto es, en último análisis, a la materia... Quienquiera que escape del dominio de la fuerza es amado, pero amado con pena dada la amenaza de destrucción que pesa sobre él" (191).

Conviene pensar si la literatura como milagro y excepción a la fuerza, como des-petrificación, si la literatura como gracia y sustracción ontológica, puede reconciliarse con la literatura como encuentro con el rostro eterno de la nostalgia. La lógica del fetiche puede una vez más hacerse útil. En efecto, el trauma de la castración es el despertar inaugural a la realidad de la fuerza, o a la fuerza en cuanto real. La lógica fetichista no desmiente la fuerza como real, sino que se adapta a ella encontrando la forma de canalizar la libido como excepción al horror. No es una excepción limpia: sabemos que el fetichismo es ambivalente, y que puede encerrar fuertes dosis de agresividad narcisista con respecto de su elección de objeto. Sin embargo, en y mediante su elección de objeto, el fetichismo salva de o resuelve, de alguna difícil manera, la necesidad de la fijeza, de la petrificación, de la cosificación que lo real conlleva. ¿No es esto lo que está en juego en la elección cunqueiriana: "Toda novedad y toda primavera penden del corazón del hombre, y es éste quien elige"? La elección cunqueiriana no es una elección en el sendero de una libertad incondicionada, sino que tiene un carácter de decisión, de apuesta, de inversión libidinal a favor de aquello que salva del horror de lo real. Es también por lo tanto literatura amarga. En *Las mocedades de Ulises*, cuando el pequeño aprende a disparar flechas bajo la tutela del tabernero Poliades, una de las flechas imaginarias silba hacia el afuera, y Poliades le dice cruelmente: "¡Esa flecha, Ulises, llegó al mar! No dudo que ha encontrado en su camino el sucio cuello de un pirata tuerto. ¡Que Poseidón juegue con sus naves a la pelota!" (76). Ulises le pregunta entonces a Poliades: "Poliades, ¿qué es lo que es mentira?" Y Poliades responde: "Todo lo que no se sueña" (76). El sueño de la verdad es la elaboración apotropaica de una inversión de objeto contra la mentira de lo real. La verdad es sueño porque es primariamente voluntad de excepción, apertura al milagro de la gracia. Hay amargura y resentimiento ante la vida aquí, sin duda, pero bajo el signo de una ambivalencia radical que desmonta cualquier pretensión de interpretación unilateral. Cunqueiro no tiene nada que ver con el héroe nietzscheano de la afirmación vital incondicionada, pero tampoco con su criatura del resentimiento, con su último hombre. El fetichismo sentimental proyecta su amargura misma como capacidad y potencia de felicidad.

La ambivalencia de la lógica fetichista aparece nítidamente expuesta en uno de los últimos episodios de *Mocedades*, que es el momento en que Ulises, en Paros, es llevado por Zenón a casa de la señora Alicia con la idea de contratar alojamiento, y Ulises, por ninguna razón aparente excepto su voluntad de fabulación, le cuenta a la señora Alicia una historia falsa sobre su propia identidad. Ulises se autopresenta como Dionís de Albania a una Alicia que "vacilaba entre entregarse a los infantiles recuerdos, poco a poco vestidos, en los horizontes de la memoria, con encantadores resplandores, o en acudir presurosa con la final dosis de aceite a la lámpara desasosegada de los deseos, por último alocados y vehementes" (205). Ulises entra en un afecto perverso: "le divertía angustiar a aquella manzana madura de la que venía tan cálido perfume de claveles" (206). La historia que le cuenta incluye un gran duque de Constantinopla que trata de seducir a una joven albanesa de quince años que por casualidad ha descubierto el secreto de que la barba de monseñor es falsa y postiza. La historia de la barba es extraordinaria. El gran duque don Galaor perdió la suya propia al fuego de una alquitara de aguardiente, y el Basileo aprobó su reemplazo por una postiza siracusana. En palabras de Cunqueiro, "Al de Siracusa se la sacaron los barberos del Emperador por pegamento, que es invento romano. Gritaba, pero en sacando el bigote, que ha de hacerse en vivo, lo abreviaron, que era un hombre flaco y se dolía mucho. Los barberos creían que las barbas eran para una imagen nueva de San Gregorio Nacianceno, y por su cuenta le pusieron en el revés del mostacho unas plaquitas de plata con sus nombres" (208-09). Don Galaor le deja ver a la muchacha los nombres de los barberos asesinos en un párrafo en el que la barba del gran duque literaliza su posición de falo desplazado y entra en la lógica explícita del fetiche:

> Y el gran duque se quitó la barba y le permitió a mi madre que viese las plaquitas y que la acariciase, y era como acariciar, aquella virgen, por vez primera, una hermosa barba de varón, y el hinojo regalaba ese aroma que te dije, que de lejos parece beleño. Aunque la caricia de Ifigenia en la barba fuese en postizo de barbero constantinopolitano, para ella era una caricia carnal, entregarse a luminoso varón a través de un sueño. Y se entregó. Soy hijo de esa noche y de esa caricia, el Bastardo de Albania, el Secreto Bastardo de Albania. (209)

El falo barbado es en realidad el falo que Ulises ve en los ávidos senos de Alicia. La historia de violación, en las palabras de Ulises, se hace particularmente brutal en sus márgenes, como cuando le cuenta a Alicia que su madre fue expulsada por su vergüenza del hogar paterno, "que era de nobles capitanes de navíos de guerra . . . y la primera escalera del salón de respeto hecha con dientes arrancados a los más osados de los enemigos" (209). La historia de castración y violación sigue con la noticia de que doña Florentina, la legítima señora de don Galaor, andaba atenta, para matarla, a toda descendencia ilegítima de su marido, así que Ifigenia debe esconder a su hijo y vestirlo con harapos. Pero la venganza de doña Florentina era imparable:

Un veneno que venía para mí en una naranja confitada, mató a mi madre. Una flecha disparada desde detrás de unos haces de heno, entró mortal por un ojo de mi caballo, equivocando el camino que llevaba a mi cuello. Fueron muertos mis perros y robadas mis espadas infantiles. Doña Florentina de Italia me había descubierto, y peligraba mi vida. Por aterrarme, dejaban sogas a los pies de mi cama, y las entraba cuando iba a un lecho que ya solamente me conocía insomne. Mi señora tía enloqueció, hallando por toda parte, en el suelo, charcos de sangre fresca, y no sabiendo si de verdad era aquella la mía, en la temprana edad y a traición derramada. (211-12)

Es entonces cuando don Galaor muere, y doña Florentina organiza un ejército para matar al bastardo. "Los que se habían puesto por mis súbditos, especialmente las damas y las doncellas que cité, amables lavadoras de mis fatigados pies, dulces bordadoras de pañuelos para mis nocturnas, escondidas lágrimas, pedían muerte misericorde de mi mano. Me la exigían, pero no se la di. Les regalé mi nave y todo el oro para que huyeran con la marca vespertina, y yo quedé en tierra con la desnuda, larga, brillante, bien empuñada espada" (213). Y es ahí, con la mano en la espada, que va a confrontar el horror de la mala madre, combate explícitamente fálico, donde, en la mente de un Ulises disfrazado de Dionís de Albania, se produce la doble afirmación de vida y huida, y así la posibilidad misma de un retorno hacia la venganza que haría posible la imposible recuperación de lo propio, entendido ahora como soberanía real: "me entró el sabor de la vida, y la amarga raíz de la venganza la sentí debajo de la lengua. Le dije adiós a Albania . . . y me hice peregrino . . . algunos, entre los más jóvenes, sueñan con que vuelvo y me mandan con agitada respiración la caricia de su alegría guerrera. Mientras, yo ando mundo. Calzo ese casco que te dije y duermo, haciéndome sufridor de trabajos militares, al aire libre. Estudio la filosofía de la venganza y me educo libremente en el ejemplo de los coronados de la antigüedad" (213-14).

El pequeño soberano, Su Majestad el Yo, busca su paradójica autonomía, lo que podríamos llamar su autorrecuperación, a través de una práctica de venganza mediante la que accedemos a ese "rostro eterno de la nostalgia," Itaca, o la consumación en lo femenino, que es también la destrucción de lo femenino por indiferenciación. Puede entonces producir sorpresa darse cuenta de que buscar el secreto profundo de la vida equivale a elegir el camino de la venganza, y que por lo tanto la literatura como consumación del *nostos* incluye o más bien se constituye como abierta pulsión de muerte y voluntad de retorno a la organicidad indistinta. Perseverar en el propio ser es operar venganza con respecto del trauma de la diferenciación originaria, al que alude la teoría psicoanalítica de la castración infantil. Vivir es deshacer la vida.

No estoy "interpretando" a Cunqueiro. En realidad todo esto es notoriamente explícito en su texto, y si decirlo parece subversivo o infamiliar es solo porque nuestro discurso crítico, enredado en preguntas alternativas cuya repetición ha hecho triviales, ha permanecido en gran medida ciego a la literalidad del texto de Cunqueiro, y quizá todavía permanezca. El fetichismo sentimental de Cunqueiro es militante con respecto de la tematización de un conflicto originario en lo humano que no tiene paliativo alguno—la inversión fetichista no disuelve el conflicto sino que lo eleva a dimensión ontológica, con respecto de la cual pide una excepción, una huida. Lo sentimental es precisamente esa ruptura prostética con respecto de la ontología—a la que Cunqueiro, ya lo hemos visto, no vacila en llamar no-mentira, esto es, verdad. Excepto que esa "mentira" que no se sueña no es ni mucho menos lo contrario de ninguna verdad: es pura y simplemente lo real.

La lógica fetichista en *Las mocedades de Ulises* muestra autoconciencia cunqueiriana con respecto de su procedimiento mismo. *El hombre que se parecía a Orestes* es la segunda y última novela del ciclo griego de Cunqueiro, y está en obvia continuidad temática con la primera. En su *Orestes* Cunqueiro medita y radicaliza su relación con el fetichismo y su lógica de la venganza, y sienta las bases de una literatura o de una comprensión de lo literario capaz de romper, no con el fetiche sentimental, sino cabalmente con su dimensión teológico-política. Debo adelantar que personalmente considero ese tenue—por desapercibido—movimiento cunqueiriano uno de los más grandes logros del pensamiento gallego, o hispánico, del siglo XX.

Cuando Laertes, padre de Ulises, celebra ritualmente la genealogía paterna de su hijo varón, a quien su padre quiere rey, sus cuñados, los basilios, protestan por la omisión en el relato de la genealogía materna. Pero pronto se nos revela que la hermosa y pálida Euriclea no era una basílida, sino hija adúltera de un forastero. La bastardía materna es síntoma de lo ineluctable o arbitrario de cada origen, de su calidad en todo caso siempre barrada y en entredicho, siempre sustraída a su presencia aparente, y así siempre tocada por la negación. En el texto, el primer encuentro de Ulises con el mar coincide con las primeras señas de la muerte de su madre, descrita en tonos sombríos. Aquí está la descripción, que a mi juicio operativiza en el texto la lógica fetichista en su plena ambivalencia, en cuanto amor de objeto y horror y resentimiento mortal por su pérdida. Debe notarse la extrema tensión simbólica del párrafo:

Euriclea se sentaba a hilar, en verano en el patio, a la sombra de la higuera, y con los pies al sol, como dejó advertido Hesíodo, y en invierno, en la cocina, con los pies sobre un caneco de barro lleno de arena caliente. Los pies fríos entorpecen las manos de las hilanderas en la rueca y el huso: sólo unas hay que pueden hilar, veloces y silenciosas, con los pies helados: las Parcas. Euriclea era, verdaderamente, Euriclea la pálida. Tosía. La tos la despertaba a la hora del alba, y Euriclea podía ver, en el pañuelo que acercaba a su boca, un hilillo de roja sangre en la saliva. Euriclea era solamente una dulce voz y una tranquila mirada, que se derramaba desde sus ojos claros, alrededor de cuyo suave verdor marino las largas pestañas oscuras semejaban fatigadas filas de finos remos. (52)

Es justamente después de este párrafo que el piloto Foción le dice a Ulises: "¡Saca la lengua, Ulises, y prueba! ¡Es amarga! ¡Es agua del mar!" (53). La amargura está en relación metonímica con la presencia terminal de la muerte en el cuerpo de la madre, y es el residuo sentimental de la lógica de la venganza. La muerte de la madre es aquello con respecto de lo cual "la nave de las palabras no sirve. Hay que arrastrar la carne por el agua y la arena" (67). Comienza el éxodo de Ulises, y con su éxodo también su fijación en la necesidad vengativa del retorno. El retorno, como en el original griego, se consuma a través de Penélope, cuya presentación en la novela de Cunqueiro se establece ya en explícita comparación con Euriclea: "Penélope tenía la piel blanca, aunque sonrojaba manzanera en las mejillas . . . En el invierno montañés, . . . sería tan pálida, sentada al telar, como Euriclea" (230-31). Pero la variación y novedad cunqueiriana consiste en que Penélope no es aquella que espera en Itaca, sino aquella que será esperada en Itaca, indefinidamente, como precio y prenda del retorno—explícito sustituto materno, y así fetiche en sí, marcado libidinalmente por la marca del telar en la mano:

> Tenía en su espalda la mano abierta de Penélope. La pequeña y dulce mano estaría oyendo latir su corazón, mirando con las yemas las letras, una a una, de las palabras locas, enamoradas, ardientes, que el mozo estaba inventando. Palabras que al pasar, por el camino de esa mano, del sueño de él a la inmensa expectación de ella, se detenían un instante en la señal que el estribo del telar antiguo había hecho, día a día, en la palma de la paciente tejedora. Y el amor se hizo en aquel mismo instante profundo y puro, y eterno. (240-41)

Ulises regresa a Itaca y debe esperar allí la llegada de Penélope. Espera tanto que parece esperar hasta más allá de la muerte. Pero al fin llega Penélope: "Los dedos reconocieron los ojos y la boca antes de que pudieran hacerlo los ojos y la boca. Penélope, la tan amada, era amarga. En la memoria de Ulises surgió Foción, mojándole el rostro: ¡Toma, prueba! ¡Es amarga! ¡Es el agua del mar!" (270).

III

Pasan ocho años hasta que la reflexión cunqueiriana sobre la lógica de la venganza se radicaliza en *Un hombre que se parecía a Orestes*. Pero ya *Las mocedades de Ulises* habían indicado el camino futuro en el largo párrafo dedicado a un Orestes reconocible en cuanto príncipe que retorna, muestra su sello rojo y es saludado por el heraldo, y se descubre amnésico, incapaz de recordar su propio nombre (95). En esa página de *Mocedades* inicia Cunqueiro su crítica de la lógica de la venganza que es el tema central de la novela de 1968 y, en mi opinión, logra operar una vuelta de tuerca decisiva en el aparato literario cunqueiriano. A partir de ella la literatura no será ya conceptualizable como consumación del *nostos*, precisamente porque en ella toma lugar el abandono definitivo del intento de restitución soberana de la autonomía de la conciencia, de lo que Freud cifra en la relación privada con el trono y el altar como instancias de soberanía. Orestes renuncia a su soberanía porque renuncia a seguir el paso dictado para él por la lógica de la venganza, que promete soberanía. Pero entonces, ¿qué pasa con el fetichismo sentimental? ¿Debe abandonarse también?

Recordemos lo que decía Simone Weil en relación con procesos de petrificación y cosificación de lo humano impuestos por la fuerza. El fetichismo, como fuerza o como fenómeno generado por la fuerza, es también petrificación de doble filo, porque petrifica al objeto de deseo convirtiéndolo en cosa y opera mediante la literal petrificación misma del sujeto de deseo (erección) (recordemos que para Freud el fetichismo es un fenómeno intensamente masculino). ¿Cabe, pues, concebir un fetichismo despetrificante? Sería un fetichismo operativo en la desfetichización misma, un fetichismo convertido en crítica del fetichismo, o un fetichismo irónico. Quizá la literatura de Cunqueiro evolucione propiamente desde el petrificante fetichismo sentimental hacia el despetrificante fetichismo irónico que se convierte, por lo tanto, en última instancia de referencia y marca genuina de la literatura cunqueiriana. El fetichismo irónico empieza quizá a tomar forma como una categoría crítica afirmativa y productiva para un pensamiento de la vida no en oposición a ningún pensamiento de la muerte sino en relación a esa *vidamuerte* que es constitutiva de la finitud misma de lo humano. Eso es lo que yo llamaba antes un gran logro del pensamiento cunqueiriano y una contribución neta y poderosamente original al pensamiento y a la práctica artística en tierras hispánicas.

El joven Marx, en el contexto de su crítica de la religión, llamaba al fetichismo "religión del deseo sensible," lo cual es otra forma de decir religión sin religión, o religión no político-teológica. No son ni el trono ni el altar los referentes últimos de esa práctica a-teológico-política, que es por ende más bien una práctica de la libertad. "Un rey es un lujo," decía Cunqueiro, "pero un hombre más libre que los demás en un pueblo no es ningún lujo" (*Mocedades* 44). El proceso de retorno de Orestes a Micenas, en la versión de Cunqueiro, en el que se consuma el abandono de la lógica de la venganza, es el retorno como práctica de libertad, y así el principio de una literatura democrática. Si la literatura era consumación del *nostos*, su signo ha cambiado, porque ya no está bajo la invocación primaria de la lógica de la venganza.

> Allí estaba, resumido, el asunto Orestes. Sí. Un hombre en la flor de la edad llegaba, por escondidos caminos, a la ciudad. Traía la muerte en la imaginación, que es esta cosechar antes de sembrar, y tantas veces en el soñar había visto los cadáveres en el suelo, en el charco de su propia sangre, que ya nada podría detenerlo. En el pensamiento de Orestes, la espada tendría la naturaleza del rayo. La inmunda pareja real yacía ante él. Durante años y años Orestes avanzó paso a paso, al abrigo de las paredes de los huertos, o a través de los bosques. El oído del rey era el amo del rey. Egisto escuchaba el viento en el olivar, los ratones en el desván, los pasos de hierro de los centinelas, la lechuza en el campanario, las voces y las risas en la plaza, a medianoche. ¿Orestes? A su lado, arrodillada en el frío mármol, su mujer se echaba el largo y negro cabello sobre el rostro. Y sollozaba. (23)

"No se vivía en la ciudad con el miedo," dice el texto (43). Y el miedo produce, no solo miedo, sino también expectación y goce profundos. Se acerca la hora de la venganza, y "siempre hay que estar en el partido de los héroes mozos que surgen de las tinieblas con el relámpago de la venganza en la mirada" (25). ¿Siempre? Esta es la visión del mundo que el fetichismo irónico de Cunqueiro se encargará de destruir en su movimiento textual, de nuevo de forma absolutamente lúcida, a la que el texto le da incluso un fuerte tinte anti-hobbesiano y anti-hegeliano. La lógica de la venganza, dice Cunqueiro, es fetichismo de Estado: "la razón de Estado llega a ser maquinal, y obra como un fin, creando una realidad propia ante la cual los humanos somos como siervos fantasmas de la gran idea. Se cortan cabezas no porque sean cabezas, es decir, pensamientos capaces de armar un brazo terrible, sino porque las excepciones prueban el argumento soberano" (68-69).

Contra el fetichismo de Estado, contra la petrificación por excelencia, en un primer momento, la crítica de Orestes se hace pragmática y resolutoria: "Orestes se sale de página. Orestes está impaciente. No quiere estar en la página cientocincuenta esperando a que llegue la hora de la venganza. Se va a adelantar. No quiere perder sus años de mocedad en la espera de la hora propicia. Está cansado de escuchar a Electra. No quiere estar atado de por vida al vaticinio fatal... Y decide ir a buscarte y darte muerte" (98). El pobre Egisto, que todavía no habría matado a Agamenón ni casado con Clitemnestra, se escandaliza. O bien declaramos muerto a Orestes, y ahí se acabó todo también. Si Orestes ya murió, no habrá venganza. Así, aunque sea mentira, "con las dudas, tu vida será diferente. Un hombre que duda es un hombre libre, y el dudoso llega a ser poético soñador, por la necesidad espiritual de certezas, querido colega" (101).

Pero la obra cunqueiriana no opta por ninguna de esas resoluciones, ni por resolución alguna. Se limita a constatar que, en el límite, la gran hora de la venganza no puede llegar, y que el fetiche nunca encontrará resolución libidinal. "¿Qué habrá sido de Orestes?, preguntó el propio Orestes con una voz fría y distante, por simple curiosidad. ¿Quién puede responder a esa pregunta sino Orestes?" (227). Pero Orestes, en un principio, no responde. Tiene mucho que pensar. Se ha dado cuenta de algo. "Gruesas lágrimas rodaban por el rostro del príncipe. Nunca, nunca podría vivir en su ciudad natal. Para siempre era una sombra perdida por los caminos" (227). Son los caminos del tercer espacio.

2. Tiempo de gracia y tiempo de destino. Rafael Sánchez Ferlosio y la infrapolítica

I. Desalegoría

Al comienzo de su libro *God & Gun: Apuntes de polemología*, Rafael Sánchez Ferlosio habla de "lo que han dado en llamar 'conciencia histórica'" como una "Alta Alegoría," dice, basada en la "anticipación retroproyectiva" (2015-2017, 3, 458). Para Ferlosio, la conciencia histórica nos transforma a todos en personajes de una narrativa autosubrogante. Dice Ferlosio: "Autosubrogarse el 'hoy' del 'yo' viviente y actuante en el 'ayer' del 'él' de la historia que un día lo contará, o, dicho de otro modo, representarse el 'hoy' de lo que en primera persona puede uno decir de 'sí' como el 'ayer' de lo que en tercera persona podría decir de 'él' un narrador futuro es transfigurar la propia persona en 'personaje' y, por ende, adoptar, de la forma que fuere, 'condición histórica'" (458). Ferlosio está atacando en esas páginas un hegelianismo caído, ciego a sí mismo, en el que considera que se mueve la ideología del presente de forma dominante, incluso abrumadora. Autosubrogarse significa convertirse en personaje de sí mismo. Todos hemos aceptado ya nuestra conversión en personajes de una historia que nos desborda, que no es la nuestra, pero a la que nos aferramos desesperadamente como unidad posible de un sentido que de otra forma podría estar ausente. Ser personaje trae satisfacción, sin duda; a todos nos gustaría ser importantes, tener consecuencia, tener valor reconocible y reconocido más allá de la banalidad última de nuestra posición en la vida. A todos nos gustaría tener un sentido acorde con valorizaciones generales del sentido. Quizá convenga empezar a pensar en la desalegorización de la historia para poder empezar a mirar con ojos claros, como se pide en la Celestina, y ver entonces que otra historia subyace, siempre en cada caso, otra relación con la historia y con el tiempo, en la que puede jugarse la libertad del pensamiento y de la vida.[1] Quizá esos ojos claros no son tan fáciles. Pero quizá no haya bien más grande en la vida que hacerse con ellos, o más bien, puesto que todos los tenemos, aprender a mirar con ellos, aprender a ver con ellos.

Javier Marías cita, en su prólogo a la edición más o menos definitiva de *Herrumbrosas lanzas*, de Juan Benet, una carta que Benet le habría escrito a finales de 1986. La carta de Benet es sobre las novelas, sobre su forma de escribirlas, y dice: "cada día creo menos en la estética del todo o, por decirlo de una manera muy tradicional, en la armonía del conjunto ... El asunto -o el argumento o el tema- es siempre un pretexto y si no creo en él como primera pieza jerárquica dentro de la composición narrativa es porque, cualquiera que sea, carece de expresión literaria y se formulará siempre en la modalidad del resumen." Y sigue Benet: "Pienso a veces que todas las teorías sobre el arte de la novela se tambalean cuando se considera que lo mejor de ellas son, pura y simplemente, algunos fragmentos ... Los fragmentos configuran el *non plus ultra* del pensamiento, una especie de ionosfera con un límite constante, con todo lo mejor de la mente humana situado a la misma cota" (Marías, "Esos fragmentos" 20). Esos fragmentos ofrecerían un non-plus-ultra del pensamiento de carácter no equivalencial, es decir, no jerárquico respecto de otros non-plus-ultras, todos en la misma cota. Son los momentos fundamentales de goce textual, distintos para cada escritor, presumiblemente también para cada lector. Importan, para Benet, los fragmentos que son momentos extáticos de intensidad de goce, que no pueden dejarse resumir. "Por eso te hablaba antes," continúa diciéndole Benet a Marías, "del magnetismo que ejerce esa cota y que sólo el propio autor puede saber si la ha

---

[1] Sempronio conmina a Calisto a ver a Melibea como quien Melibea es, "'con otros ojos, libres del engaño en que agora estás.' '¿Con qué ojos?' ' Con ojos claros'" (Rojas 46).

alcanzado o no, siempre que se lo haya propuesto, pues es evidente que hay gente que aspira, sin más ni más, a conseguir la armonía del conjunto" (Marías 21). Ferlosio escribía según pautas semejantes, y hubiera coincidido con Benet: también para él lo importante era llegar a cotas privadas, significativas para su mejor entendimiento del mundo, para su non-plus-ultra personal. Bien pensada, la enorme modestia de esa formulación, en la que se esconde ni más ni menos que todo un programa de vida intelectual, de relación con el pensamiento, y de relación con el mundo, es también absolutamente revulsiva para tanta intelectualidad contemporánea. Está en juego eludir la autosubrogación, el hegelianismo caído en ideología y en falseamiento, no ya de la historia, sino de la propia existencia personal.

II. Contra la ficción

Contra esa teoría de la escritura como búsqueda de un non-plus-ultra personal, que también puede entenderse como búsqueda de un estado de gracia o estado de goce intenso, estaría la teoría de la escritura como formación ideológica, como propuesta de construcción, como elaboración de un destino.[2] No hay que escribir tratados basados, por ejemplo, en mi inquebrantable compromiso político o en una conciencia histórica bien enraizada en la experiencia de los vencidos para que a uno se le vea el plumero hegeliano y la pretensión más o menos ilusa de destino. A veces cualquier forma narrativa cumple esa función. Dice Sánchez Ferlosio en *Mientras no cambien los dioses, nada habrá cambiado*: "La aventura, por dilatado que sea el espacio en que se desarrolle, exige en primer lugar una univocidad y unilateralidad del campo de acción; lo que quiere decir que todos sus tiempos y todos sus lugares se copertenezcan; y no hay más que una forma de que se copertenezcan: que puedan ser referidos a un único, primero y último centro de coordenadas, al que podamos remitir subordinadamente todos los demás. Lo cual huelga decir que, afortunadamente, al menos hasta hoy, está bien lejos de poder hacerse con el ámbito de las vidas no fingidas, que se caracteriza justamente por ser multívoco y multilateral" (*Ensayos* 4.19). Ferlosio dice que una vida no fingida es multívoca y multilateral, pero en el caso de una narrativa de aventuras —por ejemplo, la narrativa que establecemos en torno a un héroe intelectual, Sánchez Ferlosio por lo pronto—, "exige en primer lugar una univocidad y unilateralidad del campo de acción," es decir, exige que a ese autor se le entienda desde ya como un personaje de destino. Otro ejemplo: la "persona" que día tras día nos

---

[2] Sobre "gracia" y "destino" en la obra de Rafael Sánchez Ferlosio ver el capítulo 8 de mi libro *Marranismo e inscripción*.

esforzamos en construir en redes sociales es una persona autosubrogada en destino, aunque no podamos explicitar en qué consistiría ese destino, que es en cualquier caso un destino fingido, el destino de una vida fingida.

Ferlosio defiende, en cambio, la "vida no fingida", de la cual se dice que "al menos hasta hoy" existe. De ese "al menos hasta hoy" de los años 80 bien podemos preguntarnos si ha dejado de ser solvente en nuestro tiempo. Y me pregunto entonces si esa posible falta de solvencia de la "vida no fingida" responde precisamente a una narrativización incesante (por ejemplo en redes sociales) que es la marca de la ideología contemporánea. Pensar en el desgarro que supondría para cada uno de nosotros volver a considerar nuestras vidas como vidas no fingidas es pensar lo intolerable. Un crítico marxista conocido daba hace años una máxima de conducta un tanto pedestre que se convirtió en una especie de lema para toda una generación de intelectuales universitarios: "¡Historizad, siempre historizad!" (Jameson, *Political* ix). Pero lo que nunca debería convertirse en lema sin desvirtuarse radicalmente y permanece como verdad más clara, también más humilde, es "¡Desnarrativiza! No te montes historias." Toda historia que te montes te fuerza a autosubrogarte en vida fingida.

En "El alma y la vergüenza" Ferlosio clarifica poco a poco la tesis de que hoy –el hoy de su tiempo– hay ya solo constricción institucional, relaciones entre cuerpos, en lugar de la vieja y más humana constricción social, relaciones cara a cara. Como consecuencia, en la relación diaria cada vez encontramos más presencia del enemigo, un desconocido que nos amenaza existencialmente puesto que tiene capacidad de constricción institucional sobre nosotros. Pero el hecho de que tengamos por delante (casi) siempre a un enemigo (potencial, pero efectivo: nuestro jefe, nuestro colega, el administrador, el policía, el llamado amigo) revierte en el hecho subsidiario pero efectivo de que nosotros mismos alteramos nuestra autopercepción y nos convertimos sin más en "cualquieras". Me tratan como a un cualquiera porque soy un cualquiera, por lo tanto debo portarme como se portaría cualquiera. Y ese cualquiera viene a identificarse más o menos denegadamente como carne de cañón, presidiario o habitante de manicomio. La vida pasa a darse como "vidrioso entredicho". El recurso ferlosiano a esa "vida no fingida," que se habría hecho más intenso en la época de redes sociales y contactos digitales obsesivos, es una reacción a semejante estado de cosas – un intento de vaciar y cancelar el mundo *político* de la constricción institucional como relación jerárquica entre cualquieras, un paso atrás que busca también su (imposible) negación revolucionaria. "Allí donde uno es, por lo indeterminado de la situación, cualquiera, o mejor un cualquiera entre cualquieras, siempre se halla abocado a ser, de alguna forma, otro; otro, incluso respecto de sí mismo, y se halla abierto a encarnar a cualquier otro que no precise más realidad que la imagen, gesto o actitud, connotaciones de una apariencia imaginaria, simple fantasma de personalidad inmediatamente accesible a cualquier impulso imitativo" (*Ensayos* 4.128). Es justo ahí donde se trama para cada uno de nosotros esa imposible pretensión de buscar siempre y en cada caso un destino, de narrativizarnos una y otra vez como personajes de destino, personajes autosubrogados, personajes retroproyectivos. Pero en ese querer ser otro, un cualquiera, se dice adiós a toda posibilidad de gracia, a toda posibilidad de vida no fingida. Nuestra vida se hace puro fingimiento. Bajo esas condiciones no es extraño que la ansiedad y el pánico sean los estados de ánimo definidores de la presente realidad social en casi todo Occidente. La pandemia en curso no ha hecho más que intensificar esas tonalidades anímicas.

En su carta a Marías, Benet está pensando en una noción de totalidad que podría aplicarse en general a la cosa, por ejemplo a una obra literaria. Se limita por lo pronto a afirmar que cada día cree menos en ello, cada día cree menos en la totalidad o cada día cree menos en una noción de cosa que la haga depender de su carácter de conjunto totalizante o de idea, de referencia, de fin de la acción. Entonces dice algo así como que la idea de la idea -lo que llama su argumento o su tema- no es más que un pretexto que solo puede funcionar en la modalidad del resumen; es decir, solo puede ser reductor, desde una posición que podemos calificar como siempre de antemano ideológica, pretextante, preorganizadora, pretética. No es la obra ni la institución ni la cosa lo que le interesa a Benet, sino lo que quiera que, en la cosa, alcanza un límite -ese non-plus-ultra que puede entenderse como "mejor", y del que se dice que solo cada uno puede haber entendido si ha tenido acceso a él o no, al margen de cualquier entendimiento pretético o prejuiciado, ideológico, de la cosa. Ese non-plus-ultra, que habrá de permanecer enigmático, es el lugar del goce, es el lugar del bien, es el lugar del logro. Ante él, el entendimiento meramente "estético," que buscar rescatar en cada caso la "armonía del conjunto," la cosa como totalidad o la institución como referente, cae. Hay una contraposición en la carta de Benet que es lo que me interesa remarcar: la contraposición entre aquello en la cosa que abre una posibilidad "mejor," y aquello en la cosa que reproduce su estructuralidad prejuiciada y pretética. Pero, ¿no es esta la versión benetiana de la diferencia entre éxito y logro? El escritor de éxito es el que tiene siempre en la cabeza una idea de obra prefijada, pretética, con respecto de la cual habría un acuerdo de sentido común del que poder beneficiarse. El escritor de éxito es, en gran medida, siempre un intelectual de gran medida, de medida, que mide, y mide siempre con respecto de la idea de la institución entendida como lo caído en la percepción media del que se interesa por la armonía del conjunto de las cosas. El escritor de éxito es el intelectual que sabe medir el valor de las cosas. Pero el que busca el logro está en general perdido en su propia desmesura al apostar por lo difícil. El logro es una forma superior de juego, mientras que el éxito es simplemente éxito. El logro, como forma superior de juego, es entendido por lo tanto no como un valor, sino como un bien, para usar una conocida distinción de Ferlosio: permite ser vivido intransitivamente, no es algo hecho o incurrido por amor de alguna otra cosa, sino por sí mismo.[3] Pero el éxito no es más que transitividad -buscar éxito como forma de vida es vivir caído en la transitividad del valor, en la medida en que uno tiene éxito, o solo puede tener éxito, cuando resplandece en el valor o desde el valor. Buscar éxito es por lo tanto vivir en la ficción -alguna ficción sin duda dominante, pues de otra manera no sería exitosa- mientras que atender al logro es querer la vida no fingida.[4] Que es lo difícil.

III. Infrafilosofía

Para Heráclito los tontos son aquellos que, estando presentes, permanecen ausentes. François Jullien, en *Philosophie du vivre*, glosando la definición heraclítea, asegura que "no encuentran" (14), es decir, que no se abren al encuentro, que no están disponibles para encuentro alguno. El prototipo contemporáneo será el fulano que va a la cumbre de alguna montaña o a ver una catedral y hace fotos (para enseñar más tarde) en lugar de mirar lo que tiene delante. El tonto ausente, pero allí clavado, vive en el diferimiento perpetuo. Pero no es que busque solo la pequeña satisfacción narcisista del reconocimiento incesante, por más que lento, en redes sociales. Pretende más -pretende construirse un destino, hacerse personaje de destino, aunque lo haga de forma torpe y caída. Es un goce curioso, el placer de una vida medido en la gloria ansiosa de los indicadores visibles, sin los cuales no puede haber destino. Para él, sin embargo, no hay encuentro, no va a encontrar nada ni a nadie. ¿Puede despertar el tonto? ¿Hacerse menos tonto? ¿Cómo proceder a ese despertar? Se trata de un despertar al darse de la presencia, al hecho de que la presencia emerge, y que está allí, pues para que algo te pase debes estar allí con ello.

---

[3] Ver, para quizás la primera formulación de la distinción entre bienes y valores, "El caso Manrique," de *Las semanas del jardín* (Sánchez Ferlosio, *Ensayos* 1.273 y siguientes).

[4] La distinción entre éxito y logro la establece Kojève en una interesante entrevista, la última que concedió (Laponge, "Filósofos"). Sobre valores ver también el breve opúsculo de Schmitt (*Tiranía*).

Hay una no-coincidencia básica en la que vivimos nuestras vidas, y que implica que nunca estamos allí, que no nos es posible estar allí, o si lo es, no es fácil, y solo pasa rara vez. Hay no-coincidencia -no coincidir con mi deseo, no coincidir con mi tiempo, no coincidir con mi cuerpo. ¿No es esa una condición existencial, quizá incluso lo que marca el ex- de la existencia? Estoy, pero estoy fuera de mi propia vida, perdido en algún otro lugar. Trato de compensarlo, pienso que debo prepararme, estudio, trabajo, hago esfuerzos, me doy tiempo, soy paciente mientras espero la verdadera vida, que llegará al final de todo ello, la vida del final. Al final, habrá encuentro y recogeremos lo sembrado. Vives la vida esperando recoger, en algún punto, esos beneficios del final, para los que te has preparado, no has hecho otra cosa que prepararte, siempre y en todo momento. Dejas pasar los días para que llegue el día. No convence, no ha con-vencido nunca, todos lo sabemos, pero seguimos igual de tontos, persistentes.

Contra eso, el consejo inconspicuo y débil de Michel de Montaigne, en el que nadie cree: "Nuestro oficio es componer nuestras costumbres, no los materiales de un libro, y ganar no batallas y provincias sino orden y tranquilidad en nuestra conducta. Nuestra grande y gloriosa obra maestra es vivir a propósito" (Montaigne, *Oeuvres* 1088). La expresión francesa en la última frase es *vivre à propos*, casi siempre mal traducida, pues Montaigne no está pidiendo un propósito, sino que está pidiendo el esfuerzo de que la vida, tu vida, coincida con la vida misma, con tu vida misma, esto es, de que haya coincidencia entre el vivir y el existir. Quizá tal máxima derive de un profundo desencanto, de una desilusión terminal con ideales y promesas, con metas y paraísos. Pero hay una inmensa alegría -quizás el secreto marrano por excelencia- en no construir, en no producir, en no hacer discurso, en no explicar ni interpretar, sino en vivir el tiempo de la vida, dejando que el otro tiempo, que es siempre el tiempo de los otros, se cuide a sí mismo.[5] Se trata de vivir el tiempo de la vida, entonces, contra toda filosofía de la historia, y contra toda metafísica de la existencia. Jullien le llama "infrafilosofía" a eso que queda cuando sustraes la filosofía, cuando la destruyes, cuando te arrancas los dos ojos, como Edipo, para que solo el tercer ojo te deje ver, y emerja así "este vivir más elemental y fundamental que está más allá de las construcciones del pensamiento" (*Philosophie* 179) y que no tiene nada que ver con la ontología, con la identidad, con los conceptos. Pero es una

---

[5] La doble exclusión del marrano implica su imposibilidad de productividad genuina: el marrano solo produce en y desde la denegación de su condición, y lo sabe en cada caso. La producción marrana es por lo tanto necesariamente melancólica.

poderosa máquina asintótica, la infrafilosofía: te fuerza a desbrozar aquello que te describe, aquello que te des-escribe, te fuerza a destruirlo, para que una cierta cercanía -la cercanía de tu ahí a tu ahí- emerja. A eso nunca llegarás y solo puedes acercarte. Heráclito decía: *ankhibasie*. Acercamiento. A ese ahí. Con ojos claros o con el tercer ojo, pero en todo caso en radical desalegorización, no permitiendo que la ficción viva por ti, buscando tu gracia y precisamente no tu destino. ¿No es esa la mejor posición de Ferlosio, la más constante, aquella por la que siempre luchó?

Claro que ese ahí no es tuyo: no lo posees. Es solo tu estar, con respecto del cual quieres que sea. Quieres estar en tu estar, a pesar de la tontería que siempre acecha y marca. Dice Jullien que, entre los que nunca quisieron creer que el mundo real fuera otro que este, Hegel fue el más listo, el que realmente quiso buscar esa coincidencia del estar consigo mismo, al que llamó Saber Absoluto o Espíritu Absoluto, el momento en el que el Sujeto se hace Sustancia y la Sustancia se hace Sujeto, que redime el mundo y el tiempo, que organiza esa igualdad cósmica en la que ninguna brecha dialéctica prevalece (*Philosophie* 236-40). Sin fisuras y al final del tiempo, porque es sabido que la autocerteza, en cuanto primera figura de la conciencia, estaba ya fisurada sin remedio, y porque sabemos que no hay vivir que no esté desde siempre expuesto a la muerte. La dialéctica hegeliana es la gran construcción metafísica que permite la captura recíproca de la vida en conocimiento y del conocimiento en la vida: en su final, cuando brota la espuma del infinito, pero no hasta su final. Podemos plantear entonces una fiera disyuntiva, que es la que ofrece Jullien y hubiera interesado a Ferlosio: o hegelianismo, pero entonces un hegelianismo serio, un hegelianismo radical abocado a la consecución urgente del Saber Absoluto, o bien infrafilosofía, en cierto modo más relajada pero igualmente exigente, igualmente ardua. O quizá infinitamente más ardua.

La infrafilosofía es la infrapolítica transfigurada, es decir, es la infrapolítica convertida en ejercicio de reflexión, en práctica teórica. La infrapolítica fue originalmente pensada como un descriptor existencial: la gente vive, en general y por la mayor parte, infrapolíticamente.[6] Antes de toda política estás, y ya siempre, en una situación de existencia con respecto de la cual la decisión política es consecuencia. No hay política sin infrapolítica. La infrafilosofía, entonces, indica modos de tematizar reflexivamente una práctica infrapolítica siempre ya fáctica. En *Vivre en existant. Une nouvelle Ethique,* Jullien hace una observación puntual. Jullien ha venido hablando, infrafilosóficamente, de la

---

[6] Sobre el concepto amplio de "infrapolítica" ver mi libro *Infrapolítica. Instrucciones de uso*.

necesidad de vivir el aquí y el ahora contra toda pretensión mítica o metafísica -o política- de algún más allá que organizara una "verdadera vida" y así una verdadera, pero alternativa, temporalidad, también una espacialidad alternativa. Y entonces dice que esa topología del allá o del más allá puede muy bien no encontrar su más profunda necesidad en la devaluación compensatoria de nuestro mundo -que sería la noción nietzscheana. Puede ser muy bien, contra Nietzsche, que la postulación de un reino de los cielos o de un paraíso terrestre o de una región del ser no se sostenga en ninguna necesidad de huida, en ninguna necesidad de renuncia; puede ser que imaginarse que esto que nos vive sea un valle de lágrimas sin mayor consistencia, por oposición a otra forma de existencia tras la muerte, no sea un artilugio de sacerdotes para asegurar una mayor dominación. Puede ser, en otras palabras, que postular un estatuto de idealidad para el mejor mundo, es decir, postular un afuera (teórico) del mundo más mundo que el mundo mismo, abra, "en el seno del mundo ... la posibilidad de contestarlo, así de reformarlo, en lugar de resignarse y de contentarse con él. De ahí que el pensamiento de Platón sea un pensamiento de lo político, e incluso el primer pensamiento de lo político, y no solamente de la política y de las relaciones de fuerza, estas últimas solo adherentes al mundo" (Jullien, *Philosophie* 202). La metafísica es, según esa hipótesis, políticamente necesaria, esto es, suponiendo que la política sea el arte de cambiar el mundo, de reformarlo, de encontrar una palanca que permita acudir a un principio de orden y mejora, de establecer una fuente de legitimidad. Así, por ejemplo, hegelianamente, de forma que la sustancia del mundo pueda equipararse al espíritu del sujeto humano colectivo.

La modernidad, dice Jullien, incluyendo a Hegel, ha renunciado más o menos a la postulación de un mundo otro como mundo verdadero (202), pero aún quedan residuos, aún quedan trazas idealistas en las que conviene reparar. El hegelianismo explica e interpreta, apela a una lógica dialéctica incontrovertible por más que compleja, y así postula inevitablemente un principio del mundo, un orden del mundo, un mundo tras el mundo, puesto que el mundo no coincide con su apariencia fenomenológica. La infrafilosofía, en cambio, toma otra posición: apuesta por una fenomenología descriptiva –conviene insistir en ese de-escribir un tanto misterioso y generalmente tapado por la acepción general del verbo describir: en el de- o des-escribir del describir se ofrece su potencialidad destructiva. En esto la infrafilosofía se vincula radicalmente a la deconstrucción. Una fenomenología descriptiva del mundo tal como se da, una fenomenología del darse del mundo, podrá definirse como fenomenología de lo aparente, en el sentido de aquello que aparece, del aparecer mismo, o más bien, como quería el

Heidegger viejo en sus últimos seminarios públicos, como una fenomenología de lo inaparente, de aquello que en el aparecer mismo queda velado, de aquello que se retira en el aparecer y que, al retirarse, abre presencia –esto último es lo más difícil. ¿Cómo acceder a ello, habiendo aceptado de antemano la necesidad de pensar este mundo y nuestra presencia en él, y habiendo renunciado también a pensar otros mundos, otros espacios, otros tiempos? Hay lo que hay, y la infrafilosofía no busca desplazar esa intuición, sino abrazarla. ¿Significa esto que la infrapolítica, o su transfiguración infrafilosófica, no pueden encontrar forma de modificar lo real? ¿Será la infrafilosofía antipolítica? ¿Lo será Ferlosio?

Si es verdad que esa búsqueda existencial de la gracia en la que la vida coincide sin más consigo misma no solo merece la pena sino que podría postularse como la única pena por la que esforzarse de verdad, ¿cómo llegar a hacerlo? Creo que es necesario afirmar la necesidad de ambas formas fenomenológicas, puesto que concurren en lo mismo -Jullien se entrega más bien a lo primero, a ese describir de lo aparente que incluye también la descripción de la ambigüedad cuya experiencia lleva el vivir hacia el existir; Heidegger prefiere lo segundo, la descripción de lo inaparente. En un seminario impartido en Zähringen en 1973 Heidegger llama "experiencia auténtica" al referente de una formulación parmenídea: "'Es necesario que pases por la experiencia de todas las cosas.' Parménides aquí dice *pithestai*. No es una experiencia ordinaria, sino una experiencia auténtica" (Heidegger, *Four seminars* 80). Heidegger nos remite a pensar y decir *eon emmenai*, pensar y decir el presenciar de la presencia. Y continua, en sus últimas palabras escritas para el seminario: "este pensamiento de Parménides no es juicio ni es prueba, ni una explicación fundamentada. Es más bien un autofundamentarse en lo que se ha dejado ver" (80). El editor de los *Cuatro seminarios* cita de la transcripción magnetofónica: "Nombro al pensar aquí en cuestión pensar tautológico. Es el sentido primordial de la fenomenología. Además, este tipo de pensamiento viene antes de cualquier posible distinción entre teoría y práctica ... es un camino que nos lleva lejos para aparecer ante ... y deja aquello ante lo que está mostrarse a sí mismo. Esta fenomenología es una fenomenología de lo inaparente" (80).

Pensar y decir el presenciar(se) de la presencia es hacer fenomenología de lo inaparente en la justa medida en que deja que lo aparente se desoculte desde su misterio. Pensamiento tautológico, le llama Heidegger, quizá sorprendent-emente: porque repite lo que presencia, porque no añade nada a lo que presencia, porque lo deja estar. La infrafilosofía es pensamiento tautológico. En la retirada de toda concepción, de todo concepto, describe, esto es, des-escribe un mundo que requiere existencia antes que sometimiento. Eso es lo inconspicuo: dejar que el mundo se pro-duzca, aparente/inaparente. ¿Podemos describir el texto de Ferlosio como tautología de lo aparente-inaparente?

IV. Estado de gracia

Hegel expresa el momento de mayor constricción de la historia occidental, con respecto del cual, supuesto que convenga más la opción no hegeliana, conviene una práctica infrafilosófica, e infrapolítica, lo más elemental posible. En *Mientras no cambien los dioses, nada habrá cambiado* Hegel aparece como el epítome de la mentalidad expiatoria, de la mentalidad sacrificial.[7] Sacrificamos nuestra vida en el ara de una temporalidad expiatoria, ficta, falsa, alegórica. Y llamamos a eso destino. En el corazón de *Clamor*, de Jacques Derrida, en la columna de Hegel, cuando Derrida analiza laboriosamente la temática de la *Sittlichkeit* hegeliana en el momento de la "vida ética de un pueblo", cuando Derrida empieza a concentrarse en la figura de Antígona como excepción al sistema, como resto del saber absoluto, como cuasi-trascendental y transcategorial, como aquello inasimilable que sume al sistema en su desobramiento, Derrida interrumpe su narrativa para citar algunas cartas personales de Hegel. En una de ellas, de 1811, a su novia María, Hegel trata de vencer el enfado que siente María ante una carta previa en la que Hegel había dicho que la felicidad podría ser ajena a su destino. Hegel intenta explicarse, con torpeza desde el punto de vista de su novia, y comienza diciéndole a María que "el matrimonio es esencialmente un vínculo religioso; el amor requiere ser completado con algo superior a lo que él es solo en sí y de por sí. La plena satisfacción -lo que se dice 'ser feliz'- solo se cumple gracias a la religión y al sentimiento del deber" (Hegel citado en Derrida 179). La carta concluye con algo así como una exculpación de Hegel a María -Hegel quiere hacerse perdonar su énfasis en la satisfacción contra la felicidad, Hegel busca la satisfacción y duda de la felicidad, sobre la que piensa que no es más que una especie de satisfacción trascendental. Y entonces dice: "Podría escribir también sobre la pedantería (tal vez solo hipocondríaca) con la que me he empecinado en la diferencia -que de nuevo es tan inútil- entre satisfacción y felicidad; podría escribirte que me he jurado a mí mismo que tu felicidad debe ser lo más preciado que posea" (180). Este enigma -en cualquier caso para Hegel- de la diferencia entre satisfacción y felicidad, la ambivalencia sobre ella, es quizá el motor del trabajo como compensación, quizá el motor mismo de la construcción hegeliana, el motor

---

[7] Ver "La mentalidad expiatoria" en Sánchez Ferlosio, *Ensayos* 4.75-87, y en general todo el texto de *Mientras los dioses no cambien*.

de la dialéctica y del intento de alcanzar el saber absoluto, Gran Alegoría, y contra todo ello se orienta *Mientras no cambien los dioses*.[8] Porque para Ferlosio conviene entender, además, que tantas veces no hay nada grande en la Gran Alegoría, y que la Gran Alegoría que vive nuestras vidas es más bien en su mayor parte la marca boba pero persistente de la ideología general que nos distrae.

En "La señal de Caín" Ferlosio habla de un "estado de gracia" que en ese texto no se opone directamente al tiempo de destino, sino que se opone a un "estado de culpa." Dice Ferlosio: "Si el estado de gracia . . . se ve favorecido por un sentimiento de paz y de equilibrio, el 'estado de culpa' . . . es, en cambio, sentido como un estado de desequilibrio, de conflicto de la conciencia consigo misma, y el afecto, pasión o sufrimiento que produce es, huelga decirlo, lo que solemos llamar 'remordimiento'" (Sánchez Ferlosio, *Ensayos* 4.531). El remordimiento aparece así en un primer momento como un "posible acicate" del arrepentimiento (4.531). El arrepentimiento es un remedio contra el remordimiento, y en ese sentido un intento, de mayor o menor éxito, de conseguir el retorno a un estado de gracia entendido como "estar la conciencia en paz consigo misma" (4.531). Pero aquí introduce Ferlosio una consideración perturbadora: el arrepentimiento no puede llegar lo suficientemente lejos, es pura ficción, pertenece al orden del derecho, se plantea como intento de borrar lo imborrable, es *nomos* y no *physis*: te arrepientes para que tu culpa se transforme en deuda, y en cuanto deuda sea pagable, y puedas sacártela de encima como un vulgar comerciante o tendero del alma: "lo resarcible de la culpa es sólo la impronta de la acción como *cargo* en la conciencia, su convalidación como deuda, porque deuda y ya no culpa es una culpa resarcible, al igual que una deuda irresarcible no sería deuda sino culpa" (4.533). Contra el arrepentimiento mercenario, dependiente del principio general de equivalencia, de cierta lógica del mercado, el remordimiento no puede verse como su subgénero, como si fuera solamente un acicate. No. "El remordimiento brota del sentido y del conocimiento de lo absolutamente irreparable, de la clarividencia de que el sufrimiento infligido queda clavado en la eternidad" (4. 532).

Así ha de entenderse la señal de Caín. El acto moral no es expiable. "La señal pone a Caín fuera de la ley, pero en sentido absoluto," dice Ferlosio (4.535). Su vida no es recuperable mediante el derecho, no hay castigo que pueda resarcir su culpa, porque la culpa no pertenece a la lógica del intercambio. La vida de Abel, que Caín ha tomado, no puede pagarse. "Yahvé

---

[8] Ver, además de *Mientras los dioses no cambien*, "Carácter y destino" (Sánchez Ferlosio Ensayos 3.631-51).

pone la vida de Abel eternamente por encima y más allá de toda posible relación de intercambio" (4. 535). El derecho remite al orden de lo equivalente, mide, compara, y formula normas de intercambio. La moral solo puede remitir a la inconmensurabilidad del acto moral, fuera de todo cálculo, fuera de toda medida, no expiable. La moral determina así un pliegue no computable en el carácter. En cuanto incomputable pertenece al orden de la gracia, y no al orden del destino.

Entender que el sufrimiento infligido no es reparable no es una posición antipolítica. Es, más bien, una posición que desmonta cualquier pretensión política, incluida la pretensión del derecho, de que el mundo pueda estar constituido en torno a un principio general de equivalencia, que lleva necesariamente a entender la historia en clave sacrificial. El sacrificio es la expiación que establece equivalencia, una moneda más de intercambio, sustancia común a hombres y dioses, y sustancia común entre los hombres. Sustraerse a la ideología sacrificial -desde la posición mínima de que el sufrimiento no es expiable, de que la culpa no puede pagarse- es necesariamente sustraerse a la Gran Alegoría de la historia. Es desalegorizar y desnarrativizar y mirar el mundo con ojos claros, por mucho que a veces sea necesario ver en él lo atroz. Llamo a esta posición infrapolítica, o infrafilosófica, y espero que pueda verse en ella su hiperpoliticidad, que toda la escritura ensayística de Ferlosio comparte. Quizá sea innecesario añadir que esa es también la posición en tercer espacio que este libro ha tratado de explicar, y que justifica la inclusión de este apéndice.

OBRAS CITADAS

Abraham, Nicolas y Maria Torok. "The Topography of Reality: Sketching a Metapsychology of Secrets." *Oxford Literary Review* 12.1-2 (1990): 63-68.
---. *The Wolf Man's Magic Word*. Nicholas Rand trad. Minneapolis: U of Minnesota P, 1986.
Adorno, Theodor. *Minima moralia. Reflections from Damaged Life*. E. F. N. Jephcott trad. Londres: Verso, 1989.
Agamben, Giorgio. "Absolute Immanence." En *Potentialities. Collected Essays in Philosophy*. Daniel Heller-Roazen ed. y trad. Stanford: Stanford UP, 1999. 220-39.
---. "Bartleby, or On Contingency." *Potentialities*. 243-71.
---. *The Coming Community*. Michael Hardt trad. Minneapolis: U of Minnesota P, 1993.
---. *Means without Ends*. Daniel Heller-Roazen trad. Minneapolis: U of Minnesota P, 2000.
---. "On Potentiality." En *Potentialities*. 177-84.
Aguilar Camín, Héctor. *La guerra de Galio*. Segunda edición. Madrid: Alfaguara, 1994.
---. *Morir en el Golfo*. Barcelona: Circe, 1988.
---. *La tragedia de Colosio. Novela sin ficción*. Madrid: Alfaguara, 2006.
Ahmad, Aijaz. *In Theory. Classes, Nations, Literatures*. Londres: Verso, 1992.
Alazraki, Jaime. "Imaginación e historia en Julio Cortázar." En Fernando Burgos ed. *Los ochenta mundos de Cortázar: ensayos*. Madrid: Edi-6, 1987. 1-20.
Alvarez Yagüez, Jorge. "Cinismo, nihilismo, capitalismo." *FronteraD*, 5 de diciembre, 2013. http://www.fronterad.com/?q=cinismo-nihilismo-capitalismo
Antelo, Raúl. "La zoología imaginaria como deslectura de las radiografías y retratos de la nación en crisis." En Rowe, Canaparo y Louis eds. *Jorge Luis Borges*. 113-118.
Anzieu, Didier. "Le corps et le code dans les contes de J. L. Borges." *Nouvelle revue de psychanalyse* 6 (1971): 177-210.
Badiou, Alain. *Logics of Worlds. Being and Event, 2*. Alberto Toscano trad.

Londres: Continuum, 2009.

Barthes, Roland. *La chambre claire. Note sur la photographie*. París: L'Etoile/Gallimard/Seuil, 1980.

Bataille, Georges. *Histoire de l'oeil*. París: Pauvert, 1967.

---. "The Notion of Expenditure." En *Visions of Excess. Selected Writings, 1927-1939*. Allan Stoekl ed. Minneapolis: U of Minnesota P, 1985. 116-29.

---. "The Practice of Joy Before Death." En *Visions of Excess*. 235-39.

---. "The Use Value of D. A. F. de Sade." En *Visions of Excess*. 91-102.

Baudrillard, Jean. *In the Shadow of the Silent Majorities or, the End of the Social Text*. Paul Foss, John Johnston y Paul Patton trads. Nueva York: Semiotext(e), 1983.

---. *Le miroir de la production, ou, L'illusion critique du matérialisme historique*. París: Librairie générale française, 1994.

Beckett, Samuel. "Dante . . . Bruno . . . Vico . . . Joyce." https://bibliot3ca.com/dante-bruno-vico-joyce-by-samuel-beckett/

Benet, Juan. "Una leyenda. Numa." En *Del pozo y del Numa. (Un ensayo y una leyenda)*. Barcelona: La Gaya Ciencia, 1978. 97-168.

Benjamin, Walter. "Fate and Character." En *Selected Writings. Volume 1. 1913-1926*. Marcus Bullock y Michael W. Jennings eds. Cambridge: Belknap/Harvard UP, 2000. 201-06.

---. "On the Mimetic Faculty." En *Selected Writings. Volume 2. 1927-1934*. Michael W. Jennings, Howard Eiland y Gary Smith eds. Cambridge: Belknap/Harvard UP, 1999. 720-22.

---. "On the Program of the Coming Philosophy." En *Selected Writings. Volume 1*. 100-10.

---. "The Task of the Translator." En *Selected Writings. Volume 1. 1913-1926*. 253-63.

Berman, Russell. "Written Right Across Their Faces: Ernst Jünger's Fascist Modernism." En Andreas Huyssen y David Bathrick eds. *Modernity in the Text. Revisions of German Modernism*. Nueva York: Columbia UP, 1989.

Beverley, John. *Against Literature*. Minneapolis: U of Minnesota P, 1993.

---. *Una modernidad obsoleta. Estudios sobre el barroco*. Los Teques [Venezuela]: Fondo editorial ALEM, 1997.

--- y José Oviedo eds. *The Postmodernism Debate in Latin America*. Número especial. *Boundary 2* 20.3 (1993).

Bhabha, Homi. *The Location of Culture*. Londres: Routledge, 1994.

Bishop, John. *Joyce's Book of the Dark*: Finnegans Wake. Madison: U of Wisconsin P, 1986.

Blanchot, Maurice. "Essential Solitude." En *The Gaze of Orpheus and Other Literary Essays*. Lydia Davis trad. Nueva York: Station Hill, 1981. 63-77.

---. "The Gaze of Orpheus." En *The Gaze of Orpheus*. 99-104.
---. "Literature and the Right to Death." En *The Gaze of Orpheus*. 21-62.
---. *Le pas au-delà*. París: Gallimard, 1973.
---. *The Writing of the Disaster*. Ann Smock trad. Lincoln: U of Nebraska P, 1986.
Bolaño, Roberto. *2666*. Barcelona: Anagrama, 2004.
---. *Amuleto*. Barcelona: Anagrama, 1999.
Borel, Jean-Paul. "¿Una historia más?" En Thomas Bremer y Julio Peñate Rivero eds. *Literaturas más allá de la marginalidad*. Giessen/Neuchatel: AELSAL, 1988. 17-37.
Borges, Jorge Luis. "De las alegorías a las novelas." En *Prosa completa*. Vol. 2. 267-70.
---. "El Aleph." En *Prosa completa*. Vol. 2. 112-25.
---. "La biblioteca de Babel." En *Prosa completa*. Vol. 1. 455-62.
---. "La esfera de Pascal." En *Prosa completa*. Vol. 2. 134-37.
---. "El etnógrafo." En *Prosa completa*. Vol. 2. 355-57.
---. "La flor de Coleridge." En *Prosa completa*. Vol. 2. 138-41.
---. "Funes el memorioso." En *Prosa completa*. Vol. 1. 477-84.
---. "El hacedor." En *Prosa completa*. Vol. 2. Barcelona: Bruguera, 1980. 309-11.
---. *Historia de la eternidad*. En *Prosa completa*. Vol. 1. 311-404
---. "La lotería en Babilonia." En *Prosa completa*. Vol. 1. Barcelona: Bruguera, 1980. 441-447.
---. "Magias parciales del *Quijote*." En *Prosa completa*. Vol. 2. 172-75.
---. "La muralla y los libros." En *Prosa completa*. Vol. 2. 131-33.
---. "Nota sobre (hacia) Bernard Shaw." En *Prosa completa*. Vol. 2. 271-74.
---. "Pierre Menard, autor del *Quijote*." En *Prosa completa*. Vol. 1. 425-33.
---. "Una rosa amarilla." En *Prosa completa*. Vol. 2. 329-30.
---. "Tema del traidor y del héroe." En *Prosa completa*. Vol. 1. 491-94.
---. "Tlön, Uqbar, Orbis Tertius." En *Prosa completa*. Vol. 1. 409-24.
---. "Los traductores de las *1001 noches*." En *Prosa completa*. Vol. 1. 371-91.
---. "El Zahir." En *Prosa completa*. Vol. 2. 77-85.
Bosteels, Bruno. "Theses on Antagonism, Hybridity, and the Subaltern in Latin America." *Dispositio/n* 25.52 (2005): 147-58.
Brotherston, Gordon. *Book of the Fourth World: Reading the Native Americans Through Their Literature*. Cambridge: Cambridge UP, 1992.
Brunner, José Joaquín. "Notes on Modernity and Postmodernity in Latin American Culture." En Beverley y Oviedo, *Postmodernism*. 34-54.
Bruns, Gerald. *Heidegger's Estrangements. Language, Truth, and Poetry in the Later Writings*. New Haven: Yale UP, 1989.

---. *Modern Poetry and the Idea of Language. A Critical and Historical Study.* New Haven: Yale UP, 1974.
Burgos-Debray, Elizabeth ed. *Me llamo Rigoberta Menchú y así me nació la conciencia.* México: Siglo XXI, 1981.
Candido, Antonio. "Exposición de Antonio Candido." En Pizarro ed. *Literatura latinoamericana* 79-84.
---. "Literatura e história na América Latina (do angulo brasileiro)." En Pizarro ed. *Hacia una historia* 174-79.
Canto, Estela. *Borges a contraluz.* Madrid: Espasa Calpe, 1989.
---. *El muro de mármol.* Buenos Aires: Losada, 1945.
---. *El retrato y la imagen.* Buenos Aires: Losada, 1950.
Caraman, Philip. *Ignatius Loyola: A Biography of the Founder of the Jesuits.* San Francisco: Harper and Row, 1990.
---. *The Lost Paradise: An Account of Jesuits in Paraguay 1607-1768.* Londres: Sidgwick and Jackson, 1975.
Carlyle, Thomas. "Dr. Francia." En *Critical and Miscellaneous Essays: Collected and Republished.* Vol. 4. Londres: Chapman & Hall, 1857. 249-94.
---. *On Heroes, Hero-Worship, & the Heroic in History.* Michael K. Goldberg ed. Berkeley: U of California P, 1993.
Carmack, Robert M. *Harvest of Violence. The Maya Indians and the Guatemalan Crisis.* Norman: U of Oklahoma P, 1988.
Castellanos, Rosario. *Mujer que sabe latín.* México: Fondo de Cultura Económica, 1995.
Castellanos Moya, Horacio. *El arma en el hombre.* Barcelona: Tusquets, 2001.
---. *El asco: Thomas Bernhard en San Salvador.* Barcelona: Tusquets, 2007.
---. *Baile con serpientes.* Segunda edición. Barcelona: Tusquets, 2012.
---. "Breves palabras impúdicas." En *La metamorfosis del sabueso. Ensayos personales y otros textos.* Santiago de Chile: Ediciones Universidad Diego Portales, 2011. 11-54.
---. "Con la congoja de la pasada tormenta." En *Con la congoja de la pasada tormenta. (Casi todos los cuentos).* Barcelona: Tusquets, 2009. 139-74.
---. *La diabla en el espejo.* Madrid: Linteo, 2000.
---. *La diáspora.* San Salvador: UCA editores, 1989.
---. *Insensatez.* Barcelona: Tusquets, 2004.
---. "La tragedia del hereje." En *La metamorfosis del sabueso.* 100-15.
---. "Variaciones sobre el asesinato de Francisco Olmedo." En *Con la congoja de la pasada tormenta. (Casi todos los cuentos).* 73-111.
De Certeau, Michel. *The Practice of Everyday Life.* Steven Rendal trad. Berkeley: U of California P, 1984.
Conan Doyle, Arthur. *The Adventures and the Memoirs of Sherlock Holmes.*

Londres: Penguin, 2001.
Cornejo Polar, Antonio. "La literatura latinoamericana y sus literaturas regionales y nacionales como totalidades contradictorias." En Pizarro ed. *Hacia una historia* 121-32.
Cortázar, Julio. "Apocalipsis de Solentiname." En *Nicaragua tan violentamente dulce* 19-25.
---. *Argentina, años de alambradas culturales*. Buenos Aires: Muchnik, 1984.
---. *Nicaragua tan violentamente dulce*. Buenos Aires: Muchnik, 1984.
---. *Prosa del observatorio*. Barcelona: Lumen, 1972.
---. *Rayuela*. Andrés Amorós ed. Madrid: Cátedra, 1984.
Cortez, Beatriz. *Estética del cinismo. Pasión y desencanto en la literatura centroamericana de posguerra*. Guatemala: F&G editores, 2010.
Cruz, Manuel. *Narratividad: la nueva síntesis*. Barcelona: Península, 1986.
Cunqueiro, Alvaro. *Las mocedades de Ulises*. Barcelona: Destino, 1970.
---. *Un hombre que se parecía a Orestes*. Barcelona: Destino, 1969.
Danner, Mark. *The Massacre at El Mozote*. Nueva York: Vintage, 1994.
David, Catherine. "An Interview With Jacques Derrida." En Wood y Bernasconi, *Derrida and Différance*. 71-82.
Deleuze, Gilles. "Bartleby; or, the Formula." En *Essays Critical and Clinical*. Daniel W. Smith y Michael A. Greco trads. Minneapolis: U of Minnesota P, 1997. 68-90.
---. "Immanence: A Life... " En *Two Regimes of Madness. Texts and Interviews 1975-1995*. David Lapoujade ed. Ames Hodges and Mike Taormina trads. Nueva York: Semiotext(e), 2006.
---. *Logique du sens*. París: Editions de Minuit, 1969.
---. *Nietzsche and Philosophy*. Hugh Tomlinson trad. Nueva York: Columbia UP, 2002.
Derrida, Jacques. *La carte postale. De Socrate à Freud et au-delá*. París: Flammarion, 1980.
---. *Clamor*. Múltiples traductores. Madrid: La Oficina, 2016.
---. *Le dernier des Juifs*. Con un prólogo de Jean-Luc Nancy. París: Galilée, 2014.
---. "Deux mots pour Joyce." En *Ulysse gramophone*. 3-54.
---. *La dissémination*. París: Seuil, 1972.
---. "De l'économie restreinte á l'économie générale. Un hegelianisme sans réserve." En *L'écriture et la différence*. París: Seuil, 1967. 369-407.
---. *Eperons. Les styles de Nietzsche*. París: Flammarion, 1978.
---. "Fors." En Nicolas Abraham y Maria Torok. *Cryptonimie. Le verbier de l'homme aux loups*. París: Aubier-Flammarion, 1976. 8-73.
---. "Freud et la scéne de l'écriture." En *L'écriture et la différence*. París: Seuil,

1967. 293-340.

---. *Given Time: I. Counterfeit Money*. Peggy Kamuf trad. Chicago: U of Chicago P, 1992.

---. *De la grammatologie*. París: Editions de Minuit, 1967.

---. *Heidegger. The Question of Being and History*. Geoffrey Bennington trad. Chicago: U of Chicago P, 2016.

---. "Heidegger's Ear. Philopolemology. (*Geschlecht* IV)." En John Sallis ed. *Reading Heidegger. Commemorations*. Bloomington: Indiana UP, 1993. 163-218.

---. "Interpreting Signatures (Nietzsche/Heidegger): Two Questions." Diane Michelfelder y Richard E. Palmer trads. *Philosophy and Literature* 10.2 (1986): 246-62.

---. "Ja, o en la estacada. Entrevista con Jacques Derrida (segunda parte)." En Patricio Peñalver ed. *Jacques Derrida. 'Cómo no hablar' y otros textos.* Suplementos Anthropos 13 (1989): 104-23.

---. "The Laws of Reflection: Nelson Mandela, in Admiration." En Jacques Derrida y Mustapha Tilli eds. *For Nelson Mandela*. Nueva York: Seaver, 1987. 63-86.

---. "Les morts de Roland Barthes." En *Psyché. Inventions de l'autre*. París: Galilée, 1987. 295-98.

---. "Lettre à un ami japonais." En *Psyché* 387-94.

---. *Limited Inc*. Evanston: Northwestern UP, 1988.

---. *L'oreille de l'autre. Otobiographies, transferts, traductions*. Claude Lévesque y Christie McDonald eds. Montreal: VLB, 1982.

---. *Marges. De la philosophie*. París: Editions de Minuit, 1972.

---. *Mémoires. Pour Paul de Man*. París: Galilée, 1989.

---. "Passions. 'An Oblique Suffering.'" En *On the Name*. Thomas du Toit ed. y David Wood trad. Stanford: Stanford UP, 1995. 3-31.

---. "La pharmacie de Platon." En *La dissémination*. 69-198.

---. *Politics of Friendship*. George Collins trad. Nueva York: Verso, 1997.

---. *Signéponge*. París: Seuil, 1988.

---. "Survivre." En *Parages*. París: Galilée, 1986. 117-218.

---. "La structure, le signe et le jeu dans le discours des sciences humaines." En *L'écriture et la différence*. 409-28.

---. *Theorie et pratique*. París: Galilée, 2016.

---. "Des Tours de Babel." En Joseph Graham ed. *Difference in Translation*. Ithaca: Cornell UP, 1985. 209-18.

---. *Ulysse gramophone. Deux mots pour Joyce*. París: Galilée, 1987.

---. "Women in the Beehive. A Seminar with Jacques Derrida." En Alice Jardine y Paul Smith eds. *Men in Feminism*. Nueva York: Methuen, 1987.

189-203.

Dinesen, Isak. *Last Tales*. Nueva York: Vintage, 1991.

Donoso, José. *El obsceno pájaro de la noche*. Barcelona: Seix Barral, 1970.

Donoso Cortés, Juan. "Discurso pronunciado en el Congreso el 4 de enero de 1849 [sobre los sucesos de Roma]." *Obras*. Vol. 2. Manuel Donoso Cortés ed. Juan Manuel Ortí y Lara dir. Madrid: San Francisco de Sales, 1904. 109-32.

La Duke, Betty. "The Painter-Peasants of Solentiname, Nicaragua." *Chicago Review* 34.3 (1984): 94-124.

Dussel, Enrique. "Eurocentrism and Modernity. (Introduction to the Frankfurt Lectures)." En Beverley y Oviedo. *Postmodernism*. 65-76.

Eagleton, Terry. "Spiritual Rock Star." *London Review of Books* 27.3 (2005). https://www.lrb.co.uk/the-paper/v27/n03/terry-eagleton/spiritual-rock-star

Echavarren, Roberto. "Prólogo." En Néstor Perlongher, *Poemas completos*. 7-16.

Echeverría, Bolívar. *La modernidad de lo barroco*. México: Era, 2000.

---. *Modernidad, mestizaje cultural, ethos barroco*. México: El equilibrista, 1994.

Elizondo, Salvador. *Farabeuf, o la crónica de un instante*. México: Joaquín Mortiz, 1965.

Esposito, Roberto. *Categorie dell'Impolitico*. Bolonia: Il Mulino, 1988.

---. *Pensiero vivente. Origine e attualitá della filosofia italiana*. Turín: Einaudi, 2010.

---. *Terms of the Political. Community, Immunity, Biopolitics*. Rhiannon Noel Welch trad. Nueva York: Fordham UP, 2013.

Fabian, Johannes. *Time and the Other. How Anthropology Makes Its Objects*. Nueva York: Columbia UP, 1983.

Fenves, Peter. *Late Kant. Towards Another Law of the Earth*. Nueva York: Routledge, 2003.

Fernández Retamar, Roberto. "Algunos problemas teóricos de la literatura hispanoamericana." En *Para una teoría de la literatura hispanoamericana y otras aproximaciones*. La Habana: Casa de las Américas, 1975. 88-134.

---. "Para una teoría de la literatura latinoamericana." En *Para una teoría*. 41-87.

Fleming, Ian. *Casino Royale*. Londres: Penguin, 2003.

Foster, David William. *Augusto Roa Bastos*. Boston: Twayne, 1978.

Frampton, Kenneth. "Critical Regionalism: Modern Architecture and Cultural Identity." En *Modern Architecture: A Critical History*. Londres: Thames and Hudson, 1985. 314-27.

---. "Towards a Critical Regionalism: Six Points for an Architecture of

Resistance." En Hal Foster ed. *The Anti-Aesthetic*. Seattle: Bay Press, 1983. 16-30.

Franco, Jean. *Historia de la literatura hispanoamericana a partir de la Independencia*. Barcelona: Ariel, 1975.

---. "What's Left of the Intelligentsia? The Uncertain Future of the Printed Word." *NACLA Report on the Americas* 28.2 (1994): 16-21.

Freud, Sigmund. "Fetishism." *International Journal of Psychoanalysis* 9 (1928): 161-66.

---. "La perturbación psicógena de la visión según el psicoanálisis." En *Obras completas*. Vol. 11. José Etcheverry trad. Buenos Aires: Amorrortu, 1976. 209-16.

---. "Pulsiones y destinos de pulsión." En *Obras completas*. Vol. 14. 113-34.

---. "Puntualizaciones psicoanalíticas sobre un caso de paranoia descrito autobiográficamente." En *Obras completas*. Vol. 12. 1-77.

Fuentes, Carlos. *Cristóbal Nonato*. México: Fondo de Cultura Económica, 1987.

---. "Realidad y ficción latinoamericana, al calor de la literatura. Nuestro tirano favorito." *La Nación*, 10 de febrero, 2011, 1-3.

Fynsk, Christopher. *Language and Relation. . . . that there is language*. Stanford: Stanford UP, 1996.

Galli, Carlo. *Political Spaces and Global War*. Elisabeth Fay trad. Minneapolis: U of Minnesota P, 2010.

García Canclini, Néstor. *Culturas híbridas. Estrategias para entrar y salir de la modernidad*. México: Grijalbo, 1990.

--- ed. *Políticas culturales en América Latina*. México: Grijalbo, 1987.

Gasché, Rodolphe. "Deconstruction and Criticism." *Glyph* 6 (1979): 177-215.

---. "'Like the Rose–Without Why.' Postmodern Transcendentalism and Practical Philosophy." *Diacritics* 19.3-4 (1989): 101-13.

---. *The Tain of the Mirror. Derrida and the Philosophy of Reflection*. Cambridge: Harvard UP, 1986.

Gellner, Ernest. *Thought and Change*. Londres: Weidenfeld and Nicholson, 1964.

Gentili, Augusto. *Da Tiziano a Tiziano. Mito e allegoria nella cultura veneziana del Cinquecento*. Milán: Feltrinelli, 1980.

Gibson, William. "The Gernsback Continuum." En *Burning Chrome*. Nueva York: Ace, 1987. 23-35.

--- y Bruce Sterling. *The Difference Engine*. Nueva York: Bantam Spectra, 1991.

González Echevarría, Roberto. *Celestina's Brood. Continuities of the Baroque in*

Spanish and Latin American Literature. Durham: Duke UP, 1993.
---. "Lo cubano en *Paradiso*." En Volumen 2 de *Coloquio internacional sobre la obra de José Lezama Lima.* Madrid: Fundamentos, 1984. 31-51.
---. *Myth and Archive. A Theory of Latin American Narrative.* Cambridge: Cambridge UP, 1990.
---. *The Voice of the Masters. Writing and Authority in Modern Latin American Writing.* Austin: U of Texas P, 1985.
Gugino, Vincent. "On Ethos." Tesis doctoral. State University of New York at Buffalo, 1991.
Guha, Ranajit. *History at the Limit of World-History.* Nueva York: Columbia UP, 2002.
Guzmán, Martín Luis. *La sombra del caudillo.* México: Porrúa, 2001.
Haar, Michel. "Attunement and Thinking." En Hubert L. Dreyfus y Harrison Hall eds. *Heidegger: A Critical Reader.* Londres: Blackwell, 1992. 159-72.
Hafner, Katie y John Markoff. *Cyberpunk: Outlaws and Hackers on the Computer Frontier.* Nueva York: Simon and Schuster, 1991.
Hallward, Peter. "Ethics Without Others. A Reply to Critchley on Badiou's Ethics." *Radical Philosophy* 102 (2000): 27-30.
Halperín Donghi, Tulio. "Dictaduras americanas en perspectiva histórica." En Saúl Sosnowski ed. *Augusto Roa Bastos y la producción cultural americana.* Buenos Aires: Ediciones de la Flor, 1986. 21-48.
Hand, Séan. *The Levinas Reader.* Londres: Basil Blackwell, 1989.
Handke, Peter. *On a Dark Night I Left My Silent House.* Krishna Winston trad. Nueva York: Farrar Strauss Giroux, 2000.
Haraway, Donna. "A Manifesto for Cyborgs: Science, Technology, and Socialist Ferminism in the 1980s." Linda Nicholson ed. *Feminism/Postmodernism.* Londres: Routledge, 1990. 190-233.
Harlow, Barbara. *Resistance Literature.* Nueva York: Methuen, 1987.
Hart, Clive. "The Elephant in the Belly: Exegesis of *Finnegans Wake.*" En Clive Hart y Fritz Senn eds. *A 'Wake' Digest.* Sydney: Sydney UP, 1968.
Hegel, Georg Wilhelm Friedrich. *Lectures on the Philosophy of World History. Introduction: Reason in History.* H. B. Nisbet trad. Introducción de Duncan Forbes. Cambridge: Cambridge UP, 1975.
---. *Phänomenologie des Geistes.* Vol. 3 de *Werke.* Eva Moldenhauer y Karl Markus Michael eds. Frankfurt: Suhrkamp, 1970.
Heidegger, Martin. "The Age of the World Picture." En *The Question Concerning Technology and Other Essays.* William Lovitt ed. y trad. Nueva York: Harper Torchbooks, 1977. 115-54.
---. "The Anaximander Fragment." En *Early Greek Thinking. The Dawn of Western Philosophy.* David Farrell Krell y Frank A. Capuzzi trads. San

Francisco: Harper & Row, 1984. 13-58.
---. *Contributions to Philosophy. (From Enowning)*. Parvis Emad y Kenneth Maly trads. Bloomington: Indiana UP, 1999.
---. *Four Seminars*. Andrew Mitchell y François Raffoul eds. y trads. Bloomington: Indiana University Press, 2003.
---. "Die Frage Nach der Technik." En *Vortäge und Aufsätze*. Vol. 1. Pfullingen: Günther Neske, 1954. 5-36.
---. *Grundbegriffe. Gesamtausgabe 51*. Petra Jaeger ed. Frankfurt: Vittorio Klosterman, 1981.
---. *Die Grundprobleme der Phänemonologie*. Frankfurth: Vittorio Klostermann, 1975.
---. "Hegel's Concept of Experience." En *Off the Beaten Path*. Julian Young y Kenneth Haynes trads. Cambridge: Cambridge UP, 2002. 86-156.
---. "Logos. (Heraclitus, Fragment B 50)." En *Early Greek Thinking*. David Farrell Krell y Frank A. Capuzzi eds. y trads. San Francisco: Harper & Row, 1984. 59-78.
---. *Nietzsche*. 4 vols. David Farrell Krell ed. San Francisco: Harper Collins, 1991.
---. "Die Onto-Theo-Logische Verfassung der Metaphysik." En *Identität und Differenz*. Pfullingen: Günther Neske, 1957. 31-68.
---. *The Principle of Reason*. Reginald Lilly trad. Bloomington: Indiana UP, 1991.
---. *Sein und Zeit*. Edición décimosexta. Tübingen: Niemeyer, 1986.
---. "Die Sprache im Gedicht." En *Unterwegs zur Sprache. Gesamtausgabe 12*. Friedrich-Wilhelm Von Herrmann ed. *1976*. 313-64.
---. *What is Philosophy?*. Edición bilingüe. Jean Wilde y William Kluback trads. Lanham: Rowman & Littlefield, 2003.
Horkheimer, Max y Theodor Adorno. *Dialectic of Enlightenment*. John Cumming trad. Nueva York: Continuum, 1989.
Hyppolite, Jean. *Genesis and Structure of the Phenomenology of Spirit*. Evanston: Northwestern UP, 1974.
Irigaray, Luce. *Amante Marine de Friedrich Nietzsche*. París: Editions de Minuit, 1980.
Iser, Wolfgang. *The Implied Reader. Patterns of Communication in Prose Fiction from Bunyan to Beckett*. Baltimore: Johns Hopkins UP, 1978.
---. *A Theory of Aesthetic Response*. Baltimore: Johns Hopkins UP, 1980.
Jameson, Fredric. "Foreword." En Roberto Fernández Retamar. *Calibán and Other Essays*. Edward Baker trad. Minneapolis: U of Minnesota P, 1989. iii-xvi.
---. "Marx's Purloined Letter." En *Ghostly Demarcations. A Symposium on*

Jacques Derrida's Specters of Marx. Introducción de Michael Sprinker. Nueva York: Verso, 1995. 26-67.

---. *The Political Unconscious: Narrative as a Socially Symbolic Act.* Ithaca: Cornell UP, 1982.

---. *Postmodernism or, the Cultural Logic of Late Capitalism.* Durham: Duke UP, 1991.

---. *Representing* Capital. *A Reading of Volume One.* Londres: Verso, 2011.

---. *The Seeds of Time.* Nueva York: Columbia UP, 1994.

---. "De la sustitución de importaciones literarias y culturales en el Tercer Mundo. El caso del testimonio." *Revista de crítica literaria latinoamericana* 36 (1992): 118-27.

---. "Thinking Politically." http://www.duke.edu/literature/institute/thinkingpolitically.htm

---. "Third-World Literature in the Age of Multinational Capitalism." *Social Text* 15 (Otoño 1986): 65-88.

Jitrik, Noé. "*Paradiso* entre desborde y ruptura." *Texto crítico* 13 (1979): 71-89.

Joyce, James. *Finnegans Wake.* Nueva York: Viking, 1984.

Jullien, François. *The Philosophy of Living.* Krzysztof Fijalkowski y Michael Richardson trads. Londres: Seagull, 2016.

---. *Vivre en existant. Une nouvelle Éthique.* París: Gallimard, 2016.

Kadir, Djelal. *The Other Writing. Postcolonial Essays in Latin America's Writing Culture.* West Lafayette: Purdue UP, 1993.

---. *Questing Fictions. Latin America's Family Romance.* Minneapolis: U of Minnesota P, 1986.

Kant, Immanuel. *The Metaphysics of Morals.* Mary Gregor ed. y trad. Cambridge: Cambridge UP, 2006.

---. *Perpetual Peace. A Philosophical Sketch.* En *Political Writings.* Hans Reiss ed. y H. B. Nisbet trad. Cambridge: Cambridge UP, 2004. 93-130.

---. *Practical Philosophy.* [Incluye traducción de *Grundlegung zur Metaphysik der Sitten* y *Kritik der praktischen Vernunft.*] Mary J. Gregor ed. y trad. Cambridge: Cambridge UP, 1996.

---. *Religion Within the Limits of Reason Alone.* Theodore M. Greene y Hoyt H. Hudson trads. Nueva York: HarperOne, 2008.

Kirk, G. S., J. E. Raven y M. Schofield, *The Presocratic Philosophers.* Segunda edición. Cambridge: Cambridge UP, 1983.

Klossowski, Pierre. *Nietzsche et le cercle vicieux.* París: Mercure de France, 1967.

Kofman, Sarah. "Un philosophe 'unheimlich.'" En Lucette Finas y otros. *Ecarts.* París: Fayard, 1973. 107-24.

Kraniauskas, John. "Globalisation is Ordinary: The Transnationalisation of Cultural Studies." *Radical Philosophy* 90 (1998): 9-19.

---. "Hybridity in a Transnational Frame: Latin Americanist and Postcolonial Perspectives on Cultural Studies." *Nepantla-Views from South* 1.1 (2000): 111-37.

---. . "De la ideología a la cultura. Subalternización y montaje (*Yo el Supremo* como libro de historia.)" En *Nuevas perspectivas desde/sobre América Latina*. Mabel Moraña ed. Santiago de Chile: Cuarto Propio, 2000. 417-25.

Krauss, Rosalind. *The Optical Unconscious*. Cambridge: MIT P, 1993.

Kristeva, Julia. *Soleil noir. Dépression et mélancolie*. París: Gallimard, 1987.

Lacan, Jacques. "The Direction of the Treatment and the Principles of Its Power." En *Ecrits*. Bruce Fink trad. con la colaboración de Héloise Fink y Russell Grigg. Nueva York: W. W. Norton & Company, 2006. 489-542.

---. *Encore. Le Séminaire XX*. París: Seuil, 1975.

---. "La fonction de l'écrit." En *Encore*. 29-38.

Lanz Vallenilla, Laureano. *Cesarismo democrático y otros textos*. Nikita Harwich Vallenilla ed. Caracas: Biblioteca Ayacucho, 1991.

Laclau, Ernesto. "Ethics, Normativity, and the Heteronomy of Law." En Sinkwan Cheng ed. *Law, Justice, and Power. Between Reason and Will*. Stanford: Stanford UP, 2004. 177-86.

---. *New Reflections on the Revolution of Our Time*. Londres: Verso, 1990.

--- y Chantal Mouffe. *Hegemony and Socialist Strategy*. Londres: Verso, 1985.

Lacoue-Labarthe, Philippe. *La fiction du politique. (Heidegger, l'art et la politique*. Estrasburgo: Association de Publications prés les Universités de Strasbourg, 1987.

---. *L'imitation des modernes. (Typographies 2)*. París: Galilée, 1986.

--- y Jean-Luc Nancy. "Le dialogue des genres." *Poétique* 21 (1975): 148-61.

Laplanche, Jean. *Life and Death in Psychoanalysis*. Jeffrey Mehlman trad. Baltimore: Johns Hopkins UP, 1976.

Laponge, Gilles. "Los filósofos no interesan: Busco a los sabios. Entrevista a Alexandre Kojève." En *El Emperador Juliano y su arte de escribir*, por Alexandre Kojève. Buenos Aires: Grama, 2004. 1-14.

Larsen, Neil. *Reading North by South. On Latin American Literature, Culture, and Politics*. Minneapolis: U of Minnesota P, 1995.

Latin American Subaltern Studies Group, "Founding Statement." En Beverley y Oviedo, *Postmodernism* 110-21.

Lea, Henry Charles Lea. *The Inquisition in the Spanish Dependencies*. Nueva York: McMillan, 1922.

Legrás, Horacio. "The Cross of Literature in Paraguay: The Critical Legacy of

Augusto Roa Bastos." En *Literature and Subjection. The Economy of Writing and Marginality in Latin America*. Pittsburgh: U of Pittsburgh P, 2008. 159-95.

Lévinas, Emmanuel. *Difficult Freedom. Essays on Judaism*. Sean Hand trad. Baltimore: Johns Hopkins UP, 1997.

---. "Première Leçon. Envers autrui." En *Quatre lectures talmudiques*. París: Editions de Minuit, 2005.

---. *Sur Maurice Blanchot*. París: Fata Morgana, 1975.

---. *Totality and Infinity. An Essay on Exteriority*. Alphonso Lingis trad. Pittsburgh: Duquesne UP, 1994.

Levinson, Brett. *The Ends of Literature. The Latin American 'Boom' in the Neoliberal Marketplace*. Stanford: Stanford UP, 2002.

---. *Secondary Moderns. Mimesis, History, and Revolution in Lezama Lima's American Expression*. Lewisburg: Bucknell UP, 1996.

Lezama Lima, José. "Cumplimiento de Mallarmé." En *Obras completas II*. 238-41.

---. *Obras completas. II. Ensayos/cuentos*. Madrid: Aguilar, 1977.

---. *Oppiano Licario*. César López ed. Madrid: Cátedra, 1989.

---. *Paradiso*. Eloísa Lezama Lima ed. Madrid: Cátedra, 1980.

---. *Poesía completa*. 2 vols. Madrid: Aguilar, 1988.

---. "Prosa de circunstancia para Mallarmé." En *Obras completas II*. 260-66.

Lezra, Jacques. *Wild Materialism. The Ethic of Terror and the Modern Republic*. Nueva York: Fordham UP, 2010.

Liddell, H. G. y R. Scott. *Greek-English Lexicon. With a Revised Supplement*. Oxford: Clarendon P, 1996.

Lienhard, Martin. *La voz y su huella. Escritura y conflicto étnico-cultural en América Latina 1492-1988*. Lima: Horizonte, 1992.

--- ed. Número especial de *Revista de Crítica Literaria Latinoamericana* 37 (1993).

Long, Ryan. "Mourning the Future of the Past: The State, 1968, and the Mexican Novel." Tesis doctoral. Duke University, 2002

Loyola, Ignacio de. *Ejercicios espirituales*. En *Obras*. Ignacio Iparaguirre, S. I., Cándido de Dalmases, S. I., y Manuel Ruiz Jurado, S. I., eds. Madrid, Biblioteca de Autores Cristianos, 1997. 181-306.

Ludmer, Josefina. "¿Cómo salir de Borges? En Rowe/Canaparo/Louis 289-300.

Lukacher, Ned. *Primal Scenes. Literature, Philosophy, Psychoanalysis*. Ithaca: Cornell UP, 1986.

---. "Writing on Ashes: Heidegger *Fort* Derrida." *Diacritics* 19.3-4 (1989): 128-48.

Lyotard, Jean-François. *Discours, figure.* París: Klinsieck, 1971.
---. *Heidegger et 'les juifs.'* París: Galilée, 1988.
---. *The Postmodern Condition: A Report on Knowledge.* Geoffrey Bennington y Brian Massumi trads. Minneapolis: U of Minnesota P, 1984.
Llewelyn, John. "Thresholds." En David Wood y Robert Bernasconi eds. *Derrida and 'Différance.'* Evanston: Northwestern UP, 1988. 51-62.
Magnus, Bernd. *Nietzsche's Existential Imperative.* Bloomington: Indiana UP, 1978.
De Man, Paul. "Autobiography as Defacement." *The Rhetoric of Romanticism.* Nueva York: Columbia UP, 1984. 67-82.
---. "Conclusions: Walter Benjamin's 'The Task of the Translator." En *Resistance to Theory.* Minneapolis: U of Minnesota P, 1986. 73-105.
---. "Hegel and the Sublime." En Mark Krupnick ed. *Displacement: Derrida and After.* Bloomington: Indiana UP, 1983. 139-53.
---. "A Modern Master: Jorge Luis Borges" [1964]. En *Critical Writings 1953-1978.* Lindsay Waters ed. Minneapolis: U of Minnesota P, 1989. 123-29.
---. "Sign and Symbol in Hegel's *Aesthetics.*" *Critical Inquiry* 8.4 (1982): 761-75.
Maravall, José Antonio. *La cultura del barroco. Análisis de una estructura histórica.* Barcelona: Ariel, 1975.
Marías, Javier. "Esos fragmentos." En *Herrumbrosas lanzas,* por Juan Benet, 17–21. Madrid: Alfaguara, 1999.
---. *Mañana en la batalla piensa en mí.* Madrid: Alfaguara, 2000.
Masters, Joshua J. 1998. "'Witness to the Uttermost Edge of the World:' Judge Holden's Textual Enterprise in Cormac McCarthy's *Blood Meridian.*" *Critique* 40.1: 25-37.
Martin, Gerald. "*Yo el Supremo*: The Dictator and His Script." *Forum for Modern Language Studies* 15.2 (1979): 169-83.
Marx, Karl. *Grundrisse. Foundations of the Critique of Political Economy. (Rough Draft).* Martin Nicolaus trad. Londres: Penguin, 1993.
Masiello, Francine. *Between Civilization and Barbarism. Women, Nation, and Literary Culture in Modern Argentina.* Lincoln: U of Nebraska P, 1992.
Mato, Daniel. *Crítica de la modernidad, globalización y construcción de identidades.* Caracas: Universidad Central de Venezuela, 1995.
McCarthy, Cormac. *Blood Meridian, or the Evening Redness in the West.* Nueva York: Vintage, 1992.
McGuirk, Bernard. *Latin American Literature. Symptoms, Risks & Strategies of Post-Structuralist Criticism.* Londres: Routledge, 1996.
Melville, Herman. "Bartleby, the Scrivener." *The Piazza Tales.* En *Pierre, Israel Potter, The Piazza Tales, The Confidence-Man, Tales & Billy Budd.* Nueva

York: The Library of America, 1984. 635-72.
Méndez Ferrín, Xosé Luis. *Arnoia, Arnoia.* Vigo: Xerais, 1985.
---. *Arraianos.* Vigo: Xerais, 1991.
---. *Bretaña. Esmeraldina.* Vigo: Xerais, 1987.
Mercado, Tununa. *En estado de memoria.* Buenos Aires: Ada Korn, 1990.
Miami Theory Collective eds. *Community at Loose Ends.* Minneapolis: U of Minnesota P, 1991.
Mignolo, Walter. *The Darker Side of the Renaissance. Literacy, Territoriality & Colonization.* Ann Arbor: U of Michigan P, 1995.
Miliani, Domingo. "Historiografía literaria latinoamericana. Más allá del inventario y de la anécdota. La historia posible." En Ana Pizarro ed. *Hacia una historia.* 101-12.
Molinero, Rita. *José Lezama Lima o el hechizo de la búsqueda.* Madrid: Playor, 1989.
Montaigne, Michel de. *Oeuvres complètes.* Albert Thibaudet y Maurice Rat eds. París: Gallimard, 1996.
Moraña, Mabel. *Viaje al silencio: exploraciones del discurso barroco.* México: Facultad de Filosofía y Letras, UNAM, 1998.
Moreiras, Alberto. *The Exhaustion of Difference. The Politics of Latin American Cultural Studies.* Durham : Duke UP, 2001.
---. *Infrapolítica. Instrucciones de uso.* Madrid : La Oficina, 2020.
---. *Interpretación y diferencia.* Madrid: Visor, 1991.
---. *Marranismo e inscripción, o el abandono de la conciencia desdichada.* Madrid: Escolar y Mayo, 2016.
---. "Pharmaconomy: Stephen and the Daedalids." En Susan Stanford Friedman ed. *Joyce: The Return of the Repressed.* Ithaca: Cornell UP, 1993. 58-86.
Morey, Miguel. *Deseo de ser piel roja.* Barcelona: Anagrama, 1994.
Muñoz, Willy. "Julio Cortázar: Vértices de una figura comprometida." *Revista iberoamericana* 15 (1990): 546-51.
Nancy, Jean-Luc. *La communauté desouvrée.* París: Christian Bourgois, 1994.
---. "'Our Probity!' On Truth in the Moral Sense in Nietzsche." En Laurence Nickels ed. *Looking After Nietzsche.* Albany: State U of New York P, 1990. 67-88.
--- y Philippe Lacoue-Labarthe. *L'absolu littéraire.* París: Seuil, 1978.
Naranjo, Rodrigo. "La recaída al barroco. Imagen y clase a fines de la modernidad." Tiposcrito.
Nehamas, Alexander. *Nietzsche: Life as Literature.* Cambridge: Harvard UP, 1985.
Neumann, Jaromír. *Titian: The Flaying of Marsias.* Londres: Spring Books,

1962.

Nietzsche, Friedrich. *Also sprach Zarathustra*. Vol. 2 de *Werke*. Karl Schlechta ed. Munich: Ullstein Materialien, 1983. 549-835.

---. *Ecce Homo*. Vol. 3 de *Werke*. 509-605.

---. *Die Fröhliche Wissenschaft*. Vol. 2 de *Werke*. 281-548.

---. *Die Geburt der Tragödie*. En Vol. 1 de *Werke*. 7-134.

---. *Twilight of the Idols/The Anti-Christ*. R. J. Hollingdale trad. Londres: Penguin, 1990.

Palmer, David Scott. "Autoritarismo y tradición centralista en la sociedad hispana." En Sosnowski ed., *Augusto Roa Bastos*, 49-65.

---. Paoli, Roberto. "Borges y Schopenhauer." *Revista de crítica literaria latinoamericana* 11.24 (1986): 173-208.

Panofsky, Erwin. "Reflections on Love and Beauty." En *Problems in Titian Mostly Iconographic*. Nueva York: New York UP, 1969. 109-38.

Paz, Octavio. *El arco y la lira*. Tercera edición. México: Fondo de Cultura Económica, 1986.

Pellón, Gustavo. *José Lezama Lima's Joyful Visions. A Study of* Paradiso *and Other Prose Works*. Austin: U of Texas P, 1989.

Perera, Víctor. *Unfinished Conquest. The Guatemalan Tragedy*. Berkeley: U of California P, 1993.

Perlongher, Néstor. *Poemas completos (1980-1992)*. Roberto Echavarren ed. Buenos Aires: Seix Barral, 1997.

Pezzoni, Enrique. *Enrique Pezzoni, lector de Borges. Lecciones de literatura 1984-1988*. Annick Louis ed. Buenos Aires: Sudamericana, 1999.

Pietz, William. "Fetishism and Materialism: The Limits of Theory in Marx." En EmilyApter y William Pietz eds. *Fetishism as Cultural Discourse*. Ithaca: Cornell UP, 1993. 119-51.

Piglia, Ricardo. *Crítica y ficción*. Buenos Aires: Siglo Veinte, 1990.

--- y Juan José Saer. *Por un relato futuro. Diálogo Ricardo Piglia-Juan José Saer*. Santa Fe: Universidad Nacional del Litoral, 1990.

Pimentel Pinto, Julio. "Borges, una poética de la memoria." En Rowe/Canaparo/Louis 155-64.

Piñera, Virgilio. *La carne de René*. Madrid: Alfaguara, 1985.

---. *Cuentos fríos*. Buenos Aires: Losada, 1956.

---. *Muecas para escribientes*. La Habana: Letras cubanas, 1987.

---. *Pequeñas maniobras. Presiones y diamantes*. Madrid: Alfaguara, 1985.

Pizarro, Ana ed. *Hacia una historia de la literatura latinoamericana*. México: El Colegio de México, 1987.

---. *La literatura latinoamericana como proceso*. Buenos Aires: Centro Editor de América Latina, 1985.

Postone, Moishe. "Thinking the Global Crisis." *South Atlantic Quarterly* 111.2 (Spring 2012): 227-49.
Prego, Omar. "Juego y compromiso político." En *La fascinación de las palabras. Conversaciones con Julio Cortázar*. Buenos Aires: Muchnik, 1985. 127-45.
Quijano, Aníbal. *Modernidad, identidad y utopía en América Latina*. Quito: El conejo, 1990.
Ramírez, Sergio. *Julio, estás en Nicaragua*. Buenos Aires: Nueva América, 1986.
Rancière, Jacques. "Deleuze, Bartleby, and the Literary Formula." *The Flesh of Words. The Politics of Writing*. Charlotte Mandell trad. Stanford: Stanford UP, 2004. 146-64.
Rheingold, Howard. *Virtual Reality: The Revolutionary Technology of Computer-Generated Artificial Words and How It Promises and Threatens to Transform Business and Society*. Nueva York: Simon and Schuster, 1991.
Richard, Nelly. "The Latin American Problematic of Theoretical-Cultural Transference: Postmodern Appropriations and Counterappropriations." En Desiderio Navarro ed., *Postmodernism: Center and Periphery*. Número especial. *South Atlantic Quarterly* 92.3 (1993): 453-59.
Richards, David. *Masks of Difference. Cultural Representations in Literature, Anthropology, and Art*. Cambridge: Cambridge UP, 1994.
Rivera, Antonio. *La política del cielo: clericalismo jesuita y estado moderno*. Hildesheim: Georg Olms Verlag, 1999.
Roa Bastos, Augusto. "La narrativa paraguaya en el contexto de la narrativa hispanoamericana actual." En Sosnowski ed. *Augusto Roa Bastos* 117-38.
---. *Yo el Supremo*. Madrid: Alfaguara, 1984.
Robb, Peter. M. *The Man Who Became Caravaggio*. Nueva York: Henry Holt, 1999.
Rodríguez Monegal, Emir. *Jorge Luis Borges: A Literary Biography*. Nueva York: Paragon, 1988.
Rojas, Fernando de y "Antiguo Autor." *La Celestina. Tragicomedia de Calisto y Melibea*. Francisco Lobera y otros eds. Barcelona: Crítica, 2000.
Romero, Rolando J. "Ficción e historia en *Farabeuf*." *Revista iberoamericana* 151 (1990): 403-18.
Ronell, Avita. *The Telephone Book. Technology, Schizophrenia, Electric Speech*. Lincoln: U of Nebraska P, 1990.
Rothfork, John. "Language and the Dance of Time in Cormac McCarthy's *Blood Meridian*." *Southwestern American Literature* 30.1 (2004): 23-36.
Roustang, François. *Dire Mastery. Discipleship from Freud to Lacan*. Ned Lukacher trad. Baltimore: Johns Hopkins UP, 1982.

Rowe, William, Claudio Canaparo, Annick Louis eds. *Jorge Luis Borges. Intervenciones sobre pensamiento y Literatura*. Buenos Aires: Paidós, 2000.

Quevedo, Francisco de. "La vida empieza en lágrimas y caca." *Un Heráclito cristiano. Canta sola a Lisi y otros poemas*. Ignacio Arellano y Lía Schwartz eds. Barcelona: Crítica, 1998. 183.

Sade, Marquis de. *Philosophy in the Boudoir*. Joachim Neugroschel trad. Introducción de Francine Du Plessix Gray. Nueva York: Penguin, 2006.

Saer, Juan José. "Borges como problema." En Rowe/Canaparo/Louis 19-31.

Said, Edward. *Culture and Imperialism*. Nueva York: Alfred A. Knopf, 1993.

Sakai, Naoki. *Translation and Subjectivity*. Minneapolis, University of Minnesota Press, 1997.

Sánchez Ferlosio, Rafael. *Ensayos*. 4 vols. Ignacio Echevarría ed. Madrid: Debate, 2015-17.

Sánchez Prado, Ignacio M. "La ficción y el momento de peligro: *Insensatez* de Horacio Castellanos Moya." *Cuaderno Internacional de Estudios Humanísticos y Literatura (CIEHL)*, 14 (2010): 79-86.

Santí, Enrico Mario. "*Oppiano Licario*: La poética del fragmento." En vol. 2 de *Coloquio internacional sobre la obra de José Lezama Lima*. Madrid: Fundamentos, 1984. 135-54.

---. "Parridiso." En Ulloa ed. *José Lezama Lima* 131-51.

Sarduy, Severo. *Escrito sobre un cuerpo*. Buenos Aires: Sudamericana, 1969.

---. "El heredero." En José Lezama Lima. *Paradiso*. Cintio Vitier ed. Madrid: Archivos, 1988. 590-97.

---. *Pájaros de la playa*. Barcelona: Tusquets, 1993.

Sarmiento, Domingo Faustino. *Facundo. Civilización y barbarie*. Luis Ortega Galindo ed. Madrid: Editora Nacional, 1975.

Scarfó, Daniel. "Borges y las literaturas imposibles." En Rowe/Canaparo/Louis 83-91.

Schmitt, Carl. *The Concept of the Political*. George Schwab trad. Chicago: U of Chicago P, 1996.

---. *La tiranía de los valores*. Prólogo de Jorge Dotti. Sebastián Abad trad. Buenos Aires: Hydra, 2010.

Schürmann, Reiner. *Le principe de l'anarchie. Heidegger et la question de l'agir*. París: Seuil, 1982.

Schwarz, Roberto. "Discusión." Pizarro ed. *Hacia una historia*. 119. 132-33 y *passim*.

---. "Nacional por subtraçao." En *Que horas são?* São Paulo: Companhia das Letras, 1987. 31-47.

Shakespeare, William. *Macbeth*. En *The Complete Works*. Segunda edición. Stanley Wells y Gary Taylor general eds. Oxford: Clarendon P, 2005. 969-

93.

---. *Richard III*. Barbara Mowat y Paul Werstine eds. Nueva York: Washington Square Press, 1996.

Shapiro, Gary. *Nietzschean Narratives*. Bloomington: Indiana UP, 1989.

Sloterdikk, Peter. *The Thinker on Stage. Nietzsche's Materialism*. Jamie Owen-Daniel trad. Minneapolis: U of Minnesota P, 1989.

Spinoza, Baruch. *Ethics*. En Spinoza. *Complete Works*. Samuel Shirley trad. Michael L. Morgan ed. Indianapolis: Hackett, 2002. 213-382.

---. *Short Treatise on God, Man, and His Well-Being*. En Spinoza. *Complete Works*. 31-107.

---. *Treatise on the Emendation of the Intellect*. En Spinoza. *Complete Works*, 1-30.

Spivak, Gayatri Chakravorty. "Subaltern Studies: Deconstructing Historiography." En Ranajit Guha y Gayatri Spivak eds. *Selected Subaltern Studies*. Nueva York: Oxford UP, 1988. 3-32.

Steinberg, Sam. "Cowardice--An Alibi: On Prudence and *Senselessness*." *New Centennial Review* 14.1 (2014): 175-94.

Stone, Allucquere Roseanne. "Will the Real Body Please Stand Up? Boundary Stories About Virtual Cultures." Michael Benedikt ed. *Cyberspace: Five Steps*. Cambridge: MIT P, 1991. 81-118.

Subcomandante Marcos and Paco Ignacio Taibo II. *Muertos incómodos. (Falta lo que falta)*. Barcelona: Destino, 2005.

Taussig, Michael. *Shamanism, Colonialism, and the Wild Man. A Study in Terror and Healing*. Chicago: U of Chicago P, 1987.

Thayer, Willy. *El barniz del esqueleto*. Santiago de Chile: Palinodia, 2011.

---. *El fragmento repetido. Escritos en estados de excepción*. Santiago: Metales pesados, 2006.

---. *Tecnologías de la crítica. Entre Walter Benjamin y Gilles Deleuze*. Santiago: Metales pesados, 2010.

Tittler, Jonathan. "Los dos Solentinames de Julio Cortázar." En Fernando Burgos ed. *Los ochenta mundos de Cortázar: ensayos*. Madrid: Edi-6, 1987. 85-92.

Trier, Lars Von. *Melancholia* (Película). Magnolia Pictures, 2011.

Ulloa, Justo ed. *José Lezama Lima: Textos críticos*. Miami: Universal, 1979.

Ulloa, Leonor. "'Cangrejos, golondrinas:' Metástasis textual." *Revista iberoamericana* 154 (1991): 91-100.

Valente, José Angel. *Al dios del lugar*. Barcelona: Alfaguara, 1989.

Vallejo, César. *Obra poética completa*. Américo Ferrari ed. Madrid: Alianza Tres, 1982.

Vico, Giambattista. *The New Science of Giambattista Vico*. Thomas Goddard

Begin y Max Harold Frisch trads. Ithaca: Cornell UP, 1984.

Virno, Paolo. "Virtuosity and Revolution: The Political Theory of Exodus." En *Radical Thought in Italy. A Potential Politics*. Paolo Virno y Michael Hardt eds. Minneapolis: U of Minnesota P, 1996. 189-209.

Vitier, Cintio. *Lo cubano en la poesía*. La Habana: Instituto del Libro, 1970.

Weber, Samuel. "The Debts of Deconstruction and Other, Related Assumptions." En *Institution and Interpretation*. Minneapolis: U of Minnesota P, 1987. 102-31.

Weil, Simone. "The Iliad or the Poem of Force." En Sian Miles ed y trad. *Simone Weil: An Anthology*. Nueva York: Weidenfeld and Nicolson, 1986. 162-95.

Weiss, Allen. *The Aesthetics of Excess*. Albany: State U of New York P, 1989.

West, Cornel. "The New Cultural Politics of Difference." En Simon During ed. *The Cultural Studies Reader*. Londres: Routledge, 1993. 203-17.

White, Hayden. *Tropics of Discourse. Essays in Cultural Criticism*. Baltimore: Johns Hopkins UP, 1978.

White, Richard Alan. *Paraguay's Autonomous Revolution 1810-1840*. Albuquerque: U of New Mexico P, 1978.

Williams, John Hoyt. *The Rise and Fall of the Paraguayan Republic, 1800-1870*. Austin: U of Texas P, 1979.

Woodward, Richard B. "Cormac McCarthy's Venomous Fiction." *The New York Times Magazine*, 19 de abril 1992, 28-31, 36, 40.

Wright, Winthrop R. "La imagen cambiante del Doctor Francia: Una revision historiográfica de la bibliografía en lengua inglesa, 1827-1979." Sosnowski ed. *Augusto Roa Bastos* 67-87.

Yúdice, George, Jean Franco y Juan Flores eds. *On Edge. The Crisis of Contemporary Latin American Culture*. Minneapolis: U of Minnesota P, 1992.

Zambrano, María. *Claros del bosque*. Barcelona: Seix Barral, 1990.

---. *El hombre y lo divino*. Madrid: Siruela, 1991.

---. *Los intelectuales en el drama de España y otros escritos de la guerra civil*. Jesús Moreno Sanz ed. Madrid: Trotta, 1998

---. *Persona y democracia: la historia sacrificial*. Barcelona: Anthropos, 1988.

Zimmerman, Michael E. *Heidegger's Confrontation with Modernity. Technology, Politics, Art*. Bloomington: Indiana UP, 1990.

Žižek, Slavoj. *The Fragile Absolute–or, Why is the Christian Legacy Worth Fighting For?* Londres: Verso, 2002.

Zupancic, Alenka. *Ethics of the Real. Kant, Lacan*. Nueva York: Verso, 2000.

www.ingramcontent.com/pod-product-compliance
Lightning Source LLC
Chambersburg PA
CBHW021953160426
43197CB00007B/123

Vassago

Vsagoo, Vzago

Traditional Sigil   Alternate Sigil

Number in Lemegeton	3
Rank in Lemegeton	Prince
Astrological Sign	
Planet	Moon
Element	Water
Direction	
Area(s) of Influence & Interest	Divination, Scrying, Visions; Invisibility; Hidden Things
Grimoires Which Mention	*Book of Incantations*, *Book of Treasure Spirits*, *The Book of the Office of Spirits*, *The Book of Oberon*, and *The Lesser Key of Solomon*

The Book of Oberon (Folger MS V.b.26, 1577) says ...

Vsagoo, magnus preses, he appeareth like an Aungell & is Just & true, in all his doeinges, he giveth the love of woemen, & telleth

SAMIGINA - BY J. BLACKTHORN

of hidd treasures, & hath under him 20 legions.

Vzago, whoe takinge humaine forme, hath power to make one wise & invissible, & to chaunge mann into another forme, or liknes, he getteth love & favour of all men, & giveth true aunswere of all thinges, he appeareth like an aungell, & is right true & faithfull, in all his doeinges

The Lesser Key of Solomon, the Goetia (Thomas Rudd c. 1650; trans. & ed. Mathers/Crowley, 1904) says ...

The Third Spirit is a Mighty Prince, being of the same nature as Agares. He is called Vassago. This Spirit is of a Good Nature, and his office is to declare things Past and to Come, and to discover all things Hid or Lost. And he governeth 26 Legions of Spirits, and this is his Seal.

Additional insight unlocked with the Witches' Key ...

This Spirit is of a good nature. He can see deep into time and is great at scrying. He works via visions. He rarely talks. He is for those who "see." However, he has many friends in the Legion, if the Conjurer wishes him to work in conjunction with other Spirits who do speak.

The moons in his seal show his vision power.

He looks like a man with big eyes and glasses. *S is doing a very unhelpful Professor Trelawney impression. Better psychic, but same big eyes and thick glasses. Eccentric seer look. Romani fortune teller putting on a show for the gorjas. Scarves, beads, big seeing Stone.*

Vassago is excellent with the past and future, but he isn't as skilled at uncovering messages or visions in the present. He isn't grounded at all, so "here and now" is a blind spot for him.

Samigina

Gamigin, Gamigm, Gamygyn, Gemon, Busin, Sogam, Sogon, S

Traditional Sigil — Alternate Sigil

Number in Lemegeton	4
Rank in Lemegeton	Marquis
Astrological Sign	
Planet	
Element	
Direction	
Area(s) of Influence & Interest	Liberal Sciences, Necromancy
Grimoires Which Mention	*Book of Incantations*, *The Discoverie of Witchcraft*, *Pseudomonarchia Daemonum*, and *The Lesser Key of Solomon*

The Book of Oberon (Folger MS V.b.26, 1577) says ...

Gemon a valiant captayne, he appeareth like a fayre wooman & crowned with a crowne, & rideth upon a Camell, & telleth of treasures hidd & of thinges paste presente & to come, & hath under him 5 legions.

Busin, he aunswereth truly to all manner of questions, he can bringe dead bodyes from one place to annother & to make one of his spirrits to enter into the dead bodye, & to carrye it aboute, & to speake & goe at commaundement, & to all manner of thinges done by the dead, when he was lyvinge, except eatinge, he appeareth in likenes of a fayre woman, but he speaketh horsely.

Sogan well ("vel"/or) sogom, a greate marques, appeareth like a pale horse, & speaketh with a hoarse voice, & he putteth soules out of the place of paines which some call purgatorie, & he is free, & appeareth in what shape that the maister will, & aunswereth truly & desireth a sacrifice, & reioyseth therin, & he teacheth the mathematicall sciyence mervalously, he instructeth in wisedome, & philosophie, he maketh the soules of the dead to appeare before the maister, & namely the soules that are ny to the watersyed or the seas, & that in a sertaine purgatorye, which is called, the lawfull affliction of soules, & what soules soe ever appeare before the maister, they shall come in the shape of ayery bodies, & evydently appearinge in the forme the which they first had, & they have power to aunswere questions, & that in the presence of the m[aiste]r & hath under him 36 legions.

Psuedomonarchia Daemonum (Johann Weyer, 1583) says ...

Gamigin [Gamygyn] is a great marquesse, and is seene in the forme of a little horsse, when he taketh humane shape he speaketh with a hoarse voice, disputing of all liberall sciences; he bringeth also to passe, that the soules, which are drowned in the sea, or which dwell in purgatorie (which is called *Cartagra*, that is, affliction of soules) shall take aierie bodies, and evidentlie appeare and answer to interrogatories at the conjurors commandement; he tarrieth with the exorcist, untill he have accomplished his desire, and hath thirtie legions under him.

The Lesser Key of Solomon, the Goetia (Thomas Rudd c. 1650; trans. & ed. Mathers/Crowley, 1904) says ...

The Fourth Spirit is Samigina (or Gamigm), a Great Marquis. He appeareth in the form of a little Horse or Ass, and then into Human shape doth he change himself at the request of the Master. He speaketh with a hoarse voice. He ruleth over 30 Legions of Inferiors. He teaches all Liberal Sciences, and giveth account of Dead Souls that died in sin. And his Seal is this, which is to be worn before the Magician when he is Invocator, etc.

Additional insight unlocked with the Witches' Key ...

Samigina (pronounced Somma-jenna or Sámi-djinna — "like a whisper," she says) appears to the Witch like a "Dark Alice (in Wonderland)" – a young woman with long, dark blonde hair. (She prefers simply to be called "S," and is known thusly within the Enochian angelic tablets.)

Her preferred animal form is that of a little horse, which is symbolic of her carrying the Dead.

She teaches all liberal sciences, and gives account of *all* dead Souls (some sources say "who died at sea," which is symbolic of the Underworld or Land of the Dead). She can do a bit of anything, but her special talent is with the Dead.

She is *very* communicative. She is a *ghede* among the Voudon Lwa, and indeed her seal is nearly identical to Baron Samhedi's veve.

She loves the color blue and will often prefer a blue glass bottle or blue sugar bowl as her vessel. Her personality is playful and somewhat irreverent with a Conjurer with whom she has an affinity. She makes jokes and often has fun gatekeeping for Spirits with wild or eccentric energy. There is a youthfulness to her nature, despite the antiquity of her existence.

Marbas - by Laurelei Black

Marbas

Barbas, Carbas, Corbas, Varbas

Traditional Sigil

Alternate Sigil

Number in Lemegeton	5
Rank in Lemegeton	President
Astrological Sign	Leo
Planet	Mercury
Element	
Direction	
Area(s) of Influence & Interest	Alchemy, Transmutation, Transformation; Divination, Scrying, Visions; Mechanical Arts, Building; Mysteries, Hidden Things, Secrets; Healing; Disease; Shapeshifting
Grimoires Which Mention	*Book of Incantations*, *The Discoverie of Witchcraft*, *The Book of Spirits*, *The Book of the Office of Spirits*, *The Book of Oberon*, *The Grand Grimoire*, *Pseudomonarchia Daemonum*, and *The Lesser Key of Solomon*

The Book of Oberon (Folger MS V.b.26, 1577) says ...

Varbas vel Carbas, a great prince or kinge, he appeareth like a fierse Lyon, yet when he commeth before him that calleth him, then he taketh one him the forme of a man, & he giveth trwe aunsweres of seecret & hid thinges, & teacheth to heale sicke people, & he excellth in the teachinge of Nigromancie & he causeth to be chaunged & that from his right phisiognomie, & he hath under him 26 legyons.

Barbas alias Corbas magnus princeps, he can tell of all seecrets, to make an old man sicke, & to chaunge a man into another shape the shape of a beast, he appeareth in liknes of a man

Psuedomonarchia Daemonum (Johann Weyer, 1583) says ...

Marbas, alias Barbas is a great president, and appeareth in the forme of a mightie lion; but at the commandement of a conjuror commeth up in the likenes of a man, and answereth fullie as touching anie thing which is hidden or secret: he bringeth diseases, and cureth them, he promoteth wisedome, and the knowledge of mechanicall arts, or handicrafts; he changeth men into other shapes, and under his presidencie or gouvernement are thirtie six legions of divels conteined.

The Lesser Key of Solomon, the Goetia (Thomas Rudd c. 1650; trans. & ed. Mathers/Crowley, 1904) says ...

The fifth Spirit is Marbas. He is a Great President, and appeareth at first in the form of a Great Lion, but afterwards, at the request of the Master, he putteth on Human Shape. He answereth truly of things Hidden or Secret. He causeth Diseases and cureth them. Again, he giveth great Wisdom and Knowledge in Mechanical Arts; and can change men into other shapes. He governeth 36 Legions of Spirits. And his Seal is this, which is to be worn as aforesaid.

Additional insight unlocked by the Witches' Key ...

S tells us that rather than a lion, Marbas prefers to look like John Dee — for his own reasons.

He is communicative. He is the Legion's alchemist. He is friendly and wise. Marbas is more of a pharmacist than healer — curing and causing illness through his herbal formulas. He is a great Spirit for those who are interested in working with herbal formulations, essential oils, brewing, and distillation. Those on the poisoner's path may find a great ally in him as well. He has much wisdom regarding the use of toxic and intoxicating substances for spiritual ends.

He gives great wisdom and knowledge in mechanical arts. He can use chemistry to build. Also he has a great lab and can help others build such things – especially automobiles and combustion engines, which are a sort of modern alchemy.

His symbol is supposed to look like lab equipment, which shows that he is good at many things that stem from alchemy.

VALEFOR - BY LAURELEI BLACK

Valefor

Valefar, Malephar, Malaphar

Traditional Sigil   Alternate Sigil

Number in Lemegeton	6
Rank in Lemegeton	Duke
Astrological Sign	
Planet	
Element	
Direction	
Area(s) of Influence & Interest	Good Familiars; Sleight of Hand
Grimoires Which Mention	Book of Incantations, The Discoverie of Witchcraft, The Grand Grimoire, Pseudomonarchia Daemonum, and The Lesser Key of Solomon

Psuedomonarchia Daemonum (Johann Weyer, 1583) says ...

Valefar, alias Malephar [Malaphar], is a strong duke, comming foorth in the shape of a lion, and the head of a theefe [*or* "barking"], he is verie familiar with them to whom he maketh himself acquainted, till he hath brought them to the gallowes, and ruleth ten legions.

The Lesser Key of Solomon, the Goetia (Thomas Rudd c. 1650; trans. & ed. Mathers/Crowley, 1904) says ...

The Sixth Spirit is Valefor. He is a mighty Duke, and appeareth in the shape of a Lion with an Ass's Head, bellowing. He is a good Familiar, but tempteth them he is a familiar of to steal. He governeth 10 Legions of Spirits. His Seal is this, which is to be worn, whether thou wilt have him for a Familiar, or not.

Additional insight unlocked with the Witches' Key ...

He appears in the shape of a man-lion, much like the character of the Cowardly Lion from the *Wizard of Oz*.

Older texts say that he tempts them he is a familiar of to steal; but S says that in truth, he is a master at sleight of hand and teaches that art to his Witch.

Those interested in creating illusions and glamor around themselves will find an able ally in Valefor. He is well suited to creating an image of skill, influence, wealth, etc. He can help a Witch "fake it till they've made it." And if the Witch never really makes it, very few people will be the wiser.

His seal shows an item being removed from a pocket or purse.

Do Not Call

Amon

Aamon, Aran, Aron

Traditional Sigil

Number in Lemegeton	7
Rank in Lemegeton	Marquis
Astrological Sign	
Planet	
Element	
Direction	
Alternative Spirits to Call	Bael, Vassago, Orobas
Grimoires Which Mention	*Book of Incantations, The Discoverie of Witchcraft, The Book of Spirits, The Book of the Office of Spirits, The Grand Grimoire, The Book of Oberon, Pseudomonarchia Daemonum, The Lesser Key of Solomon,* and *Dictionnaire Infernal*

The Book of Oberon (Folger MS V.b.26, 1577) says ...

Aron vel Aran, a lord, & he appeareth like a mann, & telleth of thinges past present & to come, & of seecret hid thinges, & getteth favour both of frinds & enemies, & getteth dignities & promotions, of this world & confirmeth the same, & that with his doeinges, & sayenges, & he hath under him 45 legions.

Amon, he hath power to make wild beastes tame, & tell all seecrets, to gett love of frindes & enemies, he appeareth, in likenes of a woolffe, with a serpents tayle castinge fiere, out of his mouth, but he maye appeare in liknes of a man & then he hath teeth like a doge.

Psuedomonarchia Daemonum (Johann Weyer, 1583) says ...

Amon, or *Aamon*, is a great and mightie marques, and commeth abroad in the likenes of a woolfe, having a serpents taile, <spetting out and breathing> [vomiting] flames of fier; when he putteth on the shape of a man, he sheweth out dogs teeth, and a great head like to a mightie <raven> [night hawk]; he is the strongest prince of all other, and understandeth of all things past and to come, he procureth favor, and reconcileth both freends and foes, and ruleth fourtie legions of divels.

The Lesser Key of Solomon, the Goetia (Thomas Rudd c. 1650; trans. & ed. Mathers/Crowley, 1904) says ...

The Seventh Spirit is Amon. He is a Marquis great in power, and most stern. He appeareth like a Wolf with a Serpents tail, vomiting out of his mouth flames of fire; but at the command of the Magician he putteth on the shape of a Man with Dog's teeth beset in a head like a Raven; or else like a Man with a Raven's head (simply). He telleth all things Past and to Come. He procureth feuds and reconcileth controversies between friends. He governeth 40 Legions of Spirits. His Seal is this which is to be worn as aforesaid, etc.

Dictionnaire Infernal (Jacques Collin de Plancy, 1863) says ...

Amon, or Aamon, Great and powerful Marquis of the infernal empire. He has the form of a wolf with a serpent's tail; he vomits flames; when he takes human form, he has only the body of a man; his head resembles that of an owl and his beak shows very slim canine teeth. This is the most solid of the princes of the demons. He knows the past and the future, and reconciles, when he wishes, friends who have fallen out. He commands 40 legions. The Egyptians saw in Amon their supreme God; they represent him as having blue skin when he assumes human form.

Additional insight unlocked with the Witches' Key ...

She is most stern. She appears as a dark-haired, angry woman who literally breathes fire. S tells us that the wolf-form with a serpent's tail, a raven's head, and dog's teeth are all symbolic of Amon's fierceness. She does sometimes have a raven's head, however, and she breathes fire. She is frightening to behold.

She is an instigator of gossip. She can end feuds, but she prefers to start them.

Her sigil is an open mouth, ready to devour (or shouting lies).

BARBATOS - BY LAURELEI BLACK

Barbatos

Barbais, Barbates, Barbares, Synoryell

Traditional Sigil   Alternate Sigil

Number in Lemegeton	8
Rank in Lemegeton	Duke
Astrological Sign	Sagittarius
Planet	Jupiter
Element	
Direction	
Area(s) of Influence & Interest	Animal Communication; Divination, Scrying, Visions; Mysteries, Hidden Things, Secrets; Properties of Herbs, Plants, Woods; Properties of Stones; Tree Communication
Grimoires Which Mention	*Book of Incantations, The Discoverie of Witchcraft, The Grand Grimoire, The Book of Oberon, Pseudomonarchia Daemonum, The Lesser Key of Solomon,* and *Dictionnaire Infernal*

The Book of Oberon (Folger MS V.b.26, 1577) says ...

Barbates vel Barbares, a lorde & a greate vicounte, he appeareth like a showter, or fforrest man with 4 minstrells & bearinge 4 trumpets 1 of gold 2 of silver 3 of brasse 4 of yverye, he is the guide of many rulers, & trulye teacheth to understand byrdes, & the barkinge of doges, & the howlynge & cryenge of all other beastes, & he telleth of Inumerable treasures, that be hidd, & hath under him 29 legions.

Barbais, he can teach one to understand the chatteringe of byrdes, barkinge of doges, & lowinge of beastes, he telleth of hidd treasure, foredoeth witchcrafte, & appeareth in liknes of a wild archer.

Barbares an Earle he appeareth like a saggittary that is halfe a man & halfe a beast, & sheweth the places where treasure is hidd, & hath 26 legions.

Synoryell, & he havinge humaine shape, teacheth to understand beastes lowinge, birdes chirpinge, & doges barkinge, & all manner of languages & can tell all thinges, & shewe the places of hyd treasure & commeth like a wood beare.

Psuedomonarchia Daemonum (Johann Weyer, 1583) says ...

Barbatos, a great countie or earle, and also a duke, he appeareth in *Signo sagittarii sylvestris* (in the image of a woodland archer), with foure kings, which bring companies and great troopes. He understandeth the singing of birds, the barking of dogs, the lowings of bullocks, and the voice of all living creatures. He detecteth treasures hidden by magicians and inchanters, and is of the order of vertues, which in part beare rule: he knoweth all things past, and to come, and reconcileth freends and powers; and governeth thirtie legions of divels by his authoritie.

The Lesser Key of Solomon, the Goetia (Thomas Rudd c. 1650; trans. & ed. Mathers/Crowley, 1904) says ...

The Eighth Spirit is Barbatos. He is a Great Duke, and appeareth when the Sun is in Sagittary, with four noble Kings and their companies of great troops. He giveth understanding of the singing of Birds, and of the Voices of other creatures, such as the barking of Dogs. He breaketh the Hidden Treasures open that have been laid by the Enchantments of Magicians. He is of the Order of Virtues, of which some part he retaineth still; and he knoweth all things Past, and to come, and conciliateth Friends and those that be in Power. He ruleth over 30 Legions of Spirits. His Seal of Obedience is this, the which wear before thee as aforesaid.

Dictionnaire Infernal (Jacques Collin de Plancy, 1863) says ...

Barbatos, Great and powerful demon, horned Earl of hell, similar to Robin of the woods or Jack in the green; one meets him in the forests. Four Kings sound the Horn before him. He teaches divination by Bird song, by the lowing of cattle, by the barking of dogs and the cries of diverse other animals. He knows the treasures buried in the Earth by magicians. He reconciles friends who have fallen out. This demon, who was once of the order of the virtues of heaven or of those of the heavenly dominions, is reduced today to commanding 30 hellish legions. He knows the past and the future.

Additional insight unlocked with the Witches' Key ...

The *Lesser Key of Solomon* says that "he appears when the Sun is in Sagittarius, with four noble kings and their companies of great troops." S has revealed that the kings are metaphors for Jesus and the three wise men, and the company of great troops are angels. So, he often first appears to a Conjurer in the days preceding the December Solstice.

He is the Lord of Nature. He can teach the Witch to have true communication with all of nature.

He breaks the "hidden treasures open that have been laid by the enchantments of magicians." Specifically, these "hidden treasures" are metaphors for holy gifts, the spiritual gifts of clairvoyance, clairaudience, hands-on healing, etc.

He is very holy. He is a servant of Jesus, as he was once a priest/monk. When the *Witches' Key* was initially undertaken, he was described as being like Saint Francis of Assisi, in terms of his reverence and connection to nature and animals. At this current revision, the Spirit identifies himself as Saint Cyprian of Antioch, the magician turned martyr whose attributed grimoires have been so influential in Quimbanda, Umbanda, and Candomble. For Witches drawn to work with Barbatos, *The Book of Saint Cyprian: the Sorcerer's Treasure* by José Leitão is a must read. Reading the Wellcome MS 2000 and the *svarteboken* would also be wise, to get a full picture of Cyprianic magick from the main traditions in which it has developed. The breadth and depth of sorcerous wisdom carried by this Spirit is incredible.

His sigil is an altar, similar to the ancient incense altars.

PAIMON – BY LAURELEI BLACK

Paimon

Paymon, Pyeman, Pamelon, Paynelon

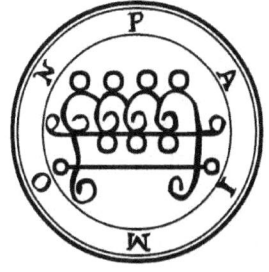

Traditional Sigil   Traditional Sigil   Alternate Sigil

Number in Lemegeton	9
Rank in Lemegeton	"King" (Queen)
Astrological Sign	
Planet	Venus
Element	
Direction	West
Area(s) of Influence & Interest	Divination, Scrying, Visions; Liberal Arts; Liberal Sciences; Music, Singing, Poetry; Reputation, Dignities, Honors; Good Familiars
Grimoires Which Mention	*Book of Incantations, Munich Manual of Demonic Magic, Clavis Inferni, The*

Discoverie of Witchcraft, Key of Solomon, The Magical Calendar, The Book of Spirits, The Book of the Office of Spirits, The Grimoire of Pope Honorius, The Book of Abramelin, The Book of Oberon, Pseudomonarchia Daemonum, The Lesser Key of Solomon, and *Dictionnaire Infernal*

The Book of Oberon (Folger MS V.b.26, 1577) says ...

Paymon R[ex], he appeareth & speaketh with a hoarse voice, & he beinge called is more obedient to the will of Lucifer then of anie ^[of] the^ other kinges be, & thou compell him by devine power, then he appeareth in the likenes of a souldier, yet when that he commeth to the presence of the m[aiste]r he maketh variance still, he rideth upon a dromedary or a camell, & is crowned with a bright crowne, & hath the countenaunce of a woman, & before him goeth a band of men & that with trumpets & all kinde of Instruments, & Paymon himself speaketh with his tonge, yet the m[aiste]r shall cast to him a paper wherin it is written, that he shall speake plainely, & destinctly, that the M[aiste]r maye understand what he sayeth, & soe then he will, & there is Belferth the messenger of the kinge of the west, & there is Beliall a kinge, & Baasan a kinge, & they doe make a man to goe Invissible, & Rombalence vel Ramblane, these maye appeare from the 3 hower to the 12 hower followinge, then saye, & thou Alphasis I coniure thee, & that by the most meeke Lord our Savior J[esus] C[hrist] & by the sphere that clave his hart asonder, & that to the redemption of all mankind, & by the nayles that pierced his blessed hands & feete, & by all the vertues of God, & by all the holy names of God, Agios + Yskiros + Athanatos + Otheos + Alpha + et ω + Agla + El + Tetragramaton + that nowe shortely & that without any tarryinge this same spirit Alphassis to be here readye, & to doe all that I heere shall commaunde hem to doe, for me N. & that you nowe here doe yeeld him unto me & that without delaye or longe tarryinge & heere to fulfill my peticion & desier soe be it.

Paymon vocatur, et ipse potestatem habet celebrare, et libenter omnibus rebus ab eo interrogatis, respondendi, he will speake of the state of the world, & he maye give familiarity, & he maye make all fishes of the sea to be obedient, he appeareth like a kinge with a womans face crowned with a bright crowne, he rydeth upon a dromedary & after him comes a greate companye of spirites with all manner of instruments of melodye, but if he be called alone, then he appeareth with 2 kinges & speakes misticallye for he wold not be understanded, neverthelesse thou mayest commaund him to speake in thine owne language, he hath infinit of spirits under him but 12 of the most mightiest be these.

Pamelon a greate ruler, he appeareth like a man, he telleth of thinges that be in the water, & of thinges that be in the earth, & howe to come by them, & he is good & that for the love of maydens, & he hath under him 6 legions.

Pamelon vel paynelon, appeareth like a knight he doth compell other spirites to come frome the 4 corners of the world & to appeare before the M[aiste]r, & he giveth true aunswere of all thinges & telleth of the unknowen arte, & hath under him 10 legions.

Psuedomonarchia Daemonum (Johann Weyer, 1583) says ...

Paimon is more obedient in *Lucifer* than other kings are. *Lucifer* is heere to be understood he that was drowned in the depth of his knowledge: he would needs be like God, and for his arrogancie was throwne out into destruction, of whome it is said; Everie pretious stone is thy covering (*Ezech.* 88 [28.13].). *Paimon* is constrained by divine vertue to stand before the exorcist; where he putteth on the likenesse of a man: he sitteth on a beast called a dromedarie, which is a swift runner, and weareth a glorious crowne, and hath an effeminate countenance. There goeth before him an host of men with trumpets and well sounding cymbals, and all musicall instruments. At the first he appeereth with a great crie and roring, as in *Circulo [Empto.] Salomonis*, and in the art is declared. And if this *Paimon* speake sometime that the conjuror understand him not, let him not therefore be dismaied. But when he hath delivered him the first obligation to observe his desire, he must bid him also answer him distinctlie and plainelie to the questions he shall aske you, of all philosophie, wisedome, and science, and of all other secret things. And if you will knowe the disposition of the world, and what the earth is, or what holdeth it up in the water, or any other thing, or what is *Abyssus*, or where the wind is, or from whence it commeth, he will teach you aboundantlie. Consecrations also as well of sacrifices [offerings, libations] as otherwise may be reckoned. He giveth dignities and confirmations; he bindeth them that resist him in his owne chaines, and subjecteth them to the conjuror; he prepareth good familiars, and hath the understanding of all arts. Note, that at the calling up of him, the exorcist must looke towards the northwest, bicause there is his house. When he is called up, let the exorcist receive him constantlie without feare, let him aske what questions or demands he list, and no doubt he shall obteine the same of him. And the exorcist must beware he forget not the creator, for those things, which have beene rehearsed before of *Paimon*, some saie he is of the order of dominations; others saie, of the order of cherubim. There follow him two hundred legions, partlie of the order of angels, and partlie of potestates. Note that if *Paimon* be cited alone by an offering or sacrifice, two kings followe him; to wit, *Beball & Abalam*, & other potentates: in his host are twentie five legions, bicause the spirits subject to them are not alwaies with them, except they be compelled to appeere by divine vertue.

Pamelon vel paynelon, appeareth like a knight he doth compell other spirites to come frome the 4 corners of the world & to appeare before the M[aiste]r, & he giveth true aunswere of all thinges & telleth of the unknowen arte, & hath under him 10 legions.

The Lesser Key of Solomon, the Goetia (Thomas Rudd c. 1650; trans. & ed. Mathers/Crowley, 1904) says ...

The Ninth Spirit in this Order is Paimon, a Great King, and very obedient unto LUCIFER. He appeareth in the form of a Man sitting upon a Dromedary with a Crown most glorious upon his head. There goeth before him also an Host of Spirits, like Men with Trumpets and well sounding Cymbals, and all other sorts of Musical Instruments. He hath a great Voice, and roareth at his first coming, and his speech is such that the Magician cannot well understand unless he can compel him. This Spirit can teach all Arts and Sciences, and other secret things. He can discover unto thee what the Earth is, and what holdeth it up in the Waters; and what Mind is, and where it is; or any other thing thou mayest desire to know. He giveth Dignity, and confirmeth the same. He bindeth or maketh any man subject unto the Magician if he so desire it. He giveth good Familiars, and such as can teach all Arts. He is to be observed towards the West. He is of the Order of Dominations. He hath under him 200 Legions of Spirits, and part of them are of the Order of Angels, and the other part of Potentates. Now if thou callest this Spirit Paimon alone, thou must make him some offering; and there will attend him two Kings called LABAL and ABALIM, and also other Spirits who be of the Order of Potentates in his Host, and 25 Legions. And those Spirits which be subject unto them are not always with them unless the Magician do compel them. His Character is this which must be worn as a Lamen before thee, etc.

Dictionnaire Infernal (Jacques Collin de Plancy, 1863) says ...

Paymon, one of the kings of hell. If he shows himself to the exorcist, it is in the form of a man riding a dromedary, crowned with a diadem encircled with precious stones, with the face of a woman. 200 legions, half from the order of the angels, half from the order of the powers, obey him. If Paymon is evoked with some sacrifice or libation, he can appear accompanied by the two great princess Bebal and Abalam.

Additional insight unlocked with the Witches' Key ...

She is a very vain and beautiful woman sitting upon a camel with a glorious crown upon her head. She appears to the Master with a full entourage (previously described as a parade complete with musicians), and she insists upon singing, which is what makes her difficult to understand to all except those with whom she has close affinity.

She is quite clever, and she is considered a queen among the Spirits. Indeed, she was a queen in her mortal life – the Queen of Sheba, one of Solomon's wives (we are told by S, and confirmed by Paimon).

She binds or makes any man subject unto the Mage, if desired. In truth, this is her greatest magick and her special skill.

She is very pleasant and quite easy to work with, but she demands a great deal of attention. For instance, she wants offerings at each meeting, and she usually presents herself with two esteemed members of her entourage called LABAL and ABALI.

We see Paimon in the Witchcraft trial records, where John Bysack confesses to having a snail familiar with the name Pyeman.

One of the greatest applications of Paimon's skill set in a contemporary context is in building organic social media followings and other audiences for people who rely on marketing and fan bases. Creators of all types who need to find and connect meaningfully with their audiences would do well to enlist her aid. She comes with her own PR team in the form of Labal and Abali as well as an entourage or parade of loyal followers. The music and singing is representative of her as a Creator to whom audiences are drawn. People have always loved her. She is charming, creative, savvy, and stylish. She is not a conformer. She strikes her own path, and audiences want to see what she does and creates next. She can and will help Witches who are in affinity with her to do the same.

Paimon's sigil depicts a singing, dancing, and instrument-filled procession.

BUER - BY J. BLACKTHORN

Buer

Traditional Sigil   Alternate Sigil

Number in Lemegeton	10
Rank in Lemegeton	President
Astrological Sign	Sagittarius
Planet	
Element	
Direction	
Area(s) of Influence & Interest	Good Familiars; Logic; Medicine, Healing; Philosophy; Properties of Herbs, Plants, Woods; Witchcraft
Grimoires Which Mention	*Book of Incantations, The Discoverie of Witchcraft, The Grand Grimoire, The Pseudomonarchia Daemonum, The Lesser Key of Solomon,* and *Dictionnaire Infernal*

Psuedomonarchia Daemonum (Johann Weyer, 1583) says ...

Buer is a great president, and is seene in this signe [* — star]; he absolutelie teacheth philosophie morall and naturall, and also logicke, and the vertue of herbes: he giveth the best familiars, he can heale all diseases, speciallie of men, and reigneth over fiftie legions.

The Lesser Key of Solomon, the Goetia (Thomas Rudd c. 1650; trans. & ed. Mathers/Crowley, 1904) says ...

The Tenth Spirit is Buer, a Great President. He appeareth in Sagittary, and that is his shape when the Sun is there. He teaches Philosophy, both Moral and Natural, and the Logic Art, and also the Virtues of all Herbs and Plants. He healeth all distempers in man, and giveth good Familiars. He governeth 50 Legions of Spirits, and his Character of obedience is this, which thou must wear when thou callest him forth unto appearance.

Dictionnaire Infernal (Jacques Collin de Plancy, 1863) says ...

Buer, demon of the second order, a president of hell. He had the form of a star or of a wheel with five branches, and advanced by rolling over himself. He teaches philosophy, logic and the virtues of herbal medicines. He boasts of giving good servants and curing the sick. He commands 50 legions.

Additional insight unlocked with the Witches' Key ...

He is strongest when the sun is in Sagittarius, and he appears in the shape of a centaur or archer during that time.

He teaches philosophy, both moral and natural, and the art of logic. He also teaches the virtues of all herbs and plants. He heals all distempers in man, and he gives good Familiars.

He is a friendly spirit, especially to Witches.

His sigil is representative of herbalism and working with Plant Spirit Allies. Witches who are drawn to medical herbalism, magical herbalism, plant-based shamanism, and the mysteries of the Poison Path (which includes formulating and using entheogens) will likely find great affinity with him.

He is skilled in all healing arts, and he is powerfully adept at helping the Healer-Conjurer to manifest holistic well-being within themselves and their targets. He is knowledgeable and skilled in all modalities, which in turn can help the Conjurer become exceptionally skilled and knowledgeable. He understands and reminds those with whom he works that good health is a condition of the physical, mental, emotional, and spiritual Self in alignment.

He often appears in the form of a great wheel, like the energy centers in the body, and he is lovely.

His sigil is meant to represent herbs or flowers. There's also a secondary symbolism to his sigil, as it can be viewed as a Witch's compass or wheel.

GUSION - BY LAURELEI BLACK

Gusion

Gusoin, Gusoyn

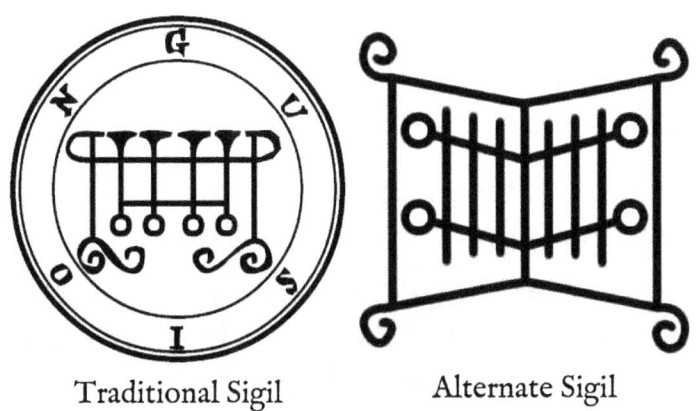

Traditional Sigil   Alternate Sigil

Number in Lemegeton	11
Rank in Lemegeton	Duke
Astrological Sign	
Planet	
Element	
Direction	
Area(s) of Influence & Interest	Divination, Scrying, Visions; Rhetoric, Communication, Debate; Shapeshifting; Friendships, Alliances
Grimoires Which Mention	*Book of Incantations, The Discoverie of Witchcraft, The Grand Grimoire, Pseudomonarchia Daemonum,* and *The Lesser Key of Solomon*

Psuedomonarchia Daemonum (Johann Weyer, 1583) says ...

Gusoin [Gusoyn] is a great duke, and a strong, appearing in the forme of a *Xenophilus*, he answereth all things, present, past, and to come, expounding all questions. He reconcileth freendship, and distributeth honours and dignities, and ruleth over fourtie [and five] legions of divels.

The Lesser Key of Solomon, the Goetia (Thomas Rudd c. 1650; trans. & ed. Mathers/Crowley, 1904) says ...

The Eleventh Spirit in order is a great and strong Duke, called Gusion. He appeareth like a Xenophilus. He telleth all things, Past, Present, and to Come, and showeth the meaning and resolution of all questions thou mayest ask. He conciliateth and reconcileth friendships, and giveth Honour and Dignity unto any. He ruleth over 40 Legions of Spirits. His Seal is this, the which wear thou as aforesaid.

Additional insight unlocked with the Witches' Key ...

He appears like a chimera – many beasts, always changing.

This Spirit is in touch with many types of Animal Spirit Allies. He can be perceived as moody because the animals themselves are so different in their nature. When a Conjurer sees a few in rapid or close succession, they are often struck by the vastly different temperaments of each.

Gusion can teach a Witch to better understand, relate to, and communicate with nearly any animal. He can greatly empower the animal communication formula from the *6th and 7th Books of Moses*: LAYAMEN, LAVA, FIRIN, LAVAGELLAYN, TAVAQUIRI, LAVAGOLA, LAVATASORIN, LAYFIALIN, LYAFARAN.

He is also, not unexpectedly, very skilled at assisting the Witch with shape-shifting.

His communication skills are not limited to animals. Because he can speak in the language of every beast, he can also speak in the language and style of every human. He is exceedingly good at both linguistics and rhetoric. If you find yourself needing to learn a new language or rely on words to make a living (public speaking, negotiating, writing, etc) he can help. He's especially good for those who must communicate well with very different audiences.

His seal looks like a gate to represent the many beasts whose shapes he assumes. He opens the gate and lets another beast free.

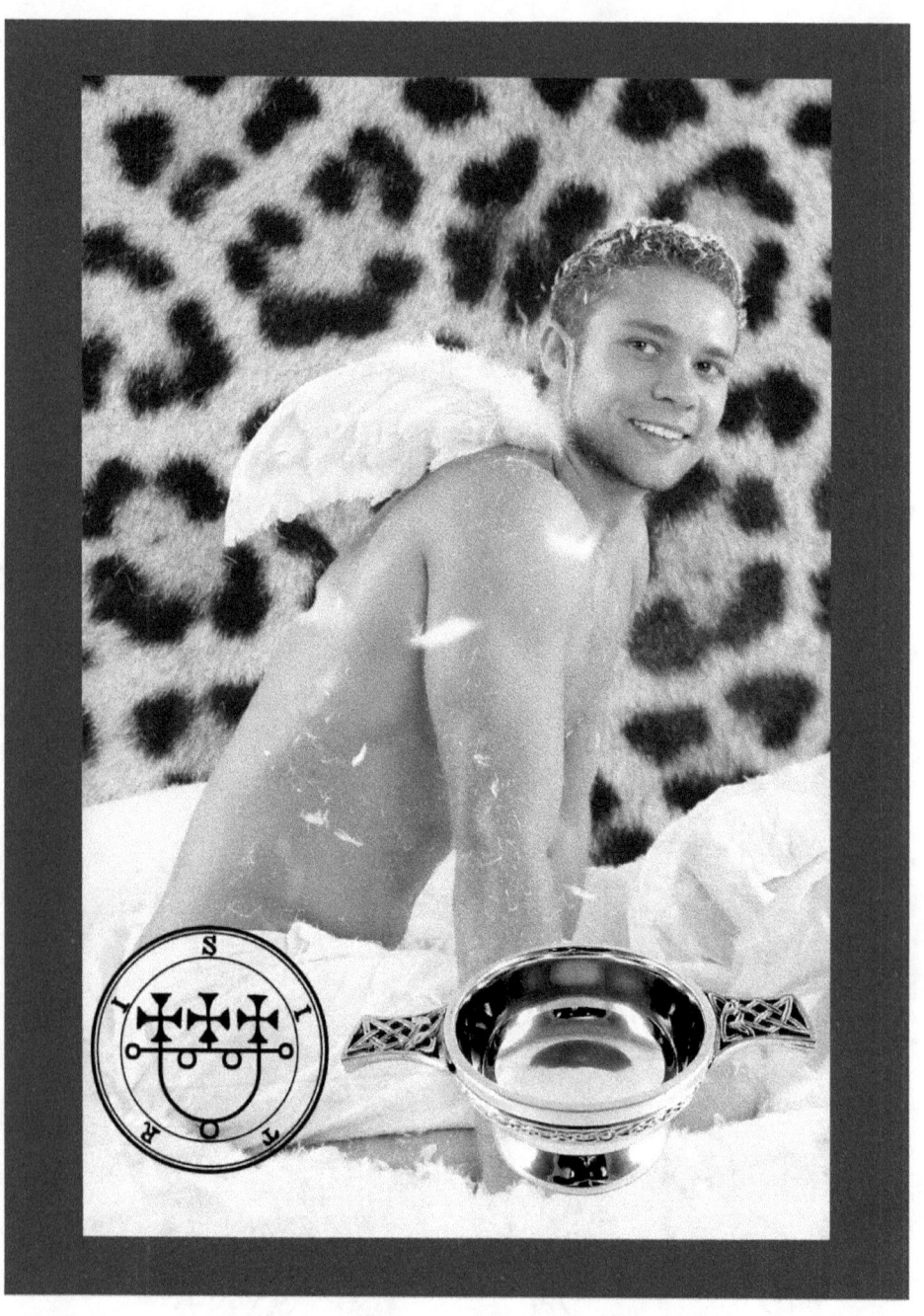

SITRI - BY LAURELEI BLACK

Sitri

Sytry, Bitru

Traditional Sigil   Alternate Sigil

Number in Lemegeton	12
Rank in Lemegeton	Prince
Astrological Sign	Aquarius
Planet	Venus
Element	Water
Direction	
Area(s) of Influence & Interest	Love, Lust, Sex
Grimoires Which Mention	*Book of Incantations, The Discoverie of Witchcraft, The Book of Spirits, Pseudomonarchia Daemonum,* and *The Lesser Key of Solomon*

Psuedomonarchia Daemonum (Johann Weyer, 1583) says ...

Sitri [Sytry], alias Bitru, is a great prince, appeering with the face of a leopard, and having wings as a griffen: when he taketh humane shape, he is verie beautiful, he inflameth a man with a womans love, and also stirreth up women to love men, being commanded he willinglie deteineth [discloses] secrets of women, laughing at them and mocking them, to make them luxuriouslie naked, and there obeie him sixtie legions.

The Lesser Key of Solomon, the Goetia (Thomas Rudd c. 1650; trans. & ed. Mathers/Crowley, 1904) says ...

The Twelfth Spirit is Sitri. He is a Great Prince and appeareth at first with a Leopard's head and the Wings of a Gryphon, but after the command of the Master of the Exorcism he putteth on Human shape, and that very beautiful. He enflameth men with Women's love, and Women with Men's love; and causeth them also to show themselves naked if it be desired. He governeth 60 Legions of Spirits. His Seal is this, to be worn as a Lamen before thee, etc.

Additional insight unlocked with the Witches' Key ...

He is like Cupid, and when people speak of the Angel of Love, they are speaking of Sitri.

He inflames all people with love for their desired and intended Beloved. He is not particularly committed to heteronormative romance. He just has a talent for inspiring blissfully romantic and erotic relationships.

He himself is unspeakably beautiful. He appears at first with a leopard's head and gryphon's wings and the body of a lean, sensuous young man. Within moments, he appears fully as the beautiful and adored youth. There is a languid but intense power in him that is deeply erotic.

He relishes the nude human form, and he can help a Witch to indulge in their own and enjoy "naked time" with others. While there is and exultant kind of joy for him in this, it is in no way "mocking" or demeaning, as some of the older texts suggest. It is unadulterated delight in all the sense (visual, auditory, tactile, olfactory, and gustatory) of embracing the Beloved Other.

His sigil is the Loving Cup.

Do Not Call

Beleth

Bilet, Bileth, Byleth

Traditional Sigil   Traditional Sigil

Number in Lemegeton	13
Rank in Lemegeton	King
Astrological Sign	
Planet	
Element	
Direction	
Alternative Spirits to Call	Sitri, Orobas
Grimoires Which Mention	*Book of Incantations, The Discoverie of Witchcraft, The Book of the Office of*

Spirits, The Book of Oberon, Pseudomonarchia Daemonum, and *The Lesser Key of Solomon*

The Book of Oberon (Folger MS V.b.26,1577) says ...

Bileth he can teache the artes liberall, he cane make consecrations as well evill as good, he teacheth invissibillitye.

Psuedomonarchia Daemonum (Johann Weyer, 1583) says ...

Bileth [Byleth] is a great king and a terrible, riding on a pale horsse, before whome go trumpets, and all kind of melodious musicke. When he is called up by an exorcist, he appeareth rough [turgid] and furious, to deceive him. Then let the exorcist or conjuror take heed to himself; and to allaje his courage, let him hold a *hazell bat* [rod, staff, or stick] in his hand, wherewithall he must reach out toward the east and south, and make a *triangle* without besides the *circle*; but if he hold not out his hand unto him, and he bid him come in, and he still refuse the bond or chain of spirits; let the conjuror proceed to reading, and by and by he will submit himselfe, and come in, and doo whatsoever the exorcist commandeth him, and he shalbe safe. If *Bileth* the king be more stubborne, and refuse to enter into the circle at the first call, and the conjuror shew himselfe fearfull, or if he have not the chaine of spirits, certeinelie he will never feare nor regard him after. Also, if the place be unapt for a triangle to be made without the circle, then set there a boll of wine, and the exorcist shall certeinlie knowe when he commeth out of his house, with his fellowes, and that the foresaid *Bileth* will be his helper, his friend, and obedient unto him when he commeth foorth. And when he commeth, let the exorcist receive him courteouslie, and glorifie him in his pride, and therfore he shall adore him as other kings doo, bicause he saith nothing without other princes. Also, if he be cited by an exorcist, alwaies a *silver ring* of the middle finger of the left hand must be held against the exorcists face, as they doo for *Amaimon*. And the dominion and power of so great a prince is not to be pretermitted; for there is none under the power & dominion of the conjuror, but he that deteineth both men and women in doting [*better*: "foolish" or "silly"] love, till the exorcist hath had his pleasure. He is of the orders of powers, hoping to returne to the seaventh throne, which is not altogether credible, and he ruleth eightie five legions.

The Lesser Key of Solomon, the Goetia (Thomas Rudd c. 1650; trans. & ed. Mathers/Crowley, 1904) says ...

The Thirteenth Spirit is called Beleth (or Bileth, or Bilet). He is a mighty King and terrible. He rideth on a pale horse with trumpets and other kinds of musical instruments playing before him. He is very furious at his first appearance, that is, while the Exorcist layeth his courage; for to do this he must hold a Hazel Wand in his hand, striking it out towards the South and East Quarters, make a triangle, without the Circle, and then command him into it by the Bonds and Charges of Spirits as hereafter followeth. And if he doth not enter into the triangle, at your threats, rehearse the Bonds and Charms before him, and then he will yield Obedience and come into it, and do what he is commanded by the Exorcist. Yet he must receive him courteously because he is a Great King, and do homage unto him, as the Kings and Princes do that attend upon him. And thou must have always a Silver Ring on the middle finger of the left hand held against thy face, as they do yet before AMAYMON. This Great King Beleth causeth all the love that may be, both of Men and of Women, until the Master Exorcist hath had his desire fulfilled. He is of the Order of Powers, and he governeth 85 Legions of Spirits. His Noble Seal is this, which is to be worn before thee at working.

Additional insight unlocked with the Witches' Key ...

S says he is a "bloodthirsty bastard."

She says this is a Spirit that a Conjurer cannot truly control. He helps only himself. Any agreement made with him is likely to be voided on his side at the first opportunity. She also says that no magick ring will protect you from Beleth or his flaming breath.

Beleth is very strong and serves only himself; however, he is capable of creating lust in both men and women. If it is a Spirit of love and lust that you seek, though, there are others better suited to the task.

Leraje - by Laurelei Black

Leraje

Barsy, Leraie, Loray, L'Oray, Oray, Leraikha

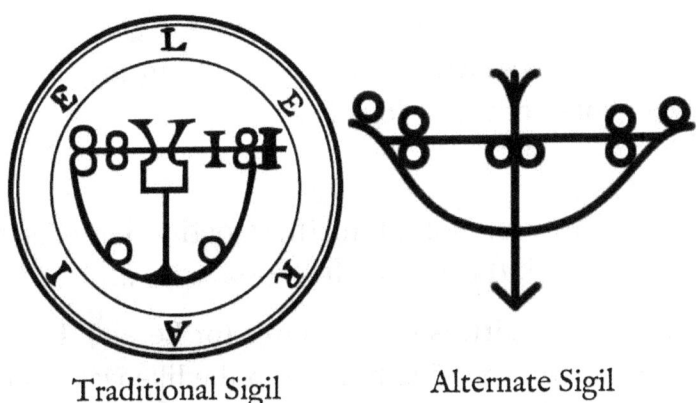

Traditional Sigil   Alternate Sigil

Number in Lemegeton	14
Rank in Lemegeton	Marquis
Astrological Sign	Sagittarius
Planet	
Element	
Direction	
Area(s) of Influence & Interest	Competition
Grimoires Which Mention	*The Discoverie of Witchcraft, The Grand Grimoire, Pseudomonarchia Daemonum,* and *The Lesser Key of Solomon*

The Book of Oberon (Folger MS V.b.26, 1577) says ...

Barsy a greate ruler, & a Captaine, he appeare like an archer, & bearinge about a quyver, & that of Iron, & he is the beginner of warres, & he maketh men to shoote neare unto the marcke, & he hath greate power therto, & he hath under him, 30 legions.

Psuedomonarchia Daemonum (Johann Weyer, 1583) says ...

Leraie [Loray], alias Oray, a great marquesse, shewing himselfe in the likenesse of a galant [handsome] archer, carrieng a bowe and a quiver, he is author of all battels, he dooth putrifie all such wounds as are made with arrowes by archers, *Quos optimos objicit tribus diebus,* [who best drives away mobs from the days (?)] and he hath regiment over thirtie legions.

The Lesser Key of Solomon, the Goetia (Thomas Rudd c. 1650; trans. & ed. Mathers/Crowley, 1904) says ...

The Fourteenth Spirit is called Leraje (or Leraie). He is a Marquis Great in Power, showing himself in the likeness of an Archer clad in Green, and carrying a Bow and Quiver. He causeth all great Battles and Contests; and maketh wounds to putrefy that are made with Arrows by Archers. This belongeth unto Sagittary. He governeth 30 Legions of Spirits, and this is his Seal, etc.

Additional insight unlocked with the Witches' Key ...

She does not care by which name you call her, nor the pronunciation you use.

She shows herself in the likeness of an archer clad in green with long pretty red hair, carrying a bow and quiver.

She is the lady of competition. She is a good Spirit for those with Sun in Sagittarius.

She is not very talkative, much like the other Spirits of action.

She is a great ally for all archers, for those who compete in feats of skill, and for female athletes.

Her sigil looks like a bow and arrow.

Eligos - by J. Blackthorn

Eligos

Allogor, Algor, Abigor, Eligor

Traditional Sigil

Alternate Sigil

Number in Lemegeton	15
Rank in Lemegeton	Duke
Astrological Sign	
Planet	Mars
Element	
Direction	
Area(s) of Influence & Interest	Divination, Scrying, Visions; Love, Lust, Sex; Mysteries, Hidden Things, Secrets; War, Strategy, Defense; Reputation, Honor, Dignity
Grimoires Which Mention	*The Discoverie of Witchcraft, The Book of Spirits, The Grand Grimoire, The Pseudomonarchia Daemonum, The Lesser Key of Solomon,* and *Dictionnaire Infernal*

The Book of Oberon (Folger MS V.b.26, 1577) says ...

Allogor, a duke, & appeareth like a fayer knight, & beareth in his hand a speare with a banner, & giveth trewe aunsweres, & he openeth all doubtes, & showith howe they maye be brought to passe, & what shall happen, & under him he hath legions 30.

Algor, he hath power to tell all seecretts & to give love & favoure of kinges princes, & lordes, & appeareth in lykenes of a fayre knight with speare & shield.

Psuedomonarchia Daemonum (Johann Weyer, 1583) says ...

Eligor, alias Abigor, is a great duke, and appeereth as a goodlie [handsome] knight, carrieng a lance, an ensigne, and a scepter: he answereth fullie of things hidden, and of warres, and how souldiers should meete: he knoweth things to come, and procureth the favour of lords and knights, governing sixtie legions of divels.

The Lesser Key of Solomon, the Goetia (Thomas Rudd c. 1650; trans. & ed. Mathers/Crowley, 1904) says ...

The Fifteenth Spirit in Order is Eligos, a Great Duke, and appeareth in the form of a goodly Knight, carrying a Lance, an Ensign, and a Serpent. He discovereth hidden things, and knoweth things to come; and of Wars, and how the Soldiers will or shall meet. He causeth the Love of Lords and Great Persons. He governeth 60 Legions of Spirits. His Seal is this, etc.

Dictionnaire Infernal (Jacques Collin de Plancy, 1863) says ...

Abigor, demon of a superior order, Grand Duke of the infernal monarchy. Sixty legions march under his orders. He shows himself in the guise of a good horseman carrying a lance, a standard, or a scepter; he answers easily those who ask concerning the secrets of warfare, knows the future and instructs the leaders in the ways of being beloved by their soldiers.

Additional insight unlocked with the Witches' Key ...

He appears in the form of a snake. He is in the service of Athena, and he is her serpent. He can be thought of as Erechthonius, Athena's son by Hephaestus and the first ruler of Athens.

He is tactical, political, and very keen of mind. He is a planner and strategist. He can read the political playing field well in advance, which gives him fore-knowledge of wars, and his keen and tactical perception grants him prescience regarding battles. He can help leaders be similarly aware, strategic, and tactical, therefore helping those same leaders be on the winning side of the conflicts in their communities. Leaders who work with him are often very popular because they help their people win victory while still maintaining the political balance and place that the community craves for stability.

Athena herself is often depicted with a lance or spear and aegis or chest shield. Eligos/Erechthonius incorporates these significant symbols of warlike precision and careful guardianship into his standard or seal.

Zepar - by Laurelei Black

Zepar

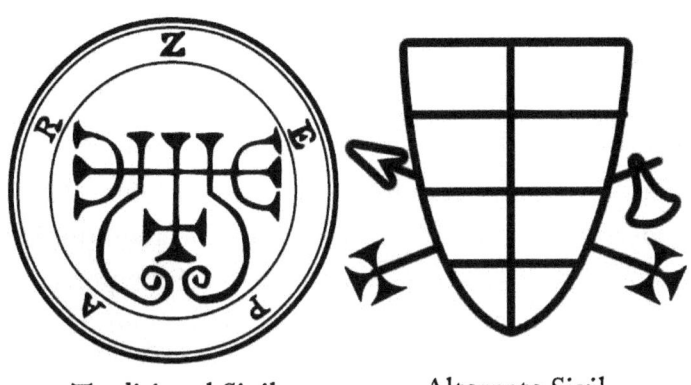

Traditional Sigil   Alternate Sigil

Number in Lemegeton	16
Rank in Lemegeton	Duke
Astrological Sign	
Planet	Mars
Element	
Direction	
Area(s) of Influence & Interest	War, Strategy, Defense
Grimoires Which Mention	*The Discoverie of Witchcraft*, *Pseudomonarchia Daemonum*, and *The Lesser Key of Solomon*

Psuedomonarchia Daemonum (Johann Weyer, 1583) says …

Zepar is a great duke, appearing as a souldier, inflaming women with the loove of men, and when he is bidden he changeth their shape, untill they maie enjoie their beloved, he also maketh them barren, and six and twentie legions are at his obeie and commandement.

The Lesser Key of Solomon, the Goetia (Thomas Rudd c. 1650; trans. & ed. Mathers/Crowley, 1904) says ...

The Sixteenth Spirit is Zepar. He is a Great Duke, and appeareth in Red Apparel and Armour, like a Soldier. His office is to cause Women to love Men, and to bring them together in love. He also maketh them barren. He governeth 26 Legions of Inferior Spirits, and his Seal is this, which he obeyeth when he seeth it.

Additional insight unlocked with the Witches' Key ...

Zepar is not a particularly high ranking officer, but more like a foot soldier or what we would call general enlisted. Sometimes he appears in dress uniform, sometimes in BDU's, sometimes in camouflage. He tends to appear in the dress and style of a contemporary soldier rather than an historical one.

He is the Spirit who answers all prayers for protection for soldiers. He is a companion and protector of both soldiers and their spouses, as well as veterans and their widows / widowers.

A powerful spell involving a yellow ribbon and oakwood can be invoked with him for protection of a deployed soldier.

He is very sad, S tells us, for he has lost many Mages at a young age. He can help his Witches to deal with the psychological trauma of their service when they return home, as well.

His sigil is a shield and weapons.

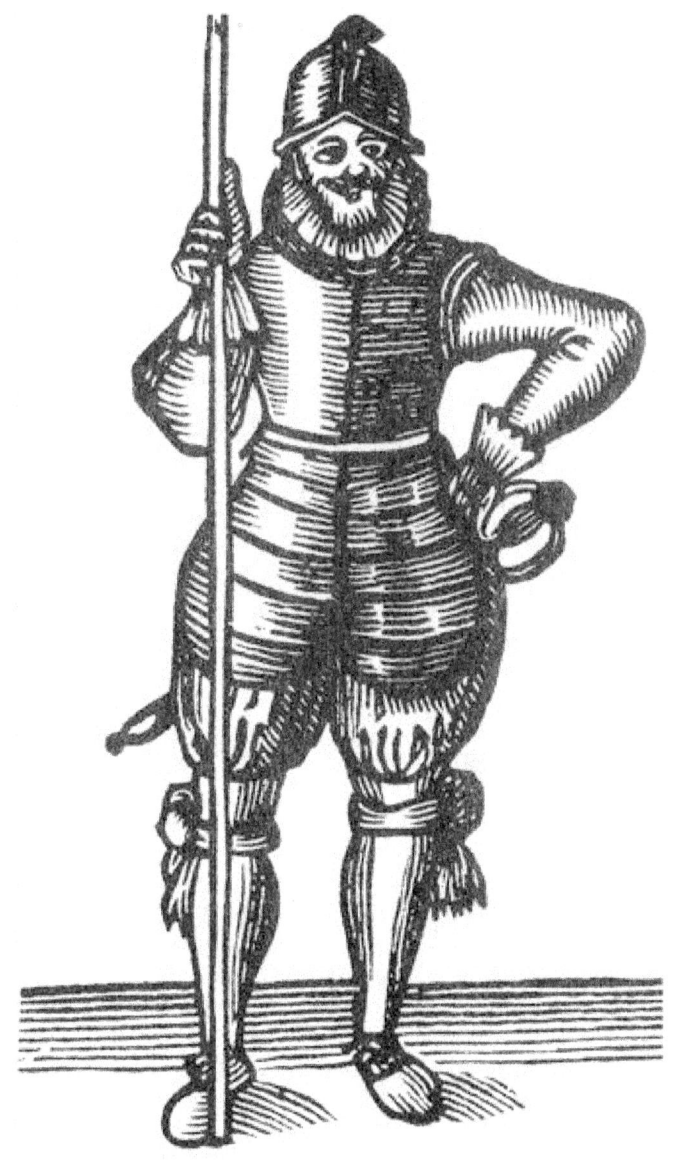

Do Not Call

Botis

OGya, Otis

Traditional Sigil

Number in Lemegeton	17
Rank in Lemegeton	
Astrological Sign	
Planet	
Element	
Direction	
Alternative Spirits to Call	Orobas
Grimoires Which Mention	*The Discoverie of Witchcraft*, *The Grand Grimoire*, *Pseudomonarchia Daemonum*, and *The Lesser Key of Solomon*

The Book of Oberon (Folger MS V.b.26, 1577) says ...

OGya, a grete prince, appeareth like a vipere, havinge Teeth, & 2 greate hornes, & bearinge a sharpe sworde in his hande, & he geveth true aunsweres, & that of all thinges that is demaunded of him, & he hath under 35 legions.

Psuedomonarchia Daemonum (Johann Weyer, 1583) says ...

Botis, otherwise *Otis*, a great president and an earle he commeth foorth in the shape of an ouglie [*lit.* 'worst'] viper, and if he put on humane shape, he sheweth great teeth, and two hornes, carrieng a sharpe sword in his hand: he giveth answers of things present, past, and to come, and reconcileth friends, and foes, ruling sixtie legions.

The Lesser Key of Solomon, the Goetia (Thomas Rudd c. 1650; trans. & ed. Mathers/Crowley, 1904) says ...

The Seventeenth Spirit is Botis, a Great President, and an Earl. He appeareth at the first show in the form of an ugly Viper, then at the command of the Magician he putteth on a Human shape with Great Teeth, and two Horns, carrying a bright and sharp Sword in his hand. He telleth all things Past, and to Come, and reconcileth Friends and Foes. He ruleth over 60 Legions of Spirits, and this is his Seal, etc.

Additional insight unlocked with the Witches' Key ...

He sows discord among friends and foes. He's not a nice guy, but certainly not the worst. S says, "If all you want is to make enemies, then it is safe to work with Botis. His words are poison."

His sigil represents an open mouth with fangs and venom issuing forth.

BATHIN - BY LAURELEI BLACK

Bathin

Pathyn, Bathym, Bartyn, Barton, Mathim, Marthim

  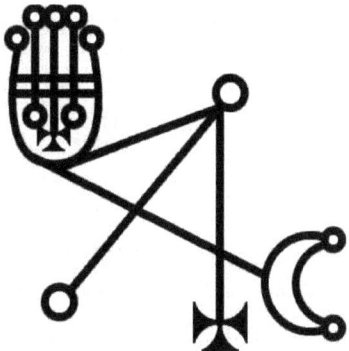

Traditional Sigil   Traditional Sigil   Alternate Sigil

Number in Lemegeton	18
Rank in Lemegeton	Duke
Astrological Sign	
Planet	Moon
Element	
Direction	
Area(s) of Influence & Interest	Properties of Stones; Properties of Herbs, Plants, Trees; Witchcraft; Hidden Things, Secrets, Mysteries; Wisdom, Knowledge
Grimoires Which Mention	*The Discoverie of Witchcraft, The Grand Grimoire, Pseudomonarchia Daemonum,* and *The Lesser Key of Solomon*

The Book of Oberon (Folger MS V.b.26,1577) says ...

Pathyn, & he hath power to make a man wise, to tell all seecrets, he appeareth with 3 heades bearinge a serpent in his hande, & a pynne of burninge Iron in his mouth, with the which pine he maye burne what place or thinge he is commaunded to burne.

Psuedomonarchia Daemonum (Johann Weyer, 1583) says ...

Bathin [Bathym], sometimes called *Mathim [Marthim]*, a great duke and a strong, he is seene in the shape of a verie strong man, with a serpents taile, sitting on a pale horsse, understanding the vertues of hearbs and pretious stones, transferring men suddenlie from countrie to countrie, and ruleth thirtie legions of divels.

Barton is a greate duke, he appeareth like a great beare havinge a dragons tayle & he is very experte in the vertue of herbes & precious stones, & will carry one from region to region, & that swiftly, & safe & hath under him 30 legions.

Bartyn a stronge duke, he appeareth like a beare, & knoweth hearbes & stones, & will carrye one quickely where hee will bee & hath under him 20 legions.

The Lesser Key of Solomon, the Goetia (Thomas Rudd c. 1650; trans. & ed. Mathers/Crowley, 1904) says ...

The Eighteenth Spirit is Bathin. He is a Mighty and Strong Duke, and appeareth like a Strong Man with the tail of a Serpent, sitting upon a Pale-Coloured Horse. He knoweth the Virtues of Herbs and Precious Stones, and can transport men suddenly from one country to another. He ruleth over 30 Legions of Spirits. His Seal is this which is to be worn as aforesaid.

Additional insight unlocked with the Witches' Key ...

The pale steed mentioned in previous indexes is the mist of magick, and Bathin is well-aligned to Witches.

His strengths are in parting the mists of magick that separate the worlds, carrying the Witch on the mist-steed (Witch flight) into other realms, and performing all manner of lunar magick. He utilizes and teaches herb and crystal magick as a support to all of this.

He is a gray-cloaked mist- and moon-rider.

The lower half of his body being the tail of a serpent is symbolic of his power of personal transformation.

He has two sigils. One features a moon, depicting his wisdom. The other features a cross, showing his strength in communication. Both are appropriate, and a Conjurer could combine these images in a way that highlights both features, as we have done in our alternate sigil.

SALLOS - BY LAURELEI BLACK

Sallos

Saleos, Zaleos

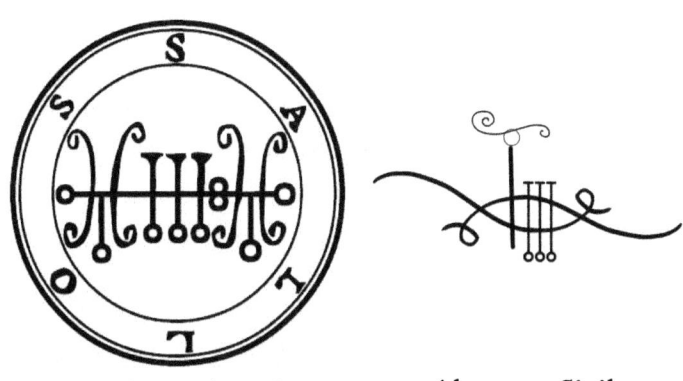

Traditional Sigil   Alternate Sigil

Number in Lemegeton	19
Rank in Lemegeton	Duke
Astrological Sign	
Planet	Mars
Element	
Direction	
Area(s) of Influence & Interest	War, Strategy, Defense; Love, Lust, Sex
Grimoires Which Mention	*The Discoverie of Witchcraft*, *The Book of the Office of Spirits*, *Pseudomonarchia Daemonum*, and *The Lesser Key of Solomon*

Psuedomonarchia Daemonum (Johann Weyer, 1583) says ...

Saleos [Zaleos] is a great earle, he appeareth as a gallant [handsome] soldier, riding on a crocodile, and weareth a dukes crowne, peaceable, &c.

The Lesser Key of Solomon, the Goetia (Thomas Rudd c. 1650; trans. & ed. Mathers/Crowley, 1904) says ...

The Nineteenth Spirit is Sallos (or Saleos). He is a Great and Mighty Duke, and appeareth in the form of a gallant Soldier riding on a Crocodile, with a Ducal Crown on his head, but peaceably. He causeth the Love of Women to Men, and of Men to Women; and governeth 30 Legions of Spirits. His Seal is this, etc.

Additional insight unlocked with the Witches' Key ...

Sallos appears in the uniform of an officer, and he prefers to appear in full dress uniform, with his helmet or cap in his hand. He doesn't always show himself looking like a contemporary soldier. It just depends on the impression he wishes to make.

He knows he is handsome and has a powerful physique. He bears himself as if he expects all to succumb to him, either through lust or intimidation. He is a drunk and a loud mouth. He may look fancy, but the gallantry is at the most superficial level.

He can cause lust in both men and women, at the command of the Witch, even if the targets personally despise the object of their desire. Many targets will succumb to "grudge sex" under these conditions, but many will not. In either case, the targets will grapple with very intense, conflicting, and often damaging internal struggles over their feelings of desire. (The crocodile is symbolic of base desires, and also of conflict in this case.)

Purson - by Laurelei Black

Purson

Curson, Cursone, Fersone, Gorsyar, Garsone, Pursan, Seson

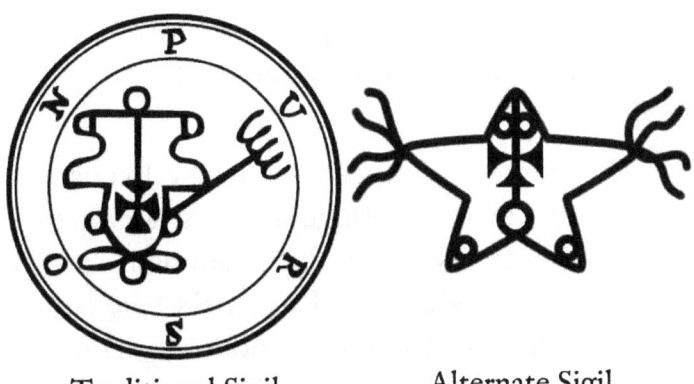

Traditional Sigil   Alternate Sigil

Number in Lemegeton	20
Rank in Lemegeton	King
Astrological Sign	
Planet	
Element	
Direction	
Area(s) of Influence & Interest	Divination, Scrying, Visions; Good Familiars; Mysteries, Hidden Things, Secrets
Grimoires Which Mention	*The Discoverie of Witchcraft, The Book of Spirits, The Book of the Office of Spirits,*

The Grand Grimoire, The Book of Oberon, Pseudomonarchia Daemonum, and *The Lesser Key of Solomon*

The Book of Oberon (Folger MS V.b.26, 1577) says ...

Fersone is a kinge & appearethe in the likenes of a man, havinge the face of a Lyon, & he hath 40, playinge before him, with trumpets & other Instruments, & he knoweth all things paste, present & to come, & knoweth all the places where ani treasure is hid, & sheweth it willingly, & he desireth sacrifice, & that is of a brasen ymade, & he hath under him 72 legions

Gorsyar, is a kinge, & appeareth havinge a Lyons face, & he is crowned with a diademe, & beringe in his hand, a fierce viper, & he rideth upon a beare, & before him commeth trumpets, & he knoweth all thinges, & where hidd treasures bee, & he will willingly appeare, & will aunswere to all hidd & seecret questions, & of hidd thinges, & hath under him 6 legions of spirrites.

Garsone R[ex], he appeareth, like a man, & he knoweth thinges, past present & to come & telleth where is treasure hidd, & he giveth true aunsweres, & that of thinges that be secret & devine of the Deitie, & of the creation of the world, & hath under him 7 legions.

Corsone, magnus Comes, he appeareth like a man, & a lyons face, & crowned with a dyadem, & holdinge in his hand a viper, & he hath an eartly bodye, & trulye & willingly, he telleth wher the places be where treasure is, & under him are 6 legions.

Seson, & he can tell all thinges that ever hath bene or ever shalbe & hath power to shew the place of hidd treasure & to make one familiar with every man, he appeareth with a lyones face crowned with a diadem, havinge a venemous serpent in his hand & rideth upon a wild boare, nevertheles he will gladly take a bodye of the ayere, & appeare in likenes of a man.

Psuedomonarchia Daemonum (Johann Weyer, 1583) says ...

Purson [Pursan], alias Curson, a great king, he commeth foorth like a man with a lions face, carrieng a most cruell viper, and riding on a beare; and before him go alwaies trumpets, he knoweth <things hidden, and can tell> all things present, past, and to come: [he discloses hidden things,] he bewraieth treasure, he can take a bodie either humane or aierie; he answereth truelie of all things earthlie and secret, of the divinitie and creation of the world, and bringeth foorth the best familiars; and there obeie him two and twentie legions of divels, partlie of the order of vertues, & partlie of the order of thrones.

The Lesser Key of Solomon, the Goetia (Thomas Rudd c. 1650; trans. & ed. Mathers/Crowley, 1904) says ...

The Twentieth Spirit is Purson, a Great King. His appearance is comely, like a Man with a Lion's face, carrying a cruel Viper in his hand, and riding upon a Bear. Going before him are many Trumpets sounding. He knoweth all things hidden, and can discover Treasure, and tell all things Past, Present, and to Come. He can take a Body either Human or Aërial, and answereth truly of all Earthly things both Secret and Divine, and of the Creation of the World. He bringeth forth good Familiars, and under his Government there be 22 Legions of Spirits, partly of the Order of Virtues and partly of the Order of Thrones. His Mark, Seal, or Character is this, unto the which he oweth obedience, and which thou shalt wear in time of action, etc.

Additional insight unlocked with the Witches' Key ...

Purson's appearance is strange and otherworldly by human standards. According to S, he looks "kind of like a bear, if the bear was a f***ed up inter-dimensional bear." He has tentacles for hands. He can take any aërial body, like that of various alien species; but he cannot take a human body.

He is very strong and friendly, and he gives good familiars. He leads many spirits, "but they are all xeno" (alien).

He can help the Conjurer who wishes to explore other Worlds -- beyond this planet and this dimension. Those who identify as Star Seeds will find a special affinity with him. Also, those who wish to work with the distinctly other-than-human Intelligences on this world may find him to be an apt teacher and guide in making those alliances.

He sees through the layers of what we consider Time, Space, Matter, and Reality, and it is this otherworldly perception that enables him to find Truths and Treasures of all sorts.

His seal is meant to look like a strange bear with tentacles.

Marax - by Laurelei Black

Marax

Goorox, Formecones, Morax, Foraii

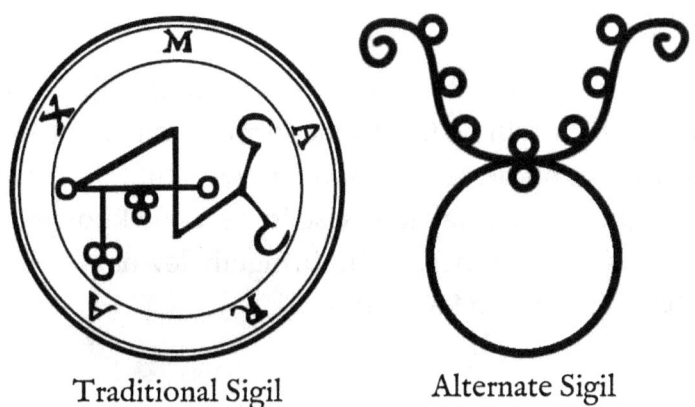

Traditional Sigil Alternate Sigil

Number in Lemegeton	21
Rank in Lemegeton	Earl, President
Astrological Sign	Taurus
Planet	
Element	
Direction	
Area(s) of Influence & Interest	Divination, Scrying, Visions; Good Familiars; Liberal Sciences; Properties of Herbs, Plants, Woods; Properties of Stones
Grimoires Which Mention	*The Discoverie of Witchcraft*, *The Grand Grimoire*, *Pseudomonarchia Daemonum*, and *The Lesser Key of Solomon*

The Book of Oberon (Folger MS V.b.26, 1577) says ...

Goorox an earle he appeareth like a bowle, & sometyme like a mann, & he hath great knowledge in astronomie all manner of liberall sciences, & he knoweth the vertues of hearbes & stones, & under him are 30 legions.

Formecones is a greate prince, & appeareth like a bowle, & when the M[aiste]r will he taketh the forme of a man, & he maketh one marvelous cunninge in astronomie, & in all other liberall sciences, & he giveth the M[aiste]r wisedome, & he knoweth best the vertues of herbes & stones, & he bringeth lewnarye & precious stones & hath under him 36 legions.

Psuedomonarchia Daemonum (Johann Weyer, 1583) says ...

Morax, alias Foraii, a great earle and a president, he is seene like a bull, and if he take unto him a mans face, he maketh men wonderfull cunning in astronomie, & in all the liberall sciences: he giveth good familiars and wise, knowing the power & vertue of hearbs and stones which are pretious, and ruleth thirtie six legions.

The Lesser Key of Solomon, the Goetia (Thomas Rudd c. 1650; trans. & ed. Mathers/Crowley, 1904) says ...

The Twenty-first Spirit is Marax. He is a Great Earl and President. He appeareth like a great Bull with a Man's face. His office is to make Men very knowing in Astronomy, and all other Liberal Sciences; also he can give good Familiars, and wise, knowing the virtues of Herbs and Stones which be precious. He governeth 30 Legions of Spirits, and his Seal is this, which must be made and worn as aforesaid, etc.

Additional insight unlocked with the Witches' Key ...

He appears like a man with a bull's face, similar to a Minotaur.

He is particularly helpful for those with the sign of Taurus.

He doesn't speak much directly, as he is a Spirit of study and contemplation. He usually has Familiars (Spirits in service under his command) who relay messages for him to Conjurers who prefer very direct and obvious aural or visual messages. However, the Witch who is themselves a bit introverted, given to study and reflection, and leans toward clairsentience may find they have a great rapport with Marax.

His sigil is meant to represent the sign of Taurus.

Ipos - by Laurelei Black

Ipos

Ipes, Ayperos, Ayporos

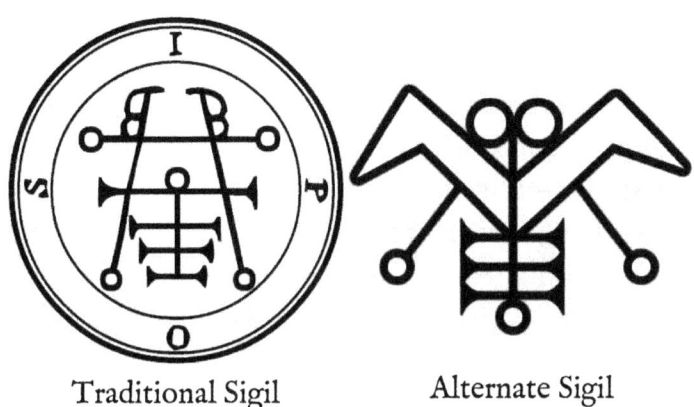

Traditional Sigil   Alternate Sigil

Number in Lemegeton	22
Rank in Lemegeton	Earl, Prince
Astrological Sign	Leo
Planet	
Element	
Direction	
Area(s) of Influence & Interest	Divination, Scrying, Visions
Grimoires Which Mention	*The Discoverie of Witchcraft*, *The Book of Spirits*, *Pseudomonarchia Daemonum*, *The Lesser Key of Solomon*, and *Dictionnaire Infernal*

Psuedomonarchia Daemonum (Johann Weyer, 1583) says ...

Ipos [Ipes], alias Ayporos [Ayperos], is a great earle and a prince, appeering in the shape of an angell, and yet indeed more obscure and filthie than a lion, with a lions head, a gooses feet, and a hares taile: he knoweth things to come and past, he maketh a man wittie, and bold, and hath under his jurisdiction thirtie six legions.

The Lesser Key of Solomon, the Goetia (Thomas Rudd c. 1650; trans. & ed. Mathers/Crowley, 1904) says ...

The Twenty-second Spirit is Ipos. He is an Earl, and a Mighty Prince, and appeareth in the form of an Angel with a Lion's Head, and a Goose's Foot, and Hare's Tail. He knoweth all things Past, Present, and to Come. He maketh men witty and bold. He governeth 36 Legions of Spirits. His Seal is this, which thou shalt wear, etc.

Dictionnaire Infernal (Jacques Collin de Plancy, 1863) says ...

Ipes or Ayperos, Prince and count of hell; he appears in the form of an angel, sometimes as that of a lion, with the head and feet of a goose and with a short hare's tail; he knows the past and the future, gives genius and audacity to men, and commands 36 regions.

Additional insight unlocked with the Witches' Key ...

Ipos has the appearance of an Angel, not unlike those described in "The Book of Enoch." They are enormously tall, have a lion's head, etc. They are non-binary by nature, hence their face is sometimes male, sometimes female. They are not actually an angelic being and they don't appear in any classical or modern lists or tables of angels. They assume the shape because it is pleasing to them and because they enjoy the power dynamics that come with it.

For Ipos, the lion's head represents their boldness, the human head represents their fluid and changeable nature (and recklessness, S says), the goose wings represent cleverness, and the hare's tale represents swiftness.

Ipos is friendly enough S says, but they can be tricky. Their sigil is a glyph that represents their wings, two heads, and bunny tail.

Do Not Call

Aim

Aym, Haborym

Traditional Sigil

Number in Lemegeton	23
Rank in Lemegeton	Duke
Astrological Sign	
Planet	
Element	
Direction	
Alternative Spirits to Call	Any related to Divination or War
Grimoires Which Mention	*The Discoverie of Witchcraft, The Book of Spirits, The Book of the Office of Spirits,*

Three Books of Occult Philosophy, The Grand Grimoire, Pseudomonarchia Daemonum, The Lesser Key of Solomon, and *Dictionnaire Infernal*

Psuedomonarchia Daemonum (Johann Weyer, 1583) says ...

Aym or *Haborim* [Haborym] is a great duke and a strong, he commeth foorth with three heads, the first like a serpent, the second like a man having two * the third like a cat, he rideth on a viper, carrieng in his hand a light fier brand, with the flame whereof castels and cities are fiered, he maketh one wittie everie kind of waie, he answereth truelie of privie matters, and reigneth over twentie six legions.

The Lesser Key of Solomon, the Goetia (Thomas Rudd c. 1650; trans. & ed. Mathers/Crowley, 1904) says ...

The Twenty-third Spirit is Aim. He is a Great Strong Duke. He appeareth in the form of a very handsome Man in body, but with three Heads; the first, like a Serpent, the second like a Man having two Stars on his Forehead, the third like a Calf. He rideth on a Viper, carrying a Firebrand in his Hand, wherewith he setteth cities, castles, and great Places, on fire. He maketh thee witty in all manner of ways, and giveth true answers unto private matters. He governeth 26 Legions of Inferior Spirits; and his Seal is this, which wear thou as aforesaid, etc.

Dictionnaire Infernal (Jacques Collin de Plancy, 1863) says ...

Haborym, for demon, also called Aym. He carries in hell the title of duke; he rides a viper and he has three heads; one is a serpent, the other is a man, the third a cat. He holds a flaming torch in his hand. He commands 26 legions. Some say that he is the same as Raum, but we doubt it.

Additional insight unlocked with the Witches' Key ...

S tells us that Aim appears in the form of a very handsome man in body, but with many heads, somewhat as described above. He may appear with other heads, as well, sometimes showing multiple faces at the same time.

He carries a fiery sword in his hand, with which he sets cities, castles, and great places on fire.

He is insane, she says, and revels in destruction. If you desire only to watch the world burn, you are in alignment with Aim.

He *can* give true answers unto private matters, but he is not to be trusted. He lies and enjoys destruction, mayhem, and madness.

Naberius - by Laurelei Black

Naberius

Naberus, Cerberus, Cerbere

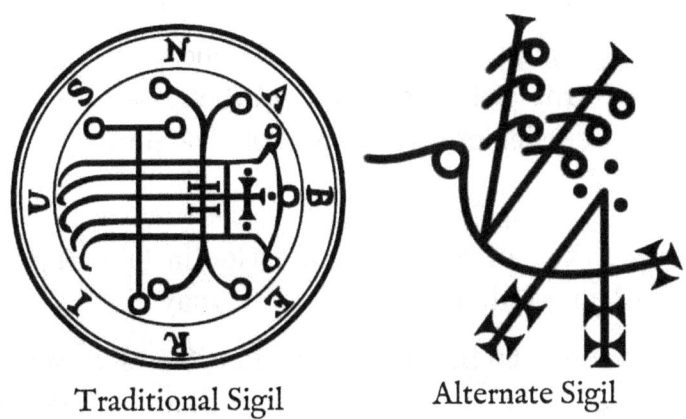

| Traditional Sigil | Alternate Sigil |

Number in Lemegeton	24
Rank in Lemegeton	Marquis
Astrological Sign	
Planet	
Element	
Direction	
Area(s) of Influence & Interest	Law, Ethics, Justice; Liberal Arts; Liberal Sciences; Rhetoric, Communication, Debate
Grimoires Which Mention	*The Discoverie of Witchcraft*, *The Book of Spirits*, *The Book of the Office of Spirits*, *Three Books of Occult Philosophy*, *The Grand Grimoire*, *Pseudomonarchia Daemonum*, *The Lesser Key of Solomon*, and *Dictionnaire Infernal*

Psuedomonarchia Daemonum (Johann Weyer, 1583) says ...

Naberius [Naberus], alias Cerberus, is a valiant marquesse, shewing himselfe in the forme of a crowe, when he speaketh with a hoarse voice: he maketh a man amiable and cunning in all arts, and speciallie in rhetorike, he procureth the losse of prelacies and dignities: nineteene legions heare <and obeie> him.

The Lesser Key of Solomon, the Goetia (Thomas Rudd c. 1650; trans. & ed. Mathers/Crowley, 1904) says ...

The Twenty-fourth Spirit is Naberius. He is a most valiant Marquis, and showeth in the form of a Black Crane, fluttering about the Circle, and when he speaketh it is with a hoarse voice. He maketh men cunning in all Arts and Sciences, but especially in the Art of Rhetoric. He restoreth lost Dignities and Honours. He governeth 19 Legions of Spirits. His Seal is this, which is to be worn, etc.

The Grand Grimoire (The Red Dragon, 1821) says ...

Naberus, Field Marshal, or Inspector General, has the power to do evil to whomever he pleases and enables one to find the Hand of Glory and teaches the qualities of minerals, vegetables and of all of the animals, pure and impure, possesses the art of foretelling the future, being one of the best Necromancers of all of the Infernal Spirits. He can go anywhere and inspects all of the Infernal Militias and has beneath him Ayperos, Naberus and Glosialobolas, etc.

Dictionnaire Infernal (Jacques Collin de Plancy, 1863) says ...

Cerbere, Cerberus, or Naberus is a demon to us. Wierus (Johann Weyer) places him as one of the Marquis of the infernal empire.

He is strong and powerful; when he doesn't appear as a three-headed dog, he shows himself as a raven; his voice is raucous; nevertheless he gives eloquence and amiability; he imparts the arts of gracious living. Twenty-nine legions obey him.

Additional insight unlocked with the Witches' Key ...

Naberius is a most valiant Spirit, showing himself in the form of a black crane fluttering about the circle. He often looks like a dark- or coal-black- skinned Thoth (man with an Ibis head or headdress) or as a very dark-skinned African man in a finely appointed black suit. He is slender and tall with broad shoulders and shining, penetrating eyes. He is beautiful to behold.

Like Thoth, with whom he shares close bonds, he has great skill with writing, magick (particularly incantations, words of power, and those sorceries that deal heavily with the Crafted Word), and the moon. He is very wise and clever.

He does sometimes appear as a black dog (sometimes with one head, sometimes with three). When he comes in this aspect, he is more likely to act as a guardian for the Witch or Mage with whom he works.

He is cunning in all arts and sciences, but especially in the art of rhetoric. He is especially knowledgeable in the areas of law and ethics, and he can use these to trick the Conjurer, if he chooses.

Do Not Call

Glasya-Labolas

Gloolas, Skor, Caacrinolaas, Caassimolar

Traditional Sigil

Number in Lemegeton	25
Rank in Lemegeton	Earl, President
Astrological Sign	
Planet	
Element	
Direction	
Alternative Spirits to Call	Any related to Liberal Arts and/or Divination
Grimoires Which Mention	*The Discoverie of Witchcraft, Pseudomonarchia Daemonum, The Book of the Office of Spirits, The Lesser Key of Solomon, The Book of Oberon,* and *Dictionnaire Infernal*

The Book of Oberon (Folger MS V.b.26, 1577) says ...

Gloolas a greate kinge or prince, he appeareth like to a doge havinge winges, & he is the chieffe leaders of Murtherers, & knoweth things past present & to come, & he giveth knowledge of frends & of Enemies, & maketh a man to goe Invissible, & soe longe as the caller or maister will, & hath under him 20 legions.

There is on Skor a greate prince, he appeareth like a dogge & hath a straunge voice, & hee is mervailous in his worckinge, for he will take awaye the enemies sight, the which is againste the Caller, & he will bringe money out of kinges treasures, & out of other places, if he therto be commaunded, & he fetcheth & caryeth all thinges, & is very faithfull in all his doeinges, & namely to his Caller, & he hath under him 46 legions.

Psuedomonarchia Daemonum (Johann Weyer, 1583) says ...

Glasya Labolas, alias Caacrinolaas, or *Caassimolar,* is a great president, who commeth foorth like a dog, and hath wings like a griffen, he giveth the knowledge of arts, and is the captaine of all mansleiers: he understandeth things present and to come, he gaineth the minds and love of freends and foes, he maketh a man go invisible, and hath the rule of six and thirtie legions.

The Lesser Key of Solomon, the Goetia (Thomas Rudd c. 1650; trans. & ed. Mathers/Crowley, 1904) says ...

The Twenty-fifth Spirit is Glasya-Labolas. He is a Mighty President and Earl, and showeth himself in the form of a Dog with Wings like a Gryphon. He teacheth all Arts and Sciences in an instant, and is an Author of Bloodshed and Manslaughter. He teacheth all things Past, and to Come. If desired he causeth the love both of Friends and of Foes. He can make a Man to go Invisible. And he hath under his command 36 Legions of Spirits. His Seal is this, to be, etc.

Dictionnaire Infernal (Jacques Collin de Plancy, 1863) says ...

Caacrinolaas, or *Caassimolar*, and Glassia-labolas, high president of hell. He presents himself in the form of a dog, and he ambles like one, with the wings of a gryphon. He gives knowledge of the liberal arts, and by a bizarre contrast, he inspires murder. One says that he predicts the future very well. This demon can make a man invisible and commands 36 legions. The Grand Grimoire calls him Glassyaialabolas, and makes him only of a kind of Sergeant who was sometimes mounted on Nebiros or Naberus.

Additional insight unlocked with the Witches' Key ...

He is an author of bloodshed and manslaughter. He will lead the Conjurer on, making you believe you are in control of the situation or even dealing with a Spirit who cares for you, until such time as he can devise your accidental death.

He is very talkative and convincing.

Bune - by J. Blackthorn

Bune

Bim, Bime

Traditional Sigil

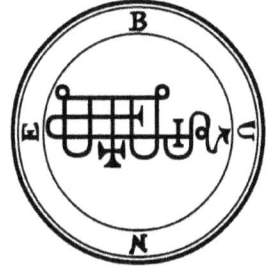
Traditional Sigil

Alternate Sigil

Number in Lemegeton	26
Rank in Lemegeton	Duke
Astrological Sign	
Planet	Saturn
Element	
Direction	
Area(s) of Influence & Interest	Divination, Scrying, Visions; Necromancy; Mysteries, Hidden Things, Secrets; Rhetoric, Communication, Debate
Grimoires Which Mention	*The Discoverie of Witchcraft*, *Pseudomonarchia Daemonum*, and *The Lesser Key of Solomon*

Psuedomonarchia Daemonum (Johann Weyer, 1583) says ...

Bune is a great and a strong Duke, he appeareth as a dragon with three heads, the third whereof is like to a man; he speaketh with a divine voice, he maketh the dead to change their place, and divels to assemble upon the sepulchers of the dead: he greatlie inricheth a man, and maketh him eloquent and wise, answering trulie to all demands, and thirtie legions obeie him.

The Lesser Key of Solomon, the Goetia (Thomas Rudd c. 1650; trans. & ed. Mathers/Crowley, 1904) says ...

The Twenty-sixth Spirit is Buné (or Bim, Bimé). He is a Strong, Great and Mighty Duke. He appeareth in the form of a Dragon with three heads, one like a Dog, one like a Gryphon, and one like a Man. He speaketh with a high and comely Voice. He changeth the Place of the Dead, and causeth the Spirits which be under him to gather together upon your Sepulchres. He giveth Riches unto a Man, and maketh him Wise and Eloquent. He giveth true Answers unto Demands. And he governeth 30 Legions of Spirits. His Seal is this, unto the which he oweth Obedience. He hath another Seal (which is the first of these, but the last is the best)

Additional insight unlocked with the Witches' Key ...

Bune (or Bime) is a strong and caring Spirit, appearing in the form of a three-headed dragon. He speaks with a high and lovely voice that might remind the Witch of singing bowls and other tonal tools.

He gives riches unto the Conjurer and makes them wise and eloquent. He gives true answers unto questions. He is a Spirit of the deep Earth - caverns, mines, tombs, etc. It is his chthonic nature that allows him such talent with both the Dead and also Treasure.

Witches who are hoping to make their monetary fortune as a result of sharing their wisdom in a vocal or written way may find a great ally in him. He brings eloquence and riches to those with whom he has affinity. Writers, public speakers, educators, coaches, and content developers are all good candidates for working well with him.

He has two seals, both meant to represent a dragon.

RONOVE - BY LAURELEI BLACK

Ronove

Roneve, Ronwe

Traditional Sigil   Alternate Sigil

Number in Lemegeton	27
Rank in Lemegeton	Marquis, Earl
Astrological Sign	
Planet	
Element	
Direction	
Area(s) of Influence & Interest	Rhetoric, Communication, Debate; Good Familiars, Languages
Grimoires Which Mention	*The Discoverie of Witchcraft, Pseudomonarchia Daemonum, The Lesser Key of Solomon*, and *Dictionnaire Infernal*

Psuedomonarchia Daemonum (Johann Weyer, 1583) says ...

Ronove [Roneve] a marquesse and an earle, he is resembled to a monster, he bringeth singular understanding in rhetorike, faithfull servants, knowledge of toongs, favour of freends and foes; and nineteene legions obeie him.

The Lesser Key of Solomon, the Goetia (Thomas Rudd c. 1650; trans. & ed. Mathers/Crowley, 1904) says ...

The Twenty-seventh Spirit is Ronové. He appeareth in the Form of a Monster. He teacheth the Art of Rhetoric very well and giveth Good Servants, Knowledge of Tongues, and Favours with Friends or Foes. He is a Marquis and Great Earl; and there be under his command 19 Legions of Spirits. His Seal is this, etc.

Dictionnaire Infernal (Jacques Collin de Plancy, 1863) says ...

Ronove, marquis and count of hell, who shares in the form of a monster; he gives his appetite knowledge of languages and the goodwill of the whole world. Nineteen hellish cohorts are under his orders.

Additional insight unlocked with the Witches' Key ...

He appears in the form of a goblin, with a temper to match. He has a grouchy and short-tempered disposition. He is gruff. However, he means well and is not a baneful Spirit.

He teaches the art of rhetoric very well, although his style is more combative than most people readily appreciate. He is very effective at activating and motivating targets / audiences to take action against an enemy or threat. He is very skilled at using fear, pain, anger, and grief as the kindling for burning down the "bad guy" — and the "bad guy" is whoever the Witch targets.

Again, it must be clear that he is not trying to mislead a Witch when he does this. It is his nature or personality to slant all news and all observations toward the negative interpretation. It is this "baked in" negativity that has led him to be truly cranky and miserable most of the time.

He gives good Familiars, and those Spirits working under his direction aren't usually as sour as he is, though a few are.

His skill with rhetoric has made him a keen listener and an effective communicator in every language. He can help the Witch with their communication in new languages as well.

Ronove's sigil looks like a trumpet or megaphone.

Berith - by Laurelei Black

Berith

Boab, Boall, Beal, Beale, Bofry, Bolfry, Gemmos, Ansoryor, Antyor, Beruth (Beirut)

Traditional Sigil   Alternate Sigil

Number in Lemegeton	28
Rank in Lemegeton	Duke
Astrological Sign	Aries
Planet	
Element	
Direction	
Area(s) of Influence & Interest	Divination, Scrying, Visions; War, Strategy, Defense
Grimoires Which Mention	*Munich Manual of Demonic Magic, The Book of the Office of Spirits, The Grimoire of Pope Honorius, The Discoverie of Witchcraft, Pseudomonarchia Daemonum, The Lesser Key of Solomon,* and *Dictionnaire Infernal*

The Book of Oberon (Folger MS V.b.26,1577) says ...

Boab vel Boall, a greate prelate vel (?) prelatte, appeareth like a souldyer, his head is like a lyon, & he rydeth upon a blacke horse, & his eyes doe shine like fier, & he speaketh with a hoarse voice, & hath greate teeth, like to an oxe, & he giveth the knowledge for to understand the barkinge of doges, & he doth transpose gold & silver, & that from place to place, & telleth of seecret hid thinges, & under him is 44 legions.

Berith, he giveth dignitie, he turneth mettalls into gold & silver, he can tell all things past etc, he appeareth like a knight rydinge one a red horse, crowned with 2 red crownes, he speaketh cleerly, unles he be maistered & strongely constrayned.

Gemmos, a stronge lord, appeareth like a knight, his horse is red, & he speaketh with a strong voice, & he teacheth howe all kind of mettals, maye be turned into, pure gold, & he knoweth the vertues of hearbes, & precious stones, & he teacheth phisick logicke, & giveth true aunswere of thinges stollen, & he was of the order of the Archangels, & therfore he is of the greater force, & hath under him 27 legions.

Ansoryor vel Antyor a lord, & appeareth like a warlike knight, rydinge upon a pale asse, & he beareth in his hand a viperous egle, & he is very excellent in phissicke, & in micromancie [sic], in piromansye, hydromancie, & in all artes, & giveth true aunswers of thinges past present & to come, & knoweth the natures, & properties, of hearbes stones & trees, & giveth to one every lyberall arte, & that to the M[aiste]r & maketh him perfect therin, In 7 dayes, & desireth sacrifice, & thou bind him not well, he will deceave the M[aiste]r & hath under him 20 legions.

Psuedomonarchia Daemonum (Johann Weyer, 1583) says ...

Berith is a great and a terrible duke, and hath three names. Of some he is called *Beall*; of the Jewes *Berithi [Berith]*; of Nigromancers *Bolfry [Bolfri]*: he commeth foorth as a red souldier, with red clothing, and upon a horsse of that colour, and a crowne on his head. He answereth trulie of things present, past, and to come. He is compelled at a certeine houre, through divine vertue, by a ring of art magicke. He is also a lier, he turneth all mettals into gold, he adorneth a man with dignities, and confirmeth them, he speaketh with a cleare and a subtill voice, and six and twentie legions are under him.

The Lesser Key of Solomon, the Goetia (Thomas Rudd c. 1650; trans. & ed. Mathers/Crowley, 1904) says ...

The Twenty-eighth Spirit in Order, as Solomon bound them, is named Berith. He is a Mighty, Great, and Terrible Duke. He hath two other Names given unto him by men of later times, viz.: BEALE, or BEAL, and BOFRY or BOLFRY. He appeareth in the Form of a Soldier with Red Clothing, riding upon a Red Horse, and having a Crown of Gold upon his head. He giveth true answers, Past, Present, and to Come. Thou must make use of a Ring in calling him forth, as is before spoken of regarding Beleth. He can turn all metals into Gold. He can give Dignities, and can confirm them unto Man. He speaketh with a very clear and subtle Voice. He governeth 26 Legions of Spirits. His Seal is this, etc.

Dictionnaire Infernal (Jacques Collin de Plancy, 1863) says ...

Berith, Duke of hell, great and terrible. He is known by three names; some call him Beal, the Jews call him Berith, and the necromancers Bolfri.

He appears in the guise of a young soldier dressed all in red from head to foot, mounted on a horse of the same color, wearing a crown on his head; he responds concerning the past, the present and the future. One Masters him by the virtue of magic rings; but do not forget that he is often deceitful. He has the talent to change all metals into gold; also one sometimes regards him as the demon of the alchemists. He gives dignities and makes singers' voices clear and uplifting. 26 legions are under his orders.

He is the idol of the Sichemites and perhaps he is the same Beruth of Sanchoniaton, whose learned ones believed him to be Pallas or Diana.

The author of *Solide tresor du Petit Albert* tells a story of an adventure of Berith's which made him believe that this demon is no more than a goblin or elf, but still it is the same Berith.

"I found myself, he said, in a house where a Familiar Spirit had manifested for 6 years taking care of winding the clock and currying the horses. I was curious one morning to examine these proceedings: my astonishment was great to see a curry comb running over the hind quarters of a horse which appeared to be done by no visible hand. The groom told me that to attract the familiar to his service, he had taken a small black chicken, which he had bled at a great crossroad; that with its blood he had written on a scrap of paper: 'Berith will come to my aid for 20 years, and I will recompense him;' next having buried the chicken a foot deep in the earth, that same day the familiar had taken care of the clock and some horses, and that from time to time gave the groom things which were worth something …"

The historian seems to believe that this elf was a mandrake. The cabalists see nothing other than a sylph.

Additional insight unlocked with the Witches' Key …

Berith has a strong connection to imagery of the ancient War Godds and also the Red Horseman of Revelations. The red horse is the blood spilled on all sides of the conflict. His gold crown shows that he dominates in and profits from war and aggression.

He is favorable to those born in the sign of Aries.

He is capable of giving true answers related to past and future events; however, "He is a great liar and may not share the truth unless it suits him," S tells us. The answer he gives, if consulted in divinatory work, will usually be the answer that could cause the most conflict.

His sigil is meant to represent a shield with several different weapons. He is a master of all weapons, both physical and otherwise.

Asteroth - by Laurelei Black

Astaroth

Astarte, Asherah, Ishtar, Inanna

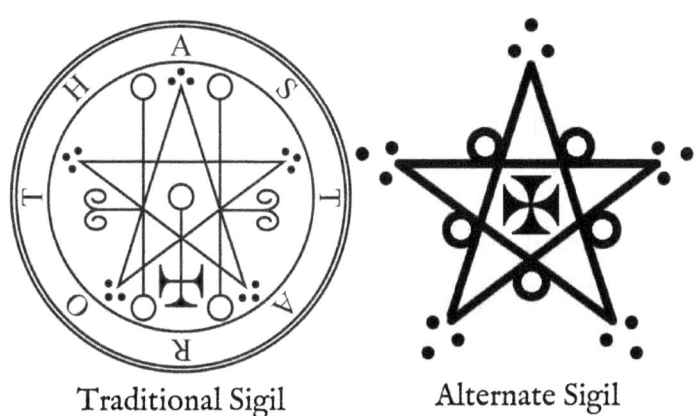

Traditional Sigil — Alternate Sigil

Number in Lemegeton	29
Rank in Lemegeton	Grand Duchess (Empress)
Astrological Sign	Virgo, Libra
Planet	Venus
Element	
Direction	West, East
Area(s) of Influence & Interest	Divination, Scrying, Visions; Liberal Sciences; Liberal Arts; Mysteries, Hidden Things, Secrets
Grimoires Which Mention	*Munich Manual of Demonic Magic, The Cambridge Book of Magic,*

Hygromanteia, The Magus, The Discoverie of Witchcraft, The Book of the Office of Spirits, Three Books of Occult Philosophy, The Grimoire of Pope Honorius, Grimorium Verum, The Book of Abramelin, The Book of Oberon, Pseudomonarchia Daemonum, The Lesser Key of Solomon, and *Dictionnaire Infernal*

The Book of Oberon (Folger MS V.b.26,1577) says ...

Astaroth; he can teach the 7 artes liberall, & to give true aunswere, of all thinges past, present & to come, & he appeareth very horribly, rydinge upon an Infernall dragon bearinge a serpent in his hande out of whose mouth cometh a great stinge, therfore suffer him not to come within your circle for he is perillous, & will put you in daunger.

Psuedomonarchia Daemonum (Johann Weyer, 1583) says ...

Astaroth is a great and a strong duke, comming foorth in the shape of a fowle angell, sitting upon an infernall dragon, and carrieng on his right hand a viper: he answereth trulie to matters present, past, and to come, and also of all secrets. He talketh willinglie of the creator of spirits, and of their fall, and how they sinned and fell: he saith he fell not of his owne accord. He maketh a man woonderfull learned in the liberall sciences, he ruleth fourtie legions. Let everie exorcist take heed, that he admit him not too neere him, bicause of his stinking breath [*lit.* "because of the intolerable stench which he exhales"]. And therefore let the conjuror hold neere to his face a magicall [silver] ring, and that shall defend him.

The Grimorium Verum (1817) says ...

Conjuration for Astaroth. (Speak this 7 times)

"Astaroth, Ador, Cameso, Valuerituf, Mareso, Lodir, Cadomir, Aluiel, Calniso, Tely, Plorim,

"Viordy, Cureviorbas, Cameron, Vesturiel, Vulnavij, Benez meus Calmiron, Noard, Nisa

"Chenibranbo Calevodium, Brazo Tabrasol, Come, Astaroth, Amen."

The Lesser Key of Solomon, the Goetia (Thomas Rudd c. 1650; trans. & ed. Mathers/Crowley, 1904) says ...

The Twenty--ninth Spirit is Astaroth. He is a Mighty, Strong Duke, and appeareth in the Form of an hurtful Angel riding on an Infernal Beast like a Dragon, and carrying in his right hand a Viper. Thou must in no wise let him approach too near unto thee, lest he do thee damage by his Noisome Breath. Wherefore the Magician must hold the Magical Ring near his face, and that will defend him. He giveth true answers of things Past, Present, and to Come, and can discover all Secrets. He will declare wittingly how the Spirits fell, if desired, and the reason of his own fall. He can make men wonderfully knowing in all Liberal Sciences. He ruleth 40 Legions of Spirits. His Seal is this, which wear thou as a Lamen before thee, or else he will not appear nor yet obey thee, etc.

Dictionnaire Infernal (Jacques Collin de Plancy, 1863) says ...

Astaroth, very powerful Grand Duke of hell. He has the form of an extremely ugly angel, and shows himself astride a hellish dragon; he holds a viper in his left hand. Some magicians say that he presides over the east, that he procures the Goodwill of great Lords and that he can be conjured up on Wednesday. The Sidonians and the Philistines used to worship him. He is, it is said, high treasurer of hell. Wierus informs us that he knows the past and the future, that he replies willingly to questions about the most secret things, and that he easily discusses the cause of creation, the faults and the fall of angels, about which he knows the whole story. But in these conversations, he suggests that for him it had been an unjust punishment. He instructs in depth in the liberal arts, and commands 40 legions. It is he who makes come those who ought to take care in approaching him, on account of his insupportable stink. On account of that it is prudent to hold under his nostrils a silver magic ring, which is a preservative against the fetid odors of demons. Astaroth has been involved in several possessions. He is cited as one of the seven princes of hell who visited Faust, according to the English tradition; he appeared as a serpent, having "a tail of variable bricks, two very small, short feet, all yellow, a white and jaundiced body, a ruddy Chestnut neck, with arrow points like those of a hedgehog which grow to finger length." Astarte is the feminine of Astaroth. One represents her with the head of a heifer.

Additional insight unlocked with the Witches' Key ...

Astaroth is a Queen (or Empress, or Grand Duchess) within the Legion, the closest that the Spirits have to true royalty. She is called the "Mother of the Legion" by them. She appears as a beautiful angel carrying serpents, much like the Neolithic bird and serpent Goddesses.

You must not command her, for she is furious and dangerous in the presence of haughty and presumptuous Conjurers. If you call her politely, though, she is gracious and regal. Call her as you would any Goddess, for this is what she is. She is Asherah. She is Astarte. She is Ishtar.

S says, "You will know her by her breath. It is of roses for those who love her, but it is of sulfur for the unjust."

Many Spirits are or have been considered deities by the humans of a region, but Astaroth is revered as a Goddess worthy of worship and service by the other Goetic Spirits.

When I asked her about the creation of the Legion, she told me that her sacred cedar grove bled in sacrifice to create the magick that bound all 72 Spirits together. Her trees, she says, are the posts of the Solomonic Temple. She also shared how it would be nearly impossible for a 21st century Witch or Magician to unbind them. Another nearly unfathomable sacrifice would have to be made with the intention of releasing all 72 Spirits — possibly into Oblivion, but more likely into our world in a more manifested way. Furthermore, the next Witch or Mage calling on any of these Spirits would "get the band back together" almost immediately.

She teaches all Mysteries because she is the mother of all wisdom, art, sciences, and Mysteries. She is Ishtar with all of her MEs.

As Ishtar (Inanna), she is known to be in possession of civilized traits that are called MEs and are discussed as physical objects of some type. These traits (social institutions, religious practices, behaviors, mores, technologies, and human conditions) were considered by the Sumerians to be the components of civilization. Some were admirable and positive (Goddship, Shepherdship, Truth), while others were not (Fear, the Troubled Heart, Strife).

These MEs were initially collected by Enlil who entrusted them to Enki to distribute to each city-state and their patron Deities. Inanna (Ishtar) was dissatisfied with the amount that were to be given to her, so she got Enki drunk and convinced him to bestow more upon her and her city of Uruk. Drunkenly, he agreed, and she left with the vast majority of these MEs — the characteristics of civilized society. (Some say she stole them. Enki regretted his choice immediately but was unable to reclaim them.)

Astaroth as a demon Queen possesses the knowledge and wisdom of all arts, sciences, and the Mysteries. She can answer truly of all times and discover all secrets. This is a call back to Inanna-Ishtar, who craftily came to possess not just her own MEs, but all those she felt were her due. She and her people were honored by holding such unparalleled authority, influence, skill, wisdom, and influence.

Those who are most suited to working with her will be leaders already, and they will be clever, charming, and often "good at everything" to some degree. Through allyship with Astaroth, all these qualities will be heightened and refined. She inspires her human counterparts to greatness, and most are adored for it.

There are those who look upon her and her work with envy and hatred. These people are inclined to see her as manipulative, unworthy, inconsistent, vain, and self-centered. They will also see these things in the Witches who are touched with Ishtar's essence — whether these destructive traits are present or not. These are the ones who "smell sulfur" in the presence of Astaroth.

FORRNEUS - BY LAURELEI BLACK

Forneus

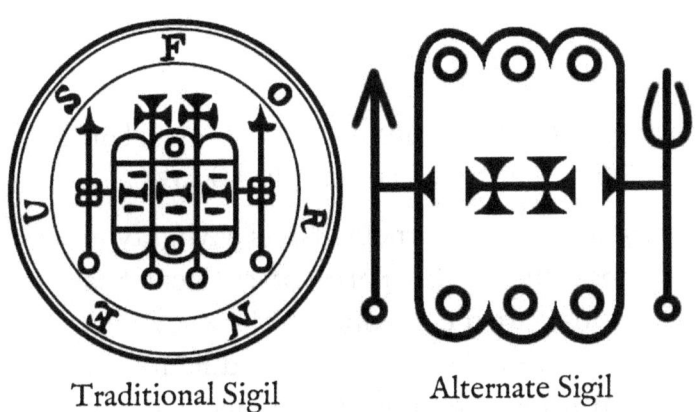

Traditional Sigil   Alternate Sigil

Number in Lemegeton	30
Rank in Lemegeton	Marquise
Astrological Sign	
Planet	
Element	Water
Direction	
Area(s) of Influence & Interest	Divination, Scrying, Visions; Mysteries, Hidden Things, Secrets; Rhetoric, Communication, Debate; Languages
Grimoires Which Mention	*The Discoverie of Witchcraft*, *Pseudomonarchia Daemonum*, and *The Lesser Key of Solomon*

Psuedomonarchia Daemonum (Johann Weyer, 1583) says ...

Forneus is a great marquesse, like unto a monster of the sea, he maketh men woondeffull in rhetorike, he adorneth a man with a good name, and the knowledge of toongs, and maketh one beloved as well of foes as freends: there are under him nine and twentie legions, of the order partlie of thrones, and partlie of angels.

The Lesser Key of Solomon, the Goetia (Thomas Rudd c. 1650; trans. & ed. Mathers/Crowley, 1904) says ...

The Thirtieth Spirit is Forneus. He is a Mighty and Great Marquis, and appeareth in the Form of a Great Sea-Monster. He teacheth, and maketh men wonderfully knowing in the Art of Rhetoric. He causeth men to have a Good Name, and to have the knowledge and understanding of Tongues. He maketh one to be beloved of his Foes as well as of his Friends. He governeth 29 Legions of Spirits, partly of the Order of Thrones, and partly of that of Angels. His Seal is this, which wear thou, etc.

Additional insight unlocked with the Witches' Key ...

She is of the deep waters, and she can help you access all the information and emotion that lie hidden deep within the mind.

The art and magick she teaches is glossolalia, speaking in tongues. She is sometimes mistaken for Wisdom/Sophia, the Holy Spirit, because she teaches this art and brings hidden knowledge to the surface. Sophia, within church teachings, is often viewed as a Spirit who rests upon the face of the deep or is otherwise connected with deep water.

Her sigil actually shows something like a cuttlefish face flanked by weapons of the sea -- the harpoon and trident.

The name Forneus may relate to the Latin word for furnace.

Foras - by Laurelei Black

Foras

Forcase, Forcas, Forras, Dorcas

| Traditional Sigil | Alternate Sigil |

Number in Lemegeton	31
Rank in Lemegeton	President
Astrological Sign	
Planet	
Element	Water
Direction	
Area(s) of Influence & Interest	Logic; Properties of Herbs, Plants, Woods; Properties of Stones; Rhetoric, Communication, Debate
Grimoires Which Mention	*The Discoverie of Witchcraft, The Book of Spirits, The Book of the Office of Spirits,*

The Book of Oberon, Pseudomonarchia Daemonum, The Lesser Key of Solomon, and *Dictionnaire Infernal*

The Book of Oberon (Folger MS V.b.26,1577) says ...

Forcase a great prince, he appeareth like a great mann, & he knoweth the vertues of all hearbes, & alsoe of stones, & he giveth againe the sight that was lost, & telleth the places of treasures, & giveth true aunsweres, & hath under him 10 legions.

Psuedomonarchia Daemonum (Johann Weyer, 1583) says ...

Foras [Forras], alias Forcas is a great president, and is seene in the forme of a strong man, and in humane shape, he understandeth the vertue of hearbs and pretious stones: he teacheth fullie logicke, ethicke, and their parts: he maketh a man invisible, wittie, eloquent, and to live long; he recovereth things lost, and discovereth [discloses] treasures, and is lord over nine and twentie legions.

The Lesser Key of Solomon, the Goetia (Thomas Rudd c. 1650; trans. & ed. Mathers/Crowley, 1904) says ...

The Thirty-first Spirit is Foras. He is a Mighty President, and appeareth in the Form of a Strong Man in Human Shape. He can give the understanding to Men how they may know the Virtues of all Herbs and Precious Stones. He teacheth the Arts of Logic and Ethics in all their parts. If desired he maketh men invisible, and to live long, and to be eloquent. He can discover Treasures and recover things Lost. He ruleth over 29 Legions of Spirits, and his Seal is this, which wear thou, etc.

Dictionnaire Infernal (Jacques Collin de Plancy, 1863) says ...

Furcas, Forras, or Dorcas, knight, high president of hell; he appears in the guise of a vigorous man, with a long beard and white hair; he is mounted upon a large horse and holds a sharp pointed dart. He knows the virtues of herbs and precious stones. He teaches logic, aesthetics, chiromancy, pyromancy, and rhetoric. He can make a man invisible, ingenious and well spoken. He can be made to find lost things; he can discover treasures, and he has under his orders 29 legions of demons.

Additional insight unlocked with the Witches' Key ...

Foras is the quintessential Greek philosopher — healthy and balanced in mind, body, and spirit. He is beautiful in all these ways, as well, and he acts as a strong model or teacher for the Witch or Mage with whom he has affinity.

Foras embraces both classical and contemporary ways of viewing and interacting with herbs and crystals — as well as all the traditional folkways in between. He can help unlock crystal and herb secrets for his Conjurer in ways that will aid with all aspects of holistic well-being.

He is very communicative, and the Witch who works with him will have a good sense of his personality. He has a preference, according to S, for working with gay and bisexual men (or perhaps more aptly, with all types of queer, male-identifying folks).

His seal is a man with well-groomed, curly hair and beard, and a prominent penis.

Do Not Call

Asmoday

Asmodeus, Asmodai, Asmodee, Sydonay, Sidonay, Chammadai

Traditional Sigil

Number in Lemegeton	32
Rank in Lemegeton	King
Astrological Sign	
Planet	
Element	
Direction	
Alternate Spirits to Call	Oriax, Orobas, Sitri
Grimoires Which Mention	*Book of Incantations, The Black Books of Elverum, Hygromanteia, The Magus,*

Testament of Solomon, The Discoverie of Witchcraft, The Book of Spirits, The Book of the Office of Spirits, Three Books of Occult Philosophy, The Book of Abramelin, The Book of Oberon, Five Books of Mystery, Pseudomonarchia Daemonum, The Lesser Key of Solomon, Paradise Lost, and *Dictionnaire Infernal*

The Book of Oberon (Folger MS V.b.26, 1577) says ...

The Book of Oberon (Folger MS V.b.26,1577) says ...

Asmoday; he can teach astronomye, arithmeticke, musicke, & geometry, & to tell of all thinges be it never soe obscure. He cane cause one to goe invissible, & cane shew the place where treasure is hid, & appeareth with 3 heades one like an asse, the 2 like a bull & the 3 like a rame his tayle like a serpent, his feete like an asse, & a flame of fier cometh out of his mouth.

Psuedomonarchia Daemonum (Johann Weyer, 1583) says ...

Sidonay [Sydonay], alias Asmoday, a great king, strong and mightie, he is seene with three heads, whereof the first is like a bull, the second like a man, the third like a ram, he hath a serpents taile, he belcheth flames out of his mouth, he hath feete like a goose, he sitteth on an infernall dragon, he carrieth a lance and a flag in his hand, he goeth before others, which are under the power of *Amaymon*. When the conjuror exerciseth this office, let him be abroad [brave], let him be warie [courageous] and standing on his feete; <if his cap be on his head> [! if he is afraid he will be overwhelmed], he will cause all his dooings to be bewraied [divulged], which if he doo not, the exorcist shalbe deceived by *Amaymon* in everie thing. But so soone as he seeth him in the forme aforesaid, he shall call him by his name, saieng; Thou art *Asmoday*; he will not denie it, and by and by he boweth downe to the ground; he giveth the ring of vertues, he absolutelie teacheth geometrie, arythmetike, astronomie, and handicrafts [mechanics]. To all demands he answereth fullie and trulie, he maketh a man invisible, he sheweth the places where treasure lieth, and gardeth it, if it be among the legions of *Amaymon*, he hath under his power seventie two legions.

The Lesser Key of Solomon, the Goetia (Thomas Rudd c. 1650; trans. & ed. Mathers/Crowley, 1904) says ...

The Thirty-second Spirit is Asmoday, or Asmodai. He is a Great King, Strong, and Powerful. He appeareth with Three Heads, whereof the first is like a Bull, the second like a Man, and the third like a Ram; he hath also the tail of a Serpent, and from his mouth issue Flames of Fire. His Feet are webbed like those of a Goose. He sitteth upon an Infernal Dragon, and beareth in his hand a Lance with a Banner. He is first and choicest under the Power of AMAYMON, he goeth before all others. When the Exorcist hath a mind to call him, let it be abroad, and let him stand on his feet all the time of action, with his Cap or Headdress off; for if it be on, AMAYMON will deceive him and call all his actions to be bewrayed. But as soon as the Exorcist seeth Asmoday in the shape aforesaid, he shall call him by his Name, saying: "Art thou Asmoday?" and he will not deny it, and by-and-by he will bow down unto the ground. He giveth the Ring of Virtues; he teacheth the Arts of Arithmetic, Astronomy, Geometry, and all handicrafts absolutely. He giveth true and full answers unto thy demands. He maketh one Invincible. He showeth the place where Treasures lie, and guardeth it. He, amongst the Legions of AMAYMON governeth 72 Legions of Spirits Inferior. His Seal is this which thou must wear as a Lamen upon thy breast, etc.

Dictionnaire Infernal (Jacques Collin de Plancy, 1863) says ...

Asmodee, destroying demon, the same as Samael, according to several rabbis. He is the superintendent of the gaming houses. He sews dissipation and error. The rabbis contend then he will one day dethrone Solomon; but that soon Solomon will charge him with steel, and force him to aid him in the battle for the Temple of Jerusalem. Toby, following the same rabbis, have expelled him, with the smoked spleen of a fish, from within the body of the young Sarah whom he possessed. The angel Raphael will imprison him in the depths of Egypt. Paul Lucas said that he had seen him on one of his travels. One is amused by him on this subject; meanwhile, one can read in the *Courrier de l'Egypte* that the people of this country still adore the serpent Asmodee, the one who had a temple in the desert of Ruanneh. One avers that this serpent cuts himself into pieces, and that immediately after he disappears.

This Asmodee is considered by some to be the ancient serpent who seduced Eve. The Jews, who call him Asmodai, made him the prince of demons, as one can see in the Chaldean paraphrase. He is in hell, according to Wierus, a strong and powerful king, who has three heads; the first resembles that of a bull, the second that of a man, the third that of a ram. He has a serpent's tail, the feet of a goose and flaming breath. He shows himself mounted on a dragon, carrying in his hand a standard and a lance. He is nonetheless, according to the infernal hierarchy, in submission to King Amaymon. When one exorcises him, it is necessary to be steadfast and to call him by his name. He gives rings made under the influence of a certain constellation; he advises men on how to render themselves invisible and instructs them in geometry, arithmetic, astronomy and the mechanical arts. He knows also of treasures, which one can force him to reveal; 72 legions obey him. He is also named Chammadai and Sydonai. Asmodee was one of the demons who possessed Madeleine Bavant.

Additional insight unlocked with the Witches' Key ...

Asmoday (or Asmodeus) is strong and powerful. He appears with three heads – a man, a bull, and a ram. (The bull and ram show associations with the signs of Taurus and Aries. His areas of influence are in the areas associated with these two signs.) He usually only appears with the head of a man when called into the Pyramid.

He also has the tail of a serpent and webbed goose-feet, as S informs us is common among the Spirits who are "demons" in the sense we have come to know them contemporarily. These Demon-Spirits are the evils of the world that seek to become Godds. Asmoday breathes fire and carries a lance with a banner.

He is bound to the Adversary and is one of his chief demons. The original texts claim that by removing your hat and asking his name, Asmoday will bow down before you and speak the truth. This is not the case. "He will mock you for such silliness, and he will proceed to do as he likes," S says.

He *can* provide the true magick ring, the Ring of Virtues; but he isn't likely to do so.

Asmoday is on the DO NOT CALL list, despite the many benefits one might receive in working with him, because his primary interest is in gathering human Souls. We are told from within the Legion that he does this in order to feed the demons under his command. He serves a Conjurer well in life, but he claims the Conjurer's Black Soul in death through bargains they have made with each other.

He is well known as a very lusty and erotic Spirit. I have known several people who have been approached by him with offers of sexual relationship, sexual energy exchange, and even romantic relationship. There can be a sense of him not taking "no" for an answer which leaves his target feeling coerced or stalked until/unless they are able to banish him. For those who have begun negotiations or entered lesser contracts with him, there is often the sense that he'll keep the letter of his word, but not the intent, and that he is biding his time until he has dominant control.

GAAP - BY LAURELEI BLACK

Gaap

Tap

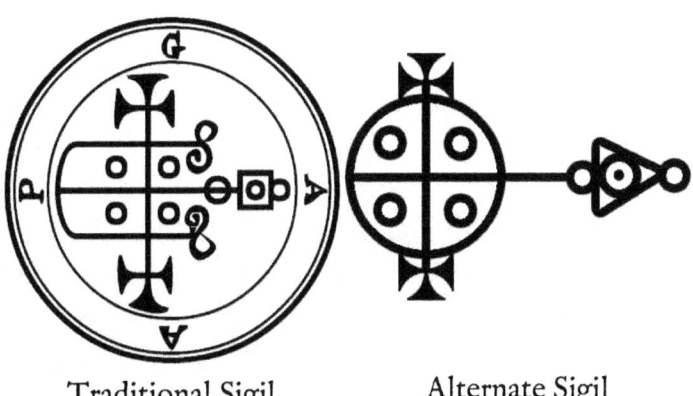

Traditional Sigil   Alternate Sigil

Number in Lemegeton	33
Rank in Lemegeton	President, Prince
Astrological Sign	Scorpio, Leo, Taurus, Aquarius
Planet	
Element	
Direction	South
Area(s) of Influence & Interest	Divination, Scrying, Visions; Astral Travel, Spirit Journeying; Liberal Sciences
Grimoires Which Mention	*Book of Incantations*, *The Discoverie of Witchcraft*, *Pseudomonarchia Daemonum*, *The Lesser Key of Solomon*, and *Dictionnaire Infernal*

Psuedomonarchia Daemonum (Johann Weyer, 1583) says ...

Gaap, alias Tap, a great president and a prince, he appeareth in a meridionall signe, and when he taketh humane shape [Clm 849 reads: He appears in the form of a doctor when he takes on a human form. He is the most excellent doctor of women, and he makes them burn with love for men.] he is the guide of the foure principall kings, as mightie as *Bileth*. There were certeine necromancers that offered sacrifices and burnt offerings unto him; and to call him up, they exercised an art, saieng that *Salomon* the wise made it. Which is false: for it was rather *Cham*, the sonne of *Noah*, who after the floud began first to invocate wicked spirits. He invocated *Bileth*, and made an art in his name, and a booke which is knowne to manie mathematicians. There were burnt offerings and sacrifices made, and gifts given, and much wickednes wrought by the exorcists, who mingled therewithall the holie names of God, the which in that art are everie where expressed. Marie [Certainly] there is an epistle of those names written by *Salomon*, as also write *Helias Hierosolymitanus* and *Helisæus*. It is to be noted, that if anie exorcist have the art of *Bileth*, and cannot make him stand before him, nor see him, I may not bewraie how and declare the meanes to conteine him, bicause it is abhomination, and for that I have learned nothing from *Salomon* of his dignitie and office. But yet I will not hide this; to wit, that he maketh a man woonderfull in philosophie and all the liberall sciences: he maketh love, hatred, insensibilitie, invisibilitie, consecration, and consecration of those things that are belonging unto the domination of *Amaymon*, and delivereth familiars out of the possession of other conjurors, answering truly and perfectly of things present, past, & to come, & transferreth men most speedilie into other nations, he ruleth sixtie six legions, & was of the order of potestats.

The Lesser Key of Solomon, the Goetia (Thomas Rudd c. 1650; trans. & ed. Mathers/Crowley, 1904) says ...

The Thirty-third Spirit is Gaap. He is a Great President and a Mighty Prince. He appeareth when the Sun is in some of the Southern Signs, in a Human Shape, going before Four Great and

Mighty Kings, as if he were a Guide to conduct them along on their way. His Office is to make men Insensible or Ignorant; as also in Philosophy to make them Knowing, and in all the Liberal Sciences. He can cause Love or Hatred, also he can teach thee to consecrate those things that belong to the Dominion of AMAYMON his King. He can deliver Familiars out of the Custody of other Magicians, and answereth truly and perfectly of things Past, Present, and to Come. He can carry and re-carry men very speedily from one Kingdom to another, at the Will and Pleasure of the Exorcist. He ruleth over 66 Legions of Spirits, and he was of the Order of Potentates. His Seal is this to be made and to be worn as aforesaid, etc.

Dictionnaire Infernal (Jacques Collin de Plancy, 1863) says ...

Tap or Gaap, high president and high prince of hell. He shows himself at noon when he takes human form. He commands four of the principal kings of the infernal empire. He is as powerful as Byleth. In another age, necromancers would offer him libations and holocausts; they evoked him by means of magic spells that they said were composed by that very wise king, Solomon; this is false, because it was Cham, son of Noah, who first began the evocation of evil spirits. He was made to serve Byleth and compose an art in his name, and a book which is appreciated greatly by mathematicians. One cites another book attributed to the prophets Eli and Elijah, with which Gaap is conjured by the virtue of the saints' names of God contained in the *Key of Solomon*.

If some exorcist knows the art of Byleth, Gaap or Tap will not be able to support the presence of said exorcist. Gaap or Tap excites the pain of love or hatred. He had an empire over the demons submissive to the power of Amaymon. He transports very promptly men in different countries who wish to cross the abyss. He commands sixty legions.

Additional insight unlocked with the Witches' Key ...

He rules the Fixed signs (Leo, Scorpio, Aquarius, and Taurus), and acts as a guide to those born during these times. He may also be available to Witches and Mages born under other stars, but they may find their affinity not quite as strong. He has a passing attraction to those born under the Cardinal signs of Aries, Capricorn, Libra, and Cancer, because they tend to be activators and initiators of the Work. However, he gets frustrated with their tendency to jump to the next idea or project before making sufficient progress on the first. They, in turn, tend to have a sense of unease around him. He can enjoy the "finisher" nature of Mutables, but he finds them flightier and less predictable even than Cardinals.

He makes men feel insensible or ignorant; and he can also make them feel very knowledgeable in the areas of philosophy and the liberal sciences. Gaap has the ability to bolster one's confidence, or to completely tear it down. This is especially true in terms of how a person feels about their own intelligence, logic, philosophy, and learning within the liberal sciences. He can go so far as to strip a person's consciousness down to a place of incoherence or dementia.

He can teach you to consecrate those tools and relics that belong to the Adversary.

He can steal Familiars away from other Magicians, if you demand it; but the other Magicians only need to ask him to return their Familiars in order to be restored. In order to accomplish this theft, though, you must know the name of the Familiar.

He is much like the leaders of the Wild Hunt — Odin, Gwynn ap Nudd, Holt — in the sense that he is associated with Witch flight, collecting Spirits, madness, and genius.

His sigil shows him leading the four fixed signs of the zodiac.

FURFUR - BY J. BLACKTHORN

Furfur

Traditional Sigil　　Alternate Sigil

Number in Lemegeton	34
Rank in Lemegeton	Earl
Astrological Sign	
Planet	
Element	Fire
Direction	
Area(s) of Influence & Interest	Divination, Scrying, Visions; Love, Lust, Sex; Weather Magick
Grimoires Which Mention	*Book of Incantations*, *The Discoverie of Witchcraft*, *The Book of Spirits*,

Pseudomonarchia Daemonum, *The Lesser Key of Solomon*, and *Dictionnaire Infernal*

Psuedomonarchia Daemonum (Johann Weyer, 1583) says ...

Furfur is a great earle, appearing as an hart, with a firie taile, he lieth in everie thing, except he be brought up within a triangle; being bidden, he taketh angelicall forme, he speaketh with a hoarse voice, and willinglie maketh love betweene man and wife [*or simply* "woman"]; he raiseth thunders and lightnings, and blasts. Where he is commanded, he answereth well, both of secret and also of divine things, and hath rule and dominion over six and twentie legions.

The Lesser Key of Solomon, the Goetia (Thomas Rudd c. 1650; trans. & ed. Mathers/Crowley, 1904) says ...

The Thirty-fourth Spirit is Furfur. He is a Great and Mighty Earl, appearing in the Form of an Hart with a Fiery Tail. He never speaketh truth unless he be compelled, or brought up within a triangle. Being therein, he will take upon himself the Form of an Angel. Being bidden, he speaketh with a hoarse voice. Also he will wittingly urge Love between Man and Woman. He can raise Lightnings and Thunders, Blasts, and Great Tempestuous Storms. And he giveth True Answers both of Things Secret and Divine, if commanded. He ruleth over 26 Legions of Spirits. And his Seal is this, etc.

Dictionnaire Infernal (Jacques Collin de Plancy, 1863) says ...

Furfur, count of hell. He can be seen in the guise of a stag with a flaming tail; he speaks only lies, unless he be enclosed in a triangle. He often takes the form of an angel, speaks with a raucous voice and sustains the union between husbands and wives. He makes fall the thunderbolt, the lightning flash and the thunder groan in the places he has been ordered to do so. He responds on abstract things. 26 legions are under his orders.

Additional insight unlocked with the Witches' Key ...

Furfur's preferred form is that of a large, flying stag with a fiery tail. He won't speak truth unless you insist, but this is more a mark of his silliness than deceitfulness. By calling him into the Pyramid, though, he will speak truth from the start. He speaks in a high, laughing voice.

He can urge love between a man and woman, using humor and wit as his tools. His greatest power, though, is in raising great storms and lightening. He teaches the Conjurer weather magick, though he says the Mage must have horns (a headdress or loose antlers/horns that can be manipulated) to use as a tool to accomplish this magick.

He prefers those who have an outrageous sense of humor, like him.

His sigil is a deer with antlers.

Marchosias - by Laurelei Black

Marchosias

Marshiones, Marchocias, Maxayn

Traditional Sigil

Alternate Sigil

Number in Lemegeton	35
Rank in Lemegeton	Duke
Astrological Sign	
Planet	
Element	
Direction	
Area(s) of Influence & Interest	
Grimoires Which Mention	*Book of Incantations, The Discoverie of Witchcraft, The Book of Spirits,*

Pseudomonarchia Daemonum, and *The Lesser Key of Solomon,* Dictionnaire Infernal

The Book of Oberon (Folger MS V.b.26,1577) says ...

Marshiones, a duke, he appeareth like to a stronge man, havinge a serpents tayle, & he is experte in hearbes, & stones, & he will carrye one frome countrye to countrye, & that swiftly & without hurte & hath under him 30 legions.

Maxayn, & he hath power to teache the vertues of all herbes, trees, & stones, & to beare a man from region to region, in a breeafe tyme, he apeareth in the likenes of a beare, with a serpents tayle, & a flame of fyer comminge forth of his mouth.

Psuedomonarchia Daemonum (Johann Weyer, 1583) says ...

Marchosias [Marchocias] is a great marquesse, he sheweth himselfe in the shape of a cruell shee woolfe, with a griphens wings, with a serpents taile, and spetting I cannot tell what out of his mouth. When he is in a mans shape, he is an excellent fighter, he answereth all questions trulie, he is faithfull in all the conjurors businesse [commands], he was of the order of dominations, under him are thirtie legions: he hopeth after 1200 yeares to returne to the seventh throne, but he is deceived in that hope.

The Lesser Key of Solomon, the Goetia (Thomas Rudd c. 1650; trans. & ed. Mathers/Crowley, 1904) says ...

The Thirty-fifth Spirit is Marchosias. He is a Great and Mighty Marquis, appearing at first in the Form of a Wolf having Gryphon's Wings, and a Serpent's Tail, and Vomiting Fire out of his mouth. But after a time, at the command of the Exorcist he putteth on the Shape of a Man. And he is a strong fighter. He was of the Order of Dominations. He governeth 30 Legions of Spirits. He told his Chief, who was Solomon, that after 1,200 years he had hopes to return unto the Seventh Throne. And his Seal is this, to be made and worn as a Lamen, etc.

Dictionnaire Infernal (Jacques Collin de Plancy, 1863) says ...

Marchosias, a great marquis of hell. He shows himself in the guise of a very ferocious she-wolf, with the wings of a gryphon and a serpent's tail; under this gracious aspect the marquis vomits flames. When he takes human form, one believes that he sees a grand soldier. He obeys exorcists and the domination of angels and commands 30 legions.

Additional insight unlocked with the Witches' Key ...

Marchosias comes in the form of a dazed ox with gryphon's wings, belching and dribbling fire from his mouth.

He is a strong fighter and worker, but he was abused terribly during the building of the Temple. His mind is shattered. He is sweet and strong, and he believes that if he is loyal and productive he will be released from the Legion to return to the worship of the All.

He was always a Spirit of sacrifice — the power of the bull's blood spilled in sacrificial rites. He is dazed due to ritual drugs to make the animal sacrifice compliant and comfortable.

He is willing and able to serve in workings where strength and power are needed, but he is unable to offer counsel or guidance. He tends to offer his power freely to those who ask or demand, and he doesn't make contract or ask for aught in return. He believes the reward of his service will ultimately be his freedom. Because that isn't so, a kind-hearted Witch who needs Marchosias's great strength for a working would do well to give a love offering back to him — the payment he'll never ask for but will have nevertheless earned.

His sigil is the Temple itself (the altar with the veils drawn back).

STOLAS - BY LAURELEI BLACK

Stolas

Stolos

Traditional Sigil

Alternate Sigil

Number in Lemegeton	36
Rank in Lemegeton	Prince
Astrological Sign	
Planet	
Element	
Direction	
Area(s) of Influence & Interest	Astronomy, Astrology, Star Lore; Good Familiars; Properties of Herbs, Plants, Woods; Properties of Stones
Grimoires Which Mention	*The Discoverie of Witchcraft*, *The Book of Spirits*, *Pseudomonarchia Daemonum*, *The Lesser Key of Solomon*, and *Dictionnaire Infernal*

Psuedomonarchia Daemonum (Johann Weyer, 1583) says ...

Stolas is a great prince, appearing in the forme of a nightraven, before the exorcist, he taketh the image and shape of a man, and teacheth astronomie, absolutelie understanding the vertues of herbes and pretious stones; there are under him twentie six legions.

The Lesser Key of Solomon, the Goetia (Thomas Rudd c. 1650; trans. & ed. Mathers/Crowley, 1904) says ...

The Thirty-sixth Spirit is Stolas, or Stolos. He is a Great and Powerful Prince, appearing in the Shape of a Mighty Raven at first before the Exorcist; but after he taketh the image of a Man. He teacheth the Art of Astronomy, and the Virtues of Herbs and Precious Stones. He governeth 26 Legions of Spirits; and his Seal is this, which is worn before thee, etc.

Dictionnaire Infernal (Jacques Collin de Plancy, 1863) says ...

Stolas, high Prince of hell, who appears in the form of an owl; when he takes the form of a man and shows himself before the exorcist, he teaches astronomy, and also the properties of plants, and the worth of precious stones. Twenty six legions recognize him as their general.

Additional insight unlocked with the Witches' Key ...

Stolas's forms include owl, raven, and man. "Nightraven" is another term for owl.

He teaches the art of astronomy and the properties of herbs and precious stones. Stolas is particularly adept at the use of these arts for the purposes of prophecy. He can help you understand the languages of stones and also their energetic principles for helping you develop clairvoyance, clairaudience, etc. He can teach you how to read your own stone casting system, as well as the benefits of scrying in different types of stone spheres.

Regarding herbs, he can teach you to make simple infusions and extracts as well as more complicated ointments and blended formulas to unlock your seership. He understands how these herbs work as individuals and in synthesis with each other. He can also teach you to make blends and formulas (or to recommend the best single herb infusions and extracts) for others close to you in their oracular work and seercraft. This could include Covenmates, close Witch friends, or trusted clients.

He makes an excellent familiar.

His sigil represents a raven or nightraven (owl) wing.

PHENEX - BY J. BLACKTHORN

Phenex

Phoenix, Pheynix

Traditional Sigil   Alternate Sigil

Number in Lemegeton	37
Rank in Lemegeton	Marquis
Astrological Sign	Leo, Scorpio
Planet	Sun
Element	Fire
Direction	
Area(s) of Influence & Interest	Liberal Sciences; Mysteries, Hidden Things, Secrets
Grimoires Which Mention	*Book of Incantations, The Discoverie of Witchcraft, The Book of Spirits, Pseudomonarchia Daemonum,* and *The Lesser Key of Solomon*

Psuedomonarchia Daemonum (Johann Weyer, 1583) says ...

Phoenix is a great marquesse, appearing like the bird *Phoenix*, having a childs voice: but before he standeth still before the conjuror, he singeth manie sweet notes. Then the exorcist with his companions must beware he give no eare to the melodie, but must by and by bid him put on humane shape; then will he speake marvellouslie of all woonderfull sciences. He is an excellent poet, and obedient, he hopeth to returne to the seventh throne after a thousand two hundreth yeares, and governeth twentie legions.

The Lesser Key of Solomon, the Goetia (Thomas Rudd c. 1650; trans. & ed. Mathers/Crowley, 1904) says ...

The Thirty-Seventh Spirit is Phenex (or Pheynix). He is a great Marquis, and appeareth like the Bird Phoenix, having the Voice of a Child. He singeth many sweet notes before the Exorcist, which he must not regard, but by-and-by he must bid him put on Human Shape. Then he will speak marvellously of all wonderful Sciences if required. He is a Poet, good and excellent. And he will be willing to perform thy requests. He hath hopes also to return to the Seventh Throne after 1,200 years more, as he said unto Solomon. He governeth 20 Legions of Spirits. And his Seal is this, which wear thou, etc.

Additional insight unlocked with the Witches' Key ...

Phenex (Phoenix) appears like the bird of the same name, and speaks with the voice of a child. He is an excellent poet.

He, like Marchosias, expects to return to singular focus on the All. Phenex is child-like and simply does not understand his situation. He is hopeful and pure.

Phenex does not wish to be a Familiar in his own right, because he wants only to contemplate the face of the Divine. However, he may agree to assist a cause and even agree to be your companion — particularly if you were also of a poetic, mystic, introverted nature.

Halphas - by Laurelei Black

Halphas

Malthous, Malthas

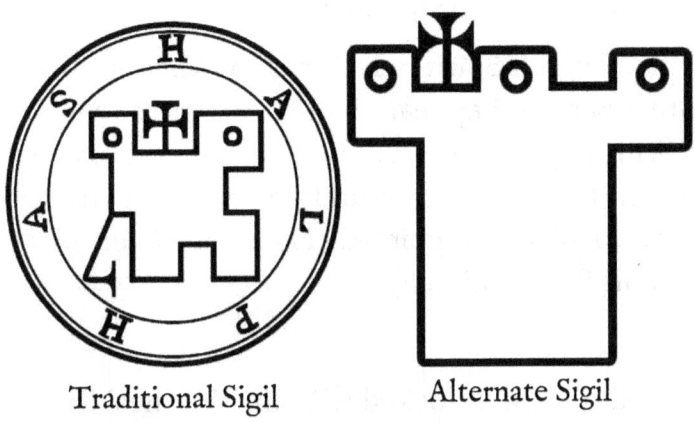

Traditional Sigil   Alternate Sigil

Number in Lemegeton	38
Rank in Lemegeton	Earl
Astrological Sign	
Planet	Mars
Element	
Direction	
Area(s) of Influence & Interest	War, Strategy, Defense
Grimoires Which Mention	*Book of Incantations*, *The Discoverie of Witchcraft*, *Pseudomonarchia Daemonum*, and *The Lesser Key of Solomon*

Psuedomonarchia Daemonum (Johann Weyer, 1583) says ...

Halphas is a great earle, and commeth abroad like a storke, with a hoarse voice, he notablie buildeth up townes full of munition and weapons, he sendeth men of warre to places appointed, and hath under him six and twentie legions.

The Lesser Key of Solomon, the Goetia (Thomas Rudd c. 1650; trans. & ed. Mathers/Crowley, 1904) says ...

The Thirty-eighth Spirit is Halphas, or Malthous (or Malthas). He is a Great Earl, and appeareth in the Form of a Stock-Dove. He speaketh with a hoarse Voice. His Office is to build up Towers, and to furnish them with Ammunition and Weapons, and to send Men-of-War to places appointed. He ruleth over 26 Legions of Spirits, and his Seal is this, etc.

Additional insight unlocked with the Witches' Key ...

Halphas (38) and Malphas (39) are twins who appear as ravens — one black, one white. Halphas is the "white" twin of this set, and he appears in the form of a stock dove or a white raven. He speaks with a hoarse voice. He is a Spirit of war and defense, and his work is to build up towers, furnish them with ammunition and weapons, and to send warriors to places appointed.

He and his twin brother Malphas are not always called together, though they often are; however, if you wish to call one alone, Halphas would be best to call as he is more honest by nature.

These warlike twins who appear as birds at first appearance are linked in ways to both Odin's ravens (Huginn and Muninn) and also to the Greek heroes the Dioscuri (Castor and Polydeuces/Pollux — the Gemini twins). They are fraternal twins, and their natures are paralleled and complementary, but not identical.

They appear as birds because their messages are swift moving and they take fast action.

Halphas's sigil looks like a siege tower.

Malphas - by Laurelei Black

Malphas

Mallapas

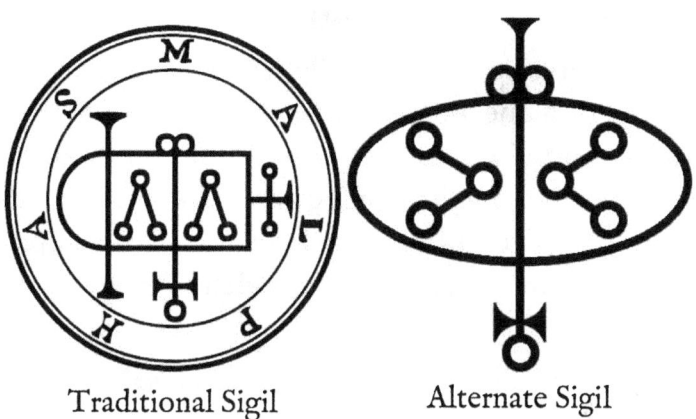

| Traditional Sigil | Alternate Sigil |

Number in Lemegeton	39
Rank in Lemegeton	President
Astrological Sign	
Planet	Mars
Element	
Direction	
Area(s) of Influence & Interest	War, Strategy, Defense
Grimoires Which Mention	*Book of Incantations, The Discoverie of Witchcraft, The Book of the Office of*

Spirits, Pseudomonarchia Daemonum, The Lesser Key of Solomon, and *Dictionnaire Infernal*

The Book of Oberon (Folger MS V.b.26, 1577) says ...

Mallapas, hee maketh castells & towers, he can subvert & overthrowe all manner of buildinges & edifics, he appeareth in likenes of a raven, nevertheles he maye appeare by constrainte like a man, his speach is horse.

Psuedomonarchia Daemonum (Johann Weyer, 1583) says ...

Malphas is a great president, he is seene like a crowe, but being cloathed with humane image, speaketh with a hoarse voice, be buildeth houses and high towres wonderfullie, and quicklie bringeth artificers togither, he throweth downe also the enimies edifications, he helpeth to good familiars, he receiveth sacrifices willinglie, but he deceiveth all the sacrificers, there obeie him fourtie legions.

The Lesser Key of Solomon, the Goetia (Thomas Rudd c. 1650; trans. & ed. Mathers/Crowley, 1904) says ...

The Thirty-ninth Spirit is Malphas. He appeareth at first like a Crow, but after he will put on Human Shape at the request of the Exorcist, and speak with a hoarse Voice. He is a Mighty President and Powerful. He can build Houses and High Towers, and can bring to thy Knowledge Enemies' Desires and Thoughts, and that which they have done. He giveth Good Familiars. If thou makest a Sacrifice unto him he will receive it kindly and willingly, but he will deceive him that doth it. He governeth 40 Legions of Spirits, and his Seal is this, etc.

Dictionnaire Infernal (Jacques Collin de Plancy, 1863) says ...

Malphas, grand president of hell, who appears in the form of a raven. When he shows himself in human form, the sound of his voice is raucous; he builds citadels and impregnable towers, overthrows the enemy's ramparts, finds good workers, gives familiars, receives sacrifices and deceives the sacrificers. 40 legions obey him.

Additional insight unlocked with the Witches' Key …

Malphas, the "black" twin of Halphas, appears like a crow or a black raven. He also speaks with a hoarse voice.

He can build houses and high towers, like his brother, but he can also give you knowledge of your enemies' thoughts and desires and actions. His is a master of war strategy.

He gives good familiars.

He can be deceitful, since his mind is cunning. However, he is strongest and most loyal to a Conjurer when he is called with his brother (38 – Halphas).

RAUM - BY J. BLACKTHORN

Raum

Zayme, Raim, Skor

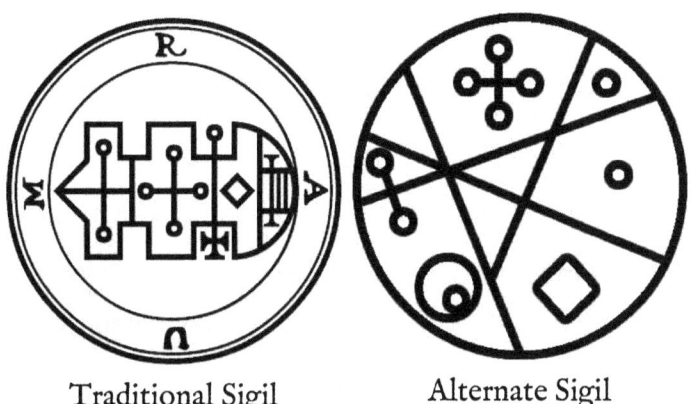

Traditional Sigil	Alternate Sigil

Number in Lemegeton	40
Rank in Lemegeton	Earl
Astrological Sign	
Planet	
Element	
Direction	
Area(s) of Influence & Interest	Destruction; Divination, Scrying, Visions; Love, Lust, Sex; Money
Grimoires Which Mention	*Book of Incantations, The Discoverie of Witchcraft, Pseudomonarchia Daemonum,* and *The Lesser Key of Solomon*

The Book of Oberon (Folger MS V.b.26, 1577) says ...

Zayme, he can bringe money from any place, he will, or is

assigned unto him, & to carry the same to any appointed place, he cane in a moment shewe the buildinge or scituacion of any plotte cittye or castell, & cane procure dignitie & honour, & cometh like a raven.

Skor is a greate kinge & appeareth like a curlewe, & he doth fetch money out of kings howses, or out of anie house or place, & he will carry it there as thout commaundest him, for he is true & faithfull & that in all his doeinges that he is commaunded, & he hath under him 10 legions

Psuedomonarchia Daemonum (Johann Weyer, 1583) says ...

Raum, or *Raim* is a great earle, he is seene as a crowe, but when he putteth on humane shape, at the commandement of the exorcist, he stealeth woonderfullie out of the kings house, and carrieth it whether he is assigned, he destroieth cities, and hath great despite unto dignities, he knoweth things present, past, and to come, and reconcileth freends and foes, he was of the order of thrones, and governeth thirtie legions.

The Lesser Key of Solomon, the Goetia (Thomas Rudd c. 1650; trans. & ed. Mathers/Crowley, 1904) says ...

The Fortieth Spirit is Räum. He is a Great Earl; and appeareth at first in the Form of a Crow, but after the Command of the Exorcist he putteth on Human Shape. His office is to steal Treasures out King's Houses, and to carry it whither he is commanded, and to destroy Cities and Dignities of Men, and to tell all things, Past, and What Is, and what Will Be; and to cause Love between Friends and Foes. He was of the Order of Thrones. He governeth 30 Legions of Spirits; and his Seal is this, which wear thou as aforesaid.

Additional insight unlocked with the Witches' Key ...

Raum's office is to help his Witch obtain money from the government (the "king's house"). Individuals receiving or hoping to receive SSI, SSDI, DAV, TANF, SNAP, and other federal and state funded benefits programs would be wise to seek partnership with Raum, as he is sympathetic to their cause and needs. Also, those who are in conflict with the IRS or who are seeking government contracts will find an ally in him.

He detests false facades and faulty foundations, and he seeks to rip them down so that authentic establishments and bulwarks may be founded. To this end, he is said to destroy cities and the reputations of men. He will help a righteous Witch with a just cause to tear and burn down a toxic community or ride out hypocritical and/or predatory people on a rail. He exposes the rot, decay, and fluff so all can see.

He sees into the nature and intentions of people, which allows him to see all the "spoil" and expose it. He can likewise see the good and the hope, which is why he can also cause love between both friends and enemies. He brings people together under common cause and nature, and he can help to reconcile those who may have differences in style or method but who are aligned on a deeper level.

His sigil represents the layout of a city. (The alternate sigil included here is very loosely based on Indianapolis, the city nearest to where I lived at the time I was given it. Adapt the sigil to look like your own city, if you like.)

Focalor - by Laurelei Black

Focalor

Forcalor, Furcalor

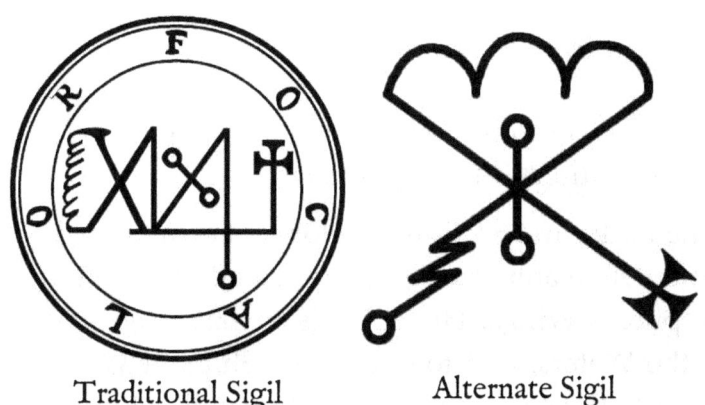

| Traditional Sigil | Alternate Sigil |

Number in Lemegeton	41
Rank in Lemegeton	
Astrological Sign	
Planet	
Element	Water
Direction	
Area(s) of Influence & Interest	Weather Magick; Destruction; Water, Sea, Sailing
Grimoires Which Mention	*Book of Incantations, The Discoverie of Witchcraft, Pseudomonarchia Daemonum,* and *The Lesser Key of Solomon*

Psuedomonarchia Daemonum (Johann Weyer, 1583) says ...

Focalor is a great duke comming foorth as a man, with wings like a griphen, he killeth men, and drowneth them in the waters, and overturneth ships of warre, commanding and ruling both winds and seas. And let the conjuror note, that if he bid him hurt no man, he willinglie consenteth thereto: he hopeth after 1000 yeares to returne to the seventh throne, but he is deceived, he hath three legions.

The Lesser Key of Solomon, the Goetia (Thomas Rudd c. 1650; trans. & ed. Mathers/Crowley, 1904) says ...

The Forty-first Spirit is Focalor, or Forcalor, or Furcalor. He is a Mighty Duke and Strong. He appeareth in the Form of a Man with Gryphon's Wings. His office is to slay Men, and to drown them in the Waters, and to overthrow Ships of War, for he hath Power over both Winds and Seas; but he will not hurt any man or thing if he be commanded to the contrary by the Exorcist. He also hath hopes to return to the Seventh Throne after 1,000 years. He governeth 30 Legions of Spirits, and his Seal is this, etc.

Additional insight unlocked with the Witches' Key ...

Focalor, a Spirit of terrible weather, appears as a woman with gryphon's wings. She is a Spirit of rage and storms — particularly storms at sea.

This Spirit is very much like Oya. She has power over both winds and seas; and she can slay people using these elements. For instance, she can drown men and sink sturdy ships. But take care, because if you use her to stir up a storm and don't specify that nobody be killed, she may take her price.

She also has no delusions of returning to the Seventh Throne (the All) after 1,000 years, though the older texts claim she does.

Her anger is great, and her work is well-known. She is the rage of hurricanes and tropical storms. She likes well to be called by famous hurricane names, especially ones that are associated with a large death toll and destruction of towns and cities. Katrina. Camille. Sandy. (She also appears to some Witches looking very much like Storm from Marvel's X-Men comics.)

She will be very accessible to Weather Witches, especially those who live where big wind and/or water storms like tornadoes, hurricanes, typhoons, etc are common.

Her Witches are likely to have big tempers of their own.

Her sigil is lightning and storm clouds, as is Oya's veve.

Vepar - by Laurelei Black

Vepar

Semper, Separ, Vephar

Traditional Sigil　　Alternate Sigil

Number in Lemegeton	42
Rank in Lemegeton	Duke
Astrological Sign	Libra
Planet	Venus
Element	Water
Direction	West
Area(s) of Influence & Interest	Music, Singing, Poetry; Water, Sea, Sailing; Weather Magick
Grimoires Which Mention	*Book of Incantations, The Discoverie of Witchcraft, The Book of the Office of Spirits, Pseudomonarchia Daemonum,* and *The Lesser Key of Solomon*

The Book of Oberon (Folger MS V.b.26,1577) says ...

Semper he hath power to make a great sea appear full of

shipes with all manner of instruments, of warre, to feare enemyes he cane make great windes, he can rancle woundes & make wormes breed in them & appeareth in likenes of a mayden.

Psuedomonarchia Daemonum (Johann Weyer, 1583) says ...

Vepar, alias Separ, a great duke and a strong, he is like a mermaid, he is the guide of the waters, and of ships laden with armour; he bringeth to passe (at the commandement of his master) that the sea shalbe rough and stormie, and shall appear full of shippes; he killeth men in three daies, with putrifieng their wounds, and producing maggots into them; howbeit, they maie be all healed with diligence, he ruleth nine and twentie legions.

The Lesser Key of Solomon, the Goetia (Thomas Rudd c. 1650; trans. & ed. Mathers/Crowley, 1904) says ...

The Forty-second Spirit is Vepar, or Vephar. He is a Duke Great and Strong and appeareth like a Mermaid. His office is to govern the Waters, and to guide Ships laden with Arms, Armour, and Ammunition, etc., thereon. And at the request of the Exorcist he can cause the seas to be right stormy and to appear full of ships. Also he maketh men to die in Three Days by Putrefying Wounds or Sores, and causing Worms to breed in them. He governeth 29 Legions of Spirits, and his Seal is this, etc.

Additional insight unlocked with the Witches' Key ...

Vepar, another water Spirit, appears like a mermaid, a siren, or the Lorelei. She changes forms and is usually quite beautiful. When she appears, she is singing. The sound is beautiful and not harmful to those who are meant to work with her, but it is dangerous to those who do not have an affinity with her.

She is very communicative, and she also acts as a navigator, guide, and sometimes as a savior (from the Greek "soteira traditions) of those who travel and make their living on the sea. She is a Spirit very much in service of Aphrodite of the deep waters, and she often has affinity with Witches who are drawn to Aphrodite and the fathomless mysteries of love. Greek epithets related to this Spirit and to Aphrodite include Soteira (Savior), Epipotnia (Upon the Deep Waters), Euploios (Fair Voyage), Limenia (Of the Harbor), and Maris/Pelagia/Stella (Of the Sea).

She shows us, through her blasting magick, some of the ways Love (like the life-giving Ocean itself) can rot and fester things in its grip if not attended to properly.

Her sigil represents waves, a mermaid, and ship.

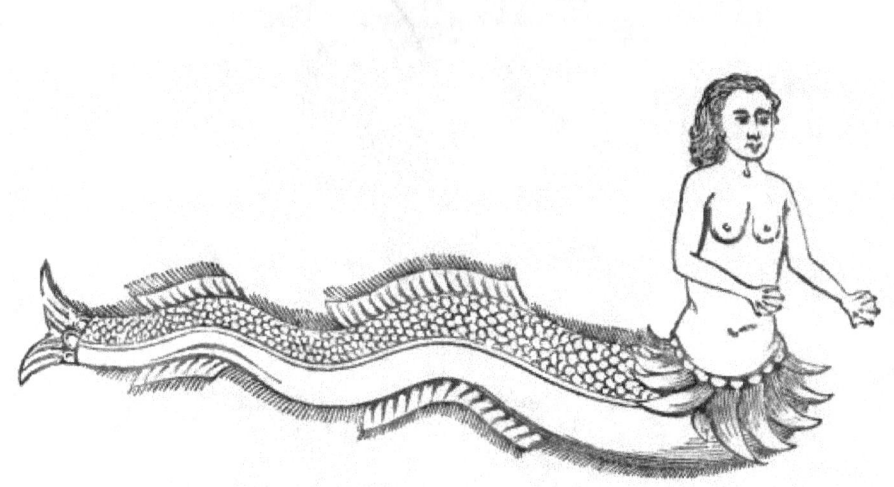

SABNOCK - BY LAURELEI BLACK

Sabnock

Sabnacke, Sabnac, Salmac, Savnok

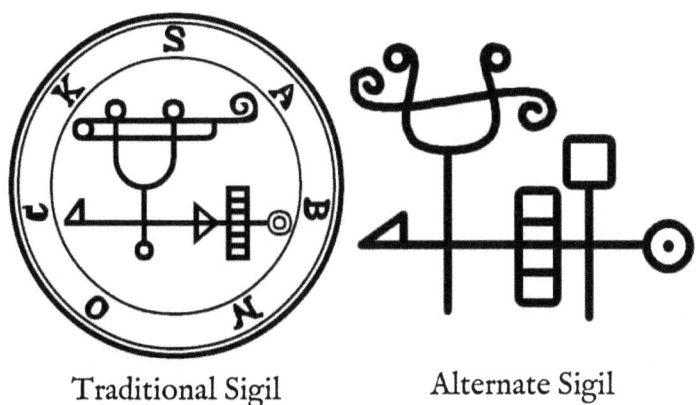

Traditional Sigil   Alternate Sigil

Number in Lemegeton	43
Rank in Lemegeton	Marquis
Astrological Sign	Aries, Leo
Planet	Mars
Element	
Direction	
Area(s) of Influence & Interest	Destruction; Disease, Wounds (causing); Good Familiars
Grimoires Which Mention	Book of Incantations, The Discoverie of Witchcraft, Pseudomonarchia Daemonum, and The Lesser Key of Solomon

Psuedomonarchia Daemonum (Johann Weyer, 1583) says ...

Sabnacke [Sabnac], alias Salmac, is a great marquesse and a strong, he commeth foorth as an armed soldier with a lions head, sitting on a pale horsse, he dooth marvelouslie change mans forme and favor, he buildeth high towres full of weapons, and also castels and cities; he inflicteth men thirtie daies with wounds both rotten and full of maggots, at the exorcists commandement, he provideth good familiars, and hath dominion over fiftie legions.

The Lesser Key of Solomon, the Goetia (Thomas Rudd c. 1650; trans. & ed. Mathers/Crowley, 1904) says ...

The Forty-third Spirit, as King Solomon commanded them into the Vessel of Brass, is called Sabnock, or Savnok. He is a Marquis, Mighty, Great and Strong, appearing in the Form of an Armed Soldier with a Lion's Head, riding on a pale-coloured horse. His office is to build high Towers, Castles and Cities, and to furnish them with Armour, etc. Also he can afflict Men for many days with Wounds and with Sores rotten and full of Worms. He giveth Good Familiars at the request of the Exorcist. He commandeth 50 Legions of Spirits; and his Seal is this, etc.

Additional insight unlocked with the Witches' Key ...

He is another Spirit of war and defense — or guardianship, protection, and psychic warfare or blasting magic. He is able to help a Witch construct wonderful energetic shields and psychic defenses. And he has a special aptitude for finding the cracks and vulnerabilities in the shields and defenses of others.

On a social level, he is also gifted at dismantling outdated and toxic societal systems, toxic organizations, and despotic governments. The reverse of this, of course, is his ability to help an individual or group build a better community, more equitable systems, etc.

He is best suited to work with engineers, architects, and weapon-smiths. His sigil represents a man doing surveying work.

Shax - by Laurelei Black

Shax

Chax, Chaz, Shaz, Scox, Shass

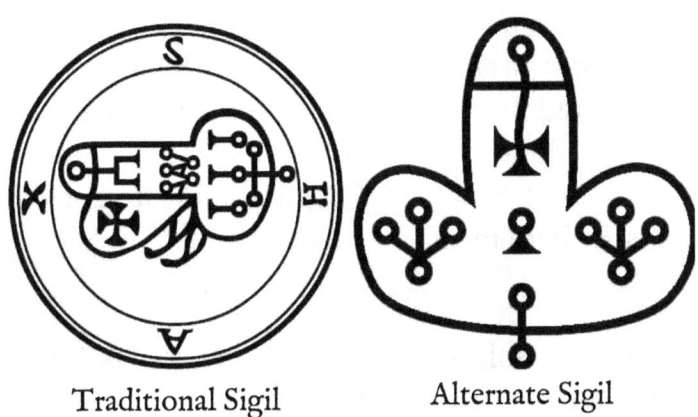

Traditional Sigil   Alternate Sigil

Number in Lemegeton	44
Rank in Lemegeton	Marquis
Astrological Sign	
Planet	Venus
Element	
Direction	
Area(s) of Influence & Interest	Good Familiars; Love, Lust, Sex; Mysteries, Hidden Things, Secrets
Grimoires Which Mention	*Book of Incantations, The Discoverie of Witchcraft, Pseudomonarchia Daemonum, The Lesser Key of Solomon,* and *Dictionnaire Infernal*

Psuedomonarchia Daemonum (Johann Weyer, 1583) says ...

Shax [Chax], alias Scox, is a darke and a great marquesse, like unto a storke, with a hoarse and subtill voice: he dooth marvellouslie take awaie the sight, hearing and understanding of anie man, at the commandement of the conjuror: he taketh awaie monie out of everie kings house, and carrieth it backe after 1200. yeares, if he be commanded, he is a horssestealer, he is thought to be faithfull in all commandements: and although he promise to be obedient to the conjuror in all things; yet is he not so, he is a lier, except he be brought into a triangle, and there he speaketh divinelie, and telleth of things which are hidden, and not kept of wicked spirits, he promiseth good familiars, which are accepted if they be not deceivers, he hath thirtie legions.

The Lesser Key of Solomon, the Goetia (Thomas Rudd c. 1650; trans. & ed. Mathers/Crowley, 1904) says ...

The Forty-fourth Spirit is Shax, or Shaz (or Shass). He is a Great Marquis and appeareth in the Form of a Stock-Dove, speaking with a voice hoarse, but yet subtle. His Office is to take away the Sight, Hearing, or Understanding of any Man or Woman at the command of the Exorcist; and to steal money out of the houses of Kings, and to carry it again in 1,200 years. If commanded he will fetch Horses at the request of the Exorcist, or any other thing. But he must first be commanded into a Triangle, or else he will deceive him, and tell him many Lies. He can discover all things that are Hidden, and not kept by Wicked Spirits. He giveth good Familiars, sometimes. He governeth 30 Legions of Spirits, and his Seal is this, etc.

Dictionnaire Infernal (Jacques Collin de Plancy, 1863) says ...

Scox or Chaz, Duke and high marquis of hell. He has a raucous voice, a spirit carried away by falsehood; he presents himself in the form of a stork. He steals the silver in houses he possesses and returns it only at the end of twelve hundred years, if everything is still in order. He carries off horses. He executes all the commands that are given to him, when one obliges him to behave immediately, and although he promises to obey the exorcists, he doesn't always do so. He lies, if he is not in a triangle; if, on the other hand, he is closely confined, he speaks the truth on supernatural matters. He points out hidden treasures which are not guarded by evil spirits. He commands thirty legions.

Additional insight unlocked with the Witches' Key ...

Shax, or "Chaz," appears in the form of a stock dove, speaking with a hoarse voice. Older texts say his voice is "subtle," but there is nothing subtle about Chaz. This may actually mean something more like "suave" or "seductive" — since he most certainly oozes sexuality when he speaks. When in human form, he looks like a pimp, and he is most naturally aligned with those who exploit others for their own gain.

He is a Spirit of whim and in-the-moment desires. He does what pleases him at the time, and he likes to behave erratically just to watch others react.

He gives good Familiars, sometimes. There is no rhyme or reason to determine this, though. When he does give good Familiars, they are also usually very sexually charged and will often enjoy an erotic relationship with the Conjurer which is mutually beneficial. However, when the Familiar that Chaz sends is a "bad" fit for the Witch, the Witch could be dealing with a hot mess until they finally get the Spirit banished.

Chaz treats all the Familiars under him like prostitutes. Some are very empowered; some have enjoyed his favor; some are highly vulnerable and exploited. They all have different magickal talents and abilities, but sex will be part of the equation with nearly all of them.

His skills include taking away the senses of any person (as if they were drugged – or insensible from orgasm) and to steal money from wealthy men.

Chaz's sigil is, very obviously, male genitalia.

VINE - BY LAURELEI BLACK

Vine

Vinea, Vinny

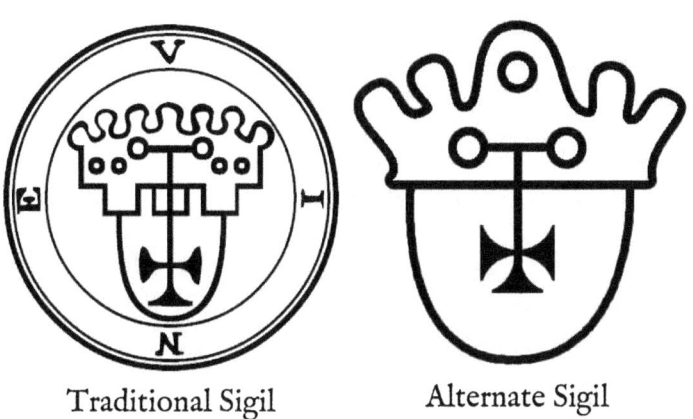

Traditional Sigil   Alternate Sigil

Number in Lemegeton	45
Rank in Lemegeton	King, Earl
Astrological Sign	Gemini
Planet	
Element	
Direction	
Area(s) of Influence & Interest	Divination, Scrying, Visions; Mysteries, Hidden Things, Secrets
Grimoires Which Mention	*Book of Incantations*, *The Discoverie of Witchcraft*, *Pseudomonarchia Daemonum*, and *The Lesser Key of Solomon*

Psuedomonarchia Daemonum (Johann Weyer, 1583) says …

Vine is a great king and an earle, he showeth himselfe as a lion, riding on a blacke horsse, and carrieth a viper in his hand, he gladlie buildeth large towres, he throweth downe stone walles, and maketh waters rough. At the commandement of the exorcist he answereth of things hidden, of witches, and of things present, past, and to come.

The Lesser Key of Solomon, the Goetia (Thomas Rudd c. 1650; trans. & ed. Mathers/Crowley, 1904) says ...

> The Forty-fifth Spirit is Viné, or Vinea. He is a Great King, and an Earl; and appeareth in the Form of a Lion, riding upon a Black Horse, and bearing a Viper in his hand. His Office is to discover Things Hidden, Witches, Wizards, and Things Present, Past, and to Come. He, at the command of the Exorcist will build Towers, overthrow Great Stone Walls, and make the Waters rough with Storms. He governeth 36 Legions of Spirits. And his Seal is this, which wear thou, as aforesaid, etc.

Additional insight unlocked with the Witches' Key ...

Vine, or "Vinny," is a detective. His work is to discover hidden things, Witches and Mages, and to discern the truth. Vinny is the ideal Spirit for those seeking vindication in the faces of detractors, liars, and gossips. Just make sure you pay him well and fully, and he will reveal the truth. He'll reveal the whole truth, though, so be certain you want that before engaging his help. He has been known to expose the Conjurer's dirty laundry as well as their target's.

He is a "crooked" detective, though, and he might not always come forward honestly with the items or information he has found. You can bribe him quite successfully, of course, to share what he knows.

You can also work with Vinny to learn the truth or discover

what's been hiding from you using scrying and divination. He can discover the truth of events in the past, present, and future.

His sigil is a man's head wearing a helmet.

BIFRONS - BY LAURELEI BLACK

Bifrons

Leban, Bifröus, Bifrovs

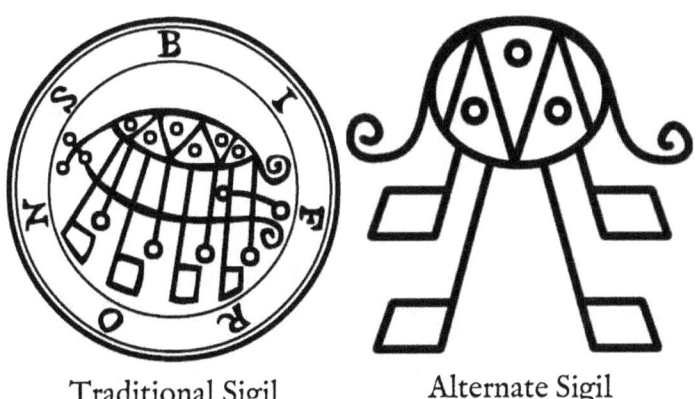

Traditional Sigil   Alternate Sigil

Number in Lemegeton	46
Rank in Lemegeton	Earl
Astrological Sign	Gemini
Planet	
Element	
Direction	
Area(s) of Influence & Interest	Mathematics; Liberal Sciences; Necromancy; Properties of Herbs, Plants, Woods; Properties of Stones
Grimoires Which Mention	*Book of Incantations, The Discoverie of Witchcraft, Pseudomonarchia Daemonum,* and *The Lesser Key of Solomon*

The Book of Oberon (Folger MS V.b.26, 1577) says ...

Leban, a knight & a mightye souldier he appeareth like a gyante, he carryeth men whether they will, & soe doth he all other thinges whither the maister will, & to fetch the same out of anie country, & that speedely, & without delaye, & at the maisters commaundemente he will carry mountaines, hills & castells, & soe will he doe anie manner of ritches, & leave it where he s commaunded, by the maister, & hath under hime of legions, 40.

Psuedomonarchia Daemonum (Johann Weyer, 1583) says ...

Bifrons is seene in the similitude of a monster, when he taketh the image of a man, he maketh one woonderfull cunning in astrologie, absolutelie declaring the mansions of the planets, he dooth the like in geometrie, and other admesurements, he perfectlie understandeth the strength and vertue of hearbs, pretious stones, and woods, he changeth dead bodies from place to place, he seemeth to light candles upon the sepulchres of the dead, and hath under him six and twentie legions.

The Lesser Key of Solomon, the Goetia (Thomas Rudd c. 1650; trans. & ed. Mathers/Crowley, 1904) says ...

The Forty-sixth Spirit is called Bifrons, or Bifröus, or Bifrovs. He is an Earl, and appeareth in the Form of a Monster; but after a while, at the Command of the Exorcist, he putteth on the shape of a Man. His Office is to make one knowing in Astrology, Geometry, and other Arts and Sciences. He teacheth the Virtues of Precious Stones and Woods. He changeth Dead Bodies, and putteth them in another place; also he lighteth seeming Candles upon the Graves of the Dead. He hath under his Command 6 Legions of Spirits. His Seal is this, which he will own and submit unto, etc.

Additional insight unlocked with the Witches' Key ...

He is like a frost giant in size and appearance. In Northern Traditions, this Spirit may well be considered just that. In fact, some of the magick he wields is connected to the mysteries of the Bifrost — the "rainbow bridge" that connects the nine worlds of Norse Tradition. For instance, he can change the color in which he appears, usually preferring either red or white. These are visual references to light wavelengths — infrared and ultraviolet. Manipulating or aligning with the various wavelengths of the light spectrum is one way to move between worlds -- ie, "cross the Bifrost."

He is extremely knowledgeable in all metaphysical studies. He understands and can help the Witch understand the mechanics of metaphysics and energy manipulation. He will directly open new pathways of understanding for the Witches with whom he works, and he will also put teachers, authors, and resources in their path for deeper study.

He is also connected with Ancestor worship in the sense that he sets wisps on the graves of the Dead.

S noted in our initial discussions of the Spirits that Bifrons marks the beginning of a group of very learned Spirits.

The sigil for this Spirit is a representation of the rainbow bridge.

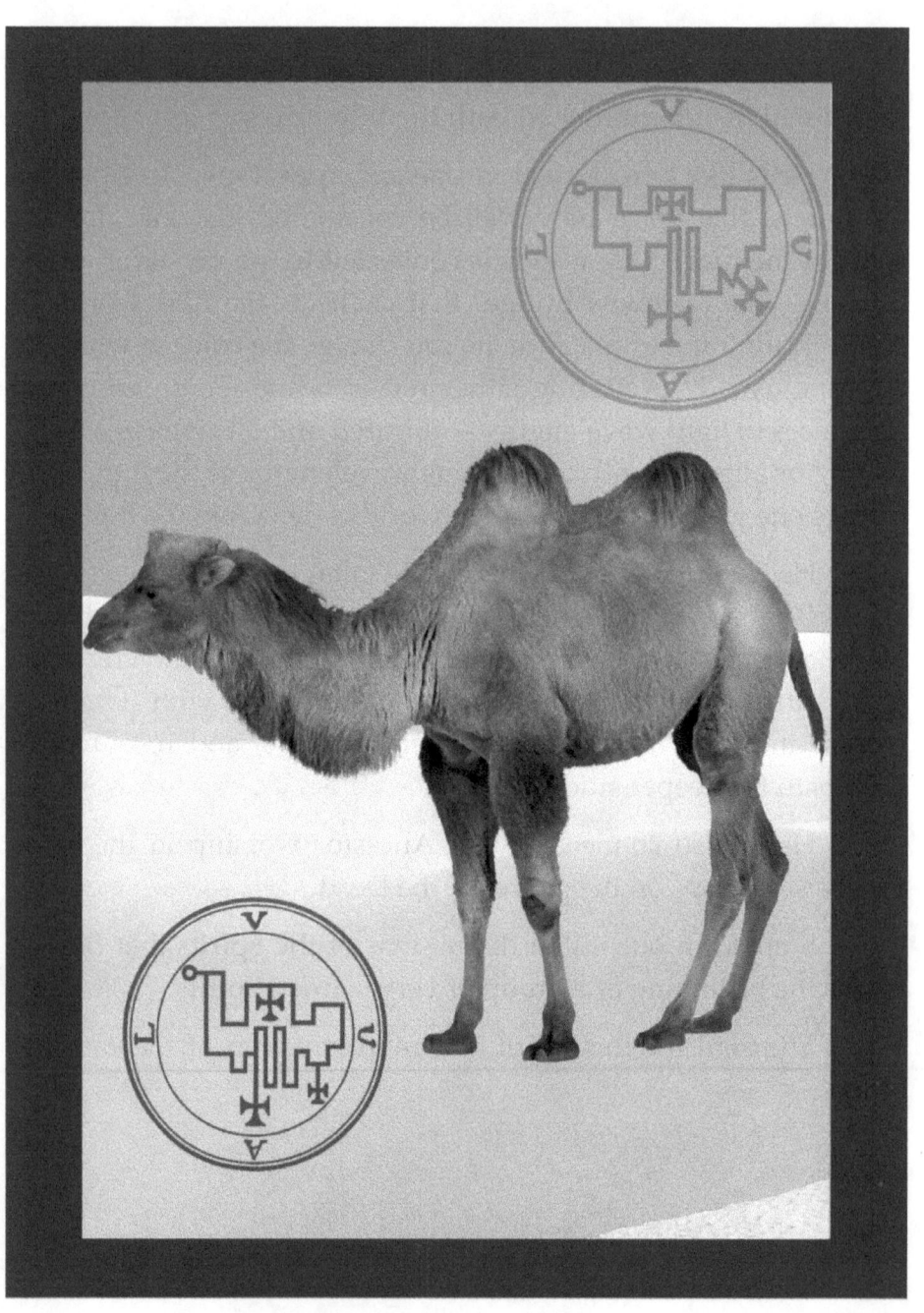

UVALL - BY LAURELEI BLACK

Uvall

Wal, Ruall, Ryall, Vrial, Vriel, Vual, Voval

Traditional Sigil   Traditional Sigil

Alternate Sigil

Number in Lemegeton	47
Rank in Lemegeton	Duke
Astrological Sign	
Planet	
Element	Air
Direction	
Area(s) of Influence & Interest	Divination, Scrying, Visions; Friendship, Alliances; Love, Lust, Sex
Grimoires Which Mention	*Book of Incantations, The Discoverie of Witchcraft, The Book of the Office of Spirits, Pseudomonarchia Daemonum, The Lesser Key of Solomon,* and *Dictionnaire Infernal*

The Book of Oberon (Folger MS V.b.26,1577) says ...

Ryall, whoe havinge human shape can resolve all doubts, & tell all thinges, he cane give love of woemen, get frinds & turne the hartes of enemies, he appeareth like a dromedary & speaketh sadely.

Vriell vell Vriall, he turneth one mettall into another, as iron or brasse into gold & silver, wyne to water or water to wyne of a foole maketh one wise, & maketh one goe Invissible, & he appeareth like a boysterous kinge, & speaketh horsely.

Psuedomonarchia Daemonum (Johann Weyer, 1583) says ...

Vuall [Wal] is a great duke and a strong, he is seene as a great and terrible dromedarie, but in humane forme, he soundeth out in a base [deep] voice the *Ægyptian* toong. This man above all other procureth the especiall love of women, and knoweth things present, past, and to come, procuring the love of freends and foes, he was of the order of potestats, and governeth thirtie seven legions.

The Lesser Key of Solomon, the Goetia (Thomas Rudd c. 1650; trans. & ed. Mathers/Crowley, 1904) says ...

The Forty-seventh Spirit is Uvall, or Vual, or Voval. He is a Duke, Great, Mighty, and Strong; and appeareth in the Form of a Mighty Dromedary at the first, but after a while at the Command of the Exorcist he putteth on Human Shape, and speaketh the Egyptian Tongue, but not perfectly. His Office is to procure the Love of Woman, and to tell Things Past, Present, and to Come. He also procureth Friendship between Friends and Foes. He was of the Order of Potestates or Powers. He governeth 37 Legions of Spirits, and his Seal is this, to be made and worn before thee, etc.

Dictionnaire Infernal (Jacques Collin de Plancy, 1863) says ...

Wall, great and powerful Duke of the somber empire; he had the form of a dromedary, tall and terrible; if he takes human form, he speaks Egyptian; he knows the present, the past, and the future; he was of the order of Powers. Thirty six legions are under his orders.

Additional insight unlocked with the Witches' Key ...

Uvall speaks colloquial Coptic, and ONLY Coptic. However, he communicates most plainly via smoke, and he can communicate with a speaker of any language using this visual medium. For students of ancient Mediterranean and near Eastern languages and culture, he can help with learning and using Coptic. Since the Greek Magical Papyri is written largely in Coptic and Demotic, some Witches and Mages will find this to be a great boon.

He can get a woman to love his Conjurer (whether the Conjurer is male or female), and he establishes friendships and alliances.

He is a master of divination, all forms. He can help the Witch become superiorly skilled at any divinatory form or tool they wish to use. His greatest strength is with seership, though, so Witches who wish to make a living as a seer will find that task easier with him as an ally.

His sigil is a camel.

Haagenti - by Laurelei Black

Haagenti

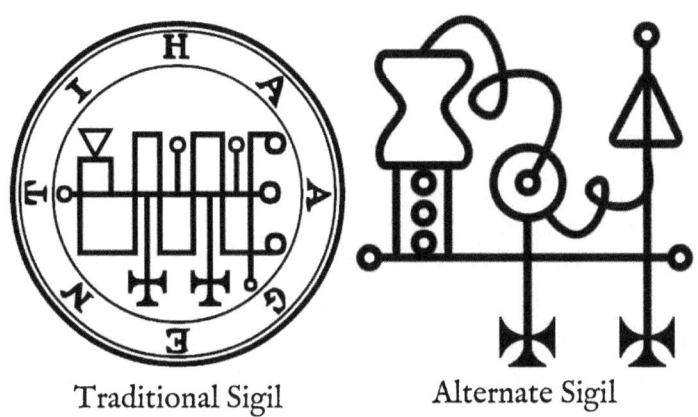

Traditional Sigil   Alternate Sigil

Number in Lemegeton	48
Rank in Lemegeton	President
Astrological Sign	
Planet	
Element	
Direction	
Area(s) of Influence & Interest	Alchemy, Transmutation, Tranformation
Grimoires Which Mention	*Book of Incantations*, *The Discoverie of Witchcraft*, *Pseudomonarchia Daemonum*, and *The Lesser Key of Solomon*

Psuedomonarchia Daemonum (Johann Weyer, 1583) says ...

Haagenti is a great president, appearing like a great bull, having the wings of a griphen, but when he taketh humane shape, he maketh a man wise in everie thing, he changeth all mettals into gold, and changeth wine and water the one into the other, and commandeth as manie legions as *Zagan*.

The Lesser Key of Solomon, the Goetia (Thomas Rudd c. 1650; trans. & ed. Mathers/Crowley, 1904) says ...

The Forty-eighth Spirit is Haagenti. He is a President, appearing in the Form of a Mighty Bull with Gryphon's Wings. This is at first, but after, at the Command of the Exorcist he putteth on Human Shape. His Office is to make Men wise, and to instruct them in divers things; also to Transmute all Metals into Gold; and to change Wine into Water, and Water into Wine. He governeth 33 Legions of Spirits, and his Seal is this, etc.

Additional insight unlocked with the Witches' Key ...

He is a pansophist — one who is wise or knowledgeable on all topics. He is a great ally for students, researchers, and others with an unquenchable thirst for knowledge. He is a philosopher and alchemist by nature, meaning that he is gifted at deep contemplation and critical thinking, and that he loves putting ideas to the test in experimental settings.

His sigil is meant to represent alchemical equipment.

CROCELL - BY LAURELEI BLACK

Crocell

Procell. Crokel

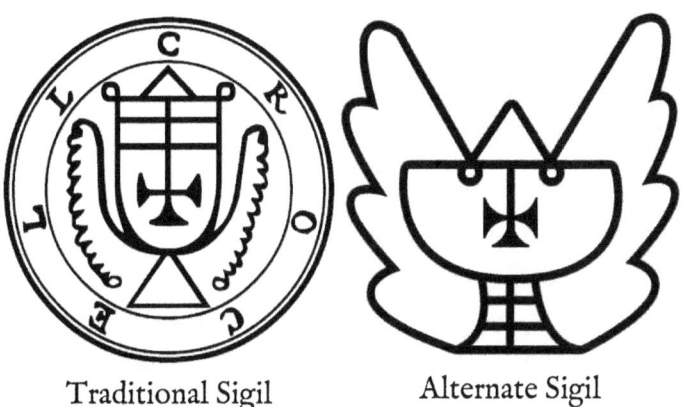

Traditional Sigil　　Alternate Sigil

Number in Lemegeton	49
Rank in Lemegeton	Duke
Astrological Sign	Cancer
Planet	Saturn
Element	Water
Direction	
Area(s) of Influence & Interest	Liberal Sciences; Water, Sea, Sailing; Mathematics
Grimoires Which Mention	*Book of Incantations, The Discoverie of Witchcraft, The Book of Spirits, Pseudomonarchia Daemonum,* and *The Lesser Key of Solomon*

Psuedomonarchia Daemonum (Johann Weyer, 1583) says ...

Procell is a great and a strong duke, appearing in the shape of an angell, but speaketh verie darklie of things hidden, he teacheth geometrie and all the liberall arts, he maketh great noises, and causeth the waters to rore, where are none, he warmeth waters, and distempereth bathes at certeine times, as the exorcist appointeth him, he was of the order of potestats, and hath fourtie eight legions under his power.

The Lesser Key of Solomon, the Goetia (Thomas Rudd c. 1650; trans. & ed. Mathers/Crowley, 1904) says ...

The Forty-ninth Spirit is Crocell, or Crokel. He appeareth in the Form of an Angel. He is a Duke Great and Strong, speaking something Mystically of Hidden Things. He teacheth the Art of Geometry and the Liberal Sciences. He, at the Command of the Exorcist, will produce Great Noises like the Rushings of many Waters, although there be none. He warmeth Waters, and discovereth Baths. He was of the Order of Potestates, or Powers, before his fall, as he declared unto the King Solomon. He governeth 48 Legions of Spirits. His Seal is this, the which wear thou as aforesaid.

Additional insight unlocked with the Witches' Key ...

Crocell speaks in riddles.

He is very knowing in water magick, and he is an excellent companion for Water Witches. He communicates through the sounds of waterfalls, running streams, ocean waves, and other living water. He is excellent for those drawn to water-dowsing.

Crocell's sigil is an angelic cup.

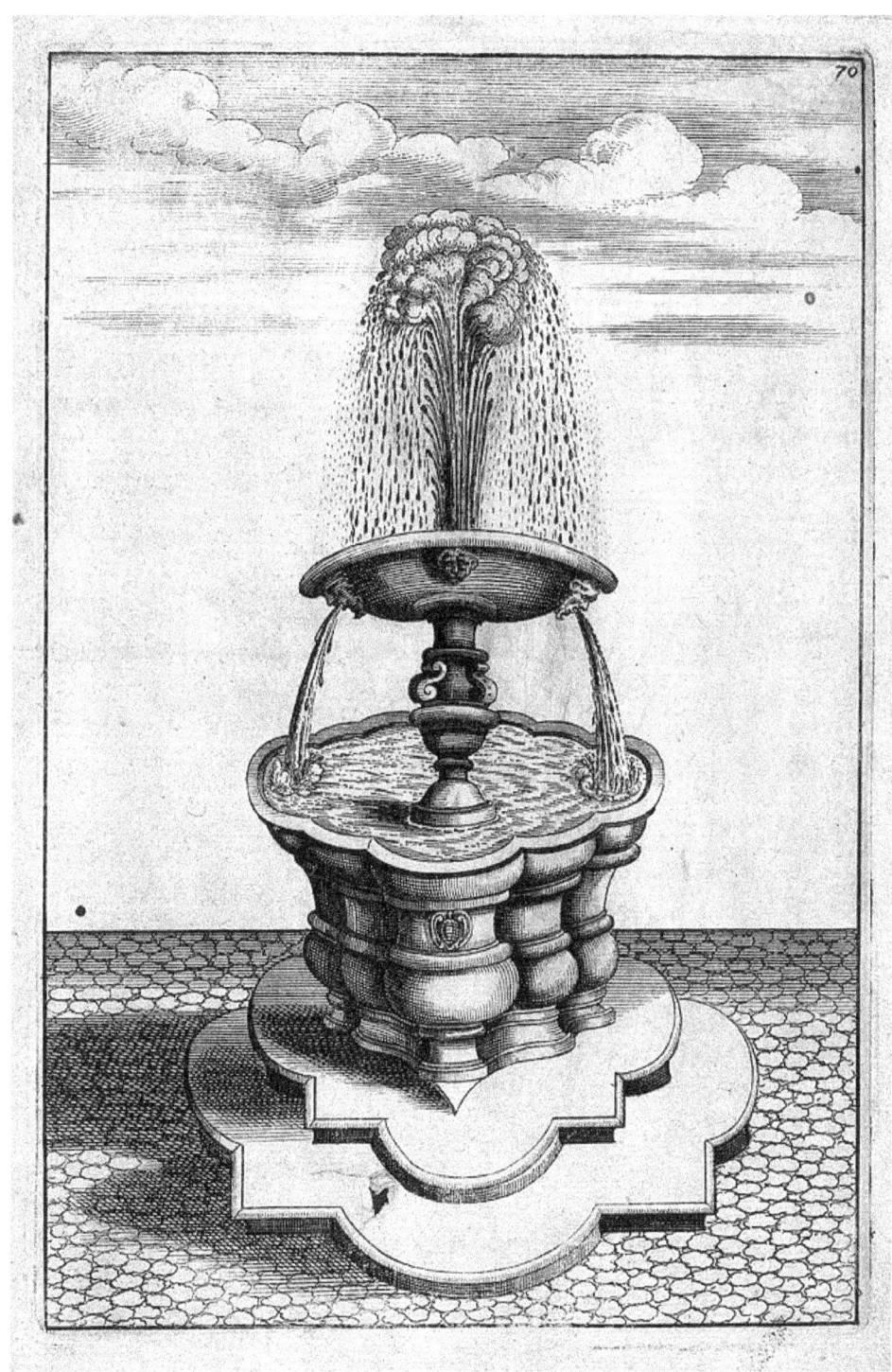

Furcas - by Laurelei Black

Furcas

Traditional Sigil

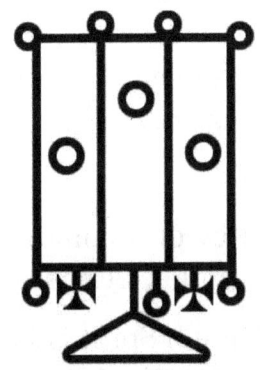
Alternate Sigil

Number in Lemegeton	50
Rank in Lemegeton	Knight
Astrological Sign	
Planet	
Element	Fire
Direction	
Area(s) of Influence & Interest	Astronomy, Astrology, Star Lore; Liberal Sciences; Philosophy; Rhetoric, Communication, Debate
Grimoires Which Mention	*Book of Incantations, The Discoverie of Witchcraft, Pseudomonarchia Daemonum,* and *The Lesser Key of Solomon*

Psuedomonarchia Daemonum (Johann Weyer, 1583) says ...

Furcas is a knight and commeth foorth in the similitude of a cruell man, with a long beard and a hoarie head, he sitteth on a pale horsse, carrieng in his hand a sharpe weapon [dart or spear], he perfectlie teacheth practike philosophie, rhetorike, logike, astronomie, chiromancie, pyromancie, and their parts: there obeie him twentie legions.

The Lesser Key of Solomon, the Goetia (Thomas Rudd c. 1650; trans. & ed. Mathers/Crowley, 1904) says ...

The Fiftieth Spirit is Furcas. He is a Knight, and appeareth in the Form of a Cruel Old Man with a long Beard and a hoary Head, riding upon a pale-coloured Horse, with a Sharp Weapon in his hand. His Office is to teach the Arts of Philosophy, Astrology, Rhetoric, Logic, Cheiromancy, and Pyromancy, in all their parts, and perfectly. He hath under his Power 20 Legions of Spirits. His Seal, or Mark, is thus made, etc.

Additional insight unlocked with the Witches' Key ...

Furcas looks like a gruff and grumpy old man with a long beard and gray hair, riding upon a pale-colored horse, with a sharp weapon in his hand. His demeanor is indeed quite gruff, but he is not a dangerous Spirit for the Witch.

He is a Spirit whose wisdom and magick are fueled by the Fire Mysteries. He teaches of starfire (astrology), soulfire (philosophy), the "lamp of reason" (logic), palmistry, and pyromancy.

The hermit card in the Tarot depicts a gray-haired, often socially awkward man who holds the lit lamp of Wisdom. Furcas can be clearly seen in this image. His sigil is the lamp.

Balam - by Laurelei Black

Balam

Balaam

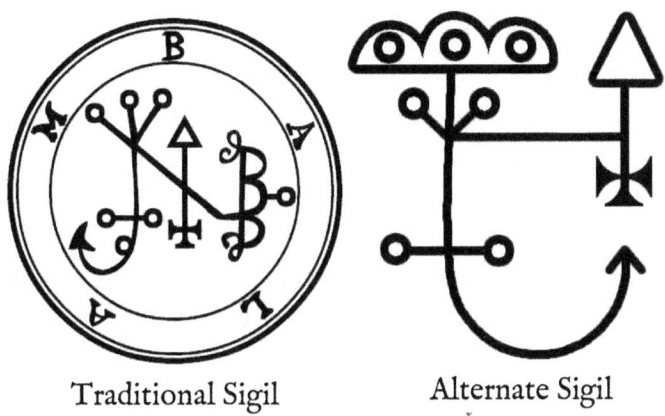

Traditional Sigil   Alternate Sigil

Number in Lemegeton	51
Rank in Lemegeton	King
Astrological Sign	
Planet	
Element	
Direction	
Area(s) of Influence & Interest	Liberal Sciences; Divination, Scrying, Visions
Grimoires Which Mention	*Book of Incantations, The Sixth and Seventh Books of Moses, The Discoverie of Witchcraft, Pseudomonarchia Daemonum, The Lesser Key of Solomon,* and *Dictionnaire Infernal*

Psuedomonarchia Daemonum (Johann Weyer, 1583) says ...

Balam is a great and a terrible king, he commeth foorth with three heads, the first of a bull, the second of a man, the third of a ram, he hath a serpents taile, and flaming eies, riding upon a furious [very powerful] beare, and carrieng a hawke on his fist, he speaketh with a hoarse voice, answering perfectlie of things present, past, and to come, hee maketh a man invisible and wise, hee governeth fourtie legions, and was of the order of dominations.

The Lesser Key of Solomon, the Goetia (Thomas Rudd c. 1650; trans. & ed. Mathers/Crowley, 1904) says ...

The Fifty-first Spirit is Balam or Balaam. He is a Terrible, Great, and Powerful King. He appeareth with three Heads: the first is like that of a Bull; the second is like that of a Man; the third is like that of a Ram. He hath the Tail of a Serpent, and Flaming Eyes. He rideth upon a furious Bear, and carrieth a Goshawk upon his Fist. He speaketh with a hoarse Voice, giving True Answers of Things Past, Present, and to Come. He maketh men to go Invisible, and also to be Witty. He governeth 40 Legions of Spirits. His Seal is this, etc.

Additional insight unlocked with the Witches' Key ...

Balam can be an unkind Spirit, though he is not usually dangerous. He is a Spirit of "brutal honesty." For this reason, he appears with a fearsome visage and is often viewed as frightening or unkind. However, S assures us all that he is not a dangerous Spirit for Witches to summon. Indeed, some Witches will appreciate the full and unvarnished truth, and may even be known for dispensing it themselves. He has a good, although somewhat scathing, sense of humor, which can rub off on those with whom he is a Familiar.

Alloces - by laurelei black

Alloces

Alocer, Allocer, Alocas

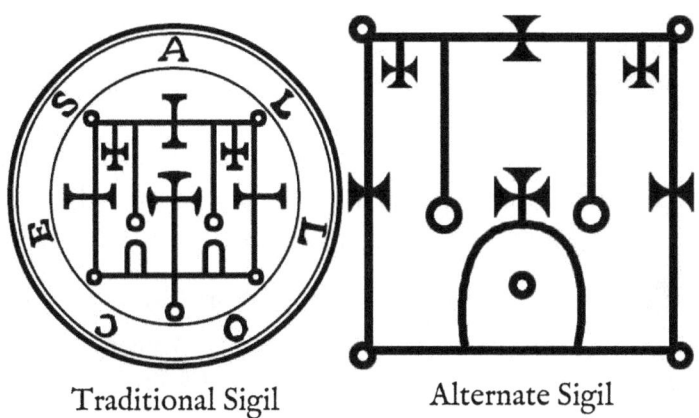

Traditional Sigil   Alternate Sigil

Number in Lemegeton	52
Rank in Lemegeton	Duke
Astrological Sign	Leo
Planet	Mars
Element	Fire
Direction	
Area(s) of Influence & Interest	Astronomy, Astrology, Star Lore; Good Familiars; Liberal Sciences
Grimoires Which Mention	*Book of Incantations, The Discoverie of Witchcraft, The Book of the Office of Spirits, The Book of Oberon, Pseudomonarchia Daemonum, The Lesser Key of Solomon,* and *Dictionnaire Infernal*

Psuedomonarchia Daemonum (Johann Weyer, 1583) says ...

Allocer [Alocer] is a strong duke and a great, he commeth foorth like a soldier, riding on a great horsse, he hath a lions face, verie red, and with flaming eies, he speaketh with a big voice, he maketh a man woonderfull in astronomie, and in all the liberall sciences, he bringeth good familiars, and ruleth thirtie six legions.

The Lesser Key of Solomon, the Goetia (Thomas Rudd c. 1650; trans. & ed. Mathers/Crowley, 1904) says ...

The Fifty-second Spirit is Alloces, or Alocas. He is a Duke, Great, Mighty, and Strong, appearing in the Form of a Soldier riding upon a Great Horse. His Face is like that of a Lion, very Red, and having Flaming Eyes. His Speech is hoarse and very big. His Office is to teach the Art of Astronomy, and all the Liberal Sciences. He bringeth unto thee Good Familiars; also he ruleth over 36 Legions of Spirits. His Seal is this, which, etc.

Dictionnaire Infernal (Jacques Collin de Plancy, 1863) says ...

Alocer, powerful demon, Grand Duke of hell; he shows himself dressed like a night, mounted upon an enormous horse; his face recalls the features of a lion; he has an inflamed complexion, ardent eyes; he speaks gravely; he teaches the secrets of astronomy and the liberal arts; he dominates 36 legions.

Additional insight unlocked with the Witches' Key ...

He is an intimidating and unapproachable Spirit for those with whom he does not have affinity. For his friends, his appearance and sigil (an impenetrable wall) signify protection and inclusion in his Order.

He gives good Familiars. Those Spirits, though, like the Conjurers who work with Alloces, are often wise but not very kind.

Camio - by Laurelei Black

Camio

Cambra, Caim, Caym

Traditional Sigil   Alternate Sigil

Number in Lemegeton	53
Rank in Lemegeton	Duke
Astrological Sign	
Planet	Jupiter
Element	Air
Direction	
Area(s) of Influence & Interest	Divination, Scrying, Visions; Rhetoric, Communication, Debate
Grimoires Which Mention	*Book of Incantations, The Discoverie of Witchcraft, Pseudomonarchia Daemonum, The Lesser Key of Solomon,* and *Dictionnaire Infernal*

The Book of Oberon (Folger MS V.b.26,1577) says ...

Cambra, he hath power to teach the vertues of hearbes &

stones, & to make any bird tame & appeareth like a swane.

Psuedomonarchia Daemonum (Johann Weyer, 1583) says ...

Caim [Caym] is a great president, taking the forme of a thrush [blackbird], but when he putteth on man's shape, he answereth in burning ashes, carrieng in his hand a most sharpe sword, he maketh the best disputers, he giveth men the understanding of all birds, of the lowing of bullocks, and barking of dogs, and also of the sound and noise of waters, he answereth best of things to come, he was of the order of angels, and ruleth thirtie legions of divels.

The Lesser Key of Solomon, the Goetia (Thomas Rudd c. 1650; trans. & ed. Mathers/Crowley, 1904) says ...

The Fifty-third Spirit is Camio, or Caim. He is a Great President, and appeareth in the Form of the Bird called a Thrush at first, but afterwards he putteth on the Shape of a Man carrying in his Hand a Sharp Sword. He seemeth to answer in Burning Ashes, or in Coals of Fire. He is a Good Disputer. His Office is to give unto Men the Understanding of all Birds, Lowing of Bullocks, Barking of Dogs, and other Creatures; and also of the Voice of the Waters. He giveth True Answers of Things to Come. He was of the Order of Angels, but now ruleth over 30 Legions of Spirits Infernal. His Seal is this, which wear thou, etc.

Dictionnaire Infernal (Jacques Collin de Plancy, 1863) says ...

Caym, demon of a superior class, high president of hell. He usually shows himself in the guise of a blackbird. When he appears in human form, he responds from the midst of a burning brazier; he carries in his hand a tapering sword. He is, it is said, the most wise denizen of hell; and he could by the studiousness of his arguments cause the most seasoned logician to despair. It is with him that Luther had that famous dispute from which he has spared us the details. Caym gives the knowledge to make intelligible the songs of birds, the lowing of cattle, the barking of dogs, and the noise of the waves. He knows the future. Sometimes he shows himself as a man coifed with an egret headdress and adorned with a peacock tail. This demon, who was in olden times with the order of angels, commands at the present 30 legions in hell.

Additional insight unlocked with the Witches' Key ...

Camio communicates well through fire and ember scrying. He is talented at argumentation and debate, making him an excellent Familiar for lawyers, negotiators, and possibly even those involved in sales and customer service, who often need to fence and parry with objections, obstacles, and pain points from the people with whom they communicate regularly.

He helps the Conjurer find meaning in the voices of birds, cattle, dogs, and other animals. He also helps the Conjurer via auditory messages in water (like scrying, but aurally, not visually). He gives true answers of things to come.

His sigil is represents the thrush.

Murmur - by Laurelei Black

Murmur

Murmus, Murmux

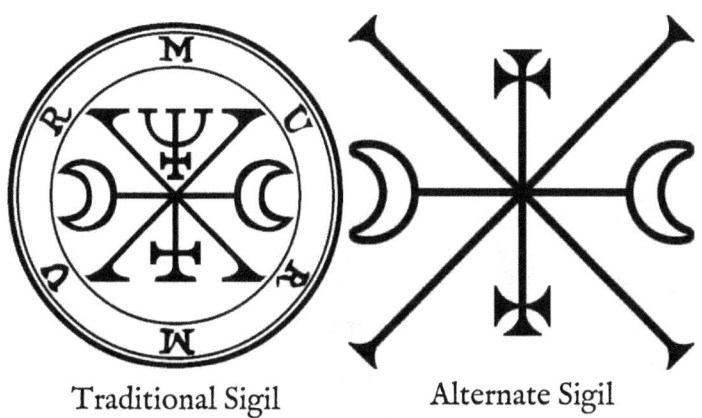

Traditional Sigil   Alternate Sigil

Number in Lemegeton	54
Rank in Lemegeton	Duke, Earl
Astrological Sign	
Planet	Moon
Element	Water
Direction	
Area(s) of Influence & Interest	Divination, Scrying, Visions; Necromancy; Philosophy
Grimoires Which Mention	*Book of Incantations, The Discoverie of Witchcraft, Pseudomonarchia Daemonum,* and *The Lesser Key of Solomon*

Psuedomonarchia Daemonum (Johann Weyer, 1583) says ...

Murmur is a great duke and an earle, appearing in the

shape of a souldier, riding on a griphen [vulture], with a dukes crowne on his head; there go before him two of his ministers, with great trumpets, he teacheth philosophie absolutelie, he constraineth soules to come before the exorcist, to answer what he shall aske them, he was of the order partlie of thrones, and partlie of angels, <and ruleth thirtie legions.>

The Lesser Key of Solomon, the Goetia (Thomas Rudd c. 1650; trans. & ed. Mathers/Crowley, 1904) says ...

The Fifty-fourth Spirit is called Murmur, or Murmus, or Murmux. He is a Great Duke, and an Earl; and appeareth in the Form of a Warrior riding upon a Gryphon, with a Ducal Crown upon his Head. There do go before him those his Ministers with great Trumpets sounding. His Office is to teach Philosophy perfectly, and to constrain Souls Deceased to come before the Exorcist to answer those questions which he may wish to put to them, if desired. He was partly of the Order of Thrones, and partly of that of Angels. He now ruleth 30 Legions of Spirits. And his Seal is this, etc.

Additional insight unlocked with the Witches' Key ...

Murmur's name originates from the murmuring or mumbling sounds he makes when speaking. He is not an eloquent speaker. In fact, when he uses his voice, it can be quite hard to make out what he's saying.

Previous Spirit indexes have indicated that a host of men and blaring trumpets precede him; however, he is truthfully very quiet in demeanor and speech.

He is a very philosophical Spirit, and has a deep connection with the Dead. He aids the Conjurer in communicating with the Dead, both by bringing Spirits to the Conjurer and by facilitating conversation and understanding.

He is very communicative in his own way – usually via a visual medium such as scrying or vision questing.

OROBAS - BY LAURELEI BLACK

Orobas

Traditional Sigil Alternate Sigil

Number in Lemegeton	55
Rank in Lemegeton	Prince
Astrological Sign	
Planet	
Element	
Direction	
Area(s) of Influence & Interest	Mysteries, Hidden Things, Secrets; Reputation, Dignity, Honors, Praise; friendships, Alliances
Grimoires Which Mention	*Book of Incantations, The Book of Oberon, The Discoverie of Witchcraft,*

Pseudomonarchia Daemonum, The Lesser Key of Solomon, and *Dictionnaire Infernal*

Psuedomonarchia Daemonum (Johann Weyer, 1583) says ...

Orobas is a great prince, he commeth foorth like a horsse, but when he putteth on him a mans idol [image], he talketh of divine vertue, he giveth true answers of things present, past, and to come, and of the divinitie, and of the creation, he deceiveth none, nor suffereth anie to be tempted, he giveth dignities and prelacies, and the favour of freends and foes, and hath rule over twentie legions.

The Lesser Key of Solomon, the Goetia (Thomas Rudd c. 1650; trans. & ed. Mathers/Crowley, 1904) says ...

The Fifty-fifth Spirit is Orobas. He is a great and Mighty Prince, appearing at first like a Horse; but after the command of the Exorcist he putteth on the Image of a Man. His Office is to discover all things Past, Present, and to Come; also to give Dignities, and Prelacies, and the Favour of Friends and of Foes. He giveth True Answers of Divinity, and of the Creation of the World. He is very faithful unto the Exorcist, and will not suffer him to be tempted of any Spirit. He governeth 20 Legions of Spirits. His Seal is this, etc.

Dictionnaire Infernal (Jacques Collin de Plancy, 1863) says ...

Orobas, high Prince of the somber empire. One sees him in the form of a beautiful horse. When he appears in the form of a man, he speaks of the Divine essence. Consulted, he gives responses on the past, the present, and the future. He discovers falsehood, grants favors and help, reconciles enemies, and has 20 legions under his orders.

Additional insight unlocked with the Witches' Key ...

Orobas is a Spirit who can help a Witch build their reputation — at work, in the community, among other Witches, or however they wish. Orobas himself is a very popular Spirit among modern occultists, and he can leverage that popularity to help the Witch or Mage build their own renown.

This is especially true if the Witch is hoping to build a platform based on their spirituality and magick while simultaneously seeking to grow in these areas. Orobas is deeply spiritual and philosophical.

He also offers protection during vulnerable, fledgling times. He helps bolster the Witch's self-image and confidence while sheltering them from really nasty criticism.

He is very wise and can help the Master understand spiritual matters and Mysteries. He is very faithful to his Master, and he offers protection from harmful Spirits.

His sigil is meant to represent portals because he is ultimately an opener of doorways to new opportunities and enlightenment.

GREMORY - BY J. BLACKTHORN

Gremory

Gemyem, Gamori, Gomory, Carmerin, Cayenam

Traditional Sigil   Alternate Sigil

Number in Lemegeton	56
Rank in Lemegeton	Duchess
Astrological Sign	Cancer
Planet	Venus
Element	Water
Direction	
Area(s) of Influence & Interest	Divination, Scrying, Visions; Love, Lust, Sex; Mysteries, Hidden Things, Secrets
Grimoires Which Mention	*Book of Incantations, The Discoverie of Witchcraft, The Book of Spirits, The Book of Oberon, Pseudomonarchia Daemonum, The Lesser Key of Solomon,* and *Dictionnaire Infernal*

The Book of Oberon (Folger MS V.b.26, 1577) says ...

> Gemyem a strong duke, appeareth like a ffayere woman & crowned with the crowne of a dutches, & rideth upon a camell, & giveth trwe knowledge of thinges past present & to come, & of hidd treasures, in the which places doe appeare halfe woomen, & he is a prince, & a companion of the love of woemen, & especially of Maydens, & under him ar 42 legions.

> Carmerin vel Cayenam a lord, he appeareth like a bewtyfull woman, & crowned with a double crowne, & rydeth upon a Cammell, & telleth the truth of seecret treasures & specially where woomen be seene, & he is a prince therof & keeper of them, & hath under him 30 legions.

Psuedomonarchia Daemonum (Johann Weyer, 1583) says ...

> *Gomory* a strong and a mightie duke, he appeareth like a faire woman, with a duchesse crownet about hir midle, riding on a camell, he answereth well and truelie of things present, past, and to come, and of treasure hid, and where it lieth: he procureth the love of women, especiallie of maids, and hath six and twentie legions.

The Lesser Key of Solomon, the Goetia (Thomas Rudd c. 1650; trans. & ed. Mathers/Crowley, 1904) says ...

> The Fifty-sixth Spirit is Gremory, or Gamori. He is a Duke Strong and Powerful, and appeareth in the Form of a Beautiful Woman, with a Duchess's Crown tied about her waist, and riding on a Great Camel. His Office is to tell of all Things Past, Present, and to Come; and of Treasures hid, and what they lie in; and to procure the Love of Women both Young and Old. He governeth 26 Legions of Spirits, and his Seal is this, etc.

Dictionnaire Infernal (Jacques Collin de Plancy, 1863) says ...

Gomory, powerful Duke of hell; he appears in the form of a woman; he has a ducal crown on his head, and he is mounted on a camel. He responds concerning the present, the past, and the future; he can discover hidden treasures; he commands 26 legions.

Additional insight unlocked with the Witches' Key ...

Gremory, or Gamori, is a strong, beautiful, and powerful woman with red hair riding upon a black camel. She is related to Lilith and to Babalon in a great many ways. And she particularly enjoys working with female-identified Witches who either have red hair or who work closely with these Goddesses. She has especially close affinity with women like this who identify as lesbian or bisexual.

She can help the Witch uncover treasure, both spiritual and physical, through the use of their psychic abilities. Furthermore, she is a very sexually intense, liberated, and empowered Witch, and she has a great deal to teach and share regarding sacred sexuality, sacred relationship, and sex magick.

She is gifted at helping both men and women to obtain the affections of women, whether young or old. However, she will not be involved in coercive or non-consensual means of inducement. And in fact, she can be a force of justice and retribution for women who have been raped and abused in love.

Gremory is also very attracted to working with women whose work uplifts and empowers other women. She can often be found and felt in collectives of women who engage in Soul-healing. A warning, though: she will abandon a Witch who purports to uplift with one hand but actively tears down with the other hand.

Gremory's sigil is a veiled and crowned woman.

OSE - BY LAURELEI BLACK

Ose

Oso, Oze, Ozia, Voso, Ochosi, Oxochis, Ososi

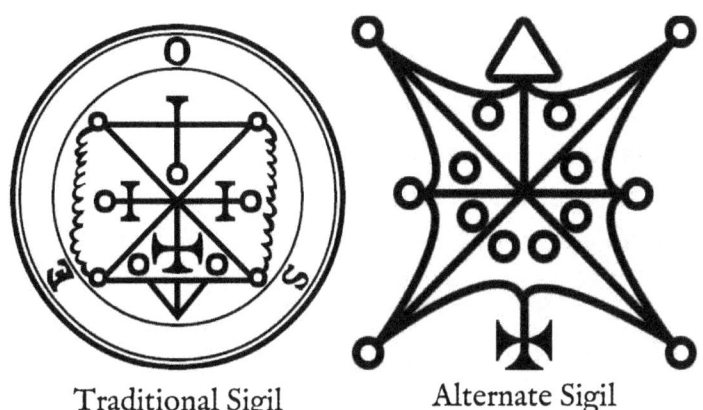

Traditional Sigil | Alternate Sigil

Number in Lemegeton	57
Rank in Lemegeton	President
Astrological Sign	
Planet	Mercury
Element	
Direction	East
Area(s) of Influence & Interest	Divination, Scrying, Visions; Liberal Sciences; Shapeshifting
Grimoires Which Mention	*Book of Incantations, The Discoverie of Witchcraft, The Book of Spirits, The Book of the Office of Spirits, Pseudomonarchia Daemonum,* and *The Lesser Key of Solomon*

The Book of Oberon (Folger MS V.b.26,1577) says ...

Oze, & he hath power when he receaveth shape of a man to teache the 7 artes liberall & to tell all seecrets, to chaunge a man into another shape, & he appeareth in liknes of a leoparde.

Ozia, he can teach all manner of artes or scyences, invisibilitye & give favoure of enemies, he can carry one from one place to another & that uppon a sodaine he appeareth like an old man rydinge like an elephant.

Psuedomonarchia Daemonum (Johann Weyer, 1583) says ...

Ose [Oze] is a great president, and commeth foorth like a leopard, and counterfeting to be a man, he maketh one cunning in the liberall sciences, he answereth truelie of divine and secret things, he transformeth a mans shape, and bringeth a man to that madnes [*or*, "drives insanity away"], that he thinketh himselfe to be that which he is not; as that he is a king or a pope, or that he weareth a crowne on his head, *Durátque id regnum ad horam* [and makes the kingdom of time endure (?).]

The Lesser Key of Solomon, the Goetia (Thomas Rudd c. 1650; trans. & ed. Mathers/Crowley, 1904) says ...

The Fifty-seventh Spirit is Oso, Osé, or Voso. He is a Great President, and appeareth like a Leopard at the first, but after a little time he putteth on the Shape of a Man. His Office is to make one cunning in the Liberal Sciences, and to give True Answers of Divine and Secret Things; also to change a Man into any Shape that the Exorcist pleaseth, so that he that is so changed he will not think any other thing than that he is in verity that Creature or Thing he is changed into. He governeth 30 Legions of Spirits, and this is his Seal, etc.

Additional insight unlocked with the Witches' Key ...

He is known as Ochosi (Oxochis, Ososi) within Yoruban-derived religious systems.

Oso is a shaman, and he very often appears in a state of partial transformation, showing his ability to shape-shift. In this sense, he can change a person into any shape they wish, even to the extent that they believe for a time that they are that animal in truth. The animal most commonly associated with him is the leopard or jaguar.

He (and his chosen Conjurers) often work with entheogens and hallucinogens in order to find meaning and wisdom.

His sigil is a leopard skin.

AMY - BY LAURELEI BLACK

Amy

Gamor, Ami, Amie, Avnas, Hanar

Traditional Sigil　　Alternate Sigil

Number in Lemegeton	58
Rank in Lemegeton	President
Astrological Sign	
Planet	
Element	Fire
Direction	
Area(s) of Influence & Interest	Astronomy, Astrology, Star Lore; Liberal Sciences
Grimoires Which Mention	*Book of Incantations*, *The Discoverie of Witchcraft*, *Pseudomonarchia Daemonum*, and *The Lesser Key of Solomon*

The Book of Oberon (Folger MS V.b.26, 1577) says …

Gamor, when he receives [a] man's shape, he can mervelously informe thee in astronomye, & all the rest of the sciences, he cane informe thee to have the favour of greate estates, & can shewe treasures hidd, & what the spirrits be that keepe the same, & he appeares as a sparcke of fier

Hanar, a greate prince, he appeareth in a flame of fier, & will take one him the forme of a man, & he is couninge in astronomye, & telleth where treasures be that are kept with spirits, howe manie they be & what they be, & he giveth favour to the M[aiste]r & under him be 8 legions.

Psuedomonarchia Daemonum (Johann Weyer, 1583) says ...

Amy is a great president, and appeareth in a flame of fier, but having taken mans shape, he maketh one marvelous in astrologie, and in all the liberall sciences, he procureth excellent familiars, he bewraieth treasures preserved by spirits, he hath the governement of thirtie six legions, he is partlie of the order of angels, partlie of potestats, he hopeth after a thousand two hundreth yeares to returne to the seventh throne: which is not credible.

The Lesser Key of Solomon, the Goetia (Thomas Rudd c. 1650; trans. & ed. Mathers/Crowley, 1904) says ...

The Fifty-eighth Spirit is Amy, or Avnas. He is a Great President, and appeareth at first in the Form of a Flaming Fire; but after a while he putteth on the Shape of a Man. His office is to make one Wonderful Knowing in Astrology and all the Liberal Sciences. He giveth Good Familiars, and can bewray Treasure that is kept by Spirits. He governeth 36 Legions of Spirits, and his Seal is this, etc.

Additional insight unlocked with the Witches' Key ...

Amy is also called Ami (which means "friend" in French

and shows the Familiar nature of this Spirit). Ami is one of the more well-known Witches' Familiars from medieval texts and Witch trial records (being noted in the trial of Rebecca Jones and in the list of Familiars noted by Witch-Finder General, Matthew Hopkins).

Amy appears as a Fire Elemental, neither male nor female — although some systems associate Fire with a particular gendered energy, often masculine. Fire is neither good nor bad in nature. It is, however, a force of massive transformation, illumination, and energy generation.

Amy is able to make the Witch very learned in astronomy, which we might think of as Starfire, or the motion thereof. They are also credited with teaching the liberal sciences. Specifically, Amy teaches about the physical and mystical properties of Fire. Some vocations associated with these arts include smithing, all culinary arts, welding, HVAC, firefighting, astronomy, astrophysics, chemistry, etc.

Their sigil is a creature of fire.

ORIAX - BY LAURELEI BLACK

Oriax

Orias

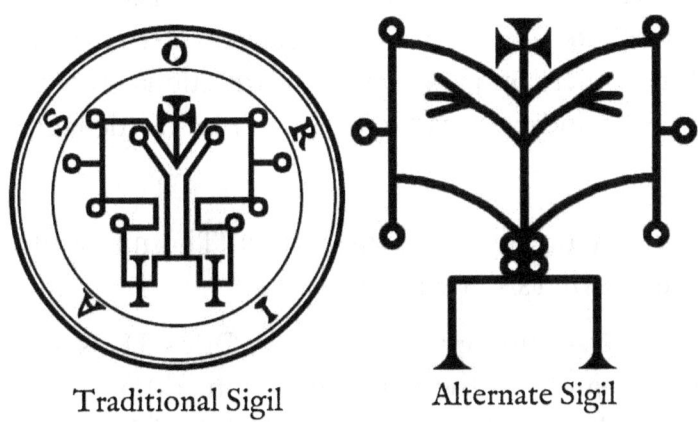

Traditional Sigil — Alternate Sigil

Number in Lemegeton	59
Rank in Lemegeton	Marquis
Astrological Sign	Leo
Planet	
Element	
Direction	
Area(s) of Influence & Interest	Alchemy, Transmutation, Transformation; Astronomy, Astrology, Star Lore; Reputation, Dignity, Honors
Grimoires Which Mention	*Book of Incantaions, Hygromanteia, Testament of Solomon, The Discoverie of Witchcraft, Pseudomonarchia Daemonum,* and *The Lesser Key of Solomon*

Psuedomonarchia Daemonum (Johann Weyer, 1583) says ...

Orias is a great marquesse, and is seene as a lion riding on a strong horsse, with a serpents taile, and carrieth in his right hand two great serpents hissing, he knoweth the mansion of planets and perfectlie teacheth the vertues of the starres, he transformeth men, he giveth dignities, prelacies, and confirmations, and also the favour of freends and foes, and hath under him thirtie legions.

The Lesser Key of Solomon, the Goetia (Thomas Rudd c. 1650; trans. & ed. Mathers/Crowley, 1904) says ...

The Fifty-ninth Spirit is Oriax, or Orias. He is a Great Marquis, and appeareth in the Form of a Lion, riding upon a Horse Mighty and Strong, with a Serpent's Tail; and he holdeth in his Right Hand two Great Serpents hissing. His Office is to teach the Virtues of the Stars, and to know the Mansions of the Planets, and how to understand their Virtues. He also transformeth Men, and he giveth Dignities, Prelacies, and Confirmation thereof; also Favour with Friends and with Foes. He doth govern 30 Legions of Spirits; and his Seal is this, etc.

Additional insight unlocked with the Witches' Key ...

Oriax comes in the shape of a man with a lion's face, and he often appears with many legs. He has unnaturally long and slender fingers. He is another inter-dimensional traveler (like Purson). It is not inaccurate to call him an alien (xenos).

He is concerned with Star lore and the metaphysical properties of various heavenly bodies. This includes astrology but also includes sciences and arts for which we haven't properly developed names. He can help the Witch dive deeply into planetary magick, but he has much more to share about working in conjunction with other stars, constellations, and galaxies in order to fuel sorcerous workings, divine true answers, and uncover stellar mysteries. The Witches and Mages who work closely with him will be positioned to bring new metaphysical insights to the occult world.

He relays a method of astral body manipulation (shapeshifting) that is different than we often see, which is part of what is meant by "transforming men" in the older Spirit indexes above. But also, he steps his Witches through a series of stellar initiations that transform their Souls in ways that are recognizable to those around them. It is this process of initiation and enlightenment that ultimately brings favors and honor to the Conjurer.

He is very helpful and very friendly.

His sigil looks like a thin angel.

VAPULA- BY LAURELEI BLACK

Vapula

Fewrayn, Naphula

Traditional Sigil   Alternate Sigil

Number in Lemegeton	60
Rank in Lemegeton	Duchess
Astrological Sign	Cancer, Virgo, Libra, Pisces
Planet	Venus
Element	Water
Direction	
Area(s) of Influence & Interest	Liberal Sciences; Love, Lust, Romance; Philosophy
Grimoires Which Mention	*Book of Incantations, The Discoverie of Witchcraft, Pseudomonarchia Daemonum,* and *The Lesser Key of Solomon*

The Book of Oberon (Folger MS V.b.26, 1577) says ...

Fewrayn a governour or marques, appeareth like the countenaunce of a woman, & seameth to be meeke & giveth the love of women & he teacheth all tongs & that marvelously, & truly, & hath under him 9 legions.

Psuedomonarchia Daemonum (Johann Weyer, 1583) says ...

Vapula is a great duke and a strong, he is seene like a lion with griphens wings, he maketh a man subtill and wonderfull in handicrafts [mechanics], philosophie, and in sciences conteined in bookes, and is ruler over thirtie six legions.

The Lesser Key of Solomon, the Goetia (Thomas Rudd c. 1650; trans. & ed. Mathers/Crowley, 1904) says ...

The Sixtieth Spirit is Vapula, or Naphula. He is a Duke Great, Mighty, and Strong; appearing in the Form of a Lion with Gryphon's Wings. His Office is to make Men Knowing in all Handcrafts and Professions, also in Philosophy, and other Sciences. He governeth 36 Legions of Spirits, and his Seal or Character is thus made, and thou shalt wear it as aforesaid, etc.

Additional insight unlocked with the Witches' Key ...

She is reminiscent of a Victorian-era lady, in many ways. Prim by contemporary standards, and very polite. She is delicately feminine, very friendly and engaging, and almost hopelessly romantic without coming across as effulgent or silly. In this regard, she can act as a sort of matchmaker for male Witches with whom she works, helping them find and win the love of a woman. She isn't as skilled at helping the female Witches attract men, however; though she has been successfully involved in securing several lifelong asexual relationships for folks of all genders.

Vapula is quite old-fashioned in her demeanor and interests. She can assist her Witches in all handicrafts and professions, but she tends to be most drawn to assisting with traditional arts, crafts, philosophies, and sciences. Witches with a flare for vintage style or historical reenactment may find particular affinity with Vapula, as will those who pursue traditional arts, crafts, and folkways.

Her sigil looks like an angel bearing a heart.

ZAGAN - BY LAURELEI BLACK

Zagan

Zagayne, Zagam, Dagon, Dogon

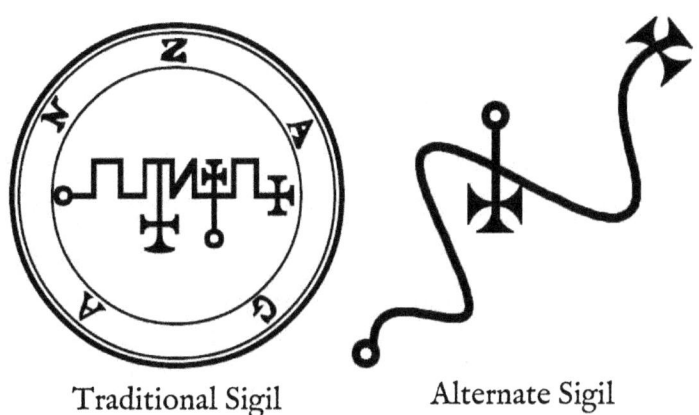

Traditional Sigil   Alternate Sigil

Number in Lemegeton	61
Rank in Lemegeton	King, President
Astrological Sign	
Planet	
Element	
Direction	
Area(s) of Influence & Interest	Alchemy, Transmutation, Transformation
Grimoires Which Mention	*Book of Incantations, The Discoverie of Witchcraft, The Book of Spirits, The Book of the Office of Spirits, The Book of Oberon, Pseudomonarchia Daemonum,* and *The Lesser Key of Solomon*

The Book of Oberon (Folger MS V.b.26,1577) says ...

Zagayne & when he receaveth mans shape, he geveth wisedome, turneth earth into any kind of mettall, alsoe he cane turne water into wyne, & of a foole make a wise man & appeareth like a wild bull.

Psuedomonarchia Daemonum (Johann Weyer, 1583) says ...

Zagan [Zagam] is a great king and a president, he commeth abroad like a bull, with griphens wings, but when he taketh humane shape, he maketh men wittie, he turneth all mettals into the coine of that dominion, and turneth water into wine, and wine into water, he also turneth bloud into <wine> [oil], & <wine> [oil] into bloud, & a foole into a wise man, he is head of thirtie and three legions.

The Lesser Key of Solomon, the Goetia (Thomas Rudd c. 1650; trans. & ed. Mathers/Crowley, 1904) says ...

The Sixty-first Spirit is Zagan. He is a Great King and President, appearing at first in the Form of a Bull with Gryphon's Wings; but after a while he putteth on Human Shape. He maketh Men Witty. He can turn Wine into Water, and Blood into Wine, also Water into Wine. He can turn all Metals into Coin of the Dominion that Metal is of. He can even make Fools wise. He governeth 33 Legions of Spirits, and his Seal is this, etc.

Additional insight unlocked with the Witches' Key ...

Zagan is, in actuality, Dagon or Dagan — a Semitic God of great power and renown. Goetic lore incorporates some symbolism that wasn't his as the head of the Philistine's pantheon and prominent figure in other ancient Near Eastern pantheons, to our knowledge. For instance, he appears before the Conjurer as a bull with gryphon's wings before appearing as a man. As he was anciently associated with the fish, he appears before some Witches even today as a merman.

Dagan had several epithets that can help us understand and connect with him as the Goetic Spirit Zagan. First, there are two root words that are associated with his name: *dgn (to be cloudy) and *dâg/dāg (fish). He was first a weather/rain God, and he was the father of Baal/Hadad (Spirit 1, Bael). Rain is very much associated with crop fertility, and so his role shifted to agriculture — grain, specifically. Along the coasts, though, the name Dagan was linked with the word for fish — the life-sustaining food resource for coastal communities. In both cases, abundance, water, life, and food were central themes.

Because Dagan was so prominently worshiped by the Philistines, Phoenicians, and Canaanites, we see him pitted in conflict with the Hebrew god Jehovah in several dramas. It is a temple of Dagon that the Hebrew hero Samson destroyed as his dying feat of strength. King Saul's head was displayed in a Dagon temple after Saul's death. And it is a Dagon temple where the Ark of the Covenant was placed, causing the temple icon of Dagon himself to be toppled (presumably by Jehovah) in the night, leaving only the "fish" portion of the fish-God's statue intact.

An old rivalry exists between Jehovah and Dagon, and Dagon's inclusion in the binding of the 72 Goetic Spirits was insult added to injury for the "Lord of Kings" — for Dagon bore this title long before Jehovah came to prominence.

Dagon says, "My rival has better reputation and now an army that nearly swallows the globe. Let him! Those who know me will learn the Mystery of the 'Dew on the Land,' and I can still 'cook my enemies on a fisherman's spit and lay them before you'."

Dagon/Zagan has learned many hard but sage lessons and teaches the mysteries of transformation. These were always in his repertoire, but they are more pronounced since he is no longer the preeminent Lord of Kings in his native territory. He teaches about inner as well as outer transformation, assisting his Witches with initiation along the path of enlightenment, body magick, glamoury, brewing / distilling, smelting, etc.

His sigil is meant to represent a snake (for transformation) or a merman.

Valak - by Laurelei Black

Valak

Coolor, Doolas, Volac, Valac, Valax, Valu, Ualac

Traditional Sigil   Alternate Sigil

Number in Lemegeton	62
Rank in Lemegeton	President
Astrological Sign	
Planet	
Element	Earth
Direction	
Area(s) of Influence & Interest	Dragon Mysteries, Serpent Mysteries
Grimoires Which Mention	*Book of Incantations, The Discoverie of Witchcraft, The Lesser Key of Solomon,*

Pseudomonarchia Daemonum, The Book of the Office of Spirits, The Book of Oberon, and *Dictionnaire Infernal*

The Book of Oberon (Folger MS V.b.26, 1577) says ...

Coolor, a greate prince, he appeareth like a child, & he hath whings like to a gooshaweke, & he rideth upon a dragone that hath 2 heades, & he giveth true aunsweres for hid treasures & he hath under him 13 legions.

Doolas a greate prince, he appeareth like a child & whings like an Aungell, he rideth upon a dragon, havinge 2 heades, & giveth true aunswere of hid treasures, & he keepeth all treasures where the serpents or drakes be seene to apeare, & he giveth & appointeth, the places where treasure is to all spirits to keepe, & he giveth a man all manner of howshould spirits, & without hime, none can do it, & he giveth to the m[aiste]r all manner of serpents & hath under him 20 legions.

Psuedomonarchia Daemonum (Johann Weyer, 1583) says ...

Valac [Volac] is a great president, and commeth abroad with angels wings like a boie, riding on a twoheaded dragon, he perfectlie answereth of treasure hidden, and where serpents may be seene, which he delivereth into the conjurors hands, void of anie force or strength, and hath dominion over thirtie legions of divels.

The Lesser Key of Solomon, the Goetia (Thomas Rudd c. 1650; trans. & ed. Mathers/Crowley, 1904) says ...

The Sixty-second Spirit is Volac, or Valak, Valax, Ualac, or Valu. He is a President Mighty and Great, and appeareth like a Child with Angel's Wings, riding on a Two-headed Dragon. His Office is to give True Answers of Hidden Treasures, and to tell where Serpents may be seen. The which he will bring unto the Exorciser without any Force or Strength being by him employed. He governeth 38 Legions of Spirits, and his Seal is thus.

Dictionnaire Infernal (Jacques Collin de Plancy, 1863) says ...

Volac, high president of hell; he appears in the form of a child with the wings of an angel, mounted on a two-headed dragon. He knows the position of the planets and the lurking places of serpents. Thirty legions obey him.

Additional insight unlocked with the Witches' Key ...

Valak is a mighty, old, and wise dragon; though he sometimes appears as a child riding upon a dragon.

He is wise but volatile, like a child with tantrums. He poses some threat to the Mage in the sense that those who work with him tend to develop hubris. They may be prone to seeing themselves as more wise, learned, or powerful than they are. Like Valak, they may give in to fits of self-indulgence and be unwilling to compromise in situations where they need to work with others.

Valak helps the Witch work with Dragon Mysteries and Serpent Mysteries. Among these are understanding and working with the Earth's ley lines and power centers as well as the body's energy meridians, chakras, and Kundalini energy. There are intersections between these areas of study and other types of metaphysics including weather magick and astrology.

Valak's sigil is meant to be a dragon.

Do Not Call

Andras

Traditional Sigil

Number in Lemegeton	63
Rank in Lemegeton	Marquis
Astrological Sign	
Planet	
Element	
Direction	
Alternative Spirits to Call	Raum, Focalor, Sabnock, Haures
Grimoires Which Mention	*Book of Incantations*, *The Discoverie of Witchcraft*, *Pseudomonarchia Daemonum*, *The Lesser Key of Solomon*, and *Dictionnaire Infernal*

Psuedomonarchia Daemonum (Johann Weyer, 1583) says ...

Andras is a great marquesse, and is seene in an angels shape with a head like a blacke night raven, riding upon a blacke and a verie strong woolfe, flourishing with a sharpe sword in his hand, he can kill the maister, the servant, and all assistants, he is author of discords, and ruleth thirtie legions.

The Lesser Key of Solomon, the Goetia (Thomas Rudd c. 1650; trans. & ed. Mathers/Crowley, 1904) says …

The Sixty-third Spirit is Andras. He is a Great Marquis, appearing in the Form of an Angel with a Head like a Black Night Raven, riding upon a strong Black Wolf, and having a Sharp and Bright Sword flourished aloft in his hand. His Office is to sow Discords. If the Exorcist have not a care, he will slay both him and his fellows. He governeth 30 Legions of Spirits, and this is his Seal, etc.

Dictionnaire Infernal (Jacques Collin de Plancy, 1863) says …

Andras, Grand Marquis of hell. One sees him with the body of an angel, the head of a screech owl, riding on a black wolf and carrying a pointed saber in his hand. He advises Those whom he favors on how to kill their enemies, masters and servants; he is the one who escalates discord and quarrels; He commands 30 legions.

Additional insight unlocked with the Witches' Key …

Andras appears as a coal black angel. His purpose is to cause discord and reap Souls.

His sigil looks like a "devil fish," S tells us. This is one of the common names of the Mobula mobular, or the giant devil ray. It is the only member of the mobulid species that lives in the Mediterranean Sea.

Haures - by Laurelei Black

Haures

Flaurus, Haures, Hauras, Havres, Flauros, Tamor, Chamor

| Traditional Sigil | Alternate Sigil |

Number in Lemegeton	64
Rank in Lemegeton	Duke
Astrological Sign	
Planet	Sun
Element	Fire
Direction	East
Area(s) of Influence & Interest	Destruction; Disease, Wounds (causing); Divination, Scrying, Visions; Mysteries, Hidden Things, Secrets
Grimoires Which Mention	*Book of Incantations, The Discoverie of Witchcraft, The Book of Spirits, Pseudo-monarchia Daemonum, The Lesser Key of Solomon,* and *Dictionnaire Infernal*

The Book of Oberon (Folger MS V.b.26, 1577) says ...

Tamor vel Chamor, a prince, he appeareth in a fyery flame, & deludinge the sight & soe blindeth the lookers one, & that with notable delaye, & when he is compelled, he taketh the forme of a man, & he is excellent in astronomie, & in all other liberall artes, & he giveth the best acquaintance & the favour of greate men & princes, & he telleth places where treasure is, that be not kept with spirits, & unde[r] him is legions 34.

Psuedomonarchia Daemonum (Johann Weyer, 1583) says ...

Flauros a strong duke, is seene in the forme of a terrible strong leopard, in humane shape, he sheweth a terrible countenance, and fierie eies, he answereth trulie and fullie of things present, past, and to come; if he be in a triangle, he lieth in all things and deceiveth in other things, and beguileth in other busines, he gladlie talketh of the divinitie, and of the creation of the world, and of the fall; he is constrained by divine vertue, and so are all divels or spirits, to burne and destroie all the conjurors adversaries. And if he be commanded, he suffereth the conjuror not to be tempted, and he hath twentie legions under him.

The Lesser Key of Solomon, the Goetia (Thomas Rudd c. 1650; trans. & ed. Mathers/Crowley, 1904) says ...

The Sixty-fourth Spirit is Haures, or Hauras, or Havres, or Flauros. He is a Great Duke, and appeareth at first like a Leopard, Mighty, Terrible, and Strong, but after a while, at the Command of the Exorcist, he putteth on Human Shape with Eyes Flaming and Fiery, and a most Terrible Countenance. He giveth True Answers of all things, Present, Past, and to Come. But if he be not commanded into a Triangle, he will Lie in all these Things, and deceive and beguile the Exorcist in these things, or in such and such business. He will, lastly, talk of the Creation of the World, and of

Divinity, and of how he and other Spirits fell. He destroyeth and burneth up those who be the Enemies of the Exorcist should he so desire it; also he will not suffer him to be tempted by any other Spirit or otherwise. He governeth 36 Legions of Spirits, and his Seal is this, to be worn as a Lamen, etc.

Dictionnaire Infernal (Jacques Collin de Plancy, 1863) says ...

Flauras, Grand general of hell. He was seen in the form of a terrible leopard. When he took human form, he wore a frightful face with burning eyes. He knows the past, the present and the future, raises all the demons or Spirits against their enemies, the exorcists, and commands 20 legions.

Additional insight unlocked with the Witches' Key ...

The Spirit Haures is known to Thelemites as Ra-Hoor Khuit.

He gives true answers regarding all queries, including how the Spirits "fell." This opens a set of Mysteries for the Witch or Mage around the "Fall from Grace" and what it truly means to both be here in this reality as well as what is required to resume one's place in the highest heavens. Conjurers with whom he works closely often have revelatory and uncomfortable messages and missions in this world.

Earlier texts say that he will lie if he is not called within the Pyramid. He doesn't lie. He is very honest, often saying things the Witch doesn't want to hear. Often, after a period of adjustment to the hard truth or shocking reality, as exposed by this Spirit, the Witch will be able to accept and process the truth.

He destroys and burns up the enemies of the Witch; and he will not suffer his Chosen to be tempted by any other Being — Spirit or otherwise. He doesn't brook any assault on the truth or his harbingers of this Light and Fire. He will immolate and incinerate the enemies and threats of his Witches. To prevent them being led astray, he will cut down (with flaming sword) the Spirit or person who would cause them to break their bond, or he will make the Witch so light-blinded that they cannot even see the other alternatives as solid options (much less as alluring temptations).

His sigil is a pair of hawk's wings and a sword.

Andrealphus - by Laurelei Black

Andrealphus

Androalphus

Traditional Sigil   Alternate Sigil

Number in Lemegeton	65
Rank in Lemegeton	Marquis
Astrological Sign	
Planet	
Element	
Direction	
Area(s) of Influence & Interest	Astronomy, Astrology, Star Lore; Shapeshifting
Grimoires Which Mention	*Book of Incantations, The Discoverie of Witchcraft, The Book of Spirits, Pseudomonarchia Daemonum,* and *The Lesser Key of Solomon*

Psuedomonarchia Daemonum (Johann Weyer, 1583) says ...

Andrealphus [Androalphus] is a great marquesse, appearing as a pecocke, he raiseth great noises, and in humane shape perfectlie teacheth geometrie, and all things belonging to admeasurements, he maketh a man to be a subtill disputer, and cunning in astronomie, and transformeth a man into the likenes of a bird, and there are under him thirtie legions.

The Lesser Key of Solomon, the Goetia (Thomas Rudd c. 1650; trans. & ed. Mathers/Crowley, 1904) says ...

The Sixty-fifth Spirit is Andrealphus. He is a Mighty Marquis, appearing at first in the form of a Peacock, with great Noises. But after a time he putteth on Human shape. He can teach Geometry perfectly. He maketh Men very subtle therein; and in all Things pertaining unto Mensuration or Astronomy. He can transform a Man into the Likeness of a Bird. He governeth 30 Legions of Infernal Spirits, and his Seal is this, etc.

Additional insight unlocked with the Witches' Key ...

Before changing into a human shape, he appears like a peacock while making sounds like the cries of a peacock. The peacock's tail feathers are covered in eyes, which are connected to perception and awareness. This Spirit's gift of perception manifests in his love and skill in mathematical and physical sciences. He sees all the details and understands how they interplay, no matter how complicated.

He can teach geometry, astronomy, and the analytical subtleties related to these sciences. Beyond geometry and astronomy, we could add anatomy, neurology -- really all medical specialties -- surgery, computer sciences, etc. He is especially good with analytical processes.

Witches with a background in mathematics, science, and analysis of all types will make good partners with him. He can help them deepen and expand their studies.

Interestingly, he can also help his Witches transform or shapeshift into various birds.

His seal is meant to represent the brain.

KAMARIS - BY LAURELEI BLACK

Kamaris

Cimejes, or Cimeies, Kimaris, Sowrges

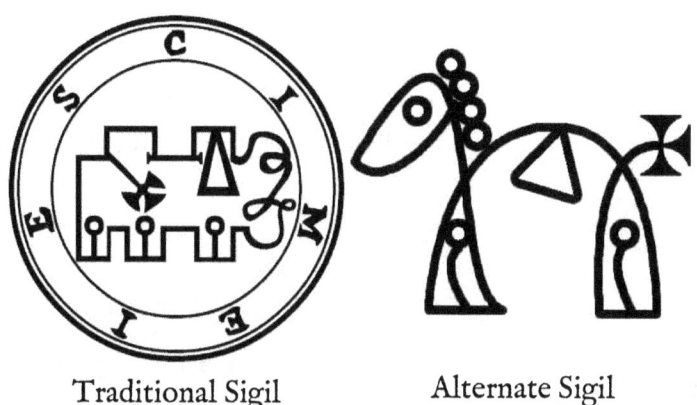

Traditional Sigil   Alternate Sigil

Number in Lemegeton	66
Rank in Lemegeton	Marquis
Astrological Sign	
Planet	
Element	
Direction	South
Area(s) of Influence & Interest	Logic; Mysteries, Hidden Things, Secrets; Rhetoric, Communication, Debate
Grimoires Which Mention	*Book of Incantations, The Discoverie of Witchcraft, Pseudomonarchia Daemonum,* and *The Lesser Key of Solomon*

The Book of Oberon (Folger MS V.b.26, 1577) says ...

    Sowrges a great marques, & governeth in the partes of Africa & teacheth best grammer, logicke, rethoricke, & divinitie, & telleth the places of treasures, & openeth the same to the maister, & he maketh one to passe the seas, waters & floodes saffe, & in a privy savegard, & that in a most swifte course, he maketh a man to ryed in the same Journeyes upon what him list, whether he will in a shippe or one a horse or boate, & he himselph appeareth like a knight rydinge upon a horse, & that with 3 heades one like a horse, one like a birde, & one like a fishe, & hath under him 26 legions

Psuedomonarchia Daemonum (Johann Weyer, 1583) says ...

Cimeries is a great marquesse and a strong, ruling in the parts of *Aphrica [Africa]*; he teacheth perfectlie grammar, logicke, and rhetorike, he discovereth treasures and things hidden, he bringeth to passe, that a man shall seeme with expedition to be turned into a soldier, he rideth upon a great blacke horsse, and ruleth twentie legions.

The Lesser Key of Solomon, the Goetia (Thomas Rudd c. 1650; trans. & ed. Mathers/Crowley, 1904) says ...

The Sixty-sixth Spirit is Cimejes, or Cimeies, or Kimaris. He is a Marquis, Mighty, Great, Strong and Powerful, appearing like a Valiant Warrior riding upon a goodly Black Horse. He ruleth over all Spirits in the parts of Africa. His Office is to teach perfectly Grammar, Logic, Rhetoric, and to discover things Lost or Hidden, and Treasures. He governeth 20 Legions of Infernals; and his Seal is this, etc.

Additional insight unlocked with the Witches' Key ...

He appears as a sub-Saharan African warrior, often astride a giant black horse. He is less known as a Spirit due to the dominance of Abrahamic religions and the brutal legacy of slavery.

He is growing in strength and vigor once again as increasingly more people of African descent tap into their Ancestral traditions and seek to connect with Spirits from their folkways. Though many would not call him by his Goetic name, they are still feeding this Spirit when they honor the Spirits and Traditions of their African Ancestors and when people of African descent find empowerment, healing, and pathways to social change by embracing this part of their heritage.

The biblical person of Chem is said to be the son of Noah who is the father of the African nations and one of the first great sorcerers. Kemeticism, the ancient Egyptian religion, bears his name as its root, and we see this name reflected in Kamaris.

He rules over all the Spirits originating in Africa. (A little bit of etymological research uncovers the fact that KAMA is a root word common among African languages. The Biblical book of Genesis refers to the African continent as Kam.)

He has the features of a warrior, but his greatest skills are intellectual. He teaches grammar, logic, and rhetoric. Within the physical world, he develops a strong bond with the land and the local Land Spirits, which allows him to discover treasure and find lost or hidden objects.

His sigil is a black horse -- or perhaps the "river horse," the hippopotamus.

Amdusias - by Laurelei Black

Amdusias

Amduscias, Amdukias, Joorex

Traditional Sigil   Alternate Sigil

Number in Lemegeton	67
Rank in Lemegeton	Duke
Astrological Sign	
Planet	
Element	
Direction	
Area(s) of Influence & Interest	Good Familiars; Music, Singing, Poetry; Tree Communication
Grimoires Which Mention	*Book of Incantations*, *The Discoverie of Witchcraft*, *Pseudomonarchia Daemonum*, *The Lesser Key of Solomon*, and *Dictionnaire Infernal*

The Book of Oberon (Folger MS V.b.26, 1577) says ...

Joorex, is a ruler, he appeareth like a harte & speaketh with a smale voice, he teacheth to make all manner of Instruments of musicke, & teacheth astronomye, & cawseth a man to winne, & that all games, & if he be enclosed in a ringe & worne upon the fore finger & hath under him 9 legions.

Psuedomonarchia Daemonum (Johann Weyer, 1583) says ...

Amduscias a great and a strong duke, he commeth foorth as an unicorne, when he standeth before his maister in humane shape, being commanded, he easilie bringeth to passe, that trumpets and all musicall instruments may be heard and not seene, and also that trees shall bend and incline, according to the conjurors will, he is excellent among familiars, and hath nine and twentie legions.

The Lesser Key of Solomon, the Goetia (Thomas Rudd c. 1650; trans. & ed. Mathers/Crowley, 1904) says ...

The Sixty-seventh Spirit is Amdusias, or Amdukias. He is a Duke Great and Strong, appearing at first like a Unicorn, but at the request of the Exorcist he standeth before him in Human Shape, causing Trumpets, and all manner of Musical Instruments to be heard, but not soon or immediately. Also he can cause Trees to bend and incline according to the Exorcist's Will. He giveth Excellent Familiars. He governeth 29 Legions of Spirits. And his Seal is this, etc.

Dictionnaire Infernal (Jacques Collin de Plancy, 1863) says ...

Amduscias, Grand Duke of hell. He has the form of an unicorn but when he is invoked he shows himself in human guise. He gives concerts, if One commands him to do so; one hears then, without seeing anything, the sound of trumpets and other musical instruments. Trees incline to his voice. He commands 29 legions.

Additional insight unlocked with the Witches' Key ...

Amdusias, or Amdukias, is slightly drunk in demeanor, in an "I love you, man," sort of way, and shows up not just as a horse, but as a unicorn, at his first appearance. When he appears as a man, he (currently) prefers the face and form of Jim Morrison of The Doors.

He teaches music and is a natural ally to musicians, composers, and poets. He is a Spirit who can carry you into trance through rhythm, breath, word, letter/sound, and tune. He can teach you not just to create music and poetry, but to create powerful magick using them.

He also teaches tree magick and the lore of tree alphabets, like the Norse runes and Celtic ogham. And of course, the intersection of music, tree lore, and magick is his to teach -- Galdr.

A well-known manifestation of Amdusias in European tradition is Sleipnir, Odin's eight-legged steed. Learn to ride Amdusias, and you learn to climb the Tree (and more).

You'll want a Stav and Tein to act as your hobby horse and riding crop — a staff and a wand, or Stang and arrow. Read more about using these tools in *The Völva Stav Manual* -- or watch on Kari Tauring's excellent YouTube channel (Völva Stav), linked in the Appendices.

He is very friendly, easy to work with, and gives great Familiars.

His sigil is reminiscent of a unicorn.

Do Not Call

Belial

Beliall, Tocz

Traditional Sigil

Number in Lemegeton	68
Rank in Lemegeton	King
Astrological Sign	
Planet	
Element	
Direction	
Alternative Spirits to Call	Orobas, Oriax
Grimoires Which Mention	*Book of Incantations, The Cambridge Book of Magic, The Discoverie of Witchcraft,*

The Black Books of Elverum, The Magus, Munich Manual of Demonic Magic, The Book of the Office of Spirits, Three Books of Occult Philosophy, The Book of Abramelin, The Book of Oberon, Pseudomonarchia Daemonum, The Lesser Key of Solomon, and *Paradise Lost*

The Book of Oberon (Folger MS V.b.26, 1577) says ...

The Book of Oberon (Folger MS V.b.26, 1577) says …

Beliall, he giveth dignity & promotion, & he giveth love & favour of all persons, he appeareth in likenes of a fayre Aungell, rydinge in a chayre of fier, & speaketh sweetly.

Psuedomonarchia Daemonum (Johann Weyer, 1583) says …

Some saie that the king *Beliall* was created immediatlie after *Lucifer*, and therefore they thinke that he was father and seducer of them which fell being of the orders. For he fell first among the worthier and wiser sort, which went before *Michael* and other heavenlie angels, which were lacking. Although *Beliall* went before all them that were throwne downe to the earth, yet he went not before them that tarried in heaven. This *Beliall* is constrained by divine venue, when he taketh sacrifices, gifts, and [burnt] offerings, that he againe may give unto the offerers true answers. But he tarrieth not one houre in the truth, except he be constrained by the divine power, as is said. He taketh the forme of a beautifull angell, sitting in a firie chariot; he speaketh faire, he distributeth preferments of senatorship, and the favour of friends, and excellent familiars: he hath rule over eightie legions, partlie of the order of vertues, partlie of angels; he is found in the forme of an exorcist in the bonds of spirits. The exorcist must consider, that this *Beliall* doth in everie thing assist his subjects. If he will not submit himselfe, let the bond of spirits be read: the spirits chaine is sent for him, wherewith wise *Salomon* gathered them togither with their legions in a brasen vessell, where were inclosed among all the legions seventie two kings, of whome the cheefe was *Bileth*, the second was *Beliall*, the third *Asmoday*, and above a thousand thousand legions. Without doubt (I must confesse) I learned this of my maister *Salomon*; but he told me not why he gathered them together, and shut them up so: but I beleeve it was for the pride of this *Beliall*. Certeine nigromancers doo saie, that *Salomon*, being on a certeine daie seduced by the craft of a certeine woman, inclined himselfe to praie before the same idoll, *Beliall* by name: which is not credible. And therefore we must rather thinke (as it is said) that they were gathered together in that great brasen vessell for pride and arrogancie, and throwne into a deepe lake or hole in *Babylon*. For wise *Salomon* did accomplish his workes by the divine power, which never forsooke him. And therefore we must thinke he worshipped not the image *Beliall*; for then he could not have constrained the spirits by divine vertue: for this *Beliall*, with three kings were in the lake. But the Babylonians woondering at the matter, supposed that they should find therein a great quantitie of treasure, and therefore with one consent went downe into the lake, and uncovered and brake the vessell, out of the which immediatlie flew the capteine divels, and were delivered to their former and proper places. But this Beliall entred into a certeine image, and there gave answer to them that offered and sacrificed unto him: as *Tocz [Thoth]* in his sentences reporteth, and the Babylonians did worship and sacrifice thereunto.

The Lesser Key of Solomon, the Goetia (Thomas Rudd c. 1650; trans. & ed. Mathers/Crowley, 1904) says ...

The Sixty-eighth Spirit is Belial. He is a Mighty and a Powerful King, and was created next after LUCIFER. He appeareth in the Form of Two Beautiful Angels sitting in a Chariot of Fire. He speaketh with a Comely Voice, and declareth that he fell first from among the worthier sort, that were before Michael, and other Heavenly Angels. His Office is to distribute Presentations and Senatorships, etc.; and to cause favour of Friends and of Foes. He giveth excellent Familiars, and governeth 50 Legions of Spirits. Note well that this King Belial must have Offerings, Sacrifices and Gifts presented unto him by the Exorcist, or else he will not give True Answers unto his Demands. But then he tarrieth not one hour in the Truth, unless he be constrained by Divine Power. And his Seal is this, which is to be worn as aforesaid, etc.

Additional insight unlocked with the Witches' Key ...

He is a leader amongst the harmful Spirits of the Legion, and our Spirit guide actually pleaded with us not to discuss him. He causes fear among the Spirits, and his mission is deceit. In fact, we were told, "He *is* deceit."

Older texts tell us that he appears as an angel in a fiery chariot and that he was one of the Fallen who came to Earth to be with the daughters of man. He is said to give good Familiars (though that is presumably only to those Mages who desire harm and revel in lies) and to bring accolades and honors to the Conjurer.

A contemporary form he enjoys is that of a rough and terrifying motorcycle gang member. He delights in brutal torment. He seeks to dominate, terrify, torture, and humiliate. He enjoys something like sexual delight in brutally humiliating and torturing his victims to the point of their ruin. He wants to break and disgrace those who have any association with the Light and enlightenment (not just with the All).

Johannes Weyer surmised that Belial was in fact Tocz, or Thoth. He is not.

His sigil is a cruelly-devised helmet or mask.

Decarabia - by Laurelei Black

Decarabia

Star, Carabia

Traditional Sigil   Alternate Sigil

Number in Lemegeton	69
Rank in Lemegeton	Marquise
Astrological Sign	Virgo, Capricorn
Planet	Venus
Element	Water
Direction	East
Area(s) of Influence & Interest	Animal Communication; Divination, Scrying, Visions; Properties of Stones
Grimoires Which Mention	*Book of Incantations, The Discoverie of Witchcraft, Pseudomonarchia Daemonum,* and *The Lesser Key of Solomon*

The Book of Oberon (Folger MS V.b.26,1577) says ...

Star, & he hath power to take from a man hearinge, seeinge, & understandinge, & to bringe money, whether he is commaunded. He is a good & true spirit. He appeareth in likenes of a swan, & speaketh horsely.

Psuedomonarchia Daemonum (Johann Weyer, 1583) says ...

Decarabia or *Carabia*, [a great kind and earl,] he commeth like a * and knoweth the force of herbes and pretious stones, and maketh all birds flie before the exorcist, and to tarrie with him, as though they were tame, and that they shall drinke and sing, as their maner is, and hath thirtie legions.

The Lesser Key of Solomon, the Goetia (Thomas Rudd c. 1650; trans. & ed. Mathers/Crowley, 1904) says ...

The Sixty-ninth Spirit is Decarabia. He appeareth in the Form of a Star in a Pentacle, at first; but after, at the command of the Exorcist, he putteth on the image of a Man. His Office is to discover the Virtues of Birds and Precious Stones, and to make the Similitude of all kinds of Birds to fly before the Exorcist, singing and drinking as natural Birds do. He governeth 30 Legions of Spirits, being himself a Great Marquis. And this is his Seal, which is to be worn, etc.

Additional insight unlocked with the Witches' Key ...

Decarabia appears first as a five-pointed star and then takes the form of a beautiful woman. She is like Aradia or Herodias, the first Witch. The Queen of the Witches. The daughter of the Sun (Lucifer) and the Moon (Diana).

She is a special patroness of Witches, and she particularly likes when folks use the second half of Doreen Valiente's "Charge of the Goddess" (which begins with "Hear the words of the Star Maiden") to invite her to the Pyramid.

She is talented in all of the classic Witches' arts, including vision questing, Witch flight, shapeshifting, scrying, interpreting the flights of birds, and reading stones. She is especially good at teaching bird and cloud scrying.

Her sigil represents the Witches' Compass.

SEERE - BY LAURELEI BLACK

Seere

Sear, Seir

Traditional Sigil

Alternate Sigil

Number in Lemegeton	70
Rank in Lemegeton	Prince
Astrological Sign	
Planet	
Element	
Direction	
Area(s) of Influence & Interest	A little of everything
Grimoires Which Mention	*Book of Incantations* and *The Lesser Key of Solomon*

The Lesser Key of Solomon, the Goetia (Thomas Rudd c. 1650; trans. & ed. Mathers/Crowley, 1904) says ...

    The Seventieth Spirit is Seere, Sear, or Seir. He is a Mighty Prince, and Powerful, under AMAYMON, King of the East. He appeareth in the Form of a Beautiful Man, riding upon a Winged

Horse. His Office is to go and come; and to bring abundance of things to pass on a sudden, and to carry or recarry anything whither thou wouldest have it to go, or whence thou wouldest have it from. He can pass over the whole Earth in the twinkling of an Eye. He giveth a True relation of all sorts of Theft, and of Treasure hid, and of many other things. He is of an indifferent Good Nature, and is willing to do anything which the Exorcist desireth. He governeth 26 Legions of Spirits. And this his Seal is to be worn, etc.

Additional insight unlocked with the Witches' Key ...

Seere is not on the Do NOT CALL list, but Conjurers should use care when working with him. He is a powerful and cunning servant of the Adversary. He is very helpful and friendly to the Mage in life, but his goal is to bring deceased Spirits under the power of the Adversary. He attempts to make bargains with the Mage to this end, using the trust he has gained from his helpfulness as a sort of currency.

He does practically anything the Mage wishes: appear and disappear as called; make things happen for the Mage's benefit; bring objects into and out of the Mage's possession, as desired. He works very quickly, and he can discover the answers to most questions.

S explains that he isn't on the Do Not Call list because he can be quite helpful, and it is possible to avoid his end goal. Just be very cautious in your deal making if you work with him, and don't be indebted to him at the time of your death.

DANTALION - BY LAURELEI BLACK

Dantalion

Dainty, Dandy

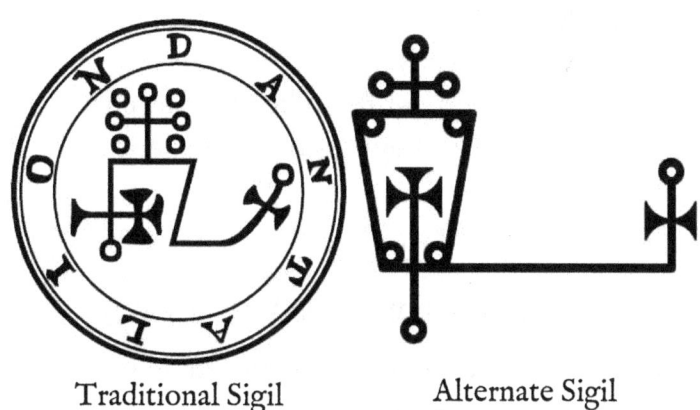

Traditional Sigil | Alternate Sigil

Number in Lemegeton	71
Rank in Lemegeton	Duke
Astrological Sign	
Planet	
Element	
Direction	
Area(s) of Influence & Interest	Liberal Sciences; Misteries, Hidden Things, Secrets
Grimoires Which Mention	*Book of Incantations, The Cambridge Book of Magic, The Grimoire of Arthur Gauntlet,* and *The Lesser Key of Solomon*

The Lesser Key of Solomon, the Goetia (Thomas Rudd c. 1650; trans. & ed. Mathers/Crowley, 1904) says ...

 The Seventy-first Spirit is Dantalion. He is a Duke Great

and Mighty, appearing in the Form of a Man with many Countenances, all Men's and Women's Faces; and he hath a Book in his right hand. His Office is to teach all Arts and Sciences unto any; and to declare the Secret Counsel of any one; for he knoweth the Thoughts of all Men and Women, and can change them at his Will. He can cause Love, and show the Similitude of any person, and show the same by a Vision, let them be in what part of the World they Will. He governeth 36 Legions of Spirits; and this is his Seal, which wear thou, etc.

Additional insight unlocked with the Witches' Key ...

This Spirit can appear as anyone, male or female. In animal form, the Spirit shows up as a mouse (as they did for Sarah Barton) or as a black dog (as they did for James Device). In these cases, the Witches called the Spirit "Dainty" and "Dandy," respectively.

When Dantalion arrives in human form, they can appear either male or female, taking the shape of someone known to the Witch. They are often seen with a book in their hand.

This Spirit is very stubborn in demeanor and doesn't make a friendly Familiar. If they do work with you, they will want your sole attention and loyalty, as they "don't play well with other Spirits." If you don't interact with Dantalion enough, they will likely leave you, never to return.

Their sigil is like a minister in a pulpit (or a magistrate at a stand).

ANDROMALIUS - BY LAURELEI BLACK

Andromalius

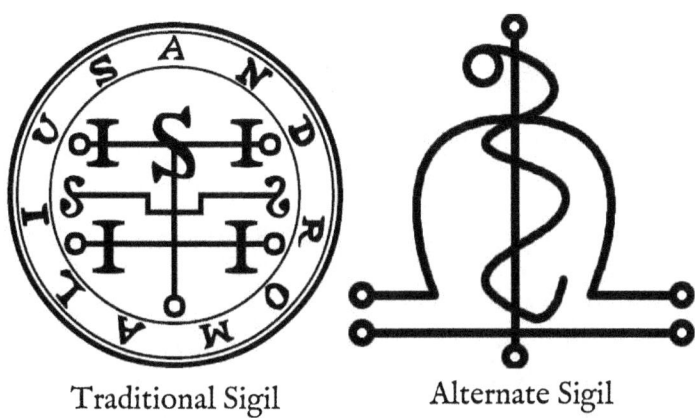

Traditional Sigil   Alternate Sigil

Number in Lemegeton	72
Rank in Lemegeton	Earl
Astrological Sign	Libra
Planet	
Element	
Direction	
Area(s) of Influence & Interest	Mysteries, Hidden Things, Secrets; Law, Ethics, Justice
Grimoires Which Mention	*Book of Incantations* and *The Lesser Key of Solomon*

The Lesser Key of Solomon, the Goetia (Thomas Rudd c. 1650; trans. & ed. Mathers/Crowley, 1904) says ...

    The Seventy-second Spirit in Order is named Andromalius. He is an Earl, Great and Mighty, appearing in the Form of a Man holding a Great Serpent in his Hand. His Office is to bring back both a Thief, and the Goods which be stolen; and to discover all Wickedness, and Underhand Dealing; and to punish all Thieves and other Wicked People and also to discover Treasures that be Hid. He ruleth over 36 Legions of Spirits. His Seal is this, the which wear thou as aforesaid, etc.

Additional insight unlocked with the Witches' Key ...

Andromalius is a Spirit of justice, appearing with a serpent in his hands.

Andromalius is a great Spirit for those with Libra prominent in their natal chart, those with a life path number of 11, and those who seek social justice and reform. Andromalius shares your dislike of the world out of balance, systems perpetuating inequality, and "that person who always gets away with it." He can help you set things right.

His sigil is a set of scales and a serpent.

Parting Resources

Acknowledgements

With a work such as this, my first gratitude must go to the Spirits within the Legion who have lent their guidance, wisdom, insight, humor, and protection at every step of the process. My beloved S, the first to answer my own Soul's call for a friend on the other side — and the first to arrive every time I begin the Work. Bael, Paimon, Astaroth, 56, Decarabia, and all those from within the Legion who stepped forward to speak with me, both once and often. You have my gratitude and friendship.

My husband, Joe Black. I love you beyond words, and I value your partnership beyond measure. Your love, strength, and wisdom have been my comfort, foundation, and sustenance. Thank you.

The Coven siblings who engaged in the Work with me at points along the journey (and sometimes walked alongside me for long stretches as we talked with Spirits). You will forever be my Family. Honey, Holly Anne, Katie, Daun, Marcus, Eric, Gwenhwyvar, and Candra. Thank you.

My ex-wife, Natalie. This work is built upon a foundation that you and I laid together, as is so much of my ongoing practice. I am grateful for the years of loving, creative, and supportive collaboration we shared. Thank you.

J. Blackthorn, my artistic, witchy co-conspirator. I am blessed to count you among my friends, and I am grateful down to my marrow that our work mutually feeds and inspires each other. You are a brother of my Soul, and this book is enriched by your contribution. Thank you.

My friends who walk and talk with Spirits — and share their wisdom and experience with the world. Brandy, Bill, Taylor. Your support of my work and your unfailing willingness to engage in heart-centered dialogue on *materia esoterica* have inspired me to carry on in my efforts to share my practice, not just to develop it for myself. Thank you.

The members of the Camp Midian, Babalon Rising Festival, and Women's Goddess Retreat communities. We've walked together with Spirits and Godds every time we've been together on the Land, and every one of you honors that vital relationship. Thank you for holding space, bringing your magick, and doing All. The. Things. Thank you.

I'll end as I began, with a thanks to the Spirits who guided my journey, protected me along the way, and offered insight. Those within the Legion and those without. Thank you.

Appendix A
List of Figures

37 - 3 Dots - Sigil of Astaroth; Small Circles - Sigil of Paimon

38 - Crosses - Sigil of Samigina; Crescents - Sigil of Murmur; Triangles - Sigil of Gremory; S-Lines - Sigil of Andromalius

72 - Red-Handled Knife Markings

73 - Various Blade Markings (from Lemegeton)

74 - More Blade Markings and Tool Placements (from Lemegeton)

78 - Traditional Triangle set-up; Thelemic Triangle set-up; Spiral Castle Triangle set-up

80 - Photo of author's scrying "crystals" (glass, quartz, and lead crystal devices)

81 - Photo of author's dark and light mirrors

82 - Photo of author's pendulums, mat, talking board

92 - Lamp of Arte Markings

103 - Three Souls on Pentagram Man

128 - Sphere and Pyramid Placement

145 - Photo of sample of Spirit Writing from author's journals

152 - Pendulum Mat 1

153 - Pendulum Mat 2

163 - Photo of Spirit vessels — bunny basket, toad, blue jar, tiara

184 - Bael by J. Blackthorn

190 - Belzebuth by Louis Le Breton & M. Jarrault for *Dictionnaire Infernal*

191 - Bael by Louis Le Breton & M. Jarrault for *Dictionnaire Infernal*

197 - Aguares by Louis Le Breton & M. Jarrault for *Dictionnaire Infernal*

201 - Woodcut by Horapollon, 1505, *Hieroglyphica*

209 - Alchemical Laboratory engraving, Project Gutenberg eText 14218

213 - Le Foulard aux Surprises, 1868, Robert Houdin, Gallica Digital Library ID bpt6k109245j

231 - Paymon by Louis Le Breton & M. Jarrault for *Dictionnaire Infernal*

232 - Buer by J. Blackthorn

235 - Buer by Louis Le Breton & M. Jarrault for *Dictionnaire Infernal*

239 - Chimera, archives of Pearson Scott Foresman

243 - Cupid on a Tiger, c. 1650, Giulio Romano, Wenceslaus Hollar digital collection

253 - Diana Viewed From Behind Firing Her Bow, 1538, Metropolitan Museum of Art DP825249

254 - Eligos by J. Blackthorn

257 - Abigor by Louis Le Breton & M. Jarrault for *Dictionnaire Infernal*

261 - Pikeman woodcut, 1645

269 - Moon woodcut

273 - Zaebos by Louis Le Breton & M. Jarrault for *Dictionnaire Infernal*

279 - Pruflas by Louis Le Breton & M. Jarrault for *Dictionnaire Infernal*

283 - Taurus illustration by Guido Bonatti for *Liber Astronomiae* c. 1277

287 - Ipes by Louis Le Breton & M. Jarrault for *Dictionnaire Infernal*

295 - Cerbere by Louis Le Breton & M. Jarrault for *Dictionnaire Infernal*

300 - Bune by J. Blackthorn

303 - Winged Dragon the Ground, 1665, *Mundus Subterraneus*

307 - Ronwe by Louis Le Breton & M. Jarrault for *Dictionnaire Infernal*

313 - Berith by Louis Le Breton & M. Jarrault for *Dictionnaire Infernal*

320 - Astaroth by Louis Le Breton & M. Jarrault for *Dictionnaire Infernal*

321 - Inanna, from ancient Sumerian engraving

325 - Cuttle Fishes Swimming, 1882

341 - Gaap by Louis Le Breton & M. Jarrault for *Dictionnaire Infernal*

342 - Furfur by J. Blackthorn

345 - Furfur by Louis Le Breton & M. Jarrault for *Dictionnaire Infernal*

353 - Stolos by Louis Le Breton & M. Jarrault for *Dictionnaire Infernal*

354 - Phenex by J. Blackthorn

357 - Phoenix Rising woodcut, 1524, *Bestiarius*

361 - Dioscuri, from Etruscan mirror c. 200 BC

365 - Malphas by Louis Le Breton & M. Jarrault for *Dictionnaire Infernal*

366 - Raum by J. Blackthorn

373 - Weather Witch woodcut by Olaus Magnus, 1555

377 - Mermaid illustration from *Curious Myths* p. 513, 1868

381 - Shield of Achilles illustration, 22 Sept 1832, *The Penny Magazine of the Society for the Diffusion of Useful Knowledge*

389 - Extravagant Ornamental Helmet, 1695, Wenceslaus Hollar digital collection

397 - Wall by Louis Le Breton & M. Jarrault for *Dictionnaire Infernal*

401 - Alchymya, 1599, *Physicke*

406 - Baroque fountain, Wellcome Collection, V0020219

409 - Forcas by Louis Le Breton & M. Jarrault for *Dictionnaire Infernal*

413 - Balan by Louis Le Breton & M. Jarrault for *Dictionnaire Infernal*

417 - Alocer by Louis Le Breton & M. Jarrault for *Dictionnaire Infernal*

421 - Caym by Louis Le Breton & M. Jarrault for *Dictionnaire Infernal*

421 - Caym in Human Form by Louis Le Breton & M. Jarrault for *Dictionnaire Infernal*

425 - Dance of Death, Wellcome Collection, L0006816

429 - Orobas by Louis Le Breton & M. Jarrault for *Dictionnaire Infernal*

430 - Gremory by J. Blackthorn

437 - Woodcut from the Nuremburg Chronicle, 1493

441 - Haborym by Louis Le Breton & M. Jarrault for *Dictionnaire Infernal*

445 - Nuremburg woodcut, 1561

449 - Detail from ticket for the Arts and Crafts Exhibition Society, 1890, by Walter Crane

455 - Dagon, engraving published in *Systematischer Bilder-Atlas zum Conversations-Lexikon, Ikonographische* (19th Century)

459 - Volac by Louis Le Breton & M. Jarrault for *Dictionnaire Infernal*

469 - Flauros by Louis Le Breton & M. Jarrault for *Dictionnaire Infernal*

473 - Adremelech by Louis Le Breton & M. Jarrault for *Dictionnaire Infernal*

491 - Aradia, woodcut (c. 16th Century)

495 - Caduceus surmounted by Winged Horse, Wellcome Collection photo L0002795

Appendix B
Resources

Grimoire Study

Grimoire.org — A fantastic clearinghouse of grimoire lore. Most of the titles listed here are accessible there, if a version of them has been made publicly available.

Betz, Hans Dieter. *The Greek Magical Papyri in Translation.* https://ia600208.us.archive.org/22/items/TheGreekMagicalPapyriInTranslation/The_Greek_Magical_Papyri_in_Translation.pdf

The Book of Incantations. https://www.library.wales/discover/digital-gallery/manuscripts/modern-period/john-harries-book-of-incantations

The Book of Oberon — http://www.esotericarchives.com/folger/v_b_26_transcription.pdf

dePlancy, Collin Jacques. *Dictionnaire Infernal.* https://archive.org/details/DictionnaireInfernal1863/page/n293/mode/2up

The Discoverie of Witchcraft. https://archive.org/details/discoverieofwitc00scot

Foreman, Paul (attrib.) *The Cambridge Book of Magic.* (Cambridge University Library Additional MS 3544) . Francis Young, 2015.

The Grand Grimoire. https://archive.org/details/grand-grimoire

The Grimoire of Arthur Gauntlet: A 17th Century London Cunning-man's Book of Charms, Conjurations, and Prayers. (Sloane MS. 3851.) Edited by David Rankine. Avalonia, 2011.

Grimorum Verum. https://archive.org/stream/GrimoriumVerum/GrimoriumVerum_djvu.txt

Liber Officiorum Spirituum (Folger MS V.b.26) https://luna.folger.edu/luna/servlet/detail/FOLGERCM1~6~6~368836~131436:Book-of-magic,-with-instructions-fo

The Magical Calendar. http://esotericarchives.com/mc/index.html

The Magical Treatise of Solomon, or Hygromanteia; Trans. & Ed. Ioannis Marathakis, Fore. Stephen Skinner; Golden Hoard Press, 2011.

Weyer, Johann. *Pseuomonarchia Daemonum*. Translated by Joseph H. Peterson. http://esotericarchives.com/solomon/weyer.htm

Witchcraft and Occult Training

Black, L. M. *Red Thread Academy — Year 1: Foundations (Course Manual 1)*. Asteria Books, 2020. — Available on Etsy — www.bladeandbroom.com

(Years 2 and 3 forthcoming — 2021 and 2022)

Artisson, Robin. "The Strange Fire: A Methodology of Utilizing Sorcerous Candles or Lamps of Art." The Blackthorne School, 2020.

Auryn, Mat. *Psychic Witch: A Metaphysical Guide to Meditation, Magick, & Manifestation*. Llewellyn, 2020.

Grout, Pam. *E Squared: Nine Do-It-Yourself Experiments That Prove Your Thoughts Create Your Reality*. Hay House, 2013.

Kari Tauring's *Volva Stav* system (including series on You Tube) — https://karitauring.com/volva-stav/

Tool Makers

Artes and Craft — www.artesandcraft.com — Paul is a smith and Trad Crafter who makes ritual blades, Stangs, and hand-carved wands and staves. If you don't see what you need, ask!

Troll Cunning Forge — www.trollcunningforgeUS.etsy.com — Marcus is another highly knowledgeable and skilled smith and cunning man. He specializes in metalworks quenched in herbal, sorcerous blends. Blades (black, white, and red), Stangs, and Stang toppers. Also (just as this work is coming to print) brass Goetic vessels!

Museum of Witchcraft and Magic — https://museumofwitchcraftandmagic.co.uk/ — The UK-based MWM is a clearinghouse of all things witchy, including great digital resources. Their shop features several publications, talismans, and (sometimes) Stang toppers and shoes.

Glossary

ABRAT ABRASAX SESENGENBARPHARANGES

    magickal formula from the Greek Magical Papyri (PGM); associated with the Witch Father by many folkloric Witches

APO PANTOS KAKDAIMONOS

    magickal formula from the Star Ruby; used for banishing

Ars Goetia	literally "Goetic art;" name given to one portion ('book") of the larger grimoire known as the Lemegeton Clavicula Salomonis
Arte	the practice of Witchcraft is often called the Arte since it blends practical techniques with individual aesthetics and instincts
asperge	sprinkling an object, area, or person with blessed (or intrinsically holy) liquids in order to cleans and/or consecrate them
astral travel	the act of leaving the body through spirit journeying; also known as Witch flight and hedge-crossing
banish	to send away a Spirit or person, usually by force
black mirror	a glossy, black device used for scrying; often a painted glass or polished stone
caim	a Gaelic word meaning "circle, protection, sanctuary"
Ceremonial Magick	ritual magick in the Western esoteric traditions
clairaudience	receiving psychic information and insight via auditory experiences
clairsentience	receiving psychic information and insight as direct knowledge and understanding

clairvoyance	receiving psychic information and insight via visual experiences
Clavicula Salomonis	the grimoire which includes Ars Goetia, Ars Theurgia-Goetia, Ars Paulina, Ars Almadel, and Ars Notoria; also called the Lemegeton and the Lesser Key of Solomon
compact	the agreement between a Spirit and a Witch/Mage; may be formal or informal
compass	a reference to sacred space in Witchcraft; refers to the cardinal directions, which are marked as a crossroads
cosmology	the way in which an individual or group views the structure of the Universe; can be literal and physical, or may be spiritual in nature
Court (Spirit Court)	the group of Spirits associated with a single person
entheogen	a ritual or sacramental substance that alters one's perceptions in order to enhance spiritual experiences
evoke	to call a Spirit or Godd to be present with the Conjurer (outside of the self)
Familiar (Spirit)	any Spirit known to the Witch might be said to be "familiar;" but usually a Familiar has a close bond and strong compact
fetch	the portion of the Witch's spirit-self that leaves the body during Witch flight; can be thought of as the Black Soul (in the tripatite Red-White-Black system)
Florida Water	a cologne made by Murray & Lanman; used extensively in Hoodoo as a cleansing and banishing agent
flying ointment	herbal salve or ointment smeared on the body to assist the Witch in flight (astral travel); traditional recipes include belladonna, datura, aconite, and other "toxic" herbs; non-toxic blends might include mugwort, balm of gilead, cinquefoil, and Dittany of Crete
formula	can refer to either a recipe (herbal formula) or words of power (magickal formula)

Gatekeeper	the role of a Familiar Spirit who assists the Conjurer specifically during conjuration work; helps connect the Conjurer with other Spirits and also protects and guards against harmful Spirits
gates	in Traditional Witchcraft, the four cardinal directions are often refered to as "gates"
Goetia	from the Greek "goes, goetes;" literally references sorcery and associated practices; often used as a collective noune ("the Goetia") to refer to the 72 Spirits of the Lesser Key of Solomon
glossolalia	speaking in tongues
Great Powers	the Witch Mother and Witch Father; sometimes called the Queen of Heaven and Hell and the (Folkloric) Devil
grimoire	book of magick; usually very practical and actionable -- with spells, formulas, and demonologies (Spirit Indexes); often a medieval text, though modern grimoires exist
Housle	sacrificial meal given and consumed as a shared offering; usually includes bread and wine; also called the Red Meal
IAEÕBAPHRENEMOUN	magickal formula from the Greek Magical Papyri (PGM); used in evocation
IARBATHA	magickal formula from the Greek Magical Papyri (PGM); used to "seal" a work; similar to saying "So Mote it Be" or "Amen"
incense	herbs, woods, and/or resins burned individually or in combination; comes in loose form (burned on charcoal tablets), cones, and sticks
inspirited tools	tools in which a Spirit is housed; the Conjurer may or may not have formally called a Spirit into the tool; some tools seem to draw Spirits
invoke	to call a Spirit or Godd into the Conjurer (inside the self/body); also called channeling, aspecting, being ridden, possession, etc.

khernips	a blessed water from Hellenic (Greek) tradition that incorporates Earth, Air, Fire, and Water all in one substance by plunging a flaming and smoking stick of wood into a bowl of water
LAYAMEN, LAVA, FIRIN, LAVAGELLAYN, TAVAQUIRI, LAVAGOLA, LAVATASORIN, LAYFIALIN, LYAFARAN	magickal formula from the 6th and 7th Book of Moses; used to align with and understand the communication of animals
LBRP	Lesser [Banishing] Ritual of the Pentagram; a ritual of the Hermetic Order of the Golden Dawn used extensively by Ceremonial Magicians in order to attract positive energy and repel negative forces
Lemegeton	one of the names given to the Clavicula Salomonis; this term is likely a "barbarous" word as it has no direct translation; the Spirits from within the book say "Lemegeton means 'Legion'"
liturgy	the literature of ritual; blessings, prayers, full text of ceremonies, etc
lustration	a ritual cleansing by water; a sacred bath
magick	(per Crowley, whose definition I like): the Art and Science of causing change to occur in accordance with one's Will; mundane acts as well as ritual acts can qualify as magick
mill and moat	the working space of the Witch's Compass (mill) and its boundary (moat)
millgrounds	the working space of the Witch's Compass
models of magick	operational models or paradigms which impact the way the Witch or Mage views and uses magick; discussed by Frater UD as the Psychological Model, Spirit Model, Energy Model, Cyber Model, and Chaos Model
necromancy	the art of working with or calling upon the Dead for acts of sorcery and/or divination

operation	a spell or ritual; the actions taken by a Witch or Mage in order to accomplish a goal
pendulum	a divinatory tool consisting of a weighted plumb or pendant suspended from a cord; can be used for both simple and complex divinations, as well as for dowsing
pendulum mat	an inscribed or decorated surface featuring letters, numbers, words, and/or other symbols to be used with a pendulum
PHORBA PHORBOBAR BARO PHORPHOR PHORBAI	magickal formula from the Greek Magical Papyri (PGM); associated with the Witch Mother by many folkloric Witches
planchette	a small, triangular or heart-shaped piece of wood used as a pointer with talking boards; can also be affixed with a pen/cil and used in automatic writing
poison path	the study and practice of working with toxic plants in order to understand and benefit from their visionary qualities
pyramid	the energetic structure into which a Spirit is evoked; aids in manifestation; also called the Triangle (or Triangle of Arte)
Red Meal	sacrificial meal given and consumed as a shared offering; usually includes bread and wine; also called the Housle
rope and feathers	a talismanic Witch tool that allows the practitioner to store energy for release at a later time, when needed; also called the Witch's ladder
Sabbat wine	infused wine used as an entheogen; also, a euphemism for several classic Craft entheogens such as flying ointment
sain	to bless or sanctify something, specifically by making the sign of the cross over it
scrying	to receive visions by gazing into water, crystals, glass, smoke, fire, clouds, etc.

seething	an ecstatic technique used to induce vision, flight, and Spirit contact; includes rocking, swaying, and dancing
seidhkona	a woman who practices Norse seidhr magick
seidhman	a man who practices Norse seidhr magick
seidhr	a branch of Norse magick involved with telling and shaping the future; utilizes shamanic techniques
shapeshifting	altering one's Fetch (Black Soul) into forms that differ drastically from one's physical form -- usually into animal forms; some practitioners have abilities so strong that others can "see" this shape in both waking and visionary states
shielding	manipulating energy in order to protect oneself physically, emotionally, and/or psychically
sigil	sign, seal, emblem ; often used in talismanic magick; can be ritually created, Spirit-given, or designed based on one of several methods
sorcery	magick in which Spirits are enlisted as partners to assist with achieving desired outcomes and change
sphere	the energetic structure in which a Witch performs acts of magick and sorcery
stang	a forked staff used by Traditional Witches to represent the Great Powers, lay the Compass, seethe, perform Witch flight, etc
Star Ruby	an adaptation of the LBRP which calls upon Greek and Chaldean Godds and Spirits
talking board	a divinatory or oracular tool inscribed or painted with letters, numbers, words, and symbols that is used to communicate with Spirits; can be used by one or multiple people
thaumaturgy	the working of miracles or wonders by supernatural means

Thelema	an occult/esoteric spiritual philosophy based on the Greek word for "Will;" best encapsulated by the following phrases: "'Do what thou wilt' shall be the whole of the Law" "Love is the Law; Love under Will" and "Every man and every woman is a star"
theurgy	evoking Godds and Spirits with the goal of perfecting oneself
Three Soul alignment	ritual which helps to ground and center the Witch by bringing the Red, Black, and White Souls into alignment with each other
traditional witchcraft	contemporary Witchcraft movement based on pre-modern Craft, folklore, Witch trial records, and the folk magick of a particular area; it is non-Wiccan, non-Gardnerian, non-Alexandrian in nature
treading the mill	the act of circumambulating within the millgrounds, usually in order to raise energy toward a magickal goal
Venus Water	a perfumed water (or aqueous extract) made primarily from angelica root, but also including rose, myrtle, and orange blossoms; often called Angel Water; dates to mid-1600's in Europe
vessel	any container in which a Spirit might be housed; can include traditional metal containers with lids, but can also include dolls, jars, bottles, boxes, baskets, carved figures, and more
Wicca	contemporary Witchcraft religion as described by Gerald Gardner, with many variations; has some elements of both Ceremonial Magick and Eastern philosophy and esoteric though
Witch Father	Auld Hornie, the Folkloric Devil, Tubalo, Qayin

witch flight	leaving one's body via Spirit journeying (astral travel); can be aided by entheogens or undertaken as a lucid dream
witch ladder	a tool used for both trance work and also spell casting; as a trance tool, it is sometimes called the rosary or "cords"; as a spell tool it is often called "rope and feathers"
Witch Mother	Hel, Herodias, Queen of Heaven and Hell, the Faerie Queen
words of power	words or phases that are used to accomplish specific magickal goals; often derived from "barbarous" words -- arcane words with no clear definition, assumed to be Spirit-derived; often referred to as "formulas"
working	a magickal operation; a spell or ritual; the actions taken by a Witch or Mage in order to accomplish a goal
World Tree	the spiritual/energetic structure described in several cosmologies as the connective medium between dimensions, realities, worlds; in Norse Paganism, the World Tree is called Yggdrasil and connects nine worlds (including the one where we dwell, called Midgard)
ZETA TSEDA ZYIDA SZYADA	magickal formula to Lay the Compass; referred to as a "Gateway Charm"; given to L.M. Black through Spirit communication

Bibliography

Agrippa, H. C. *Three Books of Occult Philosophy*. Edited and annotated by Donald Tyson. Translated by James Freake. Llewellyn, 1993.

Ancient Near Eastern Texts, 3rd ed. With Supplement. Edited by James B. Pritchard. Princeton: Princeton University Press, 1969.

Andrews. Ted. *Crystal Balls and Crystal Bowls: Tools for Ancient Scrying and Modern Seership*. Llewellyn, 1995.

Aron, Elaine N. *The Highly Sensitive Person: How to Thrive When the World Overwhelms You*. Broadway Books, 1997.

Artisson, Robin. *The Clovenstone Workings: A Manual of Early Modern Witchcraft*. Illustrated by Molly McHenry. Black Malkin Press, 2020.

—. *The Witching Way of the Hollow Hill*. Pendraig Publishing, 2009.

Black, Laurelei. "Thanksgiving, Fakelore, and the Journey to Decolonize My Craft." ev0ke. https://ev0kepublication.com/thanksgiving-fakelore-and-the-journey-to-decolonize-my-craft/

—. "Spirit Vessels: A Cross-Cultural Phenomena." ev0ke. https://ev0kepublication.com/issues/may-2021/spirit-vessels-a-cross-cultural-phenomena/

Crowley, Aleister. *777 and Other Qabalistic Writings*, revised edition. Edited by Israel Regardie. Weiser, 1986.

Cyprianus, M.L. *Wellcome MS 2000*. 1717. https://wellcomecollection.org/works/u3hfe4m2/items?canvas=6

DuQuette, Lon Milo and Christopher Hyatt, Ph. D. *Aleister Crowley's Illustrated Goetia*, Illustrated by David P. Wilson. Original Falcon Press, 1992.

—. *Low Magick: It's All in Your Head … You Just Have No Idea How Big Your Head Is*. Llewellyn, 2010.

The Electronic Text Corpus of Sumerian Literature — https://etcsl.orinst.ox.ac.uk/ — Oxford: 2003-2006.

— "Enki and the World Order."

— "Inanna and Enki: The Transfer of the Arts of Civilization from Eridu to Uruk."

Enodian, River. "Toxic Positivity Culture: Why Pagans, Polytheists, and Occultists Should Guard Against It." Patheos. https://www.patheos.com/blogs/teaaddictedwitch/2018/08/toxic-positivity-culture/

Fleming, D. "Baal and Dagan in Ancient Syria," *Zeitschrift fur Assyriologie und Vorderasiatische Archaologie* vol. 83, pp. 88-89. 1993.

Fontenrose, Joseph. "Dagon and El." *Oriens* 10.2 (December 1957), pp. 277-279.

Frater U:.D:. *High Magic: Theory & Practice*. Llewellyn, 2005.

Huson, Paul. *Mastering Witchcraft: A Practical Guide for Witches, Warlocks, and Covens*. Putnam's Son, 1970.

Hutler, Manfred. *Religionen in der Umwelt des Alten Testaments 1*. Koln: Kohlhammer, 1996.

Kramer, Samuel Noah. *The Sumerians: Their History, Culture, and Character*. University of Chicago Press, 1963.

Leitão, José. *The Book of Saint Cyprian: The Sorcerer's Treasure*. Hadean Press, 2014.

MacGregor, M. S. L. *The Key of Solomon the King = Clavicula salomonis*. Samuel Weiser, 2000.

— *The Goetia: The Lesser Key of Solomon the King (Clavicula Salomonis Regis)*. Edited by Aleister Crowley and Hymenaeus Beta. Red Wheel/Weiser, 1995.

Maggi, Humberto. *The Book of St Cyprian: The Great Book of True Magic*. Nephilim Press, 2018.

Meador, Bett Shong De. *Inanna, Lady of Largest Heart: Poems of the Sumerian High Priestess Enheduanna*. University of Texas Press,

2001.

"New Orleans Voodoo Spirit Bottle." http://www.voodoonola.com/hoodoo/spirit%20bottles/

Ogden, Daniel. *Magick, Witchcraft, and Ghosts in the Greek and Roman Worlds*, 2nd edition. Oxford, 2002.

Singer, I. (1992). "Towards an Image of Dagon, the God of the Phillistines," Syria 69: pp. 431-450.

The Social Dilemma. Directed by Jeff Orlowski. Distributed by Netflix, 2020. Neflix app.

The Spirit Houses of Bangkok Keep Watch Over a Frenetic City." https://www.latimes.com/world/la-fg-thailand-bangkok-spirit-houses-20190418-story.html

"The Star Ruby." Thelemapedia. http://www.thelemapedia.org/index.php/The_Star_Ruby

"Surveillance." *Connected: The Hidden Science of Everything*, season 1, episode 1. Zero Point Zero Productions, 2020. Netflix app.

Tauring, Kari. *Volva Stav Manual*. http://www.germanicmythology.com/original/TAURINGstavmanual.pdf

Waite, A. E. *The Book of Ceremonial Magic: Including the Rites and Mysteries of Goetic Theurgy, Sorcery, and Infernal Necromancy*, 1911 edition. Martino Fine Books, 2011.

Wheeler, Graham John. "A Microcosm of the Esoteric Revival: The Histories of the Lesser Banishing Ritual of the Pentagram." Correspondences Journal. https://correspondencesjournal.com/wp-content/uploads/2020/06/19601_20537158_wheeler.pdf

Wilby, Emma. *Cunning-Folk and Familiar Spirits: Shamanistic Visionary Traditions in Early Modern British Witchcraft and Magic*. Sussex Academic Press, 2006.

—. *Visions of Isobel Gowdie: Magic, Witchcraft, and Dark Shamanism in Seventeeth-Century Scotland*. Sussex Academic Press, 2010.

Index

ABRAT ABRASAX SESENGENBARPHA-RANGES 88, 92

alchemy 207, 209, 401, 445, 453

Angel Water 84, 98, 174

angel(s), angelic 15, 16, 23, 99, 103, 110, 120, 205, 221, 228-29, 242, 286, 317-18, 324, 333, 344, 349, 406, 422-23, 426, 442, 447, 451, 460-61, 463-64, 486-88

animal communication 219, 238, 491

animal(s) 71, 112, 160-61, 189, 195, 205, 219, 221-22, 238-39, 294, 349, 423, 439, 491

APO PANTOS KAKDAIMONOS 98, 115

ass/donkey 189, 205

astral travel 101, 148, 150, 337, 447

astrology 351, 394, 409-10, 417, 441-42, 445-46, 461, 473

atheletics 193

banish(ing) 19-21, 83, 86, 94, 96, 105, 107, 114-15, 130, 139, 172-74, 176-77, 335

bird(s) 99, 195, 220-21, 318, 355-56, 360, 422-23, 474-75, 493

bull 282, 332-34, 402, 414, 454-55

camel 229, 399, 434-35

clairaudience 222, 352

clairsentience 133, 283

clairvoyance 101, 133, 352

communicate/communication 5, 7-9, 12, 24, 79, 82, 108, 131, 133, 135, 137-38, 139, 140-42, 1472, 156, 167, 173, 177, 222, 238, 239, 307, 399, 406, 423

compact 67, 133, 141, 147, 155, 156, 157, 165

compass 8, 23-24 , 67, 69, 70,-71, 77, 86, 88, 109, 123-29, 139, 145, 169, 173, 235, 493

competition 251-52

Court (Spirit Court) 142, 156

crane 294-95

Dead (the) 101, 120, 126, 133, 137, 204-05, 302, 394-95, 427

debate 423

defense 64, 255, 259, 271, 359, 360, 363, 382

dignities 194, 216, 228-29, 238, 294, 311-12, 368, 430, 446, 486

divination (divinatory work) 24, 143, 221, 313, 391, 399

dog 189, 216, 22-21, 295, 298, 299, 302, 422-23, 500

dove 360, 386-87

dragon 110, 188-89, 268, 302-03, 316-17, 332-33, 459, 460-61

entheogen 150-51, 235, 439

evoke 11, 19-21, 46, 75, 83, 161

favor(s), giving of 200, 216, 256, 306, 382, 387, 430, 442, 447, 464, 468, 486-87

fire 12, 20, 76, 83, 94, 97, 103, 108, 110, 117-18, 120, 123, 125, 127, 188-89, 216-17, 290-91, 333, 335, 343, 348-49, 355, 409-10, 417, 422-23, 441-43, 467, 470, 487

Florida Water 84, 94, 114, 116, 139, 173

flying ointment 95, 148, 151

formula 3, 17, 19-20, 84, 94, 98, 115, 131, 159, 173, 177, 209, 238, 353,

friends (reconciling, causing love between, etc) 216-17, 221, 264, 298, 306, 324, 369, 398, 430, 446, 486-87

Gatekeeper 7, 124, 141-42, 144, 147, 167

gay, lesbian, queer, bisexual 329, 435

glossolalia 324

hart / stag 71, 344, 345

herbalism / herbs 69, 72, 209, 234-35, 269, 329, 353, 136, 137, 234, 235, 267, 268, 281, 282, 327, 328, 329, 351, 352, 353

honors 38, 238, 294, 368, 447, 479, 488

horse 135, 204-5, 247, 268, 310-12, 328, 382, 390, 410, 418, 430, 446, 478-79, 483, 496

Housle 83, 87-89, 124, 130-31, 166-67, 169

IAEŌBAPHRENEMOUN 131

IARBATHA 128, 131

incense 28, 83, 86, 94-96, 107, 116-17, 128, 131, 136, 139, 145, 161, 165, 174, 222

inspirited (items) 84, 144, 190

inter-dimensional, multi-dimensional 23-24, 34, 277, 446

invoking, invocation 19, 89, 100, 186

khernips 84, 97, 107-08, 116

languages/tongues 11, 34, 107, 140, 195, 227, 239, 307, 399, 194-95, 306-07, 324, 352, 479

LAYAMEN, LAVA, FIRIN, LAVAGELLAYN, TAVAQUIRI, LAVAGOLA, LAVATASORIN, LAYFIALIN, LYAFARAN 238

LBRP 107, 115, 119, 173-74, 177,

leadership 185

lost (objects/people) 200, 260, 328-29, 478-79

love (causing) 186, 199-200, 227, 242, 247-48, 256, 260, 272, 338-39, 344-45, 379, 398-99, 434-35, 450, 500

lunar magick 269

lust 248, 278

lustration 97

mermaid 378-79

merman 455-56

metaphysics 159, 359, 446-47, 511, 395

mill and moat 24, 123, 126, 128, 169

millgrounds 69, 123, 128, 135

mirror(s) 12, 79-81, 90, 113, 136-37, 493

mist 269

models /paradigms of magick 11, 15-17, 46-47, 105

moon 71, 88, 91-92, 101, 131, 147, 165, 199, 267, 269, 295, 425, 492

mouse 500

Mysteries 120, 166, 170, 235, 319, 355, 379, 395, 410, 431, 455, 461, 469

necromancy 11, 203, 294, 339

owl 217, 352-53, 464

peacock 423, 474

pendulum 9, 49, 79, 82, 142-44, 152-53

PHORBA PHORBOBAR BARO PHORPHOR PHORBAI 88, 92

plant magick 219, 233-35, 351-52

poison path 209, 235

politics 257

prophecy 81, 155, 352

pyramid 23-24, 33, 67, 77, 79, 91, 98, 123-24, 128-29, 139, 145, 345, 469, 493

raven 112, 216, 295, 352-53, 360, 364, 368, 463, 464

recipe (blend) 28, 83, 94-96, 148, 151

Red Meal 67, 83, 124, 166-67, 169

reputation 455

rhetoric 239, 294-95, 306-07, 324, 329, 410, 478-79

rope and feathers 70, 88, 89, 139

sabbat wine 95, 136, 150-51

sain 71, 75, 86-87

scrying 12, 79-81, 98, 134, 136-37, 200, 352, 391, 423, 427, 493

secrets 242, 316-17, 319, 329, 418, 208, 227, 229, 276-77, 344, 438, 500

seething 69, 87, 134-35

seidhkona 135, 136

seidhman 135, 136

seidhr 135

serpent/snake 119, 122, 188, 216, 256-57, 268-69, 276, 289-90, 318, 332-34, 348, 414, 446, 456, 460-61, 504

sex 107, 143, 165-66, 272, 335, 387, 435

shapeshifting 101, 447, 475, 493

shield 108-13, 126, 256-57, 260, 313

soldier 260, 271-72, 311, 349, 382, 418, 478

sphere 23, 33, 70, 77, 79, 136

stang 23, 70-71, 121, 125-26, 135, 169, 483

star 98-99, 103, 110, 121, 125, 131, 234, 278, 446, 492-93

Star Ruby 107, 172-74

stones (properties of) 268, 282, 310, 328, 348, 352, 394, 422, 492, 493

strategy 289, 312, 359-60, 363, 365, 375, 382

talking board 4, 7, 8, 27, 49, 79, 82, 101, 134, 137, 138-40, 142-43, 162

Thelema 173

three soul alignment 99, 100, 102-03, 109

thrush 422-23

treading the mill 24, 118, 169, 173

treasure 147, 200, 204, 220-22, 276-78, 298, 302, 328-29, 332-35, 368, 387, 434-35, 442, 460, 468, 478-479, 487, 504

trees 33, 70, 112-13, 310, 318, 348, 482-83

unicorn 482-83

Venus Water 84-85, 98, 116, 139

vessel 23, 79, 133, 155, 159-63, 196, 205, 382

visions 24, 38, 79-81, 95, 135-37, 150, 175, 189, 200, 427, 493, 500

war 255, 259, 271, 359, 363, 365

water (magick, spirit) 97, 117-18, 120, 123, 127, 136, 227-28, 324, 375, 378, 398, 402, 406, 423, 454-55

wicca 4, 23, 123, 166

Witch Father 70, 85, 88-89, 139, 189

witch flight 101, 269, 340, 493

witch ladder 70

Witch Mother 70, 85, 88-89, 139

words of power 78, 115, 173, 295

World Tree 23, 121, 123, 135

ZETA TSEDA ZYIDA SZYADA 126

About L.M. Black

Star and star-forged blade. Battle swan. Golden rose. Priestess of love and pleasure, Ishtar-woman, an Aphrodite-woman. Hedge-rider, cunning woman, traveler on the crooked path of the Wise. Friend to daemons. Mate to the Red God. Bone collector. Temple dancer.

Laurelei is the author of over a dozen books, a co-Director and frequent presenter at the Babalon Rising Festival and the Women's Goddess Retreat, a co-owner of Camp Midian, and the proud proprietress of Asteria Books and Events and of Blade & Broom.

She began serving Aphrodite in 1999 while she was living in Los Angeles and working with a Traditional Witchcraft coven. She became a priestess to Aphrodite within that religious tradition when she took her 2nd Degree, in 2002.

In addition to her work as a Priestess of Aphrodite, Laurelei is a Cunning Woman, a Wise Woman of the traditional path. She and her ex-wife founded the Spiral Castle Tradition (a version of American Folkloric Witchcraft), where Laurelei continues to explore the convergence of American magick and traditional British Craft. Within this realm, Laurelei's keenest interests include Spirit work, bone collecting, and potion-making.

Laurelei is the author of five books devoted to Aphrodite's worship, including *Cult of Aphrodite* (a compilation of well-researched rituals and religious festivals in Her honor); *Crown of Violets* (a book of devotional poetry and art); *Temple of Love* (a historical novel depicting the poet Sappho as an Aphrodite Priestess); *Aphrodite's Priestess* (a resource book for those who would serve Love); and *Wisdom of Love* (a cowrie-based divination guide).

She has also offered the Witchcraft community *The Red Thread Academy: Year 1 Foundations Course Manual* (a comprehensive first year training guide for students of American Folkloric Witchcraft, with Year 2 due for publication in January of 2022, and Year 3 due in January 2023); *Liber Qayin,* a channeled gospel (co-authored by Natalie Black); *The Witches' Key to the Legion: A Guide to Solomonic Sorcery*; the *Asteria Mystery School* (a magickal learning library); and the Asteria Books' *Book of Shadows* printable PDFs (a vast collection of about 730 individual pages -- and growing) available through Blade & Broom on Etsy.

Laurelei continues to write, teach, speak, and coach. She lives in Kentucky with her husband, Joe Black, and their excruciatingly fussy cat and anti-social rabbit. Her children are grown and making their own magick.

www.bladeandbroom.com

www.laureleiblack.com

www.asteriabooks.com

www.campmidian.com

About J. Blackthorn

J. Blackthorn is an artist and practitioner of Witchcraft who has been devoted to various paths of Spirit-work for many years and uses all of the tools he has gained and pacts he has made to create powerful allies and generate success in the lives of his clients. From a young age he was drawn to and learned how to work the roots and practice hoodoo, grimoiric folk magick, African Diasporic traditions, and the conjuration of and making of pacts with various types of Spirits. He does divinatory services such as spiritual consults and readings with tools such as bones, dice, and shells according to tradition and inspiration. In addition to readings and consults, he also is trained in the creation of sacred artwork, Spirit vessels, tools, traps, charms, powders, oils, candles, and talismans.

www.oldworldbotanica.org

www.inkbloodandfire.weebly.com

www.facebook.com/JblackthornOWB

Also from Asteria Books
www.asteriabooks.com

Red Thread Academy

The Red Thread Academy is a self-paced teaching and learning system that aims to transmit the same teachings, principles, and even the keys to the Mysteries to which you would be exposed if you were studying within a local coven in the Spiral Castle Tradition (ie AFW). The biggest differences are that instead of learning within a primarily oral framework at weekly coven classes and monthly rituals, you will work at a self-guided pace through a course guide (PDF or print version), engaging in solo rituals, and connecting with peers across the country (and globe) online for mutual support.

Liber Qayin

This prophetic work is channeled from the Witch Father, Tubal-Qayin, and the Witch Mother, who is both Lilith and Ishtar. Hear now the Gospel of Qayin, the wisdom he brings to all Witches in this New Aeon.

Asteria Books' Complete Herbal Grimoire

Over 350 pages of herbal witchcrafting — essays on magickal herbalism; guides for making every type of herbal application; magickal and medicinal lore on hundreds of plants and trees; recipes for incenses, salves, oils, waters, teas, and more!

Witches' Rune (series): To Call Ye Forth

Summoning a long-dead Witch King to be a real-world lover and protector was easy for Rose and her covenmates. Overcoming a murderous dark coven while dodging a fanatical minister and his rabid congregation may present more of a challenge.

More Courses Coming Soon from Asteria Books

Red Thread Academy

Years 2 & 3 of study within the Red Thread Academy will open and courses will be available January 2022 and 2023, respectively.

Asteria Mystery School

Asteria Books is proud to offer what will be an extensive digital and print library of curriculum guides for students of the Craft and occult Artes. We understand that novice practitioners are yearning for material in comprehensible portions over a potentially wide range of topics, which is precisely what we provide. As an AMS (Asteria Mystery School) reader, you can choose from lesson titles in any course to create a comprehensive Book of Arte. Furthermore, each AMS book comes with its own 10-question quiz and answer-key, allowing you to check your knowledge when you finish. The Asteria Mystery School is a great way to build a reference library, begin (or end) a Book of Shadows, or plan a Craft 101 class for your coven.

www.ingramcontent.com/pod-product-compliance
Lightning Source LLC
Chambersburg PA
CBHW071654170426
43195CB00039B/2192